liure Traditionnelle 1985

RECHERCHES

SUR

FONTAINEBLEAU 1852

ARMES DE FONTAINEBLEAU

NAPOLÉON III, par la grâce de Dieu et la volonté nationale, Empereur des Français,

A tous présents et à venir, salut,

Par notre décret en date du 25 juin 1864, Nous avons concédé des armoiries à la ville de Fontainebleau (Seine-et-Marne).

Le Maire de Fontainebleau s'étant retiré par-devant Notre Garde des Sceaux, Ministre Secrétaire d'État au département de la Justice et des Cultes, afin d'obtenir en faveur de ladite ville, la délivrance de lettres patentes;

Nous avons, de Notre grâce spéciale, pleine puissance et autorité impériale, autorisé et autorisons, par ces présentes signées de Notre main, la ville de Fontainebleau à faire usage des armoiries, telles qu'elles sont figurées et coloriées aux présentes et qui sont :

Coupé : au premier, d'or, à l'aigle de sable; au deuxième d'argent, à la salamandre enflammée de gueules; sur le tout, à la fasce d'azur, chargée d'une rivière ondée, d'argent, franc quartier à dextre, d'azur à l'N d'or surmontée d'une étoile rayonnante du même; l'écusson sommé d'une couronne murale à cinq créneaux d'argent pour cimier, portant sur son bandeau une double F d'or, traversée d'un caducée contourné d'argent, auquel sont suspendues deux guirlandes, l'une à dextre, d'olivier, l'autre à senestre, de chêne aussi d'argent, nouées et attachées par des bandelettes d'azur.

Donné au palais de Saint-Cloud, le vingt août de l'an de grâce mil huit cent soixante-quatre, et de notre règne le douzième.

Signé : NAPOLÉON.

Par l'Empereur :
Le Garde des Sceaux, Ministre de la Justice et des Cultes,
BAROCHE.

1828 — 1894

Ernest Bourges

Recherches

sur

FONTAINEBLEAU

PRÉCÉDÉES D'UN

PORTRAIT DE L'AUTEUR

ET D'UN

MANUSCRIT INÉDIT DE N. DE FER (1699)

FONTAINEBLEAU

MAURICE BOURGES IMPRIMEUR BREVETÉ
32, rue de l'Arbre-Sec, 32

—

1896

ous avons considéré comme un devoir étroit de piété filiale de réunir en un volume, afin de les sauver de l'oubli, la plupart des articles historiques et archéologiques relatifs à notre ville, publiés dans l'*Abeille de Fontainebleau* par notre père regretté.

Par ses trente-quatre ans de séjour ininterrompu, il avait fait de Fontainebleau sa ville d'adoption, et il l'aimait passionnément. Désireux de mettre au jour et de fixer les nombreux souvenirs historiques qui s'y rattachent, il a occupé ses trop rares loisirs à fouiller le passé pour y découvrir quelques détails peu connus ou ignorés. Ce travail ardu était pour lui un agréable délassement à ses occupations professionnelles.

Les mille faits recueillis par lui ne seront peut-être pas tout à fait inutiles aux futurs historiens de Fontainebleau; nous comptons au contraire que ces *Recherches* pourront leur rendre quelques services.

Si ce volume n'avait atteint déjà un développement aussi important, nous y aurions ajouté bien d'autres renseignements. Nous conservons les documents recueillis et non utilisés; ils trouveront place dans un tome second, si l'accueil fait à cette première tentative répond à notre espoir.

Plusieurs personnes nous ont aidé avec une extrême bonne volonté à mener à bien ce travail; qu'elles reçoivent ici l'expression sincère de toute notre gratitude.

Des remerciements tout particuliers sont dus au baron Tristan Lambert et à M. Paul Quesvers, qui ont bien voulu écrire les préfaces;

à M. Goujat, bibliothécaire de la ville, qui nous a aidé dans nos recherches, et enfin à M. Thoison, auteur de la table si consciencieuse et si claire qui termine et complète ce volume.

Encore un mot : nous avons cru devoir — scrupule peut-être exagéré — reproduire les articles ci-après sous la forme où ils ont paru d'abord, sans en faire disparaître même les quelques erreurs échappées à la plume toujours un peu hâtive du journaliste ; le rédacteur de la table a rectifié en notes les plus saillantes de ces erreurs.

Maurice BOURGES.

Fontainebleau, Novembre 1895.

ERNEST BOURGES

Ernest Bourges est né à Sisteron en 1828. Son père était chef d'escadron d'artillerie. Les siens ont rempli des emplois honorables et importants. Il fut fonctionnaire du ministère des finances durant treize ans, il y était entré par la voie du concours, il s'y attira les amitiés les plus honorables et les plus durables.

M. Ernest Bourges avait épousé Mlle Jacquin, fille de M. le baron Jacquin, propriétaire à Fontainebleau d'une imprimerie importante, fondateur, en 1835, du journal *l'Abeille de Fontainebleau*, et fils lui-même du général baron Jacquin, un des plus vaillants généraux du Premier Empire.

A la mort de son beau-père, M. Bourges vint se fixer, en 1860, à Fontainebleau et y prendre la direction de l'imprimerie et du journal. Il y contracta de suite des relations et des amitiés littéraires éminentes.

Il sut faire de *l'Abeille de Fontainebleau* un journal absolument exceptionnel, un véritable petit chef-d'œuvre d'histoire locale, d'archéologie, de renseignements toujours sûrs, précis et intéressants, un récit au jour le jour de tout ce qui se passait de curieux, souvent d'historique à Fontainebleau, qui a vu se dérouler tant d'événements mémorables.

L'Abeille de Fontainebleau n'était point entre les mains de M. Bourges un organe politique ; il serait cependant inexact de dire qu'elle s'en était désintéressée. M. Bourges y défendit toujours, à toutes époques et résolument la cause de l'ordre et les intérêts conservateurs AVEC UNE INDÉPENDANCE ET UN DÉSINTÉRESSEMENT ABSOLUS. Son esprit répugnait aux extrêmes, mais c'est pleine justice de dire qu'il n'a jamais laissé passer un acte révolutionnaire ou injuste sans le blâmer, le regretter sévèrement et le combattre ouvertement.

Toutes les persécutions, les mesures injustes, vexatoires et inutiles dirigées contre l'Église le trouvaient de suite leur adversaire résolu.

Les Frères, les Sœurs, les écoles, les œuvres de bienfaisance chrétienne eurent toujours en lui un défenseur logique et énergique. Il flagella et dénonça, court mais ferme et constamment, toutes les tyrannies révolutionnaires et radicales.

Ernest Bourges n'était cependant point du tout un neutre ou partisan du laisser faire en politique ; seulement, il n'y était point mêlé directement et n'en faisait point son occupation principale.

Plus ardent et lancé plus avant dans la mêlée, j'aurais souvent voulu l'y voir aussi, et nous eûmes parfois à ce sujet des divergences et des discussions qui ne laissèrent jamais place qu'à la plus solide amitié. Contrairement à l'usage, c'était toujours en ce cas le tempérament de l'homme du Midi qui s'efforçait de calmer le mien.

Il avait un respect et un culte profonds pour toutes les anciennes gloires et souvenirs traditionnels de la France.

Conseiller municipal de Fontainebleau sous l'Empire, il savait les nombreux bienfaits répandus par Napoléon III dans notre ville et il lui en avait toujours, et aux plus mauvais jours, conservé le souvenir le plus reconnaissant.

Après la mort héroïque du Prince Impérial, qu'il aimait sincèrement, il se désintéressa davantage de la politique, et, tout en conservant très intactes ses préférences pour la forme monarchique et une juste déférence pour les personnes Princières, il défendit uniquement les intérêts conservateurs et se borna à combattre résolument les candidatures et les empiètements radicaux, à défendre avec expérience et intelligence tous les intérêts départementaux et municipaux. Son opposition n'était d'ailleurs jamais mêlée ni de parti pris aucun, ni de personnalités blessantes.

J'ai le droit de dire que Monsieur le Comte de Paris l'estimait sincèrement et m'avait plusieurs fois chargé de le remercier affectueusement de diverses publications historiques que le Chef de la Maison de France avait lues avec le plus grand intérêt.

Conseiller municipal, il le fut aussi pendant la guerre ; il y paya LARGEMENT ET COURAGEUSEMENT de sa personne et de son journal, durant l'occupation prussienne, si douloureuse et si prolongée, et il contribua, et beaucoup, à sauvegarder les intérêts de la ville et son château historique. Il eut assurément alors de durs moments à traverser ; il sut y faire face, tous les jours et à toutes les heures.

Mais, ce devoir patriotique pleinement rempli, l'archéologie et l'histoire, les chroniques locales, redevinrent promptement son occupation favorite.

M. Bourges donna successivement dans *l'Abeille* et en brochures : *Fontainebleau ou Fontaine belle eau ? — Notes sur le théâtre de la Cour à Fontainebleau. — Les satyres de la galerie Henri II. — L'hôtel du Maine et la Mairie. — Création de la Sous-Préfecture et du Tribunal de Fontainebleau. — Catherine Thevenin. — L'hôtel de Pompadour*, etc., etc. Il avait été justement surnommé le « DOM MORIN » de Fontainebleau, et de fait, il était un composé du Bénédictin pour le savoir et les recherches, de Dangeau pour l'exactitude et la méticulosité des détails.

Ses conversations sur ses sujets favoris valaient comme intérêt ses publications, il les développait avec le charme de l'esprit le plus fin, sûrement et amplement.

L'Histoire de Fontainebleau était sa joie, et, comme chaque caractère a un côté spécial, on pourrait dire « sa marotte ». Nous avons tous les nôtres.

C'est au milieu de ses nombreux travaux, doublés de multiples œuvres et actes de charité et d'utilité publique — il était associé à toutes — et de la vie de famille la plus respectable, qu'il a vécu et dirigé tendrement et sagement son fils, qui était depuis longtemps son aide méritant et qui sera son très digne continuateur, apprécié et aimé de tous ses confrères.

Ernest Bourges a été commissaire répartiteur, administrateur de la caisse d'épargne, du bureau de bienfaisance, conseiller municipal de Fontainebleau, secrétaire, puis vice-président de la Société d'horticulture de Seine-et-Marne, membre actif du comité de la bibliothèque, de l'Association syndicale du commerce et de l'industrie, des sociétés archéologiques et historiques de Seine-et-Marne et du Gâtinais, président du Syndicat de la Presse de Seine-et-Marne, etc.

Dieu a permis qu'il reçût de son vivant la récompense et le couronnement de son œuvre.

Par ses efforts multiples, il fit décerner une médaille d'honneur, archiméritée, à M. Gossens, le doyen de ses ouvriers, et qui avait été toute sa vie le collaborateur fidèle de tous ses travaux. Ce fut une très grande joie pour lui. Son tour vint ensuite.

En 1887, il reçut de la Société d'horticulture une médaille d'or, récompense de ses services dévoués.

Au mois de janvier 1894, ses collaborateurs, ses ouvriers, ses confrères, fêtèrent avec lui la SOIXANTAINE de *l'Abeille*. Ce fut assurément un jour de fête patriarcale et inoubliable. Tous ses confrères, sans exception, amis et adverses, de la Presse de Seine-et-Marne sollicitèrent pour lui et obtinrent de suite — c'est justice de le dire — et à son insu total, les palmes d'officier d'Académie.

L'unanimité du témoignage en constitua le prix, car très assurément Ernest Bourges méritait PLUS, MIEUX ET DEPUIS FORT LONGTEMPS.

L'unanimité de la Presse de Seine-et-Marne lui décerna en outre une médaille d'honneur fort belle, sur laquelle on lisait :

A Ernest BOURGES

SES CONFRÈRES

1835-1860-1894

INDÉPENDANCE — LOYAUTÉ — SAVOIR — COURTOISIE

J'étais alors président du Syndicat de la Presse de Seine-et-Marne et ce me fut une joie bien considérable de la lui remettre aux applaudissements de tous.

Ernest Bourges est mort comme il avait vécu, dans l'accomplissement de deux devoirs professionnels : le 22 août 1894, à 2 heures, il terminait son dernier article historique sur le palais de Fontainebleau ; à 4 heures, il activait les travaux de l'exposition d'horticulture de Seine-et-Marne.

Quelques minutes après il était frappé subitement ! ! !

Le surlendemain, toute la ville se pressait aux obsèques de l'homme de bien.

J'ai eu l'honneur de le dire sur sa tombe : Bourges a laissé « BEAUCOUP D'AMIS, DES OBLIGÉS MULTIPLES, PEU D'ADVERSAIRES, PAS UN ENNEMI. Son cœur et son amitié étaient sûrs et fidèles. »

Si la devise de *l'Abeille* était : « *Sponte favos* », on pouvait ajouter : « *rarissime et justissime spicula* ».

La miséricorde de Dieu n'aura pas oublié le bien fait par Bourges. Il se sera rappelé au moment suprême que Bourges fut toujours l'homme animé de la *recta intentio*, qu'il s'était durant toute sa vie rangé parmi les défenseurs de l'Église, de ses Ministres et de ses Libertés ; qu'il avait combattu, en toutes circonstances, leurs injustes oppresseurs ; que sa ferme volonté, et nous le savons, était de mourir en chrétien et muni de tous les sacrements de l'Église. La piété de son fils et celle d'un ami s'efforcèrent immédiatement de les lui faire recevoir ; la mort seule les devança.

Notre souvenir lui demeurera inaltérablement reconnaissant et fidèle ; c'est dans son journal que, bien jeune encore, nous avons publié nos premiers écrits.

Nos prières l'ont accompagné, elles le suivront toujours.

Le fils de cet homme au cœur droit et bon, à la plume fine, savante et courtoise, sait bien qu'il peut et doit compter sur notre dévouée et si ancienne amitié. Son œuvre lui survivra et son nom, aimé et respecté, sera cité bien des fois.

Baron Tristan Lambert,
Collaborateur de l'Abeille, de 1866 à 1891.

PRÉFACE

Il m'est particulièrement agréable de présenter au public ce volume de *Recherches sur Fontainebleau*, véritable monument de piété filiale, élevé à la mémoire d'un père tendrement aimé.

Bien souvent, en effet, notre cher et regretté Ernest Bourges m'a indulgemment affirmé que c'était moi qui lui avais donné l'idée de recueillir des documents sur les anciens hôtels de Fontainebleau et de publier ces notices si curieuses, et qu'il eut été vraiment regrettable de ne pas sauver de l'oubli. En tout cas, mon conseil, s'il fut toutefois de quelque poids sur l'esprit du futur historien de Fontainebleau, tombait dans un terrain singulièrement bien préparé, car outre que le directeur de *L'Abeille* était un écrivain spirituel et élégant, outre qu'il était un esprit ouvert et curieux, il affectionnait cette ville de Fontainebleau qu'il avait faite *sienne* par son alliance.

Pour se livrer à des recherches longues et fastidieuses, souvent sans résultat; pour compulser un à un des documents, à première vue sans intérêt; pour recueillir des traditions, parfois vagues et sans bases solides; pour suivre curieusement, au jour le jour, les menus événements du pays qu'on habite; pour compter une à une, pour ainsi dire, les pulsations de l'existence si calme en apparence — mais si agitée parfois — de ses concitoyens; pour faire, en un mot, l'histoire *intime* d'une petite ville, il faut aimer passionnément cette ville. Or, je le répète, Ernest Bourges aimait Fontainebleau d'un amour que ni les événements politiques, ni l'ingratitude dont on fit quelquefois preuve envers lui, n'avaient pu entamer.

Aussi, il fallait l'entendre décrire l'ancien Fontainebleau, depuis *L'Auberge de l'Ane vert*, bâtie au XIIIᵉ siècle par un bûcheron à la fois « maçon et archi- » tecte », jusqu'à *L'Hôtel de Pompadour* dont la construction coûta 237,000 livres 18 sols 6 deniers; il fallait se promener avec lui dans les rues dont il savait les noms anciens, les vieux habitants, les transformations successives; il fallait, en sa compagnie, visiter le château dont il avait sondé les vieux murs, compté les tableaux disparus, étudié les anciens plans; il fallait assister à l'éclosion de ces articles si pleins d'humour et de fine raillerie qu'il décochait aux « édiles » « d'une époque où règne la loi du plus fort »; il fallait l'entendre ajouter philosophiquement : « Autrefois il était convenu que : « *qui cassait les verres les payait.* Aujourd'hui, casse qui veut, pourvu qu'il » soit radical; mais le contribuable paie toujours. — Progrès! »

Cependant la politique, même municipale, avait fini par le rendre, comme presque tous les hommes de son âge, absolument froid. Il fallait, pour le faire sortir de sa sérénité quelque peu sceptique, des événements extraordinaires : l'expulsion des Sœurs de St Vincent de Paul et leur installation dans *L'Hôtel de Brionne,* ou la dépossession brutale des Frères des Écoles chrétiennes, dépossession qu'il appelait une « malsaine campagne »... C'est peut-être l'expression la plus dure dont il se soit jamais servi comme journaliste, car il respectait trop, et lui-même et la presse, pour tolérer dans *L'Abeille* des polémiques personnelles et violentes du genre de celles qui, malheureusement, remplissent aujourd'hui les colonnes de certains journaux de province...

*

Mais je reviens à l'historien et à l'artiste que fut surtout Ernest Bourges.

Les vieilles maisons de Fontainebleau, je l'ai déjà dit, il les connaissait toutes; et, dans l'espace de quelques années, il n'a pas publié moins de vingt notices sur d'anciens hôtels de cette ville. Je sais, de plus, qu'il avait encore amassé de nombreux documents qui, je l'espère, pourront être utilisés quelque jour et viendront compléter cette partie si curieuse de l'histoire de la ville, car il collectionnait avec amour les vieux actes, les anciens plans et les documents inédits, témoin ce curieux manuscrit du géographe Defer, publié en tête de ce volume.

Les plus petits événements étaient pour lui une occasion d'apprendre à ses lecteurs des détails inconnus, car il savait son Fontainebleau sur le bout du doigt : *La Cloche de la Charité* et *Le Fer à repasser, Les Ruelles de Fontainebleau* aussi bien que *La Treille du Palais.*

Le Centenaire du Conseil municipal, La Création de la Sous-Préfecture et du Tribunal sont des monographies parfaites, bourrées de documents, et peu de villes peuvent se vanter d'avoir des notices aussi complètes sur l'origine de leurs institutions municipales et judiciaires.

L'affection qu'Ernest Bourges avait vouée à sa ville, il la reportait sur ceux qui l'avaient, eux aussi, aimée et honorée. Lisez ses articles sur *La Famille Rochereau,* sur *Denecourt,* sur *François Hue;* lisez les lignes pleines de cœur consacrées à Mme Brodard, la bienfaitrice des Filles de la Charité, aux deux Guérin, à son vieux collaborateur, Émile Gossens !... Il n'a oublié aucun de ces hôtes qui font de Fontainebleau une ville à part : ni *Le Prince Troubetzkoï*, ni *Le Prince Orloff*, ni *Mgr Mellon-Jolly*, ancien archevêque de Sens, ni *Auguste Barbier*, à qui il a consacré un fort joli article ; ni les bibliothécaires du château : *Champollion-Figeac*, *Adolphe Regnier*, *J.-J. Weiss*; ni les artistes qui illustrent Fontainebleau et ses environs : *Decamps, Rosa Bonheur, Godefroy Jadin, Henri Chapu, Adam-Salomon, François Biard, Comairas-Jaquotot*; ni ceux de ses concitoyens qui se distinguèrent à divers titres : *Le comte de Montmorin, M. de Larminat, M. de Boisdhyver, Jules Testu*, le bibliothécaire *Chennevière, Jacob Petit*; ni même les simples passants : *Béranger, le colonel Iacoub Habaïby, Pasdeloup, Henry Murger, Balzac, Corréard*.

Ernest Bourges s'intéressait trop à Fontainebleau pour ne pas s'occuper de son château; il lui a consacré de nombreux articles, deux entre autres fort remarquables, *Le Théâtre de la Cour* et *Les Satyres de la galerie Henri II*, dont « grâce à sa mémoire de Fontainebléen et à son flair d'ar-
» tiste, il avait retrouvé les originaux au musée du Capitole, à Rome ».

La forêt, elle aussi, cette vieille forêt de Bière, dont Alfred de Musset a dit :

Fière est cette forêt dans sa beauté tranquille,

ne pouvait manquer d'exciter la curiosité d'Ernest Bourges. Il lui a consacré de nombreux articles qu'on trouvera dans ce livre, accompagnés de curieuses notices sur les établissements religieux qu'elle renfermait : *L'Ermitage de Franchard, L'Ermitage de La Madeleine* et *Le Prieuré des Basses-Loges*.

**

Mais, il me faudrait tout citer de ce livre si intéressant et si curieux. Je le recommande instamment aux habitants de Fontainebleau. A sa lecture, ils revivront la vie de leurs pères et ils aimeront d'autant plus leur ville qu'ils la connaîtront mieux. Ces pages sauvées de l'oubli, leur feront estimer et aimer la mémoire de celui qui s'est tant occupé de Fontainebleau et elles leur prouveront, une fois de plus, qu'il fut un homme de bien et un grand cœur.

PAUL QUESVERS.

UN
MANUSCRIT INTÉRESSANT & INÉDIT

En feuilletant des catalogues, nous avons trouvé l'indication d'un manuscrit sur Fontainebleau, dont il est bon de noter l'existence.

Il est intitulé : *Relation de ce qui s'est passé de plus remarquable à Fontainebleau et qui explique aussi dans quel temps et sous quel règne chaque bastiment a esté fait depuis 1169.*

Ce manuscrit de la fin du XVIIe siècle (1699) est resté inédit; il se compose de 152 feuillets in-8°, avec deux cartes gravées. L'auteur n'est autre que le géographe N. Defer (ou de Fer); on lit, en effet, dans la préface :

« Il m'a semblé que pour donner une idée générale du chasteau et de ses dehors, je ferois bien d'y joindre un plan qui a esté réduit et gravé sur l'original (que j'ai levé depuis longtemps et que j'eus l'honneur de présenter au roi), avec une carte de la forest. » Ce plan et cette carte, joints au volume, ont été gravés avec soin par C. Inselin, et « mis au jour par N. Defer, géographe du Dauphin : 1697. »

Nicolas Defer a d'ailleurs publié, en 1708, un autre ouvrage in-folio avec figures, sous le titre de *Beautés de la France*.

Les historiens qui se sont occupés de Fontainebleau, — le P. Dan, l'abbé Guilbert, Castellan, Vatout, Champollion, paraissent n'avoir eu aucune connaissance de l'intéressante relation manuscrite de Defer.

Son travail est rédigé en forme d'annales; le premier chapitre a pour sujet l'origine du nom de Fontainebleau et la topographie du château et de la forêt; suivent les annales divisées par règne, depuis la construction du Donjon par Louis VII, en 1169, jusqu'à l'année 1697. L'auteur rapporte, à leurs dates, les événements historiques qui se sont passés dans cette résidence, les agrandissements, les embellissements ou les transformations des bâtiments, etc. A la fin du volume, on trouve un recueil des devises royales inscrites en plusieurs endroits du château, ainsi qu'une liste des prieurés et hermitages qui existaient dans la forêt. Il faut encore signaler une curieuse description de la *chasse des cormorans*, c'est-à-dire de la pêche à l'aide des cormorans dressés pour cet exercice. C'est Louis XIII qui avait institué cette pêche en 1631.

Ce curieux manuscrit était, il y a quelques années, en la possession de M. Techener, le libraire bibliographe bien connu des érudits.

M. Techener, qui l'a décrit avec soin dans un de ses catalogues, le mettait alors en vente moyennant 80 francs. Le petit volume autographe de Defer a aujourd'hui trouvé sa place dans notre collection.

(Abeille, 25 avril 1878.)

Puisque nous avons le bonheur de posséder cette intéressante et unique curiosité, nous ne serons pas assez égoïste pour en profiter seul.

Partageant le sentiment de Defer qui écrivit cette relation, comme il le dit dans sa préface, « par amitié pour mon pays, je me suis promenez dans les siècles passez pour decouurir ce qui s'y est fait de plus remarquable à Fontainebleau affin de le mettre au jour dans celuy cy », nous citerons de ce manuscrit — écrit il y a 200 ans — ce qui nous parait le moins connu de nos jours ou ayant trait aux choses disparues.

RELATION de ce qui s'est passé de plus remarquable à Fontainebleau et qui explique aussi dans quel temps et sous quel regne chaque bastiment a esté fait dont les premiers sont de Louis VII en 1169.

Règne de Louis VII. — En 1169 ce prince commança le premier a bastir a Fontainebleau et y fit construire la cour de louaille autrement nommée donjeon elle fut isolée d'vn fossé et fermée par vn pont leuis.

A vn des costez de cette cour, il fit faire vne petite chapelle qui fut consacrée par S¹ Thomas archeuesque de Cantorberie et dediée à la Vierge et à S¹ Saturnin.

Règne de S¹ Louis, IX du nom. — Ce prince seplaisoit plus que ces encestres dans cet agreable lieu, il y estoit très souuent et lappelloit ses deserts et lorsqu'il y donnoit des edits il faisoit mettre donné en nos déserts de Fontainebleau. Il augmenta de beaucoup le logement de la Cour de Louaille qui n'estoit pour l'ors q'vn bastiment bas, on lexausa pour en faire vn second etage dans lequel est vne chambre qui porte son nom.

Règne de Charles V. — En 1366, ce prince estant a Fontainebleau, confirma des priuilèges que les Roys ses predecesseurs y auoient donnez et atous les uillages qui sont autour de la forest. Il en accorda encore dautres par lesquels il leur permet dy

c

prendre leur chauffage de bois secq, sçauoir des branches tirées au crochet sans ferremens et non le corps de l'arbre sous peine damande. Il leur permit aussy dy faire paistre leurs bestieaux pendant toutte lannée hors depuis le 15 auril juqu'au 15 juin. Et en reconoissance de ses priuileges, les habitans sont obligez de se transporter dans la forêst pour éteindre le feu lorsquil sy met et de rendre homage au Roy tous les ans au premier jour de May en portant vn present au grand M⁶ de la forest ou a son lieutenant; cet homage sapelle droit daulnage Ce fut luy aussy qui donna la franchise aux habitans nez a Fontainebleau de vendre vin pendant le séjour des Roys et aux etrangers qui viendraient sy establir les mesmes droits au bout de cinq ans.

Règne de François I. — Ce prince qui fut vn des plus grands de sontemps goûta ce séjour plus quaucun de ses predecesseurs et y fit beaucoup dedépense en bastimens, pintures et jardins et nemploya dans tous ces ouurages que les plus exellens ouuriers qui se trouuèrent en France et mesme dans les pays etrangers, Il aimoit sy fort cette maison que quand on luy faisoit present de quelque chose rare. Il disoit que cestoit pour son Fontainebleau et lorsquil il y venoit Il disoit quil estoit chez luy.

En 1528 ce prince commença a y faire bastir par la cour des fontaines qui ne fut faite que de moison et non de graisserie comme elle est presentem¹.

En 1529, il fit construire les bastimens qui sont autour de la cour appellée du Cheual Blanc, ces bastimens sont la gallerie d'Vlisse ainsy nommée par ce que les trauaux d'Vlisse y sont peints afresque, les apartements de la Reyne mere qui y communiquent et les autres logemens qui seruent pour vne partie des ministres et secrétaires d'Etat. Il fit abattre la chapelle de la Sᵗᵉ Trinité pour y bastir vn escalier dans la place ou est apresent le fer a cheual et fit commancer la belle chapelle.

Les jardins des pins furent faits dans le mesme temps. Ils portent ce nom accause de la quantité de pins qui y estoient, mais apresent il nen reste plus que deux qui sont aux deux bouts dune allée quon laisso par rareté.

Les promenades du jardin des pins sont fort belles, la plus grande partie estant couuerte par des routtes de feuillages qui donnent vne fraîcheur agréable dans le plus fort de lété qui est augmentée par plusieurs canaux d'une eaûe très claire et tres viue qui apres lauoir arrouzée se decharge dans vn bel etang.

Les curieux pouront y remarquer vn arbre très rarre (1) qui est placé a gauche vis

---

(1) M. Duval, secrétaire général de la Société d'horticulture de Melun-Fontainebleau, nous écrit à ce sujet :

Il m'est absolument impossible, de me prononcer d'une façon précise sur l'arbre dont il est question dans le manuscrit que vous avez bien voulu me confier. Aurions-nous affaire ici au Platane? Cela se pourrait. Mais, vu la date que porte ce manuscrit, la chose nous semble bien douteuse comme vous pouvez vous en rendre compte par la note ci-dessous.

Le Platane est connu depuis la plus grande antiquité. Son introduction en Europe est relativement assez moderne. Ce fut, dit-on, Nicolas Bacon, père du chancelier, qui, en avis le bout de la gallerie d'Vlisse dans vne place qui est remplie de pieces de gason on ne sçait sy il est venu naturellement ou sy on li aplanté ce quil y a de sure est quon nen a jamais veu un semblable dans le Royaume. Il est de couleur gris de perles quelquns le nomment napellus accause quil jette son écorce tous les ans. Il en repousse vne nouuelle par la seue qui vient au printemps, on pretend que cet arbre a dans son ecorce vne Certu desecatiue aprochante de celle du gayaque et que bouillie dans leaüe elle fait vne tisanne propre a arester les dissanteries, flux de ventre et autres malladies semblables. Mais il semble que cela se pouroit contrarier puisque dans la vertu de chacunne chose il faut quil y ait vne quallité dans laquelle soit renfermé quelque sel asside ou alcalie et mesmo quelque gomme resineuse comme les bois ou racines de differentes natures. Mais le bois et racines de cet arbre nont aucun gout ny saueur en le maschant estant incipide qui ne deuelope ses qualitez qu'en bouillant. On a essayé plusieurs fois inutilement dentirer duplan les boutures et les cheuelées quon en a osté mourant dabord quelles sont séparées du gros de larbre.

Dans cette mesme année on fit le bastiment qui est joignant la fontaine de Fontainebleau que lon nommoit la conciergerie et qui a seruy depuis pour les écuries de la Reyne. [Bâtiments aujourd'hui démolis; ils s'élevaient dans le Jardin anglais, non loin du « Fleuriste » actuel.]

Le Roy fit combler les fossez qui enuelopoient la cour de louaile, fit refaire les appartemens du Roy et de la Reyne, la salle du bal autrement nomée des cens suisses dans laquelle il y a de très belles peintures afresque. [Galerie de Henri II.]

1561, fit venir les premiers pieds en Angleterre. Peu après, vers 1576, l'Ecluse le reçut de Constantinople pour le jardin botanique de Vienne, en même temps que le Marronnier d'Inde; enfin, ce ne fut que très longtemps après, *en 1754, qu'il fut introduit en France*, et confié par Louis XV au célèbre Buffon auquel il remit le premier pied, qu'il fit cultiver avec le plus grand soin dans le Jardin des Plantes de Paris.

Aujourd'hui tout le monde connaît le Platane, qui est devenu très commun, non seulement en France, mais dans toute l'Europe.

Cet arbre, ornemental au plus haut degré, atteint parfois une hauteur remarquable et une grosseur souvent extraordinaire. Richard raconte qu'il existait en Lycie, du temps de Pline, un Platane dont le tronc creusé par le temps, formait une sorte de grotte de quatre-vingt-un pieds de circonférence. Licinius Mucinius, consul romain, y passa la nuit après y avoir diné avec dix-huit personnes.

Nous parlons ici, bien entendu, du Platane d'Orient qui fait l'ornementation de nos parcs et de nos grandes avenues. Le Platane d'Amérique, qui est aussi parfaitement acclimaté en France, sert à faire des meubles; mais il est surtout employé pour la charpente intérieure et pour la construction des pirogues.

Le premier croit dans tout l'Orient où on le trouve communément sur le bord des ruisseaux, dans la Grèce, les Iles de l'Archipel, sur la côte de l'Asie Mineure, en Perse, en Syrie, etc. C'est lui qui ornait, avec tant d'éclat, les jardins de l'académie d'Athènes. Il fut aussi planté sur le tombeau de Diomède, comme le plus bel arbre et le plus ancien de ce temps; ce qui prouve qu'il était déjà célèbre du temps de la guerre de Troie.

Il est regrettable que dans ce précieux manuscrit il ne soit pas question de l'inflorescence de cet arbre, il eut été alors très facile à reconnaître.

Il fit aussy bastir la chapelle qui est au bout de cette salle et audessus de celle de S¹ Saturnin qui se nomme la chapelle du Roy accause de la commodité que Sa Majesté a dy aller faire ses deuotions de plainpied a son appartement, il y a deux tours joignant cette chapelle dans lvne desquelles estoit la plus industrieuse orloge que lon vt veu de ce temps, elle representoit les sept jours de la semaine par des figures dhomme plus grande que le naturel qui auoient chacunue leur simbol et qui tournoient les vnes après les autres selon le jour queles representoient.

Dans lautre tour estoit vne autre orloge dans laquelle vn Apollon montroit auec son septre lheur quil estoit, cette orloge sonnoit par le moyen de ciclopes qui frapoient autant de coups quil estoit d'heurs.

On fit vn chenil pour la venerie du cerf dans la place ou sont presentement les petites écuries [Carrousel actuel], elles estoient de ce temps ou est apresent le chenil. [Dans le Jardin anglais, près la route de Moret.]

Le jardin du Roy n'estoit pas comme il est aujourd'huy il venait jusquau pied de la cour de loualle. Il estoit enrichi de cinq fontaines dont la plus belle estoit au milieu et isolée dvne belle balustrade, dans son centre estoit une figure representant le fleuve du Tibre qui jettoit vne grosse gerbe deau, on la mise depuis au rondeau qui est a costé les quatre autres fontaines estoient à chaeque coin du jardin et auoient quantité de jets et de napes deaüe qui rendoient cet endroit tres agreable il estoit partagé du costé de la campagne par trois grands canaux dans lesquels il y auoit quantité de beau poisson.

Le Roy fit construire les quatre pauillons qui sont aux angles de ce jardin pour y loger les princes quil nommoit et ses pauillons portoient leur nom comme ils le font encor a present de ceux qui y demeurent.

La heronniere est un bastiment qui sert depuis plusieurs années pour la grande écurie [les Héronnières], elle fut faite pour y nourir et élever des herons lors quils estoient deuenus grands on leur donnoit lessort pour peupler le pays. Tous les bastiments qui ont esté faits sous le regne de ce prince sont du dessin de Sebastien Cerlio qui estoit le plus célèbre architecte de son temps.

En 1531 ce prince estant a la chasse du cerf et le poursuiuant auec ardeur trauersa la riuiere de Seine a la nage vis auis Thomery (qui est vn village a vne lieüe de Fontainebleau) si trouuant altéré il demanda a boire, on luy aporta du vin dvne petite maison qui estoit sur le bord de leaüe. Il le trouua si bon quil achetta la maison et le vignoble qui contenait cinquante arpens scitué sur vn costeau exposé au midy on y construisit le bastiment qui y est presentement auec de beaux pressoirs et de belles caues et a cette occasion ce lieu fut nommé les pressoirs du Roy et pour y faire du meilleur vin on fit venir du plan des lieux les plus estimez.

En 1532 le Roy crea des officiers de justice pour la conseruation de la forest qui sont, vn grand Maistre particulier, vn lieutenant, procureur du Roy, vn garde marteau, vn veneur, vn controleur, vn greffier, deux sergens trauersiez autrement nommez gardes generaux, vn sergent apreciateur colecteur recoueur des amandes, huit sergens a garde et deux huissiers audienciers.

En 1531, il crea des officiers des chasses dont le premier est vn capitaine qui est ordinairement le capitaine du chasteau, deux lieutenans, vn a Fontainebleau auec dix gardes et lautre en Brie auec vingt. Ils ont pouuoir de faire raport et saisie, ont des gages et des priuilleges, le nombre de ces gardes a augmenté depuis. Il y en a seize a cheual et trente deux apied dans toutte létenduë de la Capitainerie.

En 1543 la cérémonie du batesme de François II fut faite par le cardinal de Bourbon dans l'Église de la Ste Trinité depuis appellée la belle chapelle.

Pendant plusieurs jours les banquets, les bals et les autres diuertissemens faisoient les occupations de toute la cour. Tous ces plaisirs furent terminez par un siege dvn petit fort de terre quon auoit éleué pres du chenil, entre Lallée solitaire et celle des muriers blancs, on lassiegea par terre et par eaue et, pour cette exécution, le Roy auoit fait construire trois galleres manifiques pour faire des dessentes et attaques de leur costé.

Lejeudy 14 feurier 1543, plusieurs princes et seigneurs se mirent dans la place pour la deffendre, elle fut attaquée par d'autres princes qui donnerent quentité dassauts et furent repoussez vigoureusement, mais alafin ils senrendirent les maistres apres lauoir battüe pendant vn jour entier, les galleres y firent vn beau feu, toute l'artillerie fut parfaitement bien seruie, ce bruit, joint acoluy de tous les instrumens de guerre, anima les combatans et rejouit les spectateurs.

Règne de Charles IX. — La Reyne fit bastir vne maison dans le Parcq que l'on nomme Lamiuoye dans laquelle estoient quentité de vaches et autres bestiaux et ou Sa Majesté aloit se divertir et se rafraichir aprendre du laitage. L'été cette maison a seruy depuis a éleuer des faisans et des perdrix. [Ces constructions élevées à gauche de la grande prairie, à mi-chemin du Parc, ont aujourd'hui disparu.]

En 1562, le Roy fit reuetir de piere de taille et enrichir de belles figures de marbre, la cour des fontaines et la mit en l'état quelle est presentemt a la terrasse pres qui n'estoit quun pont de bois.

L'appartement du Roy du costé de Lorangerie [remplacé par la grille du jardin de Diane] fut basty par ce prince et enrichy de belles pintures.

Règne de Henri IV. — Dès le commencement du regne de ce prince il eut dessin de faire agrandir le bourg et pour y reussir plus aisement il donna des places a ceux qui en vouloient et fit connoistre quon luy faisoit plaisir dy bastir ce qui donna enuie a bien des personnes de sy venir etablir et en peus de temps le bourg fut beaucoup augmenté.

Il nestoit dans ce temps la composé que de deux habitations dont lunne estoit proche de la fontaine et l'autre le long de la rüe basse les quelles jointes ensemble ne faisoient qu'environ six a sept cens feus.

Il ne se contenta pas daugmenter le bourg il embellit aussy le chasteau par plusieurs bastimens et lorna de plusieurs pintures tant de celles quil fit faire que de celles quil recouvra de lantiquité.

En 1593 ce prince fit agrandir la cour de loualle en faisant du costé de la chapelle des appartemens et de lautre ceux de Monsieur et de Madame et ferma cette cour par la terrasse ou coridor qui est endroitte ligne au lieu que cette partit estoit en arondissant comme le costé oposé ce qui auoit donné a cette cour le nom de loualle.

En 1594 fut construit vn grand pont dans la cour des fontaines le long de la gallerie de François Ier qui seruoit de communication a ses appartemens on voit en sa place la belle terrasse qui y est a present.

Dans cette année on fit la fontaine qui est vis avis cette terrasse dans le milieu de laquelle est vne tres belle figure de marbre blanc, représentant Perséc avec vn casque en teste au dessus duquel est vn dragon. Il tient vn coutelas dans vne main, le bouclier de Minerve dans lautre et a ses pieds les talonnières de Mercure aux quatre coins du bassin sont quatre Dauphins de bronze qui jettent de leaüe sans cesse.

Cette fontaine est gardée par deux sentinelles quand le Roy est a Fontainebleau son eaüe luy estant reservée, et cest delle que cette cour tire son nom (1).

A costé de cette fontaine sont des fossez qui separent la cour daveo le jardin de letang dans lesquels on voit des carpes tres belles quon a soin de nourir tous les jours.

Dans cette année le Roy fit faire le jardin de l'Étang. Il porte ce nom par ce qu'il est basty dedans. Il est orné de plusieurs figures tres belles de marbre blanc. Il fit faire en mesme temps le jardin des canaux (jardin anglais) qui sont joignans la fontaine de Fontainebleau. Il se nomme ainsy parce quil est entrecoupé de quentité de canaux dont leaüe est tres viue et tres claire. Ils estoient remplis de truittes excelentes au bout de ce jardin on fit celuy du pottager.

A costé duno partie de ces jardins le Roy fit faire le mail qui a 300 toises de long qui font 900 pas ordinaires. Il est orné de deux belles rangées darbres fort élevez et touffus qui forment vn tres beau berceau de verdure. Il aimoit beaucoup ce jeu et sy exersoit souvent.

En 1600 on commença la gallerie des Cerfs qui est remplie de belles pintures a fresque representant les plans de touttes les maisons royalles elle est ornée de quarante huit bois de cerfs tres beaux. Lun de ces cerfs tua vn des veneurs de

(1) Madame la Dauphine, épouse de Louis XV (Marie-Christine de Bavière, épouse du grand Dauphin que de Fer appelle Louis XV par anticipation, car il n'a jamais régné), se donnoit quelque fois le plaisir de pescher a la ligne de dessus le balcon qui sere de son appartement et qui est au dessus dvn de ces fossez.

Louis XIII en sa présence dans le temps quil n'estoit que Dauphin, et audessus de cette gallerie est celle de la Reyne dans laquelle est représentée une partie des plus belles batailles que ce grand Roy a gaignées.

En 1602 le Roy fit faire la gallerie des chevreuils [disparue, elle s'élevait dans le jardin de Diane adossée au jeu de Paume], elle est remplie de pintures à fresque qui représentent touttes les chasses différentes que l'on fait à Fontainebleau à la teste desquelles il est tousiours depeint.

En 1603 le Roy achetta lhostel du Ferrard [quartier de cavalerie, partie donnant sur la rue de Ferrare] au duc de Guise pour loger la maison du second fils de France. Et qui sert actuellement à celle de Monsieur.

Le Roy fit bastir proche de cette hostel les Écuries de la Reyne [hôtel de la Poste, rue de Ferrare] qui nen seruent plus apresent on fit des logements à la minoye, pour y mettre toutte sorte doiseaux étrangers.

Le Roy fit faire la Conciergerie [disparue, elle était sur l'emplacement de l'hotel des Postes] qui est un bastiment au bout de la gallerie des Cerfs, pour sy loger quant il venoit chasser auec peue de suitte. Louis XIII en semblable occasion a occupé le pareil logement surtout lorsqu'il y est venu chasser l'hiuer. Il y auoit dans cette maison tous les meubles et toutte la vaisselle dor et dargent nécessaire qui y restoit tousiours, mais a present ce logement est occupé par Messieurs les Enfans de France. Les meubles et la vaisselle sont chez le capitaine du chasteau qui sen sert ordinairement.

Lhostel Dalbret porte le nom de celuy a qui le Roy achetta la terre pour bastir la maison et la surintendance qui y est joignante. [La surintendance des finances, démolie aujourd'hui, était sur le bord du Parterre, près des Bâtiments de la Fourrière.]

Le Roy a fait bastir le Coudre pour la grande Écurie [vaste habitation rue du Chemin-de-Fer, en face la rue de la Coudre], elle sert depuis quel quannées aune partie des gardes du corps, cette maison porte ce nom accause de la grande quentité de Coudriers quil y auoit. Cest de cet endroit que sortent les sources principalles qui portent les eaues dans les offices et cuisines du chasteau.

En 1601 le Roy fit faire le jeu de Paulme qui est contre la belle chapelle.

En 1606, le 4 septembre, Louis XIII et Mesdames ses sœurs furent baptisées auec vn apareil manifiq!

La cour du Donjeon étoit couuerte par le milieu dvne grande toille pinte en bleu, ouuert, et decoupée en certains endroits qui faisoit voir des figures de Dauphins, les chiffres du Roy et de la Reyne et des fleurs de lis de distance en distance, qui paroissoient estre faites en or par ce que le ciel estoit tres beau ce jour-la.

On fit vn grand pont qui raignoit depuis une fenestre du pauillon de St-Louis jusqu'a la terrasse qui sépare cette cour de celle des offices, et au bout de ce pont, joignant le dosme quon a nommé depuis le Dosme des Dauphins, on fit une élouation de charpente sur laquelle fut dressé vn autel enrichy dornemens precieux, un dais en broderie. A droite et a gauche estoient des bancs pour les seigneurs et dames, et le long de la cour on auoit dressé des amphitheastres pour le peuple. Ce fut Monsgr de Gondy qui fit la céremonie. Il commença par batiser les deux princesses et apres Monseigneur le Dauphin. Son parin fut le Cardinal de Joyeuse, legat du Pape Paul V, et sa maraine Madame Eleonore de Medicis, Duchesse de Mantoüe, sœur de la Reyne, apres les ceremonies achevées le Roy donna un grand festin. Il y vt ensuitte des feux dartifice, des bals et autres diuertissemens.

En 1607 le Roy fit commencer le parcq qui est entrecouppé de plusieurs belles allées les vnes composées darbres tres hauts qui forment a leurs sommets des voutes de feuillages. Les autres de palissades de charmilles qui ont de quarante à quarante cinq pieds de hauteur dont la plupart sont des etoilles. Les plus belles sont en entrant dans le parcq à gauche dans le milieu desquelles est vn beau jet deaüe qui seleve de plus de vingt pieds.

Le long des murs de ce costé on planta des ospaliers darbres dont les fruits sont exelens.

Dans ce parcq il y a un tres beau canal de 600 toises de long sur 20 de large dans lequel il y auoit deux grosses gerbes deaüe qui ont esté ostées depuis.

Dans cette année le Roy fit faire la routte ronde autrement nommée la grande routte qui tourne a vne lieüe autour de Fontainebleau dans le milieu de la forest ny ayant point encore de routte pour la commodité de la chasse.

En 1608 les religieux de la Ste Trinité cessèrent de faire loffice diuin dans leur église pour faire place aux peintres sculteurs et autres ouvriers qui y travaillèrent pour le mettre dans l'état ou elle est apresent et en attendant ils firent le service dans la chapelle du donjon.

Cette chapelle est la plus belle quil y ait en Europpe, on la nomme aussy la belle chapelle elle est ornée dvn tres bel autel de marbre blanc avec le marchepied de mesme a droitte et a gauche ce sont deux belles colonnes de marbre jaspé. Sur le sommet de chacune est vn ange de bronze de cinq pieds de haut, entre les deux de la droitte est St Charlemagne et entre les autres est St Louis, ces deux figures sont du plus beau marbre blanc que l'on ait vû. Le paué de cette chapelle est de marbre de différentes couleurs trauaillé par compartimens et couppé avec beaucoup dart, tout le plaffond et les costez sont peints a fresque par le sieur Fréminet representant plusieurs sujets de Lécriture Sainte chacque tableau est orné dune tres belle bordure et corniches dorées.

Le Roy fit bastir une maison qui est dans la rüe Basse pour seruir de reseruoir a touttes les eaües qui viennent de la Coudre par vne acqueduc de six pieds de haut sur trois de large et de la elles se distribuent dans le chasteau.

Le Roy fit fair lhostel de la Prevosté ou se tient le siège de justice, cette Maison est située deuant la place du grand portail autrement nommée la cour des offices.

En 1609 le neuf auril le Roy achetta la seigneurie du Monceau de laquelle vne partie du bourg et du parcq dependoit.

Dans cette mesme année le Roy fit faire un logement a vn des costez du jardin du Roy pour le Capitaine du chasteau qui demeuroit pour lors dans lendroit ou esprosentement la cour des offices qui fut faite en mesme temps. Et a lentréé de laquelle est vn beau portail extremement éleué et fait de pierre de grais.

Au deuant de cette porte il y auoit quantité de maisons que le Roy fit demolir apres auoir dedommagé les proprietaires et fit faire dans cette espace la place qui y est presentement [place d'Armes].

On fit aussy dans la salle de la comédie la belle cheminée ainsy appellée accause des deux beaux ouurages qui y sont en bas relief. L'un est vne statüe equéstre de ce prince aussy grande que le naturel. Lautre est la bataille dyury en petit elle ést toutte de marbre blanc.

Ce prince a fait faire quantité de beles peintures dans la gallerie dVlisse et au bout il est representé deuant Amiens le reprenant sur les Espagnols. Il fit commancer leglise de la parroisse en cette année mais il nut pas letemps de la faire acheuer par ce quil deceda le 14ᵉ may à Paris.

Reyne de Louis XIII. — Cet édifice fut continué et acheué par ce prince et fut batisé sous le nom de Sᵗ Louis ce netoit pour lors quune chapelle seruant dayde a la parroisse Dauon qui letoit de fontainebleau et qui est laplus ancienne du pays.

En 1617 le Pere Arnauld confesseur du Roy prescha contre la confession de foy de la religion pretendüe reforméé en presence du Roy, de la Reyne et de toutte la cour.

Le cardinal Barberin neueu du Pape enuoyé legat en France vint trouuer le Roy dans ce [dans ce] (*sic*) chasteau et pour marquer labien Veillance de sa Sainteté pour sa Majesté. Il y celebra sapremiere messe et offrit a Dieu ce Sᵗ Sacrifice pour sa prosperité toutte la cour y assista et apres il y ut un grand festin suiuy de differens jeux et de plaisirs.

Le lendemain le Roy passa en reuüe toutte sa maison dans la plaine qui est entre le mail et les pins [dans le Jardin anglais] deuant le cardinal.

Son voyage fut a loccasion de la Valteline ou la guerre etoit fort alumée et ou les francois auoient fait de grands progrez en secourant les grisons qui par ce moyen auoient dessin de maitriser toutte l'Italie.

Ce prince auoit donné des priuillèges pour deux foires par an en 1618. La 1ʳᵉ estoit le jour de Sᵗ Cosme et de Sᵗ Damian jour de sa naiss^ce et lautre le lendemain de la feste des Roys mais dans le mois de juin 1623, ces deux foires furent changées lune se fait le lendemain de la Sᵗᵉ Trinité et lautre le lendemain de la Sᵗᵉ Catherine qui est le 25 novembre, cette dernière ne se fait plus.

En 1634, le grand escalier ou fera cheual fut fait en la place de celuy quauoit fait faire François qui eloit tres beau mais trop petit joint a ce que letemps lauoit fort gasté, cet escalier a cousté 100000 tb.

Le Roy fit faire les deux rampes ou escaliers de la cour des fontaines.

En 1639, Il fit embellir la chapelle du donjeon a loccasion de lheureuse naissance du Roy apresent regnant quoy quil ne nacquit pas à Fontainebl. cet embellissement consiste en plusieurs d'auphins peints en or entre meslez les vns dans les autres.

En 1641, le Roy etablit une verrerie au Monceau dans laquelle on faisoit de beaux cristaux, elle ne subsista que dix ans parce quelle consumoit trop de bois et auroit detruit la forest sy on lauoit laissee longtemps.

Règne de Louis XIV. — En 1647 la Reine fit bastir lhospital des sœures de la Charité pour y mettre les pauures femmes mallades de Fontainebleau.

En 1660 le Roy fit bastir dans le milieu de letang le salon que lon y voit qui se nomme l'Isle le dessus est vne belle platte forme sur laquelle se met la musique lorsquil y va souper.

Dans cette année furent faites les belles cascades qui sont lelong dun costé du jardin du Roy en entrant dans le parcq elles sont travaillées dun gout fort rustique ou lon voit que lart imitte assez bien la nature il y a dedans 107 jets deaüe qui auec les nappes jetent sans cesse 450 pouces deaüe.

Dans cette année 1660, le Roy fit faire vn fort de terre à cinq bastions avec des demies lunes, ouurages de corne, queüe d'Ironde, fossez et chemins couuerts, ce fort paroist encore. Il est dans les bruières endeça du chemin de Moret à 600 toises du jardin du Roy vis avis le pauillon de Mr le prince comme il est marqué dans la carte. Le Roy se donna le diuertissement de le faire attaquer et deffendre par les troupes de sa Maison qui estoient campées autour pour en faire linuestiture. On fit plusieurs tranchées et attaques on donna bien des assauts et après plusieurs jours la place fut emportée de viue force, ce petit passetemps donna bien du plaisir à toutte la cour.

Dans cette mesme année on fit elargir la routte de Tomery par ceque le Roy alloit se baigner assez souuent dans la riuière de Seine vis a vis les pressoirs du Roy.

Dans cette mesme année le sieur Lebrun fit le beau tableau de la famille de Darius. Le Roy laloit voir trauailler souuent, cet ouurage est présentement à Versailles.

En 1661 le Roy fonda et fit faire lhospital Dauon pour y mettre les pauures mallades de Fontainebleau et ceux qui sont à la suitte de la Cour pendant le sejour quelle y fait, Cet hospital est desseruy par des frères de la Charité.

Dans cette année on fit une pièce deaüe quon nomme le rondeau ou le Tibre [le Romulus] qui est au dessus du jardin du Roy dans le milieu duquel est vn fleuve de bronze qui représente le Tibre a son costé est vne louue qui allaite Remus et Romulus.

On fit en mesme temps la pièce deauë qui est contre les glacières [le Miroir] dans le parcq on se sert de sa glace pour emplir vne partie des glacières.

En 1678 on fit les deux aisles décuries qui forment vne cour joignant les héronnières qui seruent à présent de grande écurie.

Dans la mesme année la moitié du couuent des perres de la Ste Trinité fut pris pour y bastir lhostel du Secrétaire d'État de la Marine et on rebastit partie de ce couuent du costé de la rüe.

On commança aussy lhostel du Secrétaire d'État de la guerre. Cette maison est attachée par vn costé à la cour du Cheual Blanc.

En 1679 à loccasion du mariage de Marie-Louise Dorléans, fille aisnée de Monsieur qui épousa Charles II Roy despagne, furent etablis les coches d'eaüe qui vont tous les jours de Valuins à Paris et de Paris à Valuins. Cette voiture ne va que pendant le séjour du Roy à Fontainebleau elle ést fort comode le port de Valuins nen étant qu'a une petite lieüe et le chemin très beau.

On rebastit dans cette année la sur Intendance qui ést le logement du Contrôleur général des finances [près du Parterre, à l'extrémité du mur dit de la Fourrière].

Dans la mesme année on fit le logement qui est a vn coin de la cour du Cheual Blanc en dehors joignant le jardin des pins, cet hostel est pour vn des secrétaires d'État.

On persa les allées au trauers du bois quiést dans le parcq entre les Heronieres et la charité d'Auon. On commança à tracer les routtes de la forest et on mit à chacque carrefour un potteau pour marquer le chemin.

En 1680 on demolit le vieil chenil pour bastir celuy qui y est apresent dans lequel loge le grand veneur et tous les officiers de la venerie.

En 1681. Le 28 juin le Roy sortant de la comédie alla souper accompagné des [des] (sic) princes et princesses dans le pauilon de lhermittage de Franchard, tous les chemins ctoient illuminez par des flambeaux et des lampes attachées aux branches des arbres, la quentité quil y en auoit faisoit croire que le feu etoit dans la forest ce qui donnoit vn très bel aspect toutte la musique du Roy etoit aubas de ce pauillon, le doux murmure des ecos qui sortoient de tous costez du creux des rochers laccompagnoient agreablement.

Ce pauillon est placé sur le sommet du plus haut de ces rochers autour duquel sont des précipices affreux qui dans leur rusticité ne laissent pas de donner de ladmiration par lemail continuel des arbres de differentes couleurs dont cet endroit sauuage est orné, de ce pauillon on decouure vne campagne fort etendue très belle et bien cultiuée.

En 1681 une fille de Quebeck qui demeroit chez Mme la Mar^{alle} de la Motte fit faire vn petit bateau de deux nappes de cerf auec des cercles de tonneau et le conduisant auec un simple auiron elle parcourut le canal d'un bout à lautre et fit plusieurs tours auec vne vitesse et vne adresse surprenante deuant toutte la cour.

Quelques jours apres elle mena le mesme batteau sur letang deuant Mme de Montespan qui estoit dans lallée solitaire et apres auoir vogué quelque temps elle se desabilla et fit voire quelle etoit aussy bonne nageuse que batteliere.

En 1683 on commança à faire dans la forest des enceintes de planches que l'on nomme parquets pour retirer les faisans et les perdrix l'hiuer vn homme gagé a le soin lorsquil est long et rude de leur y porter à manger. Lon commança lannée dapres a enclore de murs vne partie de ces parquets.

En 1684, on commança aussy à percer la routte de Chailly par laquelle le Roy arriue à Fontainebleau elle est si belle que les étrangers lont nomé la belle routte.

En 1685 la recherche et conduitte des eaues de la Magdelaine fut faite. Elles viennent par des tuyeaux se décharger dans vn grand reseruoir que lon fit dans le jardin des perres de la Charité Dauon, il fournit les pieces deaüe qui sont dans la prairie le long du canal la plupart des jets deaüe qui sont dedans se rencontrent dalignement à vne partie des allées de la belle étoille.

En 1688 on fit lescalier qui est au bout de la gallerie de François I par lequel on dessend pour aller à la belle chappelle on trouua en persant la porte dans le mur vn encien benistier qui etoit encastré dedans par ce qüne partie de ses murs seruoit de closture au dortoir des relligieux du temps de St Louis.

Dans cette année Me de Montespan fit faire vne maison dans les champs au pied de Montperoux qui est occupée par des sœurs de la Charité lesquelles ont lesoin dapprendre a trauailler a differens ouurages a des gens de tout age et de tout sexe, et lors quil se trouve quelque fille en age nubile qui ne veut pas rester dans la maison Mme de Montespan les habilles et leur donne 300 ℔ pour les marier, cette communauté se nomme la sainte famille. Il y a quantité de betail dedans qui sert en partie pour la nourriture de ceux qui y sont.

En 1689 la faisanderie qui etoit dans le parcq (à la Mi-Voie) fut transférée à lendroit ou elle est presentement qui est a vne portée de canon de Fontainebleau dans le chemin de Franchard, le gouuerneur a le soin de faire couuer quantité dœufs de faisans et de perdrix pour peupler la forest.

En 1697 on démolit une grande partie des appartemens des etuues pour en faire dautres pui seruent à Me la Princesse de Conty douairière on trouua dans vn des murs vne grande cuue de cuiure qui seruoit autre fois pour chauffer leaüe pour les bains elle estoit encastrée dedans desorte quon ne la voyoit pas, ses appartemens etoient remplis de quantité de tres belles pintures a fresque qui representoient vne partie des Metamorphoses Douide.

⁎

DES DEUISES ROYALLES que l'on uoit dans plusieurs endroits du chasteau qui marquent vne partie des bastimens que chacque Roy a fait faire.

Celle de François Ier est vne salamandre au millieu du feu entourée de flasmes auec cette inscription *Nutrisco et extingo* qui signifie *je nouris et eteing*.

Celle de Henri II est vn croissant dargent montant surmonté dvne couronne faite de trois croissans entrelassez avec ces mots *donec totum impleat orbem* et en françaîs *jusqu'à ce que le rond soit remplit*. [Elle signifie : à l'égard de la lune, « jusqu'à ce qu'elle remplisse tout son cercle de lumière », et à l'égard de Henri « jusqu'à ce qu'il remplisse tout le monde de la gloire de son nom. (Le P. Bonhuis). — D'autres ont écrit qu'il prit cet emblème à raison de l'affection qu'il portait à Diane de Poitiers, duchesse de Valentinois. (P. Anselme).]

Celle de Charles IX sont deux colonnes auec ces mots *Piétaté et Justitia* et en français *par la Pieté et la Justice*.

Celle de Anne de France, fille aisnée de Louis [XI] et de Pierre de Bourbon son epoux étoit vne grande nüe d'azur dou sortoient des langues de feu et au millieu est un cerf volant qui porte au col vn colier dazur sur lequel est écrit en or 𝔈𝔖𝔓𝔈𝔑𝔄𝔑ℭ𝔈 qui est l'encienne deuise de la maison de Bourbon.

Celle de Henry [IV] est une épée en pal auec deux septres en sautoir et ces mots *Duo protegit unus* qui signifient en françois *Vn en deffend deux*.

Celle de Louis [XIII] est une massüe avec ces parolles : *Erit hec quoque cognita munstris* et en françois pareillement *comme aux monstres*.

Voila tout ce que jay pu decouurir de lantiquité. Il me reste a dire que depuis Henry [IV] le bourg à sy fort augmenté quil y a presentem^t douze cens feux les maisons assez bien basties. Il est partagé en deux parties par vne belle rüe bien large et qui a pres dune demie lieue de long.

⁎

CHASSE DES CORMORANS

Cette chasse qui est proprement une pesche fut etablie par Louis [XIII] étant à Compiègne le 6 septembre 1631 qui en donna le gouvernement au sgneur de la Penaye, ces oiseaux suiuoient la cour dans les voyages.

Il semble que cette chasse ait esté inuentée pour Fontainebleau ou elle est actuellement accause des belles eaües qui y sont qui prodduisent beaucoup de poisson. Elle est fort diuertissante on eleue ces oiseaux a la pesche comme vn oiseau de proye a la chasse.

Le gouuerneur a ses gages fixes pour en entretenir quatre a cinq quil nourit auec du poisson quant il luy en meurt quelqun il en va chercher du costé de Facan en Normandie. Il les prend tous petits dans leur nid et les eleue a sa maniere affin de les accoutumer de bonne heure a la chasse aquoy ils sont naturellement portez par ce qu'ils ne viuent que de poisson. Il luy est permis daller pescher dans quelle riuière etang ou canal quil luy plait loins ou prest de Fontainebleau. Et mesmo dans touttes les eaües qui sont dans le chasteau. Pour auoir bien du plaisir a cette chasse il faut auoir mis du poisson dans un canal qui ne soit ny trop proffond ny trop large affin de voir de dessus le bord la manière avec laquelle loiseau lance et poursuit sa proye. Il salonge sy fort et va d'vne vitesse sy grande quon le voit fendre leaüe comme vne flèche et quant il a attrappé le poisson grand ou petit (car ils en prennent qui ont plus dvn pied de long) il reuient sur leaüe et puis le jette en lair pour le receuoir dans son bec affin de laualer par la teste tout dvn coup. Il fait cela dvne adresse et dvne vitesse surprenante.

Auant que le gouuerneur lâche ces oiseaux pour pescher il leur met vn petit colier de cuiure a ressort au bas du col pour empescher quils nauallent le poisson et quant ils en ont bien pris et que la poche de leur col est pleine on les appelle pour venir se faire vuider et pour lors on les prend et on leur fait degorger le poisson quils ont dedans que lon retourne auparauant pour le faire sortir la teste deuant comme il est entré affin que les arestes qui sont sur le dos ne leur blesse pas le col en sortant, lon ne met pas les doigs dans la gorge de loiseau pour cela se fait par dessus comme sy lon retournoit quelque chose dans vne poche par dehors sans mettre la main dedans ensuitte de quoy lon remet loiseau sur le poing qui reprend un petit vol et se jette dans leaue pour continuer sa pesche.

Lorsque le gouuerneur trouue qu'ils ont assez chassé il separe le poisson de la pesche en autant de parties qu'il y a doiseaux et leur fait la curée a chacun en particulier les prenant sur le poing et leur jettant les poissons les vns apres les austres fort viste quils auallent tout d'un coup ensuitte de quoy il les chaperonne comme des oiseaux de proye.

FONTAINEBLEAU

L'AUBERGE DE L'ANE VERT

Rue des Sablons, l'auberge de l'*Ane-Vert*, si modeste d'apparence, a eu sa célébrité.

Sans prétendre faire concurrence au magnifique palais élevé par nos rois, cette auberge peut être considérée comme un « monument historique » de la ville.

Sa fondation remonte à la première moitié du XIIIe siècle. Elle n'était, au début, qu'une misérable chaumière formée de torchis et de bois en grume. Le pauvre diable qui l'habitait, avait dû, au début, il est probable, en être à la fois le maçon et l'architecte. Il avait nom Jacques Bedois; il était bûcheron et façonnait des balais de bouleau qu'il portait au marché de Melun, déjà ville importante.

Jacques Bedois avait eu des descendants, car 250 ans après, un Bedois occupait la même habitation, mais cette fois agrandie, construite en pierres et d'un aspect dénotant la prospérité du nouveau propriétaire. Cette situation meilleure était due à la généreuse reconnaissance d'un gentilhomme, le sire de Coutay, auquel Bedois avait sauvé la vie en forêt.

Granier, acquéreur du dernier Bedois, appropria la maison pour en faire une hôtellerie qui, sous Louis XII, fut fréquentée par les savants, entre autres Commines, appelé à Fontainebleau par le roi pour faire choix, dans la bibliothèque du Palais, des ouvrages destinés à former celle du château de Blois.

A cette époque, le sol de la rue des Sablons était à un niveau plus bas que de nos jours, aussi — qui s'en douterait actuellement — on accédait aux pièces du rez-de-chaussée par un perron de quatre marches.

L'hôtellerie était ainsi décrite en 1515 : baies de croisées étroites avec petits vitraux en losange encadrés de plomb, portes basses avec ferrures massives, cheminées larges et très hautes; — couchettes très larges à tenir quatre personnes, avec rideaux en serge de la hauteur du plafond; — bahuts en bois épais, vaisselle de grès verni, escabeaux pour sièges.

Elle était alors la seule de la ville et n'avait encore reçu aucune dénomination. Un gros bouquet de houx, fixé à la façade, la désignait simplement aux passants.

C'est seulement en 1523 que l'hôtellerie reçoit la dénomination de : *Auberge de l'Ane-Vert*, qu'elle a conservée depuis, et due, paraît-il, au genre d'industrie exercé par l'hôtelier, ou mieux, à son habitude de caparaçonner de housses vertes les ânes qu'il louait aux dames de la Cour.

A Granier fils, retiré des affaires en 1571, un nommé Millot succède dans l'auberge. Le gendre et successeur de Millot fils, Delouiche, accroît, en 1618, les logements, ainsi que les remises et les écuries, telles qu'on les voit aujourd'hui, avec peu de modifications dans les baies des portes et des croisées.

Aubertin, qui avait remplacé Delouiche, gère l'auberge pendant vingt-cinq ans. Célibataire, ayant trop bien vécu, perclu de douleurs, il cède, en 1710, son établissement à Jean Villoing, originaire de Bourgogne.

Ce dernier donne un meilleur ton à son auberge, dans laquelle on menait trop bruyante et joyeuse vie, ou du moins essaie de sauver les apparences, car il se rend, en secret, coupable d'assez nombreuses peccadilles. Toutefois il avait eu le talent d'attirer une solide clientèle de gens d'épée, de robe et de finance. Il a géré l'*Ane-Vert* jusqu'en 1765, époque où il se retira après la mort de sa femme. De nombreux établissements similaires s'étaient créés, mieux appropriés aux besoins du jour. On y trouvait bon gîte, discrétion et facilités comme à l'auberge de la rue des Sablons, qui, dès lors, perdit toute célébrité.

Parmi les personnages qui, plus ou moins longtemps, vinrent prendre gîte à l'*Ane-Vert*, on cite : le sire de Coutay, Philippe de Commines, Triboulet (le bouffon de François Ier), le comte de Larochefoucault, qui allait rejoindre le prince de Condé à La Rochelle (30 octobre 1568), Montesquiou, capitaine des gardes du duc d'Anjou, les notables convoqués par Henri III à Fontainebleau, le sire de Bellegarde, le duc de Mercœur, l'historien Pierre Mathieu, Duplessis-Mornay, le comte de Puylaurens, neveu du cardinal de Richelieu, le poète Regnier, Boileau, l'historien Mézerai, Coysevox, Mansard, Le Nôtre, Chamillard, de Chavigny, Duclos, Marmontel, d'Alembert, Piron, etc.

(Abeille, 7 septembre 1883).

L'HOTEL DE ROQUELAURE

La maison de feu M. le docteur Maloizel, rue de Ferrare, 12, dont la vente a eu lieu en l'étude de M° Paul Gaultry, notaire à Fontainebleau, a un passé historique sans doute ignoré de bien de nos concitoyens.

Les vicissitudes de cet immeuble, qui a porté le nom d'hôtel de Roquelaure, sont curieuses à connaître : Le prince Louis de Lorraine, prince de Pons, etc., et Élisabeth de Roquelaure, sa femme, et le prince Alain de Rohan-Chabot, duc de Rohan, prince de Léon, et Françoise de Roquelaure, sa femme, le vendirent au duc de Fleury, pair de France, gouverneur de la Lorraine et du Barrois.

Les duchesses de Pons en étaient propriétaires du chef de leur père, le duc de Roquelaure, pair et premier maréchal de France. Ce dernier l'avait acquis de : 1° Henri-Jules de Bourbon, prince de Condé, duc d'Enghien (le fils du grand Condé) et de la princesse Anne, palatine de Bavière, sa femme; 2° du duc de Brunswick-Lunebourg; 3° du prince de Salm et de la princesse Marie-Louise, palatine de Bavière.

La propriété resta entre les mains de la famille de Fleury, jusqu'à la Révolution.

En 1800, un partage administratif l'a attribuée aux représentants de la famille de Fleury, puis par adjudication prononcée par le tribunal de la Seine, en 1811, elle est devenue la propriété des époux Poullain.

En 1825, les héritiers Poullain la vendent au département qui en fait la maison d'arrêt, ainsi placée à proximité de la gendarmerie alors installée dans l'immeuble occupé aujourd'hui par l'hôtel de la Poste. Le tribunal était place Centrale, dans les salles communales. Plus tard, lors du transfert du tribunal et de la prison dans les constructions nouvelles au quartier des Suisses et rue Damesme, l'immeuble fut vendu par le département au docteur Maloizel.

Mitoyen avec l'hôtel de la Feuillade (propriété Ronsin), l'hôtel de Roquelaure se trouvait à proximité de l'hôtel de Richelieu (dans la rue qui porte ce nom), et rue de Ferrare, presque en face des hôtels des Écuries de la reine, de Brunswick, de Noailles, d'Humières, etc., aujourd'hui réunis au grand quartier de cavalerie.

La rue de Ferrare était alors fréquemment appelée rue des Sablons.

(*Abeille*, 3 février 1888).

L'HOTEL DES GALLERANS

Le 25 juillet 1785, Jean-Armand-Nicolas Collinet de Rougebourse, écuyer, conseiller du Roi, lieutenant général au bailliage et siège présidial de Meaux, y demeurant, vend à Anne-Urbain Galleran de Grandmaison et à Jean-Robert Galleran des Rosiers, son neveu, demeurant à Versailles, tous deux vaguemestres et entrepreneurs des transports et des charrois du Roi, un terrain de deux arpents, « tenant du midi au chemin de la rue de Fleury, d'autre à la grande route de la rue de France à Chailly, d'un bout du levant sur la veuve Jean Mignot, au lieu des Piliers, d'autre bout sur des terres sables incultes et le bornage de la forêt. »

M. Collinet avait acquis ce terrain, alors simplement enclos de treillages des héritiers de Pierre Hersant, qui en était propriétaire dès avant 1748.

A cette époque, cette partie de la rue de France, non encore incorporée au territoire de la ville, faisait partie de la route Royale. Les Gallerans, qui voulaient élever des constructions pour y abriter les services de la bouche du Roi (écuries pour 80 chevaux, remises pour 20 voitures), durent se pourvoir d'une autorisation de voirie. Elle leur fut donnée le 27 décembre 1785 par M. Rua, grand voyer de la Généralité de Paris, directeur des ponts et chaussées, pour un terrain « tenant la rue de France, la rue de Fleury, le bornage de la forêt et l'auberge de la *Truie qui file* (1) » (la maison Mignot, aux Piliers ci-dessus). L'alignement était donné à 20 pieds du milieu de la chaussée, dont la contre-allée était, pour partie, abandonnée aux Gallerans, à charge par eux de rembourser la valeur des arbres dont la construction nécessiterait l'abatage.

---

(1) Cette auberge à l'enseigne de la *Truie qui file*, véritables armes parlantes, paraît en effet avoir eu pour clientèle spéciale les animaux de la race porcine qu'on expédiait par bandes sur Paris. Sous la Révolution, elle était tenue par le citoyen Bellangé. Le 3 mars 1791, le citoyen Dumé, charcutier à Fontainebleau, nommé par la municipalité commissaire pour examiner s'il ne se trouvait pas des truies prêtes à mettre bas, constata dans son procès-verbal que, dans le nombre de quatre cents porcs — pas moins — réunis dans plusieurs écuries, il n'avait trouvé qu'une seule truie, ayant avec elle « quatre petits jeunes et bien portants » (rue de France, numéros 95 et 97 actuels).

La maison, toujours, dans les actes, qualifiée hôtel, est encore debout; elle porte le numéro 101 sur la rue de France.

La Révolution ayant supprimé les fonctions des Gallerans, Madeleine Poncet, veuve de Urbain Galleran de Grandmaison et ses autres héritiers, vendirent en 1793 la propriété, moins une partie de terrain tenant la *Truie qui file*, la rue de France et la rue de Fleury, au citoyen Lamothe, employé à la Régie générale des biens nationaux.

Lamothe la vend, en 1808, à Jean-Joseph Devenat, dont la veuve la cède, en 1813, au général baron Jacquin, qui venait se reposer à Fontainebleau de ses glorieuses blessures et des fatigues éprouvées durant vingt années consécutives de campagnes.

La propriété, réduite alors à un peu moins d'un arpent et demi, fut encore diminuée d'une portion de terrain vendue en 1837 à M. Chamberlant, qui y fit construire l'hôtel appartenant aujourd'hui à M. le comte de Duranti (n° 99).

En 1844, à la mort du général baron Jacquin, l'hôtel des Gallerans fut acquis par M. Herbin. M. Heurtebise, qui en devint propriétaire peu après, fit subir à la propriété de nouveaux démembrements et éleva plusieurs constructions sur les terrains retranchés (numéros 103, 103 bis, 105, 107, 109, Mme Collard, M. Vinit, Mme Daniel, M. Prégent, le baron Double). L'hôtel lui-même fut vendu à M. Dupont-White, père de Mme Carnot. Dans sa retraite de Fontainebleau, le célèbre économiste, retiré de la vie active, composa plusieurs de ses importants ouvrages, notamment *la Centralisation*, *l'Individu et l'État*, sa magistrale préface pour les œuvres de Stuart Mill, etc.

L'hôtel des Gallerans est resté en la possession de Mme Dupont-White jusqu'après la mort de son mari et le mariage de sa seconde fille. C'est là que Mme Carnot a passé les agréables années de son enfance et qu'elle a grandi; aussi se plaisait-elle, dans les premiers temps de son mariage, à venir avec sa jeune famille s'y réunir à sa mère.

Par les soins de M. Storez, son propriétaire actuel, cet hôtel a été entièrement restauré et embelli.

(Abeille, 30 avril 1889).

L'HOTEL DE BRIONNE

C'en est fait! Les sœurs de Saint-Vincent de Paul ont définitivement quitté l'établissement de la rue Royale, aujourd'hui laïcisé. Elles y avaient été placées par saint Vincent de Paul lui-même, alors que dans cet immeuble, acheté, puis agrandi par la famille royale, était installé « l'hôpital des pauvres femmes malades », fondé en 1616 par la reine Anne d'Autriche, et régularisé administrativement par Louis XIV, en 1696.

Expulsées, en exécution des lois de laïcisation, de cette maison dans laquelle depuis près de 250 ans elles avaient si dignement rempli leur mission de dévouement, soigné nos malades, élevé presque toutes les jeunes filles de la ville, créé un ouvroir, aujourd'hui fermé, nos dignes filles de la Charité étaient exposées à se trouver dans l'obligation de quitter la ville. Il n'en sera rien, heureusement. Une généreuse personne, dont on ne saurait trop proclamer le nom et la générosité, Mme Brodart, s'est décidée à abandonner sa belle habitation de la rue de France, l'ancien hôtel de Brionne, pour y installer les bonnes sœurs.

L'hôtel de Brionne appartenait à Jacques Dieupré, marchand de bois, adjudicataire de coupes importantes dans les forêts d'Orléans et de Montargis. A sa mort, il fut saisi à la requête du duc d'Orléans, et adjugé à un nommé Michel Delance, « dans le but d'y établir une filature de soie pour le soulagement des pauvres de la ville, suivant les intentions bienfaisantes du gouvernement ». Le prix d'adjudication a été payé des deniers prêtés par la caisse de mendicité de Paris (Me Pinon, notaire à Paris, 4 février 1788). De cette époque date, sans doute, l'élégante petite niche ménagée dans la clef de voûte de la porte d'entrée et qui abrite une statuette de la sainte Vierge. Motif décoratif indiquant une destination pieuse et qui ne se trouve sur aucun autre immeuble de la ville.

Il est à présumer que Madame Élisabeth, sœur du roi Louis XVI, s'intéressait à la « filature de soie ». Nous trouvons en effet, dans le procès-verbal dressé le 20 septembre 1791, de la perquisition opérée par Pierre Duchemin, officier municipal, avec l'assistance de deux membres du comité de surveillance, François Lejeune et Simon-Louis Bouchet, chargés par la municipalité de visiter les hôtels de la ville et de rechercher les propriétaires des meubles les garnissant, la déclaration suivante :

« *Hôtel de Brionne*, rue de France. — La veuve Goimbault, concierge et gardienne, a déclaré que les meubles appartenaient à Madame, sœur du Roy, qu'il y avait beaucoup de meubles, entre lesquels étaient plusieurs commodes fermées, sur lesquelles il était à propos de faire apposer les scellés. Nous avons jugé à propos d'en référer à la municipalité pour statuer sur ladite apposition des scellés ou la description. En conséquence, nous avons enjoint à la dame veuve Goimbault de faire du tout bonne et sûre garde et d'avertir si on lui demandait quelques effets, ainsi que le lui avait fait demander plusieurs fois le sieur Desosse, dit la Brière. « (Archives municipales.)

Que sont devenus ces meubles et effets? Ils ont été sans doute vendus à vil prix comme la plupart des meubles des émigrés, dans la galerie de François Ier, au Palais.

Devenue veuve, la femme Delance vend l'hôtel de Brionne à Gervais Rochereau, ancien avocat au Parlement de Paris, qui remboursa le 2 ventôse an II (Me Pinon, notaire à Paris), l'agent du trésor public.

Le nom de Rochereau, bien oublié aujourd'hui, et qui à différentes époques rendit de grands services à la ville comme conseiller municipal et administrateur de l'hospice, mérite qu'on s'y arrête un instant. Ne serait-ce que pour rappeler que c'est en grande partie à lui que nous devons l'installation, à Fontainebleau, de la sous-préfecture qui nous était si vivement disputée par Nemours.

Gervais Rochereau avait épousé l'arrière-petite-nièce du vénérable Hubert Charpentier, de Coulommiers, fondateur du calvaire de Bétharam, aux Pyrénées, et de celui de Paris, au Mont-Valérien. Il se trouvait donc être parent de l'avant-dernier curé de Fontainebleau. Il fut enfermé à la Conciergerie pour avoir caché chez lui des suspects et ne dut la vie qu'aux événements du 9 thermidor qui lui firent ouvrir les portes de la prison. C'est alors qu'il vint s'établir à Fontainebleau, où il acheta l'hôtel de Brionne.

C'est dans cette maison que furent élevés les 16 enfants (7 garçons et 9 filles) que lui donna sa femme.

C'est également dans cette maison que, lors de la captivité du pape Pie VII à Fontainebleau, le cardinal Galefil reçut la plus noble hospitalité. Le Pape, touché de cette conduite, témoigna, à son départ, sa gratitude à M. Rochereau, en donnant sa dernière bénédiction à sa famille.

C'est encore dans cette maison que Mme Rochereau, aidée de celles de ses filles qui n'étaient pas mariées, s'occupaient maternellement des malheureux. Elle avait constitué un ouvroir où se fabriquaient des layettes pour les nouveau-nés, des vêtements pour les pauvres femmes et pour les enfants de la première communion.

En 1833, après la mort de Rochereau, M. et Mme de Rancogne devinrent propriétaires de l'hôtel de Brionne, où ils finirent leur longue existence. 49 ans après, Mme Brodart l'achète et en fait, en 1890, l'usage que l'on sait.

Maison bénie entre toutes; mieux que nulle autre, elle devait devenir l'asile des sœurs expulsées. Elles peuvent y entrer avec l'assurance d'y avoir été précédées, depuis un siècle et demi, par les bonnes œuvres qu'elles continueront et la pratique des vertus.

Grâces en soient rendues à Mme Brodart.

(*Abeille*, 15 janvier 1891).

A la suite de cet article, Mme Brodart, aujourd'hui décédée elle aussi, écrivit à M. E. Bourges la touchante lettre qui suit :

Paris, vendredi 16 janvier 1891.

Monsieur,

En lisant votre journal, j'y vois l'éloge que vous me décernez à l'occasion du don que j'ai fait de ma maison pour les bonnes sœurs de Charité. J'en suis toute confuse; je ne mérite pas tant d'éloges.

En agissant ainsi, j'ai accompli un désir qui partait de mon cœur maternel en souvenir des enfants que j'ai perdus, que je regrette, et que je regretterai toujours. Lorsque le bonheur n'existe plus pour soi sur la terre, on est heureux de pouvoir procurer du bonheur aux pauvres déshérités de ce monde. Je prie Dieu qu'il bénisse cette nouvelle maison; sa protection sera ma récompense.

Permettez-moi de vous remercier de votre indulgente bonté à mon égard, quoique j'eusse préféré que mon nom ne soit jamais mis dans une feuille publique; la charité est meilleure lorsqu'elle est silencieuse, parce que Dieu se charge alors de la récompenser.

Veuillez agréer, Monsieur, l'assurance de mes sentiments distingués.

E. BRODART.

L'HOTEL DES QUATRE SECRÉTAIRES

Les secrétaires du Roi, plus souvent dénommés secrétaires du Conseil, des finances et du Conseil privé, — qu'il ne faut pas confondre avec les secrétaires du cabinet du Roi — étaient des fonctionnaires d'ordre élevé. Institués au nombre de quatre, par ordonnance de Charles VII du 23 décembre 1451 « pour servir en son Conseil d'État à signer toutes sortes d'arrêts et d'expéditions », et réduits à deux en 1561. Rétablis au nombre de quatre sous Henri III, en 1570, ramenés à deux, puis rétablis de nouveau au chiffre de quatre.

Ils eurent définitivement pour mission de : « Signer tous requêtes, mandements, commissions concernant le fait de direction des finances et servant à l'acquit des trésoriers de l'Épargne particulière, casuelle ordinaire et extraordinaire, etc. ». Après vingt ans d'exercice, ils étaient anoblis « quoique établis par quartier, ils étaient perpétuels, parce qu'à la sortie du quartier, ils étaient envoyés comme intendants dans les provinces ».

Leur rémunération était prélevée sur les revenus du sceau et s'élevait en moyenne à 25,000 livres, sans compter une infinité de droits perçus pour expéditions extraordinaires.

Comme les ministres et tous les services de la Couronne, les Quatre Secrétaires suivaient la Cour dans tous ses déplacements à Versailles et à Fontainebleau. Après avoir essayé plusieurs systèmes de location dans différents quartiers de la ville, ils jugèrent avantageux d'acquérir un immeuble à Fontainebleau, dans lequel ils pourraient tous s'installer avec leurs familles pendant la résidence du Roi. Le 1er août 1669 (acte de Me Choppin, notaire à Paris), MM. Louis Béchameil, Louis Devryers, Jean-Antoine Ranchin et Claude Coquille, tous quatre secrétaires du Roi, achetèrent du sieur François Rozée, de Paris, un hôtel rue des Sablons, pour l'affecter à leur service.

Naguère encore on pouvait voir, même après les transformations qu'a subies la maison, les restes des quatre cuisines, etc.

Cette propriété, d'une vaste étendue (un hectare vingt centiares), tenait : par devant, la rue des Sablons; par derrière, la rue Saint-Merry; d'un côté, sur toute la longueur, la rue du Cimetière (de la Paroisse) ; d'autre côté, de même, sur la ruelle aux Biches jusqu'à la rue Saint-Merry. A cette époque, on le voit, la partie de la rue Saint-Honoré actuellement ouverte, n'existait pas puisque les jardins allaient jusqu'à la rue Saint-Merry.

Chaque secrétaire en était propriétaire pour un quart et, en cas de mutation, transmettait cette propriété à son successeur.

Voici quels ont été, par ordre de nomination, les derniers titulaires de ces charges, chacun fonctionnant par quartier, c'est-à-dire par trimestre : le premier de janvier à mars, le deuxième d'avril à juin, le troisième de juillet à septembre, le quatrième enfin, d'octobre à décembre. Quelques-uns occupaient en outre les fonctions de maître des requêtes. Les titulaires changeaient peu, souvent ils transmettaient leur charge à leur fils. Nos recherches ne remontent pas au delà de l'année 1781, où nous trouvons en fonctions :

17... Eynard de Ravanne, longtemps suppléé par de Vougny, puis par Bergeret de Fronville.
17... N... (charge sans titulaire).
1723. De Vougny.
1781. Guyot de Chenizot.

Puis vinrent :

1748. Bergeret de Fronville.
1760. Huguet de Montaran.
1777. Gastebois.
1780. Lemaître.
1783. Bergeret de Norival.

Ces quatre derniers étaient en fonctions, lors de la suppression des offices, en 1702.

Tout alla parfaitement jusqu'à la Révolution ; les Quatre Secrétaires, désormais privés de leur charge, se dispersèrent ; mais malgré toutes les recherches, on ne put les convaincre d'avoir émigré, de sorte qu'ils conservèrent eux ou leurs familles, chacun leur quart de propriété.

Au rétablissement de l'ordre, il fallut bien chercher à vendre. Mais ce ne fut pas chose commode.

Les quatre derniers secrétaires, Goujon de Gasville, Jacques Lemaître, Le Tonnellier de Breteuil et Gastebois, précédents propriétaires, étaient morts laissant plusieurs héritiers, de sorte que chaque quart se divisait en douzièmes, quarantièmes et même en quarante-huitièmes. Il devenait bien difficile de les joindre tous.

Un nommé Jean-François Lemore, receveur de rentes, rue de la Harpe, à Paris, eut cependant le courage d'entreprendre l'affaire. Par des séries d'actes dont nous ne donnerons pas la nomenclature, échelonnés du 6 ventôse an V au 27 août 1807, il devint propriétaire des trois quarts de l'hôtel des Quatre Secrétaires, qu'il vendit, le 25 mai 1808, à M. Ansillon, de Nemours, avoué à Fontainebleau.

La propriété comprenait :

Un quart, acquisition des héritiers Bergeret-Fronville;

Un quart des héritiers Gastebois;

Deux cinquièmes, un quarante-unième et un quarante-huitième, soit cent sept neuf cent soixantièmes (107 060⁰⁰), de Huguet de Montaran, acquéreur des parts des héritiers de Jean-Charles de Gasville, au nombre de quatre, ayant des droits inégaux très fractionnés;

Un quart et un quarante-neuvième dans le quart, soit soixante-cinq neuf cent soixantièmes (65 060⁰⁰), acquis de J.-B. Goujon de Gasville;

Un cinquième dans le quart, soit quarante-huit neuf cent soixantièmes (18 060⁰⁰), acquis des héritiers de la dame veuve Goujon de Gasville;

Un douzième dans un quart, ou le quarante-huitième au total, soit vingt neuf cent soixantièmes (20 060⁰⁰), acquis de M. Le Tonnelier de Breteuil, qui le tenait de la succession de Jean-Prosper Goujon de Gasville.

Le dernier quart de l'hôtel, appartenant aux héritiers de M. Lemaitre, qui l'avait acquis, le 4 avril 1788, de M. Paris de Vougny en même temps que sa charge, mis en vente au tribunal, est devenu la propriété de M. Ansillon.

Enfin, ce dernier réunit, en 1817, à l'hôtel des Quatre Secrétaires, une propriété voisine, appartenant au sieur Denis Lebois, ex-charpentier de l'Empereur, de sorte que la sienne est alors parfaitement délimitée jusqu'à la rue Saint-Merry, par la ruelle aux Biches et isolée de tous côtés.

Elle se composait donc : de quatre corps de bâtiments, dont un sur la cour des Sablons, un autre au fond de la cour, entre cour et jardin, et deux en aile; grande cour pavée, grand jardin se prolongeant jusqu'à la rue Saint-Merry, basse-cour, petit jardin, grand clos le long de la ruelle aux Biches, plus un petit bâtiment dans la basse-cour.

Voilà donc enfin, après bien des efforts, l'immeuble reconstitué et réuni en entier entre les mains d'un seul propriétaire, mais que de mal a dû donner aux clercs de notaire la répartition entre tant d'héritiers de tous ces 060⁰⁰! Un vrai casse-tête chinois!

M. Ansillon vend l'hôtel le 4 février 1832, à Mme de Parseval, née de Gagnonville, qui le revend le 5 juin 1842, à M. Chalmeton de Montchamp, conservateur des hypothèques à Melun. Il est resté ensuite à sa veuve, morte très âgée, et a appartenu depuis à Mme de Cazes, sa petite-fille.

On pouvait espérer que cette belle propriété, après avoir appartenu indivisément à quatre propriétaires et qui avait été rétablie avec tant de peine, allait désormais demeurer paisible et recevoir quelque grand établissement.

Il n'en a rien été. En 1845, une ordonnance royale a approuvé le prolongement de la rue Saint-Honoré, depuis la rue de France jusqu'à la rue Béranger. Le parc a été coupé en deux par ce percement et M. Chalmeton a abandonné gratuitement à la ville le terrain nécessaire pour la rue. Dans la partie retranchée, ayant façade sur la nouvelle rue Saint-Honoré, la rue de la Paroisse et la rue Saint-Merry, se sont élevées plus de 25 maisons, toutes avec jardin. La ruelle aux Biches a été supprimée à partir de la rue Saint-Honoré.

En 1876, un fragment de l'ancienne propriété Lebois, donnant sur la rue Saint-Honoré, en a été distrait. Sur son emplacement, s'est élevé l'élégant hôtel de M. Beths, appartenant aujourd'hui à Mme la baronne Neveux.

Enfin, en 1888, le corps de bâtiment principal de l'hôtel, qu'on a séparé par un mur de la maison ayant entrée rue des Sablons, et le parc donnant rue Saint-Honoré, ont été vendus à M. Bapst, capitaine d'artillerie (1).

Pour en terminer avec l'hôtel des Quatre Secrétaires, n'omettons pas de dire que M. Ansillon a été un moment troublé dans la jouissance de cette propriété si péniblement acquise.

Le 15 mars 1829, l'administration de l'Enregistrement lui adressa sommation d'avoir « à restituer à l'État la propriété appelée l'hôtel des Quatre Secrétaires,
» laquelle fut acquise en vertu d'un arrêt du Conseil, du 17 mars 1750, pour le ser-
» vice des intendants de l'argenterie, menus-plaisirs et affaires de la Chambre
» de S. M., suivant contrat du 20 septembre 1750. »

Il y avait là une erreur aussi grossière que manifeste. L'administration des Domaines, qui avait entre les mains tous les dossiers des biens nationaux, ne s'était pas donné la peine d'y recourir. Un chef de service, trop zélé, avait confondu l'hôtel des Quatre Secrétaires avec l'hôtel des Menus-Plaisirs, situé rue des Pins, lequel avait été bel et bien vendu au district, le 27 ventôse an III, à un nommé Lesieur, de Melun.

Mais ce qu'il y a de plus fort, c'est que l'administration mit plus de six ans à s'apercevoir de sa bévue. Mieux que cela, au lieu de reconnaître purement et simplement qu'elle s'était trompée, elle notifia allègrement sa décision à Mme de Parseval, le 6 octobre 1835, en concluant ainsi :

« Les actes de propriété ne contenant aucune mention de domanialité et rien
» n'indiquant que M. Ansillon ni ses auteurs aient pu connaître l'origine domaniale
» dont elle *pouvait* être entachée, ledit sieur Ansillon doit être réputé acquéreur de
» bonne foi et, comme la possession remontait à plus de dix ans, avant la notifi-
» cation de la sommation, la *prescription décennale lui est acquise*... »

O excellente administration, vous êtes vraiment trop bonne !

(*Abeille*, 25 décembre 1891).

(1) Cette propriété a été rachetée en 1894 par le comte Lavaurs.

L'HOTEL DE RICHELIEU

La villa Bristol actuelle, rue des Bons-Enfants, est l'ancien hôtel de Richelieu, non du cardinal, comme on l'a dit à tort, mais de son petit-neveu, le maréchal.

[Quand le célèbre homme d'État venait à Fontainebleau, il descendait d'ordinaire au Palais; cependant, lors de son dernier séjour, le 13 octobre 1642, six semaines avant sa mort, il s'installa à l'hôtel d'Albret (maison de Champigny, à l'angle gauche de la place d'Armes, touchant au Parterre). On fit même démolir le mur de cet hôtel pour livrer passage à la chambre portative en bois, tapissée de damas de soie, dans laquelle voyageait l'illustre cardinal, déjà moribond, qui ne la quittait ni jour ni nuit.]

Connu dans son jeune temps, sous le nom de duc de Fronsac, par ses galanteries qu'il paya de deux séjours à la Bastille, le maréchal de Richelieu n'en fut pas moins plus tard nommé ambassadeur à Vienne, se distingua à la bataille de Fontenoy, au succès de laquelle il concourut pour une bonne part, défendit Gênes contre les Autrichiens, puis, après l'accomplissement de quelques missions, rentra en France. En 1773, il fut envoyé à Nemours, par le Roi, au devant de la princesse de Savoie, qui venait épouser le comte d'Artois. Il mourut en 1788, après avoir mené, au cours de ses dernières années, une conduite assez peu édifiante.

Les chroniques ne nous ont rien rapporté intéressant cette demeure. Nous en retenons un seul incident, survenu en octobre 1746.

Voltaire, qui venait souvent à Fontainebleau pour suivre les représentations de ses pièces sur le théâtre de la Cour, était descendu chez le duc de Richelieu avec Mme du Châtelet. Cette dame perdit 84,000 livres au jeu chez la Reine; Voltaire, qui ne manquait pas une occasion d'exercer sa verve satirique, lui dit en anglais qu'elle jouait « avec des fripons ». Ce propos fut entendu par des gens plus puissants que délicats et Voltaire dut se cacher pendant deux mois, à Sceaux, chez la duchesse du Maine.

Confisqué à la Révolution, comme bien d'émigré, l'hôtel fut vendu nationalement au district, le 4 germinal an II. L'acquéreur fut un nommé Giot, de Paris, moyennant 21,000 livres.

Voici comment il était désigné sur l'acte de vente :

« Maison et dépendances, ci-devant appelée l'hôtel de Richelieu, appartenant précédemment à l'émigré de ce nom, laquelle est située rue des Bons-Enfants, et consiste en différents bâtiments, pavillons, cour et jardin, ayant un passage et porte cochère donnant sur la rue de Richelieu, d'une contenance de 338 toises, tenant d'un bout sur la rue des Bons-Enfants, d'autre à celle ci-devant appelée de Bourbon (Ferraro), d'un côté à la rue ci-devant dite de Richelieu, et d'autre au citoyen Touchel. » (Archives départementales, 23 F, 5.)

Lors de la visite faite le 20 septembre 1792, au nom de la municipalité, par les membres du comité de surveillance, l'hôtel était encore garni de tous ses meubles et effets. Le sieur Rottier, concierge, a exhibé aux commissaires qui l'ont coté et paraphé, un état daté du 5 octobre 1778, signé : Sutico, contrôleur, et visé : de la Marre.

Ce mobilier a dû être vendu aux enchères, dans la galerie de François Ier, au Palais, avec celui des autres émigrés. Quant à la propriété en elle-même, elle n'était pas restée totalement improductive à la Nation. Le jardin avait été loué à un nommé Millot, jardinier.

L'hôtel de Richelieu, dont il ne reste plus actuellement une seule pierre, eut une destinée assez diverse; toutefois, la propriété est demeurée sans morcellement.

Dès le 15 germinal an II, Giot, le premier acquéreur, demandait à l'architecte Panis, un plan de reconstruction de l'hôtel, entre cour et jardin. Ce projet, très luxueux, ne fut pas suivi d'exécution. La maison, si elle fut habitée, fut très mal entretenue et ne tarda pas à devenir une sorte de ruine. Elle fut vendue par Giot à Benjamin, dont nous retrouverons plus d'une fois le nom dans les acquisitions de propriétés à cette époque, puis par celui-ci à un nommé Guérin, qui, à son tour, la céda au département, pour y établir la sous-préfecture qui s'y trouvait en 1830 et y demeura jusqu'en 1831. A cette époque, le Conseil général soutira à la ville de Fontainebleau une subvention de 10,000 francs pour contribuer aux réparations à faire en vue d'une meilleure installation de la sous-préfecture. Nous ne savons si cette somme a été réellement déboursée par la ville, mais peu après la sous-préfecture fut établie dans l'ancien hôtel des Relations extérieures, au quartier des Suisses (la gendarmerie actuelle).

M. Maloizel, acquéreur du département, y installa le collège, puis vers 1851, quand la rue des Bons-Enfants fut élargie, de la rue Richelieu à la place du Palais, l'établissement scolaire fut reporté sur la rue de Ferraro et le bâtiment actuel fut construit.

D'abord *hôtel de Londres*, sous les frères Lapotaire, qui n'y firent pas de brillantes affaires, malgré son aménagement bien entendu, M. Dumaine termina le bail ; puis, après être resté quelque temps sans locataire, il devint *hôtel Bristol*, sous la direction d'un Anglais, dont l'insuccès fut complet.

Finalement, il fut acquis de M. le docteur Maloizel par M. Adam-Salomon, dont la veuve en est actuellement propriétaire, et l'a converti en maison bourgeoise.

(*Abeille*, 22 janvier 1892.)

L'HOTEL DE MADAME ÉLISABETH

(HOTEL GUÉRIN)

La mise en vente de la magnifique habitation de M. Guérin appelle l'attention sur cette belle et vaste propriété, une des plus importantes de Fontainebleau, quoiqu'elle ne soit pas d'une bien grande ancienneté. Les souvenirs qui en attribuent la fondation à Madame Élisabeth sont toujours assez vagues. Continuons cependant, si on le veut bien, pour respecter une tradition accréditée ici, à lui donner le nom de la princesse qui paraît avoir songé à la création de cette propriété, dont elle n'a pas joui.

Nous lisons, en effet, dans le livre publié par la comtesse d'Armaillé (1) :

« Madame Élisabeth conservait un si douloureux souvenir des derniers jours qu'elle avait passés à Versailles, que sans vouloir abandonner complètement Montreuil, elle songeait à se créer une autre retraite à Fontainebleau. En plusieurs occasions, la population de cette ville avait témoigné du respect et de l'attachement à la famille royale. Dès l'année 1787, Madame Élisabeth avait désiré posséder une maison de retraite près de la forêt, et Dassy, médecin de la Cour et ami de Le Monnier, s'était secrètement occupé de cette acquisition. En 1789, l'habitation était choisie et les travaux avancés. Madame Élisabeth avait dessiné les sujets de la corniche et commandé ceux des boiseries du salon. Dans le parc, une allée de tilleuls, semblable à celle de Montreuil, conduisait à une grille de laquelle on découvrait un bel horizon de verdure, et l'écusson de France ornait déjà les pierres du puits du jardin (2). Mais les décrets de l'Assemblée sur les finances, la création des assignats, révélation de l'épuisement complet de la source des recettes, ne pouvaient permettre à Madame Élisabeth de réaliser son projet. Elle dut l'abandonner et céder à Dassy la propriété entière. Fontainebleau conserve encore le

---

(1) *Madame Élisabeth, sœur de Louis XVI*. — Paris, librairie académique Perrin, 1886.

(2) Ce puits existe encore; il a été enterré presque jusqu'à la margelle, dans les travaux de terrassement, mais il est bien conservé. L'armature en fer à laquelle est adaptée la poulie toujours en place, est surmontée d'un panier à jour, en belle ferronnerie au marteau, d'où s'élève un riche bouquet de pâquerettes et lys.

souvenir de ce rêve qui aurait plus d'une fois charmé les heures d'ennui de la princesse durant les premiers mois de la révolution dans Paris. M. Guérin, ancien maire de Fontainebleau et si généralement estimé dans cette ville, devint possesseur de cette propriété en 1837. »

Nous ignorons la source à laquelle la comtesse a puisé ces renseignements, assez conformes à une légende que nous nous garderons de détruire. Il n'en reste pas moins que Madame Élisabeth n'a jamais habité l'hôtel qu'elle n'a, du reste, pas vu achever, et que tous les titres constatent que le docteur Dassy Darpagean l'a créé ; toutes les quittances sont à son nom.

Le 6 juin 1785, le docteur Dassy achète de Mme Lardy, veuve de Claude Lardy, « porteur de chaises » du Roi, un terrain de deux arpents qu'elle tenait de Marie Raffard, veuve du sieur Dorchemer de la Tour.

Le 12 novembre 1786, François Lebaigue, ancien contrôleur des rentes de l'Hôtel-de-Ville de Paris, et sa femme, Jeanne-Élisabeth Dubois de Fréminet, lui vendent un grand terrain voisin, sur lequel se trouvait un chantier. Ce terrain provenait également de la succession Dorchemer de la Tour.

En 1788, Dassy fait construire les corps de bâtiments composant l'hôtel et ses dépendances, puis l'agrandit successivement de tous les terrains qu'il peut acheter de divers, parmi lesquels nous trouvons François Labbé, marchand de bois à Paris ; Laurent Laureau, « cocher des carrosses du Roi allant de Fontainebleau à Paris » ; Jean Bourdin, ancien chef des Bureaux de M. Bertin, ministre d'État ; Louvet, entrepreneur de plantations à Fontainebleau, etc., etc.

Dassy meurt le 31 mars 1793, âgé de 51 ans seulement ; la propriété passe aux mains de sa veuve, Charlotte-Catherine Regnaudin, dont les héritiers la vendent, le 9 juin 1810, à Gervais Rochereau, ancien procureur au Parlement, avocat à la Cour royale, qui s'était retiré à Fontainebleau.

Après quelques années de possession, Gervais Rochereau la cède à M. Charpin Feugerolles et à Mme de Perthuis, sa femme, qui la conservent pendant assez longtemps et l'augmentent d'un terrain acheté à Trabé-Fessard, marchand de bois.

Devenue veuve, Mme de Charpin Feugerolles et son fils la vendent à nouveau, le 28 septembre 1837, à M. Denis Guérin, ancien pharmacien à Paris, qui, quelques jours avant, avait déjà acquis des époux Mierre un vaste terrain, rue de France et route du Bornage, qui longeait la propriété.

Sous la possession de M. Guérin, la propriété s'agrandit considérablement encore et s'améliore sous tous les rapports. Au vaste terrain Mierre, sur la rue de France, acquis en même temps que l'hôtel, il y ajoute, par deux acquisitions à la famille Trabé, une autre à M. Deschâteaux, et diverses parcelles achetées à des voisins, si bien que la propriété acquiert une étendue de 52,072 mètres.

M. Guérin, qui était pris d'un grand amour pour son hôtel, consacra des sommes considérables à son amélioration et à son entretien. Par ses soins, les bâtiments changèrent d'aspect, il créa le jardin d'hiver où il accumula les plantes les plus rares des tropiques; il fit vallonner les jardins qui devinrent un parc anglais. C'est alors que disparut l'allée de tilleuls plantée à l'intention de Madame Élisabeth et que la grille sur la forêt fut remplacée par un saut de loup qui ouvre de plus larges horizons de verdure. On peut voir encore cette grille à l'entrée de la maison qui porte le n° 55 sur la rue Saint-Honoré, en face le quartier de cavalerie.

C'est toujours M. Guérin qui, devenu acquéreur du piédestal en marbre rouge veiné de blanc, sur lequel s'élevait la « Croix de Toulouse » détruite à la Révolution, en fit faire deux socles sur lesquels sont placés dans le parc une statue et un vase. C'est le seul souvenir qui subsiste des quatre magnifiques colonnes ornant jadis la « Belle Cheminée » dans la salle de ce nom, au Palais de Fontainebleau.

Il ajouta aussi à la façade postérieure la vaste galerie qui fut, jusqu'en 1870, témoin de fêtes et de réceptions inoubliables.

Au décès de M. Guérin, en 1888, la propriété passa à Alexandre Guérin, son digne neveu, qui avait consacré sa vie aux œuvres de bienfaisance et aux fonctions municipales. Une mort presque subite l'a ravi, trois ans après, à l'affection de ses nombreux amis, et l'hôtel de Madame Élisabeth fut mis en vente (1).

Quelques mots maintenant sur les divers propriétaires.

Né en 1744, à Montléon, près Castelnau en Languedoc, Augustin Dassy Danglejean, docteur en médecine de la Faculté de Toulouse, était venu se fixer, à l'âge de 31 ans, à Fontainebleau. Il s'y lia avec le respectable Le Monnier, premier médecin des rois Louis XV et Louis XVI, médecin des Enfants de France, célèbre botaniste, auquel on doit les premières plantations de pins de Riga dans la forêt. Homme de

(1) Aucun acquéreur ne s'étant présenté pour acheter cette importante propriété dix habitants de Fontainebleau se sont réunis en syndicat et en sont devenus propriétaires en 1893.

Leur idée, parfaitement raisonnable, était que si la dépense et l'entreprise étaient trop importantes pour un seul, il devenait possible à un syndicat de tirer bon parti de ce vaste terrain et de le morceler.

Aussitôt les nouveaux propriétaires prirent une grande résolution, démolirent la maison de façon à ouvrir au milieu du parc une belle avenue qui reçut le nom de rue Carnot. Des maisons se construisirent promptement en bordure de cette voie nouvelle; aussi, encouragés par l'expérience, les acquéreurs ont-ils peu après créé une autre voie, baptisée rue Casimir Périer (on voit que l'on est dans le quartier des présidents de la République). Cette rue, ouverte en biais, commence au carrefour de la Fourche pour aboutir à la rue Carnot et y former le carrefour Carnot. A cet endroit une troisième nouvelle voie, la rue Decamps, prend naissance et mène à la place de la Sous-Préfecture, où se trouve le buste du peintre de talent, notre ancien concitoyen.

savoir et d'une grande distinction, Dassy devint rapidement médecin des hospices et fut accueilli avec empressement par le comte de Montmorin, gouverneur de Fontainebleau, et la haute société de l'époque.

Lors des nombreux et brillants séjours de la Cour à Fontainebleau, il suivait avec Le Monnier les excursions de Madame Élisabeth et de sa sœur dans la forêt qu'elles ne se lassaient pas de parcourir. Au cours de ces promenades qu'il dirigeait vers les endroits les plus riches en plantes rares, les Enfants de France apprenaient la botanique. « Les deux savants, dit la comtesse d'Armaillé, jouissaient de la satisfaction des Enfants royales, heureuses de trouver, loin des grandeurs de Versailles, la solitude et la liberté de la campagne. »

De cette époque date la respectueuse affection dont il donna des preuves, jusqu'au dernier jour de sa vie, à la si séduisante et malheureuse Madame Élisabeth.

Lorsque vint la révolution, il accepta avec empressement comme M. de Montmorin, comme le Roi lui-même, les idées libérales qui se faisaient jour, ne soupçonnant pas les excès qu'elles présageaient.

Dès janvier 1790, nous le voyons faire partie, en qualité de notable, du premier conseil municipal de Fontainebleau. Il s'occupa avec dévouement des affaires de la commune et remplit plusieurs missions de confiance au dehors. Ses lettres, dont plusieurs sont entre nos mains, témoignent du zèle qu'il y apporta.

Il fut notamment envoyé à Paris en septembre 1790, avec MM. de Montmorin, Lebaigue et Marchand de Choisy, ses collègues, pour réclamer le payement du subside — important pour l'époque — de 3,000 francs par mois, promis ou dû à la ville de Fontainebleau. Les commissaires étaient chargés en outre de présenter, à l'Assemblée nationale, les doléances de deux communes relativement aux dévastations de la forêt. « Nous nous occupons en même temps, écrivait-il le 20 septembre 1790, des autres objets relatifs au grand bien de Fontainebleau. Nous profiterons avec chaleur du léger ascendant que paraît nous donner la démarche que notre municipalité a fait faire par notre organe. » Enfin ils avaient encore pour mission de faire des tentatives, au nom des habitants, auprès du Roi, pour le maintien des équipages de chasse, qu'il était question de réformer. Avec quel empressement il rend compte de la réussite obtenue : « M. de Lafayette a fortement applaudi à la conduite de notre municipalité : le parti que nous avons pris entraîne le suffrage général. » Il s'identifie par sa nature aux principes de l'Assemblée nationale, qui hier a fait une députation au Roi pour le supplier de révoquer l'ordre de suppression des équipages de chasse. Le Roi a répondu au président :

« Quant à ma vénerie, c'est une affaire qui ne regarde que moi. Depuis long-
» temps je ne chasse pas et je sais me passer de cette jouissance : peut-être un
» jour, lorsque j'aurai le cœur content, je reprendrai mes plaisirs ordinaires. »

Mais les événements marchèrent avec une effroyable progression. Arrivent les massacres de septembre où le comte de Montmorin et son frère trouvent la mort.

La Terreur se fait sentir à Fontainebleau; Dassy avait repris l'exercice de sa profession, sans plus s'occuper des affaires publiques. Quoique qualifié « un bon médecin, médecin désintéressé dans ses fonctions pour le public et actif pour les hôpitaux », quoique chef de service des hôpitaux de Fontainebleau et d'Avon, il est jeté en prison le 21 septembre 1793, sur un ordre du farouche représentant Dubouchet. Le motif de cette mesure était : « Ses liaisons avec les grands, notamment avec Élisabeth et Montmorin. » Sa détention dura près de six mois; il fut libéré avec nombre d'autres par le représentant Maure, le 5 germinal an II.

La persécution dont il fut l'objet ne put attiédir ses sentiments : il suivit d'aussi près que possible le procès de Madame Élisabeth et accompagna, pour ainsi dire jusqu'à l'échafaud, la sœur dévouée de son Roi.

Le 10 mai 1794, lorsque la fatale charrette, emmenant ses victimes au bourreau, passa rue Saint-Honoré devant l'Assomption, un homme tomba en poussant des cris déchirants. Il fallut l'emporter chez sa fille. C'était Dassy, le médecin de Fontainebleau, qui avait voulu dire un dernier adieu à la princesse qu'il suivait depuis son enfance.

La comtesse d'Armaillé dit, d'après le comte Ferrand, que Dassy est mort le soir même de saisissement. Il n'en est rien; mais miné par tant d'épreuves, il a survécu quelques mois seulement.

Le 31 mars 1795, il a succombé dans son hôtel de Fontainebleau, et comme dernier témoignage d'estime, tous les officiers municipaux et notables, membres du conseil général de la commune, ont tenu à signer son acte de décès.

Dassy, qui avait reçu la sépulture dans le parc de son hôtel, a été exhumé le 12 octobre 1821, sur la demande du comte de Charpin, propriétaire d'alors et réinhumé dans le cimetière actuel qui avait été ouvert en 1822.

**

De Gervais Rochereau, il ne nous reste plus rien à dire. Réfugié à Fontainebleau aux premières heures de la Révolution, administrateur de l'hospice, il avait, malgré les soins à donner à sa nombreuse famille (16 enfants) et à des clients, apporté aussi son utile concours aux affaires municipales.

Nous ne pouvons que renvoyer le lecteur aux n°ˢ de l'*Abeille* du 28 mai 1880 et 10 janvier 1891. Dans celui du 20 février 1891, nous avons publié une partie de sa correspondance et énuméré minutieusement les actives démarches qu'il fit avec succès à Paris, auprès de ses anciens amis, pour obtenir que la sous-préfecture, ardemment sollicitée par Nemours, fût établie à Fontainebleau. Il a droit, de ce chef, à toute la reconnaissance des habitants (1).

---

(1) V. *infra* la notice relative à la création de la sous-préfecture et du tribunal de Fontainebleau.

M. Guérin (Denis-Alexandre), né le 13 novembre 1798, mort à Fontainebleau le 10 août 1888, fut pendant cinquante ans investi des plus hautes fonctions municipales de la ville et du département même, ainsi qu'il en fut le bienfaiteur par ses créations, son initiative et son dévouement sans trêve aux intérêts de ses concitoyens.

Jeune encore, retiré des affaires, il s'était voué, depuis 1838, à la gestion des administrations diverses de Fontainebleau ; il y avait acquis de bonne heure droit de cité et il avait mis au service des habitants son activité surtout et sa haute intelligence pratique. Ancien interne des hôpitaux et pharmacien de 1re classe à Paris, il débuta dans sa ville d'adoption par les fonctions d'administrateur de l'hospice et du bureau de bienfaisance. La caisse d'épargne fit ensuite appel à son concours. On avait pu apprécier son zèle et son esprit pratique; on ne manqua pas d'en faire un conseiller municipal. Dès son arrivée à la mairie, il se mit avec ardeur au travail, de manière à acquérir toutes les connaissances spéciales nécessaires à un bon administrateur. C'est ainsi qu'on le vit, durant les premières années, membre de toutes les commissions et presque toujours désigné pour présenter les rapports. Il demeura conseiller pendant trente-huit ans (1839-1877). En janvier 1840, il est nommé adjoint, et de juillet 1852 jusqu'en 1871, il fut constamment, sauf une courte interruption, maire de la ville. Pendant vingt-six ans, il resta membre du conseil général.

D'autres fonctions ne lui manquèrent pas; délégué cantonal du conseil de l'instruction publique et membre du conseil d'administration du collège communal, son activité lui permettait de suffire à tout. Mais son œuvre de prédilection fut la société de secours mutuels de Saint-Roch qu'il fit reconnaître d'utilité publique, le 1er février 1858 et dont il fut le président jusqu'à sa mort, de même qu'il en fut le bienfaiteur.

Son passage aux affaires municipales a laissé de nombreuses traces : ouverture de plusieurs rues, amélioration de la voirie, reconstruction de l'hôtel de ville, construction de la sous-préfecture, acquisition de l'usine à gaz, de l'usine des eaux et mille autres travaux accomplis avec prudence, sans grever les charges de la ville.

Administrateur d'ancienne date du bureau de bienfaisance, il n'a pas oublié non plus l'instruction populaire qu'il a dès longtemps rendue gratuite et complétée par la création de salles d'asiles et de cours du soir pour les apprentis et les ouvriers. Il avait fondé de ses propres deniers la bibliothèque municipale dont il est resté administrateur jusqu'au jour de son décès. Il avait aussi un autre titre à la reconnaissance de ses concitoyens : pendant l'année terrible de 1870, âgé déjà, il supporta avec un courage et une rare présence d'esprit les épreuves les plus rudes. Luttant journellement dans l'intérêt commun contre l'exigence de l'ennemi envahisseur, sans cesse sur la brèche, il a épargné à la ville bien des malheurs.

Le gouvernement a su reconnaître tant de services. Le 10 décembre 1849, la croix de chevalier de la Légion d'honneur vint récompenser ses travaux que couronna, en 1864, sa promotion au grade d'officier du même ordre. En 1866, les palmes d'officier de l'instruction publique furent décernées au créateur de la gratuité de l'instruction primaire, au fondateur des cours d'adultes et de la bibliothèque municipale. Enfin, en 1875, il reçut une médaille d'or pour la réorganisation de la société de secours mutuels de Saint-Roch qu'il avait placée dans une grande situation de prospérité.

Peu d'existences ont été aussi bien et utilement remplies. Enfant de ses œuvres, après avoir laborieusement acquis les titres d'interne et de pharmacien de 1re classe, il est venu, à quarante ans, s'étant fait une situation indépendante, se fixer à Fontainebleau, comme pour y prendre sa retraite. C'est au contraire à ce moment, qu'appliquant aux affaires publiques l'activité et l'intelligence dont il avait fait l'emploi heureux dans ses propres affaires, il recommence une nouvelle carrière et se dévoue tout entier aux intérêts de ses nouveaux concitoyens. Sa mort a été une perte cruelle pour Fontainebleau qui ne saurait oublier ni son nom ni ses œuvres.

(Abeille, 29 avril-13 mai 1892.)

L'HOTEL DES GRANDS AUDIENCIERS

M˟˟ la vicomtesse de Grandval, la musicienne et compositrice de talent, a vendu sa maison sise à Fontainebleau, 4, rue Royale, à M˟˟ la baronne Berthemy. Elle habitait peu Fontainebleau depuis la mort de son mari et le mariage de sa fille qui a épousé le baron Marochetti, diplomate italien.

La maison dont nous nous occupons a été improprement dénommée « hôtel de Luynes »; elle n'était qu'une dépendance de l'hôtel lui-même, situé rue Saint-Louis, autrefois rue de La Rochefoucauld.

Cette maison était, en 1680 (1), lors du séjour de la Cour à Fontainebleau, la résidence des Grands Audienciers, grands-officiers de la Chancellerie, au nombre de quatre, dont les fonctions consistaient entre autres à présenter au chancelier des rapports sur les lettres de noblesse.

Le cardinal de Luynes, archevêque de Sens, aumônier de la Dauphine, en fit l'acquisition en 1755, en même temps que son hôtel de la rue Saint-Louis.

Limitée par la place du Château, la rue Royale, la rue Saint-Honoré et l'hôtel de Ferrare, cette propriété servait au logement des gens de la suite du cardinal et abritait son « train ». On y voyait encore, au moment de la Révolution, de vastes remises et des écuries pour 60 chevaux.

A la mort du cardinal, en 1788, elle échut en héritage à son neveu, Louis-Joseph-Charles-Aimable d'Albret de Luynes et de Chevreuse, prince de Neufchâtel, etc., colonel général des dragons de France, un des plus grands propriétaires de France.

Quoique surveillé comme suspect et parfois inquiété, le duc de Luynes n'émigra pas et conserva la jouissance de la plus grande partie de ses biens. Mais il avait dû, dès les débuts de la Révolution, faire l'abandon de ses titres, et c'est sous la modeste qualification de *Dalbret*, cultivateur à Dampierre, qu'il vendit, le 10 septembre 1793, cette propriété à un sieur Audinet, de Paris.

(1) Plan ms. — Bibliothèque nationale.

Celui-ci la divisa en cinq lots, en vendit quatre à Antoine Hervier (1), de Fontainebleau et se réserva le premier qu'il revendit plus tard à Goimbault, plombier, lequel le céda en 1812 à M. Debonnaire de Gif, qui y joignit la maison portant le n° 6 et la séparant du n° 8 actuel. Ses héritiers l'ont vendue au vicomte de Grandval, ancien officier d'état-major, dont la veuve s'en est défaite au profit de la baronne Berthemy.

Cette maison et celle de M. Pujos, portant le n° 8 de la rue Royale, sont les seules constructions datant d'avant la Révolution.

Sur le surplus du terrain de l'hôtel des Grands Audienciers ont été construites, plus tard, diverses maisons, toutes avec jardin ; ce sont celles qui portent les n°s 10 et 12 sur la rue Royale, et 30, 32, 34, 36 sur la rue Saint-Honoré.

(Abeille, 27 mai 1892.)

---

(1) M. Antoine Hervier était le bisaïeul du propriétaire actuel, M. Pujos ; de sorte que depuis sa vente, c'est-à-dire depuis un siècle, l'immeuble n'a cessé d'appartenir à la même famille et d'être occupé par elle.

L'HOTEL DE LA ROCHEFOUCAULD

La famille de la Rochefoucauld, une des plus nobles et des plus anciennes de France, a possédé un hôtel à Fontainebleau; contrairement à ce qui est arrivé la plupart du temps, cette possession s'est maintenue sans interruption depuis le xvi° siècle, jusqu'après la Révolution.

Cet hôtel était situé dans la rue Saint-Louis, qui a porté le nom de rue de la Rochefoucauld jusqu'après la Révolution. Il confinait, par devant, la rue; par derrière, les jardins de l'hôtel du Tambour; d'un côté, le petit hôtel de Luynes (maison du poète Auguste Barbier), d'autre la maison acquise le 6 février 1626, de Barthélemy (de Blénod?), peintre et émailleur sur terre, par la marquise de Guercheville (acte Morlon, notaire à Fontainebleau), devenue depuis, sous la Restauration, l'hôtel ou auberge de l'*Europe* (maison Panier actuelle).

Parfois, il a été désigné aussi sous le nom d'hôtel de Randan et d'hôtel d'Anville, titres advenus à la famille de la Rochefoucauld, le premier en 1518, par le mariage du duc François II avec Anne de Polignac, et le deuxième à la fin du xvi° siècle à la suite du mariage du duc François III avec Charlotte de Roye. Toutefois le nom patronymique a prévalu.

Pendant une possession trois fois séculaire, la famille de La Rochefoucauld qui résidait à Fontainebleau lors des séjours du Roi, a joui paisiblement de son hôtel.

Les bâtiments étaient très vastes et pouvaient recevoir les amis et nombreux parents que leurs affaires appelaient à Fontainebleau. C'est ainsi que nous y voyons le 13 mai 1631, François de Lafayette, évêque de Limoges.

En 1612, le peintre Saincton y était logé, à demeure, probablement en qualité de régisseur, comme l'étaient, dans d'autres hôtels, plusieurs de ses collègues attachés aux travaux du Palais, les Dubois, les Jamin, etc.

Lors d'un de ses séjours, François VII, duc de La Rochefoucauld, prince de Marcillac, pair et grand veneur de France, tint sur les fonts baptismaux, avec la comtesse de Dangeau, un jeune indien de la côte de Coromandel, âgé de 22 ans, François Saïty, fils de Naïva Saïty et d'Aïva, « tous gentils de nation », qui avait été amené en France par un capitaine des vaisseaux du Roi.

Après la Révolution, l'hôtel encore intact, avait pour propriétaire Alexandrine-Charlotte de Rohan-Chabot, veuve de Louis Alexandre de La Rochefoucauld, duc de La Rochefoucauld et de la Roche-Guyon, né le 11 juillet 1743, tué à Gisors le 14 septembre 1792.

Elle n'avait pas émigré. Le 20 septembre de la même année, l'hôtel reçut la visite des « délégués du comité de surveillance » pour satisfaire à l'arrêté de la municipalité de Fontainebleau, à l'effet de savoir à qui les propriétés demeuraient pour le présent, et s'il y avait des meubles et effets appartenant aux propriétaires desdites : Voici le résultat de cette visite en ce qui concerne l'hôtel de La Rochefoucauld : « M. Blocquet, concierge, nous a déclaré qu'il avait un état des meubles et effets appartenant à M™° d'Anville La Rochefoucauld, qu'il nous a exhibé et que nous avons coté et paraphé et signé par première et dernière page, lequel était ainsi signé : duc de La Rochefoucauld, que le surplus des meubles était à lui et a signé. »

La propriété n'était donc pas contestée, mais elle ne laissa pas que de subir d'assez curieuses vicissitudes.

En effet, sur production d'un certificat de résidence délivré par le Conseil général de la commune de La Rochegusson (Seine-et-Oise), le Directoire de Seine-et-Marne autorisa, le 18 février 1793, l'apposition des affiches. La maison fut une première fois vendue le 18 avril suivant.

La duchesse de La Rochefoucauld en était définitivement propriétaire, « comme seule et unique héritière de Louise-Élisabeth de La Rochefoucauld d'Anville, veuve de Jean-Baptiste-Louis-Frédéric de La Rochefoucauld d'Anville, son aïeul ». L'acquéreur fut un sieur Hautecœur, négociant à Paris, par acte passé devant M° Bro, notaire, moyennant 2,000 francs.

Hautecœur la revend le 18 germinal an IX, moyennant la même somme, à Charles Bezery, aubergiste à *la Galère* (maison Vergé, boulevard Magenta). Mais il était dans de mauvaises affaires, ainsi que ses parents, négociants cour Batave, à Paris; aussi l'immeuble était-il grevé de sept inscriptions hypothécaires s'élevant ensemble à plus de 79,000 francs. Il devait en outre à la duchesse une somme de 18,200 francs « pour les locaux à usage de commerce qu'il occupait à l'hôtel de La Rochefoucauld, rue de Seine », sur l'emplacement actuel de la rue des Beaux-Arts.

Nous ignorons quelles étaient les relations de Hautecœur avec la duchesse de La Rochefoucauld, ni le rôle que joua Bezery dans cette affaire. Toujours est-il que la duchesse rentra dans la propriété de son hôtel; le 18 germinal an IX (acte de M° Lisle, notaire), elle fait élection de domicile à Fontainebleau en la demeure du citoyen Prudhomme, greffier de l'administration forestière, « y sise rue Saint-Louis »; et le 14 germinal an XI, elle reçoit du citoyen Dupont de Compiègne, secrétaire général de la sous-préfecture, un certificat contenant estimation du revenu cadastral de sa propriété de Fontainebleau.

Enfin, le 6 prairial suivant, par adjudication devant le tribunal du 4ᵉ arrondissement de Seine-et-Marne, séant à Fontainebleau, « tenant ses audiences au palais de justice dudit lieu, enclos de la sous-préfecture » (la Chancellerie), il échoit à Mᵉ Rochereau, avoué, pour le compte de Jean-Baptiste Leféburo, entrepreneur de bâtiments, qui vendit, acte du 19 octobre 1826 (Mᵉ Chavepeyre, notaire), une portion de jardin de sept ares et demi, à Fouquet, maître de la poste aux chevaux.

Cette partie de jardin a passé par les mains de plusieurs propriétaires successifs, MM. Paulmier, Ricois, préposé des fourrages, Brizard, Travers, etc., qui l'ont réunie au Tambour et à l'hôtel de Luynes, actuellement propriété de Mᵐᵉ Depret.

L'hôtel passa au fils de Jean-Baptiste Leféburo, Pierre-Baptiste, qui, en mourant, le laissa à ses enfants, au nombre de six. Il dut y avoir alors partage. Une première adjudication, tentée le 5 juin 1812, n'obtint aucun résultat, malgré la modicité de la mise à prix. Une seconde fois mis en vente, avec une forte baisse de mise à prix, le 4 août de la même année, l'hôtel fut adjugé à M. Guionnet, pâtissier à Fontainebleau; le propriétaire actuel est son fils. Sur son emplacement sont élevées les maisons portant les nᵒˢ 9, 11, 13 et 15 de la rue Saint-Louis.

Mais hélas, de la vaste propriété de La Rochefoucauld, il ne restait plus en 1812 que onze ares environ de terrain, sur lesquels s'élevaient trois corps de bâtiments à usage d'écuries et de remises. L'hôtel avait disparu, démoli probablement par les Leféburo, qui, en leur qualité d'entrepreneurs, en avaient sans doute utilisé les matériaux dans des constructions nouvelles. Mais les caves, ainsi qu'on l'a vu maintes fois ici, notamment à l'hôtel d'Humières, rue de Ferrare, avaient été conservées, non dans un but d'utilité, mais par économie de main d'œuvre. Le sol de la cour avait été entièrement nivelé et couvert d'un pavage.

(*Abeille*, 8 juillet 1892.)

L'HOTEL DES BUREAUX DES BATIMENTS

L'hôtel boulevard Magenta, que M. Talabot (Léon-Henri), vient de vendre à M. Lozouet, propriétaire à Paris, était antérieurement affecté aux Bureaux des Bâtiments du Roi.

Jusqu'à la Révolution, il n'a cessé d'être utilisé au service en vue duquel il avait été acquis, pour le compte du Roi, de M. de la Motte, en 1730. (Arch. nationales, O 1428.)

Il n'a pas été modifié non plus dans sa consistance, sauf en 1740, lors de la création de l'hôtel de Pompadour. A cette époque, disent les Mémoires du duc de Luynes, « comme le jardin de la marquise, nouvellement dessiné et planté, ne pouvait donner d'ombre encore, on y en a joint un autre, qui n'est séparé que par un mur mitoyen. Ce jardin est au Roi, et servait à une maison où sont les Bureaux des Bâtiments. On a laissé un parterre vis-à-vis cette maison, et l'on a enfermé dans le jardin de l'hôtel Pompadour un petit bois où il y a une étoile au milieu. »

A la Révolution, il fut séquestré comme bien national; lors de la visite domiciliaire faite par les agents de la municipalité, il ne fut rien représenté, « tout ce qui était dans les magasins ainsi que dans les bâtiments se trouvant sous scellés. »

L'hôtel des Bureaux des Bâtiments comprenait en cour, jardins, bâtiments, 86 perches, dont 25 toises pour l'habitation et les magasins.

Les 28 floréal et 9 prairial an III, il fut mis en vente au district et ainsi annoncé : « Vente d'une maison et de ses dépendances, située rue de la Liberté, dépendant de la ci-devant liste civile, laquelle maison ci-devant connue sous le nom de Bureaux des Bâtiments, consiste en plusieurs corps de bâtiments, cours, écuries pouvant contenir 25 chevaux, jardin et bûcher. »

Guillemine, de Paris, en est déclaré adjudicataire moyennant 99,500 francs, payables en assignats, puis le revend, le 24 messidor de la même année, à Aron Schmolle, qui le conserve jusqu'en 1803, époque à laquelle un sieur Devinat en devient propriétaire. Sa veuve et héritière, épousa en secondes noces de Pierre-Emmanuel David, et en troisièmes noces de Georges Arnoult, le cède en 1835 au général Héraclius de Polignac, qui, pendant sa possession, fait un échange d'une portion de terrain avec le marquis de Nicolay, propriétaire de l'hôtel Pompadour.

La comtesse Durosnel en devient propriétaire en 1856 et lègue l'hôtel à M. Hénard, son architecte. Ce dernier le garde peu de temps et le revend à M. Guérinet, agent de change à Paris.

En 1872, le comte de Villoutreys en est propriétaire, puis à sa mort, il est acquis en 1880 par M. Talabot, qui vient de le revendre (17 mai 1892) à M. Lozouet.

Cette propriété, sauf le démembrement opéré en 1710, est demeurée constamment intacte, quoique bien transformée, et malgré la possession successive de onze propriétaires différents dans l'espace d'un siècle.

(*Abeille*, 15 juillet 1892.)

L'HÔTEL DE LA BÉRAUDIÈRE

Le commerce des bois avait, autrefois, une très grande importance ici. Fontainebleau était un marché considérable où venaient se grouper les ventes des coupes non seulement de sa forêt, mais encore celles assez voisines, de Montargis et d'Orléans. Les noms des familles se livrant à ce commerce ne seraient pas difficiles, pour la plupart, à retrouver : nous citerons au hasard les Dieupré, les Deloince, les Candas, les Labbé, les Millot, etc., tous propriétaires importants à Fontainebleau.

Cette circonstance explique le nombre et l'étendue des chantiers qui occupaient divers points, notamment la rue Royale, la rue des Bois, la rue Saint-Merry et d'autres, formant alors le périmètre extérieur. C'est, on se le rappelle, sur l'emplacement d'anciens chantiers de bois qu'a été élevé, en 1788, l'hôtel de Madame Élisabeth, depuis de M. Guérin, dont le parc avait une étendue de 52,000 mètres.

En 1780, François-Joseph Bellanger, architecte du comte d'Artois, acheta, rue des Bois, un chantier longeant le derrière du petit hôtel des Écuries d'Artois, où étaient logés l'intendance, le service vétérinaire, la maréchalerie et l'infirmerie. L'entrée, presque monumentale, de cette propriété vulgairement appelée aujourd'hui « la Maison des Oies », existe encore, mais en fort mauvais état. Elle se trouve au n° 152 (actuel) de la rue Saint-Merry, à l'angle de la rue des Bois, en face des anciennes grandes Écuries d'Artois, récemment démolies et remplacées par le « petit quartier de cavalerie ». Il porte maintenant le nom de quartier du général Châtaux, gendre du maréchal duc de Bellune, blessé mortellement le 18 février 1814 par les troupes wurtembergeoises à la bataille de Montereau.

Bellanger y fit construire un hôtel communiquant avec celui de la petite Écurie d'Artois et l'habita paisiblement durant quelques années. La façade, rue des Bois, 27, est du plus pur style de l'époque et témoigne, dans sa simplicité, d'une certaine recherche.

À la Révolution, Bellanger, que sa position d'architecte du frère du roi, exposait à être inquiété, disparut pour ne plus revenir.

Pendant son absence se produisit un incident — minime en fait — mais qui ne laissa pas d'être fort désagréable pour celui qui en fut l'objet, et mit en mouvement le directoire du département de Seine-et-Marne et la municipalité de Fontainebleau.

Un nommé Testard, commis toiseur de Bellanger, occupait un petit logement au deuxième étage de l'hôtel. Il s'était sans doute trouvé en relations avec le nommé Droupy, concierge des Écuries, qui semblait lui vouloir du mal. Soit pour se mettre à l'abri de toute recherche, soit pour faire preuve de zèle patriotique, Droupy dénonce Testard « comme ayant enlevé furtivement, les 8 et 9 décembre 1792, plusieurs meubles des Écuries d'Artois, qu'il aurait transportés dans l'hôtel du sieur Bellanger et qu'il aurait sortis par une porte de derrière ».

À cette époque, la « dénonciation » était déclarée non seulement un droit, mais encore un « devoir »; aussi, sans plus ample information, la municipalité arrêta que, dès le 10 décembre, « les citoyens Garot, officier municipal, Godard, notable, et Bouchet, président du comité de surveillance, qui ont accepté la mission, se rendront sur-le-champ à l'hôtel du sieur Bellanger ». Ils devaient se faire ouvrir les appartements où étaient déposés les meubles de Testard et y apposer les scellés. Cette opération fut faite en présence du dénonciateur Droupy et de Françoise Bachignard, veuve Dupré, concierge de l'hôtel Bellanger, laquelle fut constituée gardienne des scellés.

La citoyenne veuve Dupré, devant fixer sa résidence à Paris, « au milieu de ses enfants qui l'appellent auprès d'eux », demande plus tard à être déchargée de la garde des scellés. Un arrêté du conseil du district de Melun, pris à la date du 15 frimaire an III (5 décembre 1794), dispose que l'inventaire des effets et meubles du citoyen Testard serait fait et que lesdits « seraient, à la diligence de la municipalité de Fontainebleau, transportés dans telle maison nationale qu'elle jugera à propos de désigner et y resteraient déposés sous la surveillance et la responsabilité du concierge, jusqu'à ce qu'il en ait été autrement ordonné ».

Onze jours après est fait un inventaire minutieusement descriptif. Nous ne le reproduisons pas, nous contentant de constater que le document énumère la possession de meubles plus que modestes, d'une assez bonne garde-robe personnelle, de linge marqué A T, et d'une grande quantité d'objets divers, tous se rapportant à la profession de Testard.

L'innocence du malheureux fut reconnue quatre mois plus tard. Le Directoire du département ordonna le 21 ventôse an III (11 mars 1795) la restitution des meubles et effets de Testard, mais à la charge de justifier de sa résidence en France depuis le 9 mai 1792 et « acquitter tous les frais auxquels le séquestre a pu donner lieu ». Donc absous, mais condamné aux frais, et bien qu'ayant produit le certificat demandé délivré par le département de l'Yonne, Testard n'est rentré en possession de son butin qu'après le 10 nivôse an IV. Dans quel état devaient être son mobilier et ses hardes!

Revenons à notre hôtel.

L'architecte Bellanger le vend le 21 brumaire an II (11 octobre 1793) à M. et M⁽ᵐᵉ⁾ Valladon de la Grivelle (acte M⁽ᵉ⁾ Gabien, notaire à Paris).

Au cours de la possession, M. Valladon de la Grivelle avait augmenté sa propriété au moyen de plusieurs acquisitions et échanges.

L'hôtel est passé ensuite à M. le comte de la Béraudière qui l'avait recueilli dans la succession de sa mère, née Valladon de la Grivelle, puis il fut vendu en 1806 (acte M⁽ᵉ⁾ Paul Gaultry) au comte de Burgues de Missiessy.

En 1891, M. le comte Chaptal en fait l'acquisition et exécute intérieurement d'importants travaux qui le transforment radicalement et en font une habitation des plus confortables. Toutefois la façade extérieure a été respectée et, sauf quelques modifications de détail, conservée dans sa forme primitive.

Durant la longue possession de la famille de la Béraudière, l'hôtel est resté longtemps fermé sans jamais être habité. Son aspect mystérieux fit beaucoup jaser; on alla jusqu'à dire qu'il était hanté par des esprits; si !on qu'on le désignait en ville sous le nom de « la maison des revenants ». Hâtons-nous de dire que si lors de sa vente en 1806, il a été habité par une femme connue par son esprit, il n'en est pas venu d'autres. Depuis vingt ans qu'il est occupé, aucun des locataires ni des nouveaux propriétaires n'a vu son repos troublé par des revenants.

Cependant chaque légende a toujours une origine et souvent une explication. En voici une qui nous paraît assez vraisemblable. Un ami de la famille de la Béraudière, jeune officier en garnison à Fontainebleau, avait reçu une clef de l'hôtel avec la liberté de cueillir les fruits que produisait le jardin en assez grande abondance. Il usa de la permission et en profita même pour y tenir, en compagnie d'amis (?), quelques joyeuses réunions nocturnes. On s'y amusa fort, on y fit même quelque peu de bruit. Si clos que fussent les volets, ils n'étaient pas assez hermétiques, pour que de rares passants égarés dans cette rue, alors très déserte, n'aient pu apercevoir, à des heures indues, quelques rayons de lumière voyageant à travers les appartements.

De là l'histoire des revenants.

(*Abeille*, 20 août 1892.)

L'HOTEL DE POMPADOUR

Quand on entre à Fontainebleau par le carrefour de l'Obélisque, la première habitation que l'on voit à gauche, portant le n° 8 sur le boulevard Magenta, est l'hôtel de Pompadour, ainsi, du reste, que l'indique l'inscription placée dans un cartouche circulaire au-dessus de la porte d'entrée. Cette porte, d'aspect grandiose, rappelle la manière de l'architecte Gabriel. L'inscription, sculptée en relief en plein bois, avait été effacée en 1793; elle a été rétablie, lors d'une récente réparation, par M. Ephrussi. La trace des lettres, hachées hâtivement, a réapparu après l'enlèvement de la peinture; il a été alors possible de les reconstituer dans leur forme primitive.

D'aucuns affirment que la figure sculptée sur l'élégante clef du cintre du portail serait le portrait de la marquise de Pompadour. C'est possible, vraisemblable même; mais comme le fait ne peut être vérifié, nous ne reproduisons cette assertion que sous toutes réserves.

Cet hôtel, décoré de peintures par Verberck, formait primitivement un élégant pavillon carré avec quatre frontons, tel qu'on peut le voir encore. Il fut construit en 1747, sur l'emplacement de l'hôtel du Grand-Navarre, puis de Vendôme, appartenant au roi, qui dès 1744 y avait ajouté un clos de deux arpents, que l'archevêque de Sens lui échangea contre l'hôtel d'Ecosse (1), voisin du jardin de la Mission (2). Cette année même, on prit pour faire le jardin, de la terre du Parc (A. N. O¹ 1459). La compagnie des gardes écossaises, déjà depuis peu déplacée une première fois, le fut de nouveau à cette occasion. Le roi la logea rue Royale à l'hôtel d'Estrées, qu'il acheta, dans ce but, du maréchal de Noailles. Les frais de construction, évalués primitivement à 6,000 liv., se sont élevés à 237,000 liv. 18 sols 6 deniers. (M. Leroy, *Dépenses de madame de Pompadour*.)

(1) Cet hôtel était situé rue Grande et rue des Pins. Sur son emplacement sont construites les Halles actuelles.
(2) Le jardin de la Mission occupait toute la place Centrale actuelle. Il était clos de murs. Après la révolution de 1830, le clergé de la paroisse en a été violemment dépossédé.

A voir ces chiffres on croirait à une construction gigantesque; il n'en est rien cependant. Voici la description minutieuse qu'en donne le duc de Luynes dans ses *Mémoires*, t. X, p. 8. Un guide Joanne ne dirait pas mieux.

Mercredi, 8 octobre 1749. — J'ai vu aujourd'hui en détail le bâtiment dont j'ai parlé ci-dessus. Il est précisément au bout du jardin de Fontaine-belle-eau, ou le Jardin neuf. On a pratiqué une porte qui ouvre sur le grand chemin de Bourron et vis-à-vis cette porte (1), immédiatement est l'hôtel de Pompadour. On entre par une grande porte cochère dans une assez belle cour. On trouve un pavillon carré de 6 toises sur chaque face. A droite sur la cour est une petite antichambre, de laquelle en tournant à gauche on trouve sur la même face une salle à manger fort jolie. Sur le double de la salle à manger, du côté du jardin, un cabinet d'assemblée à trois croisées, dont

PORTAIL DE L'HÔTEL DE POMPADOUR.

deux en face et une sur le côté gauche, assez grand pour y mettre six tables de jeu, orné fort simplement, mais avec goût. Par delà le cabinet, un petit cabinet éclairé par deux croisées, l'une en face et l'autre sur le côté. Entre le petit cabinet et l'antichambre est un escalier fort commode. Au premier palier on trouve à droite et à gauche deux garde-robes en entresol. En haut, une antichambre éclairée par le toit et échauffée par un poêle; elle est commune à deux appartements : à droite celui de

(1) C'est la porte murée dont on voit encore les deux pilastres, dans le mur du Jardin anglais.

madame de Pompadour, composé d'une antichambre à une croisée; à droite une garde-robe pour une femme de chambre; à gauche un cabinet, sur le double duquel est une garde-robe de commodité. De cette même antichambre on entre dans une autre chambre pour madame d'Estrades, où il n'y a point de cabinet; la garde-robe de la femme de chambre est de l'autre côté de l'antichambre. C'est là ce qui compose toute la maison. Ces appartements sont simples, mais fort jolis.

À droite en entrant dans la cour, on trouve une basse-cour qui en est séparée par une muraille; elle est grande et tout autour sont les bâtiments des écuries et remises.

Vis-à-vis de cette basse-cour, du côté gauche en entrant, est un petit bâtiment bas et carré, séparé en quatre cours différentes, pour différentes espèces de poules.

Ces cours sont assez grandes; elles sont fermées par des treillages; et au milieu de chacune un bassin plein d'eau. Toutes ces cours sont enfermées par une muraille; on y entre par deux grilles.

Un peu par delà de ces cours, sur la gauche, un peu par delà le chemin de Nemours, est un petit bâtiment composé de deux pièces, qui servent l'une et l'autre pour la laiterie. Ces deux pièces sont fort claires et bien accommodées pour cet usage. Presque attenant à ce bâtiment est une étable pour deux ou trois vaches.

Le jardin, qui est assez grand, est en face de la maison et s'étend jusqu'à la basse-cour à la droite et jusqu'au bout du poulailler du côté gauche; il est tout planté et fort bien distribué en parterre, salle et bosquet. Il est entièrement fini, habitable et presque entièrement planté. Comme le jardin ne peut pas donner d'ombre à présent, on y en a joint un autre, qui n'en est séparé que par un mur mitoyen. Ce jardin est au roi et servait à une maison où sont les bureaux des bâtiments. On laisse un parterre vis-à-vis cette maison et l'on enferme dans le jardin de l'hôtel Pompadour un ancien petit bois où il y a une petite étoile au milieu. Par delà est un assez grand terrain, qui a aussi été acquis et qui sera enfermé; c'est pour les potagers. Comme l'on a ouvert du côté gauche deux haha (1), par où l'on voit le chemin de Nemours, on a fait un palis en dehors, qui conduit audit chemin, pour empêcher les passants de venir sur les bords, et les cerfs d'entrer dans le jardin en sautant lesdits haha.

D'autre part, dans les *Jardins anglais et chinois*, recueil de la Boissière, publié par Lerouge, Paris, 1788, on lit :

Le jardin de madame de Pompadour à Fontainebleau, du dessin de Lassurance, est noble et de toute beauté, ayant 67 toises de long sur 60 de large. On doit remarquer le beau parterre de gazon orné de fleurs les plus rares en feu, et les petits bois à droite et à gauche du pavillon, coupés par seize cabinets de différente composition, autour d'une salle verte qui a 25 toises de long sur 14 de large. Une petite ménagerie à gauche du pavillon rend ce lieu plus agréable encore.

(1) Les deux sauts de loup qui existent encore.

*_

On pourrait croire la série des grosses dépenses terminée; il n'en est rien cependant. Au commencement de l'année 1753, le Roi reçut une lettre ainsi conçue :
« Madame de Pompadour supplie très humblement Votre Majesté, de lui accorder un brevet du don du terrain sur lequel on construit son hôtel à Fontainebleau. »

Et le 25 janvier 1753 le Roi écrivait : *Bon*, de sa main, à la suite de cette très humble supplique. Le terrain de l'hôtel, construit aux dépens du Roi, se composait donc d'une partie de l'ancien hôtel de Vendôme, déjà donnée, et de 7 arpents 97 perches, près la Croix Saint-Jacques (le carrefour de l'Obélisque) achetés à vil prix par le frère de la marquise, le marquis de Marigny, intendant des bâtiments de la Couronne, et revendu par lui au Roi, moyennant 75,000 l. (1), sur l'estimation complaisante de l'architecte Gabriel. (A. N. O¹ 1481).

Louis XV affectionnait beaucoup ce petit hôtel. Parfois, dès le matin, il s'habillait en tenue de chasse et, au lieu d'aller en forêt courre le cerf, il se rendait à pied chez la marquise, en traversant les « Petits Jardins » (2) et la rue de Nemours. On connaît également les prétentions culinaires du Roi. Chez la Pompadour, il se sentait plus à l'aise qu'au palais et souvent, dit d'Argenson, il faisait lui-même sa cuisine pour souper.

Lors de ses séjours à son ermitage, la marquise de Pompadour donna des fêtes nombreuses et variées ; une, d'un genre à peu près nouveau alors, mérite d'être citée.

Le 3 novembre 1752, jour de la Saint-Hubert, elle fit tirer dans les jardins de son hôtel de Fontainebleau, « un grand feu d'artifice composé d'un corps considérable de pièces, d'une décoration de feu blanc, de deux décorations de feu brillant avec bombes et ballons d'air. Ce feu était l'ouvrage de Morel et Séguin, qui avaient inventé le moyen de tirer d'un seul coup de feu plusieurs pièces d'artifice. »

*_

Nous n'avons pas la prétention de faire, dans cette brève monographie locale, une étude sur la marquise de Pompadour. On nous permettra cependant de regretter que tant de personnes ne veuillent voir en elle que l'habile courtisane. Sans doute,

---

(1) Qui ajoutées aux 237,000 livres, prix de la construction, représentent assurément un million et demi, valeur de notre temps.
(2) Le fleuriste actuel, entre le Jardin anglais et le boulevard Magenta.

d'autre part, son immixtion dans les affaires politiques lui attira une grande impopularité.

Elle avait cependant reçu l'éducation la plus brillante et la plus raffinée; excellente musicienne, elle apprit le dessin, le pastel, la gravure à la pointe, à l'eau forte et même la gravure sur pierres fines....., tous les arts d'agrément en un mot. Elle avait réuni à grands frais dans ses hôtels de Paris, de Versailles, de Fontainebleau et de Compiègne, un mobilier splendide, formé un cabinet de pierres gravées, qu'elle laissa au Roi, et une collection de livres et d'objets d'art, qui passa à son frère. Si elle s'était fait donner une grande fortune, elle faisait, du moins, de son opulence un usage généreux, dotait de pauvres jeunes filles, soulageait des vieillards, réparait des villages, encourageait les artistes et les inventeurs, donnait son nom (style Pompadour) à la recherche du Joli, et protégeait les penseurs et les gens de lettres. Bien qu'elle eut son aumônier, elle donnait au curé de la paroisse de Fontainebleau 120 livres et aux Sœurs grises des hospices 120 livres également.

A sa mort, arrivée en 1764, l'hôtel passa à son frère; il le revendit au Roi, qui y installa l'hôtel du Gouverneur de Fontainebleau, dont le titre était dans la famille des Montmorin. Le 9 avril 1764, le Roi alloua 120,000 livres pour la reconstruction de l'hôtel du Gouvernement.

*
* *

Avant la cession de l'hôtel au Roi, a été dressé un : *Procès-verbal d'estimation d'une maison et dépendances appartenant à la succession de madame la marquise de Pompadour, sise à Fontainebleau, rue et chemin de Bourron, près et tenant la Croix Saint-Jacques, montant à la somme de 75,000 livres. — En date du 18 octobre 1764.*

Nous croyons devoir le publier *in extenso*, parce qu'il fait bien connaître l'organisation intérieure de l'hôtel. (A. N. O¹ 1420.)

Nous, Ange-Jacques Gabriel, inspecteur général des bâtiments du Roi, premier architecte de S. M. et nous conseiller du Roy, intendant et contrôleur général des bâtiments, jardins, arts et manufactures de Sa Majesté, soussignés, en vertu des ordres à nous adressées par M. le marquis de Marigny, conseiller du Roi en ses conseils, commandeur de ses ordres, directeur et ordonnateur général des bâtiments, jardins, arts, académies et manufactures de S. M., sommes transportés ce jourd'hui 15 octobre 1764 et suivants dans la ville de Fontainebleau, pour y examiner et estimer une maison située rue et chemin de Bourron, près et tenant la Croix-Saint-Jacques, appartenant à la succession de madame la marquise de Pompadour, que Sa Majesté veut acquérir pour en former l'hôtel de sa Capitainerie.

Où étant arrivés, nous avons trouvé ledit hôtel composé d'un pavillon entre cour et jardin, à droite de la cour principale quatre cours servant aux écuries et remises et deux autres cours pour les cuisines et offices; à gauche de ladite cour principale, un terrain renfermé de murs dans lequel sont des petits bâtiments à l'usage de laiterie, vacherie et poulailler. Le surplus de tout le terrain dépendant dudit hôtel appliqué en jardin de propreté et potager... Tenant ledit hôtel d'un côté par la face d'entrée au grand chemin de Bourron, d'autre côté par la face du bout du jardin et du potager aux friches et bruyères apppartenant au Roy, d'un bout à la Croix Saint-Jacques et aux friches sur le chemin de Malzerbes et d'autre bout à l'hôtel de Vendôme appartenant au Roy, au jardin de l'hôtel de Savoye et à des friches appartenant à divers particuliers.

Ensuite nous avons procédé à la description et reconnaissance des constructions tant intérieures qu'extérieures de tous les bâtiments composant ledit hôtel.

Murs de clôture...

Cour pavée dans toute sa superficie...

Porte cochère d'entrée sur la rue, construite jusques sous la plinthe en gresserie et l'exhaussement et corniche cintrée en pierre de Saint-Leu, couverte en plomb, la porte décorée de pilastres avec consoles et vases. La porte de menuiserie à compartiments avec cadres, garnie de serrures, verrouil et espagnolettes, le tout en très bon état. Plus aux deux côtés de ladite porte deux consoles en fer qui portent des lanternes...

LE PAVILLON DE POMPADOUR
(Façade sur les jardins)

Pavillon élevé d'un rez-de-chaussée et attique au-dessus, couronné d'une balustrade, avec comble à l'italienne couvert en ardoises... Ce pavillon construit en ses quatre faces avec deux assises en grès, le surplus en maçonnerie de moellon à mortier de chaux et sable, décoré dans chaque face d'avant corps avec refends et aux encoignures dans la hauteur du rez-de-chaussée et de pilastres dans la hauteur d'attique, couronné d'un fronton dans le corps du milieu, renfermant des armoiries de différents sujets. Les portes et croisées du rez-de-chaussée avec chambranles et agrafes sculptés, le tout en plâtre, la balustrade terminant ce pavillon en pierre de Saint-Leu avec vases sculptés sur les piédestaux. Les perrons comprenant toute la face, tant du côté de la cour que du côté du jardin, en grosserie.

Pièce d'entrée du milieu au rez-de-chaussée, boisée à hauteur de lambris, chambranles aux portes, cheminée et foyer en marbre du Languedoc, dessus de cheminée à bordure dorée, panneau au-dessus sculpté, renfermant deux glaces. Carrelage en carreau de marbre blanc et noir avec frise tout au pourtour en marbre du Languedoc.

Pièce de compagnie ensuite donnant sur le jardin. Boisée à hauteur de lambris à grands cadres, portes à placards avec chambranles, cheminée et foyer en marbre de Califourny (sic), un dessus de cheminée avec bordure dorée et sculpté, panneaux au-dessus avec agrafes, oreilles et guirlandes sculptées et dorées, deux glaces. Un trumeau entre les deux croisées sur le jardin, de même décoration que le dessus de cheminée, renferment deux glaces; au-dessous du dit trumeau une table de marbre de Califourny avec piédouche sculpté et doré. Ladite pièce parquetée avec plafond en corniche sculptée en plâtre.

Petit cabinet à côté, boisé à hauteur, avec lambris à petit cadre...

Passage du petit cabinet au degré...

Par de là le degré, pièce de dégagement, boisée à hauteur avec sculptures sur le chambranle. Carrelage de carreaux de marbre blanc et de couleur, avec frise au pourtour en marbre de vert Campan, de même que les carreaux de remplissage.

Entresol, deux petits cabinets, dont l'un, ayant vue sur le jardin, décoré de lambris à hauteur, peints de différents sujets dans les panneaux.

Étage attique (sic)... distribué en une anti-chambre commune et deux appartements, dont un avec cabinet particulier et à chacun un lieu pour chaise et garde-robe de domestique. La dite antichambre boisée à hauteur de lambris à petits cadres, éclairée d'une lanterne, carrelée en carreaux de terre cuite et plafonnée d'une corniche en plâtre.

La chambre du premier appartement, éclairée sur le jardin, boisée de lambris de hauteur, cheminée et foyer de marbre vert de Campan, le dessus de cheminée avec bordure sculptée et dorée renfermant une glace de 42 pouces de largeur sur 58 pouces de hauteur (1). Ladite pièce parquetée, plafonnée avec corniche en plâtre.

Cabinet à côté de ladite chambre, lambris à grands cadres, cheminée en marbre d'Antin, dessus de cheminée avec bordure décorée d'oreilles et d'agrafes en coquilles sculptées, le tout doré. Ledit cabinet parqueté et plafonné.

La chambre du second appartement ayant vue sur la cour, boisée à hauteur avec lambris à grands cadres, cheminée et foyer en marbre de Califourny, avec dessus de cheminée dans sa bordure dorée renfermant une glace de 42 p. de largeur sur 57 p. de hauteur. Parquetée avec plafond et corniche en plâtre.

Deux garde-robes de domestiques...

(1) 1ᵐ03 × 1ᵐ57.

A droite et à gauche de ce principal pavillon, deux autres pavillons élevés par le côté de la cour d'un rez-de-chaussée et mansarde au-dessus.

Le pavillon de gauche est appliqué [destiné] à une salle à manger (1). Dans la hauteur du rez-de-chaussée et de la mansarde et celui de droite à un passage au rez-de-chaussée qui conduit à la cour des cuisines et au-dessus à une petite galerie servant de bibliothèque, boisée à hauteur, avec armoires et tablettes pour les livres, parquetée et plafonnée.

Ladite bibliothèque de plain-pied et communiquant aux entresols du principal pavillon.

Lesdits pavillons avec façades revêtues et décorées d'un treillage formant avant-corps, orné d'arcades, pilastres, panneaux, bandeaux, consoles avec guirlandes, corniche et socle au-dessus, et symétrisant de l'autre côté avec la salle à manger, un cabinet de verdure en treillage peint en vert de même décoration et ornements que celui opposé.

La salle à manger boisée à hauteur du lambris à grands cadres, panneaux au-dessus des portes sculptées avec trophées, chambranles aux croisées avec agrafes ou sculptures, cheminée et foyer en marbre de sérancolin et dans ladite cheminée un poêle en fayence avec devanture de tôle. Le dessus de la cheminée avec bordure sculptée et dorée, renfermant deux glaces... Un grand buffet en bas d'armoire en bois de chêne à panneaux, recouvert d'une table de marbre du Languedoc, un grand tableau au-dessus dudit buffet, peint sur toile, représentant une vue de l'hôtel de Pompadour à Paris (2), dans sa bordure sculptée et dorée; ladite pièce de grands et petits carreaux de marbre blanc et noir, le tout plafonné avec corniche sculptée dans les angles et milieu représentant des enfants.

Nombreux bâtiments de service : cuisines, offices, écuries, remises, logements de domestiques séparés par plusieurs cours... pavillon de concierge...

Jardin particulier des poules et laiterie, divisé en quatre compartiments de châssis de menuiserie ; dans chaque compartiment un bassin construit en briques, revêtu en plomb, conduites d'eau, robinetterie, etc. Un pavillon carré au milieu dudit jardin servant aux poules, décoré de pilastres et pans coupés en refond dans les angles.

En face du pavillon un bâtiment servant à la laiterie... agencement spécial — adossé à la laiterie, une petite écurie destinée à recevoir des chèvres.

Jardins...

Au dehors, au fond du jardin, au delà de la grille, grande partie de terrain vague formée en demi-lune par deux rangs d'ormes entourés d'un treillage d'appui, défendue par un fossé à sec, de laquelle partie circulaire naissent trois allées chacune d'un rang d'arbres qui conduisent dans la campagne, fermées de barrières pour en défendre l'entrée.

Contenance totale, 7 arpents 07 perches. — Estimation suivant détail : 75,000 livres.

Signé : GABRIEL, BILLAUDEL, GABUS,
1ᵉʳ arch. Intend. Contrôl.

---

(1) Construction ajoutée après coup au côté S.-O. du pavillon.
(2) Rue de Grenelle-Saint-Germain, à côté du monastère des Filles de Sainte-Valère.

Malgré l'opulence de la succession qu'il avait recueillie, le marquis de Marigny éleva des réclamations au sujet de quelques menus objets. Il présenta un *État des effets restés à l'ancien hôtel de Pompadour à distraire de la vente dudit hôtel comme n'en faisant pas partie, savoir :* une devanture d'armoire, un bas de buffet, un tableau représentant l'hôtel de Pompadour à Paris, divers ustensiles de cuisine et d'écurie, des outils de jardinage, et jusqu'à deux paires de ciseaux de cuisine, formant un total de 2,189 livres 6 sols, plus 16 glaces estimées 4,000 livres.

Cette demande ne fut pas accueillie. En marge du mémoire est écrit : « *Nota.* » — Que le mémoire m'a été envoyé par le marquis de Marigny qui croyait que ces » effets n'étaient pas compris dans la vente de l'hôtel de Pompadour et qui croyait » que l'argent devait lui en revenir, mais il a vu sur le contrat de vente que ces » effets avaient été vendus avec la maison. »

*

Jusqu'à la Révolution, le marquis de Montmorin, puis le comte, son fils, jouirent paisiblement de l'hôtel et y donnèrent de brillantes fêtes auxquelles ne dédaignaient pas d'assister les princes du sang.

Nous avons trace d'une de ces fêtes données en 1775 à Monsieur, frère du Roi, et à Madame, au retour d'un voyage que LL. AA. venaient de faire en Savoie. La fête fut agrémentée par la première représentation du *Mariage impromptu*, de Famin (1), pièce de circonstance, qui eut à son époque un succès d'hilarité, tant nos pères se contentaient de sujets simples et naïfs. Ainsi on y chantait des couplets comme celui-ci, sur l'air : *Réveillez-vous, Belle endormie* :

> J'ai vu le prince que j'adore,
> J'ai senti mes pleurs se tarir ;
> Et si j'en répandais encore
> Ce ne serait que de plaisir.

ou bien encore, cet autre sur l'air : *Phillis demande son portrait* :

> Soyez ici les bienvenus,
> Mon prince, ma princesse ;
> Esprit, beauté, grâces, vertus,
> En vous tout intéresse.

Et dire que cette candide pastorale a été réimprimée quarante-cinq ans après, en 1820. Cette réimpression est accompagnée d'un avis de l'auteur portant :

---

(1) FAMIN, physicien et poète (1740-1830), ancien curé de Samois, attaché à l'éducation des fils du duc d'Orléans (Philippe-Égalité), a publié quelques ouvrages de physique et des écrits purement littéraires, réunis en 1830 en un volume, sous ce titre : *Mes Opuscules et Amusements littéraires*.

« Sa Majesté Louis XVIII ne se doute guère que l'auteur de cette pièce représentée en sa présence, à l'hôtel du Gouvernement à Fontainebleau, en 1775, est encore vivant. »

**

A la Révolution, les scellés furent mis sur l'hôtel du Gouvernement, puis son possesseur le comte de Montmorin, ancien maire de Fontainebleau, ayant péri dans les massacres de septembre 1792, l'hôtel fut saisi comme bien national de première origine et mis en vente au district de Melun. Il était ainsi désigné :

Une maison et ses dépendances, ci-devant connue sous le nom de maison du gouvernement, sise territoire et commune de Fontainebleau, rue de la Liberté, consistant : 1° En un corps de bâtiment composé d'un rez-de-chaussée avec un premier étage en mansarde, et d'un beau pavillon dans lequel sont plusieurs pièces parquetées et boisées, avec cheminées garnies de leurs plaques en fonte, chambranles de marbres de différentes espèces ; 2° en plusieurs jardins, l'un desquels servant de potager et planté d'arbres fruitiers à hautes tiges et en espalier et y sont pratiquées deux resserres, un autre desquels jardins formant parterre avec bosquets est planté d'arbres d'essences d'ormes et de tilleuls ; 3° en plusieurs cours où se trouvent des puits, écuries et remises spacieuses.

La vente se fit le 9 prairial an III (28 mai 1795) ; quatre enchérisseurs se présentèrent : Lesieur, offrant 100,000 livres, — Barthélemy, 150,000, — Lesieur, 171,000, — Guilleminet, 180,000, — Lesieur, 193,000, — Ducy, 200,000, — enfin Louis-François Guilleminet, le jeune, marchand à Fontainebleau, rue de l'Égalité (Grande-Rue), fut déclaré adjudicataire, au prix de 202,200 livres, en assignats bien entendu. (*Arch. dép.* B. Carton 75, dossier 93.)

Lors de cette vente, une erreur fut commise. On y avait compris la demi-lune établie à l'extrémité du jardin principal et comme on en voit l'amorce sur le plan de Lassurance, et dont il est parlé dans le procès-verbal d'estimation publié ci-dessus. Il ne fut pas difficile de faire reconnaître à l'acquéreur que ce terrain était hors des murs de la propriété. L'affaire s'arrangea amiablement.

Le 24 messidor suivant (12 juillet 1795), par acte passé devant M⁰ Lisle, notaire à Fontainebleau, Guilleminet revend l'hôtel Pompadour à un nommé Benjamin, fabricant de porcelaines, moyennant 50,050 livres, toujours en assignats.

En l'an VIII, le 8 vendémiaire (30 septembre 1799), l'hôtel est divisé en trois parties dont deux, les parties sur le boulevard, restant de l'ancien hôtel du Gouvernement, dont ils formaient les communs, écuries et remises, sont distraites en faveur de Benjamin et de Aaron Schmoll, ce dernier beau-père de Baruch Weil, également fabricant de porcelaines (maison Chenvière).

M. Lefeuvre (Claude-François), chancelier de la 1re cohorte de la Légion d'honneur, et sa femme, Maximilienne-Aymardine Mollier, épouse divorcée d'avec Joseph Hémelot, achètent l'hôtel principal (acte Martinon, notaire à Paris), moyennant 20,000 francs, plus une ferme.

Par acte du 13 mars 1808 (Me Hugart, notaire à Paris), Alexandre Berthier, prince de Wagram et duc souverain de Neufchâtel, en devient acquéreur moyennant 100,000 francs. Pour justifier ce prix, M. et Mme Lefeuvre ont exposé dans l'acte que, lors de leur acquisition, l'hôtel était dans un grand état de délabrement et qu'ils y ont fait d'importants travaux de réparation.

Le 8 décembre 1810, le prince de Wagram achète de Baruch Weil et d'Hélène Schoubach, son épouse, la maison distraite de la propriété en l'an VIII et la fabrique de porcelaine est transférée rue de Ferrare, dans l'ancien hôtel des Écuries de la Reine mère, appartenant alors au général comte Durosnel. Vendue depuis à Jacob Petit et à Mardochée Petit, elle fut réinstallée le 7 juin 1851, aux Basses-Loges, dans l'ancienne propriété d'Étienne Bezout, dont le jardin provenait de la propriété des Carmes. Ils eurent pour successeur le statuaire Jacquemin, précédemment leur employé, qui avait appris le dessin sous la direction du peintre Vinchon (1).

Après la mort du prince de Wagram, la propriété fut mise en vente en deux lots : 1° l'hôtel proprement dit et ses dépendances ; 2° la maison acquise de Baruch Weil, achetée 1,200 francs, mais que le prince avait dû payer 83,000 francs pour la joindre à nouveau à sa propriété. Les deux lots réunis furent adjugés le 30 novembre 1820 (Me Rousse, notaire à Paris), moyennant 46,500 francs, à François Voisin, docteur médecin à Versailles, qui déclara avoir enchéri au nom de M. Ferdinand-Élie Randon, baron d'Hannoucourt, ancien commandant de la vénerie royale, dont un carrefour de la forêt porte le nom, et qui est inhumé au cimetière de Fontainebleau.

Les jardins de l'hôtel Pompadour, du temps du baron d'Hannoucourt, furent cités pour leur beauté ; ils renfermaient de nombreuses collections d'arbustes et de fleurs de pleine terre du plus bel aspect. Dans les serres se trouvaient de magnifiques collections de bruyères et de camélias. De grandes quantités de rosiers ornaient les parterres et, au mois de septembre 1835, on y voyait plus de 2,000 dahlias, alors dans toute leur nouveauté, dont beaucoup étaient venus d'Angleterre et certains obtenus de semis. Et tous ces végétaux, en pleine vigueur, croissaient dans un terrain léger, sablonneux, où ils étaient susceptibles d'être fatigués par la sécheresse. (*Annales d'horticulture*, 1836.)

En 1821, le baron d'Hannoucourt sépara, de nouveau et définitivement, de l'hôtel Pompadour les bâtiments vendus une première fois, en 1810, à Benjamin, Schmoll

---

(1) Jacquemin nous disait, en 1861, que si les anciens registres de la maison qui avaient disparu pouvaient être retrouvés, on y rencontrerait d'intéressants détails sur la manufacture de porcelaine très anciennement établie à Fontainebleau et qui en un temps porta le nom de manufacture royale.

et Baruch-Weil (1). Ils sont, depuis 1835, la propriété de la famille Chenvière, qui, aux lieu et place d'une manufacture de porcelaine, y a établi une fabrique de toiles et calicots.

En 1844, le marquis de Besplas, gendre du baron d'Hannoucourt, vend l'hôtel au marquis de Nicolay (acte M⁰ Viefville, notaire à Paris). Ce dernier, qui résidait en Suisse, à Genève, l'a laissé dans l'abandon le plus complet, comme il avait fait pour ses châteaux de Courances et de Bercy et le vendit le 30 juin 1855 (actes M⁰⁰ du Roussel, not. à Paris, et Gaultry, not. à Fontainebleau), au comte de Bernis, qui le garda jusqu'au 21 août 1863, date à laquelle il le céda à M. de Laurencel. (Acte M⁰ P. Gaultry). Homme aussi aimable que distingué, le comte de Bernis a laissé d'excellents souvenirs à Fontainebleau, où il fonda les courses avec le vicomte Henri Greffulhe et le baron de la Rochette.

M. de Laurencel le conserva quelques années et y fit de nombreux embellissements; une mort prématurée vint le surprendre avant qu'il ait pu achever son œuvre.

Il fut remplacé par M. Michel Ephrussi qui le quitta, en 1888, pour aller résider dans les châteaux de Sivry et de Vaux-le-Pénil.

La propriétaire actuelle est la comtesse de Gramont d'Aster, possesseur du château du Bréau, près de Dammarie-les-Lys, que le voisinage du château de Bourron, où habite son père, le comte de Montesquiou, attire à Fontainebleau.

(*Abeille*, 23 septembre-21 octobre 1892.)

(1) Benjamin, Aron Schmoll et Baruch-Weil, ont laissé dans la communauté israélite de Paris des souvenirs qui ne sont pas encore, malgré le temps écoulé, complètement effacés.
Benjamin, fournisseur des armées républicaines et impériales, était proche parent de la famille Cerfbeer.
Aaron Schmoll, qui fut jadis dans une situation brillante, a été longtemps à la tête de la communauté israélite de Paris.
Baruch-Weil était le père de l'huissier Godchaux-Weil qui avait pris, en littérature, le pseudonyme de Ben-Lévy et qui est l'auteur d'un livre d'éducation israélite estimé : *Les matinées du samedi*. (*Archives israélites*, 27 octobre 1892.)
Nous sommes au regret de ne pouvoir donner plus de renseignements sur les travailleurs de cette manufacture qui fut très prospère et donna de jolies imitations des produits de Saxe. Nous ne terminerons pas cependant sans citer les noms de quelques membres de cette colonie d'artistes israélites que nous trouvons sur les registres de l'état civil. Le 6 mars 1805, le Polonais Salomon Bir, employé à la manufacture, épousait Hindlé Cahen, de Metz. — Ses témoins étaient Lazare Weil, également employé à la manufacture, et Alcan, peintre en miniature.

HOTEL DES GENS D'ARMES DU ROI

Les Gens d'armes avaient autrefois le premier rang dans la maison du Roi; ils le conservèrent jusqu'au moment où, en 1665, il fut donné aux Gardes du Corps à cause de leur grande ancienneté dans la Maison.

Les plus grands seigneurs ont tenu à honneur de commander les compagnies; le Roi même, en prit quelquefois le commandement. Alors le commandant avait le titre de lieutenant capitaine. Leur étendard était de satin blanc avec broderies d'or; leurs devises étaient des foudres avec cette légende : *Quo jubet fratus Jupiter*.

Les simples Gens d'armes avaient d'abord le grade de lieutenant de cavalerie; après quinze ans de services, ils obtenaient celui de capitaine.

L'hôtel des Gens d'armes, à Fontainebleau, bien que construit rue Saint-Honoré (n° 85 actuel) et entretenu aux frais de la compagnie, a été saisi à la Révolution comme bien de la Liste civile et vendu au district de Melun, le 4 floréal an VII (23 avril 1799), moyennant 462,000 francs en assignats, à un nommé Boucher.

Il devint ensuite la propriété de Chenuel, officier municipal à Fontainebleau, puis celle de Mme Delabarbe, qui en avait hérité de sa mère, née Chenuel.

Le 7 février 1852, il fut acheté par Mme veuve Mareschal de Sauvagney, née Moreau de la Rochette, puis à sa mort, passa à sa fille, la comtesse de Circourt. Le comte et la comtesse de Circourt étant décédés sans laisser d'enfants vivants, l'hôtel est retourné à la famille de la Rochette, qui le possède encore.

(*Abeille*, 23 janvier 1892.)

LES HOTELS DE COSSÉ BRISSAC

Si la plupart des vieilles familles françaises ont laissé des traces de leur passage à Fontainebleau, il en est une à laquelle il est dû une mention spéciale. La maison de Cossé Brissac, une des plus illustres et des plus anciennes de France, qui, depuis le commencement du xvi° siècle jusqu'à la Révolution, n'a cessé de compter d'éminents guerriers, dont plusieurs sont morts glorieusement à l'ennemi, tous honorés pour leur bravoure et leurs services, de la dignité de maréchaux de France et titulaires des grandes charges de la Couronne.

Ces dignités et ces fonctions les appelaient régulièrement à Fontainebleau, lors du séjour de la Cour. En outre, cette famille se rattachait encore à notre pays par le mariage de Timoléon de Cossé, chevalier des ordres du Roi, grand panetier de France, avec Élisabeth Le Charron. Il devint ainsi, seigneur de Dormelles, de Challeau, Flagy, Ferrottes, etc., et mourut, le 22 janvier 1607, au château de Dormelles, où son corps resta jusqu'au 16 septembre 1678, date à laquelle il fut transporté à Paris et inhumé dans l'église des Célestins (1). (Reg. paroissiaux de Dormelles.)

Rien donc de surprenant que, dans nos recherches sur la topographie de Fontainebleau, nous ayons rencontré quatre hôtels de Brissac.

---

(1) L'église des Célestins, bâtie par Charles V, était celle qui, après Saint-Denis, renfermait le plus grand nombre de personnes augustes ou illustres.

Y avaient leur sépulture, entre autres, plusieurs rois et reines de France, les Lusignan, les d'Orléans Longueville, les Montmorency, les Rohan Chabot, les de Gesvres, les la Trémoille, les de Brissac.

Piganiol de la Force décrit ainsi le mausolée de cette dernière famille :

« Sur un piédestal de marbre noir sont deux génies appuyés chacun sur un bouclier et une colonne de marbre blanc chargée de couronnes ducales et de chiffres. Sur un corps d'entablement à quatre faces est une urne dorée dans laquelle est le cœur de Timoléon de Cossé, comte de Brissac, grand fauconnier de France, qui fut tué au siège de Mucidan, en mai 1569. Il fut inhumé dans cette chapelle par ordre du roi Charles IX, qui lui fit faire des obsèques magnifiques. »

I. Rue Royale, n° 3, place Solférino.

La maison de la baronne de la Soynie, actuellement occupée par son neveu, M. Blanquet du Chayla, fut jadis un hôtel de Brissac, après avoir été un hôtel Mazarin, puis de Mancini, dont les jardins, assez étendus, joignaient ceux de l'hôtel de Chevreuse, situé rue Saint-Louis. Les propriétés à cet endroit ont été morcelées et nombre d'habitations particulières y ont été élevées. Il ne reste plus de trace des anciens hôtels. Un seul détail est parvenu jusqu'à nous. Lors de récents travaux faits à l'hôtel de la Soynie, à 5 mètres environ au-dessous du sol actuel, très surélevé, on a trouvé les restes d'un four à briques. N'était-ce pas un four construit pour cuire sur place les briques employées à la construction des maisons voisines ou du château ?

II. Un deuxième hôtel de Brissac, situé Grande-Rue, n°° 3 et 5 actuels, à côté du *Cadran-Bleu*; sur son emplacement ont été élevées les maisons Lamy (nouveautés) et Potin (épicerie). Cet hôtel nous est révélé par un plan manuscrit conservé à la Bibliothèque nationale, et qui nous semble être, à quelques années près, contemporain de Dorbay (1682).

III. Le troisième hôtel de Brissac, celui encore debout, presque complètement conservé dans son état primitif, existe rue des Sablons, n° 8, à côté de l'antique auberge de l'Ane-Vert.

Cette propriété n'a cessé de porter le nom « d'ancien hôtel de Brissac », sous lequel elle a été successivement vendue. Les titres anciens ont été égarés; toutefois, nous devons à l'obligeance du propriétaire actuel, M. Périchon, de pouvoir en suivre le mouvement depuis 1737. A cette date, elle appartenait à François Dorchemer, exempt de la maréchaussée, à son frère et à sa sœur, veuve de Leroy de Grandmaison, écuyer.

Ils la vendent, le 21 décembre 1752 (M° Langlois, notaire), à Jean Morion, contrôleur, substitut de la prévôté royale de Fontainebleau. De Morion, elle passe par héritage à sa fille, M°° Lezard, veuve de Jean-François Lezard, greffier en chef de la prévôté, qui la vend, le 7 prairial an II, à Simon Pampin.

Le 19 mai 1820, elle est acquise par adjudication (M° Lemoine, avoué), par M. Berto, receveur des contributions directes à Fontainebleau, qui la vend le 18 janvier 1844 (M° Gravier, notaire), à M. Richelot, agréé à Montereau, qui la cède, le 17 avril 1865, à M. Pluviot. Le propriétaire actuel est M. Périchon, son gendre. (Étude M° Gaultry.)

Entre temps, de 1817 à 1852, la sous-préfecture y fut installée.

Cette propriété, qui a son entrée principale rue des Sablons, et une seconde porte pour le service, rue des Trois-Maillets, avec écurie pour trois chevaux, n'a presque pas été modifiée. Seul, le bâtiment à droite, en entrant, et qui contenait une écurie pour six chevaux, transformé en habitation, est surélevé d'un étage. L'escalier à balustre est resté, ainsi que les belles pièces d'appartement. Rareté pour l'époque, la cuisine était en sous-sol.

IV. Le quatrième hôtel de Brissac a été acquis (acte du 25 juillet 1783, passé chez un notaire de Paris), du vicomte de Forget, enseigne au régiment des gardes françaises, et de son frère, commandant général des fauconneries du Roi, capitaine au régiment de cavalerie Royal-Pologne, par Louis-Hercule-Timoléon de Cossé Brissac, duc de Brissac, pair, grand pannetier de France, gouverneur de Paris, colonel des Cent Suisses, etc.

Cette maison, dit l'acte, qui en faisait autrefois deux, sise à Fontainebleau, rue d'Avon, au coin de la rue de l'Abreuvoir [du Parc actuelle] avec jardin et autres appartenances, sans aucune réserve ni exception, donnait par devant sur les rues d'Avon et de l'Abreuvoir, tenait du midi et de l'orient à l'hôtel de Penthièvre qui, lui-même, touchait au parc et au jardin du « portier du Roy. » Cet hôtel de Penthièvre, également dénommé de Montmorency-Luxembourg, était alors affecté au service de la Petite Écurie.

Le prix de vente fut de 18,000 livres, dont 3,000 attribuées aux glaces, boiseries et effets mobiliers dont état était joint, plus 600 livres de « pot de vin » payés aux seigneurs comte et vicomte de Forget. A noter, en passant, que le pot-de-vin, donné à titre de gratification, inscrit dans l'acte, n'avait rien d'illicite, ainsi offert ouvertement et étant applicable à une transaction privée (1).

Le duc de Brissac avait un important logement au château. L'hôtel, vraisemblablement destiné, suivant l'usage, à loger son « train », avait trois remises et deux écuries, dont l'une pour 15 chevaux et l'autre pour 10. (Arch. Nat., T. 581¹⁴.)

La première de ces deux maisons avait été acquise par le comte et le vicomte de Forget, des enfants héritiers de Jacques Guestro de la Sauvagère et de Marie-Thérèse de Lompré, sa femme, par contrat passé à Paris, le 10 septembre 1726, et la seconde de Jean-Baptiste Simonnot, garde à cheval des chasses et plaisirs de la capitainerie royale de Fontainebleau, demeurant à Moret, et de Marie-Anne Bouquot, sa femme, le 31 décembre 1726, par contrat passé devant Mᵉ Langlois, notaire à Fontainebleau. La dame Simonnot en avait hérité de son père, lequel l'avait acquise en 1691, devant Mᵉ Ratault, notaire. (Étude de Mᵉ Gaultry.)

Parmi les propriétaires de la première maison, nous rencontrons Toussaint Rameau, sieur de Villiers, fourrier ordinaire des logis du Roi, demeurant à Grand-

(1) Dès 1783, lors de sa prise de possession, le duc de Brissac demanda et obtint l'autorisation d'ouvrir une porte de communication de chez lui au Parc. (Arch. nationales, O¹ 1436). On voit encore les traces de ces anciennes ouvertures dans le mur du parc qui ne va pas tarder à disparaître.

puits, qui la vend, en mars 1663, à Jacques Gaboury et à Pierre de Launay, intendant de l'argenterie de S. M. — Rameau l'avait héritée de son père et de sa mère, Gabrielle Soin.

En décembre 1660, de Launay vendit sa part à Pierre Boileau, sieur de Puymorin, et Jacques Gaboury, la sienne à J.-B. Duché, les nouveaux acquéreurs occupant les mêmes fonctions auprès de S. M.

Ces ventes étaient faites à condition de payer une rente constituée à Messire Philippe Lemaye, conseiller au Parlement. Par suite d'hypothèques et de rétrocession, Philippe Lemaye, fils du précédent, devint propriétaire à son tour de ladite maison qu'il revendit (en 1606) à Messire Louis de Caillebot de la Salle, maître de la garde-robe de S. M.

La Révolution arrive; le duc de Brissac est massacré à Versailles, dans les premiers jours de septembre 1792. Dès le 20 du même mois, les commissaires chargés de faire la visite des hôtels, à l'effet de rechercher les meubles les garnissant et les possesseurs *quant à présent*, consignent cette note sur leur procès-verbal : « *Hôtel de Brissac*, rue d'Avon. — M. Speltein, concierge, nous a exhibé un état des meubles et effets que nous avons coté et paraphé par première et dernière page et signé sur la minute. »

C'était aller bien vite, le malheureux duc, qui avait péri si malheureusement, ne pouvait se présenter. On le considère comme *émigré* et dès l'année suivante, 1793, le Domaine procède à la vente du mobilier, qui produit 2811 livres 10 sols (art. 15 *bis*, du sommier des biens des émigrés). A l'article 63 du même registre, nous avons relevé cette mention : « Il dépend de cette *succession* une maison rue d'Avon, occupée par un concierge. Cette maison est dans le plus mauvais état. »

En gens pratiques, les révolutionnaires de 1793 tirèrent parti, dans la mesure du possible, des biens saisis sur les émigrés et louèrent, au profit de l'Etat, les jardins pour les cultiver. Malgré le mauvais état où il se trouvait, l'hôtel de Brissac, qualifié « maison de la succession de defunt Brissac », fut loué pour trois ans, par adjudication, à un nommé Grattier, moyennant 200 livres. (Même registre, art. 81.)

On comprend qu'avec le temps cette habitation, complètement abandonnée, ne s'améliora pas. Six années s'écoulent; le 1 prairial an VII (28 mai 1799), elle est mise en vente au profit de l'État comme bien d'émigré, sous cette désignation : « Vente de la maison dite de Brissac, sise à l'encoignure des rues d'Avon et de l'Abreuvoir, laquelle maison a son entrée sur la rue d'Avon par une porte cochère et comprend plusieurs corps de bâtiments, cours, écuries, remises. Lesquels bâtiments et cours contiennent ensemble 15 ares environ ou 20 perches et demie, mesure de 22 pieds. »

L'acquéreur au district fut un nommé Daniel Lombard, de Paris, au prix de 125,000 fr. (assignats). — Le même spéculateur acheta l'hôtel du Grand-Ferrare et la caserne des Suisses.

Daniel Lombard ne conserva pas longtemps la propriété. Le 25 fructidor suivant, par acte sous seings privés, il la vend à Claude Barthélemy et à François Guilleminet qui la partagent. Ce dernier conserve la maison principale qui passe successivement aux familles Lenormand, Mellerio dit Meller, et à une veuve Richard qui, par acte du 6 décembre 1836 (M⁰ Quinton, notaire), la revend à M. Kreubé, pensionné de l'État, chevalier de la Légion d'honneur. Il la garde huit ans et la cède à son tour, le 30 mai 1844, à M. Lacodre (M⁰ Adhémar, notaire). Elle est aujourd'hui la propriété de M. Barry, marchand de vins en gros.

A noter que, dans ces derniers actes, l'immeuble est indiqué comme situé à l'angle de la rue d'Avon, « tenant d'un côté M. Delariotte, par derrière un hôtel appartenant au Roi. » Cet hôtel n'est autre que l'ancienne habitation du gouverneur de l'Orangerie, depuis devenu hôtel de l'inspecteur des forêts, acquis en 1850, par M. Marrier de Boisdhyver, dont le commandant comte Maurice de Cossé Brissac a épousé la fille. Nous en donnerons l'historique à la suite de cette notice.

Le jardin de l'hôtel de Brissac, conservé par Barthélemy, a été vendu, le 8 août 1817, à un nommé Gourié, limonadier à Fontainebleau, qui le cède, le 12 avril 1823, à la veuve Borquet (M⁰ Lemoine, notaire), dont les héritiers le revendent, le 15 octobre 1833 (M⁰ Lécuyer, notaire), à l'abbé Huc, chanoine honoraire de Meaux, chapelain du palais. C'était le propre frère du baron J.-B. Huc, trésorier de la cassette particulière du Roi, qui partagea volontairement la captivité de Louis XVI lors de son arrestation et qui montra tant de dévouement envers les membres de la famille royale. Son héritier, le commandant baron Huc (André-Marie), en devint propriétaire, le 17 mai 1837, et le revendit, le 9 septembre suivant, à M. Lheureux qui le conserva jusqu'en avril 1840 pour le céder à M. Delariotte. Quelques petites maisons avaient été élevées sur ce terrain dont le propriétaire actuel est le comte M. de Cossé Brissac qui l'a joint au jardin de son hôtel de la rue d'Avon, n° 21, y a fait construire de vastes écuries et l'a agrandi au moyen d'une certaine étendue de terrain du Parc, acquise de l'État. Il se trouve donc aujourd'hui — après cent ans — redevenu propriétaire de la plus grande partie de l'emplacement occupé avant la Révolution par l'hôtel de sa famille.

(Abeille, 2 février 1893.)

L'HOTEL DE « L'INSPECTEUR »

OU DE M. DE BOISDHYVER

L'hôtel situé rue du Parc, 21 [autrefois rue de l'Abreuvoir], était anciennement la résidence du « gouverneur » ou jardinier chef de l'orangerie du Roi, dont les titulaires ont été pendant de longues années les membres de la famille Boisseau de Châtillon.

Ces familles de serviteurs dévoués et consciencieux, élevés presque au rang d'officiers de la Couronne, étaient toujours entourées d'une grande considération. Nous n'en voulons pour preuve que l'assistance des plus hauts personnages à toutes leurs fêtes de famille, mariages ou baptêmes.

Ainsi : le 21 août 1681, Jacques-Philippe Boisseau de Châtillon baptise une fille. Le parrain est Louis, dauphin de France, la marraine, la reine Marie-Thérèse, qui lui donne son prénom. (État civil de Fontainebleau.)

Le 18 février 1705, au mariage de son fils avec Marguerite de la Salle, Philippe Boisseau de Châtillon a l'honneur de compter, comme témoins signant au contrat : Jules Hardouin-Mansart, seigneur comte de Sagonne, chevalier de Saint-Michel, surintendant général des bâtiments, jardins, arts et manufactures du Roi; le baron de Saint-Hérem; le marquis de Châteauneuf, etc. (Étude Bellanger.)

Quatre ans après, le 10 avril 1709, il marie sa fille Louise avec Picault de Darnault, concierge [régisseur] à la cour du Cheval-Blanc. Signent au contrat : le duc du Maine, *parrain de la mariée*, la duchesse du Maine, la princesse douairière de Conty, le duc et la duchesse de Richelieu, le duc de Fronsac, la duchesse de Berry, *marraine de la mariée*, le duc de Bénévent, Mme de Noailles, etc. (Étude Bellanger.)

La propriété, qui depuis a été considérablement améliorée, contenait 18 perches à la Révolution. Elle a été vendue au district de Melun, comme bien de la liste civile, le 9 prairial an III (28 mai 1795), et a trouvé comme acquéreur, au prix nominal de 15,800 francs, un nommé Richer, de Fontainebleau.

Sous le premier Empire, plusieurs immeubles aliénés à la Révolution ont été rachetés par le gouvernement ; la maison du jardinier de l'orangerie est de ce nombre. Elle a été disposée pour devenir l'hôtel de l'Inspection et a eu pour hôte, jusqu'en 1830, M. de Larminat, qui fut, pendant douze ans, un maire distingué de Fontainebleau ; puis, son beau-frère, M. Marrier de Boisdhyver, qui fut conservateur des forêts de la Couronne jusqu'en 1848.

Forestier émérite, M. de Boisdhyver a, pendant les 18 années de sa gestion, donné un grand essor au repeuplement de la forêt en essences résineuses, opération qui avait été ébauchée seulement par ses prédécesseurs. Il a mis ainsi en valeur 5,000 hectares de forêt et, prêchant d'exemple, tant il avait foi en son œuvre, il entreprit le même travail sur 200 hectares de ses propriétés privées, dans les sables de Villiers et de Larchant. Les résultats obtenus furent un grand bienfait pour Fontainebleau et pour le canton de La Chapelle-la-Reine. Véritable pionnier, M. de Boisdhyver a lutté avec conviction et courage contre mille préventions locales que l'expérience seule des faits a pu détruire. Aussi reçut-il, en janvier 1847, de la Société d'encouragement pour l'industrie nationale, sur le rapport de M. Ad. Brongniart, une médaille d'or de 500 francs. La même année, la Société nationale et centrale d'agriculture lui décerna également une grande médaille d'or.

Homme aussi bienveillant que distingué, M. de Boisdhyver resta en fonctions jusqu'en 1848. Il continua d'habiter notre ville et accepta d'entrer plus tard au Conseil municipal. Son ancien collègue dans cette assemblée est heureux de rendre un nouvel hommage à sa mémoire.

Un décret-loi du gouvernement provisoire pris à la date du 20 février 1848, disposa que les biens faisant partie de la dotation de la Couronne feraient retour à l'État. Par application de ces dispositions, l'hôtel de l'inspecteur fut mis en vente, par adjudication, en novembre 1850. M. de Boisdhyver tenant à cette propriété, depuis si longtemps habitée par sa famille, s'en rendit acquéreur et y fit de grandes améliorations. C'est là qu'il mourut, le 6 juillet 1871, et laissa son hôtel à sa dernière fille mariée au comte Maurice de Cossé Brissac.

Tenant eux aussi à conserver cette habitation de famille, le comte et la comtesse de Brissac l'ont fait restaurer de fond en comble, agrandir même, et viennent l'habiter tous les ans, pendant la saison d'été.

Une amélioration nouvelle va y être apportée sous peu. Les propriétaires ont fait abandon à la ville de la portion de leur jardin, nécessaire pour l'élargissement de la rue et le redressement de l'entrée de la rue du Parc (1), où, en raison du grand

---

(1) Cette amélioration de viabilité est aujourd'hui un fait accompli. Le redressement de l'entrée du Parc, au bout de la rue du même nom, a mis à découvert l'emplacement de l'ancien

mouvement des voitures de l'artillerie et du train, la circulation est devenue dangereuse pour les piétons.

D'un autre côté, le comte et la comtesse de Brissac ont pu acquérir de l'État, pour la joindre à leur jardin, une portion de terrain détachée du Parc, précisément à l'endroit où le duc de Brissac avait obtenu, en 1783, l'autorisation d'ouvrir une porte. De telle sorte que le vieil hôtel de Brissac et l'hôtel de Boisdhyver ne font plus aujourd'hui qu'une seule propriété, appartenant — chose rare — aux descendants de ces deux anciennes familles.

(Abeille, 17 février 1893.)

« camp de la Loupe », où, avant 1810, une vingtaine de vieillards avaient l'habitude de se réunir, dans les beaux jours, pour faire leurs parties de cartes. — Encore un vieux souvenir disparu !

HOTEL DE LA SURINTENDANCE

DES BATIMENTS

Une charmante soirée de comédie ayant été donnée le 9 février 1893 chez la vicomtesse et le vicomte Septime de Dampierre, capitaine commandant au 4ᵉ Hussards, nous saisissons l'occasion de parler de l'hôtel de la Surintendance des Bâtiments, propriété de Mᵐᵉ Trabé (1), dont ils étaient alors les locataires.

Les salons de la vicomtesse de Dampierre, ornés de jolies boiseries et meublés avec beaucoup de goût, est-il besoin de le dire? sont ceux de l'ancien hôtel de la Surintendance des Bâtiments de la Couronne, élevé en 1685, sur les plans de Mansart. Ce que l'on ne sait pas aujourd'hui, c'est que cet hôtel communiquait autrefois avec le premier étage du Palais par un pont jeté sur la rue des Bons-Enfants, prenant naissance dans le bâtiment précédant le pavillon d'angle.

L'hôtel de la Surintendance fut une des belles habitations de notre ville. L'abbé Guilbert en dit dans sa *Description de Fontainebleau* : « Son élévation oblique sur un plan des plus irréguliers, montre que l'architecte (Mansart) a su prendre avantage de ce qui paraît le plus défectueux dans la nature pour y faire briller avec éclat l'alliance de l'art et du génie. »

Sur cet emplacement, avait été auparavant élevé l'hôtel de Foix, propriété de Henri-François de Foix, duc de Candale, et de Marie-Charlotte de Roquelaure qui le tenaient par héritage de Marie-Claire de Beauffremont, comtesse de Floix, dame d'honneur de la Reine mère, à qui il avait été légué par Marie-Catherine de Larochefoucauld, marquise de Senecey.

(*Abeille*, 17 février 1893.)

(1) En juillet 1893, le baron Niedermeyer s'est rendu acquéreur de cet immeuble après le décès de Mᵐᵉ Trabé.

L'HOTEL DE GUISE
DEVENU
HOTEL DU CONTROLE DES BATIMENTS

(L'Hôtel de France et d'Angleterre)

Ainsi que nous avons eu déjà occasion de le constater, plusieurs hôtels de la ville portèrent le même nom.

Ce fait se vérifie encore pour les hôtels de Guise. Dans nos recherches nous en avons retrouvé deux.

Nous en rencontrerions peut-être trois, si un renseignement pris, dans un manuscrit de la Bibliothèque nationale et communiqué par notre ami M. Eug. Thoison, était plus explicite. Il se réduit à cette phrase unique : « 1602, vente... puis don... (par qui?) du petit hôtel de Guise scis à Fontainebleau... »

S'agirait-il de tout ou partie de l'hôtel du Grand-Ferrare, acquis le 5 avril 1601, par le Roi, de Claude, duc de Guise et de Chevreuse, pair de France, qui le tenait du cardinal d'Este, son grand oncle? Nous l'ignorons, dans tous les cas, cette indication sommaire, perdue au milieu de quantité d'autres, ne suffit pas pour nous permettre de tenter utilement quelques recherches. A considérer toutefois que l'hôtel de Ferrare n'a jamais porté d'autre nom, bien qu'il fut mitoyen de l'hôtel de Guise situé dans la même rue et dont il est question à la date de 1602.

1° L'hôtel de Guise, rue de Ferrare, anciennement rue du Jeu de Paume, qui tenait, d'une part à droite à l'hôtel des Écuries de la Reine mère, à gauche à celui du Maréchal d'Humières et à celui du Grand-Ferrare et se prolongeait par le fond jusqu'à la rue Saint-Honoré.

Tout ce que nous en savons, c'est que le 11 mai 1688, inventaire y a été fait à la requête de la princesse palatine de Bavière, duchesse de Brunswick, et de sa sœur, héritières de Marie de Lorraine, duchesse de Guise. Cet hôtel, dont on n'a plus parlé depuis, s'appelait en dernier lieu hôtel de Brunswick. Sur son emplacement a été élevé l'hôtel des Gardes du Corps, rue Saint-Honoré, depuis le quartier de cavalerie, aujourd'hui dénommé *de Boufflers*. Les casernes, dès les premiers jours de la Révolution, ayant été utilisées pour l'armée, l'ancien hôtel de Guise ou de Brunswick ne fut pas vendu comme bien national.

2° L'hôtel de Guise, place de Ferrare, à l'angle de la place et du boulevard Magenta (ancienne route de Nemours).

Le septième et dernier duc de Guise meurt en bas âge en 1675; le duché étant ainsi éteint, il est assez vraisemblable que vers cette époque, Louis XIV qui donnait une grande extension au service de ses bâtiments, dut faire alors l'acquisition de l'hôtel et y installer le « contrôle de ce service ». Les travaux de l'hôtel de la Surintendance des bâtiments, établi sur les plans de Mansart, de l'autre côté de la place, sur le terrain de l'hôtel de Foix, ont été adjugés en 1684; nous croyons pouvoir fixer à cette date ou à très peu près, l'acquisition de l'hôtel de Guise par le Roi.

Un terrier de la terre du Monceau, dressé en 1615 (Arch. nationales) constate que « Charles de Lorraine, duc de Guise, a une maison à Fontainebleau contenant un arpent et demi sur la rue tendant à Nemours, tenant au maréchal d'Ancre et au sieur de Bassompierre ».

Charles de Lorraine, mort en 1640, était le 4° duc de Guise, et ses trois successeurs semblent avoir possédé l'hôtel sans interruption, pendant les 35 ans écoulés jusqu'à la mort du septième et dernier.

Le plan de Dorbais, 1682, ni celui de de Fer, 1705, ne le comprennent dans leurs légendes, mais en donnent l'emplacement exact. Un autre plan manuscrit de la même époque, conservé à la Bibliothèque nationale l'indique absolument de même et l'appelle « ancien hôtel de Guise ». Les autres plans consultés sont presque tous postérieurs; le plus ancien, celui de 1695 (Arch. nationales, O'1420) le désigne comme « ancien hôtel de Guise, magasins du Roi ». Celui de l'abbé Guilbert (1731), et un autre de 1747 (Arch. nationales, O' 1440) le donnent l'un comme « ancien hôtel de Guise », l'autre « ancien hôtel de Guise, contrôle des bâtiments ».

C'est cette dernière destination qu'il conserva jusqu'à sa vente comme bien national; elle eut lieu le 27 ventôse an III, au district de Melun. Il était ainsi désigné :
« Vente d'une maison connue ci-devant sous le nom d'*Hôtel du contrôle des bâtiments*, située rue de la Liberté, dépendant précédemment de la ci-devant liste civile.

» Laquelle maison, située place du Ferrard, a son entrée par une porte cochère donnant sur la rue de la Liberté, consiste en plusieurs bâtiments, cours et jardin, et enfin un petit bâtiment faisant hache sur la place du Ferrard, faisant partie de ladite maison ». (Arch. dép. 22. J. 3.)

Sa contenance était indiquée comme étant de 58 perches 3/4, dont en bâtiments, remises et écuries, 260 toises, et un premier étage de 96 toises.

Longtemps inoccupés, les bâtiments dépérirent; ils ont subi depuis bien des dénaturations. Ils devaient cependant avoir une réelle importance à en juger par les deux énergiques têtes de lions scellées dans le mur, des deux côtés de la porte d'entrée du pavillon donnant sur la place et habité aujourd'hui par la marquise d'Espeuilles.

Dans les fouilles faites en 1876 pour la reconstruction de ce pavillon, on a trouvé de nombreux débris de sculpture, dont une tête de cheval en marbre blanc, d'un travail très fin et très soigné, que nous possédons.

L'acquéreur au district fut un nommé Et. Moreau, qui se rendit également adjudicataire des hôtels d'Estrées et de la Coudre. Il le paya 78,100 livres en assignats.

Il passa ensuite entre plusieurs mains et devint sous la Restauration le collège communal de la ville, dirigé par M. Maze.

Quelques années après 1830, il fut acquis par Mme Roux, veuve d'un capitaine de grenadiers de la garde impériale, qui y installa l'*hôtel de France et d'Angleterre*, devenu rapidement très renommé. C'est elle qui remplaça par une grille, du côté du boulevard, les murs de clôture.

L'Empereur Napoléon 1er avait eu le projet de faire acheter cette maison pour la démolir en vue de l'agrandissement de la place. Mais les événements se succédèrent avec une telle rapidité que le temps manqua pour donner suite à cette heureuse idée.

Sous Napoléon III le projet fut repris avec amplification. Non seulement la place devait être agrandie, mais les plans étudiés se complétaient par l'ouverture, dans l'axe de l'escalier du Fer-à-Cheval, d'un boulevard de quarante mètres de largeur, allant jusqu'à la clôture du parquet. Les rochers des Monts-Aigus, ainsi découverts, auraient formé une magnifique toile de fond.

Quelques circonstances locales — l'opposition d'un propriétaire que l'on ne voulut pas contrarier — entravèrent ce grandiose projet. D'une exécution cependant facile, il eut avantageusement modifié l'aspect de toute la partie sud de la ville.

Au décès de Mme Roux, l'hôtel fut acquis par M. Dumaine père; il le maintint au premier rang des établissements similaires de la ville.

Il est aujourd'hui géré par M. et Mme Alfred Dumaine qui l'ont transformé et doté d'un mobilier du confort le plus moderne. Grâce à leurs soins intelligents, au cachet tout spécial qu'ils lui ont donné, à l'irréprochable service qu'on y trouve, l'*hôtel de France*, quoique installé dans d'anciens bâtiments, ne le cède en rien aux plus luxueuses maisons de France et de l'étranger. Aussi, la clientèle élégante et riche s'y est-elle de plus en plus attachée.

(*Abeille*, 18 août 1893.)

L'HOTEL DE PAULMY (D'ARGENSON)

La famille d'Argenson — dont certains membres portaient le titre de marquis de Paulmy, — possédait un hôtel à Fontainebleau, à l'angle de la rue Saint-Honoré et se prolongeant jusqu'à la rue Saint-Merry, tout le long de la rue de Fleury. Il était ainsi mitoyen de l'hôtel d'Aligre.

Le dernier possesseur, qui comme tous les d'Argenson, s'était distingué dans les hautes situations politiques et dans la littérature, Antoine-René d'Argenson, marquis de Paulmy, avait été ministre de la guerre, puis simplement ambassadeur en Suisse, en Pologne, à Venise. Il avait toujours aimé les belles-lettres, mais son goût dominant le porta vers l'histoire et la bibliographie. Il se démit alors de toutes ses charges, ne conservant que le gouvernement de l'arsenal. Dans cette situation de repos il s'occupa activement à former une bibliothèque que ses relations étendues en France et dans les pays étrangers lui permirent de mener à bonne fin. Il en fit la collection la plus complète, la mieux choisie, la plus nombreuse qui ait peut-être jamais été en la possession d'un particulier : cent mille volumes environ. Ne voulant en laisser le soin à personne, il en dressa lui-même le catalogue. En 1781, il vendit sa collection de livres au comte d'Artois, qui lui en laissa la direction; il la conserva jusqu'à sa mort, en 1787.

Le petit hôtel de Fontainebleau fut abandonné pendant quelques années, si bien que le procès-verbal de la visite faite au nom de la municipalité contient cette simple énonciation : « Laurent, concierge, revendique la propriété des meubles qui s'y trouvent. » Saisi, au titre de bien d'émigré, il fut mis en vente au district le 6 frimaire an II (26 novembre 1793). Le cahier des charges dressé pour cette vente est également très sommaire : « Vente de la maison dite hôtel Paulmy, sise rue Saint-Honoré, contenant en superficie, compris cour et jardin, la quantité de 216 toises et estimée 5,500 livres. »

Cette propriété paraît avoir attiré un grand nombre de compétiteurs, car il ne fallut pas moins de 48 enchères successives pour la voir adjuger au prix de dix mille vingt livres (assignats), au citoyen Mirville, aubergiste, rue des Germains (rue Royale), à Fontainebleau. Séance tenante, il a été fait une déclaration de commandé au profit du citoyen Guillaume Fontaine, ancien garde-magasin des vivres de la marine, demeurant rue des Buttes, à Fontainebleau.

Comme il est arrivé pour la plus grande partie des biens achetés nationalement, l'hôtel de Paulmy fut, peu après, divisé, et Fontaine en conserva une partie seulement, celle qui porte actuellement les n°s 3 et 5 sur la rue de Fleury. Cette dernière portion fut vendue en 1821, par Fontaine, à Mme Gervaise, puis elle passa successivement : en 1823 à Martin, en 1853 à Maguin père, en 1872 à M. Rousseau, intendant général de l'armée ; sa veuve la revendit en 1890. Elle est aujourd'hui la propriété de M. le président Hue, qui possède déjà l'ancien hôtel d'Aligre.

A noter, en passant, que la plupart des premiers propriétaires vendeurs avaient grand soin d'insérer dans les actes de vente que dans le jardin se trouvait une statue de jardinier en terre cuite. Qu'est devenue cette statue à laquelle pendant un certain temps on a semblé attacher une telle importance ?

Deux autres observations à relever dans le cahier des charges de la vente au district :

1° Le prix de vente était toujours, en ce qui concerne les biens nationaux, grevé d'une fourniture gratuite en nature : chemises, effets, chaussures pour les militaires. L'importance était proportionnée à l'estimation faite préalablement. Ainsi pour l'hôtel de Paulmy, il était stipulé que « l'acquéreur devrait fournir, dans la quinzaine de la vente, six paires de souliers, bons, sujets à visite, et propres au service des volontaires qui marchent pour la défense de la République. »

2° Le service des eaux d'alimentation pour le château était admirablement réglé sous la Monarchie ; un personnel nombreux de fontainiers y pourvoyait. Si par la suite le gouvernement nouveau a négligé ce service, a laissé tomber de vétusté bien des aqueducs et détruire bien des conduites, dont les eaux filtrent aujourd'hui en couches nombreuses dans le sous-sol de la ville, il n'est que justice de reconnaître que les administrateurs locaux, après la chute de la Royauté, avaient pris des mesures pour la sauver d'une destruction presque complète. Ainsi, dans tous les cahiers de charges sans exception, même quand il s'agissait d'hôtels ne se trouvant pas comme ceux de la rue Basse et de la rue d'Avon, sur le parcours des conduites, la clause ci-après était insérée :

« Ne pourra [l'adjudicataire] détourner aucune des eaux passant sur sa propriété, ni faire de réservoir, sans en donner connaissance au citoyen Caly, inspecteur des eaux de tous les ci-devant hôtels de Fontainebleau, tant de la liste civile que des émigrés, comme aussi de ne faire aucune plantation d'arbres à [moins de] six pieds de distance des corroys de glaise. »

J.-B. Caly, dont il est question ici, était l'ancien fontainier du château qui fut maintenu en fonctions pendant quelques années.

(*Abeille*, 8 septembre 1893.)

L'HOTEL D'ALBRET

L'hôtel d'Albret, situé à l'est de la place d'Armes, était, avant la Révolution, séparé des bâtiments de la cour des Offices (cour Henri IV) par l'hôtel de la Surintendance des bâtiments, aujourd'hui démoli, pour faire place au passage dit des « Grilles-Neuves ». L'entrée, par porte cochère, faisait face à la Conciergerie (la cour des Princes actuelle) et à la place d'Armes alors déjà agrandie.

Le nom illustre d'Albret qu'a conservé cet hôtel prouve à quelle grande maison il appartenait autrefois; il fut appelé, pendant quelque temps, « hôtel Zamet », du nom du favori du roi Henri IV, son surintendant des bâtiments et capitaine concierge du palais de Fontainebleau, qui y fit faire quelques modifications pour y installer la Conciergerie. Anne de Reilhac, sa veuve, qui lui survécut, lui succéda dans ces charges.

Henri IV, malgré l'excessive tendresse qu'il avait pour Zamet, réhabilita en quelque sorte cet hôtel en lui restituant son premier nom et le faisant passer dans le domaine royal. C'est à lui que l'on devait la création des deux pavillons qui flanquaient ce château et en faisaient un palais des plus réguliers. Il planta en même temps les jardins qu'il orna de deux fontaines jaillissantes.

La belle vue dont on y jouissait sur le Parterre, jointe à des appartements vastes et commodes, déterminèrent le cardinal de Richelieu à le choisir pour y loger pendant le séjour du Roi à Fontainebleau.

C'est là qu'il s'installa lors de son dernier séjour, le 13 octobre 1642, six semaines avant sa mort. On dut même démolir le mur de clôture pour livrer passage à la chambre portative en bois, tapissée de damas de soie, dans laquelle voyageait l'illustre ministre. Déjà moribond, il ne la quittait ni jour, ni nuit.

Il servit successivement de résidence aux princes et aux grands personnages, puis, dans les dernières années du règne de Louis XVI, fut quelque peu abandonné, comme la plupart des maisons appartenant au Roi.

En 1791, le 14 avril, lors du recensement fait par Peyre, membre de l'Académie des Beaux-Arts, contrôleur des bâtiments du Roi, avec le concours des commissaires de la municipalité, pour servir à l'établissement de la contribution que devrait payer le Roi, dont la liste civile venait d'être constituée, il fut reconnu contenir 99 perches, soit 327 t. 3 p., dont en constructions 157 t. 3 p.

En 1792, il reçut une nouvelle visite, celle des délégués de la municipalité. Ils avaient pour mission « de savoir à qui l'hôtel appartenait pour le présent et s'il y avait des meubles et effets appartenant aux propriétaires ». Cette opération ne donna pas grand résultat; l'hôtel était démeublé. Le concierge Jamin déclara que « l'hôtel appartenait au ci-devant Roy, que M. de Gesvres y avait deux chambres garnies, une pour lui, l'autre pour son domestique, promettant de les faire visiter et remettre à toute réquisition ».

Les 8 et 14 thermidor an VIII (27 juillet et 1er août 1799), l'hôtel, négligé depuis une douzaine d'années, fut vendu comme bien national, sous ce simple libellé : « Vente du ci-devant hôtel d'Albret, situé place d'Armes, sur laquelle est son entrée par une porte cochère; composé de plusieurs bâtiments adossés au bâtiment appelé le corps des gardes françaises, cours et dépendances, lesquels contiennent ensemble 40 ares 82 centiares ou environ, ou 80 perches, mesure de 22 pieds ».

L'acquéreur fut un nommé Germain Garnot, moyennant 601,000 livres (assignats). La maison devint ensuite successivement la propriété de Nicolas Damoye, Jean Gaillard, Vincent Chéry, Louis-Jean-Baptiste Sallentin, qui la laissa à Mme Champigny, sa fille, laquelle l'habita durant de longues années. Elle appartient aujourd'hui à son petit-fils, M. H. de Bacourt, ministre plénipotentiaire.

Le 19 avril 1854, actes Mes Gaultry et Bouchonnet, notaires à Fontainebleau, la liste civile a acquis de Mme Champigny une portion de terrain aboutissant sur le Parterre du Palais, d'une contenance de 9 ares 40 centiares. Cette bande de terrain, réunie au Parterre, a servi à isoler le pavillon de Sully, et à prolonger en cet endroit la grande avenue d'Avon, ouverte dans le Parc.

Il existait, en 1680, à l'angle de la rue Saint-Merry et de la rue Royale, où est actuellement l'auberge du *Cheval noir*, un « petit hôtel d'Albret », d'une assez vaste étendue. Malgré nos recherches, nous n'avons pu obtenir aucun renseignement sur cette maison où, croyons-nous, se sont tenues pendant quelque temps, sous la Révolution, les séances de la Société populaire.

Une observation pour terminer. Quand on accède au Parterre par les Grilles-Neuves, ouvertes sous Louis-Philippe, sur l'emplacement de l'hôtel de la Surintendance des finances, entre l'hôtel d'Albret et les bâtiments de la cour Henri IV, on croirait entrer dans une geôle. Le trajet que l'on fait ensuite, semble vous conduire au Parterre par un corridor de prison. Combien il serait urgent et utile d'agrandir ce passage, opération qui serait facile, à peu de frais, en supprimant l'angle saillant, en cet endroit, du mur de la propriété de Champigny. Et combien serait agréable, ainsi élargie et ouverte, cette entrée du Parterre, dont on pourrait apercevoir les magnifiques corbeilles de fleurs, de la place d'Armes et même de la Grande-Rue. Ce projet transformerait en une agréable avenue cette entrée si fréquentée, qui a trop l'air d'un simple passage de service (1).

(Abeille, 29 septembre 1893.)

(1) A la fin de l'année 1891, cette entrée du Parterre fut en partie élargie du côté de l'hôtel d'Albret et M. de Bacourt a été autorisé à placer une grille pour se donner une vue sur les jardins du Palais. Une autre amélioration serait bien à désirer, ce serait la démolition du mur dit de la Fourrière qui borde les bâtiments Henri IV. L'entrée des Grilles-Neuves, alors tout à fait élargie des deux côtés, produirait un joli effet.

L'HOTEL DE LA CHANCELLERIE

Sur l'emplacement de la partie du jardin de Diane où sont commencés les travaux du nouvel hôtel des Postes et Télégraphes, s'élevaient autrefois des constructions, notamment l'hôtel de la Chancellerie, c'est-à-dire « l'hostel des chanceliers de France ».

Le vieil « hostel » de la Chancellerie qui nous occupe fut bâti par les ordres du cardinal et chancelier Duprat, qui le vendit à François Ier pour servir de logement aux Chanceliers de France.

Cet hôtel fut considérablement augmenté sous les chanceliers d'Aligre et Seguier et a été presque rebâti à nouveau en entier, en l'an mil six cent soixante et dix-neuf, dit l'abbé Guilbert. On y commença, en mil six cent soixante et un, la fameuse Chambre de Justice où fut condamné le surintendant Fouquet.

L'hôtel de la Chancellerie servit de résidence aux princes, aux ambassadeurs des puissances étrangères.

En 1771, le comte de Provence (Louis XVIII) y fut logé en attendant son mariage avec une princesse de Savoie. En 1773, le comte d'Artois (Charles X) y fut, également à l'occasion de son mariage avec une autre princesse de Savoie, reçu avec le même cérémonial observé pour son frère aîné.

A la Révolution, quoique détaché du château, il ne fut pas vendu comme bien national. La ville s'en empara de compte à demi avec le gouvernement. Le Conseil municipal y tint quelque temps ses séances. La gendarmerie, ce qui subsistait de la prévôté, la société populaire, s'y installèrent. Les bureaux de la sous-préfecture et le tribunal y siégèrent jusqu'en 1806, époque à laquelle Napoléon Ier le revendiqua pour sa liste civile.

Après 1830, il fut démoli par Louis-Philippe, ainsi que 22 maisons, rue des Bons-Enfants, qui y étaient adossées. Les matériaux en furent employés à combler les fossés qui existaient encore dans leur état primitif, contournant tout le château depuis le parterre jusques et y compris la façade principale de la cour du Cheval-Blanc.

(*Abeille*, 6 octobre 1893.)

L'OBÉLISQUE DE FONTAINEBLEAU

Par suite du vandalisme des gamins et des voyageurs, les inscriptions de l'Obélisque de Fontainebleau ont presque entièrement disparu ; sur trois des faces, de ci de là, il reste encore quelques lettres, mais sur le quatrième côté, ce ne sont que des trous et encore des trous. D'où ce nom charmant d'inscription « trou-forme ». Les lettres en bronze « goujonnées » en relief, ont été arrachées les unes après les autres.

En l'état actuel, l'aspect de notre obélisque est lamentable et déshonorant pour notre ville ; l'administration compétente a fait semblant de ne pas entendre nos justes doléances parce qu'elle serait très gênée, sans doute, pour faire opérer les restaurations nécessaires. Et cependant elles ne coûteraient pas bien cher.

En France, c'est maintenant établi, l'État n'a jamais le sou quand il s'agit de faire quoi que ce soit ; pour construire des casernes et un bureau de poste ou poser un fil téléphonique, il est contraint de faire appel à l'initiative privée. Des villes ou des sociétés sont obligées de se substituer à lui et de lui avancer ou de lui donner des fonds. Ce serait piteux, si ce n'était ridicule. Notre budget, il est vrai, est très chargé, mais nous payons assez de contributions pour obtenir l'entretien de nos palais nationaux — qui tombent en ruine — ou le nettoyage d'une pyramide.

Si on trouve trop coûteux de rétablir en leur état primitif les quatre inscriptions avec leurs lettres en relief, on pourrait bien boucher les trous, moins nombreux que ceux faits récemment à la lune par quelques-uns de nos hommes politiques, et graver sur une ou deux plaques de marbre, le but de ce monument. Nous allons le rappeler en deux mots, car l'histoire en a déjà été publiée en détail dans l'*Abeille* du 24 février 1888.

Érigé en 1786, d'une hauteur de 64 pieds (21 mètres), il fut respecté par les révolutionnaires de 1793, qui se contentèrent de le couronner d'une massue surmontée d'un bonnet phrygien et d'enlever les inscriptions.

Cependant à cette époque toutes les croix de la forêt furent brisées et, pour en effacer jusqu'au souvenir, on changea les noms qu'elles avaient donnés aux carrefours au milieu desquels elles se trouvaient. Ainsi, les carrefours de Toulouse, du

Grand Veneur, de la Table du Roi, d'Augas, de Montmorin, s'appelèrent carrefour des Courses, de Chailly, de la Buvette, du Mont-Ussy, de Moret. On ne respecta même pas les poteaux; la plupart furent arrachés. L'Obélisque eut plus de chance.

En 1805, on enleva la massue et le bonnet phrygien pour les remplacer par un aigle. En 1814, l'aigle disparut à son tour.

On ne s'occupa plus de notre Obélisque qu'en juin 1861; alors l'empereur Napoléon III fit rétablir les inscriptions enlevées en 1793 et aujourd'hui — cent ans après — pour la deuxième fois presque entièrement disparues.

Le dessin des lettres des inscriptions a été choisi sur un des types les plus purs de l'épigraphie italienne; il a été exécuté sous la direction du regretté architecte Paccard, par M. Léon Gouvenin, alors architecte-inspecteur de notre Palais.

La reproduction ci-dessous de l'état primitif et de l'état actuel donnera une idée, triste il est vrai, du monument élevé par les habitants de Fontainebleau, à l'aide d'une souscription publique, en l'honneur de Marie-Antoinette et de ses enfants.

Côté nord.

A MARIE-ANTOINETTE	A MAR.E ANTOINETT.
D'AUTRICHE	D'AU.RI.HE
REINE DE FRANCE	REIN. D. .RA..CE
ET DE NAVARRE	.. D. ....

Côté est.

LOUIS-CHARLES	..UI. .....S
DUC	...
DE NORMANDIE	... .
NÉ LE XXVII MARS	... .
M DCC LXXXV	... .

Côté sud.

LOUIS-JOSEPH	....
DAUPHIN	....
NÉ LE XXII OCTOBRE	... .
M DCC LXXXI	

Côté ouest.

MARIE-THÉRÈSE	MARI. .HÉ.ÈS.
DE FRANCE	.. F.A.C.
MADAME	MAD...
NÉE LE XXVIII DÉCEMBRE	...E ..V.. DÉ.....E
M DCC LXXVIII	... .

(*Abeille*, 17 mars 1893.)

LES CASERNES DE FONTAINEBLEAU

Un récent arrêté ministériel a prescrit, afin de perpétuer le souvenir des militaires illustres, de donner à chaque caserne ou quartier, le nom d'un homme de guerre célèbre.

Cette décision vient de recevoir son application à Fontainebleau, où les casernes et quartiers seront désormais ainsi dénommés :

Caserne Damesme, la caserne d'infanterie, construite sous Louis-Philippe.

Quartier Boufflers, le grand quartier de cavalerie, rue Saint-Honoré, ancien hôtel des gardes du corps, converti en caserne à la Révolution.

Quartier Raoult, l'ancienne vénerie royale, rue d'Avon, occupée par l'artillerie et le génie.

Quartier Chataux, le petit quartier de cavalerie Saint-Merry, les écuries d'Artois, avant la Révolution.

Quartier Lariboisière, les quartiers de construction récente à Avon, occupés par les batteries d'artillerie à cheval et par le train des équipages militaires.

Voici une courte notice sur les généraux dont les noms figureront sur des plaques commémoratives :

DAMESME (général de brigade).

Né à Fontainebleau, en 1807, mort le 29 juillet 1848, des suites d'une blessure reçue pendant les journées de juin. Sorti de Saint-Cyr, en 1827, il fit la campagne de Belgique (1832), passa dans l'armée d'Afrique où il se distingua par sa bravoure, devint colonel du 11ᵉ léger, en 1847, général de brigade et commandant de la garde mobile, le 9 juin 1848.

BOUFFLERS (maréchal duc de).

Né en 1644, d'une famille de Picardie; fit ses premières armes sous Turenne et Luxembourg, assista à la bataille de Fleurus, prit Furnes. Il est surtout célèbre par la manière héroïque dont il défendit Namur contre le prince d'Orange (1695) et Lille contre le prince Eugène et Marlborough, en 1708, ce qui lui valut le titre de duc et pair.

En 1709, il commanda l'armée française à Malplaquet, sous le maréchal de Villars, et opéra sa retraite en bon ordre. Sa nomination au maréchalat date de 1693.

Boufflers ne parvint au commandement que dans un âge relativement avancé. Il est resté justement populaire pour son désintéressement, son amour du bien public et sa bonté envers ses soldats.

RAOULT (général de division).

Né à Meaux, le 25 décembre 1810, Noël Raoult, après avoir fait de solides études, cédant à une vocation irrésistible, contracta un engagement volontaire en 1830. A peine engagé, Raoult concourut avec succès pour Saint-Cyr et entra à l'école d'état-major avec le premier rang qu'il conserva jusqu'à sa sortie.

En 1834, il arrive en Algérie, parvient rapidement au grade de capitaine et mérite bientôt d'être décoré pour sa valeur.

Quelque temps après, mis à l'ordre du jour par le maréchal Bugeaud qui constatait qu'il s'était conduit avec la vigueur d'un jeune officier et l'expérience d'un vieux soldat, il recevait la croix d'officier de la Légion d'honneur. Lorsqu'il lui conféra cette distinction, le maréchal Soult, ministre de la guerre, sut la rendre plus éclatante encore, en faisant remarquer que Raoult était le plus jeune capitaine de l'armée qui eut obtenu ce grade dans la Légion d'honneur.

Aide de camp du général d'Arbouville et chef d'escadron en 1849, il est blessé lors de l'insurrection de Lyon.

En 1854, il part pour la Crimée dans l'état-major du maréchal Bosquet et se signale de nouveau. Pendant *onze mois et vingt-deux jours*, bravant tous les dangers, il remplit les fonctions de major de tranchée devant Sébastopol.

Cette rude campagne lui valut le grade de colonel d'état-major, la croix de commandeur de la Légion d'honneur et la décoration de l'ordre du Bain envoyée par la reine d'Angleterre.

Malgré de si brillants services, Raoult était oublié dans les modestes fonctions de chef d'état-major, à Châlons, lorsqu'une circonstance fortuite le signala à l'attention de l'Empereur. Le général Totleben, célèbre défenseur de Sébastopol, étant à Saint-Cloud, annonça qu'il se proposait d'aller à Châlons voir son ami Raoult, qui avait été son plus rude ennemi pendant le siège. Inutile de dire que, par suite d'une dépêche, c'est lui qui fit le voyage de Châlons à Saint-Cloud.

Depuis, Raoult participa à l'établissement du camp de Châlons, fut nommé chef d'état-major de la garde impériale et prit une part glorieuse aux batailles de Magenta et de Solférino.

Promu général de brigade, il commanda successivement plusieurs départements, puis fit, en 1808, la campagne de Rome.

Général de division, en 1868, et attaché au comité d'état-major, il fut, en 1870, appelé à commander la 3ᵉ division du 1ᵉʳ corps d'armée.

Grièvement blessé le 6 août, à la bataille de Reischoffen, il mourut en captivité, le 3 septembre suivant.

CHATAUX (Hugues de).

Né à Saint-Domingue, le 5 mars 1779, reçut une éducation distinguée et fut admis, à l'âge de seize ans, à l'École polytechnique, dont il suivit les cours en 1794 et 1795.

Devenu premier aide de camp du maréchal Victor, duc de Bellune, dont il épousa la fille, il fit toutes les campagnes de l'Empire.

Le général Chataux a assisté au siège de Gênes et fait les campagnes de la Grande-Armée, d'Espagne, de Russie, de Saxe et de France.

Il s'est distingué à Tabago, à Christiansdadt, à Espinosa, à Cuença, à Ucclès, à Midellin, à Chiclana, à la Bérésina, à Dresde, à Wacchau, à Brienne, où il se couvrit de gloire, les 6 et 7 février 1814, et à la bataille de Montereau, où il avait donné les preuves d'une intelligence et d'une bravoure extraordinaires.

Le 17 février 1814, devant Pecqueux, commune d'Aubepierre, près Mormant, la 1ʳᵉ division d'infanterie (Chataux) formait la droite de l'armée qui battit les alliés à Mormant et à Villeneuve-les-Bordes. Ces deux affaires sont les plus importantes, dont le département de Seine-et-Marne fut le théâtre si, dit M. Humbert, on en excepte le combat de Montereau.

Le lendemain, 18 février, Chataux, venant de Forges, attaqua vigoureusement Villaron, près de Surville, et l'emporta. L'attention de l'ennemi ainsi détournée, le général Pajol put se dégager et se déployer en avant du Dragon-Bleu, et faire opérer par ses cavaliers cette homérique charge qui permit aux troupes françaises d'entrer dans Montereau entièrement occupé par l'ennemi.

La bataille de Montereau, à laquelle Chataux prit une part glorieuse, coûta à l'ennemi 3,000 morts ou blessés, 3,000 prisonniers, 4 drapeaux et 6 canons.

C'est au moment où ce brillant succès, auquel il avait tant contribué, était assuré, que Chataux fut mortellement blessé à l'attaque des hauteurs de Montereau. Il n'avait pas encore atteint sa 35ᵉ année.

La perte de ce jeune officier général, dont la carrière fut si courte et si brillante, a été vivement sentie par l'armée française.

LARIBOISIÈRE (comte de).

Général d'artillerie, né à Fougères, en 1759. — Lieutenant en 1781, capitaine en 1791, colonel en 1795, commande les parcs d'artillerie aux armées de Suisse et du Rhin. Comme général de brigade, eut une part importante au succès de la bataille d'Austerlitz, où le feu de ses batteries engloutit l'infanterie russe entassée sur les glaces du lac de Menitz. A Iéna, il s'acharna à la poursuite de Blücher et jeta, en présence de l'ennemi, un pont sur l'Elbe. Blessé à Lubeck, il continua la campagne et, pendant celle de Pologne, eut encore une part glorieuse à la bataille d'Eylau, au siège de Dantzig, et aux batailles d'Heilsberg et de Friedland. Général de division peu après, il devint, à la paix de Tilsitt, gouverneur du Hanovre, qu'il administra avec beaucoup de sagesse et de prudence. Il passa ensuite en Espagne, où il se distingua à la bataille de Somme-Sierra et au siège de Madrid, revint ensuite à la Grande-Armée, fit construire, après la bataille d'Essling, neuf ponts sur le Danube et fortifia l'île Lobau. A la bataille de Wagram, sa formidable artillerie décida encore du succès. Nommé peu de temps après inspecteur général, il remplit plusieurs missions importantes sur les côtes et fut ensuite chargé de la direction des parcs de l'artillerie dans la grande expédition de Russie. Il dirigea l'attaque de Smolensk, détruisit avec son artillerie les redoutes des Russes à la bataille de la Moskowa, arma ensuite le Kremlin et rétablit notre artillerie sur le même pied qu'avant l'entrée en campagne.

Pendant la retraite de Russie, éprouvé par la vue de nos désastres, brisé par la douleur que lui causait la mort de son second fils, tué à la Moskowa, et atteint d'une grave maladie contractée à Vilna, il mourut à Kœnigsberg, en 1812.

(*Abeille*, 29 juillet 1887.)

LA CLOCHE DE LA CHARITÉ

Dans sa séance du 15 avril, le conseil municipal a bien voulu accueillir la demande de la supérieure des sœurs de Saint-Vincent-de-Paul, qui ont quitté définitivement, par suite de l'application des décrets de laïcisation, l'école dite de la Charité, rue Royale, et leur a concédé la cloche qui sonnait les offices.

Quelques jours après, le 24 avril, le même conseil, donnant acte des remerciements de madame la supérieure, a confirmé le don de la cloche et a bien stipulé qu'elle « devrait, quoi qu'il arrive, rester à Fontainebleau ».

Nous constatons avec plaisir que nos édiles tiennent à conserver à Fontainebleau ce souvenir intéressant, peut-être unique, de la royauté, demeuré en ville.

Cette cloche, en effet, assez curieuse, paraît avoir été donnée, par le roi Louis XIV, à l'hôpital des hommes, la Charité d'Avon, appelé aussi Sainte-Anne-la-Royale, du nom de sa fondatrice, en 1662, la reine Anne d'Autriche.

En exécution d'un décret du 13 frimaire an V, cet hôpital fut, le 28 nivôse suivant (28 décembre 1796), réuni à l'hospice de Fontainebleau, qui était alors établi rue Royale, où il resta jusqu'en 1839. C'est vraisemblablement à cette époque qu'y fut transférée la cloche dont voici la description :

Sur la calotte, une guirlande alternée de fleurs de lys et de feuillages.

Au-dessous, l'inscription suivante en trois lignes :

1687 DV REGNE DE LOVIS LE GRAND MARIE ANNE A ESTE BENITE EN CETTE EGLISE DE LHOSPITAL / DE LA CHARITE SAINTE DAVON LEZ FONTAINEBLEAV TENVE PAR MONSEIGNEVR LE / DAVPHIN ET MADAME LA DAVPHINE

Au-dessous se trouve un médaillon représentant le roi Louis XIV, accompagné à droite des armes du grand Dauphin, et à gauche des mêmes, jointes à celles de sa femme, la grande Dauphine, Marie-Anne-Christine-Victoire de Bavière.

Ce dernier blason se lit ainsi : Écartelé au 1er et 4e de *France*, au 2e et 3e d'or au dauphin d'azur; écartelé au 1er et 4e, losangé d'argent et d'azur de vingt-une pièces mises en bandes, qui est *Bavière*; au 2e et 3e de sable, au lion d'or couronné de gueules, qui est *Palatin du Rhin*.

Cette cloche, qui mesure 55 centimètres de haut et a le même diamètre, pèse 110 kilos. — Elle a eu, comme on le voit, pour parrain et marraine le grand Dauphin et sa femme. (*Abeille*, 1er mai 1891.)

LES RUELLES DE FONTAINEBLEAU

Bien des personnes ignorent l'emplacement des ruelles ouvertes dans le vieux Fontainebleau; d'autres les fréquentent pour abréger leur route, mais n'en savent pas même les noms. — Les voici :

Ruelle des Fourneaux, faisant communiquer la rue du Chemin-de-Fer et la rue Grande, où elle débouche en face de la gendarmerie. A côté se trouve la « Cour des Miracles », qui n'a de commun que le nom avec la Cour des Miracles de Paris. Cette ruelle se prolongeait autrefois jusqu'au cul de sac des Petits-Champs, aujourd'hui la rue Béranger prolongée, jusqu'à la rue Damesme. La partie qui reste est appelée habituellement la ruelle Pitoy.

Ruelle des Poitevins, de la place de l'Étape-aux-Vins à la rue Béranger. — S'est appelée aussi ruelle Collot.

Ruelle Carré, Grande-Rue, entre la ruelle des Poitevins et celle du Chariot-d'Or, qui suit.

Ruelle du Chariot-d'Or, allant de la rue Grande, à côté de la maison Adam-Salomon, à la rue des Pins, longeant le marché couvert.

Ruelle ou cour Saint-Claude, de la rue Grande (café Guionnet), à la rue du Conventionnel-Geoffroy. — Son nom lui vint d'une auberge autrefois très fréquentée et portant pour enseigne : « A l'Image Saint-Claude ».

La cour des Loreaux, rue Grande, place au Blé, maison Nelms, contiguë par le fond avec l'hôtel de ville. Anciennement dénommée cour des Merciers (1685), cour des Morel ou des Morelles; a été appelée aussi, par corruption, cul de sac de l'Oiseau.

Ruelle des Maudinotz ou des Maudits-Nez, ou passage Maudiné, de la rue des Pins à la rue Saint-Honoré, en prolongement de la ruelle du Chariot-d'Or.

Ruelle aux Biches, de la rue des Sablons à la rue Saint-Honoré, qui se prolongeait autrefois jusqu'à la rue Saint-Merry.

Ruelle des Gauthiers, de la rue des Sablons à la rue Saint-Honoré; autrefois jusqu'à la rue Saint-Merry.

Ruelle ou cour Frégé, de la rue des Sablons, aboutissant par angle droit à la rue Guérin. — Son nom lui vient d'un cabaretier, nommé Frégé, dont la femme fut assassinée en 1700.

(*Abeille*, 12 juin 1891.)

« LE FER A REPASSER »

« Tout le monde, dit l'*Indépendant*, connaît le « fer à repasser », cette petite place nue et aride comme le Sahara où se trouve établi le kiosque de M. Rottembourg. Que ne fait-on quelque chose pour la décorer, l'enjoliver ?

» Une dizaine de petits arbres en bordure, un petit trottoir d'un mètre en ciment tout autour (pourquoi pas en asphalte ?), deux ovales en gazon et trois bancs de jardin pour se reposer.

» Quel changement, comme le coup d'œil serait agréable, et comme dépense peu de chose... »

L'idée est bonne et nous y applaudissons. Toujours il est à propos de multiplier les plantations dans l'intérieur des villes, même quand elles sont comme la nôtre placées au cœur d'une vaste forêt.

Nos deux minuscules squares n'ont en vérité pas de chance. Celui de la place Denecourt est depuis longtemps qualifié la « boîte à violon » et voilà que ce dernier — en projet — va porter le nom d'un vulgaire ustensile de blanchisseuse.

Mais pourquoi fer à repasser ? Sans doute à cause de sa forme et de son exiguïté.

Aujourd'hui que la troisième république a fait donner le nom de « Belleville » à l'Etape, les amateurs de souvenirs de la première seraient tentés d'appeler « Bastille » la minuscule place en question, s'ils connaissaient le rôle important qu'elle a joué dans les fastes révolutionnaires du pays.

Au lendemain presque de la prise de la Bastille de Paris, le 25 juillet 1789, une bande de démolisseurs après avoir parcouru divers quartiers de la ville vint faire le siège de cette placette où se tenait alors le marché. N'y trouvant ni forteresse ni 60 invalides, comme à Paris, leur rage se porta sur une douzaine de baraques en bois où les bouchers débitaient leur marchandise.

Or, place et boutiques étaient depuis plusieurs siècles, propriété privée de la famille Jamin dont les membres se sont presque tous signalés par des services rendus à la ville comme magistrats, administrateurs, etc. Elle appartient à la ville depuis le 8 fructidor an XIII (21 août 1805) seulement.

La vente en était faite par les héritiers Jamin : J.-B. Brocard, employé à la mairie de Besançon, veuf de Charlotte-Julie Jamin ; — Marie-Victoire Legrand, veuve de Gabriel-Louis Jamin de Changeard, tutrice de Charlotte Changeard et de Constant Changeard, ses enfants mineurs, etc.

Depuis vingt-quatre heures (2 fructidor) la ville avait été mise en possession légale et définitive de l'hôtel du Maine pour y établir le siège de son administration municipale. Le conseil d'alors avait résolu d'acquérir la place afin d'éviter qu'on y élevât des constructions gênantes assurément à tous les points de vue.

Mais revenons au square projeté. Sans doute saturés de verdure, les habitants de Fontainebleau ont presque toujours été hostiles aux plantations dans l'intérieur de la ville.

Il y a quelque chose comme vingt-cinq ou vingt-six ans, un beau matin les habitants du quartier des Suisses, mettant le nez à la fenêtre, constatèrent que leurs trottoirs étaient agrémentés de ronds tracés de distance en distance. Ils ne tardèrent pas à apprendre que ces ronds marquaient la place d'arbres qu'on se proposait d'y planter. Ce fut une *tolle* si général que l'administration des ponts et chaussées, — peu facile cependant à s'émouvoir des réclamations du public — renonça à son projet.

A peu près à la même époque, les riverains de la place au Charbon, récemment agrandie par la Liste civile au profit de la ville, signèrent une pétition pour l'établissement d'un square. Le jardin, dont l'entretien était à la charge du service des ponts et chaussées, était à peine établi que les mêmes adressèrent une nouvelle pétition demandant qu'il fut détruit et remplacé par un simple terre-plein. Cette fois le square a survécu, à la grande joie des cochers de place qui viennent s'y abriter.

Plus récemment, lorsqu'il fut question de la création du collège où le terrain ne manquait pas, un de nos amis proposa au Conseil d'augmenter d'un mètre la largeur de la rue Victor-Hugo, afin de la décorer de deux rangées d'arbres. Cette plantation était avantageuse au double point de vue de l'hygiène et de l'embellissement de la ville ; la motion fut repoussée sans examen. Il est vrai que plus tard, les constructions étant terminées, ou tout au moins très avancées, le nivellement de la rue a été modifié. La conséquence de ce travail entrepris après coup a été d'enterrer d'une manière fâcheuse la partie principale et la plus élégante de la façade du collège.

On ne saurait trop, nous le répétons, multiplier la verdure à l'intérieur de la ville ; aussi faisons-nous des vœux pour que la proposition si modeste de l'*Indépendant* soit accueillie par nos édiles.

(Abeille, 21 juin 1889.)

LE CENTENAIRE DU CONSEIL MUNICIPAL DE FONTAINEBLEAU

NAISSANCE ET CROISSANCE. — LE COMTE DE MONTMORIN. — LA MAISON DE LA RUE BASSE. — L'HÔTEL DES EAUX ET FORÊTS. — LA COUR DES CUISINES. — A LA RECHERCHE D'UN HÔTEL DE VILLE. — L'HÔTEL DU MAINE ET DE LA VÉNERIE. — LE ROI LOUIS XVI. — L'HÔTEL DE LA CHANCELLERIE. — LA MAISON DE LA MISSION. — LE PREMIER CONSUL. — LE DÉCRET DE BOULOGNE. — RETOUR A L'HÔTEL DU MAINE. — LA VILLE DÉFINITIVEMENT PROPRIÉTAIRE EN 1880.

I

NAISSANCE ET CROISSANCE

Le roi Louis XVI, qui affectionnait particulièrement la ville de Fontainebleau, la dota le 31 janvier 1784 d'une administration locale. Ce commencement de municipalité était composé d'un maire, de deux échevins, d'un procureur du roi syndic, d'un secrétaire greffier et d'un receveur.

Ce corps municipal de fraîche création reçut une investiture officielle le 12 octobre 1785. Ce jour-là, dit la *Gazette de la Cour*, il a été présenté au Roi par le duc de Gesvres, gouverneur général de l'Ile de France, et accueilli par S. M. avec la plus grande bienveillance.

Si rudimentaire qu'elle fût, cette administration était bien suffisante. A cette époque, la cassette royale pourvoyait à tous les besoins de la cité et assurait généreusement le service de l'assistance publique. Les menues taxes dont étaient chargés les habitants produisaient un revenu d'environ 5,000 livres destiné surtout à couvrir les frais de balayage et d'éclairage. Un aussi mince budget n'était pas difficile à administrer.

Le calme régna jusqu'en juillet 1789. A la suite de la prise de la Bastille, la France fut ébranlée jusqu'aux provinces les plus reculées. La paisible petite ville de Fontainebleau, où beaucoup de familles étaient venues chercher le calme, n'échappa point à l'agitation générale. La journée du 25 juillet fut signalée par une émeute inexpliquée, accompagnée d'actes de vandalisme. La fureur des émeutiers parut se porter particulièrement sur les boutiques de bouchers. Ces boutiques, au nombre de douze, établies sur le terre-plein de la place au Blé, au centre du marché qui alors se tenait dans la Grande-Rue, furent entièrement démolies.

Était-ce parce que terrain et boutiques appartenaient à la famille du maire, M. Jamin de Changeart, fils et petit-fils des deux derniers prévôts, prévôt lui-même et de plus investi des fonctions de subdélégué de l'intendant de la province?

La conséquence de ces événements fut la chute de la municipalité et son remplacement par une commission désignée sous le nom de *Comité civil et de police*, dont les membres furent plus ou moins régulièrement élus à l'instigation de quelques ambitieux pressés de jouer un rôle prépondérant. Le roi sanctionna cependant la nomination de ce comité et reçut ses délégués à Versailles. Le trouble n'engendre pas le travail; aussi la misère devint-elle grande. Les délégués ne firent pas un vain appel à la bienfaisance du roi qui les congédia avec un subside de 6,000 livres destiné à pourvoir de vivres les familles indigentes.

Si la vie municipale à Fontainebleau a pu commencer dès 1781, elle ne remonte en réalité qu'au 14 décembre 1789, date du décret de l'Assemblée Nationale portant organisation uniforme de l'administration communale par toute la France.

Nos édiles pourront donc célébrer ainsi cette année, leur centenaire.

Aux termes de ce décret, le conseil municipal était élu par l'assemblée générale des citoyens actifs, laquelle devait nommer ensuite un nombre de notables double de celui des membres du corps municipal. Par l'adjonction de notables se formait le conseil général de la commune. Ces notables n'étaient pas appelés à délibérer sur toutes les affaires; le maire les convoquait seulement lorsqu'il s'agissait de questions importantes. Ils ont été depuis remplacés par « les plus imposés » supprimés depuis 1884.

En exécution de la loi nouvelle, des élections eurent lieu en janvier 1790; il en sortit un *conseil municipal* et un *conseil général du bourg royal de Fontainebleau* ainsi composés :

Maire : M. le comte Louis-Victoire-Hippolyte-Luce de Montmorin, gouverneur des château et bourg de Fontainebleau.

Conseillers : MM. Marquis, bourgeois; Hulot, avocat; Martinet, marchand; Rondeau, maître de poste; Besnard, avocat; Lisle, ancien procureur; Marchand de Choisy, entrepreneur des ponts et chaussées; Geoffroy le jeune, maître menuisier.

Procureur syndic : M. Bénard-Saint-Étienne, notaire.

Notables : MM. Piat, garde général; Martin, chirurgien; Langlois, fourrier des logis du roi; Pauly (Magloire), entrepreneur; Fossard aîné, marchand; Roussereau, bourgeois; Auger, marchand; Dassy, médecin; Lebaigue, ancien contrôleur des rentes; Besnard, marchand; Chevrier, ancien receveur des Aides; Chenuel aîné, entrepreneur; Chenuel jeune, entrepreneur; Aubineau aîné, entrepreneur; Tardif, marchand; Lisle, notaire.

Corps administratif : M. le comte de Montmorin; en son absence M. Marquis. — M. Besnard, avocat; M. Lisle, notaire.

A la première réunion, le 18 février 1790, le corps municipal se constitue et nomme M. Grenet, receveur de la ville, aux fonctions de secrétaire greffier trésorier.

Les débuts de la municipalité fontainebléenne pouvaient faire croire à un retour vers l'âge d'or; le conseil général semblait devoir être avant tout un conseil de famille. Ainsi le 18 février, après la nomination du secrétaire-receveur, l'ordre du jour étant épuisé, un membre demande la parole pour une communication urgente. L'épouse de M. Geoffroy jeune, annonce-t-il, est sur le point d'accoucher et il propose que l'enfant à venir soit tenu sur les fonts baptismaux au nom du corps municipal.

Dans la nuit Mme Geoffroy accouche.

Dare, dare, le maire averti convoque d'urgence le conseil pour une séance spéciale. La réunion a lieu à 8 heures du matin, à la maison commune; plusieurs visites sont faites, puis le corps municipal se transporte à l'église du bourg pour assister au baptême de l'enfant Geoffroy, auquel sont donnés les prénoms Louis-Siméon.

L'acte de baptême est curieux à lire; nous en donnons une copie exacte prise sur les registres paroissiaux.

L'an mil sept cent quatre vingt dix, ce jourd'hui dix-neuf février, a été baptisé par nous curé de la paroisse royale Saint-Louis de Fontainebleau, un garçon né d'hier, de légitime mariage de sieur Marie-Joseph Geoffroy, menuisier en ce lieu, et de dame Françoise-Sophie Hatler, ses père et mère, de cette paroisse lequel a été nommé Louis-Siméon par très haut et très puissant seigneur Louis-Victoire-Hippolyte-Luce comte de Montmorin, maire du dit lieu, *au nom de la commune, des officiers municipaux et des notables*, qui ont assisté à la cérémonie du baptême, et par dame Marguerite Robert, épouse du sieur Mathieu-René Marquis, bourgeois, officier municipal, ses parrain et marraine, lesquels l'ont tenu au nom de la commune et ont le père présent et ledit corps municipal signé avec nous lesdits jour et an.

Montmorin   Robert,
Geoffroy jeune, Bénard, Langlois, Marquis, Martinet, Marchand, Besnard, Chevrier, Bénard, Saint-Étienne, procureur syndic, Rondeau, Auger, Lebaigue, Lisle, Aubineau, Rousserreau, Hulot, Fessard, Bosse, le chevalier d'Argence, Grenet, secrétaire.
Daye, curé.

Après la cérémonie les officiers municipaux sont rentrés à la maison commune pour consigner, sur leurs registres de délibérations, le procès-verbal de cette première séance de leur gestion, ainsi inaugurée par l'accomplissement d'un acte pieux.

II

LE COMTE DE MONTMORIN

Les réunions de nos édiles ne restèrent pas longtemps aussi calmes. Tous les pouvoirs locaux se trouvant réunis entre leurs mains, ils ne tardèrent pas à être écrasés d'affaires diverses et nombreuses dont les événements grossirent l'importance.

Au milieu de difficultés sans nombre et sous l'affectueuse et bienveillante direction de M. de Montmorin dont l'attachement aux intérêts de Fontainebleau fut de toute heure, le conseil poursuivit consciencieusement sa gestion pendant un peu plus de dix-huit mois.

Quelques lignes d'hommage reconnaissant nous semblent dues au premier maire de Fontainebleau que sa vie toute de dévouement et de bienfaisance n'a pu soustraire aux assassins.

Serviable et bon, respecté et aimé de tous, M. de Montmorin, à peine âgé de 27 ans, exerçait ici une salutaire influence; il était d'ailleurs animé d'une vive affection pour Fontainebleau; il y était né, il y avait presque constamment résidé. Son père, son aïeul, son bisaïeul, y avaient occupé successivement la charge de gouverneur dont il était devenu titulaire depuis peu. En faisant le bien autour de lui, il suivait une tradition de famille. La confiance que lui accordait le roi lui permettait d'attirer sur sa ville natale des faveurs exceptionnelles, des immunités financières. Ces avantages furent appréciés plus tard — trop tard — lorsque les malheureux habitants de Fontainebleau jusqu'alors menant une vie contemplative, écrasés de contributions, eurent à payer 150,000 livres rien qu'au titre de don patriotique.

Les rêves d'émancipation — dans ce pays plus qu'émancipé puisqu'il était exempt de charges — se faisaient jour néanmoins. Parmi les membres du conseil municipal s'en trouvaient certains que les idées du moment sollicitaient avec plus de vivacité. Mais il y avait encore un souverain, tout au moins bon à leurs yeux pour fournir aux dépenses locales. Ceux-là même, tout autant que leurs collègues, faisaient bonne figure à M. de Montmorin, leur utile intermédiaire auprès du roi et n'auraient osé fronder sa légitime popularité.

Le conseil a eu plusieurs occasions de manifester ses sentiments envers M. de Montmorin.

Lorsque dès octobre 1789 le comité municipal permanent nommé, remplaça le trop fameux comité civil dont la courte gestion de deux mois seulement fut désastreuse, la voix publique désigna M. de Montmorin, déjà commandant général de la milice municipale, pour présider la nouvelle assemblée. Son acceptation fut motivée par la lettre suivante :

Paris, 29 novembre 1789.

J'ai reçu, messieurs, avec beaucoup de reconnaissance, la délibération des représentants de la commune du bourg royal de Fontainebleau. J'ai été extrêmement flatté de la confiance que vous voulez bien me témoigner avoir en moi. Je répondrai, je vous assure, par le dévouement le plus entier, à tout ce qui pourra contribuer au bonheur de la commune. Ce sera, dans tous les temps, mon occupation la plus chère.

Je ne crois pas pouvoir balancer dans le choix que vous voulez bien me proposer. J'accepte la présidence, tenant fort à l'honneur d'avoir celui de siéger parmi vous.

Recevez l'assurance de la reconnaissance, etc.

MONTMORIN.

« Laquelle lecture, dit le procès-verbal, a été suivie des applaudissements les plus vifs et les plus réitérés, comme un gage certain de la satisfaction que toute la commune éprouve en voyant à sa tête un chef aussi distingué. »

Plus tard, dans la séance du 28 novembre 1790, se produit un incident personnel à M. de Montmorin.

Certains de ces mécontents qui veulent, toujours quand même, mal à ce qui existe, avaient exhalé des plaintes au sujet de quelques absences — justifiées cependant — faites par le maire, bien que dans ces circonstances l'administration fût assurée par M. Marquis, délégué à cet effet. M. de Montmorin crut devoir offrir sa démission. Le conseil municipal s'empressa de prendre la délibération motivée ci-après :

M. de Montmorin, affligé des propos qu'on avait tenus dans une section à cause de quelques absences justifiées par la maladie ou des missions importantes, absences en contradiction avec son attachement pour les habitants, doutant de la confiance dont l'ont honoré ces mêmes habitants, a manifesté le désir de se démettre de ses fonctions.

Cette démission a été unanimement repoussée *comme contraire au bien de la commune*. Ses représentants ont rappelé tous les services déjà rendus par le maire et ont vivement exposé *les secours que son zèle a fait annuellement obtenir pour les pauvres* et de manière qu'il a été unanimement arrêté que *personne ne pouvait mieux que le maire faire le bien et défendre les intérêts de la commune, surtout auprès de la personne de Sa Majesté dont les bontés font toutes les ressources et presque toute la richesse de la ville, il serait instamment prié au nom de tout le conseil général, stipulant pour tous les citoyens*, de vouloir bien conserver sa place *pour ne pas les affliger et leur ôter leur plus grande espérance*, pour encore aider les membres de ses lumières et de ses sages conseils lorsqu'il serait parmi eux et pour *protéger la commune auprès du Roi lorsqu'il serait absent.*

Il a été arrêté que le conseil général lui manifesterait la confiance qu'il avait en son attachement particulier pour les membres qui le composent, pour être certains d'une déférence dont ils lui auraient une obligation proportionnée aux sentiments de zèle qui les attachent chacun en particulier aux habitants qui les ont honorés de leurs suffrages et qu'une expédition de la présente délibération sera remise à M. le maire, à la diligence du secrétaire.

Ont signé les membres présents : Marquis, Lisle, Grenon, Dieppe, Dassy, Duchemin, Martinet, Rousseeau, Deroy, L. Marchand, Lebaigue, Lucas, Avail, Lecourayer, Hulot, Geoffroy jeune.

M. de Montmorin, ému en recevant cette communication, a écrit de sa main sur le registre qui lui a été présenté :

J'ai signé la présente délibération, mais en protestant contre les éloges que l'on a bien voulu me donner. Je désirerais avoir mérité ce que cette délibération contient de flatteur pour moi et ceci aurait augmenté mon amour pour Fontainebleau si on pouvait rien ajouter à celui que j'ai pour tout Fontainebleau en général et en particulier pour tous les citoyens qui se trouvent dans son sein.

Montmorin.

Le maire de Fontainebleau qui aurait pu émigrer, resta fidèle à ses fonctions, malgré le vide qui se faisait autour de lui. Toutefois le soin à donner à ses propres intérêts fort compromis, et aux affaires de la ville, l'appelait souvent à Paris. Lorsque parut le décret enjoignant à tous les fonctionnaires de rester à leur poste, il crut devoir en référer au conseil municipal.

« Je sais, écrivait-il le 26 juillet 1792, que je dois me rendre à mon poste aux termes de la loi, mais attendu la quantité d'affaires que me donne depuis dix-huit mois la mort de mon beau-père et de ma belle-sœur et celles dont je suis chargé pour la commune (recouvrement de quelques créances), je prie la municipalité de m'autoriser à rester à Paris. Si cette autorisation ne peut m'être donnée, je me verrai forcé d'abandonner un poste que j'ai toujours été flatté d'occuper (1). »

Et aussitôt le conseil de prendre la délibération qui suit :

2 août 1792. — Le conseil général de *plus en plus reconnaissant des peines et des soins que s'est donné dans tous les temps et que se donne encore aujourd'hui M. de Montmorin pour tout ce qui peut intéresser la commune*, notamment les deux articles de recouvrement qu'il poursuit pour elle.

(1) A cette lettre étaient joints deux certificats de juges de paix de Paris.

Considérant qu'il est impossible d'exiger de lui le sacrifice de sa fortune et celle de sa famille, pour la seule satisfaction de le posséder plutôt que pour l'intérêt réel de la commune que l'on espère ne devoir pas être plus compromis à l'avenir par le seul effet de son absence qu'il ne l'a été jusqu'ici, *voulant et devant en outre lui donner tous les témoignages d'approbation et de satisfaction qu'il peut désirer et qui lui sont dus*, a arrêté :

Ouï le procureur de la commune,

Qu'il serait donné à M. de Montmorin, acte du consentement que lui a donné par sa délibération du 26 juillet et que lui réitère par la présente le conseil général à ce qu'il reste à Paris non seulement tout le temps que les deux articles de recouvrement mentionnés en ladite délibération et dans la lettre dudit jour, mais encore ses affaires propres dont il a donné connaissance par les deux certificats sus-énoncés, exigeront sa présence à Paris, qu'à cet effet extrait de la présente délibération lui sera adressé.

Une procuration pour terminer les affaires de la ville lui était adressée cinq jours après.

Mais arrive la sanglante journée du 10 août. Malgré tous les services rendus, bien que n'ayant jamais transgressé le serment qu'il avait prêté le 7 novembre 1789 avec tous ses collègues, « d'être fidèle à la Loi et au Roi, d'exécuter les décrets » de l'Assemblée et les ordonnances de Sa Majesté, et de s'occuper du bien public » en général, particulièrement de celui de la commune de Fontainebleau », M. de Montmorin est arrêté dans son hôtel à Paris (1) et traîné en prison. Une perquisition est ordonnée le 22 août dans l'hôtel du gouvernement à Fontainebleau. On ne trouve, bien entendu, rien de suspect et la municipalité chargée de cette pénible mission, se contente de mettre les scellés sur la bibliothèque.

Noble et frère d'un ministre de Louis XVI, il ne pouvait manquer d'être au nombre des victimes de la justice expéditive des Terroristes. Dix jours après, le 12 septembre 1792, son frère et lui étaient massacrés à l'Abbaye. Né le 18 décembre 1762, M. de Montmorin n'avait pas encore atteint sa trentième année.

Nos lecteurs nous sauront gré, sans doute, de leur avoir fait connaître le noble caractère et le cœur excellent de ce digne enfant de Fontainebleau, dernier représentant d'une illustre famille dont plusieurs générations ont répandu leurs bienfaits dans le pays.

M. de Montmorin disparu, la révolution prenant un caractère de plus en plus violent, notre conseil municipal fut dispersé.

(1) L'hôtel de Montmorin était situé rue Plumet, aujourd'hui rue Oudinot, au n° 27, presque en face de la rue Monsieur. Depuis, propriété du général Rapp, il est actuellement occupé par la maison mère des FF. de la doctrine chrétienne.

Le 5 septembre 1792, s'assemble un nouveau conseil qui, dans son procès-verbal de prise de possession, reconnaît lui-même avoir été nommé « par acclamation ».

En voici la composition :

Maire : M. Marquis.

Membres : MM. Garot, Dieppe, Duchemin, Noel, Cellier, Clouette, Courtin, Bellot, Gauthier, procureur de la commune.

Notables : MM. André, Thomasse, Godin, Guilleminot, Guillory, Dilloy, Gremillet, Spendler, Curdel, Geoffroy jeune, Bigarré, Ferret, Lheureux, Fessard, Dubois, Martinet et Godard.

Il n'entre pas dans notre projet de reprendre l'historique des événements qui se sont déroulés dans notre ville au cours de la période révolutionnaire. Ce travail n'est plus à faire d'ailleurs, depuis l'excellente publication de M. Domet (1). Le but que nous poursuivons est plus modeste ; nous nous proposons seulement de suivre notre conseil municipal — nouveau Jérôme Paturot — dans ses pérégrinations à la recherche d'un hôtel de ville.

Un cycle de cent années (1789 à 1889) lui a été nécessaire pour arriver enfin à se constituer, tant par dons royaux que par une récente acquisition, une demeure suffisante et convenable.

III

A LA RECHERCHE D'UN HOTEL DE VILLE

Le corps municipal de 1781 établit le siège de son administration dans un local prêté par Louis XVI à la prévôté, place d'Armes, en face le portail Henri IV, alors la principale entrée du château.

Mais le Roi avait adopté un projet d'agrandissement et de régularisation, au carré, de la place d'Armes. Ce projet comprenait la construction, sur l'emplacement de la prévôté, d'un hôtel de ville important dont la ville aurait été dotée par le souverain sans bourse délier. Les travaux furent commencés et menés même jusqu'à la hauteur du premier étage. Suspendus en 1788 par suite de l'insuffisance des ressources, la révolution les arrêta pour toujours.

Le corps municipal dut se déplacer ; mais il ne se trouva pas pour cela dans l'embarras. Le roi, qui pourvoyait à tout dans la ville, lui donna pour l'installation des bureaux une maison à trois étages faisant l'angle de la rue Basse (aujourd'hui

(1) *Journal de Fontainebleau*, 1789-1791.

rue du Château) et de la place d'Armes. Cette maison, qui comprenait dix-sept pièces en tout, avait un développement de façade de 5 toises 3 perches sur une même quantité en profondeur. Suffisante pour les bureaux alors peu chargés, et pour le logement des employés, elle ne semble pas avoir servi régulièrement de lieu de réunion à la municipalité. Le plus souvent, les séances se tenaient dans le salon de M. Jamin de Changeart, le maire, dont l'habitation, assez vaste d'ailleurs, était à proximité (n° 6 actuel de la rue du Château).

Au nombre de quatre ou cinq quand ils étaient au complet, les officiers municipaux d'alors pouvaient délibérer à l'aise dans un salon. Il n'en put être de même à partir de juillet 1789, lors de l'installation du Comité civil et de police qui était formé de la réunion des délégués des dix sections (1). M. Jamin de Changeart, dépossédé de ses fonctions de maire, ne se sentait guère disposé à offrir l'hospitalité à ses adversaires. La ville, d'autre part, ne possédait aucun local où pût se tenir une réunion quelque peu nombreuse. Comme on ne se gênait pas alors pour demander des faveurs au Roi ou aux fonctionnaires de la Couronne, le Comité obtint de M. de Cheyssac, grand-maître des Eaux et Forêts, la permission de se réunir à son hôtel, rue Basse (depuis maison d'Andigné, actuellement École libre des frères). Les délibérations — souvent fort agitées — eurent lieu dans la salle affectée aux adjudications.

A l'hôtel de ville provisoire, avait été annexée une petite maison contiguë, rue Basse, pour servir de geôle en attendant la construction de l'hôtel de ville de la place d'Armes. L'occupation ne devant être que provisoire, il n'y avait pas été fait de sérieux travaux d'aménagement en vue de sa destination spéciale, aussi les prisonniers s'en évadaient-ils avec une facilité désespérante pour le malheureux gardien qui n'en pouvait mais.

La municipalité régulière, constituée en vertu de la loi du 14 décembre 1789, tint ses séances à l'hôtel des Eaux et Forêts à partir du 18 février 1790. Mais peu après, le service des forêts ayant besoin de tous ses locaux, un nouveau déplacement s'imposa. Nos édiles d'alors se seraient trouvés dans un grand embarras sans le Roi et M. de Montmorin.

Sur les démarches, fort gracieusement accueillies du reste du maire, il fut

(1) La répartition de la ville en dix sections ou districts était ainsi établie :
Le quartier de Neuville; les Écoles chrétiennes; l'Étape; la Paroisse; la Chancellerie; le Marché au Blé; la rue Saint-Merry; la rue de France; le Château; la rue Royale.
Chaque district avait un président, un vice-président, un secrétaire, plus une demi-douzaine de membres.
La présidence des assemblées, qui comprenait souvent plus de soixante membres délibérants, fut dévolue à M. Courson de Neuville, lieutenant-colonel d'infanterie, chevalier de Saint-Louis. M. de Neuville est mort à Fontainebleau le 16 avril 1792.

accordé à la municipalité de Fontainebleau, dans le château même, un local « en attendant que la commune pût se procurer un hôtel, celui des Eaux et Forêts n'étant plus disponible et se trouvant d'ailleurs insuffisant pour recevoir toutes les personnes appelées à la mairie ».

Le garde-meuble du Roi pourvut à l'ameublement.

L'inauguration eut lieu le 8 avril 1790. Cette première séance fut agrémentée par un incident assez grotesque. Un conseiller grincheux, M. Hulot, avocat, manifesta une fort méchante humeur et interpella vivement M. de Montmorin et ses collègues à propos de ce changement de local. On eut beau lui représenter que le déplacement n'avait pu être évité, que d'ailleurs, la municipalité était assurée d'une installation confortable pour un temps indéfini et de se trouver en quelque sorte chez elle, rien n'y fit. La question, mise aux voix, M. Hulot se trouva seul de son avis; de colère, il déserta la séance. Cette première tentative d'obstruction eut pour conséquence d'arrêter la délibération, le conseil ne se trouvant plus en nombre. Mais il ne fut pas ému pour si peu, et, persistant dans sa résolution, il écrivit au curé pour le prier d'annoncer au prône que désormais le conseil municipal « siègerait au palais, cour des Cuisines, la première porte à droite ».

Le départ de M. Hulot ne fut qu'une fausse sortie. L'irascible conseiller ne tarda pas à venir reprendre sa place au milieu de ses collègues, non toutefois sans donner de temps en temps des preuves de son mauvais caractère.

Les réunions de la municipalité se succédèrent paisibles et régulières dans la salle de la cour des Cuisines; néanmoins les édiles d'alors rêvaient incessamment d'avoir un hôtel à eux, bien à eux. L'acheter? il n'y fallait pas songer, l'argent manquant absolument. D'ailleurs, il était entré profondément dans leur pensée de s'adresser au Roi, qui avait déjà entrepris à ses frais sur la place d'Armes la construction, suspendue depuis 1788, d'un hôtel de ville. La cassette royale était obérée, les temps calamiteux; on n'osa pas demander de nouveaux subsides en argent, mais on résolut de prier Louis XVI d'abandonner à la ville un des hôtels qu'il y possédait : M. de Montmorin n'était-il pas là, toujours aimé du Roi, toujours prêt aussi à faire campagne en faveur de Fontainebleau?

Mais quel hôtel demander? L'hésitation ne fut pas longue. La municipalité jeta de suite son dévolu sur l'hôtel du Maine, à cette époque occupé par la vénerie. Cet immeuble avait pour lui « l'avantage d'être situé sur la principale place du marché, » dans le centre de la ville, et sur l'emplacement le plus avantageux » C'est l'hôtel de ville actuel dont la reconstruction presque totale a eu lieu sous l'administration de M. P. Guérin, en 1865.

IV

L'HOTEL DU MAINE OU LA VÉNERIE

Comme on le pense bien, les officiers municipaux avaient grande hâte d'arriver à la réalisation de leurs désirs. Mais un hôtel à son choix, surtout un hôtel occupé par un service qu'il faut déplacer et réinstaller ailleurs, ne peut s'obtenir du jour au lendemain. Il y avait certaines négociations à poursuivre, des résistances à vaincre. Les voies amiables étaient les seules à employer; M. de Montmorin pouvait, mieux que tout autre, arriver au succès, parce qu'il traitait l'affaire directement avec le Roi. Autre difficulté, le souverain n'avait plus, comme autrefois, la liberté de ses mouvements. L'Assemblée nationale, par son décret du 1er juin 1791, venait d'établir la liste civile; les propriétés royales, devenues domaniales, étaient entre les mains du souverain à titre de simple usufruit.

M. de Montmorin, dont on connaissait tout le dévouement, était incessamment harcelé; poursuivant sans répit ses démarches au mieux des intérêts de la ville, avec tact et prudence, il avait encore à calmer les impatients.

Le 6 août 1791, il écrit à ses collègues :

A MM. les officiers municipaux,

Je comptais, messieurs, aller à Fontainebleau, aussitôt que les forces me le permettraient, mais malheureusement je suis forcé de partir à l'instant pour Verneuil, pour des affaires très instantes. Je comptais vous porter le don fait par le Roi à Fontainebleau d'une maison pour maison commune, mais cela est différé et je suis comme sûr que cela sera terminé d'ici à peu de temps. Sur la demande que j'en ai faite, j'ai été consulté sur celle qui était la plus convenable et je pense que mon avis sera suivi, surtout d'après ce que M. de Laporte m'a dit hier. A mon retour, j'irai à Fontainebleau très promptement, ayant un grand plaisir à m'y trouver.

Ne croyez pas aux bruits publics sur le voyage du Roi à Fontainebleau, quoiqu'il ait le désir d'y aller. Il n'en est pas question; je serai fixé d'une manière positive de ce qu'il y aura sur cela, parce que j'ai des personnes qui, en mon absence, sont à l'affût de ce qui pourra être décidé.

J'ai l'honneur d'être, avec des sentiments de confraternité, Messieurs, etc.

MONTMORIN.

M. de Montmorin disait vrai; la solution était proche. Un mois après, en effet, il communique à la municipalité la lettre suivante qu'il venait de recevoir de l'intendant de la liste civile :

A M. de Montmorin,   Paris, le 12 septembre 1791.

Sur le compte, Monsieur, que j'ai rendu au Roi, de la demande que vous avez faite au nom de la municipalité de Fontainebleau d'une maison pour y tenir ses séances, Sa Majesté a bien voulu consentir à lui prêter l'ancien hôtel du Maine. C'est avec grand plaisir que je vous en donne avis, et je ne doute pas que la municipalité ne trouve dans ce nouveau bienfait de S. M. un motif de plus de continuer à lui donner des preuves de son attachement à sa personne et de son zèle pour tout ce qui peut intéresser son service.

J'ai chargé le commissaire général au département de la vénerie, de faire retirer promptement de l'ancien hôtel du Maine tous les effets appartenant à S. M. et de laisser la libre disposition de cet hôtel à la municipalité.

Je vous prie, au surplus, de la prévenir que les dépenses de son établissement dans cette maison, ainsi que les frais d'entretien pendant tout le temps qu'elle l'occupera seront à sa charge. S. M. aurait désiré pouvoir lui éviter cette dépense, mais la situation actuelle de ses finances ne le lui permet pas.

L'intendant de la liste civile,

LAPORTE.

On se doute facilement de la joie avec laquelle cette nouvelle est accueillie au conseil.

Le 20 septembre, le maire dépose sur le bureau les plans de l'hôtel de la Vénerie que venait de lui remettre M. Peyre, architecte des bâtiments du Roi.

Réunion nouvelle le lendemain, dans laquelle on rédige une adresse au Roi, pleine de lyrisme et de protestations de reconnaissant et respectueux dévouement envers le « meilleur des rois ». — On vote des remerciements à M. de Laporte, enfin, on consigne sur le registre des délibérations un témoignage de gratitude au maire, M. de Montmorin « pour l'attachement et l'intérêt qu'il a toujours pris pour la commune et dont il vient d'en donner la preuve la plus éclatante ».

Avant de se séparer, plusieurs membres demandent qu'une inscription soit placée au-dessus de la porte de la maison commune et qu'il y soit inscrit :

HÔTEL DE VILLE ACCORDÉ PAR LE ROI LOUIS XVI
1791

Cette proposition a été adoptée par acclamation.

Très pressés d'occuper leur maison, les officiers municipaux songèrent de suite aux travaux d'aménagement de l'hôtel du Maine, en vue de sa nouvelle destination, travaux que le Roi, malgré tout son bon vouloir, ne pouvait prendre à sa charge.

Eux aussi manquaient d'argent, mais peu hésitants à demander, ils firent appel en ces termes à l'administration du département :

Fontainebleau, 27 octobre 1791.

Messieurs,

De tout temps le Roi, comme seigneur direct de Fontainebleau, avait fourni à cette ville une maison à lui appartenant, pour servir d'auditoire, de maison commune et de prisons. Au moment même de la révolution, S. M. faisait reconstruire cette maison de la manière la plus convenable à ses différentes destinations : les colonnades de ce bâtiment interrompu à son premier plancher en attestant cette vérité, font regretter qu'il ne soit pas achevé ou qu'il ait été commencé.

Le Roi avait acheté une maison voisine, mais l'exiguité de ce local n'a pas permis à la municipalité d'y tenir ses séances. La nécessité d'être toujours permanente dans les premiers temps de la révolution et depuis le rétablissement de l'ordre, d'être régulièrement assemblée trois jours de la semaine, sans compter les autres séances extraordinaires et celles du conseil général, l'a mise dans le cas d'accepter un logement que lui a offert, de l'agrément du Roi, M. de Montmorin, gouverneur. Le garde meuble a encore garni cet appartement de bureaux et autres meubles nécessaires.

Mais la municipalité n'a pu s'oublier jusqu'à croire que ce local fût accordé à perpétuelle demeure. Pleine de confiance dans la bonté du Roi, elle l'a fait solliciter pour qu'il voulût bien lui accorder définitivement une maison dans la ville où elle pût tenir plus convenablement ses séances. Sa Majesté secondant ses désirs vient en effet de lui accorder l'hôtel de la Vénerie, situé sur la principale place du marché, dans le centre et l'emplacement le plus avantageux.

(Suit la demande de subvention.)

Les officiers municipaux :
LEBAIGUE, MARQUIS, MARTINET, BÉNARD,
DEROY, BÉNARD-SAINT-ÉTIENNE.

Cette demande ne fut pas accueillie ; il ne paraît même pas qu'il y ait été répondu.

La patience n'était pas la dominante de nos officiers municipaux ; ils harcelaient M. de Montmorin afin d'arriver sans retard à prendre possession de l'hôtel de leurs rêves. L'excellent M. de Montmorin ne cessait de les engager à ne pas désespérer si vite, les assurant que le Roi ne reviendrait pas sur la parole donnée et leur représentait les délais que nécessitait la réinstallation de la Vénerie, etc.

Il ne suspendait cependant pas ses démarches, car le 20 octobre 1791, il écrivait à M. de Laporte :

Monsieur,

La municipalité de Fontainebleau me charge de vous prier de vouloir bien la mettre en jouissance de la maison que vous avez bien voulu lui faire accorder par le

Roi pour une maison commune et le plus tôt possible. Ne penseriez-vous pas qu'il serait à propos de donner un titre de prêt, avec autorisation de faire les changements nécessaires pour l'établissement de la municipalité, mais à ses frais. Il seroit possible que vous permettiés que la municipalité nomme deux commissaires tant pour recevoir la maison que pour empêcher qu'on la dégrade, et comme cette expresion pourroit choquer, on pourroit seulement les charger d'assister au déménagement et recevoir la maison. Je crois que vous pouvés faire ce que je demande sans inconvénient.

J'ai l'honneur d'être avec un respectueux attachement, Monsieur, votre très humble et très obéissant serviteur.

MONTMORIN.

Quelques jours après cette lettre, le maire adresse une nouvelle communication à la municipalité :

A M. de Laporte.
A MM. les officiers municipaux de Fontainebleau.

J'ai vu M. Capet (1) et suis convenu avec lui qu'il allait, d'après l'état que vous m'avez envoyé, s'occuper de rédiger l'ordonnance pour me mettre à même d'en toucher le montant d'ici sept ou huit jours, au plus tard (2). Aussitôt que j'aurai reçu cette somme, je vous la ferai passer.

J'ai vu M. de Laporte pour la maison commune dont vous désirez entrer promptement en jouissance. Il va donner des ordres en conséquence, et pour qu'il ne l'oublie pas, je lui ai écrit et lui ai demandé, comme de mon chef, qu'il y ait deux commissaires chargés par la municipalité à l'effet de recevoir la maison, d'assister au déménagement et de veiller à ce qu'il n'y ait rien de dégradé. Il a trouvé que c'était fort juste et m'a promis une réponse très prompte. Je ne l'ai pas encore reçue et je compte le voir demain pour le presser à ce sujet.

M. de Laporte m'a parlé aussi du projet qu'il avait de faire transporter le tombeau de Louis VII dans l'église paroissiale de Fontainebleau (3), mais il ne le peut pas dans ce moment, parce que, de nouvelles règles qu'il m'a dit que le Roi voulait établir dans l'administration de ses bâtiments ne lui permettaient pas de faire faire des dépenses extraordinaires auparavant que ce travail soit fait. Aussitôt qu'il y aura possibilité de faire cette translation, il la fera opérer, ayant beaucoup à cœur, à ce qu'il m'a paru, d'obliger Fontainebleau, surtout tant qu'elle aura une aussi bonne conduite que celle qu'elle a eue jusqu'à présent.

Recevez les nouvelles assurances des sentiments de confraternité, avec lesquels j'ai l'honneur d'être, etc.

MONTMORIN.

(1) Commissaire chargé de la trésorerie de la Liste Civile.
(2) Il s'agissait d'un subside accordé par le Roi.
(3) Cette translation — aux frais du Roi, bien entendu — avait été itérativement sollicitée par plusieurs délibérations du conseil.

On trouvera sans doute que la transmission de l'immeuble se faisait relativement attendre. Le don ne datait pourtant que de deux mois et l'hôtel, encore occupé par la Vénerie, ne pouvait être évacué qu'autant qu'une nouvelle installation de ce service aurait été préparée. Les officiers des chasses ne se hâtant guère de faire place nette, opposaient ainsi une sorte de force d'inertie. C'est sans doute à ce peu de bon vouloir que fait allusion M. de Montmorin dans la lettre qui suit, la dernière que nous aurons à citer. On ne songeait pas à résister à une décision prise, mais il est certain que des moyens dilatoires furent tentés. Une démarche faite en quelque sorte *in extremis*, par M. Lelong, inspecteur de la Vénerie, nous en fournit la preuve.

Le 5 novembre, M. Lelong, quoique non guéri encore des suites d'une récente opération chirurgicale, annonce son arrivée à Fontainebleau pour le lendemain ou le surlendemain. Entre temps, se gardant bien de mettre en jeu le personnel de la Vénerie, il expose aux conseillers municipaux le chiffre important de dépense qu'entraîneront le déplacement et la réinstallation du matériel dans un autre local. Sans s'élever contre les ordres reçus, il arrive néanmoins à leur demander « s'ils » ne pourraient s'arranger pour obtenir qu'une autre maison inactive appartenant » au Roi fût plutôt destinée à la tenue des séances du Conseil. »

La municipalité n'entendait pas de cette oreille ; il lui fallait son hôtel du Maine, si favorablement placé au centre de la ville. M. de Montmorin fut de nouveau sollicité ; voici sa réponse, dictée, comme toujours, par la sagesse et la bienveillance :

Paris, 27 décembre 1791.

Messieurs,

Je ne perds pas de vue un instant les intérêts de la commune et c'est pour ne pas les compromettre que j'ai pris le parti de ne pas presser M. de la Porte, qui a la plus grande envie de faire ce que nous désirons. Nous avons à combattre les intérêts particuliers de tous ceux qui avaient des logements à l'ancien hôtel du Maine ; il y a donc à prouver qu'il n'y a point une aussi grande perte pour le Roi qu'on l'a avancé, que la municipalité ne peut pas être raisonnablement placée ailleurs et qu'en un mot la Vénerie n'y doit pas être placée, par les dangers qui peuvent résulter des chevaux dansant au milieu du marché de Fontainebleau.

Nous ne pouvons que redoubler de zèle en ce moment-ci, car nous avons des personnes qui cherchent à nous faire du tort, en se plaisant à répandre que nous avons abandonné la conservation de la propriété des plaisirs du Roi et que l'on chasse publiquement et que l'on va au bois avec des charrettes. Le Roi n'est point imbu de cette mauvaise impression ; voilà l'essentiel pour nous. Il sera difficile de faire croire à Sa Majesté que nous soyons capables de cesser un instant de lui prouver notre profond respect et j'ose vous assurer que rien ne pourra changer le cadeau qu'il nous a fait.

Je désire que M. Lebaigue, ou tout autre que vous jugerez à propos, se réunisse avec M. Peyre pour m'envoyer le projet d'établissement de la Vénerie dans une autre maison et cc, sans aucune dépense marquante. Je tiens toujours au projet d'avoir la Vénerie en entier, parce que nous ne pouvons y faire de la dépense qu'étant sûrs d'y faire un revenu. Dans les projets qu'on m'enverra, il n'y a pas d'inconvénient à supposer que nous ne prenions que le devant dessus la rue de Montmorin.

Je ne sens pas la nécessité que le garçon de bureau de la municipalité soit logé au château. Vous sentirez, messieurs, que cela serait, peut-être, un titre à lui avoir un logement permanent et qu'il lui est très possible de se trouver à la municipalité aux heures fixées. Je vous prie de ne pas regarder ceci comme un refus, mais comme une observation que je vous soumets.

J'ai l'honneur d'être, avec les sentiments de confraternité, etc.

Montmorin.

Nous arrivons enfin à la conclusion de cette affaire qui avait tant passionné notre édilité. Le 14 février 1792, M. de Laporte écrit à MM. les officiers municipaux :

J'ai rendu compte au Roi, Messieurs, du désir que vous avez de connaître les dernières intentions de S. M^{té} sur la demande qu'elle avait déjà accueillie avec bonté, de la permission d'établir votre maison commune dans l'hôtel de sa vénerie. C'est avec bien du plaisir que je vous informe que le Roi vous accorde la moitié de cet hôtel sise sur la rue de Montmorin. La partie que Sa M^{té} se réserve sera séparée par un mur (1) de celle que vous occuperez et je viens de donner pour sa construction les ordres nécessaires.

L'intendant de la liste civile,

Laporte.

La saison ne permit pas de faire de suite les travaux d'appropriation ; c'est seulement le 2 juin 1792 que la municipalité put tenir sa première séance à l'hôtel du Maine. Bien avisée, son premier soin fut d'emporter du château le mobilier qui avait été mis à sa disposition par le garde-meuble.

« Ce jourd'hui, dit le procès-verbal, ont été transférés à la maison commune accordée par Louis XVI les meubles qui étaient et servaient dans la salle des séances de la municipalité, au château, dont S. M. avait bien voulu accorder la jouissance. »

Cet accaparement du bien d'autrui ne laissa pas que de provoquer quelques scrupules chez nos conseillers. M. de Montmorin fut encore prié d'intervenir afin d'établir une situation plus régulière.

(1) M. de Laporte m'a dit que c'était la volonté du Roi que le mur de séparation fût fait à ses frais. Il a approuvé que ce mur soit continué pour laisser la jouissance de la grande écurie (magasin des pompes actuel). — Lettre de M. Peyre, architecte du Roi, 19 mars 1792.

À la séance du 7 juin, le maire rendit compte de sa mission et annonça avoir obtenu « les meubles qui étaient au château et servaient pour la municipalité. On
» se contentera d'un récépissé et d'une mention de la durée du prêt desdits meubles,
» ajoutant que la seule réponse à faire était de dire que lesdits meubles seraient
» rendus aussitôt que possible et qu'après cela on en demanderait l'abandon. »

Les consciences municipales ainsi soulagées, les meubles en question sont à jamais demeurés en la possession de la ville.

Au cours des travaux d'appropriation, la plaque commémorative du don royal avait été scellée. Elle était sur marbre noir, gravée en lettres d'or. Fournie par le sieur Maulovaut, sculpteur marbrier, rue Neuve-des-Mathurins, à Paris, elle vint, sous la surveillance de MM. Peyre, architecte du Roi, et Saulgeot, architecte de la ville, prendre la place de celle de la Vénerie (mars 1703).

Mais hélas, cette inscription, juste témoignage de reconnaissance, ne brilla pas longtemps sur la façade du nouvel hôtel de ville.

Le moment vint bientôt où l'on dut faire disparaître toute trace du passé, même le plus bienfaisant.

Pour éviter que le marbre rappelant le don fait par Louis XVI à la ville de Fontainebleau ne devînt un objectif pour le vandalisme du moment, la municipalité dut, avec une expression de regret, constatons-le à son honneur, prendre l'initiative de sa suppression.

La délibération qui en décide est ainsi conçue :

« 14 août 1792. — Les nécessités commandées par les circonstances de faire
» ôter de dessus tous les hôtels les armoiries et autres titres quelconques, a fait
» aujourd'hui décider la municipalité à faire lever l'inscription au-dessus de l'hôtel
» commun accordé par Louis XVI pour y substituer simplement : *Maison*
» *commune*. »

V

L'HOTEL DE LA CHANCELLERIE

Assez avides de changement, les conseillers municipaux, qui n'étaient d'ailleurs plus les anciens collègues de M. de Montmorin, ne tardèrent pas à vouloir plus et mieux que l'hôtel du Maine.

Il est vrai que cet immeuble dont l'aménagement n'était pas celui d'aujourd'hui, devenait réellement insuffisant en raison de tous les services qu'on y avait accumulés. Outre des magasins d'armes, de denrées, d'habillements, etc., il y avait jusqu'à des moulins à bras « faisant de blé farine ». Le bureau militaire était journellement encombré de soldats de passage, etc. Un nouveau service, celui de l'état civil, transféré de l'autorité ecclésiastique à l'administration civile, était ouvert au public.

A noter en passant que la transmission de ce service s'opéra ici très amiablement, alors que dans d'autres localités elle fut l'occasion de nombreux conflits.

Le dernier acte ecclésiastique, signé Marot, prêtre, constate l'inhumation à la date du 13 novembre 1792, d'une jeune fille de 15 ans, Marguerite-Victoire-Pauline Regnault.

Le premier acte civil, enregistré à la même date, est également un acte de décès, celui de Pauline-Claude Lenfant, ex-religieuse Bernardine, âgée de 79 ans, décédée rue des Sablons chez son neveu, Lenfant, chirurgien major des hospices nationaux.

Entre les deux se lit le procès-verbal, très simple en la forme, donnant décharge au curé de Fontainebleau. Il est ainsi libellé :

Je soussigné, officier public, déclare avoir reçu du citoyen Dayo, curé de la paroisse Saint-Louis de cette ville, le présent registre et tous les reg. très depuis mil six cent soixante-un, dont plusieurs sont contenus dans un seul volume et quelques-uns en deux, dont décharge donnée audit citoyen curé.

A Fontainebleau ce jourd'hui 13 novembre mil sept cent quatre-vingt-douze, l'an premier de la république française.

Cellier, officier public.

Et, tant est résistante la force d'habitude, les actes ont continué à être indiqués en marge par les initiales M. B. S. — Mariages, baptêmes, sépultures.

Le local plus vaste sur lequel la municipalité jeta les yeux fut l'hôtel de la Chancellerie, contigu à l'ancien couvent des Mathurins. Cet hôtel, construit jadis par le cardinal Duprat, chancelier de France, était situé dans le jardin de Diane; il occupait une partie de la rue actuelle de la Chancellerie et la presque totalité de la place Denecourt. La municipalité y avait déjà tenu extraordinairement des séances, les 2 et 8 septembre 1792, mais c'était là un fait accidentel; les procès-verbaux avaient été rédigés à la maison commune.

Requête est donc adressée à qui de droit par le conseil pour obtenir la concession de l'hôtel de la Chancellerie. Les élus de la ville exposent l'encombrement qui se produit à certaines heures dans les bureaux de la ville et les difficultés qu'ils éprouvent pour établir un peu d'ordre dans les différents services. Ils insistent surtout sur ce que les réunions étant fréquentes et se tenant dans un local peu aéré, leurs santés pourraient être compromises.

Mais laissons-leur la parole :

Adresse à la Convention,

13 prairial an II (1ᵉʳ juin 1794). — Le conseil général de la commune tient ses séances dans l'un des bâtiments de la ci-devant liste civile dont la jouissance lui avait été accordée par le dernier roi des Français en 1792 (vieux style). La salle du conseil contenant à peine les membres qui le composent ne permet pas même d'admettre aux délibérations un petit nombre de citoyens, quand tous ont le droit d'y assister lorsqu'ils le désirent. C'est ce qu'a remarqué avec étonnement le citoyen Mauro, représentant, lorsqu'il installa le nouveau conseil de la commune.

... Le local entier n'est pas assez conséquent pour contenir tous les bureaux; la multiplicité des affaires exige un emplacement plus étendu et plus commode.

L'adresse concluait à ce que la Chancellerie fût accordée à la ville. En même temps, le corps municipal s'adressait au représentant Geoffroy pour lui demander d'appuyer sa demande :

Considérant, lui écrivait-on, que l'air insalubre qu'on respire dans la salle actuelle des séances par le peu de grandeur qui la compose et le défaut de croisées pour donner un courant d'air...

... Nous vous demandons, pour le succès de notre demande, d'employer le même moyen dont vous avez usé pour faire jouir nos frères de la Montagne du bel air d'un bâtiment qu'ils ont demandé...

Le gouvernement s'émut peu de ces arguments, il se contenta d'opposer aux postulants le décret de novembre 1792 portant qu'aucune municipalité ne pourrait jouir des domaines nationaux.

Se voyant alors menacé dans la jouissance de l'hôtel du Maine, le conseil municipal s'adressa le 13 pluviôse an II (1ᵉʳ février 1794) aux représentants du peuple.

« La partie de maison, disait-il, accordée par le ci-devant roi à la municipalité de Fontainebleau pour y tenir ses séances suffit à peine à contenir les bureaux. La commune s'étant toujours chargée des réparations considère cette partie de maison commune comme sa propriété. »

Suivait un exposé de la malheureuse situation de la commune « dépourvue de commerce et d'établissements » et, finalement une demande afin d'être « autorisée, conformément à l'article 1ᵉʳ de la loi du 18 septembre 1791, à rester en possession de la partie de maison accordée par feu Capet (1) dans laquelle la municipalité tient ses séances.

(1) A remarquer la gradation suivie en quelques mois par le conseil municipal, Louis XVI, d'abord dénommé : le bon roi, le meilleur des rois, le roi, devient successivement : l'ex-roi, le ci-devant roi, le pouvoir exécutif précédent, puis enfin feu Capet!

Entre temps surgit une nouvelle idée. La municipalité se dit qu'elle pourrait devenir propriétaire de la Chancellerie par voie d'échange avec les « propriétés communales ». Elle fait miroiter une combinaison permettant de réunir en un seul hôtel tous les services, y compris la gendarmerie. La Nation serait ainsi exonérée de la dépense de 500 francs qu'elle supportait annuellement pour le logement de la gendarmerie dans une maison louée rue de Fleury.

En vue donc d'un échange avec l'hôtel de la Chancellerie, un rapport estimatif avait été présenté le 27 septembre 1793 à la municipalité par le citoyen Saulgeot, architecte de la ville.

D'après le rapport, peut-être un peu complaisant de l'architecte, les propriétés municipales étaient :

1° Le ci-devant hôtel de ville, situé au coin de la rue Basse et de la place d'Armes ;

2° La maison d'arrêt, dite les Prisons, rue Basse, mitoyenne avec l'hôtel de ville, où fut placée la prison en attendant l'achèvement de la construction commencée en 1788 place d'Armes ;

3° La Maison Commune, grande rue de la Liberté, place du marché au Blé, « tenant : par derrière à la partie détachée y attenant, sur le devant la rue, d'un côté Foulon, d'autre Ant. Desavis. — Accordée à la ville par le ci-devant roi et dans laquelle la municipalité tient actuellement ses séances et ses bureaux ;

4° Enfin, le bâtiment situé place d'Armes, construit en 1788 sur un terrain appartenant à la ville et non achevé.

L'estimation, fort avantageuse pour la ville, arrivait à cette conclusion que la Nation, abandonnant la Chancellerie contre les immeubles dont la Ville se prétendait propriétaire, réaliserait un bénéfice de 25,262 livres 7 sols 4 deniers.

Cette demande n'obtint pas de succès ; la municipalité renonça forcément à l'acquisition de la Chancellerie. Mais elle ne se découragea pas et entreprit une nouvelle campagne dans le but d'en avoir la jouissance « comme étant celle de toutes les propriétés nationales offrant toutes les commodités locales et placée au centre de la commune ».

Elle s'adressa, non à tous les saints — on les avait supprimés — mais à tous ceux qui détenaient la plus mince partie du pouvoir.

Le représentant Geoffroy, puis ses collègues Granet, David et Mauro, en ce moment en mission dans Seine-et-Marne, furent les premiers sollicités.

Le représentant Loiseau, dès son arrivée, fut à son tour assailli ; il résista. Le directoire du département opposa également un refus. Plusieurs fonctionnaires circonvenus par des démarches réitérées, montrèrent, en paroles, beaucoup de bon vouloir, mais aucun ne voulut donner sa signature.

Enfin, cédant aux obsessions dont il était assiégé, Loiseau, usant de ses pouvoirs discrétionnaires, autorisa, le 20 brumaire an III, « la municipalité de Fontainebleau à se servir des bâtiments connus sous le nom de la Chancellerie, pour y tenir ses séances et former divers établissements ».

Le 28 frimaire an III (18 décembre 1794) eut lieu la prise de possession et dès le lendemain la municipalité abattit cloisons, murailles, etc., pour s'installer à sa guise.

VI

LA MAISON DE LA MISSION

Le bonheur qu'éprouvait le conseil municipal à se trouver dans un local vaste, sain, aéré, jouissant d'un bel air comme celui des « frères de la Montagne » ne fut pas de longue durée.

En nivôse an III (janvier 1795), l'administration du département, agissant au nom du domaine, mit la main sur les propriétés de l'ex-liste civile comme appartenant à la nation dont elle voulait sauvegarder les droits.

Signification fut donc faite à la municipalité de Fontainebleau qu'elle ne saurait être reconnue propriétaire de l'hôtel du Maine ni de l'hôtel de la Chancellerie. La jouissance de ces deux immeubles ne lui était pas retirée, mais la commune aurait à payer un loyer. Fixé à quatre pour cent de la valeur d'estimation des propriétés, le loyer réclamé s'élevait à 400 francs pour la partie occupée de l'hôtel du Maine, et à 3,180 francs pour l'hôtel de la Chancellerie.

Le payement d'un loyer aussi élevé troublait fort l'équilibre des finances municipales, si tant est qu'il y ait eu alors équilibre. D'autre part, les officiers municipaux étaient pris au dépourvu; ils n'avaient jamais prévu semblable éventualité. Une demande de sursis fut adressée à l'administration supérieure afin de donner le temps au conseil de s'installer dans un nouveau local, la « maison de la mission » (presbytère actuel).

Mais tout d'abord se présentait la question primordiale de propriété.

Sur l'emplacement de l'hôtel de Martigues qu'il avait acheté, le roi Louis XIV fit construire en 1663, la « maison de la mission » qu'il donna à la congrégation de Saint-Lazare à la condition que ladite congrégation serait tenue d'y entretenir à perpétuité dix prêtres dont l'un serait curé et les neuf autres chargés de seconder ce dernier dans les fonctions curiales et l'administration des sacrements. Ils devaient aussi se livrer à la prédication.

En 1793, les biens des congrégations avaient été confisqués au profit de l'État; les presbytères furent dévolus aux communes qui avaient renoncé au culte, sous la condition d'y installer des hôpitaux, des écoles ou d'autres services publics.

La « maison de la mission » était-elle primitivement un bien de congrégation ou un presbytère ?

Par ses revendications de la première heure, la municipalité de Fontainebleau avait obtenu qu'elle ne fût pas comprise dans les ventes de biens nationaux faites au district de Melun, mais la question de propriété n'avait pas été tranchée (1). Ce bâtiment était d'ailleurs l'objet des convoitises de l'État et du département. Aussi, avant de tenter une installation nouvelle, le conseil crut-il prudent de prendre ses précautions.

Tout d'abord le représentant Geoffroy est pressenti. Il répond :

Paris, 11 vendémiaire an III de la République
(2 octobre 1794).

A la municipalité de Fontainebleau.

Il n'est pas à ma connaissance, citoyens, que la Convention ait rendu un nouveau décret sur les presbytères depuis quinze jours, comme vous le dites. Je ne connais que celui qui a été rendu le..., et que vos commissaires ont emporté avec eux à leur dernier voyage. Vous savez que cette loi accorde aux communes qui ont abandonné le culte catholique, les presbytères pour servir à l'instruction publique et à des hospices, mais que le mode d'exécution a été renvoyé au comité.

GEOFFROY jeune, rep' du peuple.

Au reçu de cette lettre, le 12 vendémiaire (2 octobre), le conseil général de la commune s'assemble et prend la délibération suivante :

Commmission relative à la maison presbytérale.

Le conseil général de la commune étant dans l'incertitude de savoir si la maison ci-devant occupée par les missionnaires desservant la ci-devant cure du dit lieu devait

---

(1) Cette question de propriété de la maison de la mission a été, depuis les premiers jours de la révolution, l'objet de nombreuses contestations sans arriver jamais à être résolue légalement. Nous en publierons peut-être un jour l'historique assez tourmenté. Disons pour le moment que l'épisode final prit naissance à la fin de 1851, à la suite d'une réclamation de M. le curé Charpentier demandant pour le presbytère la restitution des locaux obligeamment prêtés en 1806, par M. le curé Thiébault, au tribunal civil alors sans asile. Une volumineuse correspondance fut échangée entre l'évêché, le ministre de l'intérieur, la préfecture et la mairie. Le conseil municipal dut tenir de fréquentes réunions pour cet objet. Des consultations furent demandées aux jurisconsultes. M. Jager-Schmidt, avocat à la cour de cassation, conseil de la ville, déclara la maison de la mission « bien de congrégation ». M. Lepage, docteur en droit, avoué à Fontainebleau, consulté par le conseil de fabrique, émit un avis diamétralement opposé. Pour lui le bâtiment objet du litige était « un presbytère ».

En 1853, la question a été tranchée par simple voie administrative et transactionnelle. De guerre lasse, les réclamants s'inclinèrent. Entre temps, s'appuyant sur un décret de 1811 dont l'application était au moins discutable, le département qui avait été précédemment hors de cause, trouva moyen — histoire de l'huître et des plaideurs — de s'adjuger la propriété de la moitié du bâtiment et de revendre cette moitié à la ville, moyennant 25,000 francs.

être considérée comme maison presbytérale et en conséquence appartenir à la commune,

Ledit conseil, après avoir pris lecture d'une lettre patente du Roy pour la fondation d'une cure dans le bourg de Fontainebleau, du mois de septembre 1663, portant que le roy a fait don de la place et bâtiment de l'hôtel des Martigues qu'il a acheté et payé de ses deniers pour servir au logement des prêtres de la mission. La dite lettre patente portant encore spécialement que la place et bâtiments susdits demeurent inviolablement et perpétuellement gardés et entretenus au profit de la congrégation sous les conditions énoncées en la dite lettre patente. Ce considéré et attendu que jamais la commune n'a fait aucun frais pour réparation des bâtiments et qu'au contraire les deniers de la congrégation y ont pourvu, arrêté qu'avant de se mettre en possession de ladite maison et faire les réparations nécessaires pour s'y installer, il sera nommé deux commissaires qui se rendront demain à Melun à l'effet de faire lever par l'administration du district de Melun ou le département si le cas le requiert, les doutes du conseil général sur cette propriété, nommé à cet effet les citoyens Chenuel, officier municipal, et Festeau, notable, du conseil général, et seront porteurs du registre renfermant la dite lettre patente sus-énoncée afin d'en donner connaissance aux administrations ainsi que copie de la lettre littérale de l'agent national près le district en date du 8 de ce mois, ensemble le procès-verbal de l'estimation faite de la maison comme domaine national le 29 novembre 1790 par les citoyens Saulgeot, architecte, inspecteur des bâtiments du ci-devant Roi, et François Laurent, greffier des bâtiments, expert nommé par le maire.

La dite estimation, faite en présence de la municipalité de Fontainebleau, montant à 35,600 livres pour les bâtiments, cours et jardins en dépendant, le tout ainsi qu'il est expliqué au procès-verbal.

Le lendemain, 13 vendémiaire, les commissaires rendent ainsi compte de leur mission :

Nous soussignés, commissaires, chargés de prendre auprès de l'administration du district tous les renseignements nécessaires pour s'assurer si la maison occupée par les ci-devant missionnaires pouvait être considérée comme presbytère et si nous pouvions en prendre possession à ce titre, conformément à l'arrêté du comité des finances,

Il nous a répondu que, sur les doutes qui s'élevaient, on ne pouvait donner aucune solution..., mais qu'il ne pouvait être révoqué en doute que la maison des ci-devant missionnaires ne fût un presbytère, que le registre dont nous étions porteurs en démontrait la preuve. Qu'en conséquence la municipalité pouvait sans crainte s'y établir. Mais qu'on ne pouvait nous donner aucune réponse par écrit, l'affaire étant de la compétence de l'administration du département.

On nous a cité l'exemple de la commune de Melun qui s'est emparée de tous les presbytères qui existent dans son enceinte.

           FESTEAU,   CHENUEL,
           Notable.   Officier municipal.

Cette réponse prudente n'apportait pas la solution désirée. Le conseil municipal ne paraissant pas vouloir s'adresser — nous ignorons pour quel motif — au directoire du département, le 25 vendémiaire an III (16 octobre 1794), mission fut donnée au citoyen Chenuel de se rendre à Paris et de se faire accompagner du citoyen Geoffroy auprès du comité des finances « pour savoir si la maison de la mission, » laquelle par son institution a été destinée à servir de logement aux Lazaristes » chargés de desservir la paroisse et remplir les fonctions curiales dans toute leur » étendue doit être considérée comme presbytère ».

La démarche du délégué de la municipalité, appuyée par le représentant Geoffroy, ne produisit aucun résultat. Néanmoins la municipalité manifesta quelques velléités de passer outre et de prendre de son autorité privée possession de la maison de la mission.

Cette attitude motiva, le 22 brumaire an IV (13 novembre 1795), l'envoi, par l'administration du département, de la circulaire suivante :

Citoyens,

Nous recevons chaque jour de la part des administrations municipales des demandes de sommes plus ou moins fortes pour subvenir aux frais de leur premier établissement.

Quelques-unes sollicitent des constructions ou des réparations considérables; d'autres pensent à s'emparer d'autorité des maisons nationales non vendues. Il en est même qui se laissant entraîner par un zèle trop ardent, veulent disposer pour le) de leurs séances du local destiné à recevoir le produit des contributions en nature.

Rappelons aux municipalités qu'elles sortiraient des limites qui leur sont tracées par la Constitution si elles se livraient sans l'autorisation du département à des dépenses de construction ou de grosses réparations et encourraient une juste responsabilité.

Près de cinq années s'écoulèrent avant que l'administration pût être mise en possession du bâtiment convoité.

En l'an VIII (1800), les choses paraissaient s'arranger grâce à une combinaison qui devait permettre de loger dans le bâtiment de la mission le tribunal, la mairie et une compagnie de vétérans.

Le maire, Jamin Changeart, adressa au sous-préfet un devis des réparations à faire à la « maison ci-devant mission ». L'administration préfectorale n'accueillit pas sa proposition par le motif que les dépenses devaient être supportées par l'administration de la guerre en ce qui concernait les vétérans et par le département pour l'installation du tribunal.

C'est seulement le 18 fructidor an VIII (10 septembre 1800), que fut enfin donnée l'autorisation de procéder à l'adjudication des travaux nécessaires pour l'établissement de la mairie dans le bâtiment de la mission.

Les services municipaux y trouvèrent place peu après.

VII

LE DÉCRET DE BOULOGNE. — RETOUR A L'HOTEL DU MAINE. — LES MAIRES DU SIÈCLE. — QUELQUES VŒUX

Nos inconstants conseillers éprouvèrent bientôt le désir de changer de domicile; ils ne se sentaient d'ailleurs pas tout à fait chez eux dans le bâtiment de la mission dont la possession partielle, acquise au prix de tant de démarches, leur semblait fatalement précaire.

En effet, M. le curé Thiébault, nommé curé de la paroisse de Fontainebleau lors du rétablissement du culte, trouva, à son arrivée, le presbytère occupé en partie par la mairie. Ne voulant pas en prendre possession avant qu'il ne fût totalement évacué, il avait, dès le 15 germinal an XI (5 avril 1803) présenté une première réclamation au maire :

Étant assuré, lui disait-il, que la maison de tout temps affectée au logement des prêtres qui, à Fontainebleau, remplissaient les fonctions curiales, ainsi que le jardin en dépendant, n'ont pas été aliénés, j'ai l'honneur de vous en faire la demande conformément à l'article 72 de la loi du 18 germinal an X qui porte que les presbytères non aliénés seront rendus aux curés et desservants.

Vous avez bien voulu me faire connaître cette maison dans tous ses détails et il résulte de la connaissance que j'en ai prise, une observation qui ne vous aura pas échappé, c'est l'impossibilité que la mairie y conserve ses bureaux; le mouvement et le bruit inséparables d'une administration, etc. (1).

Vous avez senti la justesse de cette observation que j'ai l'honneur de vous renouveler. En conséquence, je vous invite à vouloir bien prendre les moyens les plus efficaces et les mesures les plus promptes pour que je puisse jouir de ce logement...

Cette requête, fortement motivée, paraissait devoir être favorablement accueillie par le maire; elle avait été transmise au ministre qui, malgré un avis contraire donné par le préfet, l'avait soumise à une commission du conseil d'État et cette commission avait choisi M. Portalis pour rapporteur.

Nos conseillers s'émurent et se mirent encore une fois à la recherche d'une nouvelle installation.

---

(1) A cette époque le jardin du presbytère, non encore converti en place, était clos de murs. On accédait au bâtiment et dans ses dépendances par une seule issue ouvrant sur la cour de la Mission.

Ils étaient pris d'ailleurs d'un indicible désir de retourner à l'hôtel du Maine dont ils s'étaient considérés jadis comme propriétaires à la suite du prêt éventuel que leur en avait fait le roi Louis XVI. La portion de l'hôtel dont ils avaient ainsi joui, bien que comprise dans la nomenclature des biens de l'ancienne liste civile dévolus à l'État, n'avait pas encore été vendue nationalement. Leur espoir d'en devenir propriétaires, — sans bourse délier, bien entendu — persistait toujours.

Des démarches furent faites; elles se heurtèrent tout d'abord à la résistance du préfet. Le premier magistrat du département, qui ne voulait pas rendre le presbytère en entier au curé, s'opposait à ce que l'hôtel du Maine, que, d'après les dernières lois, la municipalité pouvait avoir certains titres à occuper, fut dévolu à la ville.

Dans une lettre du 5 floréal an XI (25 avril 1803) ce préfet, tout en reconnaissant que « le maire et ses bureaux n'était réellement qu'à titre précaire dans le local qu'ils occupent aujourd'hui dans le bâtiment de la mission », se prononçait nettement contre les désirs de la municipalité. « Ce serait, ajoutait-il en effet, s'abuser
» étrangement que de se livrer à l'espérance d'obtenir jamais l'hôtel du Maine, qui
» est affecté au casernement de la gendarmerie; du reste il n'est guère plus permis
» d'espérer la jouissance d'un bâtiment national quelconque, puisqu'il n'en reste
» aucun qui n'ait déjà une destination et que, d'ailleurs, la République n'en doit
» aucun à la ville de Fontainebleau ».

Le maire, M. Dubois d'Arneuville (1), ne se rebuta pas. Il prit courageusement l'affaire en mains, redoubla d'activité et vit son zèle couronné de succès. Le 2 fructidor an XIII (20 août 1805), l'Empereur signait au camp de Boulogne un décret ainsi conçu :

Article 1er. — La portion non aliénée de l'hôtel du Maine faisant partie de notre liste civile est abandonnée à la ville de Fontainebleau pour l'établissement de la mairie.

. . . .

Article 3. — Des mesures seront prises pour l'acquisition de la portion non aliénée dudit hôtel, pour réunir définitivement dans le même local la cour criminelle, la gendarmerie, la prison, le tribunal de paix et la mairie.

M. Dubois d'Arneuville se maintenant sur la brèche, l'affaire ne chôma pas. Treize jours après, le 15 fructidor, le receveur du domaine impérial, M. Adam, faisait remise au maire de l'hôtel du Maine que la mairie n'a cessé d'occuper depuis lors.

Grande — on n'a pas besoin de le dire — fut la joie des habitants de Fontainebleau auxquels le récent établissement de l'Empire et ce premier acte de bienveil-

(1) Père de Mme Lagorsse d'Arneuville à laquelle on doit la fondation d'un service de maternité à l'hospice de Fontainebleau.

lance firent espérer le retour des bienfaits dont ils avaient été comblés sous la royauté (1).

La municipalité craignit un instant, en mai 1808, d'être de nouveau troublée dans la jouissance de son nouvel hôtel de ville. Dans un accès de zèle, le service des Domaines crut pouvoir mettre le conseil municipal en demeure d'acquérir la partie aliénée de l'hôtel du Maine.

A cette demande il fut objecté avec raison que le décret de 1805 ne mettait pas cette dépense à la charge de la ville et que d'ailleurs les frais d'installation des tribunaux, de la gendarmerie, des prisons, incombaient au département.

L'affaire en resta là; aucune répétition ne fut plus tentée contre la ville.

Presque entièrement reconstruit et agrandi en 1805 sous l'administration si fructueuse de M. D. Guérin, l'hôtel de ville, où certains services sont à l'étroit, va sous peu s'étendre encore par l'acquisition que vient de faire le conseil municipal, de la partie aliénée sous la première République de l'ancien hôtel du Maine.

Mise en vente comme bien national, cette seconde moitié de l'hôtel du Maine (2) fut adjugée, le 24 vendémiaire an VII (15 octobre 1798), à Germain Garnot, mandataire de l'association Deschâteaux et compagnie, qui la revendit peu après à un nommé Devenat. En 1815, elle devient la propriété de M. et Mme Poussaint, puis passe en 1828 à M. Arnal, en 1839 au lieutenant-général comte de Pimodan, en 1851 à Mme de Ferrer, en 1861 à la caisse d'épargne, enfin en 1889 à la ville de Fontainebleau, qui, pour le centenaire de sa municipalité, devient propriétaire de la totalité de l'ancien hôtel du Maine.

Cet immeuble avait très anciennement appartenu à la Couronne; vers la fin du XVIe siècle, il était le siège de la trésorerie de l'Épargne royale. Entre temps, en 1685, il avait été agrandi au moyen de l'acquisition de petites maisons le séparant de la cour des Merciers (des Loreaux).

Devenu plus tard propriété du duc de Penthièvre, il fut racheté le 9 avril 1783 par le roi Louis XVI, moyennant 9000 livres. Ce Roi y fit faire, en 1784, d'importantes réparations et de nouveaux aménagements en vue d'y installer la vénerie. De cette époque date la façade, conservée dans son état primitif, de la maison donnant sur la rue Basse (rue du Château), où elle porte actuellement le n° 11.

Maintenant que nous avons fait connaître à nos édiles l'historique de l'hôtel où ils se réunissent pour régler les destinées de la ville, voudraient-ils bien nous per-

(1) Rappelons que la ville a reçu en dons : de Louis XIII, l'église paroissiale; de Louis XIV, le vaste bâtiment de la place Centrale, la place elle-même, un terrain d'un arpent pour en faire un cimetière, l'hospice du Montpierreux, l'immeuble de la rue Royale où est établie l'école des Sœurs, etc.

(2) Cette partie de l'ancien hôtel du Maine était mitoyenne de la maison de la famille des célèbres peintres Dubois, représentée en dernier lieu par M. Dubois d'Arneuville, puis par sa fille, Madame Lagorsse.

mettre de leur demander s'ils ne comptent pas signaler le centenaire de la création de la municipalité de Fontainebleau, par quelques mesures de nature à rappeler un peu le passé et répondre à un vœu souvent formulé par leurs administrés.

Ne pourraient-ils, par exemple, faire rétablir sur la façade de la maison commune une inscription constatant le don fait à la ville par le roi Louis XVI et l'empereur Napoléon Ier ? Relater un trait d'histoire locale ne saurait être considéré comme acte politique, ni éveiller aucune susceptibilité.

Trouveraient-ils inconvénient à perpétuer le souvenir d'une famille illustre, qui a comblé la ville de bienfaits, et lui a fourni trois gouverneurs et son premier maire ? Il n'en coûterait pas beaucoup à rendre le nom de *Montmorin* à la rue principale. Ce nom, elle l'a porté il y a plus d'un siècle, quand Fontainebleau a pris de l'extension ; il a remplacé alors l'appellation banale et assez humiliante de *Grande rue du Bourg*. Si chez d'aucuns il y a crainte chimérique de porter le trouble dans les habitudes prises depuis un certain temps, on lèverait tout scrupule en choisissant la dénomination de *Grande rue de Montmorin*? Ce ne serait ni plus long ni plus compliqué que : *rue du Conventionnel Geoffroy* ou *rue du statuaire Adam Salomon*.

(*Abeille,* avril-juin 1889.)

PROCÈS-VERBAL D'INSTALLATION DES PREMIERS MAIRE ET ADJOINTS DE FONTAINEBLEAU, LE 21 AVRIL 1800.

Aujourd'hui premier floréal an huit de l'ère républicaine, une heure de relevée, l'administration municipale de la ville de Fontainebleau, étant assemblée, se présentent à la séance conformément à l'invitation qu'ils en avaient reçue les sieurs Jamin-Changeart, Pauly Magloire et Tardif, administrateurs actuels, nommés, le premier maire et les deux autres adjoints de la ville de Fontainebleau ;

Le sieur Valade, sous-préfet dudit arrondissement, et reconnu en cette qualité par le sieur préfet entre les mains duquel il a prêté son serment, pris la parole et fait lecture :

1° De la lettre du sieur Laroche Foucault, préfet du département de Seine-et-Marne, en date du 25 germinal dernier à lui adressée ;

2° De l'arrêté du premier consul du 11 dudit mois qui le nomme sous-préfet de l'arrondissement de Fontainebleau ;

3° Des lettres du sieur Préfet des 19 et 25 du même mois contenant extrait de l'arrêté du premier consul du dit jour 11 germinal qui nomme les sieurs Jamin-Changeart, ancien subdélégué et ex-président de l'administration municipale, maire ; Pauly Magloire, propriétaire, et Tardif, négociant, administrateur actuel, adjoints de la ville de Fontainebleau.

En conséquence et en exécution des arrêtés ci-dessus, le sieur Valade proclame le sieur Jamin-Changeart maire et les sieurs Pauly Magloire et Tardif adjoints de la ville de Fontainebleau et les installe en ces qualités après qu'ils ont eu préalablement et conformément à la loi du 2 nivôse dernier fait la promesse de fidélité à la constitution. Ils prennent place au bureau. Des discours, prononcés par les sieurs Marquis, Jamin-Changeart et Valade, dans lesquels respirent l'amour du bien et de l'union la plus parfaite, terminent la séance et sont suivis des applaudissements de tous les assistants.

Le sieur Valade, après avoir déclaré aux sieurs présents que l'administration municipale de Fontainebleau cesse à l'instant de fonctionner, requiert acte du présent, son inscription au registre des délibérations, l'envoi au Préfet du département et aux autorités civiles et militaires de cette ville, ainsi que sa proclamation dans tous les lieux accoutumés de la dite ville.

Fait, arrêté les jour et an que dessus et ont signé ; aussi est signée la minute : MARQUIS, TARDIF, BESNARD, FANTIN, JAMIN-CHANGEART, J. PAULY, TARDIF, César VALADE, sous-préfet, et CHENUEL, secrétaire en chef.

Pour expédition conforme :
(Signé) SCIARD,
Secrétaire en chef.

MAIRES DE FONTAINEBLEAU.

1790. 18 février	Comte DE MONTMORIN.
1792. 5 septembre.	MARQUIS.
1793.	COURTIN.
1793. 5 novembre (15 brumaire an II) . .	BELOT.
1794. 28 mars (8 germinal an II).	AVRIL.
1795. 5 décembre (14 frimaire an IV) . .	JAMIN-CHANGEART.
1796. 29 janvier (9 pluviôse an IV). . . .	AVRIL (président).
1796. 6 février (17 pluviôse an IV) . . .	CHENUEL (administrateur temporaire).
1797. 29 mars (9 germinal an V).	ROCHEREAU, LEDREUX, JAMIN-CHANGEART (administrateurs).
1797. août (fructidor an V)	PAULMIER fils et BIZOR (adm. tempor**).
1797. 21 septembre (5° jour compl. an V).	SENEZ père, MAGUIN, SOCHON-DESCHAMPS, RENAUDON, GAUTHIER (administrat**).
1797. 20 octobre (29 vendémiaire an VI) .	MAGUIN (président).
1799. 1er avril (12 germinal an VII). . . .	MARQUIS (président).
1800. 1er avril (11 germinal an VIII). . . .	JAMIN-CHANGEART.
1804. 18 février (28 pluviôse an XII) . . .	DUBOIS D'ARNEUVILLE.
1815. mai.	LISLE.
1816. 21 mai.	FERRA DE ROUVILLE.
1818. 11 mars	DE LARMINAT.
1830. 11 septembre.	DUDOUIT.
1843. 17 novembre.	GUÉRIN (Denis).
1852. 21 juillet.	DE POLIGNAC (général).
1854. 23 février	DEBONNAIRE DE GIF.
1858. 20 novembre.	GUÉRIN (2° fois).
1871. 20 mai.	MEUNIER.
1881. 7 mars	GUÉNÉE.
1881. 3 novembre.	BONNEAU.
1890. 14 février	REGNART.
1892. 15 mai.	PÉCLET (en fonctions).

LA CRÉATION DE LA SOUS-PRÉFECTURE
ET
DU TRIBUNAL DE FONTAINEBLEAU

Dans la notice publiée sur l'hôtel de Brionne (p. 6), nous avons rappelé le nom d'un de ses anciens propriétaires, Gervais Rochereau. Nous avons dit qu'entre autres services rendus à notre ville, dont il fut l'un des administrateurs, notre aimable concitoyen s'était utilement employé à l'installation de la sous-préfecture à Fontainebleau.

Dès le coup d'État du 18 brumaire, le premier consul se préoccupa d'organiser l'administration départementale et judiciaire de la France. Les passions locales furent partout surexcitées; chaque ville voulut avoir, suivant l'importance de sa population, soit une préfecture, soit une sous-préfecture, soit, enfin, un chef-lieu de canton. Dans notre arrondissement, la lutte fut des plus vives entre Nemours et Fontainebleau. La première de ces deux villes, centre géographique de l'arrondissement, ancien bailliage, chef-lieu de district, trouvait ses intérêts fortement appuyés par Sédillez qui soutint avec le plus grand zèle les prétentions de sa ville natale et dans les bureaux des ministères et au Tribunat.

Fontainebleau n'avait personne pour le défendre au Corps législatif ou au Tribunat.

Grand fut l'embarras de nos édiles. Toutefois par leur activité et le choix qu'ils firent de leur collègue Gervais Rochereau, envoyé à Paris, ils eurent la satisfaction de réussir et d'obtenir tout à la fois pour Fontainebleau la sous-préfecture et le tribunal de première instance.

Rochereau demeura trois longs mois à Paris, négligeant sa famille et ses propres affaires, pour se consacrer entièrement aux démarches actives que nécessitait l'accomplissement de sa mission. Grâce à d'anciennes relations, grâce à l'intervention de Bénezech qu'il sut intéresser à notre ville, il eut la chance de réussir au delà de toute espérance.

La correspondance qu'il entretint alors avec ses collègues de la municipalité est intéressante à lire. Elle fait voir un dévouement poussé jusqu'à ses dernières limites, chez cet homme d'une rare modestie, profondément animé du désir de se rendre utile.

Nous faisons passer sous les yeux de nos lecteurs, sans commentaires, ces lettres, auxquelles nous nous contenterons d'ajouter quelques notes d'identification de personnes. On y trouvera la vive et franche expression des sentiments de joie et d'inquiétude qui l'assaillaient, suivant la tournure que prenaient ses démarches. On y verra aussi que, sans perdre de vue son objectif principal, Rochereau avait trouvé possible de suivre d'autres affaires intéressant Fontainebleau : la poursuite du recouvrement d'une créance due par le ministre de la guerre pour avances faites à un bataillon de la garnison, le terrain de la Synagogue, la clôture du cimetière, etc.

Détail à remarquer et qui explique ses allures sensiblement mystérieuses, cette correspondance, jusqu'à l'avant-dernière lettre, était destinée à quelques-uns seulement des membres de la municipalité, ceux qui avaient pris l'affaire à cœur. Aussi ne leur était-elle pas adressée directement : presque toutes les lettres leur arrivaient par l'intermédiaire du « citoyen Besnard, marchand épicier, près la maison commune ».

Nous les devons à l'obligeance de notre ami et collègue, M. Paul Domet, qui a bien voulu s'en dessaisir en notre faveur.

Paris, 15 nivôse an VIII (5 janvier 1800).

Pour lire à la chambre du conseil.

Citoyens collègues,

J'avais la main à la plume pour vous rendre compte des démarches que votre zèle m'a recommandées lorsque votre lettre du 14 m'est parvenue. Je remettrai l'expédition que vous m'avez envoyée de notre pétition au général Lefebvre (1); l'apostille est trop juste, elle est trop loyale, pour négliger de la faire valoir.

J'ai eu, le lendemain de mon arrivée et encore ce matin, audience chez une personne (2) très équitable, très pénétrée de la justice de notre réclamation et qui est chargée du travail qui fixe notre sollicitude; nous devons tout espérer de ce côté-là, nous serons reçus et entendus quand nous voudrons. Mais soyons discrets et défions-nous de nos rivaux, ils se remuent en diables. Cependant le fruit n'est pas encore à maturité et c'est une raison pour que j'observe ici en passant au citoyen commissaire qu'il ne doit pas s'inquiéter pour ce qui le concerne.

J'ai écrit hier à une personne chez laquelle j'avais autrefois accès très facile, pour

---

(1) Membre du Sénat conservateur.
(2) Bénezech, ancien ministre de l'Intérieur, conseiller d'État, chargé d'établir le travail de l'organisation départementale. En l'an IV, étant ministre, Bénezech s'était déjà employé en faveur de la ville et avait usé de son influence pour y faire installer l'École centrale.

lui demander les moyens de parvenir jusqu'à elle. Je n'ai pas encore reçu de réponse et cela commence à m'inquiéter. Je vais employer d'autres moyens, mais ils ne sont pas tous également de mon goût. Je sais au total que la personne s'intéresse pour nous, et c'est toujours beaucoup.

Nous courons bien risque de n'être pas payés de ce qui nous est dû pour notre bataillon. La retenue n'a point été opérée, le commissaire s'intéresse pour nous, mais le corps a été dissout. Je dois retourner avant mon départ chez le commissaire; il a écrit au commissaire des guerres à ce sujet.

Je suis fort aise de ce que vous me dites relativement à nos rentrées; profitez-en pour solder nos dettes. Si nous pouvions penser ensuite à quelques économies pour faire clore notre champ de repos (1) ce serait une opération fort utile pour notre pays.

Agréez l'expression de mon attachement sans réserve et veuillez bien me rappeler à l'amitié de notre bon président (2).

26 nivôse an VIII. — 16 janvier 1800.

Citoyens, je sors de chez la personne qui a bien voulu jusqu'à présent m'entendre avec l'intérêt qu'il accorde à notre malheureux pays. J'ai rendez-vous pour après-demain. Je dois y porter des cartes de notre département afin de discuter sur des points convenus.

Envoyez-moi demain si vous pouvez ce que vous aurez d'expéditions faites de notre pétition. Joignez au paquet ou bien envoyez-moi toujours demain au moins six exemplaires imprimés de notre pétition relative au tribunal de police correctionnelle.

Salut et amitié.   ROCHERBAU.

P.-S. — Je vous prie de donner de mes nouvelles à mon épouse.

28 nivôse.

Citoyens,

Voici un projet de lettre que je pense et qu'il faut expédier promptement et adresser franche de port au ministre de la justice avec une expédition de notre pétition. Je vais tâcher de jouir aujourd'hui du bénéfice de mon rendez-vous.

Salut et amitié.   ROCHERBAU.

P.-S. — Je vous prie de donner de mes nouvelles à mon épouse; j'ai peu de temps pour lui écrire.

(1) Ce cimetière, concédé en remplacement de celui donné à la ville en 1663 par le roi Louis XIV et vendu nationalement, était situé dans la forêt, canton de la Vallée de la Chambre, à l'angle nord-est de la plaine de la Chambre, presque en regard du cimetière israélite. Il n'avait été clos que par un treillage qui, rompu en maints endroits, permettait la libre incursion des animaux carnassiers et autres. Il faut le clore de murs pour éviter, dit un procès-verbal de l'an II, le « spectacle hideux des corps tirés de la terre par morceaux semés çà et là ». En demandant en 1822 le terrain du cimetière du Mont-Pierreux, le maire insistait sur « l'indécence de la sépulture actuelle » qui était encore protégée par un simple treillage en mauvais état.

(2) Marquis, président de l'administration municipale, remplissant les fonctions de maire.

J'espère aller vous voir le jour de la décade. J'ai indispensablement affaire pour deux jours dans le Gâtinais et j'ai remis ce voyage pour venir ici.

15 pluviôse.

J'ai reçu les pièces que vous m'avez envoyées et je les ai remises à leur destination.

Je me suis occupé et je m'occupe de notre affaire principale. La jactance qui m'avait inquiété n'était aucunement fondée; il n'y a encore rien de décidé. J'ai vu le magistrat qui veut du bien à notre pays, sous peu de jours le sort en sera jeté. Nos intérêts sont subordonnés à l'ensemble du plan général qui sera adopté, de manière que telle base qui décidera pour un autre pays décidera aussi pour le nôtre.

J'ai recouvré nos pièces relatives à la Synagogue (1). Je les ai retirées du Tribunat pour les reproduire au ministre des finances. J'aurai des vues à vous soumettre à cet égard.

Salut et amitié.
ROCHEREAU.

20 pluviôse an VIII. — 9 février 1800.

Citoyens collègues,

Si le corps législatif adopte la proposition du conseil d'État, notre commune aura un arrondissement et une sous-préfecture. L'affaire est décidée d'hier et le projet de loi a été transmis au Consulat. Je tiens ce fait du magistrat *qui veut du bien à notre pays*. Je l'ai vu ce matin. Aurons-nous un tribunal de première instance ? La question est encore indécise; le rapport sur la distribution des tribunaux commence demain et se suivra dans l'ordre alphabétique des départements. Le même magistrat m'a dit que nous pouvions nous tranquilliser; cependant il m'est encore revenu hier certaines jactances qui m'ont déterminé à faire la pétition ci-jointe à laquelle vous ferez les changements que vous jugerez bons. Apposez vos signatures y compris celle de notre bon président Marquis, de notre méchant préfet (2), s'il veut, et de notre vigoureux secrétaire en chef (3). Ne manquez pas de me renvoyer demain 21 par le porteur de la présente auquel vous promettrez bonne récompense que je payerai pour que la commission soit mieux faite.

Vous voudrez bien faire chercher dans le carton du tribunal de police correctionnelle le dossier relatif à ce tribunal; il doit renfermer les délibérations et arrêtés des administrations de Montereau, Moret et La Chapelle, par lesquelles ces pays ont déclaré qu'ils aimaient mieux venir plaider chez nous que d'aller à Nemours.

Il me faut deux ou trois expéditions de chacun de ces actes, si vous avez le temps. Faites, s'il le faut, passer la nuit à nos employés; les circonstances pressent, je suis persuadé qu'ils s'y prêteront avec plaisir.

Faites expédier et veuillez bien signer l'expédition de la lettre ci-jointe, renvoyez-moi de suite l'expédition par le même courrier.

(1) L'ancien emplacement de l'hôtel d'Écosse sur lequel est aujourd'hui installé le marché.
(2) Valade, commissaire du Directoire.
(3) Chenuel, un des plus assidus et des plus laborieux parmi les officiers municipaux.

Il est six heures et demie, je n'ai pas le temps de suivre la correction de la pétition. Vous la recevrez telle qu'elle est ; corrigez la rédaction et les autres fautes, mais surtout, qu'elle me revienne demain 21 sans faute.

Je n'ai pas besoin de vous parler de mon amitié et je compte sur la vôtre.

ROCHEREAU.

---

22 pluviôse an VIII.

Citoyens collègues,

Je vous écrivais il y a trois jours que Fontainebleau était chef-lieu d'arrondissement ; mais il n'est pas permis de compter sur rien, lisez le brouillon de la lettre que je viens d'écrire (1), demain matin je découvrirai le mystère d'iniquité ; mais obtiendrai-je un redressement ? Je ne puis vous en flatter.

Rien de décidé encore sur la question des tribunaux. Je crains le crédit de Sédillez (2) et du conseiller Jollivet (3). Notre pétition est distribuée ; en voici douze exemplaires. Ne les laissez circuler qu'avec ménagements, il est bon que nos commettants sachent que nous ne négligeons pas leurs intérêts, mais il faut aussi éviter les imprudences.

Tardif (4) est arrivé, il se porte bien.

Salut et amitié.

ROCHEREAU.

---

(1) Lettre adressée à Bénezech ; Rochereau y disait : « Vous êtes trop juste, trop loyal, vous avez fait trop de bien à mon malheureux pays pour avoir voulu me tromper.

« Il y a donc eu une surprise ou une infidélité qui ne nous est pas connue.

« Vous avez eu la bonté de me dire, il y a trois jours, que Fontainebleau avait un arrondissement. J'en ai fait part à mes concitoyens ou plutôt, à mes collègues ; ils rendent hommage à votre équité.

« Mais j'ai acheté ce matin le projet de loi imprimé par ordre du Corps législatif et quelle a été ma surprise lorsque j'ai vu par la composition des cinq arrondissements de Seine-et-Marne que Nemours est précisément à la tête du quatrième et Fontainebleau à la queue de la nomenclature des cantons du même arrondissement.

« Si c'est par erreur d'impression que cet arrangement a été opéré, je vous supplie de le faire réformer.

« Si c'est par surprise ou par infidélité, je vous supplie de déployer votre énergie et votre équité pour opérer encore la réforme : il est toujours temps pour réparer une injustice.

« Au moins, citoyen, s'il est impossible que vous fassiez cet acte de justice, vengez notre malheureuse commune en lui faisant obtenir le tribunal de première instance et conserver le tribunal de police correctionnelle qu'elle a obtenu par le concours des cantons de La Chapelle-Égalité, de Moret et Montereau, qui contiennent avec la commune et le canton de Fontainebleau plus des deux tiers de la population de l'arrondissement du tribunal. »

(2) De Nemours. Ancien député à l'assemblée législative, puis envoyé par le département de Seine-et-Marne au conseil des Anciens. Il entra ensuite au Tribunat où il s'occupa spécialement de l'organisation de l'administration judiciaire.

(3) Né à Turny, près de Joigny. Était avocat à Melun, lorsque éclata la Révolution. Ancien administrateur du directoire du département, il représenta Seine-et-Marne à l'assemblée législative, devint conseiller d'État après le 18 brumaire, puis en 1807, ministre des finances en Westphalie.

(4) Membre de la municipalité.

23 pluviôse an VIII.

Chers collègues,

Notre collègue Rochereau vous a écrit ce matin par la voiture. Sa lettre n'est pas rassurante sur l'objet qui le retient à Paris. Je l'ai trouvé hier au soir à la descente de la voiture, désolé sur les dispositions promises à notre pauvre commune. Ce qui lui avait donné du chagrin, c'est que, venant de faire l'achat du projet de loi de tous les arrondissements du département, il avait vu dans le tableau Fontainebleau porté à la fin et par conséquent sans espoir pour la sous-préfecture qui nous avait été promise par la personne qui veut *tout le bien possible à notre pays*. Geoffroy (1) qui avait aussi le projet de loi sur tous les arrondissements de la République, avait d'abord été frappé de voir Fontainebleau à la queue, mais après avoir fait différentes recherches, il s'est aperçu que notre crainte n'était pas fondée. Dans d'autres départements, dans les arrondissements, les principales villes y sont portées comme elles ont été prises sur la carte. Je ne l'ai pas trouvé, il est allé voir *notre protecteur* qui l'a bien rassuré. Aussi il me charge de vous écrire la présente pour vous prier de vous tranquilliser sur sa lettre de ce jour. Il vous écrira demain par la voiture et vous confirmera ce que j'ai l'avantage de vous marquer. Il me charge de vous témoigner ses amitiés sans oublier notre « méchant » préfet et notre secrétaire général. Je partage ses sentiments et demeure votre collègue.

TARDIF.

P.-S. — Je vous joins ici la note des cantons que nous aurons dans notre arrondissement : Nemours — Beaumont — Château-Landon — Égreville — La Chapelle — Montereau — Moret — Voulx — Fontainebleau.

Nous avons appris ce matin par des personnes instruites que nous aurons à Fontainebleau, indépendamment de nos deux tribunaux, la grande préfecture. Nous désirons que cette nouvelle se réalise ; cela nous dédommagera de toutes peines et inquiétudes que ces changements nous donnent.

23 pluviôse an VIII.

Citoyens collègues,

Salut et tranquillité. J'ai vu ce matin le magistrat dont je vous ai précédemment parlé ; il m'a dit que l'arrangement des nomenclatures des cantons qui doivent entrer dans chaque arrondissement était indifférent, qu'il n'y avait rien de changé à ce qu'il m'avait dit. Ainsi c'est donc une chose à peu près certaine que nous aurons une administration équivalente à un ancien district, avec le nom de sous-préfecture. Des gens prétendent même que nous aurons la préfecture du département. Mais rien de positif à cet égard et il vaut mieux ne pas se flatter. Gardez donc toujours le secret.

Rien de nouveau relativement au tribunal.

Je pars ces jours-ci pour le Beauvaisis, regardant ma carrière administrative à peu

(1) De Fontainebleau. L'ancien conventionnel, alors messager d'État au Tribunat.

près terminée (1). Je ferai cependant de la sorte pour assister à l'installation des nouveaux élus.

Agréez l'expression de mon amitié et dites au citoyen Valade (2) qu'il est temps qu'il fasse agir ses amis pour ce qui l'intéresse personnellement.

ROCHERBAU.

Paris, 24 pluviôse an VIII.

Citoyens,

Vous verrez par le journal que l'un de nos voisins a parlé; c'est du beurre dans nos choux. S'il n'est pas content, nous devons l'être, mais soyons discrets jusqu'à la fin et que notre correspondance ne soit lue qu'au « petit cabinet ». J'ai vu hier différentes personnes qui ont soutenu mes espérances du matin; l'affaire prend de la consistance. Reste à savoir si le projet passera et c'est une raison pour que nous soyons prudents. Préférons les craintes mal fondées aux espérances frivoles.

Agréez l'expression de mon amitié.

ROCHERBAU.

Paris, 25 pluviôse an VIII.

Mes chers collègues,

Tardif doit vous écrire par ce courrier. Je lui ai remis notre ultimatum à Sédillez. Il a été distribué à tout le monde qui doit connaître de l'affaire. La tête me p... Je suis rendu et pars demain pour la Picardie. Il n'y a plus rien à faire ici à perte ou à gain, mais je crois que le succès est assuré pour l'arrondissement et pour le tribunal, malgré la vergogne de plusieurs de nos députés. Je dis plusieurs, pour ne pas dire tous, car j'aime et je veux respecter assez les hommes pour croire que ceux qui m'ont juré neutralité n'auront pas signé la réclamation fédérative d'aujourd'hui et qui sera, je l'espère, un coup d'épée dans l'eau. Je vous parle avec tranquillité parce que, depuis que j'ai quitté Tardif ce soir, j'ai vu une de nos bonnes sœurs qui m'a dit qu'un magistrat était en colère de mon inquiétude et que l'affaire tiendrait imperturbablement. Je crois donc pouvoir vous flatter, mais non pas vous dire d'être indiscrets, car j'ai été bien fâché de la cacade (sic) de Besnard (3), notaire.

Il est minuit, adieu. Je vous embrasse ainsi que notre pauvre préfet (4). Je lui vois bien des envieux et il fera sagement d'agir.

ROCHERBAU.

Saint-Just, ce 28 pluviôse an VIII.

Mes chers collègues,

Je suis informé par Tardif que Sédillez est allé cabaler dans les arrondissements. Je ne crois pas qu'il parvienne à ébranler les cantons de Montereau, ni de Moret, ni

---

(1) Il devait y avoir, dans peu de jours, de nouvelles élections pour la réorganisation du conseil municipal.
(2) Candidat à l'emploi de sous-préfet.
(3) Un des plus agités parmi les administrateurs municipaux.
(4) Valade.

même celui de La Chapelle. Peut-être serait-il bon d'adresser aux administrateurs de ces cantons, surtout aux deux premiers, des exemplaires de notre pétition en les informant de ce qui se passe. Faites-le le plus promptement possible.

Agréez l'expression de mon amitié.

ROCHEREAU.

Paris, 29 pluviôse an VIII.

Collègues,

J'ai celui *(sic)* de vous donner avis que le projet de loi sur la division territoriale a été adopté aujourd'hui par le Tribunat et que les choses sont pour notre pauvre commune ce que nous devions en espérer. Il y a lieu de croire que le Corps législatif en fera de même. Cependant toute la députation du département s'est assemblée aujourd'hui au salon de réunion, a pris un arrêté tendant à nous ravir ce que le gouvernement désire donner à notre commune. Ils veulent tous avoir la préfecture et Nemours chef-lieu de canton. Le tribun Sédillez, de Nemours, a déjà fait donner lecture des adresses des habitants de Beaumont et d'Egreville pour réclamer le chef-lieu du 4e arrondissement pour Nemours. Il a demandé un congé pour se rendre dans son pays, vraisemblablement pour engager les autres communes à en faire autant. Enfin je ne saurais peindre tous les mouvements que l'on fait contre notre malheureuse commune. J'aime à vous persuader que nos antagonistes en seront pour leurs frais. Notre collègue Rochereau, qui les suit de près, a fait distribuer deux mots sur les observations du tribun Sédillez, dont je vous envoie copie, qu'il a fait distribuer aux personnes qui prennent nos intérêts. Vous en prendrez lecture; c'est le dernier travail qu'il y a à faire. Si notre collègue ne réussit pas, il n'aura rien à se reprocher, ni nous non plus.

Il part demain pour la Picardie et fera son possible pour venir passer quelques jours avec nous les premiers jours du prochain mois. D'ici à cette époque, nous saurons à quoi nous en tenir. Il me charge de vous écrire afin de vous mettre au courant de tout ce qui se passe et de vous assurer de son attachement et amitié. Je vous prie de compter sur les miens. Ne nous oubliez pas auprès de *notre préfet* et de notre secrétaire général.

Je demeure avec amitié votre dévoué concitoyen.

TARDIF.

Je vous prie de remettre l'incluse à mon épouse.

Paris, 10 ventôse an VIII.

Citoyens collègues,

Je suis arrivé aujourd'hui et partageant nos inquiétudes, j'ai déjà fait quelques démarches pour m'éclairer sur celles de nos antagonistes. On m'a tranquillisé, mais j'étendrai demain mes recherches plus loin et j'aurai le plaisir de vous écrire si je n'ai pas celui d'aller vous embrasser.

Salut et amitié.

ROCHEREAU.

P. S. — Vous ne me dites pas si vous avez envoyé de nos pétitions à Moret et à Montereau.

Citoyens collègues, Paris, 11 ventôse, au soir.

J'ai travaillé tout le jour à ma tranquillité. Je suis bien aise de m'occuper un instant de la vôtre.

J'ai vu Bailli (1), il m'a dit que la prétendue réclamation de la députation était une chimère, qu'elle n'avait pas bougé et que Tardif avait été induit en erreur à cet égard par une personne qui a voulu un peu tard paraître officieuse. J'ai vu Imbert (2), il m'a affirmé la même chose et l'un comme l'autre m'ont dit qu'il n'y avait rien de changé. Enfin, j'ai été ce soir chez *notre patron* (3) il m'a montré la liste imprimée des tribunaux et j'ai vu Fontainebleau en toutes lettres. Il m'a dit aussi qu'il n'y avait rien de changé quant aux chefs-lieux d'arrondissement.

D'après de pareilles données, mes chers collègues, je crois qu'il est permis d'avoir de la confiance et de cesser encore une fois le métier de solliciteur. Je vais donc faire en sorte d'aller vous embrasser demain et passer deux ou trois jours près de vous pour concerter nos moyens de déménagement, heureux si après avoir administré ensemble comme de bons amis, nous emportons le plaisir d'avoir servi notre pays avec quelque succès. Pour de bonnes gens c'est, à mon avis, la plus belle des jouissances.

Agréez, je vous prie, et faites agréer à notre commissaire l'expression de ma sincère amitié.

ROCHEREAU.

Citoyens collègues, Paris, 18 ventôse.

Je crois que vous lirez le projet de loi ci-joint avec plaisir, et en séance, car il n'y a plus de secret à garder.

Vous pouvez envoyer les dépêches qui sont entre les mains de Chenuel avec la précaution de les affranchir.

ROCHEREAU.

Citoyens collègues, Paris, 19 ventôse an VIII.

Un membre marquant de la députation a dit que le chef-lieu de la préfecture de notre département serait à Melun, et Pépin est allé ce matin offrir sa belle maison au préfet. Mais celui-ci n'a pas encore sa commission et il est absolument incertain où sera le chef-lieu. Cependant ne nous flattons pas trop. Seulement occupez-vous *secrètement avec Panis* (4) à jeter les yeux sur le local qui pourrait convenir pour loger un

---

(1) Bailly de Juilly, ancien conventionnel, membre du conseil des Cinq-Cents, puis préfet du Lot sous l'Empire.

(2) Himbert de Flégny, ancien maire de La Ferté-sous-Jouarre en 1790. Élu en 1792 membre de la Convention; vota, lors du procès de Louis XVI, pour la détention provisoire avec bannissement après la paix. Fit partie du Conseil des Anciens jusqu'en 1798, puis entra au Tribunat dont il devint secrétaire et président.

(3) Bénezech, sans doute.

(4) Architecte de la ville.

personnage de cette importance sans déranger l'école centrale autant que possible, car il ne faut pas oublier combien cet établissement est précieux pour notre pays et il ne serait permis de penser à le déplacer qu'autant que les bâtiments de la Mission seraient en état de le recevoir comme l'avait projeté autrefois le citoyen Bénezech, mais où prendre l'argent. Si le préfet paraît, promenez-le partout avec Panis et Adam (1). N'oubliez pas aussi l'hôtel des Fermes (2). Chenuel connaît bien nos localités; qu'il soit partout de la partie.

Salut et amitié.

ROCHEREAU.

Paris, 28 ventôse an VIII.

Mes chers collègues,

J'ai reçu votre lettre d'hier. Je vais faire des démarches, mais je ne puis croire que le chef-lieu de préfecture soit subordonné au caprice des préfets, un million de raisons le démontrent.

Vous allez recevoir une proclamation du gouvernement; il ne faudra pas manquer l'occasion de la faire avec solennité. Nous avons pour cela les motifs des autres communes et nos motifs particuliers.

Salut et amitié.

ROCHEREAU.

Paris, 2 germinal an VIII.

Citoyens collègues,

Il paraît que la nomination des sous-préfets est faite, mais il règne un secret impénétrable sur les choix. On m'a assuré que notre pauvre commissaire (3) était nommé, mais d'autres m'ont indiqué des noms dont je n'avais jamais entendu parler et qui ne sont point de nos pays. Allez dans les bureaux du ministre de l'intérieur, on vous dit : « Celui-ci à la pomme. » — Chez un conseiller d'État on vous dit : « Non, c'est celui-là », Chez un autre : « Non; non c'est un autre. — Je crois, en vérité, que cette diversion est concertée pour dépayser les curieux et que le plus sage pour les amateurs est de tout attendre de son bon droit, de ses bonnes intentions et de sa droiture de cœur. Ainsi il faut que le commissaire continue son imagination volcanique, qu'il vole les choses en stoïcien qui pourra toujours trouver des ressources dans son éducation et ses talents.

Salut et amitié.

ROCHEREAU.

Notre dossier se complète par la curieuse lettre qui suit. — Cette lettre émane d'un membre de la municipalité; elle doit avoir été écrite dans les premiers jours de germinal an VIII. La dernière communication de Rochereau est du 2 de ce mois et l'installation de la sous-préfecture est du 11 (1ᵉʳ avril 1800). Le même jour avait

(1) Receveur des domaines.
(2) La gendarmerie.
(3) Valade, commissaire du directoire exécutif à Fontainebleau. C'est lui qui fut le premier sous-préfet de l'arrondissement.

lieu la constitution de la nouvelle municipalité, à la tête de laquelle se trouvait pour la troisième fois, comme maire, Jamin-Changeart.

Sans date.

Bravo! Bravo! Bravo! messieurs les députés, plaignez-moi de n'être pas des vôtres.

Votre courrier vient d'arriver à 4 h. 1/4. Le conseil général va être convoqué à 7. Et à 9 Chauvin se met en selle pour vous porter nos applaudissements et la délibération que vous attendez.

Le reste à l'ordinaire ou l'extraordinaire prochain.

Vivat, notre maire, *quia resurrexit et bene agit.*

Le plus humble et le plus flatté de vos collègues,

BÉNARD, avocat.

Ce lundi, 5 heures du matin. Excusez la forme.

(*Abeille*, février-avril 1891.)

On le voit, la lutte avec Nemours, ancien chef-lieu de bailliage, plus tard de district, avait été vive. Ses intérêts étaient soutenus par Sédillez et Jollivet, appuyés en outre par les habitants de Beaumont et d'Egreville. Fontainebleau, qui finalement eu gain de cause, avait pour lui les cantons de Montereau, Moret et La Chapelle.

Même après le décret, Nemours ne se tint pas pour battue, elle renouvela ses démarches qui restèrent infructueuses.

Voici le texte de la délibération motivée prise à cet égard par la municipalité de Montereau, telle qu'elle est conservée aux archives de la ville :

Cejourd'hui 7 thermidor an VIII de l'ère républicaine;

Nous soussignés premier et 2ᵐᵉ adjoint de la mairie de la ville de Montereau-fault-Yonne, en l'absence du maire, nous nous sommes réunis en la salle de la maison commune pour délibérer sur l'envoi à nous fait à l'instant de la part du citoyen Maire de la Ville de Fontainebleau de deux cahiers imprimés, l'un contient la pétition qui a été faite aux Consuls par l'administration municipale de Fontainebleau et en conséquence de laquelle parait avoir été fait en la Ville de Fontainebleau, l'établissement de la Sous-Préfecture et du Tribunal de première instance; et l'autre sont des observations et réclamations de la Ville de Fontainebleau contre les tentatives de la Ville de Nemours pour ravir à celle de Fontainebleau ces deux établissements, avec une lettre du Maire de Fontainebleau de cejourd'hui qui nous invite à prendre ces pièces en considération.

Lecture faite du tout, nous déclarons que, dès le deux du présent mois, ayant eu communication par voie indirecte du dit mémoire d'observations et réclamations, nous n'avons pas cru, pour y adhérer devoir attendre l'invitation de la Mairie de Fontainebleau. En conséquence, dès le jour même de cette communication nous nous sommes empressés d'adresser par une lettre du dit jour 2 du présent mois, signée tant du maire que de nous, d'adresser notre réclamation et adhésion et celle de Fontainebleau aux membres composants le Conseil actuel de la Préfecture de Melun.

Si le temps nous eut permis d'ajouter quelques réflexions nous eussions fait l'observation qu'après la ville de Fontainebleau, celle de Montereau est, dans l'arrondissement, celle qui soit le plus considérable par sa population, son commerce et ses embranchements; que son bureau militaire exige une surveillance, une activité et des relations journalières et perpétuelles avec les autorités constituées en sorte que le moindre retard dans la correspondance peut devenir d'une conséquence majeure; que si le Commissaire des guerres et plus encore la sous-préfecture avec lesquels la mairie de Montereau communique étaient plus éloignés par la translation demandée à Nemours, cette communication deviendrait absolument interrompue et préjudiciable au bon ordre puisque les trois quarts du temps il est absolument impraticable d'aller de Montereau à Nemours sans passer par Fontainebleau d'où il paraît résulter que la seule ville de Montereau à cet égard, devient d'un poids et d'une considération proportionnée à l'importance de ses motifs.

Par ces raisons, nous adjoints du dit Montereau, nous bornons à persister dans notre adhésion contenue en la lettre adressée à ce sujet par le Maire et nous conjointement le deux présent mois aux membres du Conseil de préfecture de Melun et à cet effet nous avons arrêté que copie de la dite portée sur le registre de correspondance sera transcrite et certifiée par le secrétaire et envoyé avec expédition du présent arrêté au citoyen Maire de Fontainebleau.

(*Abeille*, 16 septembre 1892.)

SOUS-PRÉFETS DE L'ARRONDISSEMENT DE FONTAINEBLEAU.

1800, 1ᵉʳ avril (11 germinal an VIII)...	VALADE.
1811, 22 juillet...	Comte DE DIGOINE.
1815, 28 mars...	VALADE.
1815, juillet...	Comte DE DIGOINE.
1817, 18 juin...	DE MEULAN.
1821, 7 avril...	Comte DE THUISY.
1830, 14 septembre...	Baron DE VILLENEUVE.
1833, 1ᵉʳ février...	DELON.
1837, 15 octobre...	LEFERME.
1839, 18 septembre...	Baron DE VALSUZENAY.
1841, 6 avril...	DE COURNON.
1845, 9 décembre...	RÉAL.
1847, 15 septembre...	LARUE.
1848, 25 mars...	LAGARDE (sous-commissaire).
1848, 2 mai...	THINUS.
1849, 28 juillet...	DE SAULXURE.
1852, 1ᵉʳ février...	JUTEAU.
1853, 17 août...	GUIBOURG.
1870, 14 septembre...	JOUSSELIN DE RIPAILLETTE.
1871, 18 avril...	DE CAZES.
1873, 20 mai...	HAVARD DE LA BLOTTERIE.
1876, 4 juin...	DE JOUVENCEL.
1877, 30 décembre...	BRUN.
1880, 19 février...	LE MAILLER.
1880, 18 novembre...	DOUCIN.
1881, 30 mars...	LÉPINE.
1885, 10 janvier...	DORNOIS.
1888, 21 mars...	SAINSÈRE.
1889, 25 mai...	DUFOIX.
1891, 7 janvier...	FOURCY (en fonctions).

PROCÈS-VERBAL D'INSTALLATION DU TRIBUNAL DE FONTAINEBLEAU.

Ce jourd'hui quinze floréal an VIII de la République (5 mai 1800), une heure de relevée, les citoyens Charles Ploix, nommé président du tribunal de première instance du quatrième arrondissement de Seine-et-Marne, séant à Fontainebleau, Étienne-Alexandre-Louis Pelletier, Étienne Cartault et Jean-Baptiste Larpenteur nommés juges, Jean-Pierre-Anne Boisse, Petit et Hédelin, nommés suppléants, le citoyen Jean-Baptiste Segan, nommé commissaire du Gouvernement près ledit tribunal, et Simon Pamprin, nommé greffier dudit tribunal, réunis en la salle d'audience dudit tribunal, en conséquence de la lettre de convocation à eux adressée par le citoyen sous-préfet du dit arrondissement le dix de ce mois, le sous-préfet s'y étant rendu accompagné du maire et des adjoints de la commune de Fontainebleau, environnés de la force armée et chacun ayant pris séance, le sous-préfet occupant provisoirement le fauteuil du président, ledit sous-préfet a pris la parole, fait lecture d'une lettre à lui adressée par le préfet du département, qui fixe à ce jourd'hui l'installation des membres du dit tribunal de Fontainebleau et prononce un discours analogue qui excite les applaudissements de toute l'assemblée.

Le secrétaire de la sous-préfecture a fait lecture de l'extrait de l'arrêté du premier consul, portant nomination des citoyens Ploix pour président, Pelletier, Cartault et Larpenteur, pour juges, Petit, Boisse et Hédelin pour suppléants, Segan pour commissaire et Pamprin pour greffier du dit tribunal; puis chacun de ces citoyens à l'exception du citoyen Petit ayant fait individuellement la promesse d'être fidèles à la constitution et de remplir avec exactitude les fonctions qui leur sont confiées. Le sous-préfet les a déclarés installés en ces qualités de président, juges, suppléants, commissaire et greffier du tribunal de l'arrondissement de Fontainebleau.

Le président, le commissaire et le citoyen Jamin-Changeart, maire, ont aussi fait chacun un discours analogue à la circonstance qui ont été pareillement applaudis de toute l'assemblée.

Le citoyen Boisse, second suppléant, ayant obtenu la parole, a demandé et il lui a été accordé acte de la réserve qu'il faisait d'opter entre la place de juge suppléant et celle de juge de paix dont il remplit les fonctions quoique dans sa commission il soit dénommé ex-juge de paix, dans le cas où il y aurait incompatibilité entre les deux places.

Le sous-préfet a arrêté l'envoi de son procès-verbal aux autorités constituées et la séance a été levée aux cris de vive la République. Dont et de tout ce que dessus il a été rédigé par le greffier le présent procès-verbal qui a été signé par les président, juges, suppléants ; présent le commissaire et le greffier ci-devant nommés.

(Signé) Ploix, Pelletier, Cartault, Larpenteur, Boisse, Segan et Pamprin.

Nous croyons intéressant de publier, à la suite de ce procès-verbal, les noms des Présidents, Commissaires du gouvernement, Procureurs royaux, impériaux et de la République, ayant siégé à Fontainebleau depuis le 5 mai 1800, date de l'installation du Tribunal dans notre arrondissement. — Les voici :

PRÉSIDENTS :

1800. 5 mai (15 floréal an VIII)	Charles Ploix.
1811. 11 février	Menessier.
1816. 10 février	Menessier.
1820. 9 février	Paris.
1851. 1er août	Vignon.
1857. 21 novembre	Lejouteux.
1861. 12 novembre	De Bouthillier-Chavigny.
1869. 8 mars	Auzouy.
1875. 27 juillet	Malois.
1877. 15 septembre	Hue (1).

PROCUREURS :

1800. 5 mai (15 floréal an VIII)	Segau.
1801. 15 août (27 thermidor an IX)	Delafeutrie.
1802. 22 février (3 ventôse an X)	Lebrun.
1811. 11 février (13 pluviôse an XI)	Bézard.
1811. 4 mai	Hutteau.
1816. 23 février	Hemelot.

(1) Admis à la retraite. Limite d'âge du 25 mars 1895.

PROCUREURS *(suite).*

1818. 20 août	Perrin Dulac.
1821. 2 juin	Amyot.
1832. 20 juin	Michaux.
1845. 18 août	Aignan-Desain.
1848. 20 mars	Chevreau Christian.
(?)	Fleury.
1852. 10 avril	Try.
1854. 16 décembre	Gerbé de Thoré.
1862. 5 septembre	Bergognié.
1863. 11 août	Delapalme.
1866. 5 mars	Ferey.
1871.	Boullanie.
1873. 18 juillet	Delafuye.
1875. 2 décembre	Thévenin.
1876. 0 décembre	Feuilloley.
	Jacquin (non installé).
1880. 2 mars	Persac.
1883. 20 octobre	Seré de Rivières.
1888. 1er octobre	Pottier.
1891. 14 août	Bauchart (en fonctions).

L'installation du Tribunal eut lieu, comme nous l'avons dit, le 15 floréal an VIII (5 mai 1800); par décret du 18 messidor an VIII (7 juillet 1800), dix avoués furent nommés auprès dudit Tribunal, mais cinq n'acceptèrent pas.

Voici les noms des acceptants : MM. Boisse (étude Hardy); Fouquet (étude Cruel); Rochereau (étude Chambeau); Ansillon (étude Auzouy); Auger (étude Marie). Nous publierons plus loin, à la fin du volume, la liste complète de tous les avoués qui se sont succédé dans les différentes études : 6 dans l'étude Hardy, 4 dans l'étude Cruel, 10 dans l'étude Chambeau, 5 dans l'étude Auzouy, 6 dans l'étude Marie.

Voici les noms des cinq avoués nommés lors de l'organisation mais n'ayant pas accepté : MM. Changeart, Bezout, Huteau, Larpenteur et Bénard.

LA FAMILLE ROCHEREAU

Dernièrement s'éteignait, à Fontainebleau, à l'âge de 85 ans, Mlle J. Rochereau, la dernière survivante de l'honorable famille de ce nom. Une congestion cérébrale, jointe à l'affaiblissement de l'âge, l'emportait subitement. Disons toutefois que rien, jusque-là, ne trahissait cet affaiblissement, et qu'une activité presque juvénile et une amabilité toujours la même, faisaient chez elle un frappant contraste avec le nombre des années. D'une piété profonde, d'une vertu et d'une charité qui ne se démentaient jamais, Mlle Rochereau était un modèle vivant de religion bien comprise.

Sa famille habitait notre ville depuis près d'un siècle. Mlle J. Rochereau était la fille cadette de M. André Rochereau, ancien conseiller municipal, administrateur de l'hospice de Fontainebleau, etc., mort en 1832, et sœur de M. Victor Rochereau, juge au tribunal de cette ville, décédé il y a des années dans cette fonction.

M. André Rochereau, leur père, était avocat royal au Parlement, sous Louis XVI. Il fut enfermé à la Conciergerie en 93, pour avoir caché chez lui des suspects, et sur le point d'être exécuté. Un jeune vaurien de 16 ans, qu'il avait comblé de bienfaits et qu'il recevait chez lui, s'était, par reconnaissance, chargé de le dénoncer. La révolution du 9 thermidor et la chute de Robespierre le délivrèrent de cette prison, vestibule de l'échafaud. Il se hâta de se réfugier à Melun, chez l'excellente famille Dupré, dont un des fils devint avoué à Fontainebleau, en même temps qu'un des gendres de M. Rochereau, M. de Ségrave, son ami. Peu après il s'établit aussi dans cette dernière ville.

Chargé de la clientèle d'anciennes familles qui lui avaient confié leurs intérêts et dont plusieurs lui devaient la conservation de leurs titres de propriété pendant la tourmente révolutionnaire, il employa son temps à s'en occuper avec la conscience et le soin des anciens hommes de robe.

Autant homme de foi que de probité antique, il avait épousé l'arrière-petite-nièce du vénérable Hubert Charpentier, fondateur du Calvaire de Bétharam, près de Tarbes, du Calvaire de Paris au Mont-Valérien et des missionnaires de ce nom.

La famille de Mlle Charpentier habitait Montmartre et y possédait une maison qui appartint plus tard à M. et Mme Scribe. Cette maison a été acquise par l'œuvre du Sacré-Cœur pour la construction de l'église. Une partie du chœur et du sanctuaire sont assis sur son emplacement; le jardin, resté en dehors, a vu, en 1871, le meurtre des généraux Lecomte et Clément Thomas.

Quand M. Rochereau vint à Fontainebleau, il avait déjà deux enfants : un fils aîné qui devint avoué à la cour de Paris, une fille qui fut mariée au premier clerc de son père. En effet, un peu après la constitution des offices d'avoués, M. Rochereau avait acheté une des premières études fondées; il la donna en dot à sa fille aînée qui épousa M. H. de Ségrave, fils d'un anglo-irlandais qui, engagé comme simple soldat au service de la France, sous Louis XVI, était arrivé, en combattant pour elle, dans le régiment de Walsh, au grade de colonel. Depuis Jacques II, quatre régiments de volontaires anglo-irlando-écossais catholiques étaient au service de la France.

Les deux premiers enfants de M. Rochereau ne devaient pas composer toute sa famille; avec le temps elle s'éleva à 16, dont 7 garçons et 9 filles. Sauf un, tous furent élevés, finirent leurs études et arrivèrent à l'âge d'hommes faits et de femmes. Plusieurs se marièrent et embrassèrent des professions soit libérales, soit commerciales. Cette nombreuse famille, selon les habitudes du vieux temps, était dirigée par ses auteurs avec une régularité parfaite, les fils firent leurs études classiques au collège d'Orléans et au séminaire de Meaux. Deux d'entre eux, Adrien et Alexandre, furent camarades du vénéré M. Fleurnoy, encore vicaire général du diocèse de Meaux.

Un jour, ce nombre insolite d'enfants qui commençait à ne plus être dans les mœurs de l'époque donna lieu à un amusant épisode. M. de Gascq, qui mourut, il y a quelques vingt ans, président du conseil général de Seine-et-Marne, et ami de M. Rochereau, venait le voir. Habitant alors l'Italie où il administrait les biens de la famille Bonaparte, il savait bien que son ami avait une famille, mais il ignorait, à cette distance, qu'elle fut si abondante. On lui indique la demeure. C'était au n° 66 de la rue de France, maison vendue depuis à l'estimable famille de Rencogne. Il entre et trouve dans la vaste cour une dame entourée de 12 à 14 enfants. Il réfléchit, regarde, puis s'approchant d'elle :

— Pardon, madame, dit-il, j'avais demandé l'habitation de M. et Mme Rochereau et l'on m'a indiqué cette pension. — Là-dessus il allait se retirer. — Mais non, fit Mme Rochereau, car c'était elle, vous n'êtes pas dans une pension; vous ne voyez qu'une partie de ma famille, car j'ai déjà deux fils au collège.

M. Rochereau se prêtait en bon citoyen, à tout ce qui pouvait, chez lui, tourner à l'utilité de la cité. Il acceptait de ses concitoyens l'honneur d'être membre du conseil municipal, où sa sagesse devint proverbiale. Il était aussi nommé membre de la commission de l'hospice, où ses connaissances variées en fait d'administration et d'affaires étaient d'un grand secours à cet utile établissement. Il engageait, dans les mêmes circonstances, une de ses clientes dans les propriétés de laquelle il découvrait un bien d'église mal acquis, à en faire la restitution en faveur de la Paroisse, ce qui eut lieu. Il acquérait un peu plus tard, pour y loger sa nombreuse famille, l'hôtel de Madame Élisabeth, acheté depuis par M. le comte de Charpin et habité par M. D. Guérin, l'ancien et si dévoué maire de la ville.

M. Rochereau rendait à tous des services signalés. La chute du premier empire avait créé des ruines parmi ses clients; il trouva moyen d'arriver à ce qu'ils n'eussent à souffrir de la perte de leur fortune.

A l'époque de la captivité du pape Pie VII à Fontainebleau, M. Rochereau obtint de recevoir chez lui le cardinal Galeffi. Il lui donna la plus noble hospitalité. Toute sa vie, l'illustre cardinal en témoigna sa reconnaissance à la famille et il ne mourut pas sans lui en avoir laissé un précieux souvenir; il était alors gouverneur de Bologne. Le pape, de son côté, touché de cette conduite, témoigna sa paternelle gratitude à M. Rochereau et à son départ, sa dernière bénédiction fut pour celle de ses enfants qui, morte ces jours-ci, était alors une jeune fille de 17 à 18 ans. Cette bénédiction lui a porté bonheur.

La vie de toute cette famille était édifiante. Désireuse de contribuer à faire le bien comme son mari, Mme Rochereau, aidée de celles de ces filles qui n'étaient pas mariées, s'occupait maternellement des pauvres. Elle avait constitué un atelier où se fabriquaient, à prix de revient, des layettes pour nouveau-nés, des vêtements pour pauvres femmes, des habits pour les enfants de la première communion. Certains vieillards des rues Saint-Merry, du Vacher, de Fleury, de France, et surtout de la ruelle Guérigny, alors existante, avec ses familles, elles aussi de 12 et 15 enfants, peuvent se le rappeler.

Un des fils de M. Rochereau, juge à Épernay, est venu prendre au tribunal la succession du digne M. Menessier. Il occupait, place d'Armes, une maison appartenant à la famille, vendue plus tard à l'infortuné docteur Bardout.

On se rappelle combien M. V. Rochereau offrait en lui le type du magistrat instruit, laborieux et intègre. Il est mort encore jeune. Un peu avant, sa vénérable mère l'avait précédé au tombeau, âgée de 80 ans, jouissant de toutes ses facultés. Successivement disparaissaient les trois filles qui lui avaient survécu; c'est sur la dernière que la tombe vient de se fermer.

Qu'elle emporte le sentiment des regrets et le souvenir ému de toutes les personnes qui l'ont connue, ainsi que cette vertueuse famille.

Plusieurs legs charitables, dont un pour notre hospice, ne pourront que contribuer à perpétuer ce souvenir.

(*Abeille*, 28 mai 1880.)

ÉRECTION DE LA PAROISSE SAINT-LOUIS
DE FONTAINEBLEAU

UNE LETTRE INÉDITE DE LOUIS XIV

[Cette étude est due à la plume de M. Th. Lhuillier, mais les notes explicatives sont de M. Ernest Bourges. C'est pourquoi nous avons cru pouvoir la reproduire dans ce volume. — M. B.]

L'ÉGLISE DE FONTAINEBLEAU
(Construite en 1614).

Fontainebleau doit, comme on sait, son existence et sa prospérité au château que les rois firent édifier au milieu des « délicieux déserts » de la forêt de Bierre.

Des habitations se groupèrent peu à peu à l'ombre de cette demeure protectrice, et ne formèrent néanmoins, pendant de longues années, qu'un modeste hameau de la paroisse Saint-Pierre d'Avon, toute voisine du château. Aussi trouve-t-on dans la petite église romane d'Avon, refaite en partie au xvie siècle, la tombe d'un maître-queux de Philippe-le-Bel, celles d'Ambroise Dubois et de Monaldeschi, et sur les registres paroissiaux des traces intéressantes du séjour de la cour, à côté des noms illustres du Primatice, du Rosso, de Philibert Delorme, de Sébastien Serlio de Bologne, de Martin Fréminet et de maints autres artistes.

En 1510, François Ier donna la cure primitive d'Avon-Fontainebleau aux religieux de l'Ordre de la Trinité, établis par saint Louis, en 1259, dans son château, pour desservir un hôpital et des chapelles particulières. D'un autre côté, François Ier avait repris aux Trinitaires les bâtiments de leur couvent pour créer la cour du Cheval-Blanc, le Jardin des Pins, le Grand-Étang, la Cour des Fontaines, les Écuries de la Reine, le Mail et quelques autres dépendances de ce superbe joyau de la Couronne. Le couvent se trouvait transféré provisoirement dans un pavillon ayant vue sur les fossés.

Le bourg de Fontainebleau acquit à cette époque un notable accroissement, et au siècle suivant, en 1621, une chapelle publique y était fondée pour les besoins de la population. Bâtie aux frais de Louis XIII, elle occupa l'emplacement de l'ancien hôtel Martigues, offert par la duchesse de Mercœur, à « condition d'y construire une » chapelle dépendante d'Avon, et une maison pour loger deux religieux Mathurins, » à la nomination du roi, pour la desservir, avec un traitement annuel de cinquante » écus chacun. »

Spécimen en pierres et briques de cette massive architecture, sans caractère, alors en honneur pour les habitations particulières, la nouvelle construction ne fut pas heureuse (1). L'édifice, mal agencé, manquait de grandeur et de jour; on dut même, pour lui donner du dégagement, détruire presque aussitôt huit chapelles qui accompagnaient les bas-côtés. Dédiée à saint Louis, cette église-annexe avait servi à diverses solennités particulières, lord Edmond notamment y avait juré la paix entre la France et l'Angleterre, — lorsqu'en 1661, pendant la grossesse de la reine, la cour vint, suivant l'usage, s'installer à Fontainebleau.

C'était l'été. La cour parut plus brillante et plus belle que jamais, et comme chacun dans le commencement d'un gouvernement nouveau est rempli d'espérance, ce n'étaient que festins, jeux, promenades (2). L'abbé de Choisy ajoute que les

---

(1) C'est l'église actuelle, qui a subi depuis d'importantes restaurations.
Construite de 1624 à 1626, on y officiait à cette dernière date, comme on peut s'en rendre compte par le plus ancien des registres de baptêmes, mariages et sépultures, conservés à la mairie de Fontainebleau. Mais les travaux étaient loin d'être achevés; en 1612 on menait encore de front la maçonnerie et la décoration intérieure.
En 1639, Claude de Hoëy, peintre et valet de chambre du roi, exécutait pour 1,000 livres de peintures et dorures « à la contretable de l'autel de l'église que Sa Maj. faict bâtir dans le bourg de Fontainebleau. » De 1610 à 1612 Louis Coublchon, peintre grisailleur, touche près de 5,000 livres pour la peinture et décoration de la voûte en lambris; il emploie à ce travail plusieurs praticiens, entre autres Jean Lefebvre, à raison de 30 sols par jour. (Comptes manusc. de la maison du roi. — *Biblioth. du château*, L. 333).

(2) *Mémoires de Louis XIV*, mis en ordre et publiés par M. de Gain-Montagnac; Paris, Garnery, 1806, in-8°.

courtisans, dans la joie et l'abondance, multipliaient les fêtes galantes, faisaient bonne chère et jouaient gros jeu.

Louis XIV tenait de sa mère un profond sentiment de piété, que n'excluait pas le goût des plaisirs. Il invoquait alors le ciel pour l'heureuse délivrance de Marie-Thérèse; après avoir visité à plusieurs reprises l'église Saint-Louis, très pauvre d'ornements, il donna pour le maître-autel un bon tableau de Varin père (1). Le 29 juin, il y fit ses stations de jubilé, de très grand matin, se rendit chez les Carmes des Basses-Loges, dont la reine-mère faisait rééditer l'église, et ensuite à Saint-Pierre d'Avon (2). De retour au château, suivant un mémoire manuscrit des Trinitaires (3), Sa Majesté, pressée par la reine, manifesta hautement son intention d'ériger Saint-Louis de Fontainebleau en cure distincte. Dans ce but une requête de 58 habitants fut adressée à M. de Gondrin, archevêque de Sens; les fidèles exposèrent humblement que le vicaire d'Avon, bien qu'aidé de deux religieux, était devenu insuffisant, tant pour les besoins du bourg royal, ne comptant pas moins de mille ou douze cents familles, que pour les officiers de la suite de Leurs Majestés : — un brillant état-major de grands noms, selon l'expression de M. Amédée Aufauvre (*Les Monuments de Seine-et-Marne*), et une véritable armée de courtisans!

De l'aveu même des Mathurins, leur cure-matrice d'Avon-Fontainebleau valait cinq mille livres. Ils étaient, de plus, seigneurs censiers dans ces deux localités, à Morel, à Bois-le-Roi, et jusqu'en Bourgogne. A la vérité, ils se plaignaient de ne point toucher exactement leurs revenus de fondation, « ces revenus étant assi-
« gnés sur des domaines importants aliénés à des personnes puissantes (4). »

Une enquête ordonnée sur le projet d'érection de paroisse, fit naître quelques protestations, notamment de la part du supérieur du couvent, le Père Le Bel, conseiller-aumônier de Sa Majesté (5), le même qui avait assisté, quatre ans aupa-

(1) Le Paralytique.
(2) Mémoires de M⁻ de Motteville.
(3) M. Vatout dit, d'après l'abbé Guilbert (Descript. hist. de Fontainebleau), que ce fut Anne d'Autriche qui *dépouilla les Mathurins de toutes fonctions sur Fontainebleau*. Selon Guilbert, elle aurait été *surprise par de faux rapports et trompée par de prétendus projets d'avancement de la gloire de Dieu*.
(4) Mém. manusc. des Trinitaires; apparl. à l'auteur.
(5) Cette enquête fut ouverte le 2 novembre 1661, par Ch. de Hanniques de Benjamin, vic. gén. de Sens; le P. Le Bel, invoquant l'absence du général des Trinitaires, qui voyageait en Espagne, demanda un sursis auquel les habitants s'opposèrent. L'enquêteur, avant de clore son procès-verbal, dut se transporter au Louvre, attendu l'intérêt du Roi; la Reine-mère déclara que « l'église de Fontainebleau était desservie par deux prêtres séculiers tout à fait « étrangers à ceux du château, et payés par le trésorier des bâtiments de Sa Majesté; que, « non seulement elle approuvait l'établissement d'une nouvelle paroisse, reconnue absolu- « ment nécessaire pour l'instruction, secours et soulagement spirituel du peuple et de ceux « de la Cour, mais encore qu'elle entend y affecter l'église Saint-Louis et loger les prêtres « nécessaires pour la desservir; qu'ayant jeté les yeux sur les prêtres de la congrégation de « Saint-Lazare, elle a conçu le dessein d'en choisir dix parmi les plus capables, pieux et

ravant, à l'agonie du malheureux Monaldeschi (1), assassiné en 1657 dans une galerie du Palais de Fontainebleau, sur l'ordre de la reine Christine de Suède, dont il était le secrétaire.

Le roi venait précisément de reléguer les Trinitaires dans un bâtiment très confortable, mais isolé, hors du château, sur la rue des Bons-Enfants (1660). Les religieux voyaient avec peine leurs revenus compromis et leurs privilèges gravement menacés; vainement ils essayaient de faire face au danger.

Le sort en était jeté. Louis XIV avait résolu de profiter de la naissance du Dauphin pour créer la nouvelle paroisse. De son côté, Anne d'Autriche appelait à Fontainebleau une communauté de dix prêtres Missionnaires, qu'elle installait dans un hôtel près de l'église, aujourd'hui rue de la Paroisse; l'un d'eux devait être pourvu de la future cure de Saint-Louis.

Le roi, cependant, fit connaître aux Mathurins qu'il entendait les dédommager amplement, et, pour ménager les intérêts en présence, une série de formalités commença.

Mais ce monarque, jaloux de sa puissance, et mécontent, une autre fois, d'avoir failli attendre, ne tarda pas à s'impatienter des lenteurs inséparables de la forme.

C'est alors, quelques jours seulement après la naissance du Dauphin, qu'il adresse à M. de Gondrin, archevêque de Sens, la lettre suivante, document inédit dont nous regrettons de n'avoir qu'une copie. Du moins, cette copie est-elle authentique, écrite et signée de la main d'Antoine Durand, prêtre Missionnaire, premier curé en titre de Fontainebleau, lequel indique que la lettre originale était, de son temps, conservée aux archives de Saint-Lazare, à Paris (2).

« Monsieur l'archevesque de Sens, ne voulant pas partir d'icy, sans achever tout ce qui regarde la cure de ce bourg et y entendre la messe du nouveau curé, j'ay esté bien ayse de vous témoigner par cette lettre écrite de ma propre main que

« vertueux, pour catéchiser la jeunesse, faire des missions à trois ou quatre lieues à la
« ronde, etc. »
Le promoteur de l'ordre des Mathurins vint à son tour « s'opposer à toute nouveauté et
« requérir délai de six mois, offrant d'augmenter au besoin le nombre des religieux d'Avon
« pour desservir l'église Saint-Louis, instruire la jeunesse et tenir même écoles publiques. »
Le 9 novembre, l'enquête fut close.
(Arch. départementales; pièces offertes par M. Drouineau, de Lizy).

(1) Le supérieur des Mathurins portait toujours le titre d'aumônier du Roi. — Voir notamment le serment reçu, en cette qualité, de Jean Morel, par Jacques Amyot, *grand aumônier*, le dernier mai 1573. (Arch. dép., II, 32).
(2) De nos jours, la lettre originale du Roi a passé dans des collections particulières. Elle faisait partie de la collection d'autographes de M. Fossé d'Arcosse, vendue en 1881, et elle figure au catalogue de cette vente sous le n° 1247. Aujourd'hui, elle est la propriété de M. Félix Chandenier, qui la destine aux archives de l'archevêché de Sens.

vous ne sçauriez rien faire qui me soit plus agréable que de venir vous-mesme ou d'envoyer sans délai vostre official pour en faire l'établissement, et le point de la fondation ne vous doibt pas arrêter, car en attendant qu'on ayt trouvé quelque autre biais pour y pourvoir j'ay commandé les expéditions nécessaires pour assigner sur telle de mes fermes qu'il sera jugé plus à propos les six mille liures dont j'ay résolu de doter ladite cure, et le desdommagement du curé d'Avon, et ce, par préférence à toutes charges, en sorte que ce sera en fond très assuré; me promettant donc que vous n'apporterez aucun retardement à ce qui est en cela de mon intention, je ne feray celle-cy plus longue que pour prier Dieu qu'il vous ayt, Monsieur l'archeu. de Sens, en sa s^{te} garde. — Escrit à Fontainebleau, le 18e de novembre 1661.

« LOUIS » (1).

Vers le même temps (2), la reine-mère fondait et dotait un hôpital à Avon, pour prouver, dit M. Vatout (3), que les bonnes œuvres sont l'expression la plus vraie des sentiments religieux, et aussi assurément guidée par le désir d'apaiser le mécontentement des Trinitaires.

Le 27 novembre 1661, Thomas Bertho, prêtre de la Mission, prenait provisoirement possession de la nouvelle cure; le roi et sa mère entendaient la messe à Saint-Louis; deux jours après, le promoteur de l'official rendait sa sentence (4), et le 11 décembre M. de Gondrin délivrait les lettres autorisant l'érection (5).

D'autres difficultés furent aussitôt soulevées; on discuta sur les dixmes et à propos de l'étendue de la paroisse de Fontainebleau. Le 18 mai 1662, il fallut que messire Charles de Hanniques de Benjamin, vicaire général du diocèse, procédât en personne à cette délimitation (6); et, malgré le pressant désir du roi, ce ne fut

---

(1) Ici se trouve cette mention sur la copie : « Collationnée à l'original par moy soussigné, » Durand, curé de Fontainebleau. Lequel (original de la lettre) est à Saint-Lazare. »
(2) Lettres pat. de février 1660.
(3) *Souvenirs des résidences royales*, publiés de 1837 à 1846; — Fontainebleau, 1 vol. in-8°.
(4) Le 29 aussi, la Cour quittait Fontainebleau; le Roi se rendait en pèlerinage à Notre-Dame de Chartres avec les Reines, et rentrait à Paris, le 4 décembre.
(5) Le 23 décembre, Antoine Durand reçut les provisions régulières de la cure Saint-Louis.
(6) « Nous avons, dit l'auteur du procès-verbal de délimitation, borné et limité la paroisse
» de Fontainebleau, par le coin du parc du château, qui regarde la Cave Colgnard, et par les
» terres adjacentes en tirant du côté du bois; sinon à la Croix d'Augas, tournant à Mont-
» Perreux, selon le grand chemin de Paris, en sorte que le Provenceau et les Peluz seront de
» ladicte paroisse; et, du Mont-Perreux en tirant du costé de Milly, Bourron et Montigny,
» jusques à l'hôtel de Condé, qui sera aussi compris en la mesme paroisse; ensemble l'enclos
» du parc avec ledict château et bourg de Fontainebleau, en tout ce qu'ils peuvent contenir,
» sans aucune chose en réserver; et en cas que ledict château et bourg soient augmentés
» de quelques bastiments, lesdicts bastiments seront sensés de ladicte paroisse... etc. »

pas avant le mois septembre 1663 qu'on pût présenter utilement à sa signature les lettres-patentes depuis si longtemps attendues. Elles sont datées de Vincennes. Sa Majesté déclare fonder une cure distincte et séparée d'Avon, et donner à cet effet l'église Saint-Louis aux Missionnaires, voulant ainsi « remercier le ciel des grandes
» et continuelles grâces qu'il a plu à Dieu de verser en abondance sur sa personne
» et sur le royaume depuis son avènement à la couronne, pour la paix générale
» avec l'avantage que tout le monde sait, et l'heureuse naissance de monsieur le
» Dauphin, advenue dans le château de Fontainebleau... (1) »

Déjà le P. Le Bel n'était plus à la tête des Mathurins; il avait permuté avec Jean Aguenin-Leduc, d'une noble famille de la Brie (11 juin 1662). Pierre Poncet, chapelain de Saint-Vincent au château royal de Melun, étant mort sur ces entrefaites, Louis XIV avait pourvu Aguenin-Leduc de ce bénéfice (2). C'était une compensation nouvelle aux pertes dont les religieux se plaignaient amèrement; et en 1671, un arrêt du conseil annexa définitivement la chapelle Saint-Vincent à leur couvent.

Enfin, en 1670, pour leur être agréable, on devait les doter encore de l'ermitage de Franchard.

Le nouveau ministre provincial n'avait pas poursuivi avec moins d'ardeur l'œuvre de son prédécesseur; bien que les lettres royales attribuassent à la communauté 6,000 livres de revenus (plus de 80,000 francs d'aujourd'hui) sur les gabelles de Paris, et une pension de 800 livres à la charge des Missionnaires, l'enregistrement de ces lettres souleva de sa part la plus vive opposition.

Défense dut même être faite, par sentence de l'official de Sens (6 juin 1665) au ministre-curé d'Avon, de prendre la qualité de curé de Fontainebleau à l'avenir, d'administrer les sacrements aux habitants de ce bourg (3), *et de prêcher contre l'établissement de ladite cure*, à peine de 400 livres parisis d'amende.

Résistance désespérée ! On passa outre, grâce à deux arrêts du Parlement et de la Chambre des comptes de Paris (8 mai et 27 juin 1664), confirmés par un troisième arrêt rendu au Conseil d'État, tenu à Fontainebleau même, le 2 août 1666. Le roi venait de doter la nouvelle église de fonts baptismaux en marbre, sculptés par Hubert Misson (1664-65); il y fit établir un grand orgue par Gabriel Bunel (4).

(1) Il y eut des lettres-patentes confirmatives; Saint-Germain-en-Laye, mars 1668.
(2) Le château de Melun était délabré et sa chapelle tellement ruinée que le titulaire, pour prendre possession de son bénéfice, le 11 août 1662, dut célébrer l'office à Fontainebleau. (Archives départ.)
(3) Les habitants qui s'y seraient prêtés encouraient l'excommunication, outre une aumône de 40 livres.
(4) Gabriel Bunel, facteur d'orgues et bourgeois de Paris, rue de Lourcine, quitta la capitale en 1666, pour se fixer à Fontainebleau; c'est là qu'il est mort le 15 mai 1670, au moment où son travail venait d'être achevé.

Des transactions et des sentences successives augmentèrent encore, il est vrai, l'indemnité accordée au curé d'Avon. Il fut décidé aussi qu'un Lazariste prendrait le titre de curé du château et de la paroisse Saint-Louis, tandis que les Mathurins conserveraient ceux d'orateurs perpétuels et de desservants de la chapelle de Sa Majesté; enfin, que les derniers auraient toujours, au château, le pas sur le curé.

Là, ne finirent pas toutes difficultés, tous procès à cet égard. Les chanoines réguliers de la Trinité, après avoir tenu tête au roi, se rabattirent sur les prêtres de la Mission, et leurs différends se perpétuèrent si bien qu'ils duraient encore à la Révolution.

La paroisse Saint-Louis, placée sous l'égide royale, avait traversé ces épreuves. Sortie florissante de la lutte, elle subsiste de fait depuis plus de deux siècles.

LE PORTAIL DE L'ÉGLISE DE FONTAINEBLEAU
Inauguré le 5 août 1868 par Mgr MELLON-JOLLY, ancien archevêque de Sens.

Certains monographes et les auteurs de plusieurs mémoires manuscrits que nous avons été à même de consulter, diffèrent sur la date précise de l'érection de la cure de Fontainebleau, qu'ils placent tous cependant entre 1624 et 1666 (1). La véritable date ne se trouve-t-elle pas réellement fixée, même en dehors de la

---

(1) M. Aufauvre, entr'autres (*Monuments de Seine-et-Marne*), prend cette date de 1666, et dit à tort (page 57) que l'église Saint-Louis fut bâtie par Louis XIV.

sentence d'érection directe de M. de Gondrin, par la lettre que nous venons de rapporter, où la volonté de Louis XIV se manifeste formellement?

Cette missive du roi justifie, du moins, l'opinion de l'abbé Guilbert, de Vatout, de Jamin et de quelques autres historiographes bien informés; elle prouve que l'on peut, avec raison et sans trop s'arrêter à la signature tardive des lettres-patentes, considérer Fontainebleau comme érigé en paroisse distincte dès 1661, — l'année de la naissance du Grand-Dauphin, de la mort de Mazarin et de l'arrestation de Fouquet.

CURÉS DE LA PAROISSE DE FONTAINEBLEAU.

ANNÉES	MM.	ANNÉES	MM.
1661	Durand.	1754	Leroux.
1670	Laudin.	1756	Macé.
1690	Faure.	1760	Meynier.
1697	Devaquez.	1773	Chaalon.
1708	Faure (2ᵉ fois)	1777	Daye.
1711	Benard.	1803	Thiébaut.
1718	Girardin.	1812	Philippeaux.
1724	Jomard.	1825	Liautard.
1730	Groslart.	1843	Charpentier.
1732	Bourret.	1874	Desliens.
1745	Buisson.	1891	Dumaine
1746	Valliton.		(en fonctions).

(*Abeille*, 23 juin 1893.)

LE SERMENT DES PRÊTRES SOUS LA RÉVOLUTION

Après un journal de Paris, plusieurs feuilles du département annoncent « qu'on » a trouvé dans les archives de Fontainebleau un registre ouvert pour recevoir sous » la première République le serment des prêtres ».

Pour éviter toute démarche inutile à nos lecteurs, nous les inviterons, s'ils veulent avoir de plus amples renseignements, à ne pas se rendre à la mairie où ils ne trouveraient rien. Les archives municipales, qui contenaient des documents très intéressants, surtout pour la période révolutionnaire, époque des débuts de notre municipalité, ont été inconsidérément et sans classement préalable, allégées, il y a 30 ans, de 12,000 kilos de dossiers constituant, à peu de chose près, le complet de notre dépôt municipal.

Dans les 12,000 kilos de pièces vendues en vrac, comme rebuts, se trouvait entre autres, le fameux registre de prestation de serment, simple cahier de papier comprenant au plus trois ou quatre feuillets. Ce registre est aujourd'hui la bien légitime propriété de notre concitoyen, M. Joseph Wogue, qui, à toute époque, l'a obligeamment communiqué.

L'intérêt rétrospectif que peut présenter ce document n'est pas considérable. On y trouve, en tout et pour tout, la prestation — forcée — de serment de sept anciens prêtres de la Mission précédemment attachés à la paroisse de Fontainebleau, de Marolles-sur-Seine, d'un prêtre de passage et, singularité, celle de Salomon Samuel Levy, qualifié ministre du culte israélite, puis reconnu plus tard avoir été indûment astreint au serment puisqu'il était simplement chantre à la modeste synagogue d'alors.

Le 5 octobre 1885, le journal *les Archives israélites* a publié, relativement à ce registre et sous la signature même de son distingué directeur, une notice où domine le plus parfait esprit de tolérance.

Pour l'édification de nos lecteurs, nous en reproduisons ci-dessous un extrait :

« La Révolution, y est-il dit, avait trouvé un moyen excellent, infaillible (!) de s'attacher les cœurs et de s'assurer les dévouements ; elle avait imaginé d'imposer, par serment et sous signature, la fidélité à ses lois et l'obéissance à ses décrets ; mais c'est spécialement les ministres des divers cultes qu'elle avait en vue, et surtout le culte de l'immense majorité, le catholicisme, quand elle imagina de faire ouvrir dans chaque commune de France, un registre destiné à recevoir les engagements manuscrits, autographes, de chacun d'eux avec les attestations des membres de chaque municipalité relativement aux qualités et authenticité des signataires. Dirigée surtout en vue du catholicisme, cette mesure dut s'appliquer aussi aux rares ministres des autres croyances fonctionnant alors.

« Il nous a été donné, par une obligeante communication, de parcourir la série de ces documents relatifs à la « Commune de Fontainebleau » et nous avons tiré de ce curieux document des extraits bien caractéristiques d'une époque de rénovation féconde, il est vrai, mais aussi de compression, où la notion de la véritable liberté fut si peu connue ; on sourira en lisant ces mouvements d'une époque où la lutte contre l'intolérance autocratique et cléricale engendra une intolérance nouvelle, un fanatisme à rebours que le temps présent s'efforce de faire renaître ».

Après s'être étendu plus spécialement sur les mesures, signalées ci-dessus, prises à l'égard de son coreligionnaire, M. Isidore Cahen poursuit :

« Les citations qui précèdent suffisent à caractériser l'époque révolutionnaire au point de vue des cultes : on sait à quels excès de persécution conduisirent ces tentatives inquisitionnelles à l'égard de la croyance catholique ; on sait aussi que les mêmes tendances prévalent de nos jours, et que les purs du radicalisme prétendent mettre la susdite religion — ainsi que les autres — hors la loi. Une seule différence à noter pourtant, à l'honneur de la première République et au détriment de l'actuelle. La première imposait la haine non seulement à la royauté, mais à l'anarchie ; dans l'actuelle, l'anarchie a ses coudées franches, elle se proclame et se glorifie elle-même, elle étale au grand soleil ses visées destructives ; on lui a permis de tenir ses assises en plein Palais de la Bourse. Comment s'étonner qu'elle aspire à les tenir en plein Palais-Bourbon !

« Est-ce que tout n'arrive pas, ou ne peut arriver, dans un pays où la faiblesse des gouvernants, quels qu'ils soient, constitue une prime permanente au profit des destructeurs quels qu'ils soient ? »

(*Abeille*, 25 octobre 1889.)

LES ORGANISTES DE L'ÉGLISE DE FONTAINEBLEAU

Le bourg royal de Fontainebleau, qui a dépendu jusqu'en 1661 de la paroisse d'Avon, eut cependant une église sous Louis XIII ; lorsqu'on l'érigea en paroisse distincte (1661), on la pourvut d'orgues, confiées aux membres de la famille Bourgoin, dont le nom a été cité à propos de Saint-Aspais, de Melun.

Ces orgues avaient été données par Louis XIV en 1666. Elles étaient de la fabrication de Gabriel Bunel, venu de Paris, et qui mourut le 10 mai 1670 à Fontainebleau.

On se contentait ordinairement de la recommandation ou d'un certificat d'un artiste connu pour admettre un organiste. Cependant, on trouve un engagement passé devant notaire le 20 mars 1670 « pour toucher et jouer de l'orgue à l'église Saint-Louis nouvellement érigée en paroisse ».

L'organiste Louis Bourgoin laissa la place à son fils Guillaume, mort en 1701 et remplacé par Charles Bourgoin, qui se rendait à la chapelle du château quand la Cour venait à Fontainebleau. Cet artiste cumulait son emploi avec d'autres fonctions ; d'abord greffier de police, on le retrouve, dans la suite, commissaire aux saisies réelles et contrôleur aux exploits en la prévôté. A sa mort, le 16 avril 1714, les orgues de la paroisse sont tenues par Nicolas Michel, concierge de l'hôtel de Penthièvre. Vient ensuite Nicolas Passereau, auquel succéda son fils Nicolas-Jules-Henri-Camille-Thierry-Mathurin, qui était encore là à la Révolution quand l'église devint lieu de réunion de la Société populaire. Non seulement les orgues n'avaient pas été enlevées, mais on s'en servait pour les fêtes patriotiques; à la fête de la Raison, à celle de l'Être suprême (20 frimaire an II et 6 juin 1794), on fit appel aux musiciens et « aux citoyennes ayant de l'inclination pour le chant ». L'orchestre était conduit par Taperay, ex-organiste de Paris, et Mathurin Passereau prêtait son concours, avec six violons, une clarinette, deux fifres, des tambours, etc.

On sait, d'ailleurs, que les arrêtés relatifs aux fêtes décadaires mettaient les orgues à contribution partout où elles existaient.

Dès le commencement du XVIII° siècle, on avait laissé dépérir celles qui se trouvaient dans la chapelle du château; en 1721, nous voyons l'évêque de Rennes, grand-maître de la chapelle-musique du roi, charger l'organiste Landrin de s'occuper du devis des travaux qu'on y pourrait exécuter. TH. LHUILLIER.

Nous possédons un exemplaire de l'ouvrage de l'abbé Guilbert, qui paraît avoir appartenu à un membre de la famille Queudane. Une annotation manuscrite s'y trouve, qui nous apprend que : « le buffet d'orgue neuf fut reçu le 10 janvier 1780. » Les chants révolutionnaires ont donc été accompagnés par un instrument presque neuf. E. B.

(*Abeille*, 6 juillet 1891.)

LES FRÈRES DES ÉCOLES CHRÉTIENNES

ET

LA VILLE DE FONTAINEBLEAU

Dans la séance du 30 novembre 1883, sur la proposition de l'administration, le conseil municipal a décidé l'ouverture d'une rue de huit mètres sur l'emplacement de l'ancien jardin des Frères, le surplus du terrain, environ 600 mètres, devant être vendu.

La ville a-t-elle le droit d'aliéner ce terrain qui lui a été donné, à la suite d'une souscription publique, avec une destination bien déterminée ? Nous ne le pensons pas, et nous estimons que la délibération du 5 janvier 1882 n'a en aucun point modifié les conditions auxquelles ce terrain est venu à la ville.

Si opposition n'était pas présentée à l'enquête qui légalement doit être ouverte sur le projet d'aliénation de tout ou partie d'une propriété communale, nous proposerions que l'on voulût bien se rallier à la proposition de M. Sinn. L'honorable conseiller municipal demandait, en effet, que la nouvelle rue fût ouverte sur toute la largeur du jardin et plantée d'arbres. Nous avons, en effet, bien assez de petites rues dans la ville, pour qu'une fois par hasard, puisqu'il n'y aurait aucune dépense d'acquisition de terrain, la municipalité signalât la fin de son mandat en nous dotant d'une belle et large voie.

Vainement on nous objectera la vente des 600 mètres laissés libres par la rue de huit mètres. Que pourra-t-on espérer vendre ces 600 mètres de terrains sur lesquels ne pourraient s'élever des constructions quelque peu importantes ? 3,500 ou 3,000 francs, et encore dans combien d'années !

Les riverains ont déjà offert 1,200 francs ; si on leur promet un large boulevard, leurs propriétés acquérant de la valeur, ils arriveront peut-être à augmenter leur subside.

D'autre part, la ville, qui vient de s'offrir un collège de 800,000 francs, un marché couvert de 350,000 francs et faire tant d'autres dépenses en peu d'années, ne doit pas être si à bout de ressources qu'elle en soit réduite à vendre des propriétés pour faire entrer trois ou quatre billets de mille francs dans sa caisse.

Vous avez, messieurs nos édiles, retardé de quatre ou cinq ans l'ouverture du collège, pour pouvoir faire plus grand que vos prédécesseurs; faites donc grand une fois quand il s'agit de nos voies publiques.

Enfin, que la rue soit grande ou petite, comme elle n'est pas encore dénommée, nous proposons de l'appeler *rue de l'abbé Bourret*. Ce serait simplement justice de perpétuer le nom de ce vénérable ancien curé de Fontainebleau qui, dès 1748, a établi la gratuité de l'enseignement primaire et doté notre ville d'immeubles d'une valeur considérable.

(*Abeille*, 21 décembre 1883.)

L'ANCIEN JARDIN DES FRÈRES

Nous avons reçu plusieurs demandes de renseignements sur ce que l'on appelle : *la question de l'ancien jardin des Frères*. Nous pensions que cette question n'en était plus une; mais puisqu'elle n'est pas éclaircie dans tous les esprits, nous ne craignons pas d'y revenir, d'autant mieux que nous avons entre les mains tous les documents nécessaires pour la résoudre, et pour démontrer que l'administration municipale N'A PAS LE DROIT de vendre ce jardin et même d'en disposer autrement que pour le service des instituteurs qu'il lui a plu d'installer dans la maison qu'occupaient les Frères depuis cent cinquante ans.

En effet, le 10 mars 1780 « le sieur Bourret, supérieur de la congrégation de la Mission et curé de la paroisse Saint-Louis, à Fontainebleau, achetait, par-devant Me Tournois, à Paris, une place en masures, sise Grande-Rue, aboutissant sur la rue de la Coudre, sur laquelle était construit le ci-devant hôtel de Duras, qui venait d'être détruit par le feu; et le sieur Bourret déclarait, dans cet acte, qu'il destinait ce terrain — à bâtir une école de charité pour les enfants pauvres de sa paroisse ».

Les travaux commencèrent immédiatement, mais on ne tarda pas à s'apercevoir que l'emplacement était insuffisant et qu'un jardin était aussi nécessaire pour les instituteurs que pour les enfants, qui ne pouvaient prendre, dans une cour exiguë, l'exercice nécessaire à leur jeune âge.

C'est pourquoi le curé Bourret, en qualité de directeur spirituel des écoles de charité, et le sieur Jean Poitier, en religion frère Victorin, supérieur de la communauté de Fontainebleau, entrèrent en marché avec la dame veuve du Rousset et lui achetèrent, par contrat en date du 17 juin 1730, un jardin clos de murs, situé rue de la Coudre (1). Or, il est stipulé dans cet acte que ce jardin dépendra des maisons et bâtiments qui sont et seront incessamment construits pour les écoles gratuites et l'habitation des Frères, qui sont chargés de les tenir et d'y exercer, lesquels se trouvent sur la place où était le ci-devant hôtel de Duras.

On le voit : bâtiments faits ou à faire, et jardin, ne formaient qu'un seul et même tout. Or, quelle en devait être la destination? L'acte du 10 juin 1730 nous le dit explicitement : et cette déclaration est formelle, car elle devient la base du contrat de vente entre les parties et est revêtue de l'approbation de S. M. le Roi, qui avait autorisé l'établissement des Frères des écoles chrétiennes à Fontainebleau.

La voici : « ... La place [de l'ancien hôtel de Duras] ainsi que tous les bâti-
» ments qui seront construits sur ycelle — et ledit jardin — demeurent et appar-
» tiennent toujours aux dites écoles qui seront aussi perpétuellement tenues et
» exercées par les Frères des écoles chrétiennes de l'institut de Monsieur de la Salle,
» approuvés dudit sieur curé et de ses successeurs, subordonnément à Mgr l'arche-
» vêque [de Sens] ; en sorte que lesdits Frères qui sont actuellement établis en ce
» lieu par la permission du Roi, ou leurs successeurs, qui seront approuvés comme
» dessus, auront la jouissance desdites places, bâtiments — et jardin — et dépen-
» dances, sans qu'ils puissent en être privés que dans le cas de changement de
» volonté de Sa Majesté, mauvaise conduite ou doctrine desdits Frères — constants
» et notoires au jugement de Mgr l'archevêque, et, le cas arrivant, *ladite jouissance
» appartiendra à ceux qui seront mis à leur place avec la permission du Roi*, et la
» protection dudit sieur curé ou de ses successeurs, subordonnément à Mgr l'arche-
» vêque ; ce qui a été accepté par le frère Victorin ès dits noms ».

La conclusion est facile à tirer. La ville se prétend aujourd'hui substituée au curé Bourret et à ses successeurs, en ce qui touche la propriété des immeubles de la Grande-Rue et du jardin de la rue de la Coudre, cette prétention est discutable ; car le vrai propriétaire serait, à notre sens, l'instituteur qui y exerce actuellement avec la permission du chef de l'État. Mais la ville, ou l'instituteur, n'a, en tous cas, d'autres droits que ceux que lui confère son titre : elle ne peut donc distraire le jardin du service de l'école, puisque ce jardin en fait partie ; elle ne peut donc encore moins le convertir en rue pour une partie et le vendre pour une autre ; car elle violerait ainsi les engagements pris par ceux dont elle invoque les droits, et dont elle n'a que les pouvoirs.

Il faut vivre à une époque où règne seule la loi du plus fort, pour que de pareilles questions puissent être soulevées et pour que la solution ne puisse paraître douteuse.

(*Abeille*, 28 décembre 1883.)

(1) Ces actes sont déposés, en minute, en l'étude dont Me Bourrin, notaire à Paris, est aujourd'hui titulaire.

REVENDICATION DES FRÈRES CONTRE LA VILLE

Le tribunal de Fontainebleau a rendu, en son audience du mercredi 14 décembre 1887, son jugement dans l'affaire intentée par l'Institut des Frères des Écoles chrétiennes contre la ville de Fontainebleau.

Mmes de Coulange, Guérin et Mlle Devallant, admiratrices du zèle et du dévouement déployés dans l'éducation de la jeunesse de notre ville, leur avaient laissé en mourant une somme totale de 7,000 francs, dont les intérêts devaient être, dans l'esprit de ces personnes charitables, employés à augmenter les ressources insuffisantes de ces instituteurs si parfaits.

Les Frères de la ville de Fontainebleau n'étaient pas, pour nous servir d'une expression juridique, habiles à accepter cette générosité. L'Institut des Frères et la ville de Fontainebleau, en intervenant, avaient obtenu des décrets d'autorisation à la suite desquels des titres de rente avaient été achetés, déposés entre les mains de la ville, et les revenus en étaient religieusement payés aux Frères, qui dirigeaient alors une des écoles communales de Fontainebleau.

Les choses se passèrent ainsi jusqu'en 1881. Alors souffla par toute la France ce grand vent de laïcisation à outrance. Plus de religieux dans les écoles! Plus de religieuses ni de prêtres au chevet des malades! Tel fut le cri de guerre, le mot d'ordre universel.

A l'égard des Frères, le Conseil municipal de Fontainebleau obéit à cette consigne. Il ne tint pas compte des grands services rendus par ces instituteurs si parfaitement dévoués; il oublia qu'on leur devait l'instruction et l'éducation de plus des trois quarts des enfants de la cité; et, pour bien montrer que l'ingratitude est l'indépendance du cœur, il laïcisa l'école communale et congédia les Frères. C'était son droit strict, le *summum jus summa injuria*; mais ce qui ne l'était pas, c'est l'oubli qu'il fit d'une petite formalité : rendre l'argent, restituer aux Frères les petites rentes qui leur avaient été laissées.

Les Frères, qui s'étaient constitués en école libre et continuaient d'y recevoir plus de la moitié des enfants de la ville, revendiquèrent timidement d'abord leur bien, puis, devant le peu de résultat de leurs réclamations, ils s'adressèrent à la justice.

Inutile de dire que la ville résista le plus qu'elle put. Tout fut habilement mis en œuvre pour tout garder. On opposa à la demande des Frères, cependant si honnête et si légitime, tous les moyens dilatoires.

Le premier consistait à dire que les décrets d'autorisation n'étaient pas clairs; que le tribunal de Fontainebleau était incompétent pour en connaître et devait surseoir à statuer jusqu'à ce que le Conseil d'État ait donné son avis. Le tribunal partagea cette opinion en ce qui concernait le legs de Coulange, mais décida qu'il y avait lieu à statuer par lui sur les legs Devallant et Guérin.

Le Conseil d'État a été saisi de la question et, par parenthèse, l'avocat chargé de représenter les intérêts de la ville, réclame, avant tout examen du dossier une importante provision. On nous paraît peu ménager des deniers de la ville pour dépouiller de pauvres religieux.

L'affaire est revenue devant le tribunal pour juger si la ville avait le droit de garder les sommes léguées par Mme Guérin et Mlle Devallant. C'est alors que parut le deuxième moyen dilatoire. L'Institut des Frères, disait la ville, n'est pas autorisée à plaider, et, en tant que congrégation religieuse, il a besoin de cette autorisation ; il y a donc lieu de le débouter de sa demande. Le tribunal n'a pas été de cet avis et force a été à la ville de plaider au fond.

Sur les conclusions favorables du ministère public, le tribunal a rendu un jugement qui consacre les réclamations des Frères. Il condamne de plus la ville en tous les dépens, singulièrement augmentés par toutes les exceptions invoquées.

C'est un acte de justice et d'équité que nous sommes heureux d'être des premiers à enregistrer.

Voici la teneur de ce jugement :

Le tribunal,

Ouï aux précédentes audiences Me Bonnet, avocat, assisté de Me Auzouy, avoué, pour l'Institut général des Frères ; Me Régismanset, avoué, pour la ville de Fontainebleau, en leurs conclusions et plaidoiries respectives, ensemble M. Séré de Rivière, procureur de la République, en ses conclusions, et après en avoir délibéré conformément à la loi, jugeant publiquement en matière ordinaire et en premier ressort ;

Attendu que sur la demande formée le 9 juillet 1886, contre la ville de Fontainebleau, par l'Institut général des Frères des écoles chrétiennes en paiement d'arrérages de rente 3 %, échus depuis le 1er juillet 1881, et à titre d'exécution de trois legs faits à son profit : le premier par la dame veuve de Coulange, le second par la demoiselle Devallant, et le troisième par la dame Guérin, arrérages que ladite ville revendique elle-même, comme devant profiter à son école communale, d'après les décrets autorisant l'acceptation desdits legs et sur l'exception soulevée par la ville, le tribunal, tout en se déclarant compétent au fond, a décidé, par son jugement d'avant faire droit, du 1er décembre 1886, enregistré et passé en force de chose jugée, que pour le legs de Coulange, il serait sursis à statuer jusqu'à ce que le Conseil d'État ait fixé le sens du décret du 21 janvier 1859, qu'autorisant l'acceptation de ce legs, sur l'affectation des arrérages et ordonné qu'il serait plaidé au fond sur les constatations relatives aux legs Devallant et Guérin ;

Attendu que le Conseil d'État ne s'est pas encore prononcé sur l'interprétation du décret rendu sur le legs de Coulange, qu'il y a donc lieu de distraire, dans la demande soumise au tribunal, ce qui est relatif à ce legs de ce qui concerne les deux autres, en réservant aux parties tous droits et moyens ;

En ce qui touche les legs Devallant et Guérin :

Attendu que par son testament reçu Gaultry, notaire à Fontainebleau, le 19 septembre 1863, enregistré, la demoiselle Devallant, entre autres dispositions charitables et pieuses, a déclaré léguer aux Frères de la Doctrine chrétienne, à Fontainebleau, cinq mille francs, réduits à deux mille par un codicille olographe du 18 octobre 1863.

Que par son testament olographe, en date, à Fontainebleau, du 10 décembre 1860, déposé en l'étude dudit M⁰ Gaultry, suivant acte du 16 janvier 1869, enregistré, la dame Edme-Sophie Gobley, épouse de Denis-Alexandre Guérin, a légué mille francs aux Frères de l'école.

Attendu que dans le décret du 20 février 1867, autorisant l'acceptation du legs Devallant, il est dit : « Le Supérieur général des Frères des écoles chrétiennes,
» Institut légalement reconnu par décret impérial du 17 mars 1808, au nom dudit
» Institut, et le Maire de Fontainebleau, au nom de cette ville, sont autorisés à
» accepter, chacun en ce qui le concerne, le legs d'une somme de deux mille francs
» fait, à titre gratuit, à l'établissement des Frères des écoles chrétiennes de Fontaine-
» bleau, par la testatrice, suivant les testament et codicille. »

Que le décret du 5 février 1872, autorisant l'acceptation du legs Guérin, est rendu dans les mêmes termes ;

Qu'il est de plus énoncé, dans le décret relatif au legs Devallant, « que le mon-
» tant de ce legs sera placé en rentes trois pour cent sur l'État au nom de la ville de
» Fontainebleau et de l'Institut des Frères, pour les arrérages être affectés au traite-
» ment des Frères qui dirigent l'école établie à Fontainebleau. »

Et dans celui relatif au legs Guérin : « Ladite somme de mille francs sera placée
» en rentes sur l'État, immatriculée au nom de l'Institut des Frères des écoles chré-
» tiennes et de la ville de Fontainebleau, pour les revenus en être affectés au profit
» des établissements que les Frères dirigent dans cette ville. »

Attendu que les termes de ces décrets exécutant la volonté des testatrices, sont clairs et précis ; qu'il en résulte que les legs des dames Devallant et Guérin ont été faits et doivent profiter, non à l'école communale de Fontainebleau, mais aux membres de l'Institut général des Frères, tenant école dans ladite ville, que cette école soit communale ou libre ;

Attendu que, si depuis, la ville de Fontainebleau a laïcisé, comme c'était son droit, son école communale, qui était dirigée par les Frères, au moment des testaments et des décrets d'autorisation, ceux-ci, qui ont immédiatement ouvert une école libre, où ils continuent à donner l'instruction aux enfants de la ville, et qui n'ont point cessé de répondre au vœu des testatrices, sont fondés à revendiquer le bénéfice des legs faits en leur faveur ;

Que c'est donc à bon droit qu'ils demandent que la ville de Fontainebleau, restée dépositaire des titres de rente acquis en vertu des décrets des 20 février 1867 et 5 février 1872, montant à quatre-vingt-un francs pour le legs Devallant, et à cinquante-trois francs pour le legs Guérin et sus énoncés, soit tenue de leur payer les arrérages échus depuis le 1ᵉʳ juillet 1881;

Attendu que la ville ne saurait se prévaloir de ce que, dans les décrets sus-visés, l'autorisation d'accepter a été donnée et au Supérieur général des Frères, au nom de son Institut, et au Maire de Fontainebleau, au nom de la ville, chacun en ce qui le concerne.

Qu'en effet, ainsi qu'il est dit dans le jugement d'avant faire droit du 1ᵉʳ décembre 1886, sus-énoncé, l'adjonction de la ville à l'Institut des Frères, pour l'acceptation des legs est conforme à une jurisprudence du Conseil d'État, qui a voulu assurer aux habitants d'une commune le bénéfice de legs directs faits à une congrégation religieuse, tenant dans la commune, une école, soit publique, soit libre, et que le rôle de la ville ne s'oppose nullement aux prétentions de l'Institut sur la destination en arrérages de rentes.

En ce qui concerne la détention des titres de rentes :

Attendu qu'en accordant au Supérieur général des Frères et au Maire de Fontainebleau, l'autorisation d'accepter, chacun en ce qui le concerne, les legs dont s'agit, les décrets ont voulu que le Maire, le représentant, le mandataire légal de ses administrés, fût de veiller à ce que les intentions des testatrices fussent exactement remplies et que lesdits legs reçussent l'emploi auquel ils étaient destinés; que le Maire ne saurait se dégager de cette surveillance, et doit conserver les titres de rentes acquis avec le montant desdits legs, pour en toucher et remettre chaque trimestre les arrérages au représentant du Supérieur général de l'Institut des Frères, à Fontainebleau, tant que ceux-ci continueront à tenir école dans cette ville.

En ce qui concerne le montant actuel des arrérages réclamés :

Attendu que, depuis la demande, de nouveaux arrérages de rentes sont échus et qu'il y a lieu d'ajouter à ceux déjà réclamés par l'exploit introductif d'instance du 9 juin 1886 : 1° Six trimestres de la rente Devallant, à 20 fr. 25 cent. l'un, soit cent vingt et un francs cinquante centimes; 2° six trimestres de la rente Guérin, à 13 fr. 25 cent. l'un, soit soixante-dix-neuf francs cinquante centimes.

Par ces motifs,

Disjoint parmi les objets de l'assignation, tout ce qui est relatif au legs De Coulange et le réserve;

Condamne la ville de Fontainebleau à payer à l'Institut général des Frères des écoles chrétiennes, entre les mains et sur la quittance de tout Frère dudit Institut, qui justifiera être le Directeur de l'école tenue par les Frères de Fontainebleau :

1° Pour vingt-cinq trimestres échus le 1ᵉʳ juillet 1881, de la rente annuelle de quatre-vingt-un francs, provenant du legs Devallant, cinq cent vingt-cinq francs, ci . . . . 525 fr.

2° Pour vingt-cinq trimestres échus depuis le 1ᵉʳ juillet 1881, de la rente annuelle de cinquante-trois francs, provenant du legs Guérin, trois cent trente-trois francs vingt-cinq centimes, ci 333   25

Soit, au total, huit cent cinquante-huit francs vingt-cinq centimes, ci.   858 fr. 25

Ordonne que la ville de Fontainebleau fera chaque trimestre à l'Institut, entre les mains et sur la quittance du Frère qui justifiera être le Directeur de l'école tenue à Fontainebleau, un versement de vingt francs vingt-cinq centimes, en exécution du legs Devallant, et un versement de treize francs vingt-cinq centimes, en exécution du legs Guérin;

Et attendu qu'il y a titre authentique : ordonne l'exécution provisoire du présent jugement, nonobstant appel et sans caution.

Et condamne la ville de Fontainebleau en tous les dépens, concernant les legs Devallant et Guérin, dont distraction à M° Auzouy, avoué, qui la requiert sous l'affirmation de droit.

(Abeille, 23 décembre 1887.)

LES FRÈRES DES ÉCOLES CHRÉTIENNES

DEVANT LE CONSEIL MUNICIPAL

LE TRIBUNAL DE FONTAINEBLEAU ET LE CONSEIL D'ÉTAT

1° *Devant le Conseil municipal.*

On lit au compte rendu de la séance du Conseil municipal du 12 novembre 1883 :

« Sur la proposition du Maire, le Conseil décide que les traitements des instituteurs adjoints à l'école des garçons de la rue Grande seront portés : pour le premier adjoint, à 1,500 francs, et pour le second, à 1,200 francs, ladite augmentation à prendre sur le produit *des arrérages légués à la ville, tant pour les besoins de l'école communale gratuite des garçons de Fontainebleau, que pour le traitement des instituteurs qui la dirigent.* »

Veut-on savoir ce que, par un inqualifiable euphémisme, le compte rendu dont ci-dessus extrait appelle « arrérages légués à la ville » ? Ouvrez le budget municipal et vous verrez que ces arrérages se composent :

1° De la rente de 110 francs provenant du legs de 4,000 francs fait par M⁻ᵉ la baronne de Coulange « pour être employée principalement au profit de l'école communale gratuite tenue par les Frères. »

2° De la somme de 2,000 francs léguée par M{ᵐᵉ} Devallant « à l'école des Frères
» de Fontainebleau, pour les arrérages être employés à augmenter le traitement
» desdits Frères. »

3° D'une rente de 53 francs léguée par M{ᵐᵉ} Guérin « aux Frères des écoles chré-
» tiennes, à titre d'augmentation de traitement. »

Et voilà ce que, sans vergogne, nos édiles appellent les « arrérages légués à la
» ville pour les besoins de l'école communale gratuite de garçons. »

Et qui plus est, le revenu de ces legs si expressément destinés aux Frères de la
Doctrine chrétienne tenant école à Fontainebleau, n'est pas entré dans la caisse
municipale avec les autres revenus de la ville. Il a reçu une affectation spéciale.
Laquelle? on le donnerait à deviner en cent, en mille, qu'on n'y arriverait pas.

**Ces 280 francs de rente sont attribués en supplément de traitement à l'in-
stituteur laïque de l'École des garçons du quartier des Suisses, sous ce libellé :
« Emploi des legs de Coulange, Devallant et Guérin. »**

Un comble !

La ville de Saint-Germain-en-Laye, qui a précédé la nôtre dans la voie de la
laïcisation, a eu du moins la pudeur de ne pas priver les Frères des quelques legs
faits à eux par des personnes généreuses. Même sous l'administration du légendaire
maire de Mortillet, leurs petites rentes également inscrites au budget municipal,
n'ont cessé de leur être scrupuleusement reversées.

2° *Devant le Tribunal de Fontainebleau.*

Les Frères s'étaient laissés expulser, sans résistance, d'immeubles acquis pour
eux par souscriptions ouvertes parmi les habitants, et sur lesquels ils auraient pu
revendiquer un droit de propriété.

Mais s'étant constitués en école libre, n'ayant que des ressources fort précaires,
ils revendiquèrent les petites rentes qui leur avaient été léguées. Ces revendications
— quelques peu timides — n'obtinrent pas de résultats. Cédant enfin à de sages
conseils, ils s'adressèrent à la justice.

Le tribunal de Fontainebleau, après avoir consacré plusieurs audiences à l'examen de cette affaire, rendit, le 14 décembre 1887, un jugement inséré *in extenso*
dans notre numéro du 23 décembre suivant, et dont nous croyons devoir rappeler
les passages les plus essentiels.

Ce jugement, fortement motivé, après avoir rappelé les termes des testaments
de M{ᵐᵉ} Devallant et de M{ᵐᵉ} Guérin, donne le texte des décrets d'autorisation, qui
sont :

Pour le legs Devallant :

Est dit : « Le Supérieur général des Frères des écoles chrétiennes, Institut léga-
» lement reconnu par décret impérial du 17 mars 1808, au nom dudit Institut, et le
» Maire de Fontainebleau, au nom de cette ville, sont autorisés à accepter, chacun
» en ce qui le concerne, le legs de deux mille francs fait à titre gratuit, à l'établis-
» sement des Frères des écoles chrétiennes de Fontainebleau, par la testatrice, sui-
» vant les testament et codicille. »

Que, pour les legs de Mme Guérin, les termes du décret d'autorisation sont identiques.

Et que le montant de ces legs serait placé en rentes sur l'État, immatriculées au nom de l'Institut des Frères et de la ville de Fontainebleau, pour les arrérages être affectés au profit des établissements que les Frères dirigent dans cette ville.

Le tribunal reconnaissant que d'après les termes des décrets d'autorisation de délivrance des legs, l'intention des testatrices était claire et précise et que les legs Devallant et Guérin devaient profiter non à l'école communale de Fontainebleau, mais aux membres de l'Institut général des Frères tenant école dans ladite ville, que cette école soit communale ou libre;

Que si le Maire a été désigné pour être détenteur des titres, les décrets ont voulu que, mandataire légal de ses administrés, il veillât à ce que les intentions des testatrices fussent exactement remplies.

En conséquence, le tribunal a condamné la ville à rembourser aux Frères tous les arrérages échus depuis sept ans et à leur verser, chaque trimestre, tous les arrérages à écheoir des legs Devallant et Guérin.

En ce qui concerne le legs de Coulange, le tribunal, tout en se déclarant compétent, a sursis à statuer jusqu'à ce que le Conseil d'État ait fixé le sens du décret du 21 janvier 1859.

3° *Devant le Conseil d'État.*

Le dernier mot dans cette affaire appartenait donc au Conseil d'État.

Avisé hier par un télégramme que cette haute assemblée avait rendu un arrêt entièrement favorable aux Frères, nous en avons reçu ce matin le texte que nous reproduisons avec empressement.

Cet arrêt, de tous points, conforme à l'interprétation du tribunal de Fontainebleau, se passe de tous commentaires et fixe irrévocablement les droits injustement contestés des Frères.

Le résultat de cette malsaine campagne sera de coûter quelques billets de mille francs aux contribuables. À qui la faute?

N° 68880. — CONSEIL D'ÉTAT.

30 novembre 1888.

Institut des Frères des Écoles chrétiennes contre ville de Fontainebleau.

Le Conseil d'État, etc.

Vu la requête sommaire et le mémoire ampliatif présentés pour l'Institut des Frères des écoles chrétiennes, etc.

Vu, etc... Vu la loi du 21 mai 1872,

Ouï M° Mayniel, maître des requêtes, en son rapport;

Ouï M° Chauffard, avocat de l'Institut des Frères des écoles chrétiennes, et M° Lesage, avocat de la ville de Fontainebleau, en leurs observations;

Ouï M. Marguerie, maître des requêtes, commissaire du Gouvernement, en ses conclusions,

Considérant que le décret du 21 janvier 1859, après avoir autorisé le Supérieur général de l'Institut des Frères des écoles chrétiennes et le Maire de Fontainebleau à accepter, chacun en ce qui le concerne, le legs d'une somme de 4,000 francs fait à cet Institut par la Dame Coulaud de Coulange, ajoute que les trois quarts des intérêts de cette somme seront affectés aux besoins de l'école communale gratuite de Fontainebleau dirigée par les Frères des écoles chrétiennes; que de ces dispositions combinées, il résulte que ledit décret n'a pas entendu transférer à la commune de Fontainebleau la propriété d'une partie d'un legs fait exclusivement, comme il prend soin de le constater, à l'Institut des Frères des écoles chrétiennes, et que s'il a appelé la ville de Fontainebleau à intervenir dans l'acceptation du legs, c'est pour permettre à cette dernière de s'assurer que les arrérages du legs seraient et continueraient d'être employés par l'Institut, principalement pour sa maison d'école de Fontainebleau;

DÉCIDE :

ARTICLE PREMIER. — Il est déclaré que le décret du 21 janvier 1859 n'a entendu transférer à la ville de Fontainebleau la propriété d'aucune partie du legs fait par la Dame Coulaud de Coulange à l'Institut des Frères des écoles chrétiennes et n'a appelé le Maire de Fontainebleau à accepter le legs en ce qui le concernait, que pour permettre à la ville de s'assurer que les arrérages en seraient et continueraient d'être employés par les Frères des écoles chrétiennes, principalement pour subvenir aux besoins de leur maison d'école de Fontainebleau.

ARTICLE 2. — Les dépens seront supportés par la ville de Fontainebleau.

(*Abeille*, 28 décembre 1888.)

LES RENTES DES FRÈRES

Du compte rendu de la séance tenue par le Conseil municipal de Fontainebleau le 1ᵉʳ février dernier, nous extrayons ce qui suit :

« Après explications fournies par le Maire relativement aux procès en cours avec l'Institut des Frères au sujet des rentes léguées par Mmes Guérin, Devaliant et de Coulange, le Conseil lui donne tous pouvoirs pour se désister de l'appel interjeté et exécuter les décisions rendues, et vote les crédits nécessaires pour le paiement des arrérages échus au 31 décembre 1888, ainsi qu'une somme de 1,500 francs pour faire face aux frais qui seront payés aux ayants droit sur les justifications d'usage ».

De tout quoi il résulte que, après jugement du tribunal de Fontainebleau et arrêt du Conseil d'État, publiés ci-dessus, le Conseil municipal de Fontainebleau reconnaît enfin avoir eu tort de s'approprier les menues rentes jadis léguées aux Frères de Fontainebleau.

Ces rentes ainsi indûment retenues depuis sept ou huit années avaient été — chose inouïe — employées à augmenter le traitement de l'instituteur laïque tenant école dans le local même, acquis dès 1738, par souscription des habitants, pour y installer une école dirigée par les Frères de la doctrine chrétienne.

Mais le pire, c'est que non seulement il faut voter un crédit important pour restitution de sommes détournées de leur destination, mais encore mettre à la charge des contribuables une dépense de 1,500 francs pour paiement de frais d'une procédure dont l'issue ne pouvait être douteuse.

Autrefois il était convenu que : « qui cassait les verres les payait ». Aujourd'hui casse qui veut, pourvu qu'il soit radical ; mais le contribuable paie toujours. — Progrès !

(Abeille, 15 février 1889.)

FONTAINEBLEAU INCONNU

I

Banquet offert par le Roi Louis XIII au Légat du Pape Urbain VIII (1625).

Lors de l'envahissement de la Valteline par les Espagnols en 1624, le cardinal de Richelieu, fit faire par l'ambassadeur de France, des remontrances au Pape Urbain VIII qui prêtait son appui aux Valtelins révoltés. En même temps une armée française se porta au secours des Grisons.

Effrayé des succès de nos troupes, le Pape accrédita auprès de Louis XIII le cardinal Barberini, son propre neveu, avec mission d'apaiser le courroux de Richelieu et d'arranger les affaires de la Valteline.

Le cardinal arriva en juillet 1625 au palais de Fontainebleau, où Louis XIII le reçut avec la plus grande distinction. Il fut logé, dit le P. Dan « dans un très beau
» département, tout proche de celui du Roy et de la Reyne, entre l'un des pavillons
» et le grand escalier de la cour du Donjon ».

Pendant les trois mois — juillet à octobre — que le cardinal Barberini passa à Fontainebleau, on le combla d'attentions, on l'entoura de plaisirs.

Un des curieux épisodes de ce séjour fut le magnifique festin que le roi donna au Légat dans la galerie de Henri II quelques jours après son arrivée.

Le P. Dan, tout en constatant le faste déployé à cette occasion, se contente d'une mention de quelques lignes :

« ... Le Roy, dit-il, régala Monseigneur le Légat par un festin très magnifique
» qui fut fait en la Salle du Bal avec un appareil tel qu'il ne s'en est guère veu de
» semblable : tous deux estoient en une mesme table, servis de pareilles viandes,
» avec autant de services pour l'un que pour l'autre, où il n'y eut que des officiers
» de Sa Majesté qui y servirent.

» Environ le milieu du dîner, le Roy, d'un visage tout gai et de bonne grâce, se
» tournant vers Monseigneur le Légat, but à la santé du Pape et un peu après
» Monseigneur le Légat but à celle du Roy ».

Ce repas fit cependant époque; si le P. Dan est sobre de détails, nous en trouvons la minutieuse description dans le *Diarium* (1) rédigé par le Commandeur Cassiano del Pozzo attaché à la personne du Légat.

Le manuscrit original de del Pozzo est conservé à la bibliothèque nationale de Naples; une copie fidèle s'en trouve à la Bibliothèque Barberini à Rome. M. Eugène Muntz en a publié d'importants extraits dans le Recueil des *Mémoires de la Société de l'histoire de Paris et de l'Ile de France*. Au nombre, se trouve la description du banquet de 1625.

« Il m'a paru intéressant, dit M. Eugène Muntz, de joindre à la description des
» monuments d'art celle du banquet offert au Légat par Louis XIII. C'est un monu-
» ment autre dans son genre, un monument d'étiquette minutieuse, presque pué-
» rile. A ceux qui trouveraient que les détails sont oiseux, je répondrai par l'exemple
» des *Mémoires* de Saint-Simon, où ces questions tiennent une si grande place ».

.*.

L'obligeante collaboration de Mme Albert Testu, née Liotta, nous permet de faire passer sous les yeux de nos lecteurs, traduit en français, le récit de cet épisode dont les détails étaient absolument inconnus chez nous avant la publication de M. Eugène Muntz.

Voici donc, presque littéralement, le texte du Commandeur Cassiano del Pozzo :

« ... Nous passâmes de l'appartement royal à la salle dite de bal, qui est ornée de peintures à fresque représentant, comme nous l'avons dit « Les banquets et bals » des divinités. Le parquet de cette pièce était semblable à la plus part de ceux du pays, une mosaïque de bois taillée en petits carrés.

Cette salle donne d'un côté sur la cour et de l'autre sur le grand jardin. Au fond, une estrade élevée de quatre ou cinq marches également en bois; avec une très belle cheminée, ayant pour soutien de chaque côté deux statues de satyres plus grandes que nature, en bronze, copie des deux plus anciennes, en pierre, qui se voient à Rome au palais della Valle.

Sur l'estrade avait été dressée la table sans baldaquin; on n'avait pas voulu en placer dans la crainte de détériorer les peintures avec les clous. La table était couverte d'une nappe ordinaire sur laquelle était jetée en double une autre nappe finement damassée, dont les pans tombaient jusqu'à terre, formant en même temps nappe et

(1) Journal ou Compte rendu simple et fidèle de toutes les fêtes, de toutes les solennités dont le Clerc des cérémonies était chargé de régler et de surveiller l'ordre. Le plus connu est le *Diarium*, ou journal de la Cour romaine, pour Alexandre VI (Borgia), par Burchard.

tapis, tout en recouvrant la table. A un bout, près du couvert de S. M. se trouvait un vase en argent doré en forme de navire avec son grappin, dans lequel étaient placées les serviettes blanches de rechange. Deux couverts seulement étaient dressés; chacun avait une salière et une panetière, de forme carrée, aux pieds bas, sur laquelle était un pain long de forme plate et bien écroûté (*scorlecciato*), recouvert d'une très fine serviette. Les deux couverts étaient placés près de la cheminée, éloignés l'un de l'autre, en regard de deux sièges, recouverts de velours rouge usé, garnis d'or, avec grand dossier, les bras recouverts de même à la mode du pays.

L'assistance était si nombreuse et si empressée au moment de se mettre à table qu'elle empêcha une bonne partie des gentilshommes de l'Illustrissime Légat de voir, bien que les archers s'efforçassent de faire circuler afin que chacun puisse commodément jouir du spectacle.

Lorsque le Roi et le Légat eurent tous deux pris place, des serviettes mouillées furent présentées à S. M. par le comte de Soissons, et à M. le Cardinal par M. de Beaumont, puis l'Illustrissime Légat et l'archevêque de Tours (1) firent ensemble la bénédiction de la table. Sur le même côté s'assirent S. M. à droite, et M. le Cardinal à gauche. Le Roi ne retira que son manteau; le Légat dépouilla la mozette et le rochet, pour ne garder que la barrette. Ils se placèrent une serviette étendue et une autre pliée en long à travers l'épaule comme en portent les maîtres d'hôtels.

Assistaient S. M., à droite, l'archevêque de Tours et le Père Segurano.

Immédiatement derrière se tenaient : M. de Tresmes, capitaine des gardes avec deux archers du corps, et à gauche le médecin Rhoano et le marquis de S. Chaumont.

Derrière M. le Cardinal était le médecin, à sa droite le chevalier échanson del Pozzo, à sa gauche Rinuccini qui changeait les assiettes, d'autres de ses gentilshommes et des prêtres, auxquels ne s'était pas joint Monseigneur le nonce Spada.

Le premier service se composait de bouilli, en tous points conforme à l'ordinaire de S. M. et de l'Illustrissime Légat. Il était d'usage d'aller chercher les plats qui arrivaient accompagnés par M. de Beaumont escorté d'une quantité d'archers. Arrivés aux marches, on les passait à M. (?)   , qui plaçait sur la table ceux de S. M., après les avoir fait tenir de main en main par ceux qui les avaient apportés et qui faisaient l'office de crédence. Ceux de M. le Cardinal étaient apportés vis-à-vis de Perfetto et de Fontainou qui les plaçaient directement sur la table.

Pour offrir à boire à S. M., on a gardé le cérémonial ordinaire de la France, d'après lequel l'échanson se tient au bout de la table; et quand S. M. veut boire elle fait signe au bouteillier (*bottigliero*) qui est appelé aussi sommelier. Ce dernier, avec son aide,

---

(1) Bertrand d'Échaux, premier aumônier du Roi.

Fils d'Antoine, vicomte d'Échaux, en Basse-Navarre, Bertrand, qui était apparenté au roi Henri IV, fut nommé évêque de Bayonne, en 1599. Archevêque de Tours, en 1619, chevalier de l'ordre du Saint-Esprit, le 31 décembre 1619, il mourut le 21 mai 1641, à l'âge de 85 ans, sans avoir pu, grâce à l'opposition de Richelieu, « qui ne lui voulait pas de bien », obtenir le cardinalat, pour lequel il était désigné. Il fut inhumé dans l'église Saint-Gatien de Tours, derrière le chœur, dans une chapelle du côté de l'Épître.

Les d'Échaux portaient : *d'azur à trois fasces d'or*.

(2) En blanc sur le manuscrit.

l'un portant le verre et le vin dans une bouteille en osier, l'autre une bouteille en argent avec de l'eau, tous deux accompagnés d'une suite de six archers, s'approche de la table, présente le verre en forme de pain de sucre retourné, étroit du pied et large du haut, avec un couvercle afin que la poussière ou toute autre chose n'y tombe. Ce couvercle est en verre, de la forme de nos jarres, mais au lieu d'une boule il est muni d'un anneau où l'on passe le doigt quand on veut le découvrir. L'échanson prend le verre dans sa main et le tenant découvert, le bouteillier y verse d'abord le vin, puis la quantité d'eau que S. M. a l'habitude de boire.

De ce vin ainsi mélangé l'échanson en verse dans deux coupes en argent doré; l'une reste pour « faire crédence » et l'autre est passée au bouteillier, puis il tend à S. M. le verre couvert. Il ne le découvre que lorsque le Roi est pour le prendre, tenant avec un doigt le couvercle et avec les autres la coupe en guise de soucoupe.

Le Légat fut servi à l'italienne, son échanson se levait de sa chaise pour aller à l'office, où l'on remplissait en sa présence deux petites carafes d'eau et de vin, avec leurs couvercles de verre. Le verre était sans pied, en forme de petit panier, afin qu'il ne coure aucun risque d'être renversé dans la foule. Le bouteillier dégustait l'un et l'autre.

Après avoir enlevé la soucoupe, deux des archers la portaient précédant l'échanson, tenant les deux carafes découvertes. Après s'être légèrement incliné, il présentait la soucoupe et la posait sur la table sans aucun cérémonial. On a adopté cette « dextérité » parce que le matin de ce repas on avait consulté M. Perfetto, qui était venu pour rendre compte des dispositions arrêtées au sujet de la manière de servir S. S. Illustrissimo à table que l'on pouvait librement se servir de la soucoupe, comprenant bien que S. M. soit servie, comme elle le préférerait. Ayant remercié de la part de M. le Cardinal qui a ajouté que du moment que S. M. ne se servait pas de soucoupe, il ferait comme elle, mais d'un autre côté ayant vu ensuite le *Diarium* précédent et encore en usage, M. Nari partageant cette opinion, rien n'avait été arrêté et on avait ordonné à l'échanson et au bouteillier d'être munis de façon à pouvoir servir des deux manières.

Quand on se mit à table, on remarqua la grande distance qui existait d'un couvert à l'autre ce qui produisait plutôt l'effet de deux tables distinctes. On a jugé à propos de servir à l'italienne, seulement avec une telle simplicité que l'on ne s'aperçut pas de ce changement dans le service. Mais on se dit que si cet usage, ainsi que celui de rester sans rochet, ne plaisait pas, on pourrait invoquer le *Diarium* précédent où le fait était consigné.

Au milieu du repas est apparu le maréchal de Schomberg avec lequel S. M. a causé à plusieurs reprises.

Il y eut trois services de viande :

1° D'abord les bouillis parmi lequel on remarquait des « starnotti », chapons, dindonneaux d'Inde (*sic*), poulets, oies, petits pigeons, gigots de moutons, cuisses de veau, pigeonneaux de glands et salades faites avec des « copperi » passerina et olives.

2° Les entremets (1) : tourtes royales, gigots de moutons en pâté, pâtés de blancs

(1) Entremès (*sic*).

de poulets, poulardes marinées, croûtes de blancs de poulets avec mie de pain et œufs, « sulole » (sic), quenelles, pigeonneaux, deux quarts de veau en pâté, tourtes de dindonneaux d'Inde et quelques morceaux de viande de gibiers salés à l'anglaise.

3° Les rôtis; dans lesquels figuraient toutes sortes d'oiseaux, savoir : faisans, pigeons sauvages, tourterelles, cailles, poussins, pigeonneaux, ortolans, poulets d'Inde, perdreaux, vanneaux, cygnes, canards, petits levrauts, oranges, câpres, citrons et olives.

4° Venaient ensuite les entremets chauds, mélangés de poissons et de viandes : brochets, truites, carpes, tortues, omelettes au musc et à l'ambre, pieds de porc, rognons de moutons, riz de veau, artichauts frits et bouillis, boulettes de cardons et fonds d'artichauts, pâtés de gibier, saumons, esturgeons, choux-fleurs, hures de sangliers.

5° Œufs assaisonnés de plusieurs façons, pignoli (1), dragées, amandes, tartes de pistaches diverses, biscuits, beignets, gâteaux de plusieurs espèces de confitures.

Suivaient le frutte (sic) (2), en trois services distincts : le premier qu'ils appelaient « fruits de four » (sic) se composait de quelques tartes de massepains ornées de confitures variées. Tartes de fleurs d'orangers, dragées et massepains, tartes d'abricots, de cerises, groseilles et verjus et d'autres tartes en sucre glacé.

Le deuxième service comprenait les fruits crûs : toutes espèces de poires, cerises, prunes, dattes, figues, pêches diverses et melons.

Au dernier service vinrent les fruits confits : conserves de citrons, de groseilles, de petites violettes, de fenouil, de roses, biscuits de sucre, prunes, poires, pommes, groseilles et cerises.

On n'échangea pas une parole jusqu'au moment où l'on apporta les hures au Cardinal et à S. M. Le Roi dit alors à l'illustrissime Légat que celle qu'il avait devant lui appartenait à un sanglier tué la veille par le maréchal de Vitry. M. le Cardinal n'ayant pas bien compris, M. Perfetto lui répéta ce que S. M. avait dit.

On ne fit pas de musique, il n'y eut aucun divertissement, pas le moindre préparatif de buffet ni d'office.

Dans la tribune de bois, en haut de la salle, en face de la table se trouvaient en grand nombre des Princesses qui étaient venues pour voir; cette tribune sert ordinairement aux musiciens les jours de bal. Parmi elles, se trouvaient, la princesse de Condé, les duchesses d'Angoulême, de Montmorency et autres, puis la reine régnante placée de façon à voir sans être vue et qui s'est retirée peu après le commencement du banquet.

Le repas terminé, les prélats firent une action de grâce et on se lava les mains...
(Bibl. Barberini, fol. 260 v° — 268 v°.)

(*Abeille*. 9 septembre 1887.)

(1) Graines de pommes de pin.
(2) Le dessert.

II

Le Chateau et la Forêt en octobre 1631.

Au cours de ses patientes recherches sur l'ancien Fontainebleau, « si riche de souvenirs (1) », M. le vicomte de Grouchy a été assez heureux pour mettre la main, à la bibliothèque de l'Institut, sur un curieux manuscrit (2) que la Société de l'histoire de Paris a inséré dans son *Bulletin* (mars-avril 1888.)

C'est le récit d'un voyage accompli à pied, de Paris à Fontainebleau, par deux bourgeois de Paris.

LE VOYAGE RACCOURCY D'UN QUIDAM A FONTAINE BELLE EAU

avec plusieurs choses rares qu'il y a veues,

ensemble la relation véritable de tout ce qu'il a veu, etc.

Bien que connaissant ses classiques, l'auteur n'a aucune prétention au grand style : « Voley le premier discours, a-t-il soin de dire en matière d'avertissement au lecteur, et sçachc qu'on n'est pas maître du premier coup ». Mais si la forme de son récit est familière, les impressions des deux « bons compagnons qui furent à Fontainebleau aux dépens de leurs talons », y sont exprimées avec une naïve sincérité qui ne manque pas d'un certain charme.

Le récit des incidents de la route à l'aller et au retour nous entraînerait trop loin ; prenons donc nos voyageurs à la sortie de Ponthierry en approchant de la forêt, et retenons seulement ce qu'ils disent de Fontainebleau seul :

« ... Bien joyeux d'approcher toujours de Fontainebleau, nous poursuivons notre chemin armés chacun d'un bâton. Le malheur fut que nous ne trouvâmes point aucun village sur le chemin, mais il nous falust faire 4 lieues entières jusques à Fontainebleau, sans boire ni mâger, et encores pour nous consoler nous navions devant nos

(1) Clovis Michaux.
(2) Cahier de 23 pp., n° 169, in-4° de l'ancien fonds, portant le cachet de la bibliothèque du procureur de la ville de Paris, Moriau.

yeux qu'affreuses et horribles montaignes pleines de grosses pierres lune dessus l'autre sans dire ny qui a perdu ni qui a gaigné et fusmes dadvis de nous reposer dedans le bois un demy quart d'heure où nous considerasmes toutes les variétés darbres qui y avoit, des chesnes, charmes, ormes, cormiers et les arbres qu'on appelle du fou (1) n'y manequent point. Quant aux inciennes semences il abonde en bruyères, ou genest, buis, feugère et autres petites espèces d'arbrisseaux, au reste il a (ce que disent les cosmographes) environ 12 lieues de tour, il est en forme trangulaire et est remply de 8 ou 9 villages. Fontainebleau est quasi au mitan, néanmoins il approche un peu plus du costé qui regarde la rivière de Seine, la quelle passe tout le long d'un des costés du bois. En certains endroicts, surtout proche de Fontainebleau, se voient des affreuses montaignes, qui semblent esgaler le sommet du mont Olimpe, ou sy trouvent plusieurs grosses mules (2) et horribles pierres. En d'autres lieux sont plusieurs sablonnières...

Alants repris courage, nous poursuivismes nostre chemin, et fismes trois lieues entières ne voiant que bois et que montaignes, enfin sans y penser, nous allasmes quasi cheoir dans Fontainebleau, que nous apperceumes environ d'un quart de lieue.

Nous demeurasmes alors tout ravis et estions en doubte sy nos yeux nous trompaient, néanmoins quelques passants nous ayant assurez que cestait luy mesme en propre personne, nous volasmes d'ayses quasi jusque dedans, là où tout premièrement nous allasmes gouster s'il y avait de bon vin en ce lieu qui est un gros bourg. Il estoit assés bon, mais un peu trop salé car on nous le vandit 12 solds la pinte (3).

Aussitôt arrivés, nos voyageurs se dirigèrent vers l'hôtel du garde des Sceaux auquel ils avaient à parler. M. de Bullion étant au conseil, le concierge les engagea à faire une promenade au château.

C'est là, dit le narrateur, où nous fusmes ravis de voir un si beau bastiment, et encore de bonne fortune nous trouvasmes le Roy qui estoit prest de sortir pour aller à la chasse à Fleury, qui en est esloigné de 3 lieues, et le vismes entrer dans son carosse jusqu'au quel monseigneur le cardinal l'accompagna. Il avait à sa suite fort beau trin et plusieurs seigneurs qui estoient fort braves. Layant veu partir nous allasmes nous pourmener, et tout premièrement entrasmes dans une gallerie en la quelle estoit pourtraicte quelque histoire des dieux, de la nous entrasmes dedans le jardin du Roy (4) qui est tout plein de belles fonteines. De là nous entrasmes dans un autre où est le grand estang. Chose prodigieuse, il semble que nature ait pris plaisir à le remplir de truites, brochets, carpes et autres espèces de bons poissons. Là au milieu est une petite tour, là où le Roy va s'y promener en une galère qu'on y voit fort proche; la quelle on dict lui avoir esté donnée par monsieur le Cardinal. Tout auprès se voit un

(1) Fou, nom d'arbre qu'on appelle aussi fouteau, faîne, fêne, faux, fau, hêtre. — Il n'y a point d'arbre qui ait ou autant de noms. (Dict. de Trévoux.)
(2) Mules, meules, amas de roches.
(3) Sur tout leur parcours nos bons compagnons avaient payé le vin six sols la pinte.
(4) Le parterre.

petit jardin dedans lequelle lon ne sçauroit entrer si ce n'est par le pont levis (1). La nature a renfermé, ce semble, dans iceluy, ses plus belles et rares fleurs.

Au devant de cet estang se voit une fort belle fontaine ou Orphée est représenté assis sur un roc, du quel sortent plusieurs gros bouillons d'eau; nous nous contentasmes pour ce jour davoir veu cela, touttesfois nous remismes le reste au lendemain et allasmes pour nous pourveoir de logis pour coucher et premièrement retournasmes au logis de monsieur le garde des Sceaux.

Le garde des Sceaux ne fut pas encore visible, et leurs recherches pour trouver un gîte et une hôtellerie furent couronnées d'un médiocre succès. Tant bien que mal ils purent manger; quant au coucher, ils durent se contenter d'une botte de paille dans une grange.

Une mauvaise nuit ne les découragea pas car, dès le matin, après avoir vaqué à leurs occupations, ils pensèrent à « voir ce qu'il y avait de rare et de beau dans le château ».

Ils trouvèrent un cicérone obligeant mais ils ne purent sans quelques difficultés entrer au château; cependant, les premiers obstacles levés, ils circulent à l'aise.

Leurs impressions sont traduites ainsi :

Notre guide nous fit veoir premièrement le jardin de la Reine (2) au quel il entra avec grand peine, c'est certes un moult beau jardin qui est tout entouré de Pins, au mitan se voit une très belle et rare fontaine ou Diane y préside accompagnée d'un grand cerf et de ses chiens de chasse qui jettent de l'eau par plusieurs endroicts. Fort proche se voit un enfant faict de bronze, fort artificiellement, lequel semble tirer une espine de son pied. Un peu plus loin se voit Laocoon accompagné de ses deux enfants, qui est furieusement tourmenté par les furies infernales qui sont représentées par des serpents (pour avoir esté fiefé que de conspirer contre les dieux, même contre Jupiter) comme le tesmoigne Virgille le prince des poètes au livre second de ses Æneides en vers fort élégants.

Après cela, nous vismes d'un costé la galerie des chevreuils, de lautre la galerie des cerfs, au mitan est la volière que nous ne peumes veoir.

Il faut donc que vous sçachiez que la galerie aux cerfs est une galerie fort longue, là ou se voient tous les lieux de plaisance où le feu Roy est allé à la chasse, et au dessus les cornes des cerfs qu'il a pris à chaque chasse qui sont au nombre de 13, ce qui est chose moult belle à veoir. De l'autre costé les chiens qui prirent les cerfs y sont au naturel représentez.

Après avoir bien tout considéré en ceste galerye nous allasmes à celle des chevreuils qui est de mesme longueur et largeur, là se voyent plusieurs chasses où le Roy est allé, tantost on le voit représenté au naturel qui tue un sanglier, tantost accompa-

(1) Le Jardin des Pins, aujourd'hui le Jardin anglais.
(2) Aujourd'hui Jardin de Diane.

gné de monsieur son fils, tué un cerf, tantost on le voit qui mène monsieur son fils à la chasse des levraux, tantost va à la chasse du loup, aussi à celle des poissons, maintenant à celle des oiseaux. Au reste on voit représentez au naturel cœux qui le suivaient aux susdites chasses et entres autres se voit un petit chien qui estoit si familier au Roy deffunct qu'ont dit que durant 40 jours il alla tous les jours à lentour de la fosse du Roy deffunct pleurant et cherchant son bon Maistre qu'il avoit perdu.

Au hault de ceste galerie se voyent les testes des chevreuils que le Roy deffunct a pris qui sont quasi en pareil nombre que celles des cerfs.

Après avoir veu cela nous sortismes du jardin et nous enquestâmes si nous ne pourrions pas voir le reste, on nous répondit que non, si ce n'etoit sur les quatre ou cinq heures du soir, cest pourquoy desesperants de rien voir davantage, nous nous consolasmes sur lespérance que nous eusmes dy retourner peust estre quelque jour, et nous allasmes de rechef pourmener dans le jardin (1) jusqua onze heures. La nous nous amusasmes à veoir quelques fonteines plus particulièrement que nous navions pas faict le jour précédent et vismes plusieu estangs et fontaines que nous navions pas encore veues, et aussi allasmes veoir le Ieu de Paume.

Après tout cela nous revinsmes chez monseigneur le garde des Sceaux, puis alants dict adieu à Fontainebelleau nous nous en partismes environ sur le midy.

Le retour à Paris « le trentiesmo octobre 1631 » par une autre route que celle prise à l'aller se fit sans encombre. Quoique enchanté du voyage et prêt à recommencer avec son camarade « qui l'accompagnerait toujours très volontiers et deviendrait meilleur garçon qu'il n'est », le narrateur ne parait pas fâché d'avoir rejoint son logis de la rue « Pierre-Sarrazin, proche les Cordeliers ».

Le manuscrit porte un titre, une dédicace et un second titre. Avait-il été préparé en vue de l'impression ? On pourrait le croire malgré l'adresse fantaisiste du libraire dépositaire, ainsi libellée :

A PARIS

chez Nicolas Gougnio à la rue pavée d'estouppes

à l'escu de france et de navarre.

MDCXXXI

L'auteur n'est nulle part dénommé. M. le vicomte de Grouchy pense qu'il pourrait avoir pour nom : *Nicolas Gougnio.*

Cette supposition n'est pas sans vraisemblance.

(*Abeille*, 15 juin 1888.)

(1) Le parc.

DOCUMENTS HISTORIQUES LOCAUX

Tout récemment encore, M. Anatole de Montaiglon, l'érudit professeur de l'École des Chartes, insistait sur l'utilité de la recherche et de la publication des documents inédits que l'on peut relever dans le dépouillement des archives publiques et privées.

Les archives publiques donneront moins, désormais, qu'elles n'ont donné depuis une vingtaine d'années, de pièces curieuses ou importantes; mais les recherches dans les anciens registres de l'état civil et les archives des notaires surtout, ne font guère que commencer. Ce sont certainement les deux sources les plus fécondes où l'on doive aujourd'hui puiser.

Les études des notaires de Fontainebleau, où ont résidé ou séjourné tant de personnages historiques, sont intéressantes entre toutes. M. le vicomte de Grouchy, auquel on doit un dépouillement complet des registres d'état civil de Fontainebleau, d'Avon, de Fleury, etc., n'a pas manqué d'y porter ses consciencieuses investigations. Ses recherches dans les études de Mes Gaultry et Bellanger, qui lui ont ouvert leurs minutiers avec une infinie bonne grâce, l'ont mis à même d'exhumer des actes fort intéressants, aussi bien pour l'histoire de notre pays que pour celle de notre contrée.

***

Dans un précédent numéro, nous avons mentionné la découverte, dans l'étude de Me Gaultry, d'un curieux marché de fournitures conclu à Fontainebleau avec le roi de France par Jean Poquelin, le père de Molière. En attendant que nous puissions présenter d'autres documents de ce précieux dépôt, nous en mentionnerons quelques-uns également intéressants, recueillis chez Me Bellanger, et qui se rattachent directement à notre localité.

***

Une de ces pièces est l'acte de fondation de l'orphelinat annexé à l'hôpital de Fontainebleau, et qui lui valut le nom d' « Hôpital des filles bleues ». En voici un extrait :

16 novembre 1686 (1). — Françoise de Rochechouart, marquise de Montespan, surintendante de la feue Reine, étant de présent à Fontainebleau, ayant appris qu'il y a beaucoup de jeunes filles orphelines et autres qui sont oisives, en nécessité et la plupart sans retraite en ce dit lieu de Fontainebleau, avait été touchée et meüe de compassion pour la misère de ces pauvres enfants, fait construire une maison de refuge dans l'hôpital de la ville, dont elle fait donation irrévocable...

Signé : Françoise de ROCHECHOUART.

Soixante jeunes filles orphelines devaient y être élevées, instruites chrétiennement depuis l'âge de sept ans « jusqu'à ce qu'elles fussent pourvues ». Les libéralités de la généreuse donatrice suivaient ses pupilles même après leur sortie de l'établissement. Non contente de les « pourvoir » d'un mari, elle les dotait par contrats en règle. Nous citerons deux de ces actes.

Le premier, en date du 15 octobre 1689, se réfère à l'alliance contractée par Georges Bondeau, tissier *(sic)* en toile, avec Marie-Magdeleine Plastre native de Londres, « l'une des filles entretenues dans la chambre de travail fondée par
» Mme de Montespan et en présence de cette dernière. Par bonté et charité envers
» ladite Plastre, la marquise a promis lui donner pour sa dot, la veille de ses
» espousailles, la somme de cent livres en deniers, et en outre quatre paires de
» draps, quatre nappes, quatre douzaines de serviettes, six chemises et six tabliers,
» six cornettes, le tout de toile neuve, un habit nuptial, et un autre habit aussi neuf,
» de la valeur de 200 livres... »

Ont signé, Françoise de Rochechouart; Marie-Françoise-Diane de Bourbon; S. de Brancas; princesse d'Harcourt; Marie-Anne de Guilleraguet; etc.

Le second contrat de mariage à mentionner est celui de Pierre Buisson, maître pêcheur à Melun, avec Élizabeth Drouet, « l'une des filles entretenues dans la chambre de travail... » etc.

Cette jeune fille reçoit la même dot que la précédente; Mme de Montespan et plusieurs hauts personnages signent aussi au contrat.

***

Un troisième acte permet de rectifier une assertion de l'abbé Guilbert, relativement au primitif oratoire de Notre-Dame de Bon-Secours, sur la route de Melun.

L'auteur de la « Description historique du château, bourg et forêt de Fontainebleau », attribue à un prêtre de la ville, nommé Grenet, l'érection à ses frais du petit oratoire destiné à « perpétuer la mémoire de l'heureuse délivrance du chevalier Dauberon », dont il n'est besoin de rappeler la miraculeuse délivrance.

(1) C'est donc par erreur que l'abbé Guilbert assigne à cette fondation la date de 1696.

Un acte authentique, passé à la date du 28 août 1690, rétablit nettement la vérité. En voici les termes essentiels :

Maurice Faure, prêtre de la congrégation de la Mission, curé de Saint-Louis de Fontainebleau; N..., Chotier et Jacques-René Boyer, aussi prêtres de la congrégation; maitre Claude Yves, conseiller du Roy, lieutenant de la maitrise des eaux et forêt dudit lieu; maitre Claude Jamin, aussi conseiller du Roy et garde marteau de ladite maitrise; M. des Rousseaux, conseiller de S. M. en ladite maitrise; M. Batiste de Verel, écuyer; S. de Boisjoly, vétéran, fourrier des logis de S. M.; Jacques Benard; Henri Voltigeant; Jacques Le Boisseau, sieur de Chastillon; Julien Debray; Gabriel Deshoutz; Louis-Jean Dubois ; Guillaume Tisserand, tous officiers du Roi, en son dit château, et divers bourgeois de Fontainebleau,

Lesquels, pour seconder les desseins de quelques personnes de piété et dévotion, qui poussez d'un zèle ardent de procurer à la sainte Vierge les honneurs qui lui sont dûs, ont proposé de faire construire en son honneur, à l'entrée de la forêt de ce lieu, à l'endroit où il y a depuis plusieurs années, une image de la Vierge, vulgairement appelée Notre-Dame de Bon-Secours, à cause d'une personne qui a été délivrée en ce mesme lieu d'un péril de mort par l'invocation de ceste Vierge, s'engagent à faire construire cette chapelle... etc.

Comme on le voit, le premier oratoire de Notre-Dame de Bon-Secours a été élevé aux frais d'un groupe d'habitants, et non sur la seule initiative de l'abbé Grenet, dont le nom ne se trouve d'ailleurs pas mentionné dans l'acte ci-dessus.

Détruit en 1793, cet oratoire fut réédifié sur ses anciennes fondations, en 1821, par les soins de M. Philippeau, curé de la ville, sur les plans de M. Heurtaut, architecte du Palais. Les frais en furent couverts par une nouvelle souscription publique. En 1861, l'Empereur Napoléon III fit faire d'importantes restaurations à ce monument toujours respecté.

(*Abeille*, 6 janvier 1883.)

LE MOBILIER D'UN DUC ET PAIR

EN 1779

Le 10 novembre 1779, par contrat passé devant M⁰ Rouen, l'un des notaires au Châtelet de Paris, très haut et très puissant seigneur, monseigneur Louis-César de la Baume le Blanc de la Vallière, duc de la Vallière (1), pair de France, chevalier des ordres du Roi, brigadier des armées de Sa Majesté et grand fauconnier de France, demeurant à Paris en son hôtel, rue du Bac, faubourg Saint-Germain, paroisse Saint-Sulpice, vendait, moyennant dix mille livres de prix principal, sa maison située à Fontainebleau, rue de l'Arbre-Sec, 27, et appelée hôtel d'Avaux (2).

Les acquéreurs, le sieur Pierre Duchemin, officier du Point d'honneur (3) de Messeigneurs les Maréchaux de France au département de Toulouse, et dame Thérèse Dwrvard, son épouse, s'engageaient par le même contrat à reprendre, à dire d'experts, « tous les meubles meublants, lits, tables, chaises, fauteuils et autres » objets mobiliers garnissant ladite maison de Fontainebleau et détaillés en un état » qui en a été dressé entre les parties, lequel écrit sur les deux recto, le premier » verso et partie du second verso d'une grande feuille de papier commun, est « demeuré ci-annexé ». Cet état avait été par « monseigneur le duc de la Vallière » certifié véritable et desd. S. et Dame Duchemin signé, paraphé ». Ces derniers » reconnaissaient « en être en possession par la tradition réelle qui leur en a été faite » par mond. seigneur duc de la Vallière ».

L'acte était passé à Paris : à l'égard du duc de la Vallière, en son hôtel, et à l'égard des époux Duchemin en l'étude du notaire.

---

(1) Neveu de la maîtresse de Louis XIV, né en 1706, mort en 1780, célèbre bibliophile; il avait amassé la plus riche bibliothèque que jamais particulier ait possédée en France. Une partie de cette bibliothèque, vendue aux enchères en 1783, produisit 461,677 livres. Le surplus, dont le catalogue formait 6 volumes, fut acheté en bloc par M. de Paulmy, fils du marquis d'Argenson, qui a également possédé un hôtel rue Saint-Honoré, à Fontainebleau. La collection de Paulmy, vendue en 1785, est aujourd'hui la bibliothèque de l'Arsenal.

(2) Dernièrement encore hôtel de Caraman, aujourd'hui propriété de M. Gaston Béchet.

(3) Fonctionnaire attaché aux maréchaux de France, juges du point d'honneur entre les nobles.

Il nous a semblé intéressant, malgré son étendue, de placer sous les yeux de nos lecteurs cet inventaire estimatif, dressé par un tapissier de notre ville. Il prouvera que si généralement les grandes habitations de notre ville étaient abondamment pourvues, le mobilier était d'une modestie contrastant singulièrement avec les installations luxueuses de notre époque.

Voici le détail complet, avec les prix d'estimation (1) :

11 couchettes de bois blanc et leurs paillasses, 42 livres. — 16 matelas de gens, bons et mauvais, 160. — 10 traversins, bons et mauvais, 30. — 9 lits de sangle, 45. — 8 couvertures mauvaises, de gens, 18. — 5 tables ployantes, 5 l. 10 s. — 10 grosses chaises, bonnes et mauvaises, 4.

N° 1. — Le lit complet, couchette, sommier, lit de plume, 2 matelas, traversin, couverture, courte-pointe d'indienne et la housse de même, la tenture pareille, les rideaux de croisées, tout ensemble 280. — 4 chaises de paille, 3. — Une table de nuit, la chaise percée et son seau de fayence, 5. — Un miroir, 2. — Les chenets, pelle et pincettes, 5. — Une vieille table de toilette dans l'embrasure de croisée, 3. — Un tapis d'indienne pour mettre sur une table, 15 sols.

N° 2. — Un lit complet et la tenture de même, 280. — Les rideaux de la croisée, 15. — Une commode, 15. — Une table ployante et une à écrire, 4. 10. — Une mauvaise table de nuit, 3. — 6 chaises et le fauteuil brodés, 50. — 2 chaises de paille et un miroir, 4. 10. — Les chenets, pelle et pincette, 9. — Une chaise percée et son seau de fayence, 3. — Un rideau d'indienne à la garde robe, 1. — Un balai de crin, 3.

N° 3. — Le lit complet et la tenture de même, estimation, 280. — Une commode, 15. — Une table à écrire et une table de nuit, 6. — 6 chaises et un fauteuil brodés, 50. — Deux chaises de paille, 1. 10. — Un petit trumeau sur la cheminée, 9. — Les chenets, pelle et pincette, 9. — La chaise percée et son seau de fayence, 3.

N° 4. — Le lit à baldaquin, la couchette brisée, deux matelas, traversin, couverture, la housse du lit d'indienne, la tenture et les rideaux aussi d'indienne, le tout 170. — Une mauvaise commode, 10. — Une mauvaise table à écrire, 2. — Une chaise percée et son seau de fayence, 3. — Un miroir, 2. — Les chenets, pelle et pincette, 5. — Le lit de monseigneur, composé d'une couchette à châssis sanglé, sommier de crin, lit de plume, traversin, deux matelas, une couverture, courte-pointe de damas cramoisi, la housse et les mauvais rideaux, tout ensemble, 300.

Le lit de M. le marquis d'Entragues, composé d'une couchette, une paillasse piquée, deux matelas, un traversin, 100. — La courte-pointe de moire jaune, les rideaux et la housse de même moire, 80. — La tenture de cotonnerie, aussi jaune, 24. — Deux petits rideaux de garde robe de toile de coton, 2. — Un rideau d'indienne de la chambre de Monseigneur, 4.

Lit de M. Saint-Arnoult, la couchette en tombeau, la paillasse, la housse, la courte-pointe de damas, 30. — Un miroir, 2. — Un mauvais rideau de toile ouvrée, 1. 10.

(1) Les chiffres sont exprimés en *livres*; les fractions représentent des *sous*.

— Les chenets, pelle et pincette, 3. — Les chenets, pelle et pincette, chez M. Saint-Marc, 5.

Pour le château, une mauvaise bassinoire, 2. — Deux flambeaux de cuivre, 2. — Une cuvette, deux jattes de fayence, un soufflet, deux petits balais de cheminée, une lampe d'étain, deux encriers, le tout, 2. — Un petit rideau d'indienne de la garde robe, 1. — Deux tables de nuit, une table à écrire, 9. — Deux tables à jouer : une mauvaise de piquet et l'autre de médiateur (1), 15. — Une table sans tapis, 3. — 3 chaises percées et leurs seaux en fayence, 9. — Quatre écrans, 15. — Une commode, 21. — Seize cabriolets (2) (8 de velours, 8 d'indienne) l'un dans l'autre, 200. — Six chaises de velours d'Utrecht rouge, 36. — Une chaise doublée d'indienne, 6.

Deux fauteuils de tapisserie, 30. — Une bergère doublée d'indienne, 10. — Dix rideaux de toile de coton, ensemble 100. — Un bassin d'étain, 3. — Un petit coffre de bois pour les gens, 4. — Quatre lits de sangle, 20. — Vingt-neuf chaises de paille, tant bonnes que mauvaises, un fauteuil, 12. — Deux pièces de satinade verte, mauvaises, 6. — Un bidet et son bassin de fayence, 4. — Huit grosses chaises, 4. — Une sonnette, deux bobèches de cuivre argentées, 3. — 20 pots de chambre, 4. — Un réverbère où les verres sont cassés, 3. — Trois chandeliers de cuivre, 3. — Un tambour de l'ancien appartement, de serge verte, 15. — Les ustensiles de l'office de cuisine, un grand buffet, 30. — La grande étuve et la petite, 60. — Toutes les tables ensemble, 61. — Quatre parties de paravents de toile verte, 24. — La barquette et la paillasse, 17. — Deux fourneaux, 15. — Deux bas d'armoire ou buffet, 20. — Les mannes (3) et barquettes d'oser (4), 6. — Pour la fayence, verrerie, assiettes et autres ustensiles, 60. — Le tourne-broche, 18. — La table de cuisine, 15. — Une lèchefrite, chenets, pelle et pincettes, 6.

Le tout se montait à 2,995 livres 5 sols.

La moins ambitieuse bourgeoise se contenterait-elle de nos jours d'un aussi modeste mobilier? Dans combien d'appartements trouve-t-on encore aujourd'hui chaises de paille et rideaux d'indienne?

(*Abeille*, 20 juillet 1888.)

---

(1) *Médiateur*. — Jeu de cartes fort à la mode à la fin du xviiie siècle. Se joue à quatre. Celui à qui il manque de quoi jouer sans prendre, demande un roi qu'on appelle un médiateur. Celui qui l'a le lui donne moyennant une fiche et reçoit une autre carte à la place de son roi. Jouer *médiateur*, c'est jouer en demandant un roi.

(2) *Cabriolet*. — Fauteuil garni d'étoffe, diminutif de la bergère.

(3) *Manne*. — Panier long et plat avec anses aux extrémités. On s'en servait pour le transport à l'office de la vaisselle, de l'argenterie, etc. Il en existe encore au château; ils sont employés à la cueillette du raisin. On les a utilisés lors de la dernière pêche de l'étang.

(4) *Barquette*. — Petite armoire portative et légère à plusieurs compartiments. Elle servait à transporter les mets, de la cuisine à l'habitation dont elle était toujours éloignée.

AUTOGRAPHES & DOCUMENTS HISTORIQUES

Nous nous empressons de signaler à l'attention des archéologues de notre région, plusieurs manuscrits, brevets, autographes fort curieux et très importants qui nous ont été récemment communiqués par un chercheur habile bien connu en Seine-et-Marne, M. Édouard Pierre, de Boësses (Loiret), frère du regretté et savant doyen de la faculté des sciences de Caen, M. Isidore Pierre.

Citons d'abord des lettres patentes, signées de Henri IV, datées « de ses déserts de Fontainebleau », des brevets sur parchemin, portant les signatures de Louis XIII, Louis XIV, Louis XV, Louis XVI. Comme pièces capitales, nous avons remarqué :

1° Quantité de manuscrits, blasons coloriés sur parchemin, tableaux généalogiques, rédigés et signés par le célèbre généalogiste d'Hozier, concernant les familles ducales de Montmorency, Choiseul, La Rochefoucauld, Noailles, Beauvau, Gramont d'Aster, de Montesquiou-Fesenzac et autres;

2° Les parchemins relatifs à la famille de Pisseleu et aux comtes d'Estampes et d'Égreville, aïeux de la célèbre duchesse d'Étampes, maîtresse de François Ier, dont un du 5 septembre 1387;

3° Un brevet sur parchemin, daté du xiiie siècle, portant la signature de l'Empereur d'Allemagne, adressé à Hugues, comte de Bouville, ancien seigneur de La Chapelle-la-Reine, chambellan de Philippe-le-Bel;

4° Un document du xviie siècle, constatant l'anoblissement d'une famille originaire d'Allemagne, depuis implantée en Seine-et-Marne, aujourd'hui représentée par M. Betz-Penot, grand industriel à Ulay, commune de Grez, près Nemours;

5° Enfin un manuscrit détaillé signé Mansart, adressé au Roi, constatant que la rivière d'Étampes était navigable dès 1490, et démontrant la nécessité pour le Gâtinais, la Brie et l'Ile de France, de canaliser les rivières d'Essonne, de la Juine, de la Remarde, depuis Chambon (Loiret) en forêt d'Orléans, jusqu'à Corbeil-sur-Seine.

Tous ces documents ont une valeur incontestable, pour compléter l'histoire de la Brie et du Gâtinais. Bibliophile persévérant, M. Édouard Pierre, par de longues recherches, est parvenu à les réunir dans son importante et curieuse collection.

(*Abeille*, 16 mars 1888.)

VENTE DE LA COLLECTION DE LAURENCEL

Vendredi et samedi prochains, à l'hôtel des commissaires-priseurs de Paris, aura lieu la vente de la collection de M. le comte de Laurencel.

Cette collection, formée avec le temps et à grands frais, par notre regretté concitoyen, comprend : une belle et rare série d'estampes de l'école de Fontainebleau, plus un grand nombre de portraits, pièces historiques, plans et vues intéressant Fontainebleau.

Le catalogue ne contient pas moins de 354 numéros.

Une première série est composée d'estampes dues au burin de graveurs renommés, d'après Le Primatice, Le Parmesan, Jules Romain, L. Penni, Michel-Ange, etc.

La seconde série est consacrée aux estampes gravées par différents maîtres, la plupart d'après les peintures du château de Fontainebleau.

« L'école de Fontainebleau », qui a fait l'objet d'intéressantes études communiquées à la Société d'archéologie de Seine-et-Marne par M. Hippolyte Gaultron, est bien représentée dans cette collection.

Vient ensuite une suite de portraits, pièces historiques, plans et vues du plus haut intérêt. Citons au hasard : deux portraits du Primatice, un de Colbert par B. Audran, de nombreux sujets de chasse, de fêtes princières ; les portraits des trois frères Gaspard, Odet et François de Coligny ; de Fagon, premier médecin du roi Louis XIV, propriétaire de l'hôtel qui porte actuellement le n° 21, rue de l'Arbre-Sec, à Fontainebleau ; de la marquise de Pompadour, dont l'hôtel reçut la collection mise en vente ; du maréchal de Biron, arrêté au Palais de Fontainebleau, peu avant son exécution à la Bastille ; de François de Coligny, sieur d'Andelot ; d'Odet de Coligny (cardinal de Châtillon), dont la Société historique du Gâtinais va publier la correspondance ; de Christine de Suède, dont le nom ici ne peut être séparé de celui de Monaldeschi, sa victime ; de nombreux plans et vues du Palais de Fontainebleau, une carte du Gastinois et Hurepois, tirée de l'atlas géographique de Blanc ; une vue de Melun, par Israël Silvestre, etc., etc.

(*Abeille*, 13 mars 1885.)

LES GRAVURES DE « L'ÉCOLE DE FONTAINEBLEAU »

La collection de « l'École de Fontainebleau », aujourd'hui éparse, est en partie le travail des maîtres peintres, sculpteurs, architectes qui ont orné le château, et dont les disciples ont gardé et continué le caractère.

Ces gravures, dit Hippolyte Gaultron, offrent les plus grandes qualités souvent de style, toujours d'élévation dans la composition; elles sont la plupart, aujourd'hui, le souvenir d'œuvres disparues, telles que la galerie d'Ulysse, celle des Cerfs, le pavillon de Pomone, la chambre d'Alexandre et tant d'autres. Les unes appartiennent à des graveurs connus par leurs noms et leurs chiffres, les autres sont des pièces anonymes qui ne laissent aucun doute sur le genre, le goût de cette époque et cataloguées sous ce titre.

Déjà, en 1865, la Société d'archéologie de Seine-et-Marne avait demandé au gouvernement qu'une collection de ces gravures fût formée, pour être placée au château, « si riche en souvenirs historiques », de manière « à donner un refuge et une nouvelle illustration aux maîtres qui ont concouru aux splendeurs de cette demeure, et dont les travaux, pour partie, sont aujourd'hui perdus ».

Une occasion unique se présente aujourd'hui de réaliser ce vœu; avec les personnes qui s'intéressent à l'histoire artistique du palais de Fontainebleau, nous exprimons l'espoir que le ministère des beaux-arts ne laissera pas disperser la collection formée par M. de Laurencel, et fera l'acquisition de la série appartenant à l'École de Fontainebleau, pour être placée au Palais, où elle viendra utilement rappeler le souvenir de chefs-d'œuvre disparus.

(*Abeille*, 13 mars 1885.)

CATHERINE THÉVENIN

On lisait dans l'*Abeille de Fontainebleau*, du 19 mars 1843 :

« Une femme dont l'existence extraordinaire occupe depuis bien longtemps à Fontainebleau l'attention publique, Mlle Thévenin, vient de mourir (10 mars) à l'âge de quatre-vingt-dix ans. Cette femme, qui vivait seule, rue Royale, n° 11, et isolée de tout le monde, laisse une grande fortune et un nom qu'un homme de lettres qui a passé quelques années au milieu de nous, M. A. Luchet (1), a rendu historique par la publication d'un petit livre sur Fontainebleau, ouvrage dans lequel elle joue le rôle principal ».

Avant de donner les détails que nous avons pu recueillir sur la vie de Mlle Thévenin à Fontainebleau, nous mettrons sous les yeux de nos lecteurs le curieux et véridique tableau qu'Auguste Luchet (2) a tracé de son intérieur inénarrable et que son poète — car elle a eu un poète — a bien dépeint en ces quelques vers indignés :

> Là, les Dieux ont encore accumulé sur toi
> Les jours d'un patriarche et les trésors d'un Roi.
> Mais, ô surprise ! l'âme est toute stupéfaite
> A l'aspect du logis qui te sert de retraite,
> Où gisent pêle-mêle, et comme abandonnés,
> Sans gloire, sans soleil, d'éclat découronnés,
> Cent chefs-d'œuvre de l'art, étonnement du monde,
> Où dans un vase d'or est un objet immonde :
> Admirable Musée, et bouge horrible à voir.
> L'état de ton logis ne se peut concevoir :
> C'est un panorama comme on n'en trouve guères
> D'incroyables trésors, d'incroyables misères (3)

(1) Auguste Luchet, revenu à Fontainebleau comme gouverneur du Palais, en février 1848.
(2) *Souvenirs de Fontainebleau*, 1 vol. in-16, Bruxelles, 1842, réédité en 1847 avec le *Confessionnal de Sœur Marie*.
(3) *Épître à ma voisine demoiselle Thévenin*, par Drivon, instituteur communal à Fontainebleau. — Fontainebleau, 1843. M. et Mme Drivon, qui demeuraient à l'École de la rue de l'Arbre-Sec, étaient au nombre des très rares personnes admises à visiter la Thévenin.

Mais laissons la parole à Auguste Luchet :

A deux pas du quartier de cavalerie dont la belle porte encore debout reste seule pour apprendre que là fut le palais d'Hippolyte d'Este, tout à côté de l'école chrétienne des filles, il y a dans la rue Royale, une bizarre habitation (1).

C'est une maison grise, plus large qu'elle n'est haute, avec une porte blanche, un étage et des mansardes par dessus. Les volets sont fermés à presque toutes les fenêtres ; une ou deux seulement laissent voir leurs vitres obscures à travers un formidable grillage qui les défend des hommes et des chats. Elle est triste ainsi, cette maison ; elle est boiteuse, sale, on la dirait crépie par les araignées. Elle n'a pas l'air vieux précisément, elle a l'air malade. Vous la prendriez pour une dépendance de l'hospice (2), son voisin, bonne à enfermer les fous, par exemple. La rouille des barreaux a pleuré lamentablement le long des murs ; le toit a perdu des tuiles qui se sont brisées en tombant et que personne ne balaie. C'est écorché partout comme un corps mort qui montre les os ; et pourtant on comprend que ce n'est pas désert ni abandonné, qu'il y a quelqu'un là-dedans. Mais qui ? Un ennemi des vivants à coup sûr ! Un usurier ! Le père Brunswick peut-être... Lorsque j'ai vu cela pour la première fois, je me suis rappelé involontairement une mystérieuse et muette maison de la rue des Marais, à Paris, que moi et bien d'autres croyions avoir fermé pour jamais en 1830 ; et si, au lieu d'être à Fontainebleau, avec sous-préfecture, j'avais été au grand chef-lieu, à Melun, j'aurais, je crois, demandé aux passants : — N'est-ce pas ici que demeure le...? je n'ose pas dire quoi : celui de Paris a failli me faire jadis un procès en diffamation pour l'avoir ainsi appelé ! mais bah ! pourquoi confesser cette bêtise ? Pourquoi chagriner le lecteur par la confidence d'une laide pensée de plus ? J'ai quelque chose de plus agréable à lui apprendre. Cette maison est la maison d'une femme, et cette femme, a été la maîtresse de Charles X !...

Un instant, toutefois. Que les dévots de la dynastie défunte ne se voilent pas le front ! Quand je dis Charles X, je dis l'homme et non le monarque. Le roi de France n'a point à répondre des folies amoureuses du comte d'Artois.

Je fus conduit chez cette dame, un jour, par un ami que j'ai laissé là-bas parmi trois ou quatre, bien bons et bien regrettés. Et d'abord, on n'entre pas là comme ailleurs, sachez-le bien, au moyen d'un heurtoir ou d'une sonnette. Il faut montrer

---

(1) Cette maison, d'aspect misérable, bien qu'ayant été restaurée après la mort de Catherine Thévenin, a été entièrement démolie en 1894 et est remplacée par une élégante construction en pierres de taille, portant toujours le n° 11 de la rue Royale. Elle appartient maintenant à M. Alfred Dumaine. Lors de la démolition on n'a retrouvé aucun objet, de valeur ou non, ayant appartenu à Catherine Thévenin.

(2) L'hôpital dit la « Charité des femmes », transféré depuis à l'Hospice de la Chambre, était encore rue Royale, à l'angle de la rue de l'Arbre-Sec.

patte blanche à l'unique habitante du lieu, et encore cette garantie ne suffit-elle pas toujours, la pauvre femme sait trop bien, hélas! que les loups s'habillent quelquefois en chèvre.

Il nous fallut donc regarder par les barreaux d'une lucarne entr'ouverte et chercher si nous n'apercevrions pas une forme humaine dans un coin quelconque de ténébreux antre que ladite lucarne avait la folle mission d'éclairer. Tout me paraissait là-dedans d'une obscurité fantastique; mais les yeux de mon guide, mieux faits à ce genre d'exploration, ne tardèrent point à m'indiquer une chose, moins noire que le reste, qui se tenait accroupie au bord de l'âtre, apparemment. Sur ce qu'il voyait, quand j'en étais encore à questionner mon regard, mon compagnon appela, d'une voix claire et amicale. Je vis alors s'agiter cet être indéterminé, et j'entendis comme un gémissement de crécelle qui demandait : *Qu'est-là?* Nous répondîmes nos noms, prénoms et le reste. Là-dessus la figure accroupie se déplia lentement, et cette fois enfin je vis que c'était une femme; mais dans quel état, grand Dieu!...

Elle vint à la fenêtre et nous regarda longtemps de ses deux yeux étonnés et méfiants. Puis, ayant reconnu mon ami, elle lui passa une clef à travers les barreaux, et nous ouvrîmes la porte intrépidement.

⁂

La porte est à deux battants, une porte charretière, je n'ose pas dire cochère, et l'intérieur fait remise. Je vis dessous une voiture; ou du moins les reliques d'une voiture : on ne sait quoi, enfin, monté sur quatre roues déferrées : ni calèche, ni landau, ni berline; quelque chose qu'on ne voit plus, qu'on ne connaît plus, et qui ne restait entier là-dessus, sans doute, que par le bienfait de son immuable immobilité. Certes, le carrossier qui a fait cette voiture doit être mort, et son enseigne tombée, et la maison vendue. Je regardais en compassion cette vieille machine rouillée, crevée, recoquillée, quand nos yeux rencontrèrent pendu au mur, parmi des paniers, des fagots, des souricières et toutes sortes de loques infimes un portrait du maréchal d'Hocquincourt par Mignard... un tableau de Mignard sous la porte cochère! qui diable s'en fût avisé? Imaginez donc un bracelet dans des vieilles bottes!

Et comme je me tenais tout ébahi devant ma trouvaille :

Bah!... vous allez en voir bien d'autres, me dit à demi-voix mon compagnon. Venez ça, venez!

Je le suivis...

Il faudrait être juge de paix ou M. de Balzac pour décrire ce que nous vîmes alors, une fois entrés. C'était la cuisine. Sous le manteau d'une haute cheminée, la femme était assise, presque par terre, et soignant une marmite assez suspecte, chauffée à la fumée de deux tisons en pleurs. La draperie de cette étrange figure, à demi-perdue dans les cendres, se composait d'une longue jupe et d'une sorte de tunique en basin blanc, diaprée de taches innombrables; un grand mouchoir de mousseline, jaune comme serait un rideau la veille de Pâques, faisait sa coiffure. Maigre plus que les trois sorcières de Macbeth, elle avait sur ses genoux un sale torchon dans lequel luisaient des carottes et autres racines que ses mains tremblantes achevaient d'éplucher, et le poids des légumes entraînant avec ceux-ci le torchon et la jupe, dessinait d'effrayantes arêtes.

Elle nous pria de la laisser finir, en grommelant tout bas quelques lambeaux de phrases, plus semblables, je crois à des malédictions qu'à des excuses. Son amour-propre, sa coquetterie peut-être, *infandum!* quelque chose enfin, dans sa trois fois vénérable personne, se fâchait que nous l'eussions surprise en une si vulgaire occupation.

En attendant, moi, je regardais toujours. Il y en avait là pour un mois d'admirations folles. C'était un mélange de misère profonde, affreuse, sordide, et d'incompréhensible opulence. Je me figurais une portière ayant à garder les richesses du marquis d'Aligro. Une longue table, dont un seul coin restait libre pour le travail culinaire, faisait le principal meuble de la pièce dont il s'agit, et la prévoyance de la maîtresse du lieu avait réuni sur cette table, à portée de la main, tous les ustensiles quelconques usités en ménage. Ce bric à brac inqualifiable, immense, gisait là, comme on en voit à Paris, sur les ponts, à certains jours, ou bien aux abords de l'hôtel des commissaires-priseurs, quand la justice a jugé salutaire de mettre un créancier de plus en possession des nippes de son débiteur. Tout cela tenait ensemble, figurez-vous bien, cimenté par un enduit de cendre et de poussière humides, dans lequel des graines eussent germé très certainement. Il y avait des assiettes restées sales depuis le premier jour qu'elles servaient, mais c'était du vieux Sèvres; c'étaient des assiettes de deux cents francs. Il y avait des bouts de chandelle dans un plat, mais le plat était en argent, épais d'un demi-pouce. L'écume du pot au feu souillait un magnifique Palissy, et du persil trempait dans un hanap comme n'en a pas le grand-duc de Bade. Je ramassai à terre un couteau de forme bizarre, tout noir de jus d'oignon ; c'était une vieille lame dont le manche était mort à la peine, et qu'on avait fichée tant bien que mal dans une figurine en vert antique ! Un œuf à moitié mangé moisissait dans un coquetier de cristal de roche. Que sais-je! que dirai-je enfin! L'argenterie d'un prince, le cabinet d'un artiste, tout un musée, écroulés du tombereau d'un boueur! Le pêle-mêle admirablement horrible de cette table se retrouvait sur les buffets, partout. J'avisai contre la fenêtre une planche carrée qui servait de couvercle à une cruche; c'était un tableau flamand, un Paul-Bril, je crois.

Cependant la dame du logis avait mis les légumes dans la marmite. Elle se leva, secoua le torchon qui lui servait de tablier, et, nous regardant tous deux d'un air qui voulait dire : Ce n'est pas moi que vous venez voir, elle prit le bras de mon ami pour passer avec nous dans une pièce plus décente, selon son opinion, du moins.

Elle s'était comme redressée en nous parlant, et je lui trouvai, moi qui les suivais, une sorte de majesté de théâtre que le contraste de son costume rendait assez risible. Elle y pensait sans doute; car elle se retourna.

— Vous avez lu Homère, monsieur?
— Oui, mademoiselle, répondis-je tout déconcerté.
— Eh bien! alors monsieur, vous savez qu'Agamemnon et Achille faisaient la cuisine, reprit-elle avec une révérence.

C'était bien dit; seulement elle se justifiait-là de ce que je ne lui reprochais pas.

L'autre pièce avait dû d'abord être la salle à manger; mais la propriétaire en avait fait sa chambre, par ménagement pour ses vieilles jambes, qui ne pouvaient plus monter. Le même besoin de tout avoir sous la main donnait à cette chambre un aspect inexprimable. Je défie d'inventer pareil fouillis, non plus de vaisselle, non plus de poterie, cette fois, mais de meubles, de hardes, de chiffons, à rendre jaloux les fripiers de la rue Mouffetard. C'était d'autant plus éclatant que le jour y venait en plein par une grande fenêtre ouverte sur vingt ou trente mètres d'incultes broussailles appelées le jardin. Au fond était un lit, somptueux encore dans sa décrépitude, du lit à la porte il n'y avait pas place à mettre le pied parmi cet encombrement fantastique qui montait du sol au plafond, laissant à découvert çà et là quelques coins de tapisserie vermoulue où pendaient, en violation de toutes les règles de l'aplomb les plus magnifiques chefs-d'œuvre d'Edelinck et de Wille.

La maîtresse du logis prit quelque part, dans le tas, un morceau de taffetas vert à cordon, qu'elle attacha coquettement par dessus le tablier dont j'ai parlé tout à l'heure, et puis, aidée toujours du bras de mon ami, elle s'assit près de la fenêtre dans une niche formée par un immense fauteuil sur lequel une garde-robe entière était perchée.

Alors nous causâmes. Son petit mouvement de mauvaise humeur était passé. Nous fûmes bientôt à l'aise ensemble. Mon camarade était une vieille connaissance pour elle; quant à moi, ma mine lui revenait assez : je ressemblais à quelqu'un qui lui avait été agréable jadis. Si bien qu'elle finit par oublier la marmite et ce qui cuisait dedans, et son âge, et son asthme, pour nous raconter un peu de sa jolie vie de ce temps-là.

Sa conversation fut comme sa maison, étrange, incroyable, décousue, pleine d'éclats éblouissants et de pauvretés affligeantes. Je n'oserais pas l'écrire. C'était la première fois que j'entendais une femme parler ainsi; et pourtant, ce laisser-aller était si merveilleusement spirituel que, pour ma part, en vérité, j'eusse été fâché qu'elle s'exprimât autrement.

Elle s'aperçut, tandis qu'elle parlait, que je la regardais de temps en temps avec un étonnement naïf et elle me dit :

— Vous me trouvez un peu sans façons, n'est-ce pas? Que voulez-vous! mon langage me ressemble; il est en déshabillé, à la vieille mode. J'ai l'âge où l'on ne se gêne plus beaucoup, mon bon monsieur, et ma cervelle est trop faible à présent pour que je l'use à chercher des synonymes.

Cette curieuse personne, Mlle T..., bien des lecteurs achèveront le nom, est à peu près, je pense, le seul témoin encore vivant de la plus galante époque de notre histoire. Elle a connu le maréchal de Richelieu! Elle était dans les chœurs de l'Opéra; elle avait quatorze ans. Elle brillait dans les déjeuners de jeunes filles qui furent le dernier amusement de cette vieillesse à jamais illustre et déplorable. Elle nous peignit, avec les couleurs froides et vraies qui n'appartiennent qu'au souvenir oculaire, la fin des exploits de ce lion, éternel désespoir de tous les lions présents et probablement aussi de tous les lions futurs. Nous vîmes Richelieu cassé, décrépit, mourant, porté chez lui sur les bras de ses valets de chambre; Richelieu, pour qui tous les jours on tuait un veau d'un an, afin d'avoir assez de chair fraîche pour l'en envelopper la nuit, donner encore le ton, faire encore, à sa fantaisie, la vogue ou la ruine des tailleurs, des brodeurs, des parfumeurs; avoir des bonnes fortunes à plus de quatre-vingts ans, et trouver une fois par semaine, pauvre perclus qu'il était, assez de volonté, assez de puissance pour monter et descendre, droit, ferme et sans appui, l'escalier de l'Opéra, en présence de la cour émerveillée! Comme Mazarin, comme le cardinal de son nom, lui non plus ne voulait pas qu'on le crût mortel!

L'éducation donnée par un tel maître pouvait mener loin une femme. Il paraît que Mlle T... accepta très bravement les conséquences de ses débuts.

Jolie, spirituelle, jeune, bientôt reine sur ces planches qui l'avaient vue pauvre et petite fille, elle eut la cour et la ville à ses pieds, comme on disait dans ce temps de madrigaux. Parmi ses nombreuses aventures, il y en aurait de charmantes à raconter. Malheureusement, et je le paie cher à l'heure qu'il est, je ne sais pas toujours sauver le fond par la forme (1). En conséquence, je m'abstiendrai; qui sait, d'ailleurs, si nous n'aurons point quelqu'un de ces jours la vie de Mlle T... écrite par elle-même? ce seraient là de curieux mémoires certainement, et la *contemporaine* de Fontainebleau en sait plus que n'en a jamais su celle de Londres. On a tenté déjà de les lui faire publier, mais les frais d'impression l'ont épouvantée. Elle se croit si pauvre.

Depuis longtemps déjà, elle habitait Fontainebleau, en rupture à peu près complète avec les joies de ce monde, quand Charles X, qui venait de monter sur le trône, vint faire une grande chasse dans la forêt. La fantaisie prit à Mlle T... de voir quelle mine l'ancien comte d'Artois et elle feraient en se retrouvant. Peut-être à cette curiosité se mêlait-il un sentiment plus tendre... L'instrument qui sert à sonder le cœur des femmes est dans les seules mains du Seigneur! On attela donc

---

(1) Aug. Luchet était alors réfugié à Jersey, pour échapper à une condamnation de presse.

deux fantômes de cheval à la voiture que j'ai eu l'honneur de vous décrire; puis vint un cocher digne de l'attelage, qui se chargea de conduire le tout au rendez-vous de chasse.

La *ville* entière était à ce beau carrefour de la Croix-de-Saint-Hérem. Le roi vint avec la *cour*. Mlle T... le vit; il la vit aussi, mais il ne la reconnut pas... C'était bien triste!

Cependant l'antique Prima Dona de l'Académie royale ne s'en retourna pas. Elle suivit la chasse longtemps et patiemment, au grand ennui du cocher, au désespoir mortel de ses deux pauvres bêtes, tant qu'enfin le roi daigna s'enquérir de ce que pouvait contenir cette vieille voiture qui s'obstinait à le suivre, quasi toute seule. Alors quelqu'un lui répondit avec un respectueux sourire, quelqu'un d'âgé aussi et qui était du temps : — Sire, c'est une ancienne connaissance, Mlle T...

Toujours chevalier, le roi tourna bride aussitôt et vint à la portière du berlingot; Mlle T... était heureuse à s'évanouir. Elle ouvrait la bouche toutefois pour soupirer quelque chose de mélancolique, quand le roi s'écria en lui faisant la moue : — Oh! mademoiselle, comme nous sommes devenus vieux!

Et tous les seigneurs de rire, pendant que le monarque s'enfuyait au grand galop.

C'était cruel, n'est-ce pas? Mais la bonne femme n'avait plus de rancune. Plus tard d'ailleurs, à ce qu'on dit, le roi qui n'était point avare sut réparer assez magnifiquement ce petit excès de franchise. Elle faillit d'abord en devenir dévote et se détacher tout à fait de la terre, la pauvre Ariane! Puis, l'amitié subite que lui témoignait le clergé, la fit réfléchir. Elle s'imagina que l'Église songeait plus à sa fortune qu'à son âme, et elle en revint à sa vieille philosophie voltairienne. — Croyez-vous que je serai damnée, messieurs? nous disait-elle d'un air narquois. Pourquoi le serais-je? J'ai toujours été *honnête homme!*... Quant à mes fredaines de femmes, qu'aura-t-on à me dire? je n'étais pas mariée...

L'attention que nous mettions à l'écouter lui avait plu du reste. Après un assez long silence, elle tendit la main à mon brave compagnon pour qu'il l'aidât à se lever, et puis, prenant une clé cachée sous un amas de chiffons : — Nous avons assez parlé pour une fois, nous dit-elle; venez, que je vous fasse voir quelques-unes de mes vieilleries.

*.

Nous sortîmes avec elle, alors, et elle ouvrit une grande chambre; et en entrant dans cette chambre, M. Dusommerard lui-même, le savant et laborieux antiquaire, qui a fait de l'hôtel de Cluny mieux qu'un musée, mieux qu'un trésor, la plus merveilleuse collection de belles, riches et historiques choses que jamais homme ait possédée, et qui se prive, à son âge, et qui est pauvre, et qui jeûnerait au milieu de ses inestimables débris de l'art français dans tous les temps, plutôt que d'en échanger une parcelle contre tout l'or de l'étranger; M. Dusommerard, vous dis-je, se serait écrié d'admiration. Je ne parle pas des murs couverts des Vélasquez, des Van Dyk, des Salvator, des Vandermeulen, ni d'un Titien pendu entre deux portes, ni d'un Ribeira qui sert de devant de cheminée, ni de tant d'autres dans lesquels s'égarent mes souvenirs affaiblis par l'absence : je parle des bronzes, des camaïeux, des verreries, de l'orfèvrerie dont il y avait là une confusion capable de donner l'idée du vol à des saints tant soit peu connaisseurs. Tout à l'état de fouillis, bien entendu !

En entrant, j'avais vu deux bustes sur une console, des bustes en plâtre simulant le bronze, l'un d'un homme déjà mûr, l'autre d'une jeune femme charmante, ayant dans sa physionomie spirituelle et mutine quelque chose de notre Déjazet. Mme T... s'arrêta devant la console, et puis, tout à coup, dans un élan que son âge n'eut pas permis de supposer, elle embrassa le buste de l'homme.

— C'est mon maître, celui-là ! nous dit-elle d'une voix émue, c'est mon vieux Sachini, l'auteur d'*Œdipe*, messieurs !

Et avec une justesse admirable, elle entonna ce chant sinistre de l'Aveugle de Thèbes :

> Filles du Styx, terribles Euménides,
> Armez tous vos serpents, etc.

— Et puis me voilà, moi ! reprit-elle en donnant un soufflet à l'autre buste. J'ai été Antigone :

> Les dieux vous doivent leurs secours!...

J'ai eu ce front-là, et ces yeux-là, et ces beaux cheveux!... On ne s'en douterait pas, hein ?

Et, comme si ce souvenir l'eut rajeunie, elle ne voulut plus du bras de son conducteur, elle se mit à marcher toute seule, ouvrit ses meubles et nous laissa admirer tout à notre aise. Entre mille choses curieuses qu'elle nous fit voir, je ne parlerai que d'une; c'est au reste ce qu'elle nous dit posséder de plus précieux. Un pauvre morceau de bois de 7 à 8 pouces carrés, sur lequel un dieu, sans doute, et non pas un homme, a sculpté la flagellation du Christ ! Je ne connais point de tableaux, ni de bas-reliefs, qui soient supérieurs à cette prodigieuse composition. Jamais Cellini, jamais les plus grands ciseleurs du monde, enchaînant dix ans leur génie sur une plaque d'argent ou de cuivre, n'ont atteint ce fini de détails, cette précision anatomique des formes. Il y a là-dedans quarante personnages qui sont quarante chefs-d'œuvre. On entend crier le peuple, et Pilate et les juges : on voit la chair divine frémir sous les coups de verges des bourreaux. Quant à la tête du Fils de l'Homme, c'est plus beau peut-être, c'est moins terrestre, plus saint, plus pur que Raphaël : la grâce et le pardon y respirent à rendre catholique un juif. Les fleurs, les terrains, l'architecture sont d'une perfection fabuleuse; c'est en relief comme le burin de Calamatta, comme la pointe de Mercuri.

Oh! l'admirable morceau de bois! Mⁱˡᵉ T... en a refusé quinze mille francs : je le crois sans peine.

**

Jules Janin avait sans doute aussi connu Catherine Thévenin au cours des dernières années de son existence. A la mort de l'ancienne danseuse, le célèbre critique fulmina un sanglant anathème contre cette étrange créature qui de sa vie n'avait eu une pensée humaine pour son prochain, et qui avait terminé si sordidement sa longue existence au milieu de trésors déshonorés.

Il vient de mourir à Fontainebleau, écrivait Jules Janin dans les « Beaux-Arts » en 1843, une vieille femme qui allait avoir cent ans. Cette femme vivait de pain bis, d'eau fétide, elle était couverte de haillons. C'était hideux à voir, cet être vivant abominable qui se traînait ainsi dans l'attirail vermineux de la plus abjecte avarice!

La maison de cette femme n'était pas une maison, c'était une forteresse; c'est que dans cette maison fabuleuse étaient contenues d'immenses richesses. Là, cette misérable créature avait entassé non pas seulement l'or, les diamants et les perles, mais les meubles précieux, mais les marbres les plus exquis, mais les tableaux les plus rares, les chefs-d'œuvre les plus charmants dans tous les arts...

Le trou enfumé, dans lequel cette femme faisait cuire, le dimanche, ses aliments de toute la semaine, contenait les chefs-d'œuvre les plus délicats et les plus fins des maîtres flamands... La fumée, le froid et le temps qui ronge toutes choses, écrasaient de leurs teintes formidables ces couleurs qui rivalisaient naguère avec les merveilles de la création.

... Combien en a-t-elle brisé, combien en a-t-elle déchiré! Avait-elle besoin d'une planche pour poser l'oignon de son déjeûner, elle se faisait de quelque panneau de Watteau une table; avait-elle besoin d'un morceau de cuivre pour réparer sa casserole, elle prenait un petit tableau de Van Dyck. Les toiles les plus rares lui servaient à raccommoder les tapisseries qui pendaient à ces murailles infectes... Le pot dans lequel elle prenait son lait froid, cette vieille édentée, n'était rien moins qu'un beau Sèvres, sur lequel se voyait encore, mais toute fêlée, la noble et brillante image de la reine Marie-Antoinette!

Tel était l'affreux et éclatant pêle-mêle de cette maison.

Un abominable tablier taché écrasait de son ignominie les plus riches dentelles. Quand la vieille rentrait dans son taudis, elle déposait ses sabots à demi-brisés sur le marbre des consoles; elle couvrait ses cheveux d'une coiffe crasseuse, mais autour de ce bonnet éraillé, elle avait attaché, par dérision, de grosses perles à faire envie à des princesses du sang royal. Autour d'elle tout était or et fange, bure et pourpre, art excellent et méprisables ustensiles. Dans le cristal taillé, elle mettait son vinaigre; les mouches hardies qui se posaient sur son front souillé, elle les chassait avec un éventail que Greuze lui-même avait signé. Son lit, ou plutôt son grabat, était couvert des plus riches brocarts; dans le velours brodé était renfermée la paille ou plutôt le fumier sur lequel ce monstre hideux cherchait en vain le sommeil!

Née en 1753 à l'Abergement-lès-Auxonne, village de la Côte-d'Or, Catherine Thévenin, bien jeune encore, abandonna son père, un modeste employé du service des gabelles, préposé à la distribution du sel, et arriva à Paris. Poussée par ses instincts pervers, elle dépouilla vite ses vêtements de paysanne et n'eut pas à chercher longtemps sa voie.

Avec une rare précocité, elle se lança dans le tourbillon des débauchées et ne tarda pas à y occuper une place en vue. A seize ans, répétait-elle avec complaisance et impudeur, même encore sur ses vieux jours, à seize ans, il y avait longtemps déjà que « j'avais chanté ma première messe! »

L'époque, à la vérité, était on ne peut plus favorable, en ce dix-huitième siècle qui fut en France une ère de splendeur pour les courtisanes, jusqu'alors vivant dans une obscure et légitime abjection.

Sous la Régence, toute retenue cessa et commencèrent les orgies; le cynisme remplaça la réserve un peu hypocrite du siècle précédent, sorte d'hommage tacite rendu à la vertu.

Les courtisans qui avaient quitté les antichambres de Versailles pour celles du Palais-Royal, imitaient le Régent et cherchaient des aventures dans la ville; les plaisirs si commodes qu'ils y trouvèrent ne suffirent bientôt plus à ces débauchés, qui allèrent se procurer des sensations d'un nouveau genre auprès des actrices et des « filles d'Opéra ». Ce théâtre fut une pépinière inépuisable de courtisanes, par suite des monstrueux privilèges dont il jouissait.

Espèce particulière, ces « filles d'Opéra », émanation de la débauche d'alors, ont occupé une triste, mais importante place au dix-huitième siècle. Leurs orgies, leurs dépenses folles, le nombre et le rang illustre de leurs amants, la faveur que leur accordent les *Mémoires* du temps, leurs querelles avec les dames de la Cour; tout cela leur a donné droit de cité dans l'histoire d'une époque dont elles représentent les mœurs.

D'abord repoussées avec mépris par la société des femmes, ces filles finirent par être admises et mêmes recherchées par les plus grandes dames.

Quoique manquant d'instruction et paysanne à peine dégrossie, Catherine Thévenin comprit de suite que son avenir était à l'Opéra.

Elle parvint — sans doute grâce à de puissantes influences — à s'y faire admettre, mais toutefois ne fit qu'y passer. Et encore ne fut-elle ni cantatrice, ni danseuse en pied, ni même choriste, comme quelques-uns de ses biographes l'avancent, mais simplement « demoiselle de magasin », ce qu'on appellerait aujourd'hui une « marcheuse ».

L'état du personnel de l'Académie royale de musique pour l'année 1774-1775 lui donne la qualité de « danseuse surnuméraire. » — Retirée en 1775.

En cette qualité, elle ne touchait pas d'appointements; rien n'indique, d'autre part, qu'elle soit jamais remontée sur notre première scène lyrique.

Mais si courte que fût son apparition à l'Opéra, les planches lui servirent de tremplin pour s'élever de plusieurs échelons dans le clan de la haute courtisannerie.

Les adorateurs arrivèrent en foule, et par leurs fastueuses largesses, lui créèrent la plus luxueuse existence. Sa maison était le rendez-vous de la société élégante et frivole; elle y donnait des fêtes brillantes.

Comme la Guimard, elle avait son théâtre particulier, sur lequel étaient représentées les scènes les plus graveleuses.

Gourmande comme une chatte, amphitryonne très habile, elle aimait la bonne chère et en faisait faire d'excellente à ses invités. Tout chez elle était exquis, succulent, aussi sa table était-elle des plus renommées. Elle avait eu la chance de mettre la main sur une cuisinière émérite, à laquelle Brillat-Savarin ne dédaigna pas de réserver une place spéciale dans sa « Physiologie du goût » à l'article de l' « Anguille à la tartare » (1).

Une des conditions d'existence d'une courtisane de haut parage était alors de faire parler d'elle. La Thévenin n'eut garde d'y manquer. Non contente d'étonner Paris par le faste de ses toilettes, l'éclat de ses diamants, la richesse de ses livrées, le luxe de ses équipages, notre Catherine que tout Paris a connue sous son sobriquet d'As-de-Pique, s'oublia en un jour de folie jusqu'à vouloir éclipser la Reine. Elle eut l'audace de parcourir Paris dans une splendide voiture attelée de six magnifiques chevaux blancs, accompagnée d'une livrée étincelante.

Cette offense calculée resta impunie, mais ne porta pas bonheur à l'insolente, comme l'a dit son poète (2).

> Oh! le ciel a vengé la victime innocente!
> Il n'a point oublié la victoire indécente;
> Le péché de l'orgueil est horrible à ses yeux.
> Il t'a comblée en tout de dons prodigieux :
> Jeunesse pour jouir, faveurs de la fortune,
> Long âge, esprit, santé, richesse peu commune;
> Il n'a point fait pour toi les choses à moitié,
> Et tu n'es cependant qu'un objet de pitié,
> Un cadavre debout sur une tombe ouverte,
> Où nul être en priant n'ira pleurer ta perte.

(1). Voir dans l'*Abeille* du 17 septembre 1887, l'entrefilet ayant pour titre : « le Cordon bleu de Mme Thévenin, par Maxime Beauvilliers ».

(2) Drivon, *Épître à ma voisine*.

Pour soutenir sa situation, Catherine Thévenin devait être toujours en vue. Elle se montra toujours très assidue aux réunions si nombreuses des mondaines — on ne disait pas encore demi-mondaines — et des débauchés de l'époque.

Elle ne manquait pas un jour d'aller aux soirées du « Colisée », premier Vauxhall français, installé aux Champs-Élysées. Le Colisée, que le gouvernement et la ville (elle donna pour sa part 50,000 livres) avaient subventionné, était un vaste édifice, avec jardin destiné à des danses, des concerts, des spectacles et des fêtes. Sur une pièce d'eau s'y donnait le spectacle des joutes. Les jardins, bien disposés, renfermaient de petites maisons ou boudoirs qu'on louait aux amateurs de solitude.

Le Colisée n'eut qu'une existence éphémère. Sur son emplacement furent percées la rue d'Angoulême et, plus tard, la rue de Ponthieu. Le nom d'une rue toute moderne, ouverte depuis dans le voisinage, rappelle seul au passant le brillant mais court succès du Colisée de Paris.

Catherine Thévenin ne reculait pas devant le scandale; elle eut un soir à ce Colisée, une singulière aventure avec le marquis de Villette. Le procès-verbal ci-dessous, dressé à la suite d'une plainte du marquis, donne des détails suffisants sur cette scène qui peint bien les mœurs dissolues de cette époque :

L'an 1777, le lundi 22 septembre, dix heures du matin, en l'hôtel et par devant nous, Marie-Joseph Chéron, commissaire au Grand-Châtelet, etc..., est comparu Charles marquis de Villette, colonel des dragons, demeurant en son hôtel, quai des Théatins (1), lequel nous a dit qu'hier à neuf heures du soir, étant au Colisée, il passait devant la demoiselle Thévenin qui, sans aucune raison, a dit hautement à des gens d'assez mauvaises façons qui l'entouraient : « Voici le plus cruel ennemi des femmes! » — Le comparant, ne sachant à quoi tendait ce propos, a passé son chemin, mais cette fille a répété ce propos plus haut qu'elle ne l'avait fait d'abord; elle a même ajouté que le comparant était un « b... ». — Le comparant a dit à cette fille que si elle ne se taisait, il lui ferait ôter ses diamants et conduire à l'hôpital.

La demoiselle Thévenin a dit au comparant qu'il lui avait volé ses diamants.

A ce propos, le comparant qui s'était contenu jusqu'ici, perdit patience et a porté à la demoiselle un coup du fouet qu'il tenait à la main. Pour quoi et pour avoir raison des insultes qu'il a reçues de mademoiselle Thévenin, il est venu nous rendre la présente plainte.

Signé : Marquis DE VILLETTE.
CHÉRON fils (2).

Nous ne nous étendrons pas davantage sur la scandaleuse existence de Catherine Thévenin au dix-huitième siècle. Il y aurait trop de boue à remuer.

Avant d'arriver à son rôle pendant l'époque révolutionnaire, nous rappellerons que son opulence, ses prodigalités sont restées historiques.

(1) Aujourd'hui quai Voltaire; à l'angle de la rue de Beaune, où est mort Voltaire.
(2) Archives nationales, Y, 11,499.

Sans talent, sans esprit, n'ayant jamais été que simple figurante à l'Opéra, elle sut néanmoins admirablement drainer l'argent des jeunes seigneurs et des fermiers généraux pour se constituer une belle fortune.

Hélas! elle ne trouva pas moyen, au cours de sa longue existence, de purifier cette fortune acquise à une source impure, en l'employant à un usage honnête et utile.

Pendant les années qui précédèrent la Révolution, Catherine Thévenin, quoique n'étant plus de la première jeunesse, continua le genre d'existence qu'elle avait menée jusqu'alors.

Écoutons encore Jules Janin :

Oh! la vie honteuse et misérable! Se vendre aujourd'hui, s'être vendue hier, se vendre toujours! Pour être plus sûre de son propre débit, elle allait dans les lieux mêmes où se rendaient ses pareilles, au Vauxhall, chez Mesmer, chez Cagliostro, à l'Opéra, au théâtre français, dans les petits-soupers, chez les Francœur, les petits-violons. Surtout on était sûr de la rencontrer dans le jardin du Palais-Royal, le soir, sous les vieux marronniers, pendant que les jeunes gens de la ville, vêtus comme pour aller faire leur cour à Mme de Montesson, passent dans cette ombre à peine éclairée.

Et aux pieds de cette impure se prosternaient à prix d'or des jeunes gens dont le blason remontait aux croisades.

Elle assistait ainsi, cette malheureuse, à tout ce dévergondage de l'esprit, à toute cette licence de mœurs, à la ruine stupide des plus grands noms et des plus grandes fortunes de la monarchie.

Avare entre tous ces prodigues, habile et prudente au milieu de ces dissipés, le seul désir de cette créature souillée était de s'enrichir des dépouilles et des sophismes de tous ces hommes. Elle gardait d'eux tout ce qu'elle pouvait garder : leur athéisme et leur argent.

Survint la terrible Révolution.

... Dans ce grand naufrage, nous dit encore Jules Janin, cette femme survécut seule. Elle vit partir pour l'échafaud et pour l'exil, l'un après l'autre, tous ses amants ; ils partaient sans un louis d'or dans leur poche, sans vêtements, et l'idée ne lui vint pas de leur prêter le manteau de son cocher.

Même en 1792, cette femme songeait à compter l'argent de son coffre-fort ! Même en 1793, quand les rois éperdus prêtaient l'oreille au bruit de la hache qui tombe, cette femme comptait son or ! Elle entassait ! elle entassait !

Elle ne se fiait pas à la terre, même pour l'acheter à vil prix, car la terre est fidèle, elle revient souvent à ses maîtres ; mais elle se fiait à l'or qui est vagabond et traître comme une prostituée!

Quand vint la Terreur, elle ne fut pas, comme la Duthé et tant d'autres de ses émules, effrayée par le supplice infligé à la Dubarry ; elle ne s'enfuit pas à l'étranger.

Belle encore cependant, riche, affichée par son éclat passé, suspecte par ses relations avec de hauts personnages, elle devait redouter d'être en butte aux revendications irréfléchies des terroriseurs.

Point préoccupée de son sort futur, elle demeura; mais on la vit bien vite se lancer avec son impudeur habituelle dans le tourbillon du moment.

Rien ne lui coûtait. Elle continua sa folle vie de luxe et de fêtes, de vices et de crimes, de prostitution sans honte, car elle avait déshonoré même la prostitution!

Oubliant bien vite grands seigneurs et fermiers généraux, elle se donna — ou se vendit — aux sans-culottes.

Elle devint une sorte de déesse des sections et figura dans une apothéose de la fête de l'Être-Suprême réglée par David.

Plus tard, sous le Directoire, elle fit partie des fêtes galantes données par Barras.

Cependant les années suivaient leur cours, la cinquantaine arrivait, le calme aussi, calme peut-être relatif, mais, en somme, tout éclat cessa.

Sous l'Empire et sous la Restauration, on n'entendit guère parler de la Thévenin. Elle continua à résider à Paris, dans son confortable hôtel, et à mener une vie relativement retirée.

*
* *

Nous avons vainement cherché à connaître par suite de quelles circonstances Catherine Thévenin s'est décidée à modifier radicalement sa manière de vivre et à quitter Paris.

Tout ce que nous avons pu apprendre, c'est que, déjà plus que septuagénaire, elle céda, vers 1825, son hôtel au baron Louis, le célèbre ministre des finances, moyennant une rente viagère de 30,000 francs, et vendit, également à rente, tous ses autres immeubles.

Elle vint se retirer à Fontainebleau; sans transition, elle passa d'un palais dans une maison bourgeoise, modeste, sans doute, mais suffisamment convenable et dont elle ne tarda pas à faire un bouge. Elle y vécut sordidement au milieu de trésors artistiques accumulés sans souci de leur conservation.

Il est, d'ordinaire, dans la destinée des courtisanes de passer la première moitié de leur vie dans un palais et l'autre moitié à la recherche d'un asile pour abriter leur tête.

Dotée d'un revenu — évalué à plus de 80,000 francs — la Thévenin n'a certes pas été réduite à quêter un abri pour ses vieux jours. Mais on dirait qu'elle n'a pas voulu donner un démenti à cette loi. Comme poussée par une inéluctable fatalité, et bien qu'entourée de richesses, elle s'est d'elle-même plongée dans la misère pour les dix-huit dernières années de son existence.

Était-elle prise de remords ? Peut-être ; mais quelle vie et quelle horrible façon de vieillir!

L'unique préoccupation de la Thévenin, sitôt sa résidence fixée à Fontainebleau, paraît avoir été de se soustraire au monde, de se cloîtrer en quelque sorte pour s'immobiliser dans la garde de ses trésors. Elle fit choix d'une maison solide quoique déjà ancienne, percée seulement de quelques rares et petites fenêtres.

Après la description si pittoresque qu'en a donnée Auguste Luchet, il n'y a pas à revenir sur l'intérieur de la Thévenin; quelques détails nouveaux suffiront pour faire connaître le genre d'existence qu'elle a mené pendant son séjour à Fontainebleau.

Bien peu ont pénétré dans le donjon où elle s'était fortifiée, y vivant seule, se servant elle-même dans la crainte d'être volée; mais ses bizarreries n'ont pu rester ignorées.

1771 1840

La décrépitude se faisant sentir, la crainte d'être volée augmentant chaque jour, son avarice suivant aussi une progression croissante, elle en arriva à se désintéresser complétement de tout soin de sa personne et de son intérieur.

Vêtue d'oripeaux jadis luxueux faisant cruellement ressortir sa misère calculée, elle se tenait dans une chambre littéralement tapissée de toiles d'araignées. Sur un guéridon de milieu étaient en permanence une vaste tabatière toujours à sa portée, pour aveugler les malintentionnés et un vieux pistolet pour lui servir de défense suprême.

Assise auprès de cette table, elle se tenait enfouie dans une vieille bergère à la garniture usée et dont le siège aplati était surhaussé au moyen de dentelles de prix et de châles de l'Inde en chiffons. L'hiver, un manchon — emprunté à M⁻ᵉ W... et jamais rendu — lui servait de chancelière.

Et elle prisait dans une tabatière constellée de diamants!

La cuisine ainsi que les autres pièces de la maison étaient encombrées de meubles entassés, de tableaux, de cadres, de porcelaines, le tout dans un inénarrable désordre et laissant à peine un étroit passage pour circuler.

Les nombreux et inestimables objets d'art auxquels elle paraissait tant tenir étaient couverts d'une épaisse couche de poussière crasseuse, ruinant peintures et dorures. Elle semblait vouloir leur faire partager la réprobation et l'avilissement dont elle s'était elle-même frappée.

Elle entassait sans cesse, sans autre but que d'accumuler les richesses pour venir ensuite s'y accroupir comme un rapace sur sa proie.

Son avarice était portée à un tel point qu'elle réduisait sa nourriture au plus strict nécessaire et se contentait parfois d'aliments dont n'aurait pas voulu un chien.

Un jour une souris tombe dans son pot au lait. Une autre aurait jeté dehors, pot, lait et souris. « Bah! se contenta-t-elle de dire, si mon lait ne tourne pas, c'est qu'il est bon ».

Ses rares sorties l'amenaient principalement au marché où elle allait acheter sa maigre pitance...

En cette occasion, relativement importante, elle couvrait sa souquenille d'un cachemire de l'Inde défraîchi, loqueteux, et affublait parfois sa vieille tête de deux chapeaux superposés... des chapeaux de 1825, vraies capotes de cabriolet!

Dans une autre circonstance plus solennelle, un jour de grande cérémonie religieuse, on la voit entrer à l'église — pourquoi faire? — coiffée d'un chapeau tout garni de diamants! Double contraste!

Souvent, les cruels gamins des rues s'acharnaient après cette vieille caricature, la poursuivaient à coups de trognons de pomme, l'appelant du surnom qu'au temps de ses succès galants elle avait accepté volontiers. Parfois, trop harcelée, elle prenait invariablement pour protecteur un garçon boucher, s'accrochait à son bras et le forçait à la reconduire ainsi chez elle. Chemin faisant, le malheureux jeune homme, qu'elle tutoyait comme tous autres, connus ou inconnus, était obligé d'entendre les propos les plus répugnants. — Les garçons bouchers paraissaient avoir ses préférences, préférence qui ne les flattait guère, car du plus loin qu'ils apercevaient cette créature, ils la fuyaient comme la peste.

S'il lui arrivait de circuler un peu de par la ville, elle ne se gênait pas pour entrer chez des habitants plus ou moins connus et s'y faire donner soit un verre de vin, soit une tasse de bouillon.

Sa fortune défrayait souvent les conversations des désœuvrés. On l'évaluait généralement à des chiffres fantastiques; s'il faut en rabattre des diverses exagérations, on n'en était pas moins fondé, — l'événement d'ailleurs l'a prouvé — à lui attribuer une réelle richesse. Une circonstance pouvait d'ailleurs entretenir le public dans cette pensée : Plus rares qu'aujourd'hui, les billets de banque ne figuraient guère que comme appoint dans les payements; aussi plusieurs fois vit-on, partir de l'étude Lécuyer, à destination de Catherine Thévenin, des sacs d'écus empilés dans des paniers à harengs. Le tout, chargé sur une brouette, lui était apporté par un maçon auquel elle avait daigné accorder sa confiance.

Et dire que malgré ses soixante-quinze mille livres de rente, cette femme, qui savait alors vivre de rien, n'a jamais fait montre d'aucun sentiment de sensibilité; chez elle le cœur était comme atrophié. Ni l'exemple édifiant de ses plus proches voisines, les sœurs de charité dévouant leur vie au soulagement des infortunes, ni la vue incessante de toutes ces jeunes filles pauvres allant à l'école gratuite ne l'émurent. Elle voyait son argent, rien que son argent.

⁎

Cette avarice, en quelque sorte constitutionnelle, ne fut cependant pas sans certaines intermittences de générosité. Le tableau est trop sombre pour que nous ne nous empressions pas de l'éclaircir un peu.

Un matin, le feu prit à ses vêtements alors qu'elle allumait son poêle, Mᵐᵉ Drivon, sa voisine, passant devant la maison, aperçut les flammes et arriva assez à temps pour la sauver en l'inondant d'eau. Soit sous l'empire de la terreur que la peur de la mort avait pu lui inspirer, soit — espérons-le — mue par un sentiment de reconnaissance, la Thévenin eut un rare élan de générosité et reconnut le service rendu en donnant à Mᵐᵉ Drivon une paire de boucles d'oreilles qui, peu après, fut vendue un millier de francs.

En quatre versements échelonnés de 1832 à 1836, Mˡˡᵉ Thévenin fit à l'hospice de Fontainebleau des libéralités s'élevant au total à la somme de 1,200 francs. A ce titre, la courtisane figure sur la liste des bienfaiteurs de l'établissement tout comme la reine Marie-Antoinette, l'impératrice Marie-Louise, la reine Marie-Amélie, les duchesses d'Angoulême et de Berry, etc., etc.!

D'après A. Chennevière, qui l'avait personnellement connue, elle obligea parfois, par des prêts d'argent, des officiers ministériels et des commerçants qui s'établissaient.

L'abbé Liautard fut assez heureux pour obtenir quelques aumônes en allant solliciter la Thévenin. Heureusement que rien ne rebutait le vénérable curé quand il s'agissait de ses pauvres, car il était obligé dans ces visites de subir le répugnant tutoiement de sa très peu digne paroissienne.

Dans une autre circonstance, alors qu'elle venait de recevoir un payement de 40,000 francs et qu'elle en avait remis 38,000 au notaire pour les placer sans délai, la vue de l'argent étalé sur la table la fascina. — Tout d'un coup, se redressant : « Puisque, dit-elle aux assistants, je suis dans un jour de bonheur, je veux vous faire contents ». Et aussitôt prenant une pile de cent francs, elle la partagea entre les deux clercs de notaire, sa femme de ménage et son commissionnaire de confiance.

En effet, dans ce jour de « bonheur » elle était si rayonnante et de si belle humeur qu'elle se départit de sa réserve habituelle et prolongea la conversation.

Ici se place un épisode assez curieux.

L'importance du payement qui lui était fait nécessitant une décharge pour le fondé de pouvoirs, deux actes séparés — quittance et décharge — avaient été préparés d'avance. La lecture terminée, Mˡˡᵉ Thévenin signa son nom assez difficilement, d'une façon presque enfantine et qui dénotait suffisamment son peu d'instruction primaire. Puis désignant un jeune clerc (notre vieil ami et excellent collaborateur Maxime Beauvilliers) à la moustache blonde, alors à peine indiquée, aux yeux bleus attentifs et curieux qui venait de lire à haute voix la quittance : « Donnez-moi le bras, dit-elle d'un ton d'intérêt vivement senti, veuillez m'accompagner ».

Redressant sa taille, Mlle Thévenin ouvrant la marche franchit une sorte de corridor obscur et conduisit toute l'assistance dans la pièce principale où se trouvaient entassés pêle-mêle et sans ordre, les souvenirs de ses éphémères et inconstantes amours. Moins avide de contempler ces curiosités artistiques que de recueillir quelques détails anecdotiques sur l'époque galante qu'elle avait traversée, le jeune homme interrogea pendant près d'un quart d'heure la vieille divinité tombée de l'Olympe de l'Opéra. Elle fut pour lui d'une amabilité charmante, et le remerciant, lui dit d'un ton peu modeste : « Rappelez-vous, jeune homme, que vous avez eu l'honneur de donner le bras à une femme qui a vu à ses pieds le maréchal duc de Richelieu, plusieurs princes du sang, le comte d'Artois et tant d'autres ».

La Thévenin n'ignorait pas que sa fortune était le point de mire de bien des compétitions. Que de gens n'a-t-elle pas bercés de l'espoir de la voir faire des dispositions en leur faveur. Or jamais testament ne fut même ébauché.

M. Dudouit, ancien maire de Fontainebleau, racontait avec beaucoup d'enjouement que Mlle Thévenin lui avait promis, si elle rentrait en possession des objets précieux qui lui avaient été dérobés en 1810, d'en faire don à la ville. Chaque fois qu'elle lui parlait de cette disposition, elle lui disait : *Vos diamants.* Quand la presque totalité des bijoux fut trouvée en Allemagne, elle n'en parlait plus qu'en disant : *Nos diamants;* lorsque le greffe lui rendit toutes les pièces à conviction, Mlle Thévenin les appela : *Mes diamants.* Inutile d'ajouter que la ville ne reçut rien.

Faire des largesses était au-dessus de ses forces, mais promettre avec la pensée de ne pas tenir ne lui répugnait point. Autre exemple :

Mme Drivon, sa voisine, lui avait rendu bien des petits services. Elle lui avait dit formellement qu'elle l'adopterait. Elle reparla un jour de ce projet devant son notaire, Me Lécuyer, qui lui répondit être entièrement à sa disposition pour recevoir ses déclarations. « Oh! s'écria-t-elle, nous avons le temps! »

Le lendemain le diable avait emporté sa vilaine âme.

Malgré la rigide surveillance exercée sur ses trésors, Mlle Thévenin fut plusieurs fois victime de vols importants, notamment dans la nuit du 22 au 23 janvier 1832 (1) et en août 1810 (2).

---

(1) Ce vol est constaté dans un acte reçu par Me Lécuyer, portant don à l'hospice de Fontainebleau d'une somme de 300 francs, montant d'une créance Gourié dont le titre fut enlevé avec beaucoup d'autres objets de prix.

(2) La Thévenin, ancienne danseuse de l'Opéra, demeure à Fontainebleau. On pénètre la nuit chez elle et on lui vole pour cent mille francs de diamants. Elle avait 75,000 livres de rente et n'en dépensait pas quatre. Le voleur fut arrêté aux frontières de Prusse ». (Bibliothèque municipale de Fontainebleau, ms. Alexis Durand).

Lors d'un de ces vols, le parquet fit imprimer une liste des objets volés. On y remarquait entre autres :

« Une croix à la Jeannette en très beaux brillants d'une hauteur d'environ deux pouces, chaque diamant pesant deux grains; elle était suspendue par un collier en perles fines blanches, à deux ou trois rangs;

» Une superbe épingle, ayant au milieu un brillant d'environ six lignes, lequel est entouré d'opales;

» Un écrin richement garni de boucles et pendants d'oreilles, des bagues, des tabatières artistiques, une pendule, un lavabo argenté, une lorgnette, etc.;

» Le billet de 800 francs souscrit par Gourié, etc., etc. »

A. Chennevière (1) dit qu'il s'y trouvait aussi « une tête de singe sculptée sur un diamant noir, qui faisait mille grimaces variées, suivant les lumières qui frappaient les facettes ».

Ces vols, dont tous ne furent pas connus, diminuèrent sans doute son avoir. Cependant l'inventaire dressé après son décès constata qu'elle possédait un revenu de 41,740 francs en rentes viagères, plus un capital de 079,085 fr. 08.

*
* *

En somme, pendant quatre-vingt-dix ans qu'elle a passés sur cette terre, la Thévenin, on peut le dire, n'a rencontré personne à aimer ou à secourir efficacement : pas un enfant, pas un vieillard, pas un pauvre, pas une misère, pas une inconnue, pas une vertu (2).

A la fin elle est morte, morte sur un grabat, sans une main charitable qui lui fermât les yeux, sans la voix d'un prêtre pour la consoler et lui promettre le pardon de Celui qui pardonne tout là-haut.

Un des premiers jours du printemps de 1848, le 18 mars, dans la matinée, le vasistas de la sombre maison de la rue Royale s'ouvre fiévreusement. Une tête décharnée s'y montre, comme pour appeler à son aide... A ce moment passé un jeune homme... Cette apparition spectrale le fait fuir d'horreur...

Amère dérision! Le jeune passant était un garçon boucher!

Quelques instants après, la Thévenin meurt avec la chance imméritée d'échapper aux affres de l'agonie.

Un enterrement de première classe lui fut fait. Foule considérable dans la rue et aux fenêtres pour voir passer le convoi funèbre. Une seule personne, M. Drivon, l'accompagna à l'église et au cimetière.

Ses héritiers n'ayant pas daigné lui acheter une concession, sa place n'y est plus marquée depuis longtemps.

(1) *Dialogue des mortes* (*Abeille*, 24 juillet 1861).
(2) Jules Janin.

On pensa longtemps que la succession Thévenin, faute d'héritiers connus, ferait retour à l'État. Les prétendants ne manquèrent pas néanmoins; de nombreux procès s'engagèrent tant au civil qu'au criminel. Un prétendu héritier fut même traduit devant les tribunaux en 1841 pour falsification de généalogie et d'acte de naissance.

Les chercheurs de successions se mirent en campagne et grâce à la persévérance d'un habile homme d'affaires, des parents éloignés, disséminés dans diverses provinces, ignorant la parenté qui les rattachait à cette femme — trop célèbre hélas! — furent appelés à recueillir son riche héritage. Un jugement du tribunal de Fontainebleau du 20 août 1844 le partagea entre quatre : Michel, dans la ligne paternelle; Mongin, Manclot et Aubert, dans la ligne maternelle. Un d'entre eux occupait le modeste emploi de perruquier au théâtre de Lyon; les autres dont la profession ne nous est pas connue n'étaient guère plus fortunés.

Entre temps il avait été, par les soins d'un administrateur judiciaire, procédé à l'inventaire de ses biens et à la vente de ses meubles, objets d'art et bijoux.

A. Chennevière, qui avait été à même d'en juger, évaluait à plus de 150,000 fr. la valeur de ses bijoux, objets d'art et de curiosité.

Le Paris élégant, journal mondain de l'époque, annonçant cette vente exceptionnelle, disait :

Les amateurs verront à la vente Thévenin de véritables trésors. Tout ce que la galanterie du siècle dernier avait offert à cette artiste, s'y retrouve conservé. Ce sont des reliques parfumées, des souvenirs enrichis de diamants, un roman en mille chapitres éblouissants et précieux. Figurez-vous l'étonnement des curieux entrant à la suite du commissaire-priseur dans une maison de chétive apparence où les richesses de l'avarice se révèlent à chaque pas. Les armoires s'ouvrent et vous voyez resplendir les merveilles des *Mille et une Nuits*. Ce sont de riches étoffes, des colliers de perles, des chaînes d'or, des bracelets, des diadèmes, plus de cent miniatures représentant des grands seigneurs, des financiers, les uns jeunes, les autres mûrs, les autres vieux, mais tous entourés de pierreries. Puis encore des camées antiques, des émaux admirablement peints, des porcelaines de Saxe, de Sèvres, du Japon, des bijoux ciselés avec art, d'adorables petits meubles, une centaine de tableaux des plus grands maîtres ..

Eh! bien cette vente fut un véritable désastre; elle produisit au total 26,687 fr.!
Elle semble du reste avoir été bien mollement menée : pas de catalogue, pas d'expert spécial. La publicité a même été bien restreinte. L'affiche du commissaire-priseur, comme s'il se fût agi d'un vulgaire mobilier, se contentait de cette sommaire description :

VENTE publique et aux enchères publiques le 15 mai 1813 et jours suivants, des meubles et effets mobiliers dépendant de la succession de Mlle Catherine Thévenin, décédée à Fontainebleau, rue Royale, 8, consistant principalement en meubles meublants, glaces, pendules, literie, linge, argenterie, diamants, bijoux, grand nombre de tableaux, porcelaines, meubles antiques et objets de curiosité.

Sans doute, à cette époque, le goût des belles choses anciennes n'était pas répandu comme de nos jours. Mais les amateurs étaient déjà bien nombreux. Plusieurs, notamment les Moïana, les Jadin, les Escudier, les Minchin et autres étaient présents à la vente.

Un aperçu des prix obtenus permettra de juger de l'importance des affaires qu'ont réalisées les heureux acquéreurs. Nous conservons dans la plupart des cas le naïf libellé du commissaire-priseur.

Bijoux, argenterie, dentelles.

Argenterie, vaisselle plate, etc., 4º fr. les 250 grammes.
Une tabatière or, guillochée, 401 f.; une autre en or, émaillée, 820 fr.
De riches bijoux enrichis de diamants : 401 fr., 810 fr., 1,400 fr., 651 fr., 501 fr., 1,502 fr., 1,301 fr., 2,220 fr., 1,079 fr., 820 fr., 600 fr., 725 fr., 430 fr., 157 fr., 151 fr., 224 fr., etc.
Un pot à eau et sa cuvette argentés, 5 fr. 50.
Les dentelles ayant obtenu les prix les plus élevés sont : trois mètres de point d'Angleterre, 62 fr., et un autre lot de cinq mètres de même, 150 fr.

Objets d'art.

2 figures biscuit de Sèvres, 110 fr. — Un maréchal de France (sic), 8 fr. — Le maréchal de Soubise, 30 fr. — Un Christ, 10 fr. — Trois exemplaires de la Vierge et l'enfant Jésus, 51 fr., 40 fr., 5 fr. 50. — Sainte Cécile, 40 fr. — Une princesse (sic), 14 fr. — Buste de la Thévenin, 5 fr. (acquéreur M. Drivon). — Quantité de portraits vendus 16 fr., 18 fr., 15 fr. 50, 2 fr. — Un Greuze, 21 fr. — L'Annonciation, 41 fr. — Une Sainte-Famille, 6 fr. — Six petits tableaux sur cuivre (paysages flamands), 11 fr. — Un tableau représentant une bataille, c'est-à-dire une halte de cavaliers (sic), 39 fr. — Un Christ en marbre dans son cadre en bois doré et sous verre, 45 fr. — Quatre tableaux école flamande (kermesses et marchés), 161 fr.

Une sculpture en relief (sic) sur bois représentant l'*Ecce homo* devant Pilate, 605 fr. (acq. M. Escudier, quai Voltaire, à Paris). C'est l'admirable panneau indiqué par Aug. Luchet et dont la Thévenin avait refusé 15,000 francs.

Deux tableaux pastorales (sic), 365 fr. — Une kermesse, 300 fr. (Jadin). — Portrait de prince et princesse (sic), 13 fr. — Portrait d'un fils de France (sic), 81 fr. — Le maréchal de Richelieu, 30 fr. — La vierge au jardin, 320 fr. (Moïana). — Portrait de Louis XV en pied, 50 fr. — Vierge en relief (sic), marbre blanc, sur marbre noir, avec son cadre, 36 fr. — Quatre petits tableaux sur cuivre, sujets de sainteté, 14 fr. — Deux cadres contenant des médaillons de la famille des Bourbons, 12 fr. 50. — Un lot de tableaux sans cadres, 1 fr. — Un lot de cadres sans tableaux, 1 fr. 25. — Deux émaux encadrés, 14 fr. — Et quantité de tableaux, gravures, etc., donnés plutôt que vendus.

Deux potiches Japon, 161 fr. — Un vase bleu de Sèvres, monture bronze doré, 128 fr. — Deux seaux porcelaine de Sèvres, 81 fr. — Pendule en cuivre doré avec figures, 335 fr. — Un sucrier ancien, autre sucrier et deux petits pots en Sèvres, 45 fr. — Un plateau, trois assiettes, un compotier Sèvres, 58 fr. — 15 assiettes Sèvres, décorées, 40 fr. — Un plat faïence, de Bernard Palissy, 70 fr. — Un vase et son plateau, de Bernard Palissy, 35 fr.

Un plateau forme gothique (sic), six tasses et leurs soucoupes, porcelaine du Japon, 25 fr. 50. — Un bol, un sucrier, une assiette, un brûle parfums en Japon, 7 fr. — Un plateau, deux compotiers, 8 soucoupes, porcelaine de Sèvres, 3 fr. — Quatre coquetiers, deux théières de Chine, 9 fr. 25.

Et ainsi de même pour une série interminable de porcelaine, Sèvres, Chine et Japon, linge, dentelles, meubles en marqueterie, etc.

La fameuse calèche aux six chevaux blancs qui avait fait une réapparition à un rendez-vous de chasse sous Charles X, a trouvé acquéreur au prix de 150 fr. avec ses harnais.

Et dire que parmi les tableaux se trouvaient des Teniers, des Van-Ostade, des Wouwermans, des Van der Meulen, etc., etc. !

———

Catherine Thévenin, morte et enterrée, sa succession partagée, en 1844, on pouvait croire qu'il ne serait désormais plus question d'elle.

Il en eût été ainsi, sans ses insatiables héritiers qui, non contents d'avoir palpé une somme de 450,000 francs, leur venant d'une parente éloignée et parfaitement inconnue, voulurent, en 1862, actionner l'homme d'affaires auquel ils devaient cette fortune inespérée.

Voici comment les faits s'étaient passés :

Catherine Thévenin, avons-nous besoin de le rappeler, mourait le 18 mars 1843, à Fontainebleau, laissant une fortune mobilière considérable et des richesses artistiques sans nombre. Elle fut déclarée *intestat*, aucun héritier n'étant connu. On trouva seulement un acte de naissance indiquant ses père et mère. M. Navoit, un des plus habiles chercheurs de successions, ne tarda pas à découvrir les héritiers dans la ligne paternelle et dans la ligne maternelle.

Le 1ᵉʳ juin 1843, il les fit appeler chez un notaire de Chaumont, pays d'origine de la famille Thévenin et leur annonça qu'il était en possession d'un secret important les concernant; qu'il s'agissait d'une succession considérable ouverte à leur profit et qu'il les mettrait en mesure de justifier de leur qualité, si comme rémunération du service qu'il allait leur rendre, ils consentaient à lui abandonner le tiers de tout ce qu'il y avait à retirer dans cette succession. Tous y consentirent.

En vertu des conventions passées, M. Navoit se fit attribuer sur la masse de la succession de Mⁱˡᵉ Thévenin qui, d'après l'acte liquidatif, s'élevait à 679,058 fr. 08, une somme de 228,011 francs, laquelle avec les frais dont il produisit la quittance, représentait le tiers abandonné à son profit par les deux lignes d'héritiers.

Dix-huit ans après la réalisation de ce traité librement consenti (1862), les héritiers de la ligne maternelle ont jugé bon d'intenter une action contre M. Navoit, en restitution des honoraires par lui reçus, qu'ils prétendaient être trop considérables et peu en rapport avec le service rendu.

Le 12 juin 1862, le tribunal de la Seine a statué sur cette contestation (1).

Après de longs considérants sur la liberté parfaite où avaient été les héritiers d'accepter ou de refuser les propositions du sieur Navoit et sur la validité de l'acte devant notaire, intervenu entre ledit sieur et les héritiers...,

Le tribunal a déclaré la veuve Aubert et consorts mal fondés dans leur demande en restitution des sommes perçues par Navoit, ou en réduction de la part à lui attribuée dans la succession de Catherine Thévenin, par l'acte du 1ᵉʳ juin 1819...

La veuve Aubert interjeta appel; sur les conclusions conformes de M. l'avocat général Senart, la 5ᵉ chambre de la cour impériale de Paris, sous la présidence de M. Haton, plaidants Mᵉˢ Duthard et Mathieu, avocats, confirma purement et simplement le jugement du tribunal de 1ʳᵉ instance.

Cet arrêt qui fixe la jurisprudence jusqu'alors indécise au regard des agents d'affaires chercheurs de successions, décide notamment : « Que la convention attaquée par les héritiers Thévenin a une cause licite, est régulière, qu'elle a été régulièrement formée et qu'elle est par conséquent obligatoire (2). »

Surprenants en vérité, ces paysans, auxquels, grâce à M. Navoit, il tombe une bienfaisante tuile de 450,000 francs et qui, après dix-huit ans, ayant peut-être dissipé cet héritage inattendu, intentent un procès en restitution à l'auteur de leur fortune.

Depuis ce dernier procès, le nom de Catherine Thévenin est définitivement tombé dans l'oubli.

**

On trouvera peut-être que nous nous sommes quelque peu attardé sur un « sujet » dont les mérites sont encore à découvrir.

(1) *Le Droit*, 28 juin 1863.
(2) Dalloz, *Périodique*, 1863, 2ᵉ partie, p. 161.

Mais la longue existence de la Thévenin, parcourue au milieu de phases si diverses, en a fait un type singulièrement original de bizarrerie et d'incohérence. Toute sa vie, elle occupa l'attention publique; sur la fin, elle devint une des « curiosités » de Fontainebleau.

Sous le rapport de l'exactitude artistique, nous n'osons pas dire historique, il est bon de détruire toutes les fausses légendes. Il est utile que certains personnages, même secondaires, ayant joui d'une certaine notoriété, soient replacés sous leur vrai jour.

Après notre récit, s'effacera définitivement la croyance encore accréditée de nos jours que l'État a recueilli la succession Thévenin, qui a fait tant parler d'elle et noircir tant de papier timbré. Cesseront aussi, sans doute, les démarches si souvent et naguère encore renouvelées par de prétendus héritiers.

Deux faits saillants au moins ressortiront de ce récit. Catherine Thévenin a pu être habile dans l'art d'amasser les écus, mais privée presque totalement d'éducation, elle n'avait pas l'esprit qu'on lui a prêté. Enfin la sévérité d'Auguste Luchet et de Jules Janin à son égard, sera atténuée par la révélation de quelques actes de bienfaisance ignorés jusqu'à ce jour.

Nous pouvons donc dire à sa décharge, que malgré ses vices, son égoïsme et la sordide existence menée pendant ses dernières années, Catherine Thévenin ne fut pas continuellement avare; elle a su, — de bien rares fois, il est vrai, — être obligeante et serviable.

(*Abeille*, 16 décembre 1887-26 février 1888.)

LE PRINCE TROUBETZKOÏ

Le prince Nicolas Troubetzkoï vient de mourir dans sa propriété de Belle-Fontaine, à l'âge de 67 ans.

La nouvelle de cette mort, quoique redoutée en raison de l'état de santé du Prince, a été accueillie par une explosion unanime de touchants témoignages de sympathiques regrets.

D'un commerce des plus affables, naturellement porté à la plus complète bienveillance envers tous, de la plus grande simplicité d'allures, celui, qu'à plusieurs lieues à la ronde, on se plaisait à appeler — le Prince — sans autre qualification, s'était donné, depuis vingt-cinq ans qu'il vivait au milieu de nous, la mission de faire le bien toujours, partout, et sous toutes les formes.

Ce que depuis huit jours, les journaux ont pu dire, avant nous, de son inépuisable charité, du noble usage qu'il faisait de sa fortune, de l'affection, du respect dont il avait vécu entouré sans l'avoir cherché, des services qu'il avait rendus ou tenté de rendre pendant l'occupation ennemie, est encore au-dessous de la vérité, et bien des actes du Prince resteront ignorés.

Tout ce que nous pourrions dire encore n'apprendrait rien à nos lecteurs; nous devons toutefois rappeler, une fois de plus, ses incessantes démarches auprès de nos envahisseurs, sa persistance à user du grand nom qu'il portait, pour adoucir, s'il était possible, les rigueurs de nos ennemis. On n'oubliera pas que, malgré les procédés, — peu courtois à son égard, — pour ne pas dire plus, du cruel commandant Hagen, de triste mémoire pour nous, le prince Troubetzkoï ne s'est jamais laissé aller au découragement, et n'a manqué aucune occasion de couvrir nos communes par son intervention renouvelée.

Les obsèques du prince Troubetzkoï ont eu lieu, lundi dernier, à Samois.

La modeste église du village était beaucoup trop petite pour contenir la foule venue pour rendre les derniers devoirs au bienfaiteur de la contrée, et nous avons eu le consolant spectacle de la plus complète et plus sincère manifestation de reconnaissance.

L'office a été célébré par M. le curé de Samois, en présence de M. l'archiprêtre et du clergé de Fontainebleau et de MM. les curés des paroisses voisines.

Quoique brisée par la douleur, souffrante elle-même, la digne fille du prince, qui avait passé, depuis le vendredi, de longues heures en prières auprès de son père, avait voulu ne s'en séparer qu'au moment seul où sa dépouille mortelle serait confiée à la terre.

La princesse Orloff assistait à la cérémonie et conduisait le deuil avec son digne époux, le sympathique ambassadeur de Russie.

La population entière de Samois et nombre d'habitants de Fontainebleau, de Bois-le-Roi, de Vulaines et de Samoreau suivaient le convoi à la tête duquel marchaient M. de Villeneuve, préfet de Seine-et-Marne, M. le général de Montarby, commandant la subdivision, et M. de la Blotterie, sous-préfet.

Les communes sur lesquelles s'étendait plus particulièrement la bienveillance du Prince, étaient représentées par MM. Guérin, conseiller général; Destors, conseiller d'arrondissement et maire de Samoreau; Paul Gaultry, conseiller d'arrondissement; Morlet, maire d'Avon; Jumeau, maire de Samois; Duchesne, maire de Vulaines; des conseillers municipaux, etc., etc.

Au cimetière, M. le baron d'Ortès a prononcé les paroles suivantes, après lesquelles le prince, la princesse Orloff, et les autres membres de la famille, ont embrassé le cercueil avant qu'il ne fut descendu dans le caveau.

Paroles prononcées par M. d'Ortès.

« MESSIEURS,

» Le Maire de Samois aurait désiré donner le dernier adieu au Prince, qui fut l'ami, le bienfaiteur, le père du pays.

» Mais sa douleur est si grande qu'elle l'empêche de remplir ce devoir. Il me demande de le remplacer.

» Il y a vingt-cinq ans, un noble étranger prenait possession du domaine de Belle-Fontaine. Dans le monde, on se dit : nous aurons des courses, des fêtes et des chasses..... Mais le Prince s'était donné une mission plus noble, une mission toute de bienfaisance et de dévouement.

» A partir de ce jour-là, les pauvres connurent le chemin du château.

» De plus, le Prince s'en allant tous les jours par nos routes et dans nos villages, secourait les malheureux, consolait les affligés, encourageait les travailleurs.

» Cette vie peut se résumer en deux mots : Bienfaisance et Religion.

» En effet, s'il fut secourable à tous, il fut aussi profondément religieux.

» Non content d'orner notre église, de bâtir un presbytère à la commune, il donna le témoignage de la croyance la plus sincère et l'exemple de la piété la mieux entendue.

» Pendant cette dernière et si malheureuse guerre, il se fit la sauvegarde du pays; il en protégea les habitants dans leurs biens et dans leurs personnes; il paya même de ses deniers la rançon exigée par le vainqueur.

» Telle fut, pendant les vingt-cinq ans qu'il passa parmi nous, la vie du noble prince Nicolas Troubetzkoï.

» Dieu nous l'a enlevé! Pleurons-le! Résignons-nous!

» Prince, recevez ici le témoignage de notre reconnaissance et de nos profonds respects.

» Ne nous oubliez pas là-haut!

» Pour nous, nous conserverons pieusement votre souvenir. Nous prierons sur cette tombe, dont votre noble famille veut bien nous confier la garde, et les pères apprendront à leurs enfants, à bénir votre nom.

» Adieu, notre bien-aimé Prince! que dis-je, adieu?... au revoir! s'il plaît à Dieu, dans ce monde meilleur, dont vous nous avez montré le chemin. »

(Abeille, 19 juin 1874.)

LE PRINCE ORLOFF

Dimanche dernier dans l'après-midi, notre ville a été péniblement impressionnée par la nouvelle, rapidement répandue, de la mort prématurée du prince Orloff.

Nous savions le prince en proie depuis quelques mois à de cruelles souffrances occasionnées par des accidents résultant de la blessure qu'il avait reçue à la tête en 1854 au siège de Silistrie, et non en 1855 au siège de Sébastopol, comme le disent la plupart des journaux. Mais nous avions l'espoir que son énergie et sa forte constitution triompheraient cette fois encore de la maladie.

Il n'en a rien été malheureusement. Ce prince ami de la France, le bienfaiteur de la contrée, le mari de la charmante princesse Catherine Troubetzkoï, dont l'enfance et la jeunesse s'étaient passées auprès de nous, a été ravi à l'affection de ceux qui l'avaient connu et à la reconnaissance de tous les Français.

Pour la cinquième fois, nous avons dû faire, avec une foule sympathique et émue, le trajet de Bellefontaine au modeste cimetière de Samois. Sur tout le parcours du cortège, il a été consolant de constater un recueillement général.

Le prince Orloff, dont le père représentait le gouvernement russe au congrès de Paris, filleul de l'empereur Nicolas, avait débuté dans la carrière militaire. Grièvement blessé en 1854, devenu major général, il entra dans la diplomatie et représenta en 1859 son gouvernement à Bruxelles. Nommé ambassadeur à Londres en 1870, il ne prit pas possession de ce poste et fut appelé à l'ambassade de Paris en 1873. Depuis peu, sur le désir personnel de l'Empereur, il venait d'être transféré à l'ambassade d'Allemagne lorsque la maladie l'a atteint.

Il était en outre major général et aide de camp de l'Empereur, grand-croix de l'ordre de Sainte-Anne, de la Légion d'honneur, etc.

Le prince était un sincère ami de la France à laquelle, on ne l'oubliera jamais, il a rendu, dans des circonstances critiques, les plus grands services; aussi, a-t-on pu dire avec raison mardi dernier : « C'est une partie de la France que nous venons d'enterrer ».

,*,

Le service funèbre du prince Orloff a été célébré mardi, au château de Bellefontaine, au milieu d'une assistance considérable dont la tenue recueillie témoignait de ses regrets. Ils étaient nombreux les habitants de Samois, de Fontainebleau, de Vulaines et d'Avon, venus pour témoigner leur reconnaissance des bienfaits répandus par la famille Troubetzkoï et des services rendus à la France par l'ancien ambassadeur de Russie.

Dans un des salons transformé en chapelle ardente brillamment éclairée, était déposé le cercueil qui disparaissait sous les fleurs et les couronnes. Au pied, sur un coussin, étaient placées les nombreuses décorations du prince, parmi lesquelles se détachaient les grands cordons des ordres de Saint-André, de la Légion d'honneur et de Léopold.

A trois heures, a commencé la cérémonie religieuse. Les prières ont été dites par l'archimandrite Prilejaeff, assisté de son diacre Teselsky. Entre les prières, se faisait entendre la maîtrise de l'église russe de Paris qui, sous la direction du maître de chapelle M. Bourdeau, a exécuté des chants religieux harmonieusement rhythmés.

Autour du cercueil, pendant la cérémonie, étaient groupés : les jeunes princes Alexis et Wladimir Orloff; le prince Jean Troubetzkoï; le baron Mohrenheim, ambassadeur de Russie en France, et tout le personnel de l'ambassade, ainsi que les attachés militaires, tous en grand uniforme; le comte Mourawieff, intérimaire de l'ambassade russe en Allemagne depuis la maladie du prince, délégué par l'Empereur; le prince de Hohenlohe; le comte de Moltke; le comte de Cresptowitz, envoyé du gouvernement russe à la commission de Suez; le baron de Beyens; le baron Frederickz, attaché militaire; le colonel Lichtenstein, représentant le président de la République; le duc Decazes; le général Charlemagne; MM. Barthélemy Saint-Hilaire; Léon Renault; une députation de tous les corps de troupes de Fontainebleau, ayant à sa tête le général Goybet; le lieutenant-colonel Donop et le commandant de Sesmaisons, du 15ᵉ chasseurs; le commandant d'Agon de Laconterie, du 4ᵉ d'infanterie, et le commandant Joannès, du 5ᵉ escadron du train.

Dans un second salon étaient groupés tous les assistants qui avaient pu y prendre place, tenant tous, suivant le rite russe, un cierge allumé pendant la cérémonie.

Des honneurs militaires exceptionnels ont été rendus au prince par des détachements de tous les corps de la garnison : deux compagnies du 4ᵉ d'infanterie, deux escadrons du 15ᵉ chasseurs avec étendard et musique, deux batteries à cheval des 9ᵉ et 37ᵉ d'artillerie et une compagnie du train des équipages. Toutes ces troupes étaient sous le commandement supérieur du colonel Rosier, du 15ᵉ chasseurs.

Le service d'ordre était fait par les brigades de gendarmerie de Fontainebleau.

Les prières terminées, le cercueil, porté par les deux fils du prince et les attachés de l'ambassade, a été par eux-mêmes placé sur le char funèbre.

A ce moment les troupes présentent les armes et les tambours battent aux champs.

Le cortège se met ensuite en marche pour se rendre au cimetière de Samois où le prince a voulu reposer à côté de son épouse regrettée, la princesse Catherine, de sa mère et du prince et de la princesse Troubetzkoï.

Un peloton d'avant garde du 15° chasseurs ouvrait la marche.

Venaient ensuite :

Six pelotons du 15° chasseurs avec l'étendard voilé d'un crêpe, sous les ordres du commandant de Chabot;

Une compagnie du train;

Le char funèbre, précédé de la fanfare du 15° chasseurs à cheval, et autour duquel deux compagnies d'infanterie formaient la haie.

Le deuil était conduit par les princes Alexis et Wladimir Orloff, le baron de Mohrenheim et le comte Mourawieff, tuteur des jeunes princes.

Puis venaient les personnes en grand nombre assistant aux obsèques; enfin suivaient les voitures de la maison, les lanternes voilées de crêpe.

Il nous est, à notre grand regret, impossible de citer les noms de toutes les personnes qui suivaient le cortège. Constatons seulement, en dehors des notabilités de Fontainebleau et des environs, la présence du président du tribunal de Fontainebleau, des maires de Samois et de Vulaines, des députations de la sociétété de Secours mutuels d'Avon, des employés du chemin de fer P. L. M. ayant le chef de gare à leur tête, de la fanfare et des pompiers de Samois, des enfants des écoles, etc., etc.

La marche était fermée par les deux batteries d'artillerie sous les ordres du commandant Bourjat, et par un peloton du 15° chasseurs.

A quatre heures et demie le cortège, suivi d'une foule énorme, arrivait au cimetière de Samois; il s'arrêta à l'entrée. Avant que le corps ne soit descendu dans le caveau, toutes les troupes commandées par le colonel Rosier défilent devant le cercueil du prince et lui rendent les suprêmes honneurs militaires.

Les dernières prières, accompagnées de chants religieux, ont été dites sur la tombe du regretté défunt, puis l'assistance s'est retirée profondément émue.

Ces honneurs militaires exceptionnels et le témoignage spontané de reconnaissance donné par la population du pays, étaient bien dus à celui qui a tant fait pour la France.

Nous avons la satisfaction d'apprendre que le gouvernement du Czar y a été sensible. Le baron de Mohrenheim, ambassadeur de Russie, s'est rendu hier chez le président de la République, pour le remercier, au nom de son souverain, des honneurs qui ont été rendus à la mémoire du prince Orloff.

(*Abeille*, 3 avril 1885.)

AU CIMETIÈRE DE SAMOIS

Samedi a eu lieu à trois heures, comme nous l'avions annoncé, la manifestation dont l'*Abeille* avait eu la première la pensée.

Une partie du conseil municipal de Fontainebleau ayant à sa tête M. Péclet, maire, s'est rencontrée avec le conseil municipal et les pompiers de Samois pour aller déposer des couronnes sur les tombes des princes Troubetzkoï et Orloff, à l'occasion des fêtes franco-russes célébrées à Paris à la même date.

Disons tout de suite, pour ne pas l'oublier, que les organisateurs de ce témoignage de reconnaissance bien mérité, n'avaient pas invité la presse locale — pas même l'*Abeille* à qui ils sont cependant redevables de cette idée, trouvée bonne puisqu'elle a été adoptée à l'unanimité et a produit partout la meilleure impression. Mais passons...

**

Au cimetière attendait M. Kartzow, consul général de Russie, ami personnel du prince Orloff, chargé de représenter la famille.

Devant une nombreuse assistance deux discours empreints d'un sage patriotisme ont été prononcés par MM. Péclet, maire de Fontainebleau, et Millet, maire de Samois. M. Kartzow a répondu et remercié au nom de la famille.

Après avoir déposé quatre grandes couronnes en perles : deux sur la sépulture du prince Troubetzkoï et deux sur celle du prince Orloff, avec ces mentions : *la ville de Fontainebleau reconnaissante*, et *la ville de Samois reconnaissante, 14 octobre 1893*, a eu lieu à la mairie de Samois une réception à laquelle étaient invités le consul général de Russie et les représentants de notre ville.

Notons que tous les serviteurs et le personnel du château de Bellefontaine assistaient à la cérémonie et que de nombreux drapeaux russes et français pavoisaient l'avenue du chemin de fer, le château de Bellefontaine, les rues et la mairie de Samois.

Les deux sépultures Troubetzkoï et Orloff sont presque à côté l'une de l'autre ; elles se composent de deux croix en marbre blanc élevées au milieu d'un carré de fleurs entouré de grilles.

Sur la croix fleuronnée de la sépulture du  Troubetzkoï sont gravés en lettres d'or ces mots : « *J'aime, je crois, j'espère* » sur la princesse Catherine Orloff.

Sur le piédestal on lit : Prince Troubetzkoï, né le 2 mars 1807, mort le 11 juin 1874. — Princesse Catherine Orloff, née princesse Troubetzkoï, morte le 4 août 1875, âgée de 35 ans. — Princesse Troubetzkoï, née comtesse Gordowitch, morte le 7 juillet 1882, à l'âge de 63 ans.

Sur le piédestal du monument du prince Orloff on lit : Princesse Olga Orloff, née Gerebzow, le 7 janvier 1807, décédée le 6 septembre 1880. — Prince Nicolas Orloff, ambassadeur de Russie, décédé le 20 mars 1885.

(*Abeille,* 20 octobre 1893.)

LE BARON EDMOND DE BEAUVERGER

Nous avons la douleur d'enregistrer la mort de M. le baron Edmond de Beauverger. L'honorable ancien député de Seine-et-Marne a succombé samedi dernier, à l'âge de 54 ans, à la suite d'une foudroyante maladie.

Les obsèques de M. le baron de Beauverger ont eu lieu mardi, à Paris, à l'église Saint-Philippe-du-Roule; le corps a été transporté dans un caveau de famille, au cimetière du Père-Lachaise. Les honneurs militaires, dus aux commandeurs de la Légion d'honneur, ont été rendus par un demi-bataillon d'infanterie.

Dans l'assistance nombreuse et recueillie qui remplissait l'église, nous avons remarqué beaucoup d'habitants de Seine-et-Marne, plusieurs anciens collègues de M. de Beauverger au Conseil général, et de nombreux membres de notre Association horticole, venus spontanément se joindre au Bureau de la Société, pour rendre les derniers devoirs à leur digne président.

Au cimetière, avant que la tombe ne se refermât pour toujours, un discours a été prononcé par M. Alfred Maury, de l'Institut, directeur général des Archives nationales.

Qu'ajouter à ce discours que nous nous faisons un pieux devoir de reproduire? Que dire après ces paroles émues dans lesquelles un ami des plus dévoués est venu rendre un hommage mérité à la mémoire de l'éminent homme de bien que nous pleurons?

Est-il besoin de rappeler la vie publique de M. le baron de Beauverger? On ne peut avoir oublié ici les dix-huit années qu'il a passées au Corps législatif où, dès le début, il avait conquis une place si brillante. Ces dix-huit années, on le sait, ont été exclusivement consacrées par lui à son pays et à la défense des intérêts qui lui étaient confiés. Jamais une commune de la circonscription, jamais un habitant n'a fait en vain appel à son incessant dévouement. Toujours il a recherché les occasions d'être utile à tous indistinctement.

Que dire de sa vie privée, sinon qu'elle s'est écoulée dans la pratique constante de toutes les vertus?

Homme de cœur et de devoir, caractère loyal et indépendant, d'une franchise toute chevaleresque, M. de Beauverger a compté des adversaires politiques, mais il n'a pas eu d'ennemis.

Inaccessible à tout sentiment qui ne fût la bienveillance, austère pour lui, indulgent pour les autres, M. le baron de Beauverger a pu quitter cette vie avec la douce satisfaction de n'avoir jamais prononcé une parole malveillante, de n'avoir jamais conçu une pensée de haine, ni pour ceux qui le combattaient avec un injuste acharnement, ni pour ceux qui, après avoir recherché et obtenu des témoignages manifestes de sa sollicitude, le payaient de la plus noire ingratitude.

Honoré — et nous en sommes fier — de son affectueuse confiance, nous devons rendre ce dernier témoignage au caractère de M. le baron de Beauverger, aujourd'hui que, malheureusement, nous n'avons pas à craindre de blesser sa modestie.

S'il était un adoucissement possible à la trop légitime douleur d'une famille si cruellement éprouvée, et dont tous les membres se distinguent par les plus éminentes qualités du cœur, elle le trouverait peut-être dans la sympathique et sincère émotion éprouvée par les nombreux amis de M. le baron de Beauverger. Son souvenir restera profondément gravé dans nos cœurs.

Privé des soins de son père à un âge où ils lui devenaient éminemment précieux, le jeune fils de M. le baron de Beauverger reçoit, du moins, en héritage l'exemple d'une vie — trop courte hélas ! — mais bien et utilement remplie. Qu'il suive les traditions paternelles, il est assuré d'honorer sa famille et son pays.

E. B.

Paroles prononcées par M. Alfred MAURY, *membre de l'Institut, directeur général des Archives nationales, président de la Société d'archéologie de Seine-et-Marne.*

Messieurs,

J'ai peine à dominer l'émotion qui m'oppresse.

Celui auquel je viens adresser un suprême adieu, a été, je puis le dire, l'ami de toute ma vie. Nos mères s'étaient connues dès leur première jeunesse et nous avons été élevés à nous aimer.

Ah ! Messieurs, il était bien digne d'affection l'homme éminent dont nous confions à la terre la dépouille mortelle. Il joignait aux qualités les plus exquises du cœur les dons d'une rare intelligence.

Enfant, il se faisait remarquer par sa raison précoce, son ardeur au travail, sa soumission respectueuse à ses parents.

Il fit de brillantes études classiques, et remporta, dans les concours généraux, des succès éclatants.

Les traditions de sa famille l'invitaient à embrasser la carrière des affaires publiques. Son grand-père maternel avait été député à la Constituante et siégea au

Tribunal; son grand-père paternel représenta le département de la Seine au Corps législatif; son grand-oncle, le comte Frochot, fut le premier préfet de ce département; son père avait été l'un des jeunes préfets de l'Empire, à la chute duquel il renonça à l'administration.

Le baron de Beauverger se livra donc à l'étude de la jurisprudence et du droit public; il le fit avec la persévérance et l'énergie de volonté qui le caractérisaient. Il prit le grade de docteur en droit, mais, tout en apprenant par la théorie et par la pratique à connaître les affaires, il charmait ses loisirs par la culture des lettres; il s'essayait dans des compositions en prose et en vers qui révèlent un talent distingué et vit son nom proclamé aux Jeux floraux et à l'Académie française.

L'avènement du second Empire ouvrit un plus vaste champ à son activité. Il avait reçu, comme un héritage de famille, le culte du génie puissant qui réorganisa la France livrée à l'anarchie, et étonna par ses victoires l'Europe conjurée contre nous. Il se flattait du retour de cette ère de grandeur et de créations fécondes, dont il étudiait avec passion les origines.

Élu député du département de Seine-et-Marne, en 1859, quand il était à peine âgé de 35 ans, il prit une part importante aux délibérations du Corps législatif. Doué d'une élocution élégante et facile, il éclaira bien des questions par une discussion lumineuse et approfondie, et sut garder, tout en défendant les actes du gouvernement, une indépendance sans ostentation, et une dignité de caractère dont ses pères lui avaient légué de nobles exemples. Le baron de Beauverger était un de ces amis désintéressés du dernier souverain, dont les conseils ne pouvaient être trop écoutés.

En même temps qu'il consacrait la majeure partie de son temps aux affaires de son pays, il écrivait des ouvrages où étaient abordés les plus graves problèmes de droit public et de politique générale; il faisait paraître successivement un *Examen des Constitutions de la France et du système politique de l'empereur Napoléon I*^{er} (1852), et un *Tableau historique des progrès de la philosophie politique* (1858). Ses livres attestent des méditations prolongées et un savoir aussi consciencieux qu'étendu; ils valurent à leur auteur les éloges d'éminents critiques et d'illustres représentants de la science législative.

Non réélu lors du renouvellement du Corps législatif en 1869, le baron de Beauverger se retira de l'arène politique, quand déjà des symptômes inquiétants annonçaient les maux qui allaient fondre sur la France. Il laissa à d'autres plus confiants et plus impatients de renommée le soin de défendre des institutions à l'esprit originel desquelles il se tenait avec fermeté. Il rentra dans la vie privée, mais tout en vivant surtout pour les siens, il suivait d'un œil attentif et vigilant des événements qu'il n'était plus appelé à diriger. Sa fidélité ne faillit jamais; pas plus que son respectable père, dont les principes furent son guide constant, il n'avait sollicité les faveurs d'un prince qu'il aimait. Il aurait pu aspirer aux plus hautes fonctions de l'administration, il se contenta d'être un bon citoyen. Il ne fut le courtisan que du malheur et ne s'empressa de témoigner ses vieilles sympathies que quand ceux auxquels elles s'adressaient avaient gagné la terre d'exil.

Noble et généreux caractère, cher Edmond, qu'il me soit permis, ici, de t'appeler par le nom que je t'ai toujours donné dans les épanchements d'une inaltérable amitié, mon compagnon de la tendre enfance, le confident de mes premières émotions, tu n'as pas fléchi devant l'adversité de ceux auxquels tu étais allié par suite d'une union qui t'a donné près de vingt années de bonheur. La catastrophe de 1870 t'avait profondément affligé, non abattu. Tu espérais toujours pour la France, dont les défaites déconcertaient ton patriotisme. Tu aimais trop la gloire de ton pays pour le croire à jamais condamné à répudier ce que tu avais béni. La grande œuvre de 1789 ne te paraissait pas devoir finir par une amère déception et une anarchie sans avenir. La mort t'a frappé avant que tu aies pu même entrevoir les premières lueurs de ce retour par toi tant désiré. Tu t'es endormi sans souffrance au sein de Dieu, la conscience pure, l'âme sereine. Tu disparais, mais nous ne saurions te quitter. Tous ceux qui t'ont connu garderont ta mémoire avec ce pieux amour dont tu ne cessais d'entourer le souvenir des auteurs de tes jours, et la consolante pensée que ce qu'il y avait de plus intime en toi ne saurait périr, calmera ce qu'a de plus amer notre chagrin.

Les hommes, tels que celui dont gît ici la dépouille, ne sont pas communs. S'ils l'étaient, nous n'eussions pas traversé tant d'épreuves. Aussi sa mort est-elle un deuil pour quiconque prise la vertu et honore les nobles âmes. Il y a quelque chose de plus grand que les grandeurs, de plus fastueux que le faste, c'est le spectacle d'un homme toujours fidèle au devoir, dont rien n'ébranle les résolutions viriles et n'attiédit le dévouement à ce qu'il juge droit et juste.

Ce spectacle, c'est celui que le baron de Beauverger nous a donné. Son ami de cinquante ans, voilà un demi-siècle que j'assiste à sa belle vie, le temps n'a fait que resserrer la liaison qui nous unissait. Vous comprenez ma douleur, Messieurs, et vous la partagez, j'en suis sûr. Que votre voix s'unisse à la mienne et la soutienne pour dire à cet homme de bien un dernier adieu.

Que l'écho de ces regrets unanimes adoucissent quelque peu les angoisses de la digne compagne qu'il laisse et retentissent dans le cœur brisé des enfants, des parents auxquels il est tout à coup arraché.

(*Abeille*, 20 juin 1873.)

Mgr MELLON-JOLLY

Mgr Mellon-Jolly, ancien archevêque de Sens, chanoine de premier ordre du Chapitre de Saint-Denis, vient de mourir à Fontainebleau, où depuis plusieurs années, ce prélat avait pris une retraite motivée par de précoces infirmités.

Mgr Jolly appartenait à plus d'un titre à notre diocèse. C'est à Meaux qu'il a été ordonné prêtre le 18 décembre 1819, à Meaux qu'il a consacré les prémisses de son ministère comme vicaire de la cathédrale.

Précepteur, dès l'année suivante, des enfants de M. le duc de Blacas, et plus tard, chapelain de Mme la duchesse de Berry, il était attaché au clergé de la Madeleine, ou plutôt, de l'Assomption, quand Mgr Gallard, qui était curé de cette paroisse, fut nommé évêque de Meaux.

Le prélat ayant reconnu les précieuses qualités de l'abbé Jolly, le ramena à Meaux comme l'un de ses grands-vicaires et le nomma bientôt curé de la cathédrale.

C'est là que le 25 mai 1836, une ordonnance royale vint le prendre pour l'élever sur le siège épiscopal de Séez. — Le souvenir de Mgr Jolly n'est pas encore effacé; son zèle et son dévouement à l'époque si désastreuse du choléra de 1832 lui avaient gagné les cœurs; aussi la cathédrale était-elle comble le dimanche 21 août 1836, quand le nouvel élu reçut la consécration épiscopale des mains de Mgr Gallard.

Après sept ans d'une ferme et laborieuse administration, l'évêque de Séez fut appelé à remplacer sur le siège archiépiscopal de Sens, Mgr de Cosnac qui, jadis, à Meaux, lui avait conféré l'ordination.

Bien que retiré des fonctions actives, Mgr Jolly n'a laissé échapper aucune occasion de se rendre utile à notre paroisse, dans laquelle, le dimanche 19 décembre 1869, il avait voulu célébrer le cinquantième anniversaire de son ordination, rappelant, ce jour-là, combien il avait toujours été heureux de se souvenir de son diocèse d'origine.

Sa Grandeur avait retrouvé, comme curé de Fontainebleau, l'un de ses collaborateurs à Meaux, M. l'abbé Charpentier, qui faillit être emporté victime de son zèle par le fléau de 1832.

La mort de ce vénérable prélat a vivement impressionné tous ceux — en si grand nombre — que son exquise bienveillance rapprochait si facilement de lui, et ceux aussi que son inépuisable charité autorisait à frapper incessamment à sa porte.

Que dire de M⁰ʳ Jolly, que tout le monde ne connaisse déjà. Un seul fait, tout actuel, sera plus éloquent que les plus belles phrases : La dernière sortie de Monseigneur date de quelques jours seulement; bien malade déjà, le prélat s'était fait transporter en voiture chez le trésorier de l'œuvre nationale de la libération du territoire, pour remettre, personnellement, une nouvelle souscription, la troisième, croyons-nous.

Sa longue existence, dont les dernières années se sont écoulées au milieu de nous, peut se résumer par ces deux mots : *Vertu, Charité.*

(Abeille, 26 avril 1872.)

FRANÇOIS HUE

M. Roux a communiqué à *l'Union républicaine* une lettre datée du 6 juillet 1814, par laquelle le maire de Nemours priait Dupont de Nemours, de faire des démarches actives auprès du baron François Hue, premier valet de chambre du Roi, trésorier de la maison militaire et du domaine privé de Louis XVIII. Il s'agissait d'obtenir l'intervention de cet ami dévoué de la famille royale, dans le but de faire transférer à Nemours le tribunal et la sous-préfecture établis à Fontainebleau.

Ces démarches ne paraissent pas avoir été couronnées de succès; les services administratif et judiciaire nous restèrent. Ce qui a fait dire à M. Roux : « grâce au pouvoir occulte d'un serviteur du Roi, Fontainebleau conservait les fruits de son usurpation; cette ville reconnaissante devrait élever une statue au *Valet Hue* ».

Nous ignorions que François Hue avait été, à cette époque, ainsi appelé à venir au secours de sa ville natale menacée par les démarches actives de la municipalité de Nemours. Sans réclamer la statue que M. Roux propose ironiquement de lui élever, nous pensons que c'est un devoir pour nous tous de perpétuer ici le souvenir de ce digne enfant du pays.

Celui que M. Roux stigmatise avec dédain de la qualification de « valet », le baron François Hue, était né à Fontainebleau en 1757, d'une famille qui, depuis plus de deux siècles, occupait des charges dans la maîtrise des Eaux et Forêts. Il acquit en 1787 celle d'huissier de la Chambre du Roi.

Les huissiers de la Chambre du Roi, rappelons-le, avaient pour mission de faire le service auprès des Enfants de France. Ils ne quittaient point leur épée, distinction peu commune parmi les officiers de la Chambre de S. M. et accompagnaient habituellement les jeunes princes ou princesses lorsqu'ils sortaient.

Dans la journée du 20 juin 1792, F. Hue contribua, par sa présence d'esprit, à dérober aux recherches des séditieux la personne de la Reine et celle du jeune prince. Le 10 août, François Hue, resté aux Tuileries après le départ du Roi, n'échappa aux massacres qu'en se précipitant, d'une des fenêtres du château, dans le jardin; de là, malgré une vive fusillade, il gagna les bords de la Seine et attei-

gnit à la nage un bateau qui le sauva. Le lendemain, il parvint à pénétrer aux Feuillants et à reprendre son service auprès du Roi. Le 14 août, jour fixé pour la translation de Louis XVI au Temple, il obtint de ne pas être séparé du Roi dont il partagea la captivité. Dévouement sublime ainsi reconnu par l'infortuné Louis XVI, dans son testament daté du 25 décembre 1792 : « Je recommande à mon fils MM. de
» Chamilly et Hue, que leur véritable attachement pour moi avait portés à s'enfer-
» mer avec moi dans ce triste séjour, et qui ont pensé en devenir les malheureuses
» victimes. »

Arrêté quelque temps après et emmené à l'Abbaye où il n'eût pu échapper aux massacres, il fut sauvé par un membre de la municipalité et enfermé au secret à l'hôtel de ville, recevant, par une trappe, sa nourriture de la femme du concierge. Ayant recouvré sa liberté, il chercha vainement à rentrer au Temple, mais il n'en rendit pas moins de grands services au Roi.

Après le 21 janvier, Hue qui continuait de correspondre avec la famille royale captive, et qui parvint même une fois à pénétrer dans la Conciergerie, fut encore arrêté et traîné de prison en prison et enfin incarcéré à celle du Luxembourg d'où, sans la chute de Robespierre, il ne serait parti que pour monter à l'échafaud.

Son premier soin fut de rejoindre dans l'exil la famille royale à laquelle, jusqu'à sa mort, arrivée en 1810, il ne cessa d'être attaché et qui lui accorda une confiance sans bornes.

Si à toute époque nous nous plaisons à rappeler le dévouement dont le conventionnel Geoffroy a fait preuve envers Fontainebleau, nous sommes heureux aujourd'hui d'apprendre à nos concitoyens que nous devons à François Hue, le « valet » d'après M. Roux, que nous signalerons comme un des plus dignes enfants de la ville, d'avoir conservé le siège du tribunal et celui de la sous-préfecture, qui lui avaient été attribués lors de la réorganisation de tous les services publics.

M. F. Hue a publié, en 1806, en Angleterre, un volume : *Les dernières années du règne et de la vie de Louis XVI*, qui a eu depuis de nombreuses éditions. Nous en recommandons la lecture à ceux qui voudraient mieux connaître le concitoyen dont la vie a été signalée par les actes du plus sublime dévouement.

(*Abeille*, 13 décembre 1889.)

CHAMPOLLION-FIGEAC

M. Jacques-Joseph Champollion-Figeac, officier de la Légion d'honneur, ancien conservateur au département des manuscrits de la bibliothèque impériale, bibliothécaire du palais de Fontainebleau, s'est éteint vendredi dernier, à l'âge de 80 ans.

Par un rare privilège, M. Champollion-Figeac a conservé, jusqu'à l'heure suprême, l'usage de ses merveilleuses facultés. Sa mémoire, sa facilité pour le travail, n'étaient égalées que par son savoir, aussi a-t-il pu consacrer ses dernières années à son *Histoire du Palais de Fontainebleau*, travail immense que, malgré son grand âge, il a mené à bonne fin sans la moindre défaillance. Cette histoire, monument élevé aux fastes de notre pays, est le couronnement d'une longue et utile carrière entièrement vouée au travail.

Fidèle continuateur des traditions du dix-huitième siècle, M. Champollion-Figeac apportait, dans ses relations avec tous, la plus exquise politesse et la plus complète affabilité; sa conversation avait un charme infini et ne laissait aucunement soupçonner l'austérité de ses études.

Nous avons l'espoir de donner prochainement une notice plus développée sur la vie et les œuvres de M. Champollion-Figeac. Un de ses grands mérites aura été, sans contredit, de supporter, sans en être écrasé, le lourd fardeau d'un nom illustré par la surprenante découverte de la lecture des hiéroglyphes, découverte due à Champollion le jeune, son frère puîné, ce frère pour lequel il professait un véritable culte, et dont nous lui avons entendu dire — avec un juste orgueil et une grande modestie — qu'il avait été successivement « le père, le maître et l'élève. »

(*Abeille*, 12 mai 1867.)

Le vénérable bibliothécaire du Palais impérial avait vécu de longues années sans doute; mais quoique parvenu à un âge que peu de nous pouvons espérer atteindre, il avait été si miraculeusement préservé des défaillances de la sénilité, sa vie active et studieuse s'était si heureusement prolongée, que la nouvelle de sa mort a causé autant de surprise qu'elle a provoqué de regrets. Aussi une assistance nombreuse et recueillie remplissait notre église paroissiale, se pressant autour de son cercueil.

Le deuil était conduit par le fils du défunt, M. Champollion-Figeac, chef du bureau des archives au ministère de l'Intérieur, et par un de ses neveux, M. Berriat Saint-Prix, conseiller à la Cour impériale de Paris.

Dans l'assistance, nous avons remarqué M. le général marquis de Toulongeon, aide de camp de l'Empereur; M. le général comte de Polignac, commandant militaire du Palais; M. le général baron d'Alphonse; M. le baron de Lagatinerie, commissaire-général de la marine impériale; M. Guibourg, sous-préfet; M. Guérin, maire; M. le colonel Elias, commandant en second du Palais; M. Paccard, architecte de la Liste civile; M. de Neuflieux, inspecteur des forêts de la Couronne; M. Lamy, régisseur du Palais; M. le marquis de Saluces, M. Jules David, etc., etc.

Parmi les personnes venues du dehors, nous citerons M. Bertrandy et M. de Stadler, inspecteurs généraux des archives, tous deux élèves de M. Champollion à l'école des Chartes; M. Paul Dacier, petit-fils du célèbre Dacier, secrétaire perpétuel de l'Académie française, l'ami le plus intime, le plus dévoué de M. Champollion; M. Lemaire, archiviste de la préfecture de Seine-et-Marne, etc., etc.

Un cortège considérable a accompagné la dépouille mortelle de M. Champollion jusqu'au cimetière, où, après les dernières prières, deux discours ont été prononcés : le premier par M. Jules David, le second par M. Bertrandy, inspecteur général des archives.

Discours de M. David.

« Je devrais hésiter à prendre la parole ici, mais ma reconnaissance, et celle de la Société littéraire que je représente, ont besoin de s'épancher, et nous ne pouvons nous résoudre à en retarder l'expression. La Société des sciences, des lettres et des arts de Fontainebleau est modeste; mais elle était orgueilleuse de son président d'honneur, fière de son concours, heureuse de son suffrage; et il avait tant de bonté pour nous instruire, tant d'amabilité pour nous conseiller, tant d'autorité pour nous exciter au travail que, pour celui qui vous parle surtout, sa bienveillance était un encouragement, et son approbation une récompense. Aussi bien, c'était un honneur précieux pour nous tous de jouir encore de la conversation si fructueuse d'un de ces savants, dont la France a droit de s'enorgueillir.

» Quelle plus belle existence et plus remplie, en effet, que celle de Champollion-Figeac! Professeur de faculté à Grenoble, au renouvellement de l'Université, il devint un helléniste assez habile pour remporter un prix à l'Académie des Inscriptions et belles-lettres, prix dont il fit plus tard un livre très remarquable sur la chronologie des Lagides, et qui lui mérita l'estime et bientôt la confiance du célèbre Dacier. Auparavant il avait étudié à la fois et les antiquités et la langue du pays où il résidait alors, et la ville de Grenoble lui doit une partie de ses annales. Enfin il fit l'éducation scientifique de l'illustre frère qu'il précédait dans la vie, et, comme il le disait avec tant de grâce, il en fut successivement le maître, le collaborateur et l'élève. Puis, une fois ce frère mort avant l'âge, malgré ses graves et nombreuses occupations, malgré ses fonctions si délicates de conservateur des chartes et diplômes à la bibliothèque du roi, Champollion-Figeac employa tous ses loisirs, tout le temps qu'il aurait pu consacrer à sa propre renommée, à rassembler, à corriger, à mettre au jour l'œuvre immortelle de son frère. Dieu semble avoir béni cette mission si utile, si désintéressée et si touchante en lui accordant de longs jours, en lui laissant le temps d'achever sa publication fraternelle, et même de répondre au vœu de l'Empereur en terminant l'ouvrage si important et définitif qu'il laisse sur cette résidence impériale, dont il était le bibliothécaire, digne héritier des Budé, des Casaubon et des de Thou.

» Adieu Champollion, vénérable maître! — Homme de bien, d'une politesse exquise, d'une amabilité affectueuse, tous ceux qui t'ont connu te regrettent du fond du cœur; homme de talent, la France n'oubliera pas ton nom, et la postérité l'associera à la gloire de ton frère! »

Discours de M. Bertrandy.

« Je veux aussi adresser publiquement un dernier adieu à celui dont nous déplorons la perte.

» Je veux qu'en apprenant la nouvelle de sa mort, la ville qui l'a vu naître sache que la voix d'un compatriote s'est fait entendre pour exprimer ses regrets sur cette tombe entr'ouverte.

» A Figeac le nom de Champollion est honoré, vénéré, comme une gloire nationale, d'autant plus précieuse que son éclat s'est déjà projeté sur le monde entier.

» Les habitants de Figeac ont appris à confondre dans une affection respectueuse Champollion le jeune et Champollion l'aîné, parce que, jugeant avec le cœur, ils n'ont jamais surpris la moindre différence entre ces deux natures d'élite. Aussi, comme nous les unissons dans une affection commune, nous aimons à les associer dans une même gloire; et, pour nous, les remarquables travaux sur l'antique Égypte se mêleront toujours à ces pages pleines, à la fois, de science, d'esprit, de maturité et de jeunesse qu'une plume octogénaire vient d'écrire sur le château de Fontainebleau.

» Une faveur signalée, accordée par des mains augustes, est venue naguère réjouir le foyer du vieillard. Ah! si ma faible voix pouvait arriver jusqu'aux pieds du trône, elle y apporterait l'expression de la reconnaissance d'une ville tout entière pour une distinction, dont elle ose prendre sa part, du moment qu'elle s'applique à un de ses enfants les plus chers et les plus illustres.

» Les hommes ne sont pas toujours récompensés ici-bas selon leurs œuvres; mais avant, comme après nous, il y a Dieu qui nous juge; c'est auprès de lui que Champollion recueille, en ce moment, la récompense d'une vie longue, honnête et laborieuse, semée de joies et d'amertumes, de succès et de revers; mais revers, succès, amertumes et joies, pas un de ses amis, et il en eut un grand nombre, ne refusa jamais d'en prendre sa part.

» La vie de Champollion est pleine d'enseignements utiles. Une plume autorisée ne tardera pas, je l'espère, à nous en livrer les détails. Mais, en attendant, je suis fier de le dire, sa fin, dans ce château où l'avait appelé la confiance éclairée de l'Empereur explique et justifie l'intensité de nos regrets, si l'on songe, surtout, que celui qui les inspire ne cessa durant le cours d'une longue existence, de pratiquer toutes les vertus qui font l'honnête citoyen, le bon, l'excellent père de famille, l'ami le plus sûr et le plus dévoué.

» Le nom de Champollion (et c'est pour sa famille éplorée et pour ses compatriotes, un honneur sans prix), le nom de Champollion, grâce à des travaux nombreux et solides, vivra tant que l'érudition française occupera la place élevée qu'elle a conquise dans le monde, c'est-à-dire s'il plaît à Dieu, toujours.

» Adieu, au nom de la ville de Figeac; pour les miens et pour moi, maître illustre, cher ami, adieu. »

(Abeille, 19 mai 1867.)

AUGUSTE BARBIER

L'auteur des *Iambes* vient de mourir. La place de ce poète est unique dans l'histoire littéraire du siècle. Au lendemain de la révolution de Juillet, il eut une heure de la plus retentissante gloire qu'un écrivain puisse rêver. En quelques mois il fit paraître un millier de vers qui sont parmi les plus magnifiques de notre poésie française, *la Curée*, *le Lion*, *la Popularité*, *Quatre-vingt-treize*, *Varsovie*. Il n'y eut ni conteste ni critique. D'emblée le public comprit qu'il venait de lire quelque chose d'immortel, et les *Iambes* entrèrent, pour n'en plus sortir, dans la mémoire de toute cette génération.

En 1832, Auguste Barbier publia dans la *Revue des Deux-Mondes* : *Il Pianto*, où il peignait l'abaissement politique de l'Italie, et *Lazare*, le tableau de la misère du peuple en Angleterre. Il donna encore, en 1837, deux satires, *Erostrate* et *Pot-de-Vin*, qui firent peu de bruit. Il écrivit aussi les paroles de l'*Hymne à la France* que Berlioz fit exécuter dans un grand festival en 1844, à l'Exposition de l'industrie.

Auguste Barbier restera pour l'ensemble du public l'auteur des *Iambes*, mais, comme l'a dit en fort bons termes M. Anatole France, un des rares critiques qui nous soit venu après l'admirable Sainte-Beuve : « Ce n'est pas tout l'art de ce rude artisan de vers d'avoir poussé tout d'une haleine de grandes tirades indignées. Ailleurs, son éloquence est plus souple et variée. Il y a dans le *Pianto* des effets de nature fixés magistralement en un vers, des paysages notés en un distique, et au milieu des coups de force, des éclairs de grâce. L'auteur des *Erinnyes* parle d'un rossignol qui chantait entre deux coups de tonnerre. On entend ce rossignol entre les grondements de *Pianto* et le fracas des *Iambes*. »

Il était allé en Italie comme Paul et Alfred de Musset et les frères Deschamps — et à peu près vers la même époque. Le poète aima autant l'Italie que la liberté, ou plutôt il l'aima parce qu'elle était belle et qu'elle était esclave.

Il rapportait à sa mère le goût de la belle peinture. Sa mère était une femme supérieure. Quoiqu'elle fût encore jeune quand il la perdit, elle fut toujours l'inspiratrice et la directrice de sa vie, et comme elle peignait, son fils en aima et comprit mieux la peinture.

Il est touchant de rappeler, sur cette tombe dans laquelle il va reposer à jamais, auprès de celle qu'il aima si pieusement, que sa foi religieuse comme son amour de l'art lui vint de sa mère, qui avait en son âme délicate le germe des belles choses qu'il a exprimées.

.*.

Bienveillant, doux et solitaire, Auguste Barbier ne rechercha jamais l'éclat et le bruit, si bien que, quand il fut reçu à l'Académie, quand il fut décoré — bien malgré lui — et hier encore quand on apprit sa mort, plus d'un fut étonné. On le croyait disparu depuis longtemps et notre génération ignorait qu'il n'avait guère plus de vingt ans quand il publia ses immortels *Iambes*.

Le 4 Septembre, la République laissait froid Auguste Barbier. Il avait chanté la Liberté, il avait vécu pour elle, il était navré de la voir étrangler par ceux qui s'en étaient fait un piédestal. Il trouva des consolations dans le travail et se consacra exclusivement à la littérature et aux travaux de l'Académie, où il était fort assidu.

Auguste Barbier ne se décidait que par intermittences à donner quelques-unes de ses productions au public; il laisse beaucoup de travaux inédits.

En 1880 il publia ses *Histoires de Voyages*, simples récits rédigés d'après des notes prises par lui-même en parcourant la France. Mais dans les récits, à chaque page, à chaque ligne se révèle l'esprit élevé et puissant auquel nous devons de si beaux poèmes. Ajoutons que l'ouvrage est illustré de gravures dont l'auteur a lui-même donné le dessin.

La même année, il fit imprimer à Fontainebleau une reproduction en français de l'*Histoire sans fin*, du docteur Carové, éminent penseur allemand de la première moitié de ce siècle. Comme son titre l'indique, cette histoire ne s'achève pas et se perd dans un vague idéal. C'est le récit poétique des étonnements et des ivresses d'un enfant au milieu des merveilles de la nature qui y est peinte avec de fraîches couleurs, dont les secrets sont finement pénétrés et les formes savamment décrites.

Il est regrettable que cet intéressant opuscule, tiré à cinquante exemplaires seulement, destinés à être offerts à des amis, n'ait pas été mis dans le commerce.

Dans sa longue existence d'écrivain, une des plus douces occupations d'Auguste Barbier, a été la lecture des poètes, non seulement ceux de l'antiquité classique, mais encore ceux des pays étrangers, du vieil Orient et de l'Occident moderne. Il a recueilli de nombreuses pièces de vers, de nombreux fragments de poèmes qu'il fit passer dans notre langue, tout en essayant de conserver la grâce, la vigueur et même la forme du maître. Ces morceaux ont été réunis en un volume, sa dernière publication, imprimée l'automne dernier sous ses yeux à Fontainebleau. Cette curieuse étude a été tirée seulement à trois cents exemplaires numérotés avec ce titre : *Chez les Poètes*.

.*.

L'éminent poète que nous venons de perdre peut être revendiqué comme notre compatriote. Depuis plus d'un demi-siècle, chaque année, la belle saison le ramenait dans sa maison de la rue Saint-Louis. Redoutant le bruit, l'étalage public, il ne recevait qu'un groupe restreint, mais ne vivait pas aussi retiré que certains de ses biographes veulent bien le dire. Éminemment affable et bienveillant, son commerce était des plus agréables, sa conversation des plus attachantes.

On l'a signalé ces jours-ci comme le seul homme de lettres de notre époque sur lequel il n'existe pas d'anecdotes. En voici pourtant une peu connue mais que cependant nous garantissons parfaitement authentique. Auguste Barbier aurait pu être surnommé « le décoré malgré lui. »

Dès longtemps M. Barbier ne voulant rien recevoir d'un gouvernement qu'il avait flagellé dans ses poésies, opposa un refus constant aux instances du plus aimable des ministres de l'instruction publique, M. de Salvandy, qui voulait le proposer pour la croix de la Légion d'honneur.

Plus tard, M. Wallon, son collègue à l'Institut et son ami particulier, devenu ministre, fit vainement de nouveaux efforts pour lui faire accepter le ruban rouge.

Il se croyait à tout jamais garanti contre toute nouvelle offre, lorsqu'un beau matin de 1878, il reçut de M. Bardoux, ministre de l'instruction publique, une lettre lui annonçant sa nomination.

Vite il courut rue de Grenelle; le ministre était absent. Il laissa alors une lettre par laquelle il déclinait une faveur qu'il n'avait nullement cherchée et s'en alla chez son collègue, M. Mézières, porter une autre lettre qu'il adressait au journal le *Temps*.

Au lieu de se rendre au journal, M. Mézières partit chez le ministre qu'il trouva atterré; la nomination avait paru au *Journal officiel !* Comment faire? L'Excellence accompagnée de M. Mézières se rendit chez l'académicien, lui exposa la situation pénible sinon grotesque dans laquelle un refus le placerait, s'humilia tant, fit tant d'excuses que M. Barbier fut désarmé et accepta, mais à la condition expresse que le ministre, sans perdre une minute, se rendrait chez M. Wallon et lui raconterait comment les choses s'étaient passées... Et il y alla.

L'explication de cette nomination est celle-ci : M. Bardoux avait à faire passer légionnaires une série de bons petits amis dont les titres à la décoration étaient plus ou moins solidement établis. Le nom illustre de M. Barbier, sur cette liste, devait servir de remorqueur pour faire accepter plus facilement ceux des nouveaux légionnaires. Citons l'expression même dont Auguste Barbier s'est servie devant nous en racontant le fait, lors d'une de ses aimables visites : « J'ai été, nous a-t-il dit, la boulette de beurre qui fait passer le clystère... »

(*Abeille*, 17 février 1882.)

Jeudi de la semaine dernière, a eu lieu, à l'Académie française, la réception de Mgr Perraud, évêque d'Autun, élu en remplacement de M. Auguste Barbier.

Tous les assistants ont été unanimes pour rendre hommage au prélat qui a su montrer une dignité, une modestie, un tact, un charme parfaits. Avec une grande hauteur de vues, une rare délicatesse de pensée, une parfaite mesure de langage, Mgr Perraud a traité les questions les plus difficiles.

C'est un des plus grands succès dont l'Académie a été le témoin depuis que nous sommes en République.

Dans l'impossibilité où nous sommes de reproduire en entier ce remarquable discours, nous en extrairons ce qui est plus particulièrement de nature à bien faire connaître l'auteur des *Iambes*, notre illustre concitoyen d'adoption pendant une période de quarante années et qui, même au cours de ses voyages les plus lointains, conservait un souvenir pour Fontainebleau.

.*.

Qui s'est tenu davantage, dit Mgr Perraud, à l'écart de l'opinion régnante ? Qui s'est plus raidi contre les courants auxquels tant d'autres se laissent emporter ? En qui a-t-on vu moins de souci de la popularité, étendue dans son sens vulgaire ? Qui a poussé plus loin le culte de la modestie, de la dignité, de l'honneur que votre regretté confrère, M. Auguste Barbier ? Homme à la fois moderne et antique, il semblait devoir appartenir tout entier à une Révolution qui lui avait inspiré, en une heure d'enthousiasme, des vers immortels. Il la chanta, mais il la flagella. Il en redit avec une émotion sincère quelques-unes des dramatiques péripéties ; mais il en flétrit sans hésitation les inconséquences et les bassesses. Constamment rappelé au-dessus des agitations passionnées de son temps, il se montra en toute circonstance le loyal, l'intrépide, l'infatigable champion de la justice.

Auguste Barbier est né à Paris le 28 avril 1805. Son père, avoué au tribunal de première instance, n'avait, paraît-il, d'autre ambition que de lui transmettre un jour la direction de son étude. On assure qu'il ne lut jamais un seul vers d'Auguste, même après le bruit extraordinaire fait autour de son nom par les premiers et éclatants succès des *Iambes*. Mme Barbier exerça sur le futur poète une influence plus profonde. Presque enfant, elle avait été l'élève du célèbre peintre David. Quand vinrent les années mauvaises de la Révolution, les biens de ses parents ayant été mis sous le séquestre, la jeune fille donna des leçons et fut le gagne-pain de la famille. Plus tard, mariée et devenue mère, elle s'occupa elle-même de compléter l'éducation de ses deux fils et de sa fille. Auguste, en particulier, lui fut redevable, non seulement de la connaissance de la musique et du dessin, mais d'un goût très vif et d'une véritable compétence pour les arts. Elle ne se contenta pas d'inspirer aux siens l'amour du beau : elle leur apprit à estimer, par-dessus toutes choses, l'honneur et la joie d'accomplir leur devoir avec l'habitude de s'oublier eux-mêmes, par la pratique d'un sincère désintéressement.

À peine Auguste avait-il terminé ses classes au collège Charlemagne, qu'il eut à faire un premier apprentissage de ces utiles et méritoires vertus. Il s'agissait de répondre aux vœux de son père en se préparant à devenir un bon avoué. Il dut imposer une pénible contrainte à ses goûts littéraires déjà très prononcés, et suivre les cours de l'École de droit. Puis, quand le moment fut venu de s'initier aux secrets de la procédure, de se familiariser avec la langue et les usages du Palais, il fréquenta l'étude d'un confrère de son père. Mais tout devait conspirer contre le projet formé par M. Barbier d'engager son fils dans la carrière paternelle. L'avoué chez lequel Auguste venait d'entrer était M. Fortuné Delavigne, frère de l'auteur des *Messéniennes*, et voici comment, en 1828, était composé le personnel de son étude. J'emprunte ces piquants détails à des notes manuscrites, rédigées par Auguste Barbier lui-même :

« C'était une singulière étude que celle de M. Fortuné Delavigne. Le second clerc était M. Jules de Wailly; le troisième, M. Olivier Falguières, littérateur et compositeur de romances; le quatrième, M. Auguste Barbier, aspirant poète; le cinquième, M. Damas-Hinard, traducteur du *Romancero*; et le sixième, M. Natalis de Wailly, le bibliographe. Il n'y avait réellement que le maître-clerc qui fût homme de Palais et qui aimât les dossiers. (C'était M. d'Herbelot, devenu depuis conseiller à la cour d'appel.) Le petit clerc, celui qui faisait les courses, s'appelait Louis Veuillot. On s'occupait dans cette étude beaucoup plus de littérature que de procédure. On allait aux pièces de Casimir Delavigne, frère du patron, et on en discutait à perte de vue les mérites et les démérites. C'était le beau temps du romantisme. »

On était alors, en effet, au plus fort de cette fermentation des esprits qui a fait des quinze années écoulées entre 1815 et 1830, une des périodes les plus vivantes et les plus fécondes de notre histoire littéraire.

À l'époque où le jeune Barbier fréquentait l'étude de M. Fortuné Delavigne, la mêlée devenait plus ardente. Dans la sphère de la politique, la tribune, la presse, le haut enseignement, le théâtre, la chanson : toutes ces forces à la fois battaient en brèche l'établissement monarchique relevé en 1815 à la suite de nos désastres.

Chaque jour voyait éclore des œuvres où la nouveauté des idées n'était pas toujours à l'unisson des audaces de la forme, mais qui faisaient leur chemin dans le public, d'abord étonné, puis séduit, bientôt captivé.

Tout ignoré que fût en 1828 le jeune clerc d'avoué, quelque distance qui le pût séparer des hommes les plus militants de la littérature et de la politique, Auguste Barbier, loin de s'enfermer dans le culte exclusif de la procédure, suivait avec un vif intérêt le double mouvement des idées et des agitations contemporaines. Le salon de son père était fréquenté par quelques-uns des représentants de l'opposition libérale; à peine sorti des bancs de l'École de droit, il s'essayait dans l'art d'écrire et publiait, sous le voile de l'anonyme, un roman composé en collaboration avec Alphonse Royer, devenu plus tard directeur de l'Opéra. C'est encore en 1828, qu'il se liait avec Brizeux d'une amitié dont rien, pendant trente ans, n'altéra l'exquise douceur; amitié sanctionnée par un sacrifice des plus méritoires, puisque M. Barbier ne put se décider à solliciter vos suffrages tant que vécut celui qu'il estimait bien plus digne que lui-même d'aspirer au grand honneur de vous appartenir.

L'année suivante (1820), une circonstance fortuite le mettait en relations avec Alfred de Vigny.

. . . .

Le duel politique s'était terminé avant le duel littéraire, et les adversaires de la Restauration avaient été plus vite en besogne que les adversaires des traditions classiques.

Absent de Paris pendant les derniers jours du mois de juillet, M. Auguste Barbier ne se trouva pas dans les rangs des combattants. Tout était fini quand il rentra dans la capitale pour rejoindre sa famille. Il a raconté lui-même l'impression produite sur son imagination par le spectacle des rues encore hérissées de barricades et sillonnées par des bandes d'hommes mal vêtus, dont l'attitude respirait l'orgueil et l'enthousiasme d'une victoire inespérée. On était au 1er août. Le soleil étincelait sur les canons massés devant l'Hôtel de Ville; les fenêtres étaient pavoisées de drapeaux tricolores; les murs des maisons portaient les cicatrices nombreuses des blessures que leur avaient faites les balles et la mitraille.

Quelque temps après, avant même que l'ordre matériel eût été rétabli, on voyait une autre armée faire le siège des ministères. De toutes parts accouraient les solliciteurs en habit noir, avides de se partager les dépouilles des vaincus et réclamant impérieusement du pouvoir nouveau la dette des services vrais ou prétendus rendus par eux à la cause qui venait de triompher.

Le rapprochement et le contraste de ces deux épisodes si différents du même drame firent jaillir de l'âme d'Auguste Barbier l'inspiration qui, le révélant tout d'un coup à lui-même et au public, imposa son nom à l'attention de la France.

Qui n'a su par cœur, aux jours de sa jeunesse, qui ne pourrait redire encore, sans se mettre à l'unisson des émotions du poète, sans subir la contagion de sa verve tour à tour enthousiaste et indignée, ces vers de la *Curée* qui semblent écrits avec du feu, et où se respire encore, après un demi-siècle, l'odeur de la poudre brûlée dans les rues de Paris?

Au moment même où j'aborde ce coup d'essai dans lequel, dès la première heure, tout le monde acclama un coup de maître, j'éprouve, je dois l'avouer, un véritable embarras. Je ne fais pas seulement ici allusion aux difficultés d'une lecture qui exigerait presque l'accompagnement de la fusillade et du tocsin, et dont le fracas transformerait en une arène de combat cette paisible enceinte.

Je me heurte à un péril plus sérieux.

. . . .

M. Barbier lui-même me met à l'aise pour me dispenser de mêler à une étude littéraire et morale de ses œuvres, les préoccupations périlleuses de la politique. En effet, si elles ont pu être l'occasion qui a donné naissance au premier et au plus retentissant de ses poèmes, elles n'en ont vraiment pas été l'idée maîtresse, ni même dominante.

Nulle part, l'auteur des *Iambes* n'a entrepris de glorifier un système ou un parti; d'attaquer ou de défendre un drapeau. Il n'a pas insulté la dynastie vaincue en Juillet; il n'a offert aucun encens à la Monarchie nouvelle issue de la Révolution de 1830. Il n'a pas davantage mis sa plume au service des idées républicaines, ni exprimé le regret qu'elles n'eussent pas eu le dernier mot dans la lutte engagée entre les Bourbons et le peuple de Paris. Son inspiration, née d'un sentiment moral, me paraît très supérieure à l'incident historique auquel elle se rattache. Elle a jailli des profondeurs d'une âme généreuse, incapable de cette indifférence sceptique dans laquelle les esprits et les cœurs blasés, aussi peu émus du mal que du bien, se fixent à une égale distance entre l'enthousiasme et l'indignation.

En acclamant le triomphe d'une émeute dont le succès fit une Révolution, le poète, avec la naïveté de ses vingt-cinq ans, avait cru voir inaugurer sur la terre le règne d'une justice capable de discipliner toutes les passions; d'une liberté assez maîtresse d'elle-même pour exclure toute licence; d'un amour du bien public qui aurait rendu impossibles les bassesses de l'égoïsme et de la cupidité. L'événement donna un prompt démenti à ses espérances; et, comme ce personnage de nos Livres saints, lorsqu'il se crut trompé par un frère, il poussa un rugissement de colère et de douleur. *Esaü irrugiit clamore magno*. Les *Iambes* sont ce rugissement d'un honnête cœur pour qui les intérêts secondaires des formes politiques disparaissent devant les considérations éternelles de la morale, dans ses rapports nécessaires avec la dignité et le bonheur d'un peuple libre.

Comment, par exemple, cette droite et fière nature aurait-elle vu de sang-froid les ambitieux de haut et de bas étage, qui, dès le lendemain des journées de Juillet, tandis que les combattants des barricades retournaient à l'atelier, au rude et incessant labour, au modique salaire, aux conditions précaires et contentieuses de la vie ouvrière, escaladèrent les emplois bien payés, et se livrèrent sans vergogne au vil métier de

Gueuser des galons?

. . . .

Dans sa langue hardie jusqu'au mépris des convenances, avec sa verve qu'après Horace on pourrait dire « étincelante de bile », la *Curée* demeure la protestation d'une conscience soulevée de dégoût contre ces viles gloutonneries de l'ambition que les vicissitudes des révolutions sont impuissantes à rassasier et que nos progrès prétendus n'ont pas fait disparaître de nos mœurs.

M. Barbier a flétri par des images cyniques le cynisme des hommes pour qui la vie publique n'est qu'une chasse aux places lucratives et aux galons officiels. En dépit des coups de fouet dont il a flagellé jusqu'au sang la meute toujours inassouvie, elle continue son ignoble besogne. Les systèmes politiques les plus divers s'installent et disparaissent, naissent et meurent. Peu importe. Ce qui ne meurt pas, ce qui est de tous les temps, ce qui ne paraît guère, avouons-le, avoir été le monopole exclusif des régimes auxquels nous avons succédé, c'est la persistance des appétits qui se ruent sur la chose publique, la dépècent comme une proie.

> Fouillent ses flancs à plein museau
> Et de l'ongle et des dents travaillent sans relâche.
> Car chacun en veut un morceau.

Morceau de Royauté, d'Empire ou de République, n'est-ce pas toujours un lambeau du crédit, de la fortune, de l'honneur de la France?

Dans l'*Idole*, il est vrai, M. Barbier a lancé l'anathème contre le fondateur de la dynastie impériale :

> Je n'ai jamais chargé qu'un être de ma haine,
> Sois maudit, ô Napoléon !

Mais là encore, c'est un sentiment patriotique et moral qui met le poète hors de lui. L'horreur de tout le sang versé par l'ambition d'un seul homme et le souvenir des hontes de l'invasion expliquent le cri involontairement échappé de l'âme du poète.

Elle était si belle à voir,

> Au grand soleil de messidor,

la France libre, semblable à une cavale indomptée.

. . . .

Cette pathétique invective est une nouvelle preuve de l'indépendance de caractère dont M. Barbier n'a jamais fait le sacrifice à aucune passion, ni à aucun intérêt politique. Pendant tout le temps de la Restauration, les souvenirs bonapartistes et les aspirations républicaines n'avaient formé qu'un seul courant d'opinion, tout à la fois suivi et dirigé par la muse populaire de Béranger. L'auteur de l'*Idole* s'est placé plus haut, dans cette région d'où l'on domine les partis, sans se soucier de leurs faveurs ou de leurs rigueurs. Son unique préoccupation a été de chercher la justice, de dire la vérité, en un mot, de faire ce qu'il estimait être, avant tout, le premier devoir du poète et du bon citoyen.

Cette parfaite rectitude des intentions a-t-elle toujours préservé M. Barbier de toute erreur et de toute illusion ?

Je ne le crois pas.

Ainsi, ébloui par le soleil de Juillet, il a, fort mal à propos, salué de ses acclamations enthousiastes, comme si elle avait été la liberté, — la vraie liberté chère à tout homme de cœur, — la vivandière aux allures débraillées et équivoques, cette « fille de la Bastille », comme il l'appelle,

> Qui, du brun sur la peau, du feu dans les prunelles,
> Agile et marchant à grands pas,
> Se plaît aux cris du peuple, aux sanglantes mêlées,
> Aux longs roulements des tambours,
> A l'odeur de la poudre, aux lointaines volées
> Des cloches et des canons sourds,
> . . . . et qui veut qu'on l'embrasse
> Avec des bras rouges de sang.

Plus d'une fois, depuis 1830, la bacchante tapageuse et dévergondée, qui avait un instant charmé le regard du poète et séduit son cœur inexpérimenté, recommença dans Paris ses courses furibondes. Mais M. Barbier avait trop de bon sens et d'honnêteté pour demeurer longtemps dupe d'une première fascination. Quand cette prétendue liberté se montra de nouveau, il sut bien la reconnaître et lui donner son vrai nom :

> Et l'émeute paraît, l'émeute au pied rebelle
> Poussant avec la main le peuple devant elle ;
> L'émeute aux mille fronts, aux cris tumultueux,
> A chaque bond grossit ses flots impétueux
> Et le long des grands quais où son flot se déroule
> Hurle, en battant les murs, comme une femme soûle.

Je prie les délicats de me pardonner cette citation. La véridique histoire est là pour attester que le réalisme brutal de l'image et du mot est encore bien au-dessous des brutales réalités dont elle est chargée de garder l'ignominieux et sanglant souvenir.

M. Barbier la revit donc, cette furie, ivre d'impiété en février 1831, ivre de socialisme en juin 1848, ivre de socialisme et d'impiété en mai 1871, lorsque, impuissante à biffer Dieu, comme elle l'en avait menacé, elle essaya de le frapper dans la personne de ceux qui le représentent le mieux au sein de nos sociétés civilisées et chrétiennes : le pontife et le magistrat ; il la revit, et, avec tous les amis de la vraie liberté, il en eut horreur.

Les premières œuvres de M. Barbier font une grande place à un personnage anonyme et collectif qu'il a décrit sous ses aspects les plus divers : le peuple.

L'éclatant succès de la *Curée* et de l'*Idole* aurait pu lier le poète à l'opinion démocratique par d'indissolubles engagements. Pourquoi, comme tant d'autres, n'en aurait-il pas fait le piédestal d'une fortune politique dont les profits se seraient ajoutés aux avantages de la gloire littéraire? Mais il aurait cru payer trop cher les uns et les autres en pliant à des mots d'ordre l'inflexible droiture de son âme.

Au commencement, le peuple fut tout entier pour lui dans les combattants des barricades, et l'on sait avec quel enthousiasme il chanta leurs exploits :

. . . .

> C'était sous des haillons que battaient les cœurs d'hommes.
> C'étaient alors de sales doigts
> Qui chargeaient les mousquets et renvoyaient la foudre.
> C'était la bouche aux vils jurons
> Qui mâchait la cartouche et qui, noire de poudre,
> Criait aux citoyens : Mourons!

L'auteur de la *Curée* a été plus loin encore. La Rome impériale faisait l'apothéose de ses Césars. Le peuple de Paris aura aussi son apothéose, j'allais presque dire sa canonisation :

> La grande populace et la sainte canaille
> Se ruaient à l'immortalité.

Plus tard le poète saura et dira mieux ce qu'est le peuple; non pas celui qui boit le vin bleu de la taverne; ni celui qui fait le principal appoint des émeutes, et, par une duperie dont rien ne le corrige, opère par la violence les révolutions dont il est d'ordinaire la première victime; mais cette grande foule des travailleurs qui composent la masse de la nation : hommes du sillon ou hommes de l'atelier qui, chaque jour, au prix d'efforts et de sacrifices souvent héroïques, résolvent le double et effrayant problème de gagner le pain de leur famille et le pain de tout le monde; qui passent sur la terre sans faire de bruit, sans presque tenir de place, le plus souvent sans se plaindre; qui ont plus besoin que les autres d'être compris, d'être aimés, d'être soutenus, parce que leur chemin est plus rude, leur existence plus austère, leur fardeau plus pesant. Oui, voilà le peuple, le vrai peuple. Il est digne, celui-là, des meilleurs chants du poète, des meilleures sollicitudes de l'homme d'État, des meilleurs dévouements de quiconque a du temps, de l'or, du cœur à dépenser au service de la partie de l'humanité la plus laborieuse et souffrante, en l'honneur de laquelle M. Barbier a écrit cette belle page :

> Du peuple, il faut toujours, poète, qu'on espère,
> Car le peuple, après tout, c'est de la bonne terre.
> La terre de haut prix, la terre de labour.
> C'est le sillon doré qui fume au point du jour,
> Et qui, rempli de sève et fort de toute chose,
> Enfante incessamment et jamais ne repose.

> C'est lui qui pousse aux cieux les chênes les plus hauts.
> C'est lui qui fait jaillir les hommes les plus beaux.
> Sous la bêche et le soc, il rend outre mesure
> Des moissons de bienfaits pour les maux qu'il endure.
> On a beau le couvrir de fange et de fumier ;
> Il change en épi d'or tout élément grossier,
> Il prête à qui l'embrasse une force immortelle.
> De tout haut monument, c'est la base éternelle ;
> C'est le genou de Dieu, c'est le divin appui.
> Aussi, malheur, malheur à qui pèse sur lui.

Oui, sans doute, malheur à qui, par un égoïste abus du pouvoir, enlève au peuple l'usage de ses droits et sa part de légitime liberté. Mais il y a contre la démocratie de plus grands attentats. Les plus cruels ennemis du peuple ne sont pas encore ceux qui font peser sur lui une oppression matérielle ou politique. Mais, ce qui est à l'égard du peuple le crime vraiment inexpiable, c'est de le tromper et de le corrompre pour se mieux servir de lui ; c'est d'exploiter sa misère et son ignorance pour en faire l'instrument et la victime des haines antisociales ; c'est enfin et surtout de tuer son âme et de lui arracher Dieu.

Avec quelle vigueur de bon sens et d'indignation, au nom même des intérêts les plus évidents de la démocratie, M. Barbier n'a-t-il pas flétri ces prétendus amis du peuple, qui sont en réalité ses plus implacables ennemis.

Non, certes, en dépit de ses premières illusions, M. Barbier ne saurait être rangé parmi ces flatteurs intéressés de la démocratie dont la race s'est perpétuée depuis le temps d'Aristophane jusqu'à nos jours, hommes sans pudeur, mais non sans habileté, passés maîtres dans l'art d'exploiter la passion dominante de la foule à laquelle ils savent si bien persuader qu'elle est souveraine pour l'atteler, plus docile, au char de leur fortune et se faire porter par elle aux plus hauts sommets du pouvoir.

Je crois donc avoir le droit d'affirmer que l'inspiration générale des *Iambes* est indépendante de l'esprit de parti. Tout ce qui est grand, honnête, viril, patriotique, le poète l'admire et l'acclame. Pour lui, la France n'est pas une faction, encore moins une secte ; c'est une mère, dont il aime et voudrait voir s'aimer entre eux tous les enfants.

Leurs inintelligentes divisions le désolent ; il ne comprend rien à la manie fatale qui les arme les uns contre les autres. M. Barbier adresse, lui, un pathétique appel à la patrie, et l'adjure de faire cesser le scandale des querelles de ses fils :

> Patrie ! ah ! si les cris de ta voix éplorée
> N'ont plus aucun pouvoir sur la foule égarée ;
> Si les gémissements ne sont plus entendus,
> Mère désespérée, à la face publique
> Viens, déchire à deux mains ta flottante tunique
> Et montre aux glaives nus de tes fils irrités
> Les flancs, les larges flancs qui les ont tous portés.

En 1833, Auguste Barbier, alors âgé de vingt-huit ans, fit avec son ami Brizeux le voyage d'Italie. Le joug de l'étranger pesait encore sur Venise et sur les provinces lombardes. Le monde civilisé venait de lire, avec un attendrissement mêlé d'indignation, ce livre des *Prisons*, dans lequel Silvio Pellico avait redit les souffrances de sa dure captivité et fait savoir de quel prix un Italien avait dû payer ses rêves d'affranchissement pour son pays. Là même, où l'Autriche n'exerçait aucune souveraineté politique et directe, à Florence, à Naples, à Rome, le poète croyait sentir sa néfaste influence. Tout lui semblait flétri, étouffé, mort, chez ce peuple qui, aux jours anciens, avait été le maître du monde par les armes et par les lois, et à qui ses littérateurs et ses artistes avaient donné une si belle place dans l'histoire de l'Europe civilisée.

Obsédé par cette impression, il ne vit qu'à travers un voile de deuil les magnificences de la nature italienne, la splendeur de la lumière, les trésors de l'antiquité, les richesses de l'art,

> Et le grand roi vieillard, dans sa tunique blanche,
> Superbe, et les deux pieds sur le dos des Romains,
> De son trône flottant bénissant les humains.

. . . .

Les vœux de M. Barbier pour l'Italie étaient prophétiques. Nous en avons vu l'accomplissement. A lui tout seul Roméo aurait-il suffi à la tâche? Aurait-il pu se passer de l'appui que lui donna la « furie française » dans les champs de Palestro, de Magenta, de Solférino?

. . . .

Peu d'années après son retour d'Italie, M. Barbier traversait la Manche et se rendait en Angleterre. Il rapporta de ce nouveau voyage le sujet d'un poème auquel on pourrait donner pour épigraphe ce vers de son ami Brizeux :

> Honte à qui voit le mal sans que le mal le navre!
> *(La Fleur d'or.)*

Une Irlande d'où l'on émigre en masse, parce qu'on y meurt de faim ; des populations industrielles que le *gin* et la débauche abrutissent et déciment ; le contraste par trop scandaleux d'une excessive misère avec la fortune d'un empire sur lequel le soleil ne se couche jamais, voilà ce que le poète a vu, en 1837, dans

> La nef aux flancs salés qu'on nomme l'Angleterre.

. . . .

Avec le poème de *Lazare*, publié en 1837, se termine ce qu'on peut apppeler la trilogie de la grande œuvre de M. Auguste Barbier.

Sa plume féconde — trop féconde — n'en resta pas là, et, pendant les quarante-cinq dernières années de sa vie, il publia six ou sept autres volumes de vers et de prose.

Dans la préface d'un de ses recueils, il s'est posé avec candeur l'objection qu'il pressentait de la part du public :

« Un de mes amis, le regrettable M. Léon de Wailly, disait spirituellement que le crime d'infanticide était rare chez les poètes; et il disait juste. Rien n'est plus douloureux pour eux que le sacrifice des productions de leur cerveau. C'est une faiblesse, si l'on veut, mais une faiblesse dont le cœur du poète a bien de la peine à se défendre. »

Un aveu si sincère ne désarme-t-il pas la sévérité?

**

Ce n'est pas que ses divers poèmes, les *Silves*, les *Satires*, les *Rimes héroïques*, les *Chants civils et religieux*, ne nous montrent M. Barbier toujours fidèle à lui-même et cherchant à réaliser dans ses vers l'alliance du beau et du bien. Ces divers recueils font également une grande place au sentiment délicat et profond des beautés de la nature; de cette nature qu'un de vous, messieurs, a si bien appelée « la poésie de Dieu ». Plus M. Barbier avançait dans la vie, plus il aimait à trouver dans les scènes reposantes du monde extérieur une compensation aux mécomptes d'une âme qui avait vu ses sentiments les plus généreux se heurter impuissants contre l'inertie de l'égoïsme individuel ou social. Les forêts, avec leurs grands dômes de verdure et leurs arbres séculaires; les moissons déjà mûres, prêtes à récompenser le travail du laboureur; les vignes chargées de fruits; la mer et les montagnes, avec leurs élévations qui expriment si bien les hauteurs de Dieu : toutes ces magnificences faisaient oublier au poète les déceptions qui sont trop souvent l'unique récompense terrestre du dévouement mis au service des plus saintes causes.

Sa muse avait commencé par les accents d'une indignation qui ne s'était pas interdit, lui-même en a fait l'aveu, le cynisme des mots; elle finit par des hymnes et elle parle le langage chaste et recueilli de la prière.

M. Barbier gardera dans l'histoire littéraire du dix-neuvième siècle une place d'honneur.

L'amour persévérant de la justice; la tendre pitié du cœur pour les opprimés; une instinctive répulsion vis-à-vis des abus de la force; le mépris des caprices de l'opinion; une courageuse indépendance d'attitude et de langage en face de ceux qui dispensent le crédit et les faveurs de la fortune, telle est, résumée dans ses traits principaux, la physionomie morale de son œuvre poétique inséparable de son caractère.

Ces exquises qualités, auxquelles il faut joindre l'amour de l'art et le sentiment religieux des beautés de la nature, renfermaient au plus haut degré ce que Tertullien a si bien appelé « le témoignage de l'âme instinctivement chrétienne ».

La parfaite droiture de son âme et l'élévation de ses sentiments étaient pour lui une préparation évangélique dont les résultats ne pouvaient être douteux. Contemporain de quelques-unes des plus violentes secousses imprimées à la France par les révolutions politiques; observateur attentif des conséquences morales de ces révolutions, il ne lui fut pas difficile de comprendre que, loin de s'exclure et de se combattre, la religion et la liberté sont faites pour se prêter un mutuel appui; et que plus le citoyen possède et exerce de droits, plus l'intérêt social exige qu'il rattache à une sanction religieuse et éternelle l'accomplissement de ses devoirs.

(*Abeille*, 4 mai 1883.)

ADOLPHE RÉGNIER

M. Adolphe Régnier, membre de l'Institut, bibliothécaire du Palais de Fontainebleau, officier de la Légion d'honneur, est mort lundi dernier, à la suite d'une courte maladie.

Né en 1804, à Mayence, alors chef-lieu du département français du Mont-Tonnerre, M. Régnier entra de bonne heure dans l'enseignement public. Après avoir professé la seconde et la rhétorique en province, il fut reçu agrégé en 1820; il fut d'abord attaché au collège Saint-Louis et ensuite nommé professeur de rhétorique à Charlemagne, et maître de conférences à l'École normale. Il fit, en outre, pendant deux ans, un cours de sanscrit à la Société asiatique et, en 1838, suppléa Burnouf père, dans la chaire d'éloquence latine au collège de France.

Nommé chevalier de la Légion d'honneur en 1841, M. Régnier fut honoré, deux ans plus tard, d'une mission que justifiait son mérite, quoique sa modestie, sa vie studieuse et retirée ne la lui fissent pas prévoir; il fut choisi le 7 avril 1843 par le roi Louis-Philippe et la duchesse d'Orléans, pour être le précepteur de M⁸ʳ le comte de Paris. Lorsque éclata la révolution de février, il accompagna son royal élève à la dernière et mémorable séance de la Chambre des députés, puis, au sortir de cette séance, à l'hôtel des Invalides et à Dligny, et de là, sans avoir pu même revoir sa famille, en Belgique et à Ems. Il demeura auprès de lui, tantôt en Allemagne et tantôt en Angleterre, jusque vers la fin de 1851, c'est-à-dire à l'époque où les mathématiques commencèrent à tenir une grande place dans les études du comte de Paris. M. Régnier vint alors rejoindre à Paris sa famille dont il avait vécu séparé pendant la plus grande partie de cet exil volontaire. Il fut nommé membre de l'académie des Inscriptions et Belles-Lettres en 1855. A plusieurs reprises il fut proposé par l'assemblée des professeurs du Collège de France pour la chaire de sanscrit et pour celle de philologie comparée.

On doit à M. Régnier plusieurs considérables ouvrages de philologie, de nombreuses éditions des classiques grecs, latins et allemands. Il a été chargé de diriger la magnifique collection des *Grands écrivains de la France*, dans laquelle il a donné lui-même une nouvelle édition, revue sur les textes authentiques, de *Madame de Sévigné.*

Appelé, il y a quelques années, aux fonctions de bibliothécaire du Palais de Fontainebleau, M. Regnier n'a pas pris le repos auquel il avait bien droit. Jusqu'à la dernière heure, il a poursuivi le cours de ses importants travaux. Il est mort ayant accompli une longue et laborieuse carrière, toute de dévouement et fructueuse pour la science.

(*Abeille*, 24 octobre 1881.)

J.-J. WEISS

La veille du jour où l'Académie française devait se réunir pour procéder au remplacement de M. Octave Feuillet, les lettres françaises, dont J.-J. Weiss était une des gloires, faisaient une grande perte. S'il ne fut pas de la docte assemblée qui se donna le ridicule de le refuser, il n'y avait pas moins sa place marquée.

J.-J. Weiss, devenu notre concitoyen d'adoption, avait pour Fontainebleau une vive sympathie et ne manqua jamais de la témoigner hautement en toutes circonstances. L'*Abeille* du 14 novembre se faisait un honneur de publier un fragment de sa préface de l'*Essai sur l'histoire de la littérature française*, dont l'auteur voulait bien nous communiquer les bonnes feuilles.

Dans ces pages délicieuses, les dernières qu'il ait écrites, il trace de notre ville un portrait charmant que nous n'hésitons pas à rappeler :

La petite ville, chef-lieu du district forestier qu'enserre le repli de deux rivières, ne compte pas plus de 12,000 habitants, dont quatre ou cinq cents officiers, et deux ou trois mille hommes de garnison.

Vous avez là et tout autour, sous vos yeux, tout ce qui est le fonds solide de notre pays : l'économie laborieuse, la force et l'élégance sans tapage; le rude paysan qui, au cours d'une longue vie et avec le progrès des ans, a tiré successivement du sol d'abord le pain quotidien, puis le bien-être et l'abondance, puis la fortune; des bourgeois appliqués et corrects; des citoyens qui ne sont pas des politiqueurs et des chrétiens qui ne sont pas des dévots; des maisons bien tenues et riantes, et dans ces maisons, l'enfant docile, la femme irréprochable; des casernes où par l'incessant travail du détail, depuis l'heure de la diane jusqu'à la soupe du soir, se forgent l'esprit militaire et l'aptitude guerrière; une élite de brillants officiers, toujours actifs et agissants, qui peuvent, chaque matin en s'éveillant, se rendre le témoignage qu'ils se sont bien préparés, eux et leurs hommes, et qu'ils sont prêts; de temps à autre, pour rompre la monotonie de la province et celle du métier, un rallie qui met en l'air la ville et la garnison; et après le rallie, un bal improvisé sous une clairière des bois, bal si simple et si gai, si chaste et si frissonnant, qu'il n'y a que l'armée, munie comme elle est, qui puisse en fournir le personnel, le cadre et les sensations.

On s'étonnera peut-être d'entendre sonner la note patriotique et chauvine de celui dont on remarquait les allures placides et calmes, mais qui eut toujours un certain faible pour la gloire des armes. Il ne faut pas oublier que ses premières années se passèrent dans les camps; fils d'un chef de musique militaire d'infanterie, il suivit son père avec nos armées et se prépara d'abord à Saint-Cyr. Ses succès littéraires au lycée Louis le Grand le décidèrent à entrer à l'École normale.

**

A la fin de novembre 1890, dès le début de la paralysie implacable qui devait le terrasser, l'*Abeille* consacrait à l'éminent écrivain une notice qui devait être le dernier adieu au lettré délicat. Frappé dès lors sans aucun espoir de guérison, s'il conserva toute la lucidité de son intelligence, il fut entièrement privé de l'usage de la parole et de la possibilité de se faire comprendre, son bras droit rendu inerte par la maladie ne pouvait même pas tracer une ligne et, pendant six mois, il souffrit doublement de son état et de ses douleurs.

Soigné avec un dévouement sans bornes par sa sœur et une vieille domestique qui le servait depuis quinze ans, il fut entouré jusqu'au dernier moment de toutes les plus affectueuses sympathies. A cet homme d'un esprit élevé, essentiellement bon, d'un commerce si agréable, les témoignages d'amitié furent prodigués sans cesse par ses amis nombreux de Paris et de Fontainebleau, par son médecin, le docteur Nicas, qui aurait tout fait pour le sauver, par toutes les personnes habitant le Palais, qui l'avaient hautement apprécié depuis 1885, date à laquelle il arriva pour remplacer à la bibliothèque M. Molinier.

Depuis une quinzaine, époque à laquelle il fit en voiture une courte promenade, son état devint plus grave et ne laissa plus aucun doute sur la marche rapide de la maladie. Enfin, il y a huit jours, il fut empêché de prendre toute nourriture et, mercredi matin, il s'éteignit sans douleur, sans souffrance, dans les bras de ceux qui l'entouraient de leurs soins depuis de longs mois.

**

J.-J. Weiss était âgé de 63 ans et demi. Voici ses titres d'après la lettre de faire part : professeur agrégé de Facultés, docteur ès lettres, bibliothécaire du palais de Fontainebleau, ancien conseiller d'État, ancien secrétaire général du ministère des Beaux-Arts, ancien directeur des affaires politiques au ministère des Affaires étrangères, ministre plénipotentiaire, chevalier de la Légion d'honneur, chevalier de l'ordre de Saint-François-Joseph d'Autriche.

Une remarque : cet écrivain, l'honneur des lettres françaises, n'était même pas officier d'Académie — on l'a oublié dans cette Université, où son court passage jeta tant d'éclat.

Tous les journaux de Paris rendent hommage à son talent, racontent sa carrière accidentée, d'abord littéraire, puis politique, ensuite administrative, se terminant par un retour à ces lettres qui lui ont été de douces consolatrices. Nous n'avons donc pas à insister. Rappelons seulement, en deux mots, ce que fut ce penseur délicat, cet écrivain délicieux, né à Bayonne, en 1827, où habite encore une de ses vieilles tantes.

D'abord professeur à La Rochelle, il revint à Paris pour passer avec un éclatant succès sa thèse de doctorat, puis il fut envoyé à Aix pour remplacer Prévost-Paradol dans sa chaire de littérature française. De là, il passa à Dijon et songea alors sérieusement à écrire; il entra aux *Débats* et ne cessa plus d'y collaborer.

Weiss devint à la mode; les salons de Paris se l'arrachèrent, il y déploya des grâces de langage qui donnaient comme un ragoût de nouveauté imprévue à des vérités de bon sens.

Alors il fonda avec Hervé le *Journal de Paris*. Quand Weiss arrivait dans les bureaux de rédaction, selon l'expression de Francisque Sarcey, on eut dit que la température s'élevait de vingt degrés. C'était une flamme toujours en mouvement. Tandis qu'on causait autour de lui, et lui-même prenant part à l'entretien, il écrivait d'une plume rapide, sans jamais raturer ni se relire, des articles qui se trouvaient être le lendemain des chefs-d'œuvre de polémique.

Puis il fut nommé sous-secrétaire d'État aux Beaux-Arts, au moment où on inaugura l'Empire libéral. Après la guerre, il sollicita en vain de M. Thiers l'ambassade de Perse, car il avait formé le projet d'écrire une histoire d'Alexandre le Grand.

Il reprit sa plume de journaliste et Gambetta qui avait pour lui une vive estime, le nomma directeur des affaires politiques au ministère des affaires étrangères. Mais le grand ministère sombra et Weiss prit aux *Débats* la critique dramatique, où il se fit une grande place aux premiers rangs de la presse parisienne.

En résumé, Weiss appartenait à la trop nombreuse famille des hommes de talent qui naissent sous une mauvaise étoile. Cet enfant de troupe arrivé à la force du poignet à l'École normale, ce brillant professeur de Facultés, cet écrivain de race, a été poursuivi pas à pas par une inexorable fatalité qui s'est acharnée contre lui depuis l'heure de ses premiers succès jusqu'à la fin de sa vie. Son existence a été faite de carrières brisées sans cesse et sans cesse recommencées.

Les journaux de ce matin rendent tous hommage au talent de l'écrivain, à la grande valeur du polémiste. Quelques-uns, le *Temps* en tête, vont cependant jusqu'à lui reprocher les hautes situations politiques qu'il a temporairement occupées. Suprême injustice. Car Weiss, l'homme du désintéressement, avait accepté ces hautes fonctions, comme contraint et forcé, à l'appel insistant de ses amis, au moment critique, alors que lui-même ne se dissimulait pas le peu d'avenir qui lui était réservé. Son court passage à la direction politique au ministère des affaires étrangères, l'avait une fois de plus mis en lumière. Si ses compatriotes l'ont oublié, les souverains étrangers en ont conservé le plus durable souvenir.

C'est une satisfaction et un devoir, pour nous qu'il voulait bien honorer de sa sympathie, de le constater hautement.

Mais un jour il défaillit et les médecins lui prescrivirent l'air et le repos de la campagne. Alors, en 1885, le ministre lui confia la direction de la bibliothèque de Fontainebleau, où il arriva déjà atteint par un mal invincible qui vient de l'emporter après de cruelles épreuves.

Encore quelquefois sur la question du jour il écrivait, ou mieux dictait à sa sœur, un étincelant article que tout Paris dévorait le lendemain.

(Abeille, 22 mai 1891.)

LES OBSÈQUES DE J.-J. WEISS

Les obsèques de J.-J. Weiss ont été célébrées vendredi au palais de Fontainebleau, en présence des notabilités, fonctionnaires, conseillers municipaux, des professeurs et des élèves du collège de la ville et de tout le personnel du Palais.

Les honneurs étaient rendus par une section d'infanterie commandée par un sous-lieutenant.

Après les prières dites dans le salon transformé en chapelle ardente, par M. le pasteur Fallo, le cortège s'est dirigé vers la gare.

Les cordons du poêle étaient tenus par le général Hartung, MM. Regnart, maire, commandant Lachaize, Reboul, préfet, qui, empêché d'aller jusqu'à la gare, a été remplacé par M. Carrière, régisseur du Palais.

Le deuil était conduit par Mme Zurniden, sa sœur, et par ses deux neveux.

Des bouquets et des couronnes étaient placés sur le cercueil ; l'une d'elles offerte par le prince Stirbey, ami d'enfance du défunt, et une autre par le Palais.

Les trois décorations étaient portées sur un coussin par M. Rousseau, employé de la bibliothèque, ancien soldat de Crimée, pour qui le défunt avait beaucoup d'affection.

A la gare, le corps a été placé dans un fourgon et transporté à Paris pour y être inhumé au Père Lachaise, après une cérémonie funèbre au temple des Billettes.

Ainsi a disparu une des plus vives intelligences et un des journalistes les plus remarquables, l'honneur des lettres et de notre corporation.

**

Au cimetière, M. Edouard Hervé a pris la parole au nom du Syndicat de la presse parisienne :

« Messieurs,

» Un grand journaliste vient de mourir. Ses confrères, qui reconnaissaient en lui un maître, le regrettent unanimement. Le Syndicat de la presse, se faisant l'interprète de leurs sentiments, me charge de lui adresser un dernier adieu.

» Weiss occupait parmi nous une situation hors de pair; ce n'était pas seulement un journaliste, on peut dire que c'était le journaliste par excellence. Il n'y a pas, dans la presse politique et littéraire, un seul genre qu'il n'ait abordé. Il n'y en a pas un où il ne se soit montré toujours égal à lui-même, c'est-à-dire toujours supérieur : de telle sorte qu'il a eu cette rare fortune, après avoir été au premier rang parmi les polémistes et les écrivains politiques, de se placer au premier rang parmi les critiques littéraires.

» Comme polémiste, il avait une fertilité inépuisable de ressources. J'en puis rendre témoignage; car, pendant quelques années d'une collaboration précieuse pour moi, j'ai assisté presque chaque jour au travail de cette pensée toujours en éveil.

» Dans la critique littéraire, et particulièrement dans la critique dramatique, il apportait un goût délicat, relevé par une pointe de paradoxe, une érudition immense, sans l'ombre de pédantisme, et enfin un charme infini qui tenait à l'originalité même de sa nature et de son esprit.

» Avec cela, une langue merveilleuse, à la fois souple et forte, primesautière et simple, où l'on sentait l'influence de quelques-uns des écrivains les plus exquis du XVIIe siècle, Mme de Sévigné, le cardinal de Retz et Saint-Simon.

» Entre ses mains la dignité de la presse ne s'est jamais abaissée. Il a défendu des idées; il a combattu pour ou contre des doctrines et des combinaisons politiques : il n'a jamais mis sa plume, sa noble plume, au service d'un vulgaire et sordide intérêt. Il a pu être quelquefois passionné : il a toujours été sincère et intègre, d'une sincérité absolue et d'une intégrité indiscutable. C'est par là, autant que par la supériorité de son talent, qu'il a honoré notre profession et que son nom nous restera toujours cher.

» Je souhaite que la sympathie universelle, dont sa mémoire est entourée, apporte quelque adoucissement à la douleur de sa famille et surtout de cette admirable sœur qui s'est dévouée à lui comme il s'était dévoué à elle et qui a été sa consolatrice dans la longue et cruelle épreuve de sa dernière maladie ».

M. Georges Patinot a pris ensuite la parole au nom de la rédaction du *Journal des Débats*. Il a dit un dernier adieu au grand écrivain que les *Débats* avaient eu l'honneur et la bonne fortune d'accueillir à ses débuts et qui, dans les dernières et les plus fécondes années de sa vie, y était venu chercher, dans la pure culture des lettres, l'oubli des amertumes de la politique.

Ensuite M. Henry Fouquier a parlé au nom des écrivains pour lesquels J.-J. Weiss fut le meilleur des maîtres et des amis.

« Il fut mon maître, a-t-il dit, dans ce métier dont il aimait à dire qu'on n'y devient point supérieur si on ne sait pas en accomplir les besognes les plus variées : et si j'ose prendre la parole ici, après ceux qui ont connu Weiss dans les grandes affaires de la vie publique, c'est que je considère comme un devoir étroit d'apporter sur sa tombe un tribut de reconnaissance au nom de ceux qui, comme moi, ont longtemps reçu ses conseils, ses encouragements et la quotidienne leçon de l'exemple, supérieure à tout.

» ..... Pour nous, journalistes, ses élèves et ses amis, ce qui demeure déjà de Weiss, hors de tout conteste, entouré d'un pieux respect et voilé de tristesse, c'est le noble souvenir de son immense talent de lettré, de la haute conception qu'il avait du journalisme, de l'orgueil professionnel auquel il resta toujours fidèle, et le souvenir aussi de la grâce aimable et originale de sa camaraderie et de la sûreté de ses amitiés. Il avait cette idée charmante que les dissentiments de l'esprit ne doivent pas rompre les liens du cœur. Né dans le peuple, affiné par une éducation merveilleuse, il nous donnait le spectacle rare d'un homme qui, en comprenant tout, était cependant resté naïf et simple en bien des choses.

» Ni les changements de fortune, ni les changements d'uniforme ne comptaient pour lui. Plus qu'un autre, j'ai éprouvé cette sûreté de son amitié. Il avait dépassé le sage antique qui voulait que l'amitié fût faite d'une même et commune volonté. Il tenait qu'elle se suffit à elle-même. Aussi les amitiés des jours de la jeunesse se retrouvent autour de cette tombe. Elles ont été la consolation des dernières années de Weiss, si douloureuses. Et si l'injustice amère des choses fait que notre ami s'en aille sans qu'on puisse trop envier la fortune de sa vie, on peut au moins assurer qu'il nous quitte admiré et aimé de tous ceux qui en furent les compagnons et les témoins. Je dis adieu à Weiss, à notre cher maître, au nom de ses amis de la presse, reconnaissants et fidèles ».

M. Spuller a dit enfin un dernier adieu très ému au nom des amis politiques de Weiss, en associant son souvenir à celui de Gambetta.

**

Mᵐᵉ Simone Arnaud a adressé au *Figaro* ces quelques vers sur J.-J. Weiss, hommage d'un auteur reconnaissant à la mémoire du critique qui fut bienveillant pour sa première œuvre :

> Philosophe, écrivain, politicien, critique,
> Certes par excellence, il était tout cela;
> Mais un vieux régiment de notre armée antique
> D'un nom meilleur encore autrefois l'appela :
> « Enfant de troupe! » nom de son premier baptême,
> Beau nom dont la bataille avait bercé ses jours!
> Il en resta marqué, de ce signe suprême,
> Le rêveur du soldat s'est souvenu toujours.
> Il aima la Patrie! Il souffrit sa souffrance!
> Relisez le chapitre écrit au bord du Rhin,
> En face de Strasbourg qui n'était plus la France!
> Vous verrez qu'il venait du bataillon d'airain
> Qui, du fleuve allemand, troua la robe verte!
> Aussi le vêtement, l'insigne le plus beau,
> Dont il eût voulu voir sa tombe recouverte,
> Ce n'était pas l'habit brodé, c'est le Drapeau!

DECAMPS

La France vient de perdre un de ses plus éminents artistes, un des plus grands peintres de notre époque. M. Decamps, que nous nous enorgueillissions d'avoir pour concitoyen, est mort le 22 août des suites d'une chute de cheval.

Ce jour-là, Decamps faisant sa promenade habituelle en forêt, non loin de Belle-Croix, dans la route Tournante des Monts-Saint-Pères, fut précipité contre un arbre par son cheval et reçut des blessures mortelles. Ramené dans le bel hôtel qu'il venait d'acquérir, l'ancienne demeure connue sous le nom d'*hôtel Britannique*, rue de France, il reçut des siens et des docteurs Escalonne et Leblanc les soins les plus empressés. A huit heures, il rendait le dernier soupir en pleine connaissance, après avoir stoïquement supporté cinq heures d'atroces souffrances. Cette main qui avait créé tant de chefs-d'œuvre était à jamais inerte! Decamps, officier de la Légion d'honneur, n'était âgé que de 57 ans.

Les obsèques de cet homme de bien, de mœurs si douces et d'une modestie sans pareille, ont été célébrées le 25 août, à onze heures, en l'église de Fontainebleau.

Le deuil était conduit par son fils et M. Gillois, allié de la famille; les coins du poêle étaient tenus par les notables de notre cité : MM. Guibourg, sous-préfet; Lajouteux, président du tribunal; Guérin, maire de Fontainebleau, et M. Meissonnier.

Toute la population de Fontainebleau et un grand nombre d'artistes et d'hommes de lettres venus de Paris, se pressaient autour de ce cercueil qui contenait la dépouille mortelle de ce génie de notre siècle. Parmi eux, nous avons remarqué MM. Alfred Arago, inspecteur général des Beaux-Arts, Théodore Rousseau, Biard, Guillemin, Allau, Théophile Gautier, etc., etc., pleurant la perte que la France et les arts venaient de faire.

(*Abeille*, 26 août 1860.)

Jour pour jour, deux ans après cette triste cérémonie, le 25 août 1862, eut lieu sur la place de la sous-préfecture, appelée place Decamps, l'inauguration du buste en bronze du grand artiste, buste dû au ciseau du statuaire Carrier-Belleuse.

La fontaine sur laquelle il est élevé, porte sur une face le nom de Decamps, sur l'autre celui de M. Guérin, maire, qui en a fait don à la ville.

Voici le discours prononcé à cette occasion par M. Guérin :

Messieurs,

Il y a deux ans, à pareille époque, un grand concours de citoyens suivait tristement le cercueil d'un homme éminent, enlevé subitement par un affreux malheur à sa famille, à ses amis, aux beaux-arts : c'était celui de notre compatriote Decamps.

Sous l'impression de ce douloureux événement et voulant perpétuer le souvenir de ce grand maître dans notre ville qu'il affectionnait particulièrement et qu'il habitait depuis longtemps, le conseil, à l'unanimité, interprète des sympathies de tous les habitants, a décidé qu'il serait donné à perpétuité, dans le champ de repos de la commune, un emplacement pour y recevoir sa dépouille mortelle et que son effigie surmonterait l'une de nos fontaines publiques.

Déjà cette décision a reçu en partie son exécution. Non loin d'ici a été élevé son monument funèbre; aujourd'hui sur cette place, qui désormais portera son glorieux nom, viennent d'apparaître à notre vénération ses nobles traits, si fidèlement reproduits par le cœur et par le talent de l'habile statuaire, M. Carrier-Belleuse.

Je n'essaierai pas de faire l'éloge de l'homme illustre dont la Renommée a proclamé le génie; ce serait au-dessus de mes forces. Cet honneur appartient à l'histoire. Mais en érigeant cette fontaine, modeste piédestal de cette grande figure, je suis heureux et fier de m'associer personnellement au pieux hommage rendu à la mémoire de notre célèbre peintre.

Puisse ce simple monument exprimer les sentiments de mon cœur! Puisse la manifestation de ce jour être une consolation pour la veuve et les enfants de notre infortuné compatriote (1).

(*Abeille*, 7 septembre 1862.)

(1) Decamps a laissé deux filles qui ont été mariées, l'une à M. de La Batut, l'autre à M. Dentu, l'éditeur parisien. Mme Decamps, sa femme, est morte à Paris le 10 juin 1888 et a été inhumée dans le cimetière de Fontainebleau le 12 juin. Par une fortuite coïncidence, le même jour décédait à Passy, Mme Meissonnier, femme de l'illustre peintre qui avait tenu un des cordons du drap mortuaire lors de l'enterrement de son camarade Decamps.

Les principaux tableaux de l'artiste sont : *Intérieur d'atelier*, *Chasse au héron*, *Paysage turc*, *Joseph vendu par ses frères* (acquis pour 38,000 fr.), *Éliézer et Rebecca*, *Moïse sauvé des eaux*, *Café turc*, *Pirates grecs*, *Sortie de l'école turque*, aquarelle (31,000 fr.), *Halte de cavaliers arabes*, *Ânes d'Orient*, *le Marchand d'oranges* (10,750 fr.), *Rue du Caire*, *Rade de Smyrne*, *les Chevaux de halage* (seule peinture que le Louvre ait du maître !), *Bohémiens*, *Combat du tigre et de l'éléphant*, *Cavalerie turque traversant un pré* (16,000 fr.), *Bataille des Cimbres* (31,000 fr.), *Cour de ferme* (16,000 fr.), *Patrouille turque* (26,250 fr.), *le bon Samaritain* (31,000 fr.).

ROSA BONHEUR

La nomination de Mlle Rosa Bonheur, au grade d'officier de la Légion d'honneur, est depuis hier chose officielle.

Nous applaudissons à cette haute distinction — la première accordée à une femme en France.

Notre voisine de Thomery, le peintre de grand talent dont l'éloge n'est plus à faire, de même qu'il est inutile de rappeler ses récompenses aux expositions, a été la première femme artiste nommée chevalier de la Légion d'honneur; on se rappelle que S. M. l'Impératrice lui porta la croix en juin 1865, lors d'un séjour de la Cour à Fontainebleau. Elle est aujourd'hui, après 30 ans, encore au premier rang, la seule femme décorée de la rosette d'officier.

Avoir par son talent seul, sans aucune démarche ni sollicitation, forcé pour ainsi dire la main du ministre qui hésitait à rompre avec la tradition et à accorder une récompense non encore décernée, n'est pas non plus une minime satisfaction venant s'ajouter à celle, bien naturelle, causée par la décoration.

Cette décoration, dont il était déjà question depuis quelque temps, Mlle Rosa Bonheur a appris mardi matin, par un de ses amis de Fontainebleau, qu'elle avait été signée la veille. Une dépêche, envoyée de Paris par quelqu'un en position d'être bien informé, a fait cesser tous les doutes et permis d'annoncer officiellement la grande nouvelle.

L'artiste, occupée à travailler dans son atelier avec l'opiniâtreté dont elle est coutumière, a été très vivement touchée et réellement très heureuse.

Bien que sortant seulement en voiture, qu'elle conduit elle-même, pour aller travailler d'après nature, Mlle Rosa Bonheur est connue à Fontainebleau de bien des personnes qui l'ont rencontrée en forêt; presque toujours habillée en homme d'un veston de velours, avec ses cheveux gris coupés assez courts, ses yeux noirs d'une expression très vive, sa physionomie est des plus frappantes. Elle porte allègrement 72 ans.

Vivant dans une retraite absolue, ne recevant que d'anciens amis, entièrement vouée à la peinture, Mlle Bonheur sera un peu dérangée dans son calme par les nombreuses marques de sympathie que va lui attirer sa décoration si méritée par une existence entièrement consacrée à l'art dont elle a tenu si haut le drapeau en France et à l'étranger. Si elle avait été un homme, depuis longtemps Rosa Bonheur serait commandeur de la Légion d'honneur.

Sait-on que notre voisine de By a puissamment contribué à la prospérité de l'élevage et de l'exportation du cheval français en Amérique, par suite à notre richesse nationale ?

Quand son fameux tableau « Le Marché aux chevaux » — son chef d'œuvre avec « Le Labourage nivernais » qui est au Luxembourg — fut connu en Amérique, on vint de là-bas chercher en France nos beaux chevaux percherons. L'exportation prit chaque année une extension croissante et aujourd'hui les meilleurs clients des éleveurs du Perche sont les Américains qui payent à prix d'or les plus beaux étalons de cette belle et utile race.

On l'a dit déjà, cette artiste possède une quantité innombrable de dessins et d'études du plus haut intérêt; elle les léguera au Louvre, sans aucun doute. Durant toute sa carrière, elle a eu comme pensionnaires, pour les étudier à loisir, les animaux les plus divers : lions, mouflons, chevaux sauvages, etc., dont elle a fait ensuite cadeau soit au Muséum de Paris, soit au Jardin d'Acclimatation de Nice ou à des particuliers.

(Abeille, 5 avril 1891.)

GODEFROY JADIN

Lundi dernier ont eu lieu, en l'église de la Madeleine de Paris, les obsèques du célèbre peintre Godefroy Jadin, décédé à l'âge de 77 ans, après avoir parcouru une heureuse et brillante carrière artistique.

Jadin (Louis-Godefroy), né à Paris en 1805, fils du compositeur de ce nom, fut d'abord élève d'Hersent; il s'attacha, dès ses débuts, aux sujets de chasse et de nature morte. Il fréquenta plus tard l'atelier d'Abel de Pujol et aborda le paysage avec figures. Vers 1835, il fit un voyage en Italie, où il exécuta *La Fabrique de Poussin*, *Le Château Saint-Ange* et *La Villa d'Este*. Il revint ensuite aux sujets de vénerie, peignit des chevaux, des chiens, des chasses, et acquit bientôt dans ce genre une immense renommée. Ses paysages, d'après nature, peuplés d'animaux, ses attributs de chasse, ses tableaux représentant *L'Hallali*, *Le Débuché*, *Le Relancé*, *La Retraite*, lui acquièrent la faveur des amateurs de vénerie. A leur tête se trouvèrent les princes d'Orléans, le prince de Wagram, qui se disputèrent ses productions. Ses sujets étaient pris pour la plupart dans les véneries et les chasses royales et princières. Il acquit ainsi rapidement alors la réputation et la fortune, et devint le peintre attitré des chiens les plus illustres d'Europe, dont il faisait le portrait officiel. Lors du second Empire, il fut comblé d'honneurs.

On doit signaler parmi ses œuvres vraiment réussies : *L'Assemblée de la Vénerie*, *La Retraite prise*, *L'Ébat des chiens*; *Rigolette*, *Tippoo à seize ans*, *Six têtes de chiens*, *Relais de chiens à la coulée de Mailly*, *La Meute travaillant un terrier de blaireau* (1855); *Les Sept Péchés capitaux*, représentés par sept variétés canines (1857); *La Vision de Saint-Hubert*, *Merveillant et Rocador* (1859); *Une Victime de l'arbitraire* (1861); *Linda*, chienne appartenant à l'Impératrice, *La Petite Meute de la Princesse Mathilde*, *Douze chiens* (1861); *Femmes de l'île de Sein, brûlant le varech* (1868), etc. Un grand nombre d'autres tableaux représentant des variétés et des types de la race canine.

On lui doit également, en dehors des Salons, le plafond de *L'Aurore*, exécuté dans le palais du Sénat, des aquarelles, des essais de gouaches vernies, huit panneaux dans la salle à manger de l'ancien ministère d'État, etc.

Il a obtenu deux troisièmes médailles en 1831 et 1835, une deuxième en 1840, une première en 1848, la décoration en avril 1854.

Il exposa, pour la dernière fois, en 1875, et obtint un réel succès avec *Les Griffons* et *Perkins*.

Jadin était allié à une famille de Fontainebleau, où il avait une habitation ; chaque année, il résidait plusieurs mois dans notre ville.

Son fils, Emmanuel, a grandi au milieu de nous, et compte de nombreux amis parmi nos concitoyens. Il a aussi embrassé la carrière des arts sous la direction de son père qu'il n'a jamais quitté, et auquel il n'a cessé de témoigner le plus parfait dévouement filial.

(*Aboille*, 30 juin 1882.)

HENRI CHAPU

L'art français et le département de Seine-et-Marne viennent de faire une grande perte. Le statuaire Henri Chapu, natif du Mée, près Melun, vient d'être enlevé par une congestion pulmonaire, à l'âge de 58 ans.

Grand prix de Rome en 1855, Chapu débuta brillamment au Salon de 1863 par un *Mercure inventant le Caducée* qui est actuellement au Luxembourg. Il obtint des médailles en 1865 et en 1863, fut fait chevalier de la Légion d'honneur en 1867, officier en 1872, obtint les médailles d'honneur en 1875 et 1877 et devint membre de l'Institut en 1880.

L'œuvre de Chapu, qui est une série ininterrompue de succès, est considérable. Nous citerons seulement le *Semeur*, dont une reproduction en plâtre est au musée de Melun, le monument de Berryer au Palais de Justice, celui de Mgr Dupanloup, à Orléans, celui de la duchesse d'Orléans, à Dreux, de M. Schneider, au Creusot, celui d'Henri Regnault, à l'École des Beaux-Arts.

Henri Chapu qui a toujours fréquenté son pays d'origine, y a installé un musée où se trouvent les reproductions en plâtre de toutes ses œuvres.

Dans notre siècle, où la sculpture française a souvent atteint à des effets prodigieux, comparables aux plus beaux succès de l'antique et de la Renaissance, dans un temps qui a connu Rude, Pradier, Clésinger, Carpeaux, Mercié, Falguière, Dalou, — les éclatants, — sans parler des lauréats plus modestes et plus académiques de maintes expositions imposantes, — Chapu a droit à l'une des premières places, par la grâce de ses figures autant que par leur vérité.

Ses femmes allégoriques sont idéales et sincères. Son ciseau a su mélanger la poésie la plus élevée avec la sincérité la plus anatomique. Tout ce qu'il a signé est beau et bien fait. Il n'a pas connu le « brutalisme ». Il s'est cantonné dans l'harmonie des contours, ne voulant copier des formes humaines que ce qu'elles ont d'expressément suave. Ce qu'il faudrait sur le mausolée de ce grand artiste emporté si vite par la mort, ce serait un joli marbre représentant la Grâce... et signé Chapu.

Chapu avait toujours beaucoup aimé Fontainebleau où il passa plusieurs étés, aussi sa veuve s'est-elle décidée à se retirer dans notre ville.

(*Abeille*, 21 avril 1891.)

ADAM-SALOMON

Le statuaire Antony-Samuel Adam-Salomon est mort vendredi dernier 29 avril, à Paris, à l'âge de 68 ans.

Né en 1818, à La Ferté-sous-Jouarre, Adam-Salomon fut élevé à Fontainebleau où il passa quelques années dans le commerce, et entra à l'âge de vingt ans comme mouleur dans la manufacture de M. Jacob-Petit.

A cette époque il exécuta son *Béranger*, la plus vraie, la plus populaire des reproductions des traits du poète et vint ensuite à Paris, comme pensionnaire du département, pour étudier la sculpture.

Adam-Salomon, constamment admis aux expositions des Beaux-Arts depuis 1844, a produit un œuvre considérable; nous citerons entre autres productions : *Copernic*, *Amyot*, médaillons; *M. Hector de Laborde*, *Miss Georgine*, *l'amiral de Rigny*, *M. Louis Ratisbonne*, *Madame Delphine de Girardin*, *Miss Emilia-Julia*, *M. Léon Faucher*, *Alexis de Tocqueville*, *Scribe*, *Halévy*, *le duc de Broglie*, *Garnier-Pagès*, *Jules Janin*, *Bixio*, *de Royer*, bustes marbre.

En dehors des expositions annuelles il a exécuté un admirable bas-relief, *Charlotte Corday*, reproduit à des milliers d'exemplaires et dont la contrefaçon s'est emparée avec une réelle frénésie; les bustes de *Lamartine* et de *Rossini*, pour les États-Unis, le premier reproduit plusieurs fois; ceux du docteur *Amussat*, pour l'Académie de médecine; de *Léopold Robert*, pour les galeries du Louvre; de *Madame de Girardin*; celui de *Marie-Antoinette* pour Mme de Rothschild; les monuments funéraires du *duc de Padoue* aux Invalides, de *Lamartine* et de *Madame de Lamartine*; le buste du poète pour le village de Milly, près Mâcon; le mausolée de la jeune et belle madame Salvador (*Delphine Fix*); le *Génie de la musique* et l'*Étude*, qui sont au Louvre, etc., etc.

Entre temps Adam-Salomon s'était occupé de photographie et avait produit dans ce genre des œuvres portant au plus haut degré l'empreinte de son talent d'artiste. Il fut admis à reproduire les traits du pape Pio IX, dont il fit un très beau buste et photographia aussi plusieurs membres du haut clergé de France dont il avait acquis l'estime et la sympathie. Nous savons qu'il était particulièrement affectionné par

Mᵉ Allou; ici même nous avons été témoin de la bienveillance dont l'entourait le vénérable abbé Charpentier.

Aussi pouvons-nous attester qu'affectueusement reconnaissant envers sa ville d'adoption, il se plaisait à y revenir aussi souvent que ses occupations le lui permettaient. Toujours empressé à être agréable à notre pays, il voulut bien envoyer plusieurs de ses plus remarquables œuvres à l'exposition artistique organisée à Fontainebleau en 1860 et dans maintes circonstances, il donna, avec le plus grand désintéressement, le concours de son talent quand il savait pouvoir être agréable à ses concitoyens et à ses amis. C'est à lui que nous devons le médaillon de *Némorosa*, au point de vue de la route Amélie, le médaillon de *Denecourt*, au fort l'Empereur, le monument du *Sylvain*, au cimetière communal, etc.

Adam-Salomon a demandé à être inhumé dans le cimetière israélite de Fontainebleau où depuis quelques années repose sa digne compagne, artiste elle-même et auteur d'ouvrages sérieux pour lesquels Lamartine avait bien voulu écrire une préface.

Au moment où nous écrivons ces lignes (jeudi 2 heures) ont lieu les obsèques d'Adam-Salomon. Si nous avons le regret de ne pouvoir y assister, nous espérons du moins apprendre tout à l'heure que nos concitoyens, en grand nombre, se sont fait un devoir d'accompagner à sa dernière demeure le grand artiste qui se plaisait à se dire des nôtres.

(*Abeille*, 6 mai 1881.)

FRANÇOIS BIARD

Le peintre François Biard est mort mardi dernier, 20 juin, à l'âge de 83 ans, dans sa maison des Plâtreries, où il résidait depuis longues années.

Biard fut destiné d'abord à l'état ecclésiastique, puis il suivit les cours de l'école lyonnaise. Il se mit ensuite à voyager, visita en 1827 Malte, Chypre, la Syrie, Alexandrie, parcourut successivement les principales contrées de l'Europe, affronta les glaces de la Laponie et du Spitzberg, et vint, en 1835, se fixer à Paris, où il était déjà connu par un premier tableau, promptement populaire, *Les enfants perdus dans une forêt* (1825).

L'œuvre de Biard est immense; favorisé d'une verte vieillesse, il a presque sans interruption figuré aux Salons annuels. Il y est encore, en ce moment, représenté par deux toiles.

Cet artiste a obtenu deux secondes médailles en 1828 et en 1848; une première médaille en 1836; il a été fait chevalier de la Légion d'honneur en 1838. Ses tableaux retraçant pour la plupart des scènes historiques ou de voyage, ou représentant des sujets humoristiques, ont été très recherchés, surtout en Angleterre.

En 1862, Biard a publié d'abord dans le *Tour du Monde*, puis en volume la relation d'un *Voyage au Brésil*, avec de nombreux dessins (1862).

(*Abeille*, 23 juin 1882.)

En arrivant aux Plâtreries, Biard se fit tout d'un coup connaître, en peignant sur le mur de sa modeste maison, de curieuses odalisques regardant les bateaux à vapeur de Montereau à Paris. Un eunuque, armé d'un large cimeterre, était derrière elles, prêt à pourfendre l'audacieux qui s'approcherait !

Ce fut, depuis, une suite non interrompue de plaisantes scènes, *La traversée du Havre à Honfleur*, *le Conseil de révision*, *un gros péché*, *la Posada espagnole*, *les deux manières de voyager*, *en Amérique*, etc. Il serait trop long de retracer en détail, ces tableaux spirituels et humoristiques. Nous tenons de Biard lui-même, les gravures de deux autres tableaux, *la Bourse*, et *la Police correctionnelle* dans lesquels on retrouve des détails vrais et saisissants.

Mais Biard ne s'est pas borné à ces légères productions qui lui avaient fait donner le surnom d'un Gavarni sur toile, et à l'huile. Quelques vieilles mémoires (comme la mienne) ont encore présents à l'esprit ses tableaux de *Duquesne rachetant les captifs, du branle-bas de combat, d'un canot attaqué par des ours blancs*, près du cercle polaire, toutes choses rendues par un artiste qui connaissait bien la mer. Car, si je ne me trompe, Biard a été enseigne ou aspirant, et il contait gaiement qu'ayant rencontré, après plus de 30 ans de peinture et de succès, un de ses officiers supérieurs, celui-ci lui dit : « Je savais bien que vous ne seriez jamais amiral! »

Biard, s'il l'eût voulu, eut été un peintre de portraits remarquable. Il saisissait la ressemblance avec une étonnante facilité. Nous avons vu de lui le portrait d'une actrice de l'Odéon, et celui de Mme de Solms, grandeur naturelle, qui ne laissaient rien à désirer.

Est-il nécessaire de rappeler le prodigieux effet que fit au Salon l'exposition de *la Suttée*, cette veuve indienne prête à se jeter dans les flammes, couverte seulement d'un voile de mousseline si transparent, que l'illusion ne saurait aller plus loin.

Biard, causeur des plus charmants, avait rapporté de ses voyages, une foule d'objets, qui faisaient de son atelier, un musée de tous les pays : Armes, traîneau de Lapon, Renne empaillé, animaux du Brésil, chaque chose avait son histoire, et comme elle était contée!

Personne n'ignore que Mme Biard (sous le nom de Léonie d'Aunet) a raconté leur voyage au Spitzberg. Bien plus tard, Biard a donné les plus grands détails sur son voyage au Brésil.

Nous n'ignorons pas que les *connaisseurs* en peinture trouvaient, à part la conception des sujets, que *le faire* de Biard était un peu lâché, mais, ayant eu l'honneur de me trouver entre Biard et Decamps, je dois déclarer que l'illustre peintre de l'Orient traitait Biard en véritable confrère. Les grands talents ont toujours de la bonhommie.

Biard, décoré en 1838, est resté plus de 40 ans simple chevalier, sans réclamer d'avancement.

A un bal costumé des Tuileries, Louis-Philippe dit au général de Rumigny : « Priez donc cet Esquimau de s'approcher, il n'y a que Biard capable d'étouffer ainsi » sous ces fourrures! » et c'était vrai!

(*Abeille*, 30 juin 1882.)

JULES TESTU

Notre profession de modeste journaliste de province, — pourtant si semée de déboires, — nous crée en ce moment une situation particulièrement pénible.

Nous nous sommes fait une religion de rendre un suprême hommage aux hommes méritants de notre pays que la mort nous ravit.

Aujourd'hui, nous pleurons un enfant de Seine-et-Marne. Il était un de nos proches; nous lui étions attaché par un étroit lien de parenté.

Parce qu'il nous touche de si près, devons-nous laisser quitter cette terre à un homme de bien, éminent fonctionnaire, sans rappeler en quelques lignes ses vertus, ses mérites, sa longue et irréprochable carrière?

Nous ne le pensons pas. Malgré la difficulté de notre position, malgré la douleur qui nous opprime, nous croyons ne pas devoir nous soustraire à ce que nous considérons comme un devoir, aussi bien vis-à-vis de nous que vis-à-vis de nos compatriotes.

Lundi dernier 2 août, une assistance distinguée et émue accompagnait à sa dernière demeure, au cimetière de Fontainebleau, M. Louis-Jules Testu, secrétaire général honoraire du gouvernement général de l'Algérie, officier de la Légion d'honneur et du Nicham-Iftikar, chevalier de l'ordre royal de Charles III d'Espagne.

Devenu depuis plus de dix ans propriétaire dans notre ville, où l'attiraient ses affections de famille, Jules Testu avait été retenu jusqu'à ces derniers temps à Paris par un fils unique, objet de toute sa sollicitude. Au mois de juillet dernier seulement, il avait pu réaliser son projet. Comme sous l'impression d'un pressentiment, il avait hâte de rentrer dans ce département qui l'avait vu naître et dont il avait été si longtemps éloigné. Hélas! après un mois à peine de séjour à Fontainebleau, il rendait sa belle âme à Dieu.

Né à Torcy, en 1811, Jules Testu débuta, en 1832, sous les auspices de son parent, le général Trézel, de vénérable mémoire, dans l'administration civile de l'Algérie, dont la conquête était encore à peine ébauchée.

Ses aptitudes, son ardeur au travail, la correction de sa conduite, le placèrent bientôt en évidence ; après quelques années de séjour à Bono, dans le service des Domaines, il fut appelé à Alger, au service des finances de la Direction de l'Intérieur, où il occupa bientôt un poste important.

A la suite d'incidents que nous n'avons pas à relater, le titulaire du bureau de la colonisation et des domaines à la direction générale de l'Algérie, alors rattachée au ministère de la guerre, dut avoir un successeur. La nécessité d'appeler à cet emploi un fonctionnaire capable et d'une intégrité éprouvée devint manifeste. Sur la proposition du directeur général, le choix du ministre, le général Moline de Saint-Yon, se porta sur Jules Testu qui reçut ainsi un avancement, hiérarchique sans doute, mais considérable pour l'époque. Ce choix, assurément exceptionnel, fut ratifié par tous, supérieurs et collègues, et amplement justifié par les qualités remarquables dont fit preuve le jeune chef d'un aussi important service. Parmi les nombreux travaux dont il fut l'auteur, ses projets relatifs aux concessions de terres et à la création des centres de population furent particulièrement appréciés.

M. Testu ne quitta plus la direction générale de l'Algérie transformée en ministère spécial, puis transférée à Alger même, où il retourna avec le titre de membre du conseil de gouvernement.

Quelques années après, sur la proposition du gouverneur général, le maréchal de Mac-Mahon, qui n'a cessé de l'honorer de sa plus haute estime, il fut promu secrétaire général du gouvernement, la fonction civile la plus élevée de la colonie, celle qui centralise les services administratifs des trois provinces.

Telle est, à grands traits, la carrière parcourue par Jules Testu. Bienveillant, constamment obligeant pour tous, d'une modestie rare, esclave de ses devoirs, passionné pour le bien de l'Algérie, fonctionnaire intègre au premier chef, Jules Testu a été entouré d'un respect universel. Ce renom d'honnêteté qui l'a suivi partout, l'a même protégé contre les violences des révolutionnaires de 1870, dont le premier souci a été de bouleverser la belle colonie, à laquelle il a rendu tant de services pendant 38 années, dont 25 passées en Algérie même.

Jules Testu a largement payé sa dette à la Patrie. Nous avons l'espoir qu'il sera compté au nombre des enfants de Seine-et-Marne faisant honneur à leur pays.

C'est pour nous un consolant devoir de témoigner notre gratitude aux amis, — et ils sont nombreux, — dont l'affectueuse sympathie s'est manifestée en faveur de celui qui fut pour nous non un allié, mais le frère le plus tendre et le plus affectionné.

(*Abeille*, 6 août 1880.)

COMAIRAS-JAQUOTOT

M. Comairas-Jaquotot, qui, depuis bien des années, avait fixé sa résidence à Fontainebleau, est mort lundi dernier.

Élevé par sa mère qui s'était fait un nom distingué dans les arts, M. Comairas avait débuté heureusement dans la carrière artistique qu'il devait abandonner de bonne heure. Il avait été, en effet, élève distingué de l'École des Beaux-Arts, où il avait remporté le deuxième premier grand prix, et il avait obtenu une médaille de 3e classe au Salon de 1836, puis une médaille de 2e à celui de 1838.

Depuis, sans cesser d'avoir un atelier et de travailler quelque peu, il n'a plus fait de la peinture son occupation principale.

Sans héritiers directs, M. Comairas-Jaquotot a fait des dons assez importants à ses exécuteurs testamentaires et à plusieurs de ses amis, a disposé d'une somme de 6,000 francs en faveur de l'Association des artistes peintres, dont il faisait partie, et a laissé sa maison de Fontainebleau pour y établir une école de dessin et de peinture, ajoutant au don de l'immeuble celui d'une rente de 3,000 francs, pour le traitement du professeur, les prix à donner aux élèves et les frais d'entretien.

Les sommes restant disponibles, après la délivrance de ces différents legs, seront partagées par égales portions, entre l'Hospice, le Bureau de bienfaisance et la Société de secours mutuels de Saint-Roch. Le chiffre de ces sommes n'est pas encore connu, mais on peut compter qu'il restera à chacune de ces œuvres une allocation importante.

(Abeille, 19 février 1875.)

BÉRANGER A FONTAINEBLEAU

A Fontainebleau, si riche en souvenirs, la plupart des anciennes maisons sont des hôtels, ayant appartenu à des familles illustrées par les services rendus à la France, dans l'armée, la magistrature, la finance, l'administration, etc. On ne voit cependant encore qu'une seule inscription, celle qui décore le tympan de la porte d'entrée de l'hôtel Pompadour. Deux autres, dont le mérite est d'être parfaitement authentiques, ont été retrouvées. Celle de l'hôtel d'Aligro, rue Saint-Honoré, n° 10, est discrètement placée à l'intérieur; celle de l'hôtel de Luynes, rue Saint-Louis, n° 10, pourrait facilement être mise en place; elle est des plus curieuses et à la disposition de qui de droit.

Il en coûterait bien peu aux propriétaires des autres maisons ayant un passé historique de perpétuer le souvenir de leurs anciens propriétaires.

Les étrangers ne pourraient qu'être favorablement impressionnés de ces inscriptions commémoratives d'un passé intéressant, véritable histoire de la ville dont l'existence municipale a commencé quelques années à peine avant 1780.

En attendant que le mouvement se généralise, nous avons à signaler un intelligent exemple d'initiative. M. Pomarède, acquéreur de la maison rue Béranger, n° 20, où a séjourné le poète national, vient d'y faire placer une plaque de marbre noir, portant gravée en lettres d'or l'inscription suivante :

CETTE MAISON
A ÉTÉ HABITÉE PAR
BÉRANGER
1833-1836.

Des notes que nous devons à feu Chennevière, l'érudit bibliothécaire de la ville, nous permettent de donner quelques indications précises sur le séjour de Béranger.

Dans l'automne de 1835, on rencontrait fréquemment dans la vallée du Nid de l'Aigle un homme d'une taille moyenne, vêtu modestement, une badine à la main dont il s'escrimait en passant sur les buissons de la route; la tête un peu forte, le cou penché, quelques rares cheveux sur le collet de l'habit, l'œil bleu, un peu voilé, mais très doux; un sourire rempli d'une fine bonhomie, tel était alors Béranger.

Toute cette enveloppe assez vulgaire qui ne l'aurait pas signalé dans la foule comme un des poètes les plus distingués de l'époque, se transfigurait entièrement quand il venait à causer. L'œil s'animait, la bouche, remplie d'expression, lançait des remarques d'une finesse malicieuse, tempérée par un sourire de bonne humeur qui annonçait que le trait était parti sans préméditation ni recherche. Chez lui tout était d'accord, d'ensemble, comme disent les peintres. La mise, les manières simples s'alliaient merveilleusement à un intérieur tout à fait modeste.

Le cœur de Béranger était excellent et charitable. Un jour, la cour était à Fontainebleau, un affreux malheur frappe une famille qui reste sans ressources. Béranger arrive un des premiers ; mais les besoins de cette misère surpassaient les modestes ressources du chansonnier... Il écrit à la reine Marie-Amélie. — Dieu sait comme il savait écrire. — Quelques heures après un mandat d'une somme assez importante était entre ses mains. Aussi quelle joie chez cet homme qui a pu écrire hardiment :

« Je n'ai jamais flatté que l'infortune. »

Il n'aimait guère qu'on parlât de lui. Deux jeunes auteurs de Paris vinrent chez Béranger qui les accueillit avec cette bienveillance dont il ne se départissait jamais et peu de jours après un journal racontait tout l'intérieur du poète et jusqu'à sa conversation ! Il se montra péniblement affecté de ce procédé, lui qui ne cherchait que le repos et l'oubli.

La célébrité de notre poète ne le mettait pas à l'abri de quelques visites fort indiscrètes. Je me rappelle, nous dit Chennevière, avoir trouvé un jour une étrangère qui s'empressa de partir à mon arrivée; et comme je m'excusais d'avoir troublé l'entretien :

« Il fallait au contraire arriver plus tôt, dit Béranger. Cette dame vient de me
» déterminer à quitter Fontainebleau, car elle m'a avoué n'être venue dans cette
» ville que pour voir trois choses : 1° les carpes, 2° les tapisseries du château,
» 3° et moi-même! Vous voyez que je ne puis rester plus longtemps dans une ville
» où je ne suis classé qu'au troisième rang des curiosités. »

En effet, il partit.

(*Abeille*, 11 septembre 1888.)

LE COLONEL IACOUB HABAÏBY

Celui qui aurait frappé, en 1830, à la porte de la maison où avait habité Béranger, maison portant le n° 20 de la rue, — alors des Petits-Champs — l'aurait vu ouvrir par un homme gigantesque, à longues moustaches grises, à l'œil fixe, à la tenue militaire. Le successeur de Béranger dans cette demeure était un naturel du Liban, attaché au destin de l'armée française, depuis l'expédition de Syrie jusqu'à Waterloo. D'une bravoure inouïe, le colonel Iacoub Habaïby (des Mamelouks) a laissé une belle réputation militaire. C'était encore une illustration.

Issu d'une famille chrétienne de Syrie, Iacoub Habaïby était gouverneur de la province de Chérame quand le général Bonaparte fit le siège de Saint-Jean-d'Acre. Ne voyant dans les Français que des frères et des libérateurs, Habaïby prit immédiatement des mesures pour approvisionner le corps d'armée campé sur les confins de sa province.

Son dévouement devait lui être fatal. Quand le général en chef fut obligé de lever le siège pour aller combattre une armée turque débarquée à Aboukir, Habaïby se trouva sans appui, à la merci d'une soldatesque fanatisée.

Il se donna alors à la France et fut placé à la tête de la légion de cavalerie formée par le général Bonaparte avec les braves et dévoués chrétiens de Syrie.

Un peu plus tard, et devant Alexandrie, il fut nommé colonel par le général en chef Menou, puis il rentra en France avec les débris de sa légion réduite de moitié.

Napoléon, devenu empereur, en forma un escadron qui fit partie de la vieille garde et ne quitta plus le grand capitaine dans ses courses glorieuses à travers l'Europe.

Admis à la retraite en 1814, Habaïby s'établit à Fontainebleau dont il s'éloigna momentanément en 1830 pour prendre part à l'expédition d'Alger et organiser les premiers zouaves. — Rentré en France après quelques années, il revint à Fontainebleau reprendre sa vie modeste, désormais consacrée à la bienfaisance.

Il mourut en mars 1848, dans cette même maison qu'avait habitée Béranger, laissant deux fils dont l'un était capitaine de spahis et l'autre médecin militaire.

(*Abeille*, 11 septembre 1888.)

PASDELOUP

M. Pasdeloup est mort à Fontainebleau, samedi dernier, après une courte maladie; il était le beau-frère de notre concitoyen M. Regnart.

Chevalier de la Légion d'honneur, officier d'Académie, le fondateur des Concerts populaires — ce dernier titre lui survivra — était né le 15 septembre 1810, à Paris, d'un père musicien. Élève du Conservatoire, il remporta à 14 ans le premier prix de piano. En 1851, il créa la Société des jeunes artistes qu'il fit entendre pendant dix ans à la salle Herz. En 1861, il fonda ces admirables concerts populaires de musique classique dans le vaste amphithéâtre du Cirque-d'Hiver : c'est là son vrai titre de gloire. Populaires, ils le furent en effet, et le grand public fit un accueil magnifique à ce répertoire symphonique de Beethoven, Haydn, Mozart, Mendelssohn, Weber, Schubert, et chez les contemporains Schumann, Gounod, Massenet, Benjamin Godart. On peut dire que Pasdeloup a élevé et épuré le goût musical de notre époque : il a popularisé cette grande musique qui ne se faisait entendre que dans la petite salle du Conservatoire. Il y appela au contraire la foule, et la foule y accourut, chaque dimanche, sans se lasser, montrant qu'elle n'est pas seulement sensible aux choses frivoles.

Toutefois, devant ce succès, des concurrences redoutables s'élevèrent et firent échec au créateur du genre. Comme Achille, il rentra un moment sous sa tente.

Cependant, ne pouvant soutenir l'inactivité, il revint sur la brèche, et cet hiver encore, nous l'avons vu au Cirque-d'Hiver conduisant son vaillant orchestre et tenant tête à un orage soulevé contre un violoniste hongrois qu'il produisait.

Un moment il voulut ressusciter le Théâtre-Lyrique pour y faire connaître la musique étrangère : le *Rienzi*, de Wagner, et la *Bohémienne*, de l'anglais Balfe. Cet essai fut désastreux au point de vue financier.

Le spectacle de ce désintéressement émut, l'an dernier, les amis du grand chef d'orchestre : on proposa de donner au profit de Pasdeloup un grand concert au Trocadéro, et alors, par un sentiment de reconnaissance, on vit les plus grands maîtres, MM. Gounod, Massenet, Benjamin Godart, prendre l'initiative de cette fête, et les rivaux mêmes, MM. Lamoureux et Colonne, amenèrent leurs orchestres pour fêter le fondateur des concerts populaires. La recette fut de cent mille francs. Pasdeloup, moins sensible encore aux résultats palpables qu'à ces démonstrations d'amitié, pleurait en serrant les mains qui se tendaient vers lui et disait : « Oui, je le vois, vous êtes tous venus à mon enterrement. »

Il restera de M. Pasdeloup un souvenir ineffaçable dans l'histoire de la musique. Il a répandu à flots la connaissance des grands maîtres; il a suscité et encouragé les jeunes compositeurs, soutenu et produit bien des talents. De plus, dans son intimité, il a été bon, généreux, désintéressé : il n'a vu dans l'art que l'art lui-même. C'est là une vertu trop rare pour qu'on puisse la méconnaître et l'oublier.

*_**

Mercredi, à 11 heures et demie, ont eu lieu, à Fontainebleau, les obsèques de M. Pasdeloup. La grille d'entrée de sa maison était convertie en chapelle ardente, ornée de fleurs. De nombreuses couronnes couvraient le cercueil, dont une envoyée par la Société des « Enfants de Lutèce. »

Les honneurs militaires étaient rendus au défunt, chevalier de la Légion d'honneur, par une section à pied du 5e escadron du train commandée par un sous-lieutenant.

Le cortège est arrivé à midi dans l'église paroissiale, déjà remplie d'une très nombreuse assistance. Le service a été célébré avec grande solennité.

Pendant la cérémonie religieuse, la Société philharmonique de notre ville, qui tenait à payer un dernier tribut d'hommage au musicien distingué dont elle avait reçu de bienveillants conseils, s'est fait entendre deux fois. Elle a exécuté sous la direction de M. Ortmans, remplaçant M. Binet absent, la « Marche religieuse » de Gounod et l'andante de la symphonie « La Réformation » de Mendelssohn. La maîtrise sous la direction de son maître de chapelle, M. Bleuse, a chanté la deuxième messe de *Requiem*, de Dietsch.

Par une pieuse attention, M. Danbé, chef d'orchestre de l'Opéra-Comique, a joué sur le violon avec accompagnement d'orgue par M. Guilmant, organiste de la Trinité, « Souvenir et regrets », morceau composé par Pasdeloup pour piano (pour la triste circonstance, MM. Danbé et Guilmant l'avaient transcrit), puis l'adagietto de « L'Arlésienne », de Bizet. Pendant la sortie, M. Guilmant a magistralement joué une marche.

Dans la très nombreuse assistance, nous avons remarqué entre autres : MM. Francis Planté, G. de Borda, Triébert, Lancien, Hasselmans, de Lyden, Mmes Dentu, Holmès, vicomtesse Ponson du Terrail, duc de Belluno, M. Manheimer, pour qui Pasdeloup avait une affection paternelle, Regnoul, H. de Callias, Maurice Mayer, Aug. Durand, Jorel, président des « Enfants de Lutèce », M. Mary, receveur des finances à Paris, la famille Henry, le général Becker, le sous-préfet, M. Froideau, inspecteur des forêts, M. Croizette Desnoyers, inspecteur adjoint, plusieurs officiers des corps de la garnison, M. Carrière, régisseur du palais, presque tous les conseillers municipaux, etc., etc.

Les cordons du poêle étaient tenus par : M. Lancien, 1er violon solo des concerts populaires, collaborateur assidu et dévoué à l'œuvre de Pasdeloup depuis sa fondation; M. Francis Planté, le célèbre pianiste; M. Manheimer, chef de gare à Sancerre, et M. Louis Pister, 2e chef des concerts populaires.

Au nom de l'Association des artistes musiciens et en son nom personnel, comme membre de la Société des concerts populaires, M. Triébert, que beaucoup d'entre nous ont connu ici à ses débuts dans l'inoubliable orchestre des Guides, a rappelé en quelques paroles émues les immenses services rendus par Pasdeloup et le vide que sa mort causait dans le monde musical.

Après M. Triébert, M. Lancien, qui tant de fois reçut les inspirations du maître, prit la parole.

« Messieurs, a dit M. Lancien, c'est à moi que revient le triste devoir, au nom de l'orchestre des concerts populaires, d'adresser un suprême a... u vaillant chef, qui nous a dirigés pendant près de 25 ans.

» Adieu, cher Pasdeloup! tous les artistes qui ont été sous votre direction, que vous avez formés, encouragés, que vous avez animés de votre foi ardente et communicative, tous les artistes ne vous oublieront jamais! »

(Abeille, 19 août 1887.)

A. CHENNEVIÈRE

Dimanche dernier, s'est éteint, à l'âge de 81 ans, M. Chennevière, naguère encore bibliothécaire de la ville, fonctions qu'il avait remplies avec zèle et dévouement pendant 45 ans, c'est-à-dire depuis la fondation de notre bibliothèque municipale.

Doué d'une mémoire prodigieuse, ayant eu au cours de sa carrière de nombreuses relations, conteur intéressant, malgré une extrême modestie qui le faisait se tenir volontairement à l'écart, il était, pour les rares personnes qu'il fréquentait aujourd'hui, d'un commerce des plus agréables. Lettré et érudit, il avait su se faire apprécier par plus d'un homme marquant, pour ne citer que Michelet et Jules Simon.

Poète à ses heures, il tournait agréablement le vers et plus d'un de ses quatrains, épigrammique ou badin, ferait bonne figure dans le bagage d'un poète classé. Les petites notices, humouristiques pour la plupart, qu'il voulait bien, parfois, donner à notre modeste journal, étaient toujours charmantes.

A voir ce vieillard se traîner péniblement de son domicile à cette chère bibliothèque où il passait tout son temps, la génération actuelle ne pouvait penser que Chennevière avait été, au temps de sa jeunesse, un élégant cavalier, plein d'entrain et supérieurement entraîné aux exercices actifs. Très recherché par les amateurs du sport, alors en vogue, dans lequel il excellait, il fut à la paume le partenaire aimé de toute une série de jeunes et brillants officiers, devenus pour la plupart célèbres à divers titres, les d'Eckmuhl, les Walewski, les de Morny, etc.

Jamais Chennevière ne s'occupa de politique, et cependant, bien qu'il se tint à l'écart, la politique lui fut presque fatale. Sans doute, il avait professé les idées libérales de 1830, il s'était illusionné quelque peu sur la meilleure des Républiques de Lafayette, il avait même cru à la garde nationale, l'arc-en-ciel de nos libertés, comme disait Henri Monnier. Il salua, mais en tout petit comité, la République de février 1848, et il en accepta les fonctions gratuites de suppléant du juge de paix, auxquelles du reste il avait été amplement préparé par quelques années passées dans la basoche et au greffe de notre tribunal dont il fut titulaire. Ces fonctions lui furent retirées aux événements de décembre.

Depuis, il était resté uniquement en collaboration avec ses bouquins; aussi nos contemporains, ignorant son passé et le voyant depuis si longtemps en fonctions, le taxaient-ils d'affreux réactionnaire.

Il était sans doute revenu des enthousiasmes généreux de sa jeunesse, mais quelle injustice cependant. Considérer comme réactionnaire cette victime de décembre! Victime bien douce et bien résignée, il est vrai, car il ne chercha jamais à se faire des rentes, comme tant d'autres pseudo-victimes! Il se contenta toute sa vie des modestes appointements — 500 ou 600 francs — que lui allouait le budget municipal, se trouvant heureusement compensé par l'excellente situation dans laquelle il rendait à la Ville la bibliothèque qu'il avait commencée et qui s'était développée sous sa direction éclairée.

(Abeille, 1er avril 1887.)

UN SOUVENIR DE L'INVASION

(1870-1871)

Nous constatons avec empressement l'éclatante unanimité avec laquelle toute la population de Fontainebleau a applaudi à la distinction qui vient d'être conférée à M. Trudelle, secrétaire chef des bureaux de la mairie de Fontainebleau. Jamais palmes académiques ne furent plus méritées, ni plus amplement ratifiées par l'opinion publique.

Il y a 23 ans, mu par un rare sentiment de piété filiale, M. Trudelle renonçait à une carrière qui s'ouvrait brillante devant lui, pour venir occuper dans sa ville natale la modeste situation de secrétaire de la mairie. Grâce à une sérieuse instruction classique et à une remarquable aptitude aux travaux administratifs, il fut rapidement à la hauteur d'une situation que les événements ne tardèrent pas à rendre exceptionnellement difficile.

Constamment en relations avec le public, il fit preuve envers tous d'autant de bienveillance que d'affabilité. Les services qu'il a rendus à la ville sont considérables.

Lors de l'invasion allemande, la municipalité, abandonnée par l'administration préfectorale, privée de direction supérieure, dut faire face, de sa propre initiative et avec ses seules ressources, à toutes les obsessions de l'envahisseur dont il fallait combattre les injonctions excessives.

Le maire d'alors, M. D. Guérin, quoique âgé déjà, fit preuve d'une grande présence d'esprit et d'une rare énergie, grâce auxquelles il épargna de grands malheurs à la ville.

Un groupe de conseillers municipaux dévoués l'assista sans doute dans cette tâche patriotique, mais son principal et plus utile collaborateur fut sans contredit son secrétaire.

Au milieu du désarroi causé par les exigences incessantes des envahisseurs, nos maîtres sans pitié d'alors, M. Trudelle sut maintenir une régularité inespérée dans le fonctionnement — en dehors de toutes règles administratives — de la municipalité de Fontainebleau.

Un exemple entre bien d'autres.

Notre ville envahie avait été comprise dans le gouvernement provincial, dont le chef-lieu était Reims.

En janvier 1871, — on n'a jamais su pourquoi, — une circulaire publiée par le *Moniteur du gouvernement de Reims*, annonça qu'il serait payé aux villes occupées militairement une indemnité journalière de un franc par portion (hommes) et de un franc par ration (chevaux) de la garnison permanente. Les passages de troupes, qui étaient considérables, exclus.

En vue d'une réalisation — bien problématique cependant — de cette promesse, M. Trudelle se préoccupa de recueillir, dès le premier jour et jusqu'à l'évacuation, des états réguliers de la situation quotidienne (hommes et chevaux) du bataillon du 27e régiment de la landwehr (Halle) préposé à notre garde.

Lorsque arriva l'armistice, il fallut une consécration officielle à ces états, d'ailleurs reconnus absolument corrects. La signature du commandant, le major Kettleer, fut refusée. Mais grâce à une habile et insistante intelligence, M. Trudelle parvint à obtenir de l'adjudanture, à défaut de la signature du commandant, l'apposition du cachet du bataillon de Halle.

A la paix, la ville fit une première réclamation, repoussée sous prétexte que les preuves manquaient. M. le comte Louis de Ségur, alors notre député, voulut bien intéresser à notre affaire le comte de Saint-Vallier, ministre plénipotentiaire, chargé de suivre avec la diplomatie allemande la liquidation des affaires de la guerre. Aucunes démarches ne coûtèrent à MM. de Ségur et de Saint-Vallier; les pièces furent reconnues exactes et grâce à l'initiative du secrétaire de la mairie, M. Trudelle, le gouvernement allemand remboursa à la ville de Fontainebleau une somme de 33,000 francs.

Combien de villes en France pourraient en dire autant?

(*Abeille*, 12 septembre 1890.)

HENRY MURGER A FONTAINEBLEAU

La cigale n'aime pas l'hiver, — l'hiver a tué Murger, comme il avait tué Gérard de Nerval, — dit Arsène Houssaye, six ans après, jour pour jour. Dès que le premier rayon d'avril égayait sa fenêtre, Murger descendait en toute hâte de son cinquième étage et s'en allait, sans retourner la tête, dans sa chère forêt de Fontainebleau, où il passait le printemps, l'été et l'automne. Il avait une masure couverte en chaume qui parlait d'autant plus à son cœur qu'elle était plus humble. C'était la chaumière de Philémon et Baucis. Quand venait un ami, on avait toutes les peines du monde pour trouver un troisième escabeau ; mais la poésie d'Henry Murger rayonnait sur cette masure et la transformait en Alhambra. Et les grands arbres de la forêt, avec leurs ramées chantantes et les chemins verts qui conduisent toujours au pays de l'idéal ! et la liberté de songer et de ne rien faire, car l'or le plus pur pour le poète, c'est le temps perdu.

C'était là pourtant qu'il travaillait ; c'était là que, se retournant vers le passé, il interrogeait son cœur ou son esprit qui lui racontaient toutes les scènes de sa jeunesse. Il dit quelque part, dans la *Vie de Bohème* :

« C'est après l'orage que j'ai peint mon tableau ».

Si son tableau n'est jamais assombri, c'est qu'il nous le montre à travers l'arc-en-ciel du poète. Peut-être, l'homme pleurait au battement de son cœur ; mais le conteur s'égayait aux souvenirs irisés.

Henry Murger avait-il entrevu la mort quand il écrivit la *Ballade du Désespéré?* Lui-même, quelle que fût sa philosophie, a traversé ces heures sombres où la pâle hôtesse vient jouer ses comédies funèbres sur le fond noir de l'imagination. Cette note mortuaire, si je puis dire, résonne çà et là comme un *miserere* dans la poésie d'Henry Murger. Mais cette note s'égaie, le plus souvent, par une pointe d'ironie jamais amère.

(*Abeille*, 2 juin 1893.)

JACOB PETIT

En parlant dans notre notice sur l'hôtel de Pompadour de la manufacture de porcelaines qui y avait été établie par Baruch Weil, nous disions qu'après son installation rue de Ferrare, dans les anciennes écuries de la Reine mère, elle avait été acquise par Jacob et Marchodée Petit, qui la transférèrent en 1851, aux Basses-Loges, dans l'ancienne maison du mathématicien Bezout.

Nous avons pensé que nos lecteurs liraient avec plaisir quelques notes sur Jacob Petit, un maître en son art et sous l'habile direction duquel l'ancienne manufacture royale de porcelaine de Fontainebleau acquit une réelle célébrité.

Jacob Petit, né à Paris en 1796, étudia seul et sans le secours d'aucun maître, le dessin et la peinture. Plus tard, le désir de perfectionner ses dispositions naturelles le fit entrer dans l'atelier du baron Gros et il put exposer au Salon plusieurs tableaux.

Bientôt ses talents furent employés avec succès à la manufacture de porcelaine de Sèvres. Mais, passionné pour son art, Jacob Petit voulut chercher dans les voyages tous les moyens de le porter à la perfection. Il explora dans ce but, non seulement la plupart des provinces en France, mais encore la Suisse, toute l'Italie, l'Allemagne, la Hollande et l'Angleterre. Dans cette dernière contrée, où il fit un séjour de plusieurs années, il publia différents ouvrages d'ornements, et exécuta des décorations de l'Opéra. A son retour en France, il fit des compositions pour les grands et petits établissements de bronze, et opéra, dans cette partie, une révolution totale.

En 1830, Jacob Petit publia un grand ouvrage d'ornements et d'architecture, utile à toutes les branches de l'industrie. Cet ouvrage qu'il avait composé, gravé et édité lui-même, eut le plus grand succès.

Enfin en 1831, on le trouve à la tête d'un établissement de porcelaine et, dès ses débuts, il parvint, par la variété de ses modèles, à relever cette branche d'industrie qui, à cette époque, était dans un état de décadence presque complète. Par suite de l'introduction de ses nouveaux procédés, ce fabricant eut à soutenir et gagna plusieurs procès en contrefaçon. On remarque dans tous les produits de Jacob Petit la hardiesse d'exécution avec laquelle sont vaincues les plus grandes difficultés.

Cet habile fabricant n'a point cessé d'être artiste en devenant industriel. On connaît de lui des objets d'art et des dessins qui sont estimés des amateurs.

(*Abeille*, 2 juin 1893.)

UNE FÊTE DE FAMILLE

Pour une fois, qui n'est pas coutume, nous demandons à nos lecteurs la permission de les entretenir de l'*Abeille*, de ses compositeurs et surtout de son excellent gérant et metteur en pages, M. Émile Gossens, enfant de Fontainebleau, doyen des typographes de la ville.

Il a été le héros de la petite fête de famille par laquelle les compositeurs de l'*Abeille* ont agréablement terminé l'année 1885. Après un excellent dîner, très bien servi à l'hôtel de l'Europe, ils se sont tous réunis, le 31 décembre, autour de leur patron et de leur doyen.

Cette réunion amicale avait pour but de fêter le 25ᵉ anniversaire de la prise de possession de l'imprimerie par M. E. Bourges et les trente-huit années de services accomplies sans interruption dans la même imprimerie par Émile Gossens.

A cette occasion, il lui a été remis une médaille en vermeil, frappée à l'effigie de Gutemberg et portant cette inscription :

IMPRIMERIE JACQUIN-BOURGES
FONTAINEBLEAU
A ÉMILE GOSSENS
SERVICES DÉVOUÉS
1847-1886

M. Bourges a adressé les paroles suivantes à son dévoué collaborateur :

« Mon cher Gossens,

» Un quart de siècle est une longue étape au cours de la vie humaine; cette étape, nous venons de la parcourir de conserve. Je n'ai qu'à me féliciter du voyage que nous avons accompli ensemble ; j'aime à penser qu'il ne provoque chez vous aucuns regrets.

» Malgré ce long bail — dont la durée se prolongera longtemps, je l'espère — je ne suis pas votre premier patron.

» Vous comptiez déjà treize années de services chez M. Jacquin, mon regretté beau-père, votre patron d'apprentissage, lorsque, par suite de ⸺ mort prématurée, j'ai dû prendre la direction de la maison appelée alors : « L'Imprimerie de Fontainebleau. »

» Depuis trente-huit ans donc, vous êtes attaché à ma famille ; elle est touchée de ce dévouement et vous considère avec plaisir comme un des siens. Mᵐᵉ Bourges, témoin de vos débuts, et mon cher Maurice que vous avez vu naître, se sont réunis à moi pour vous le prouver.

» Vous nous remettez en souvenir, mon cher et bien ancien collaborateur, nos vieilles imprimeries de province. Elles ne ressemblaient en rien aux usines d'aujourd'hui, ces ruches modestes où des patrons, lettrés pour la plupart, secondés par des ouvriers laborieux, zélés et cherchant toujours à s'instruire, travaillaient côte à côte, ayant les progrès de leur art pour unique objectif. Générations de patrons et générations d'ouvriers se succédaient parallèlement, sans chercher à déserter leur antique « boîte » ; l'amour du travail les y retenait, ainsi que la confiance témoignée par un patron toujours respecté. Certes, on n'arrivait pas à la fortune, mais on vivait, patriarcalement, honoré et estimé.

» Entré à l'imprimerie, alors rue de Ferrare, à peine âgé de douze ans, vous vous êtes, dès le début, appliqué à bien faire. Votre apprentissage a été rapide ; aussi, bien avant sa fin normale, vous étiez à même de rendre des services au patron qui vous avait mis le composteur à la main.

» Avec une précoce sagacité, vous avez su vous rendre compte de tout ce qui se passait autour de vous dans l'atelier ; vous avez admirablement profité des leçons qu'on vous donnait, et suppléé par votre esprit d'observation, à celles que ne vous donnait pas un homme à esprit étroit et peu scrupuleux, payé cependant pour vous initier à des détails de mécanique que vous ne pouviez deviner.

» Bien jeune encore, aux premiers temps de l'installation des presses mécaniques, vous fûtes chargé de les diriger. La tâche était lourde ; alimentée par plusieurs éditeurs de Paris, notamment Barba, Souverain, de Potter, et surtout Cadot, de si sympathique mémoire, l'imprimerie Jacquin a connu une belle période de prospérité. Les « formes » succédaient aux « formes », sur cette antique presse-mécanique Giroudot à gros cylindres, dont vous tiriez bon parti. A la fin de l'année, la statistique du dépôt légal constatait que l'imprimerie de Fontainebleau était une de celles ayant produit le plus grand nombre de volumes. — Tous ces volumes avaient passé par vos mains, feuille à feuille.

» Mais vous ne vous étiez pas spécialisé dans l'impression soit à la presse mécanique, soit à la presse manuelle. Vous avez tiré grand profit de votre apprentissage dans une maison de province où le travail est moins divisé que dans les grandes usines dont je vous parlais tout à l'heure. En cherchant à vous rendre utile, en employant de vous-même au travail bien des instants que d'autres passaient désœuvrés, vous êtes arrivé à vous assimiler d'une manière surprenante toutes les parties principales ou accessoires de la typographie, qui vous sont ainsi devenues familières. On peut vous confier les travaux les plus variés : composition courante, ouvrages de ville, correction, mise en pages, et même façonnage des papiers. Quoi qu'on vous demande, vous le ferez et ferez bien.

» Vous êtes véritablement un *sujet* unique; les services que vous rendez sont multiples.

» Aussi, lorsqu'un accident vous força à quitter les machines, avez-vous pu, *de plano*, passer aux fonctions de metteur en pages dont vous vous acquittez comme si vous les aviez exercées sans interruption.

» Vos aptitudes si diverses, votre connaissance complète de toutes les branches de l'art typographique, vos aptitudes méthodiques de travail, la régularité de votre conduite, votre souci des intérêts de la maison, vous désignaient pour une position plus en évidence que j'aurais été heureux de vous offrir. Votre modestie s'y est refusée; vous avez préféré rester au second plan et n'avoir à répondre que de votre travail.

» Vous n'en rendez pas moins des services très appréciés, dans cette imprimerie où depuis trente-huit ans vous travaillez d'une manière si méritoire. Le 25e anniversaire de ma gestion me fournit une occasion de reconnaître vos mérites et de vous donner un gage de mon affection.

» A votre intention, j'ai fait frapper une médaille à l'effigie de Gutenberg, notre premier maître; une inscription gravée sur le revers relate vos bons services.

» Mme Bourges se fait un plaisir de vous remettre elle-même, en présence de tous vos camarades d'atelier, ce modeste souvenir de votre patron. Qu'il soit pour vous un témoignage de reconnaissance pour le zèle et le dévouement soutenus dont vous avez fait preuve à toute époque.

» Vous honorez la typographie de province; j'espère que votre exemple sera suivi. »

Prenant ensuite la parole au nom de ses camarades, M. Eugène Tatin a porté le toast suivant :

« Madame Bourges,
» Monsieur Bourges,
» Monsieur Maurice,

» Au nom de tous mes camarades ici présents, j'ai l'honneur de vous souhaiter longue vie et bonne santé, ainsi qu'à toute votre famille.

» Nous souhaitons aussi la prospérité de la maison que vous dirigez et nous venons vous assurer que tous nos efforts tendront à vous rendre la tâche moins lourde.

» Nous nous associons de tout cœur aux bonnes et affectueuses paroles que vous venez d'adresser à notre collègue et ami Gossens. — Nous sommes heureux de le voir au triomphe, nous qui le voyons tous les jours à la peine. — Il est pour nous un exemple vivant, et en lui disant que nous nous efforcerons de l'imiter, c'est, je crois, le plus grand témoignage de sympathique admiration que nous puissions lui donner; nous le faisons tous avec grand plaisir.

» Soyez assurés, Madame et Messieurs, de notre respectueux et entier dévouement.

» A la santé de Madame Bourges!
» A la santé de Monsieur Bourges!
» A la santé de Monsieur Maurice!
» A la santé de notre camarade Gossens!
» A la prospérité de l'atelier! »

———

Nous nous félicitons d'avoir vu ratifier par l'unanimité de ses camarades, le souvenir donné à Émile Gossens par son patron et sa famille; nous les en remercions tous et particulièrement leur aimable interprète. Nous sommes heureux, en cette circonstance, de joindre à nos remerciements des félicitations particulières à M. Eugène Tatin, pour son travail et sa conduite. Aussi bon fils qu'excellent typographe, il a mérité des éloges sans réserves depuis neuf ans que nous avons le plaisir de l'avoir pour collaborateur.

(Abeille, 8 janvier 1886.)

HISTOIRE D'UNE MÉDAILLE

« En exécution du décret du 16 juillet 1880, le ministre du commerce, de l'industrie et des colonies a accordé une médaille d'honneur en argent à

» M. Gossens (Émile), ouvrier typographe dans la maison Ernest Bourges, à Fontainebleau. »

Ces quelques lignes, extraites du *Journal officiel* du 11 février, appellent une explication, la voici :

Émile Gossens est entré en apprentissage, au mois de juin 1817, dans notre imprimerie qu'il n'a plus quittée depuis. Il ne se distingue pas seulement par ses quarante-quatre ans de séjour dans le même établissement, mais encore par une conduite irréprochable, un dévouement continu et l'excellence de ses services.

Déjà titulaire de deux médailles décernées par la Société d'encouragement au bien et d'une médaille de vermeil offerte par son patron, aux applaudissements de tous ses camarades, médaille dont le souvenir reste exposé dans l'atelier, près de son « rang » de travail, il reçoit enfin, aujourd'hui, la médaille d'argent du gouvernement.

C'est le couronnement d'une belle carrière qui, dans sa sphère modeste, honore la ville de Fontainebleau.

Ses patrons, qui sont aussi ses amis, sont heureux de l'en féliciter et de lui en rendre un public témoignage.

Voici ce que l'on pourrait appeler l'« histoire » de cette médaille :

Tous les journaux de Seine-et-Marne ont applaudi à la récompense accordée à notre excellent collaborateur Émile Gossens.

Jamais en effet, récompense ne fut plus justifiée, mais jamais aussi médaille ne fut plus difficile à décrocher. Non pas certes qu'il y eut le moindre motif d'indignité, mais parce que le destinataire était attaché à une imprimerie suspecte. Oui suspecte... mais pourquoi ? Nous n'en avons jamais rien su ; on serait bien embarrassé de le dire ; quoi qu'il en soit, il était souverainement inique de faire supporter à un ouvrier la défaveur, non justifiée d'ailleurs, dont peut être honoré son patron.

Nos confrères et nos lecteurs vont être bien surpris en apprenant qu'il a fallu près de quatre ans pour voir décerner une récompense à un homme comptant quarante-quatre années d'excellents services.

***

Le 25 septembre 1888, en effet, nous adressions une demande de médaille à M. le président de la République, alors encore à Fontainebleau.

Cette demande fut ainsi apostillée par M. Bonneau, maire :

« Le maire de la ville de Fontainebleau se fait un devoir de recommander *tout
» particulièrement* à la bienveillance de M. le Président de la République la propo-
» sition d'accorder une médaille d'honneur à M. Émile Gossens qui s'est fait remar-
» quer par quarante années de services dévoués dans la seule imprimerie Ernest
» Bourges, à Fontainebleau.

» *Cet excellent ouvrier, ce fidèle serviteur, rare exemple du travailleur,* dévoué
» sans arrière pensée à la maison où il a grandi, où il a appris à se rendre utile, est
» *digne à tous égards* de la faveur que son patron, M. Bourges, sollicite pour lui.
» Cette distinction, *bien méritée,* sera certainement très bien accueillie par les
» camarades de Gossens et par toutes personnes qui le connaissent.

» *Le maire,*
» Signé Bonneau. ».

En même temps nous prenions la liberté d'écrire à Mme Carnot pour l'intéresser en faveur du typographe qui a pris la plus grande part aux travaux de son père, M. Dupont-White — la *Centralisation,* la *Préface* magistrale écrite pour les œuvres de Stuart Mill, etc. — Et certes M. Dupont-White, homme des plus distingués, de la plus exquise politesse, absorbé par de sérieux travaux, était l'auteur le plus minutieux que l'on pût rencontrer. Pour qu'il donnât ainsi toute sa confiance à Gossens, c'est qu'il avait reconnu en lui des aptitudes exceptionnelles. Mme Carnot ne pouvait l'avoir oublié, elle qui, avec sa sœur, servait de secrétaire à son père et l'accompagnait souvent dans ses courses à l'imprimerie de la rue de l'Arbre-Sec.

Tout s'annonçait donc pour le mieux.

« Dans de telles conditions, me disait un vieil ami, votre demande n'est plus qu'une simple formalité. »

***

Nous comptions donc sur une réussite. Il n'en était rien. Trois mois, six mois, un an se passent et la médaille n'arrivait pas.

Voilà ce qui s'était passé.

Entre temps, comme il est d'usage, la demande avait été renvoyée à l'administration, à fin d'information, pour vérifier la réalité des faits allégués. La sous-préfecture eut l'ingénieuse idée de faire demander si Gossens, le *de cujus*, n'était pas le gérant de l'*Abeille*?

C'était parfaitement exact, il fut répondu : *oui*.

Tout le monde sait dans quelle condition Gossens est gérant de notre journal, dont il est, en fait, simplement le metteur en pages.

Nous ne pûmes dès lors concevoir aucun doute sur le résultat à venir, aussi notre préoccupation n'eût-elle plus qu'un but : savoir comment les choses étaient présentées au ministère. Ce ne fut pas très facile, mais après plusieurs démarches successives, nous parvînmes à connaître la formule du motif d'exclusion, malgré la chaleureuse apostille du maire de Fontainebleau et la recommandation venue de haut.

Cette formule la voici : « Gossens est gérant d'un journal réactionnaire hostile au gouvernement! »

Attrape! mon pauvre Bourges, toi qui croyais qu'on allait tout simplement rendre justice au mérite! Pendant ce temps, notre brave Gossens, qui ne se doutait de rien, pas même de la démarche faite en sa faveur, était sacré personnage politique!

C'était quelque chose assurément, mais bien insuffisant; toutefois, nous ne pouvions plus intervenir.

* *

Notre confrère Crépin, qui fut l'élève, puis le camarade de Gossens, ne pouvait contenir son indignation. Après plusieurs démarches infructueuses, il eut l'idée d'intéresser à Gossens M. Régismanset, qui fut alors prendre connaissance de son dossier au ministère du commerce. Le sénateur trouva ce dossier excellent, la demande on ne peut plus motivée et insista pour que les services de Gossens ne restassent pas plus longtemps méconnus.

Au bout de quelques jours, le onze février dernier, la médaille était enfin accordée.

Nous avons adressé déjà à M. Régismanset tous nos remerciements, nous les lui renouvelons publiquement aujourd'hui, pour avoir enfin fait rendre à Gossens la justice qui lui avait été refusée par les bureaux de la sous-préfecture de Fontainebleau en 1888. Rappelons, pour mémoire, que M. Sainsère était alors sous-préfet, ayant pour secrétaire M. Petit.

Nous devons aussi rendre un témoignage de gratitude à M. Regnart, maire actuel, qui, dans une circonstance récente, a fait preuve de tout son bon vouloir envers notre dévoué collaborateur. Nous ne terminerons pas sans rappeler la mémoire de M. Bonneau, dont la première et chaleureuse apostille aurait dû produire plus tôt son effet.

(*Abeille*, 19 février 1892.)

LE 4ᵉ HUSSARDS A FONTAINEBLEAU

(1835 & 1890)

Le 4ᵉ hussards, qui vient de prendre ses quartiers à Fontainebleau, a laissé dans notre ville les plus agréables souvenirs lors de son premier séjour, il y a bien longtemps hélas ! — en 1835.

C'est pour nous une compensation au départ du très regretté 15ᵉ chasseurs que de le voir remplacer par un régiment précédé d'un réel prestige.

Ce régiment se trouvait à Fontainebleau, sous le commandement du célèbre colonel de Brack, lors du mariage du duc d'Orléans et ne contribua pas peu à l'éclat des fêtes données à cette occasion au palais de Fontainebleau.

Officiers et soldats du 4ᵉ hussards ne manqueront pas, à leurs premiers loisirs, de visiter le château. Nous les engageons à s'arrêter dans la galerie de François Iᵉʳ devant le magnifique coffret à bijoux en porcelaine de Sèvres qui avait été offert à la princesse Hélène. Sur les différents médaillons sont retracées les cérémonies successives du mariage princier. Ils auront le plaisir de voir leur ancien régiment, dans sa brillante tenue, rangé en bataille dans la cour du Cheval blanc, lors de la réception de la princesse par le roi Louis-Philippe, sur la terrasse de l'escalier du Fer à Cheval.

Le panneau du centre, représentant le mariage civil dans la galerie de Henri II, leur montrera sur le premier plan, à gauche, le colonel de Brack, debout, ayant à ses côtés le jeune Yousouf-bey, alors commandant les cavaliers indigènes, devenus les spahis.

Sous le commandement du colonel de Brack, élève des plus brillants généraux de cavalerie de l'Empire, les Lasalle, les Monbrun, les Colbert, les Pajol, et qui a laissé des écrits militaires encore consultés, le 4ᵉ hussards, remarquablement entraîné, était cité comme le type du régiment de cavalerie légère.

Jules Janin, l'historiographe des fêtes du mariage du duc d'Orléans, trace ainsi le portrait du 4ᵉ hussards :

« ... D'un côté de la cour, était placé le plus fringant, le plus brillant, le plus jeune, le plus élégant régiment de hussards qui ait jamais existé depuis qu'il y a des régiments de hussards. Celui-là est le régiment modèle ; il est habillé de la plus fine écarlate ; sur cette écarlate, une main prodigue a jeté à profusion l'argent, la broderie et les plus vives couleurs.

» Figurez-vous le hussard : un beau jeune homme de vingt ans, la barbe naissante, les dents blanches ; la taille de guêpe, la jambe fine, l'air modeste, la tête haute et cette tête ombragée de belles plumes ! Le ceinturon d'argent, le sabre d'acier reluisant au soleil, le cheval gris et fringant, la pelisse bleu de ciel ; les plus belles couleurs, les plus riches parures, le plus galant équipage, tout ce que la coquetterie guerrière peut inventer de plus recherché : voilà le hussard. Ils étaient comme cela tout un régiment et ce régiment était commandé à haute voix par un colonel digne de lui, un colonel modèle, comme son régiment, le colonel de Brack, c'est tout dire ».

Si la tenue n'est plus aussi brillante aujourd'hui, si le dolman a changé de couleur, le régiment — cette grande famille — reste le même ; les traditions de dévouement, les sentiments d'honneur et de courage de l'officier français, seront toujours l'apanage de notre belle armée.

Les hussards de 1890 sont dignes de leurs anciens, les houzards de 1835, les houzards de de Brack.

Nous pourrions rappeler bien des épisodes qui ont signalé leur séjour à Fontainebleau. En voici un entre autres.

De Brack avait introduit dans son régiment un système d'éducation militaire tout nouveau. Le duc d'Orléans s'étant arrêté à Fontainebleau en allant prendre avec son frère, le duc de Nemours, un commandement en Algérie, voulut voir lui-même les résultats obtenus. Divers exercices eurent lieu et justifièrent pleinement les efforts de l'éminent chef de corps. Les princes, émerveillés, accordèrent aux sous-officiers et soldats des prix qu'ils tinrent à distribuer eux-mêmes en présence de tout le régiment.

Cette solennité eut lieu le 21 octobre 1835 dans la cour Ovale.

« C'est avec plaisir, colonel, dit à cette occasion le prince royal, que je remettrai moi-même aux sous-officiers et soldats de votre régiment les prix dont vous les avez jugés dignes. J'ai été témoin d'une partie de leurs exercices ; il m'est bien agréable de pouvoir en témoigner toute ma satisfaction à leur chef ; j'aime à redire ici publiquement combien j'apprécie leur aptitude et les constants efforts de MM. les officiers-professeurs pour diriger leur instruction.

» Vous avez pensé avec raison qu'un soldat dont on développe l'intelligence, n'en est que plus attaché à ses devoirs, plus dévoué à la patrie et au serment qui le lie au drapeau. Je suis heureux de m'associer à cette pensée toute française, et je vous félicite, colonel, des succès qui ont justifié votre attente ».

L'état des officiers secondant le colonel de Brack, comprenait notamment : MM. Cléré, lieutenant-colonel; Berryer et Reynès, chefs d'escadrons; Guyot de Saint-Remy, Conte, de Brancion, de Goyon, Mathieu d'Ablincourt, Walewski, de Vignolle, de Chiseul, capitaines; Leduc, de la Brunerie, Gillet de la Renommière, de Bréda, lieutenants; Desvaux, Daru de Pommeroy, de Lafontaine, de Lignim, sous-lieutenants, etc.

Le comte Walewski a quitté de bonne heure la carrière militaire pour la diplomatie; il est arrivé aux situations élevées d'ambassadeur et de ministre des affaires étrangères. Sont devenus généraux : MM. Berryer, de Brancion, de Goyon et Desvaux. M. Daru s'est fait un nom dans la politique.

Nous ne pouvons suivre dans leur carrière tous les officiers dont nous avons cité les noms. Un d'entre eux, Leduc, retraité comme capitaine, occupait à sa mort un modeste emploi dans le service des bâtiments du palais de Fontainebleau.

Un seul survivant, croyons-nous à signaler : notre compatriote, M. de la Renommière, qui habite le prieuré d'Oncy, près de Milly, tout à côté de l'ancien château patrimonial. Son père, gentilhomme accompli, avait été en 1789, sous M. de Montmorin, commandant de la garde nationale de Fontainebleau.

Pendant son séjour à Fontainebleau, d'octobre 1835 à octobre 1837, le 4ᵉ hussards si réputé, vit affluer les engagements volontaires. D'une très longue liste détachons quelques noms : A. de Rangouze, né à Passage-d'Agen; — J. de Bordaz, né à Charolles (Saône-et-Loire); — A.-V. Calloch de Kérillis, né à Ploërmel (Morbihan); — Paul Chateau, artiste dramatique, né à Paris en 1815; — Félix-Jules Picot, élève en peinture, né à Vert-le-Grand (Seine-et-Oise); — L.-A. Empereur, né à Coulommiers et domicilié à Melun; — Ed. Fauriez, propriétaire, né à Chilleurs-aux-Bois (Loiret); — Michel Cohendy, plus tard archiviste du département du Puy-de-Dôme et érudit auvergnat, né à Clermont-Ferrand en 1811; et quantité d'enfants de l'Alsace, pays d'origine du colonel.

Venu de Saint-Mihiel, le 4ᵉ hussards en quittant Fontainebleau fut appelé à tenir garnison à Paris.

N'omettons pas de mentionner le jeune maître tailleur du régiment, M. Paule, aujourd'hui octogénaire et retiré à Fontainebleau. Ingénieux novateur, M. Paule, sut tirer un rare parti des ressources dont il disposait et donner à la tenue du 4ᵉ hussards (dolman rouge, pantalon bleu), un « chic exquis » comme il le fit plus tard pour le 8ᵉ hussards (dolman blanc, pantalon bleu) et les Guides de la Garde Impériale. M. Paule s'était acquis une réputation universelle avec sa création — le pantalon à la hussarde.

Promu général en 1838, de Brack qui avait été appelé au commandement de l'école de Saumur, dut pour cause de santé, prendre, dix ans plus tard, une retraite prématurée. Il est mort à Evreux le 21 janvier 1850.

Son corps — peu de personnes le savent — repose au cimetière de Fontainebleau où il avait demandé à être inhumé auprès de sa mère. Peut-être aussi avait-il le pressentiment que sa tombe serait un jour visitée par le beau régiment qu'il avait transformé et auquel il avait conservé la plus vive affection.

Une inscription rappelle avec une simplicité éloquente ses brillants services. Nous la reproduisons :

ICI REPOSE PRÈS DE SA MÈRE
ANTOINE FORTUNÉ DE BRACK
NÉ A PARIS LE 9 AVRIL 1789
DÉCÉDÉ A ÉVREUX LE 21 JANVIER 1850
ÉLÈVE DE L'ÉCOLE MILITAIRE DE FONTAINEBLEAU, 1806
S.-LIEUTENANT AU 7ᵉ HUSSARDS EN 1807
CAPITAINE CHEF D'ESCADRON AUX LANCIERS DE LA GARDE IMPÉRIALE EN 1813
LIEUTENANT-COLONEL DU 8ᵉ CHASSEURS EN 1830
COLONEL DU 4ᵉ HUSSARDS EN 1832
GÉNÉRAL COMMANDANT L'ÉCOLE DE CAVALERIE DE SAUMUR EN 1838

———

COMMANDEUR DE LA LÉGION D'HONNEUR
CHEVALIER DE SAINT-LOUIS

———

IL A FAIT, DE 1807 A 1815, LES CAMPAGNES DE PRUSSE, DE POLOGNE,
D'AUTRICHE, DE RUSSIE, DE SAXE ET DE FRANCE

Notons que le général de Brack avait été tenu en disponibilité pendant toute la Restauration, de 1815 à 1830.

Ce n'était pas seulement un soldat plein de bravoure, c'était en même temps un écrivain de grand mérite. Outre d'excellents articles dans la *Revue des Deux-Mondes* et le *Spectateur militaire*, il est l'auteur d'un *Traité sur les avant-postes de cavalerie légère*, demeuré classique; de la traduction de l'ouvrage de l'Allemand Decker sur la *Tactique des trois armes;* de l'ouvrage intitulé *Sydlitz ou la cavalerie prussienne sous Frédéric le Grand*, et enfin, d'une partie de la *Bibliothèque du soldat*.

**

Rappelons brièvement l'historique de ce corps, dont la création remonte à plus de 140 ans.

Avant de prendre le titre de 4⁰ hussards, il en porta plusieurs autres. Ce régiment avait été formé, en 1748, avec un escadron de Nassau supprimé et provenant des chasseurs de Fischer.

CAMPAGNES, BATAILLES, COMBATS ET SIÈGES PRINCIPAUX

Sous le nom de chasseurs de Fischer, il prit part aux affaires ci-dessous :
1746, Berg-op-Zoom; 1756, guerre de Sept-Ans; 1759, Bergen; 1760, Closter-camp, défense de l'abbaye.

Comme *chasseurs de Conflans* et *régiment de Saxe* :
1761, Wellinghshausen ; 1761, Osnabruck.

Légion de Kellermann :

1791, affaire d'Arlon; 1792, canonnade de Valmy et siège de Namur.

Par décret du 4 juin 1793, il prit le titre de 4⁰ hussards, provenant de *colonel-général* en 1783, puis d'Esthérazy jusqu'en 1791. Le 12 mai 1814, il devint *régiment de Monsieur*. Licencié et supprimé par l'ordonnance du 12 août 1815, il fut reformé en 1816, sous le nom de *hussards du Nord*.

Voici les campagnes auxquelles il a pris part de 1793 à 1815 :
Valenciennes, Maëstrick, prise de Wissembourg (décembre 1793); 1794, Fleurus; 1795, combat sur la Raab; 1796-97, armée de Mayence; 1798-99, armée du Rhin, armée d'Helvétie; 1800-1801, armée du Danube, Hohenlinden; 1802-1804, armée de Hanovre; 1805, grande armée en Allemagne, Austerlitz; 1806-1807, grande armée en Prusse et Pologne, Iéna, Friedland; 1808-1813, armée d'Espagne, Saragosse, Sagonte, Valence; 1813, 3⁰ corps de cavalerie, Grande-Armée, Groos-Beern, Leipzig; 1814, armée de Lyon; 1815, Grande-Armée, Fleurus, Waterloo.

Il prit alors le nom de 4⁰ *hussards* et assista en Espagne (1823) à l'affaire d'Avila et à la prise de la Corogne ; 1854-56, campagne de Crimée, Kanghil (20 septembre 1855); 1860-66, campagne en Italie, Rome; 1870, campagne de France, plateau d'Illy, Sedan; 1871, formation du 4⁰ hussards de marche, campagne dans l'ouest de la France, en avril 1871, fusion des deux régiments, armée de Versailles, camp sous Paris. En 1880-82, Algérie, colonnes expéditionnaires en Tunisie; 1882-87, province d'Oran, colonne du sud oranais.

Enfin, en septembre 1887, rentrée du régiment en France pour tenir garnison à Sampigny, puis, le 23 septembre 1890, arrivée à Fontainebleau.

Voici les noms des colonels et mestres de camp du régiment depuis sa création.
Chasseurs de Fischer, Légion de Conflans, Régiment de Saxe, Régiment de Colonel-Général :
1749, Fischer; 1761, marquis de Conflans; 1770, duc de Chartres, comte de Montréal; 1783, marquis du Chastellier; 1789, comte de Lusace; 1791, de la Marche; 1792, Meckouski.

4ᵉ hussards.

1793. Colonels : de Barbier; 1794, Boyé; 1794, Flosse; 1796, Merlin; 1800, Burthe; 1803, baron Burthe; 1810, baron Christophe; 1815, Blot.

1815. Colonels : Oudinot; 1822, de Messmann; 1829, de Louvencourt; 1830, Ricard; 1832, de Brack; 1838, de l'Esparda; 1841, d'Ormoy; 1850, Gallais; 1855, de la Mortière (aujourd'hui en retraite à Provins); 1861, Choury de l'Algerie; 1871, Cousin de Montauban; 1875, Bauvreux; 1880, de Poul; 1886, de Labeau, et 1888, Gaudin.

Sur son étendard, le 4ᵉ hussards porte inscrits les quatre noms suivants :

HOHENLINDEN
AUSTERLITZ
FRIEDLAND
KANGHIL

S'il ne nous est pas permis de citer quelques-uns des nombreux faits d'armes auxquels a été mêlé le 4ᵉ hussards, parlons au moins de la campagne de Crimée à laquelle il prit une part active, et surtout de la charge de Kanghil dans laquelle il s'illustra.

En outre, à la suite de cette charge brillante, deux officiers dont les noms sont connus à Fontainebleau, le commandant Tillard et le capitaine Charmeux, reçurent sur le champ de bataille la récompense de leur bravoure. Le commandant Tillard, tué général dans les magnifiques charges de 1870, fut fait officier de la Légion d'honneur, et le capitaine Charmeux, chevalier du même ordre, pour avoir, dit l'historique du régiment, mené son escadron à la charge en véritable officier de cavalerie légère.

Citons encore parmi les combattants de Kanghil, appartenant au 4ᵉ hussards : le maréchal des logis Boursoul, blessé de douze coups de lance et décoré sur le champ de bataille, il est devenu colonel du 17ᵉ chasseurs; le brigadier Michel, médaillé à la suite de cette charge et qui a pris sa retraite à Montereau; M. Rousseau, alors brigadier, aujourd'hui employé à la bibliothèque du palais de Fontainebleau, pour lequel l'éminent bibliothécaire J.-J. Weiss avait beaucoup de sympathie.

Le 29 septembre 1855, le général d'Allonville donna l'ordre à ses trois régiments : le 4ᵉ hussards, le 6ᵉ et le 7ᵉ dragons, de monter à cheval à trois heures du matin. Vers huit heures, on se trouva en présence de huit escadrons de cavalerie russe contre laquelle on lança le quatrième escadron du 4ᵉ hussards, commandé par le capitaine Charmeux. « Ces gaillards-là me gênent, avait dit le général au capitaine Charmeux, donnez-leur un peu la chasse et tâchez de me ramener quelques prisonniers, cela me fera plaisir. » L'escadron se mit en mouvement, mais presque aussitôt la cavalerie russe fit demi-tour pour éviter le choc et on ne ramena qu'un homme mortellement blessé par un hussard qui avait tiré au galop.

On mit alors pied à terre pour laisser manger hommes et chevaux. Vers 11 heures, les trois régiments montèrent à cheval et n'emmenèrent que les chevaux susceptibles de fournir une course d'une heure de galop; le 4ᵉ hussards se trouvait en tête de colonne, commandé par le général Walsin-Esterhazy.

Après une demi-heure de marche, le 4ᵉ hussards aperçut sur la crête du ravin de Kanghil six escadrons russes, soutenus par une batterie de huit pièces, que couvrait une épaisse ligne de Cosaques.

Le général d'Allonville donna aussitôt l'ordre au général Esterhazy de faire former le 4ᵉ hussards en bataille au galop et de charger.

Dès que le 4ᵉ hussards entama son mouvement, la batterie russe fut aussitôt démasquée et deux de ses pièces, après avoir fait feu, purent être rapidement attelées et emmenées. Les lanciers attendaient notre attaque de pied ferme et les lances croisées; mais le commandant Tillard, qui commandait les deux premiers escadrons, aborda vigoureusement à l'arme blanche leur gauche et leur centre, les traversa et sabra les canonniers sur leurs pièces.

Aussitôt les deux escadrons de gauche, commandés par les capitaines d'Anglars et Charmeux, se formèrent en bataille et chargèrent, culbutant la droite russe qui débordait de beaucoup le front du 4ᵉ hussards.

Cependant les lanciers, revenus de leur première surprise et voyant l'infériorité numérique des escadrons du commandant Tillard, s'acharnèrent à vouloir reprendre leurs pièces. Mais, en ce moment, l'apparition des deux lignes de casques des 6ᵉ et 7ᵉ dragons les firent renoncer à tout retour offensif.

L'affaire avait duré un quart d'heure environ, sans un cri, presque sans un seul coup de feu.

Six pièces de canon — les seules qui aient été prises pendant la campagne — douze caissons, une forge et leurs attelages, 160 prisonniers dont un officier, 200 chevaux, furent les trophées de ce brillant fait d'armes du 4ᵉ hussards qui nous coûta une vingtaine de tués ou blessés, dont deux officiers : les capitaines Pujade et de Sibert de Cornillon.

Le général d'Allonville, le chapeau légèrement incliné sur l'oreille, se portant devant le front du 4ᵉ hussards, leur dit : « Merci, braves hussards, vous êtes bien les enfants de la vieille sabretache; les premiers, vous avez eu l'honneur d'aborder l'ennemi en rase campagne, et vous l'avez fait avec une telle vigueur qu'il f...chera toujours le camp devant le dolman rouge. »

De telles paroles, empreintes d'une énergie toute... militaire, électrisent l'homme sur le champ de bataille et sont bien faites encore, après trente-cinq ans, pour ragaillardir le cœur de tout Français.

Au lendemain du brillant combat de Kanghil, se passa un fait bien caractéristique de cette campagne de Crimée où il arriva souvent de voir les officiers et les soldats des deux armées fraterniser pendant les armistices. Ces suspensions d'armes donnaient lieu à des réunions très cordiales et à des parties de chasse. Deux ennemis trinquant ensemble pour en venir aux mains quelques heures après, voilà un fait presque invraisemblable et qui s'est cependant plusieurs fois produit pendant la campagne de Crimée entre Russes et Français.

On le voit, la sympathie des deux nations ne date pas d'aujourd'hui et quoiqu'ennemi, dès 1856, on était... ami.

Donc, le lendemain de la charge de Kanghil, l'officier français de grand'garde vit s'avancer dans la plaine quelques cavaliers russes. Un officier se détacha au galop et, levant le pavillon parlementaire, demanda à entrer en communication avec le général d'Allonville. Bientôt un officier de notre état-major arriva du quartier général avec l'officier russe fait prisonnier la veille. Le capitaine russe, envoyé en parlementaire, apportait un sac d'argent pour ses compatriotes faits prisonniers parmi lesquels se trouvait son ordonnance, un vieux serviteur qui l'avait suivi dans plusieurs campagnes.

La conversation entre les officiers russes et français s'engagea très aimable et l'on but quelques verres de champagne.

Avant de se retirer, le capitaine russe remit à chaque officier français sa carte de visite en demandant la réciproque. Elles étaient rares à cet endroit! Cependant le lieutenant-colonel de Landriève, du 7ᵉ dragons, en avait dans son carnet et lorsque le capitaine russe eut vu cette adresse : « 8, rue de la Chaussée d'Antin ». — « Nous sommes voisins, mon colonel, dit-il, car j'habite rue de la Ferme des Mathurins; laissez-moi espérer qu'avant longtemps je pourrai avoir l'honneur de vous rendre visite à Paris ».

De part et d'autre on se serra cordialement la main et chacun en se retirant, de se dire tout bas : « Au revoir, à demain peut-être ».

Ce fait montre dans quels termes étaient les officiers des deux armées pendant les suspensions d'armes. Au temps du siège, après une affaire importante, on interrompait le feu pendant quelques heures pour permettre, des deux côtés, de ramasser les morts et les blessés.

**

A propos de la charge de Kanghil, nous avons donné les noms de deux de nos compatriotes, le commandant Tillard et le capitaine Charmeux. Nous y avons ajouté celui du général de la Mortière, commandant alors le 4e hussards, aujourd'hui en retraite à Provins et fait officier de la Légion d'honneur sur le champ de bataille. Plusieurs officiers méritent encore d'être cités pour avoir pris part avec le régiment, à la campagne de Crimée. Ce sont : le comte de Lanjuinais, aujourd'hui député du Morbihan, spécialiste à la Chambre des questions militaires, et — curieuse coïncidence — beau-père du comte Louis d'Harcourt, capitaine à ce même 4e hussards, actuellement en garnison à Fontainebleau.

Les lieutenants et sous-lieutenants de l'escadron du capitaine Charmeux étaient : MM. Yunck, qui tint plus tard garnison à Melun comme capitaine au dragons de l'Impératrice; Chauvet; de Kerhué, aujourd'hui général de division, commandant le 8e corps d'armée; de Lignières, retraité récemment comme général de division après avoir commandé brillamment le 2e régiment de chasseurs.

A propos du lieutenant de Lignières, rappelons à son sujet une anecdote dont il a peut-être perdu le souvenir. Durant cette campagne, les officiers aimant la chasse trouvaient amplement à se livrer à leur sport favori; on chassait même souvent de façon assez commode dans une voiture basse attelée de trois chevaux rapides. On parcourait ainsi des champs de blé si hauts que les chevaux étaient cachés jusqu'au poitrail. Des lévriers couraient autour de la voiture et tuaient nombre de lièvres; il n'était pas rare d'en prendre une dizaine dans sa matinée.

Le lieutenant de Lignières adorait la chasse et un matin il partit à cheval. Ayant blessé mortellement un lièvre, il mit pied à terre pour s'en saisir et au même instant sa jument, tirant au renard, s'enfuit et prit la direction de l'endroit où elle avait campé la veille. Les Russes s'en emparèrent et jamais le lieutenant de Lignières ne revit son cheval. Il revint à son escadron avec son lièvre mais sans sa monture.

Étaient également au 4e hussards plusieurs Provinois : MM. Alexandre et Jules Prieur, Grandjean, Leclert, Chéret, Prévost, Bobly; enfin deux hussards, habitant encore Fontainebleau, Mathias Latreille et Rabotin.

**

Maintenant que les changements de garnison sont très peu fréquents, il nous a paru curieux de relever quelles avaient été les nombreuses et diverses garnisons du 4e hussards.

En 1817, nous trouvons le régiment à Rouen; en 1823, il prend part au passage de la Bidassoa et rentre à la fin de l'année. En juillet 1830, à la suite de la Révolution, il arbore la cocarde tricolore. Le Roi, l'année suivante, préside en personne à la distribution des étendards tricolores et au serment.

Le général de Brack, en 1832, prend possession de son commandement et opère de sérieuses et utiles améliorations dans le service de la cavalerie. Avant de venir en 1835 à Fontainebleau, le 4° hussards était en 1833 à Limoges. C'est dans notre ville, en 1835, que S. A. R. le duc d'Orléans distribua des récompenses aux sous-officiers les plus méritants. Cette même année le Roi donna une médaille d'honneur à une brave cantinière du régiment, Élisabeth Prost, dite la mère Garnier, qui avait à son actif plusieurs belles actions et une existence entière de dévouement.

Le 31 mai 1837, il est à Paris et M. Dupin, président de la Chambre des députés, en présence du ministre de l'instruction publique, remit sept médailles au régiment. En 1838, il est envoyé à Joigny d'où il part en 1840 pour Lille, puis Lunéville, puis Strasbourg. En 1849, nous le retrouvons à Sedan, Givet, puis à Lunéville, à Haguenau en 1850 et à Béziers en 1851. De 1852 à 1854, il va à Castres, Toulouse, puis part à l'armée d'Orient; pendant la campagne, le colonel de la Mortière en prend le commandement pour remplacer le colonel Gallais, tué aux avant-postes.

Au retour de la campagne de Crimée, en octobre 1856, il vient à Paris et l'année suivante le dolman bleu remplace le fameux dolman rouge devant lequel, suivant l'expression du colonel d'Allonville, les Russes devaient toujours.... ficho le camp.

Départ de Paris pour Maubeuge en 1858, puis en 1859 pour Rouen et en 1860 tout près de là — pour Tarascon — dans le Nord, dirait un Marseillais.

La tenue change encore en 1860 et le dolman devient gris argenté, avec pantalon garance et talpack. C'est avec ce nouvel uniforme que le 4° hussards s'embarque pour Civita-Vecchia et Rome, où il reste de 1862 à 1865. A cette date, retour à Béziers, puis à Carcassonne (1866) et Lyon (1867). En 1869, nouveau départ pour Clermont-Ferrand, puis en 1870 pour l'armée de l'Est.

En 1871, on reforme à Libourne un 4° régiment de hussards de marche qui se rend sous les murs de Paris et se fond avec l'ancien après avoir été à Cherbourg, Saumur et Montauban.

Il se reconstitue régulièrement ensuite au camp de Rocquencourt, puis part pour Châlons, Verdun (1872), Nancy (1874), Pont-à-Mousson (1878) qu'il quitte en 1880 pour s'embarquer à Marseille à destination de Bône, puis de la Tunisie, où il fait la campagne et reçoit du général en chef des félicitations pour sa belle conduite. Le capitaine de Lapérouse est cité à l'ordre du jour pour avoir dégagé une colonne d'infanterie attaquée par les Arabes. Le maréchal des logis Bazile Talma, les hussards Collin et Chatain, blessés, reçoivent la médaille militaire.

En 1882, tout étant calme dans la régence, il rentre à Bône et Sétif; mais au mois de juin est envoyé à Mascara, puis dans le sud oranais pour aider à réprimer l'insurrection de Bou-Amama.

Enfin, après tant de vicissitudes, au mois de septembre 1887, le 1ᵉʳ hussards débarque en France et arrive à Sampigny (Meuse), qu'il quitte trois ans après pour venir tenir garnison dans cette bonne ville de Fontainebleau.

Par cette rapide énumération, on peut voir que jamais le 1ᵉʳ hussards n'est resté longtemps au même endroit et que depuis la guerre surtout, son existence a été assez mouvementée.

(*Abeille*, 26 septembre-17 octobre 1890.)

PALAIS

DÉPENDANCES DU PALAIS

FONTAINE BELLE-EAU?

On admet de confiance, et il paraît d'ailleurs incontesté, que le château et la ville de Fontainebleau doivent leur nom à la source qui se trouve dans l'ancien jardin des Pins, aujourd'hui le jardin anglais.

Mais, se demande-t-on encore, d'où vient ce nom donné à la fontaine?

Les controverses à cet égard ne sont pas près de finir.

Le P. Dan, après avoir épuisé le sujet jusqu'à son époque (1642), accepte la légende du chien *Bléau* ou *Bliau*, dont l'histoire avait été peinte, par le Primatice, assure-t-on, dans la grotte qu'avait fait construire le roi François Iᵉʳ.

L'abbé Guilbert n'admet pas la légende du chien, bien que Bléau soit un nom donné généralement autrefois aux chiens de chasse. Il croit plutôt à un nom d'homme : Bléau ou Bréau, souvenir de quelque ancien propriétaire du terrain où a été trouvée la source. Exemple : Fontevrault, pour Fontaine-Euvrault; Fontaine-roux, près de Barbeau, pour Fontaine-Roux, etc.

L'abbé Expilly *(Dictionnaire géographique et historique de la France)* rejette à la fois le chien *Bléau* et la fontaine *Belle eau*. Il fournit une troisième étymologie de sa façon, évidente selon lui, mais qui semble une des plus risquées. « Pourquoi, dit-il, » se donner la torture à ce sujet. Il suffit de la moindre notion de la chasse pour » savoir que, quand le chasseur appelle ses chiens, il crie : *Thia hillaut!* N'est-il » pas vraisemblable que, le château ayant été bâti en pays de chasse, les habitants » des environs, entendant continuellement le mot *hillaut*, l'appelèrent de ce nom, » auquel ils joignirent celui de la fontaine près de laquelle il avait été bâti. De » *Fontaine hillaut* on fit insensiblement Fontainebleau ».

.*.

Passons à d'autres.

Castellan se borne à citer la légende du chien; il ne s'occupe que du monument construit par Francini sous Henri IV et démoli sous Louis XIV.

Rénard trouve que toutes les conjectures sur le nom de la ville sont démontrées fausses « par les anciens noms latins ».

Vatout ne s'arrête pas à discuter les différentes opinions émises sur l'origine du nom de Fontainebleau, parce que, dit-il, elles ne s'appuient sur aucune autorité.

Jamin se dérobe; il trouve que toutes les controverses sur l'étymologie du nom de Fontainebleau sont puériles « parce qu'il s'agit de savoir si ce nom vient d'un chien ou de la limpidité des eaux d'une source ».

Doncecourt cite : 1° l'opinion de Favin : le chien Bléau; — 2° la légende du président de Thou : « Un chasseur pénètre le premier sur les bords du ruisseau » et le nomme *Fontaine belle eau*; — 3° l'opinion de Mabillon, tirée de la proximité du château du Bréau et de la source. Le Sylvain de la forêt de Fontainebleau, comme il se plaisait à se faire appeler, laisse à ses lecteurs le soin de conclure.

Champollion, que la contradiction sollicitait assez, n'admet aucune de ces étymologies. Il trouve que la dénomination de « fontaine belle eau » donnée, à cause de ses mérites particuliers, à l'une des principales sources du palais, serait, il est vrai, plus séduisante que la légende du chien Bléaut. Mais, d'après lui, l'étymologie du mot moderne vient du mot latin *fons Bliaudi*, francisé en fontaine Bliaut ou Blaut et conservant l'acception de *fontaine du manteau (bliaut)*, au moyen âge, *blayde* ou *bliaut*, depuis).

M. P. Domet *(Histoire de la forêt de Fontainebleau)* discute toutes les versions ci-dessus; les différentes locutions produites l'amènent à accepter le nom de *fontaine de Blaud* « dans lequel il n'est nullement question de la qualité de l'eau ». Toutefois il se demande si Blaud était un chien qui fit découvrir la source, comme le veut une ancienne tradition, un homme ou un fief, ainsi que le pense l'abbé Guilbert?

.*.

Nous laissons à de plus autorisés le soin de poursuivre la discussion depuis si longtemps ouverte; pour le moment, nous nous contenterons de citer une version « nouvelle » bien que vieille de 220 ans. Nous nous croyons autorisé à la qualifier nouvelle puisqu'elle n'a été rapportée par aucun des auteurs français qui ont écrit sur Fontainebleau.

Elle nous est fournie par Michel-Ange Mariani, auteur d'un *diarium* ou journal du séjour en France (avril-août 1660) du chevalier Aloys Grimani, ambassadeur de la république de Venise (1).

Au cours de la description du Palais de Fontainebleau, notre auteur dit : « Vers
» une autre partie du Parc, dans un jardin particulier, on voit sourdre la fontaine
» qui a donné son nom au château. On dit qu'un jour le Roi, chassant en forêt, très
» altéré, cherchait partout de l'eau. Arrivant près de cette source, il fut émerveillé,
» et, se retournant vers ses compagnons de chasse, il s'écria : « Oh! la belle fon-
» taine! Oh! la belle eau! » De là est venu le nom de Fontainebleau qui, en italien,
» veut dire : *fontana di bell'acqua* ».

Si cette dernière version n'est vraie, ne peut-on, du moins, l'admettre comme très vraisemblable?

Par contre voici l'opinion du baron Tristan Lambert : « La *fontaine belle eau* n'est pas l'origine du château, ni de la ville, et le — *belle eau* — fut en réalité, *Blaud*, ou *Blaald*, « *Edificavimus ecclesiam apud fontem Blaaldi* », dit la plus ancienne charte, celle de Louis VII concernant Fontainebleau ».

(*Abeille*, 12 juillet 1889.)

LES PLUS EXCELLENTS BASTIMENTS DE FRANCE

FONTAINEBLEAU

Il nous semble curieux de reproduire en son style naïf et original la description faite de Fontainebleau par J. Androuet Du Cerceau, en 1576.

Depuis, notre pays et notre palais ont bien changé! Ni l'un ni l'autre cependant ne sont tombés en ruine, comme l'auteur en manifestait la crainte à la fin de sa description.

Fontainebleau est un lieu assis dans la Forest de Biere, en vne plaine, fermé de diuers costez, rochers, et montaignes couvertes de boys de haulte fustaye. Ancien-

---

(1) Michel' Angelo MARIANI. *In piu curioso e memorabile della Francia*. Venezia, presso Giacomo Hertz. M. DC. LXXIII.

nement c'estoit vn vieil bastiment, où les Rois par quelques fois se retiroyent pour estre là comme en un lieu solitaire. Le Roy François premier, qui aimoit tant à bastir, considérant ce lieu ainsi formé de ses rustiques, y print fort grand plaisir ; et de faict, le fist bastir comme il est de présent. Les anciens recitent, qu'en ce lieu y auoit vne grosse tour, ou de présent et sur les fondemens d'icelle est la Chapelle, prochaine de la grande salle du bal, et s'est on seruy d'aucuns vieils fondemens. La plus grande partie du logis est bastie de Grets, comme mesme il en ont les rochers sur le lieu, auec brique : principalement la basse court (cour du Cheval-Blanc), laquelle en grandeur excede toutes autres courts des bastimens Royaux. En la seconde court (cour de la Fontaine), y a source de fontaine, et se dict que c'est la plus belle eauë de source qui se voye gueres, et que par ce on appelait belle eauë, maintenant Fontainebleau. Ce lieu est à demie lieue de la riuière Seine. La terre n'est que sablonnage, tellement que les arbres de ladite forest ne sont pas communément de belle grandeur et ne peuvent gueres bien prouffiter. Le feu Roy François, que le fist bastir, s'y aimoit merueillousement ; de sorte que la plus grande partie du temps il s'y tenoit, et là enrichy de toutes sortes de commoditez, avec les galleries, salles, chambres, estuues (bains), et autres membres (appartements), le tout embelly de toutes sortes d'histoires, tant peintes que de relief, faites par les plus excellens maistres que le Roy pouvait recouurer de France et d'Italie d'où il a faict venir aussi plusieurs belles pièces antiques. En somme, tout ce que le Roy pouvait recouurer d'excellent, c'estoit pour son Fontainebleau : où il se plaisoit tant, que y voulant aller, il disoit qu'il allait chez soy ; qui fut cause que plusieurs grands seigneurs y firent bastir chacun en son particulier, tant que pour le iourd'huy y a beaucoup de beaux logis, et dignes d'être remarquez. Mais depuis la mort du feu Roy François, le lieu n'a pas été si habitué ne frequente, qui sera cause qu'il ira avec temps en ruine, comme sont beaucoup d'autres places que j'ai vuës, à cause de n'y habiter. Tout ioignant la basse court est vn Couuent de Mathurins, que le feu Roy Louis y fonda. Depuis quelque temps le principal du bastiment a esté par le Roy Charles neufième clos et fermé d'vn fossé, excepté la basse court à raison des guerres ciuiles. Ce lieu est prochain de quatorze lieuës de Paris, de quatre lieuës de Nemours, de deux lieuës de Moret, à quatre lieuës de Melun, à quatre lieuës de Montereau et de Milly. Les prochains lieux seigneuriaux sont Blandy à quatre lieuës et Valery à sept. Ce lieu est accompagné d'un fort bel estang, au long duquel est la chaussée reuestue de quatre rangs d'ormes, faisant séparation de deux grands jardins.

(Abeille, 16 septembre 1892.)

LE CHATEAU D'EAU

Il y a quelques années le bureau de poste de Fontainebleau se trouvait à fin de bail rue des Sablons. L'administration fut sollicitée de chercher un local plus vaste, que, bien entendu, elle ne trouva pas. On n'a jamais d'argent dans cette administration qui encaisse si bien celui des contribuables, en retour parfois si mal desservis.

Désireux de coopérer à la réunion du service des postes et des télégraphes, notre conseil municipal eut alors la faiblesse de condescendre au désir exprimé par un de ses membres. Non seulement il donna son assentiment à l'installation des deux services dans le Château d'Eau, il y contribua même par une subvention de quatre ou cinq mille francs.

Mais cette installation du bureau dans une rue dérobée, peu facile à trouver pour les étrangers, était considérée par tous les habitants comme absolument provisoire. Il ne faisait de doute pour personne qu'il s'agissait d'un expédient pour sauver la situation, permettre la réunion des deux services dans un seul et même local. Une semblable organisation ne pouvait se continuer lorsque le service prendrait de l'extension (1).

En effet, les travaux effectués eurent un caractère essentiellement temporaire. L'étroit passage de porte cochère, fermée au fond, devint la salle du public encore rétrécie par un tambour. Un appentis fut pris sur la cour, dans lequel on installa le service du tri des lettres, deux misérables guichets pour le public et les appareils télégraphiques; une petite niche, étroite et humide, pouvant contenir à peine deux personnes, fut attribuée, à titre de cabinet, au receveur, et un recoin servit de salle d'attente pour les piétons du télégraphe.

Quant au receveur, il dut partager, pour son logement, le bâtiment du fond avec le fontainier du château.

En somme, le public, les employés, le chef de service, les appareils, tout y fut

---

(1) Depuis 1895, les services postaux, télégraphiques et téléphoniques, sont admirablement installés dans un hôtel spécial construit au coin de la rue de la Chancellerie et de la rue des Bons-Enfants. Le terrain, donné par l'État, dépendait du Jardin de Diane qui n'a été aucunement dénaturé par la construction de l'hôtel des Postes; commencé en 1893, sous la direction de M. Boussard, architecte, il a été terminé à la fin de 1894. Tous les services et le public sont très à l'aise dans cet édifice modèle dont nous avons donné une description détaillée dans l' « Abeille » du 15 novembre 1894. Il a coûté 85,000 francs, avancés par la ville mais remboursés par des annuités de l'administration des postes.

aussi mal que possible. Mais comme l'administration des bâtiments civils avait dûment stipulé que rien ne serait modifié à l'apparence extérieure des constructions, on patienta.

*_**

Voilà déjà nombre d'années que la patience du public est mise à l'épreuve ; aujourd'hui, surtout avec l'installation prochaine du téléphone, il y a impossibilité d'assurer dans un si étroit espace le fonctionnement des services qu'il doit abriter. On a dû chercher, étudier. Mais au lieu de s'installer définitivement ailleurs, dans des conditions dignes de la ville, du public et d'un service important, on n'a trouvé rien de mieux que d'élever — malgré des engagements formels — une construction sur le bâtiment d'entrée. Oui, dans une sorte de pigeonnier on va installer le télégraphe et le téléphone. Voilà qui va être commode pour les deux services — postes et télégraphes — qui seront ainsi réunis, mais séparés.

Il n'est pas permis de se moquer ainsi du public, et ce n'est pas pour atteindre un but si mesquin que la ville a donné naguère une subvention.

*_**

Pauvre Château d'Eau, élevé en 1608, par Henri IV pour y recueillir les eaux de la mare aux Pelloux, pour de là les distribuer dans les différentes fontaines du château et de ses jardins. C'était bien la peine de construire un aqueduc voûté de 1100 mètres de long, sur deux de hauteur et un de largeur, d'établir un vaste bassin de pierre et de compléter le tout par un véritable petit castel. La révolution de 1793, qui a tant dévasté de choses à Fontainebleau, avait respecté le Château d'Eau et n'avait jamais tenté de le dénaturer ou de changer sa destination. Elle y maintint le sieur Caly, fontainier d'alors.

Le Château d'Eau qui s'est successivement appelé, Réservoir des fontaines, Regard des fontaines, Fontaine Henri IV, puis Hôtel Henri IV, était peut-être le seul monument quelque peu ancien de la ville, demeuré dans son état primitif.

Nous ne pouvons sans regret le voir ainsi détruire, surtout pour y installer, dans de si mauvaises conditions un service important.

Qui pourra arrêter le vandalisme dont il est menacé ?

(Abeille, 3 juillet 1891.)

PÊCHE DE L'ÉTANG DES CARPES

L'étang du Jardin anglais avait bien triste figure mercredi malgré le grand nombre de curieux qui se pressaient sur les berges. Absolument à sec, cette grande étendue d'ordinaire couverte d'eau paraissait bien plus grande encore et comme désolée avec son petit pavillon s'élevant au-dessus d'une nappe de vase, à certains endroits épaisse de 80 centimètres.

On ne pouvait pas dire avec le bon La Fontaine :

> L'onde était transparente ainsi qu'aux plus beaux jours,
> Ma commère la carpe y faisait mille tours.

De sérieuses réparations devant être faites à la balustrade de l'étang et à la bonde de sortie des eaux, la mise à sec était nécessaire. On a profité de cette circonstance pour pêcher les carpes et les divers poissons qui ont été adjugés, comme nous l'avons dit la semaine dernière, à M. Valentin. Cette opération, faite en 1862 et 1863, n'avait donc pas été renouvelée depuis 22 ans.

Voici comment on a procédé hier après la mise à sec de la pièce d'eau :

Un très long filet traînant a été jeté dans la partie la plus basse, celle où restait un peu d'eau, c'est-à-dire le long de l'avenue de Maintenon. Deux pêcheurs de profession, venus de Moret, aidés de nombreux employés, dirigeaient avec sûreté la pêche à laquelle assistaient les agents du château chargés du contrôle.

Le filet, tiré par plusieurs hommes du côté du Carrousel, à l'aide d'un très long cordage, était maintenu et dégagé de la très épaisse couche de vase par trois hommes descendus dans l'étang et qui enfonçaient dans la boue jusqu'à la ceinture. On formait ainsi une courbe qui allait en se rétrécissant et quand les carpes étaient sûrement emprisonnées dans ce demi-cercle de filet, on procédait à la pêche avec plusieurs épuisettes. Le premier coup de filet a amené — ce qu'aucun pêcheur n'a jamais vu et ne verra jamais — la capture d'un millier de carpes pesant en moyenne six livres. La plus grosse qui ait été pêchée pesait plus de dix-huit livres.

Deux cadres garnis de toile solide étaient dressés sur la berge et servaient à faire le triage. Chaque épuisette amenée sur le bord était versée dans un des cadres et M. Prinet, chef fontainier, procédait à la sélection. Comme nous l'avons dit déjà, neuf cents des plus belles étaient réservées pour le château, et au fur et à mesure du choix, transportées, à l'aide de grands paniers, dans le Tibre, la pièce d'eau située au milieu du Parterre, connue aussi sous le nom de « Pot qui bout » ; celles qui étaient réservées — dans le cas où la pêche n'aurait pas fourni les neuf cents belles carpes — étaient portées dans les petits bassins de l'avenue des Cascades, enfin, celles laissées à M. Valentin ont été placées dans le Romulus.

Quant au menu poisson, M. Valentin l'a fait immédiatement mettre dans le canal du Parc. Voilà, pour les personnes munies de permissions, la certitude de fructueuses journées — cette « remonte » nouvelle leur assure pour l'été une pêche abondante.

Très curieux à regarder, les paniers dans lesquels on entassait les carpes ; les malheureux cyprins se livraient à des sauts désordonnés — le saut de carpe — devant un public insensible, faisaient l'œil de carpe et la carpe pâmée sans provoquer la moindre compassion. L'arrivée de quelques-unes toutes dorées avec de larges écailles, ou entièrement blanchies, excitaient davantage la curiosité, peut-être à cause de leur vieillesse extrême ; Delille n'a-t-il pas dit :

> Un long âge blanchit la carpe centenaire.

La longévité de ce poisson ne paraît cependant pas très bien établie ; des auteurs sérieux — M. de Buffon entre autres — assurent que la carpe peut vivre 150 ans et produire 600,000 œufs. D'autres prétendent qu'ils en ont vu atteindre le poids de 35 kilos ; enfin, pour enregistrer tous les dires, sans vouloir en prendre la responsabilité, on a dit et écrit que le lac de Côme contenait des carpes de 100 kilos. Nous en avons vu pesant près de 10 kilos, et avons trouvé que c'était déjà là une jolie dimension. Aucune ne paraissait se ressentir de l'épidémie qui, l'an dernier, on a détruit plus de cinq cents.

Il est à regretter que l'on n'ait pas pu profiter de la mise à sec de l'étang pour le curer et le nettoyer. Cette opération, qui aurait dû être faite, bien entendu à une époque moins avancée de la saison, n'aurait pas été superflue, mais occasionnerait, nous a-t-on dit, des dépenses extraordinaires (on parlait de 100,000 francs). Il est évident que l'état du Trésor public, malgré les soins assidus du ministre actuel des finances, M. le pharmacien Peyral, ne permet pas une telle folie salubre... peut-être un jour nécessaire.

Dans huit jours à peu près les réparations seront terminées et l'étang à nouveau rempli d'eau ; alors seront réintégrées les 900 carpes mises en réserve. Il est à remarquer que cette pièce d'eau contenait en quantité de fort belles anguilles et il n'en a pas été pêché une seule ; elles se seront probablement, à l'approche du filet, frayé un chemin dans la vase.

Depuis plusieurs jours une surveillance active est exercée, jour et nuit, aux environs des pièces d'eau par les employés du château ; leur but est d'empêcher le vol facile de certains amateurs qui auraient pu vouloir s'offrir à bon marché un régal à la Lucullus — on prétend que les laitances de carpes cuites au vin blanc ou en omelette sont un mets exquis...

La pêche, non entièrement terminée mercredi, a été achevée aujourd'hui jeudi ; en voici le résultat approximatif :

Réservées pour le Palais 000 carpes pesant en moyenne environ 5 kilos, ci . . . . 1,500 kilos.

Péchées par M. Valentin environ 500 carpes de 2 kilos, ci . . . . 1,000 kilos, plus 15 décalitres de menu poisson comprenant d'énormes perches, de très beaux et très bons goujons.

N. B. — On n'en a pas trouvé une seule ayant au nez l'anneau de François Ier. Encore une légende disparue.

(Abeille, 4 mai 1888.)

LE JARDIN ANGLAIS

La fontaine belle-eau, à laquelle notre ville doit son nom si nous en croyons la légende et la tradition, vient d'être entourée de plantations et de quelques constructions, rappelant de très loin, faute de crédits suffisants, l'élégante ornementation de jadis.

Enfermée par François Ier sous une grotte en rustique, décorée à l'intérieur de peintures à fresque retraçant l'histoire du chien Bléau, elle ne cessa d'être l'objet d'un soigneux entretien.

Henri IV, qui multiplia et embellit les fontaines du Palais, dit Champollion, secondé par l'architecte italien Francini, fit capter cette belle source dans un bassin octogone, ayant huit pieds de diamètre ; trois marches s'élevaient au-dessus du niveau des eaux et le bassin était à moitié couvert par une abside cintrée, ornée d'un fronton, de pilastres, et abritant quatre bancs pour le repos des promeneurs.

Cette ancienne fontaine avait disparu jadis par suite des travaux exécutés pour l'installation de l'école militaire de Fontainebleau. Découverte et mise à jour sous Napoléon III, le bassin octogonal, en pierres soigneusement appareillées, fut tout d'abord rétabli d'après des documents précis.

Une ancienne gravure de Pérelle, conservée au cabinet des estampes de la Bibliothèque nationale, permettait une restitution exacte de l'œuvre de Francini ; ce travail devait être exécuté par l'habile architecte Paccard. Tous ces projets furent suspendus à la chute de l'Empire.

Il est bien regrettable qu'on n'ait pu encore faire plus; espérons que l'administration des bâtiments n'en restera pas là et que les plantations feront un jour place à un monument définitif.

Les promeneurs iront avec plaisir au Jardin anglais, si agréable et si bien entretenu, voir l'aspect de la nouvelle fontaine, tant que l'accès en est public.

On dit que la fontaine belle-eau a inspiré à Malherbe les vers suivants :

> Vois-tu, passant, couler cette onde
> Et s'écouler incontinent ;
> Ainsi font les gloires du monde,
> Et rien que Dieu n'est permanent.

Ne quittons pas le Jardin anglais sans parler des carpes, des fameuses carpes. Depuis la pêche de l'an dernier, elles se montrent beaucoup plus réservées et craintives; un petit nombre vient avaler les morceaux de pain des visiteurs. Une raison autre que la pêche les rend encore sauvages, ce sont les canards. Ces gentils palmipèdes ont un grand appétit et, quoique non huppés, beaucoup de toupet; ils disputent aux carpes le pain qu'on leur jette et souvent même, pour garder leurs proies, frappent de leurs becs les cyprins.

Que les canards y prennent garde! Nous leur conseillons d'être à l'avenir moins gloutons, car si on ne peut les mettre au pas, on les mettra... aux pois.

(*Abeille*, 10 mai 1889.)

LA VOLIÈRE DU JARDIN DE DIANE

Les rois qui ont tant embelli le Palais de Fontainebleau y avaient accumulé en même temps toutes sortes de distractions intérieures et extérieures. Mais presque toujours elles avaient un but utile. Dans le jardin des Canaux, devenu depuis le Jardin anglais, un élevage complet de poissons, véritable école de pisciculture, était organisé dans les eaux courant en profusion. D'autre part, les animaux exotiques, par suite des progrès de la marine, commençant à arriver avec quelque abondance, donnèrent lieu à de sérieuses tentatives d'acclimatation.

C'est ce qui inspira à Henri IV la pensée de faire construire une volière modèle dans le jardin de Diane, alors jardin des Buis ou de la Reine.

Qui connaît actuellement cette volière? Personne assurément. Les auteurs sont très sobres de renseignements et à peine trouve-t-on quelques indications dans les gravures de Pérelle.

Voici ce qu'en dit le P. Dan : « Tout joignant la Galerie des Chevreuils est la Volière, de mesme ordre et de mesme matière. C'est bien l'une des plus belles et des plus grandes qui se voyent, ayant trente toises de long et trois de large. Dans le milieu est eslevé un grand Dôme qui l'enrichit merveilleusement.

» Sous ce Dôme est un grand et beau rocher d'artifice, d'où sortent divers jets de fontaine qui jaillissent et vont ruisselant le long de cette Volière dans de petits canaux de pierre; duquel se void la figure qui suit ».

En regard, en effet, se trouve une grande planche du dessin de l'architecte Francini, gravée par Abraham Bosse.

L'abbé Guilbert est plus bref encore. Il nous apprend seulement que la volière bâtie par Henri IV, fut tranformée par Louis XIII, en Orangerie, d'où le nom de Jardin des Buis fut changé en celui de l'Orangerie.

Champollion donne quelques détails de plus; mais pour la connaître complètement il faut se reporter à l'ouvrage de l'allemand Jean Zinzerling, *Itinerarium Galliæ et finitimarum regionum*, publié en latin, sous la signature de Jodocus Sincerus (1612).

Voilà ce qu'il en dit :

« La volière a la forme d'une longue galerie. Elle est faite, comme les cages d'oiseaux, d'un treillis de métal extrêmement fin; de sorte qu'elle reçoit la lumière et l'air de tous côtés sans permettre aux captifs de s'échapper. On y a disposé des bosquets et des buissons dans lesquels les oiseaux font leurs nids. Elle renferme de plus une source qui se divise en une foule de petits ruisseaux; celle-ci est entourée de vignes et de rosiers au-dessus desquels on a écrit ces mots latins : HENRI IV, PAR LA GRACE DE DIEU, ROI DE FRANCE.

» On a peint de chaque côté des couples d'anges; ceux de droite portent des couronnes et des corbeilles de roses. On lit sur leur tête ce distique en latin :

Autant le roi victorieux a soumis de peuples, autant cette prison royale retient d'oiseaux.

» Ceux de gauche tiennent des couronnes et des perroquets. L'inscription suivante les accompagne : *Celui qui a fermé le temple de Janus retient ici les oiseaux captifs afin qu'ils chantent éternellement sa gloire.*

» Tu verras ici toutes sortes d'oiseaux remuant, voletant, frétillant et remplissant les oreilles d'une harmonie si délicieuse, que, frappé d'étonnement, tu ne sauras plus dire où tu es, ni ce que tu entends ».

(*Abeille*, 18 novembre 1892.)

LA COUR DU CHEVAL-BLANC

Le *Figaro* posait dernièrement la question suivante :

« Quelle est l'origine du nom de *Cheval-Blanc* donné à l'une des cours du Palais de Fontainebleau ? »

Voici notre réponse :

« Cette cour fut créée par François Ier sur des terrains qu'il acquit des religieux de l'ordre de la Sainte-Trinité et Rédemption des captifs fondé par saint Louis au château de Fontainebleau. Elle fut d'abord appelée la Basse-Cour, puis la Grande-Cour.

» L'architecte Serlio, qui avait dessiné cette cour, l'avait partagée en quatre compartiments disposés pour les courses de bague, les fêtes et les tournois. Des fossés et un pont-levis la terminaient du côté de l'escalier qui, sous Louis XIII, fut remplacé par celui dit Fer-à-Cheval.

» Elle était entièrement entourée de constructions : au fond, la façade du château ; à gauche, l'aile des ministres, conservée dans son état primitif (1) ; à droite, la galerie d'Ulysse, détruite sous Louis XV et remplacée par les grands bâtiments, dont une partie fut réservée cette année pour les appartements de M. Carnot, lors de son séjour à Fontainebleau. — Les constructions secondaires fermant la cour du côté de la place, en face l'hôtel de Guise, aujourd'hui hôtel de France et d'Angleterre, furent démolies sous Napoléon Ier, qui fit édifier la grille actuelle.

» Vers 1535 ou 1540, le Primatice reçut mission d'aller à Rome prendre les moulages des précieux chefs-d'œuvre de la statuaire antique qui y étaient conservés. Il releva entre autres les empreintes des plus beaux marbres exposés dans les jardins du Belvédère.

» Dix de ces statues furent coulées en bronze à la fonderie établie par le roi François Ier au château de Fontainebleau et placées dans le jardin de la Reine (jardin de Diane) qui devint ainsi presque une nouvelle Rome. Le Primatice, dit Vasari, eut pour faire les statues, des maîtres si excellents dans l'art de la fonte, que ces

---

(1) Sur le linteau d'une porte basse actuellement murée, près des bureaux de la Régie, on voit encore cette inscription : BVREAV DE LA POSTE DV ROY.

œuvres vinrent non seulement à perfection, mais avec une peau aussi fine, qu'il ne fallut quasi pas les retoucher (1).

» Cinq de ces chefs-d'œuvre ont été convertis en sous à l'époque révolutionnaire. Les autres, sauvés de la destruction, ont été placés dans les petits jardins des Tuileries. Ce sont : l'Ariane, l'Apollon, la Vénus, le Commode, le Laocoon.

» Le Primatice exécuta beaucoup d'autres moulages : les bas-reliefs de la colonne Trajane, le cheval de Marc-Aurèle au Capitole, etc. Ce dernier n'eut pas les honneurs du bronze. On se contenta d'une simple reproduction en plâtre que Catherine de Médicis fit placer dans l'allée centrale de la grande cour, qui dès lors, prit le nom de Cour du Cheval-Blanc.

» Ce cheval était grotesquement protégé contre les intempéries par un dôme carré en planches supporté par quatre colonnes en bois. Comme il entravait la circulation, surtout celle des soldats allant prendre la garde, il fut l'objet de mutilations successives, si bien qu'en 1626 on prit le parti d'en faire disparaître les restes informes.

» Malgré quelques tentatives pour faire prévaloir la dénomination de *Cour des adieux*, en souvenir de l'abdication de Napoléon Ier, le nom de cour du *Cheval-Blanc* est resté. »

***

Au cours des travaux de pavage qui s'opèrent dans cette cour, on vient de retrouver le massif qui supportait le cheval blanc et le dôme qui l'abritait. Cette découverte permet d'en constater aujourd'hui l'emplacement, sur lequel on a seulement quelques données, par les plans de Francini et de Mérian.

Il se trouvait à quelques mètres du croisement des voies divisant la cour en quatre parties gazonnées, dans la direction de l'escalier en fer à cheval.

Ce qu'il en reste comprend un massif central de $1^m60 \times 1^m60$ et de 0^m40 centimètres de hauteur, en maçonnerie de cailloux hourdée de chaux vive. Il est entouré d'un petit mur de 2^m05 de côté et de 0^m70 de large.

Nous avons tout lieu d'espérer que ce souvenir du passé, rappelant l'origine du nom de la cour, sera conservé comme il a été fait à Paris, pour les fondations du vieux Louvre et celles de la Bastille.

(*Abeille*, 15 février 1889 et 25 mai 1891.)

(1) Vasari. Vie des plus excellents peintres, sculpteurs et architectes.

LES SUBSTRUCTIONS DÉCOUVERTES AU PALAIS

Seconde découverte non moins intéressante. Au cours des travaux d'ouverture d'une tranchée, qui s'exécutent en ce moment, on vient de mettre à jour, dans l'axe de la voûte qui donne accès à la cour de la Fontaine, l'amorce d'un des deux anciens ponts — le second était au pied de l'escalier du Fer-à-Cheval. Ces ponts avaient été construits pour faciliter le passage sur le canal qui, partant de la pièce d'eau du Jardin anglais actuel, passait sous l'aile Louis XV, et contournait la façade principale du Palais, le Jeu de paume, la galerie des Chevreuils et celle de Diane, et le pavillon des Princes, pour finir au Parterre, peu après l'ancien pont-levis, par lequel on accédait à la cour Ovale.

Les deux arches ont été mises à jour; on a pu se rendre compte de la parfaite exécution du travail et du soin qui y avait présidé.

On sait que le canal a été comblé par le roi Louis-Philippe, avec les matériaux provenant de la démolition de l'hôtel de la Chancellerie.

Sous ce radier du canal, asséché bien avant d'être comblé, on a trouvé une galerie soigneusement voûtée. C'était des canaux sans doute pour l'écoulement des eaux du Jardin (Anglais aujourd'hui). Il contenait encore de la vase et mesurait une hauteur de 1m50 sous clef.

Détail inconnu jusqu'à ce jour : cette découverte vient d'établir la forme de ce pont qu'aucun plan n'avait fait connaître. Au lieu d'être en ligne droite à son entrée sur la cour du Cheval-Blanc, il s'évasait formant deux courbes contrariées, d'une forme très gracieuse, rappelant un peu le mouvement de l'escalier du Fer-à-Cheval.

Les fondations retrouvées à minime profondeur, sont en matériaux de premier choix, aussi bien équarris qu'appareillés.

En poursuivant les fouilles quelque peu en arrière, à gauche du pont, on a mis à jour la base d'une tour construite en moellons de petit appareil. Sans aucun doute, de l'autre côté, à droite, se trouvait une tour semblable.

Était-ce un ancien système de défense ou plutôt n'était-ce pas contre les tours que s'appuyait le mécanisme du pont-levis, le premier qui ait été tout d'abord construit?

**

Nous avions jusqu'à présent pensé qu'il n'y avait eu que deux ponts dans la cour du Cheval-Blanc; celui jeté autrefois sur le fossé du Palais, au droit de la voûte conduisant à la cour des Fontaines, et celui construit au pied de l'escalier du Fer-à-Cheval.

Cette opinion avait pour cause l'autorité de divers auteurs de plans du Palais, les seuls que l'on connaisse actuellement. Nous avons consulté du Cerceau; Francini (1614); le Hollandais Bruyn et le Suisse Mérian; Dorbay (1662), un plan manuscrit de la Bibliothèque nationale, de la même époque; enfin le plan de l'abbé Guilbert (1731). Ce dernier nous permettait d'y croire avec d'autant plus de certitude qu'il dit dans son ouvrage (t. Ier, p. 46) : « Les *deux* petits ponts de pierre qui
» passent sur le fossé et conduisent à la Chapelle et à la cour de la Fontaine, ont
» été construits par ordre de Louis XIV, en mil sept cent treize. »

Le mouvement général des courbes formant évasement à l'entrée de ce pont sont bien, en effet, du style Louis XIV. En cette même année, le Grand Roi fit faire d'importants travaux, notamment le remplacement des cinq fontaines de Francini au Jardin du Roi (le Parterre), la construction et la plantation des terrasses formant le pourtour, la suppression du jardin de l'Étang, qui régnait au sud de la cour de la Fontaine, etc., etc.

Le pont, dont la création paraît remonter à Charles IX, était autrefois un pont-levis, s'ouvrant à son entrée par un beau péristyle, dont les colonnes, enlevées par Henri IV, ont été rapportées au baptistère de Louis XIII.

Quant au troisième pont, nous n'en avions jamais eu connaissance. L'architecte du Palais, M. Boitte, voulut bien nous éclairer à cet égard. Il nous fit voir un magnifique plan du Palais, fait à une très grande échelle, sur lequel figure ce troisième pont. Il n'y avait rien à répondre, sans doute, mais le plan ne portait pas de date. Évidemment il est postérieur à tous ceux que j'avais vus, mais il est difficile d'en déterminer l'époque. Cependant, je puis dire en toute assurance qu'il est sensiblement postérieur en date à celui de l'abbé Guilbert (1731) qui indique, comme dans son texte et comme les auteurs précédents, deux ponts seulement. On ne pourrait guère le placer que vers 1750 au plus tôt.

S'agit-il, sur ce dernier plan, d'un projet ou d'un travail exécuté? Nous ignorons l'époque à laquelle la construction aurait eu lieu; celle de sa suppression, relativement récente, nous échappe également.

Nous remercions M. Boitte des indications qu'il a bien voulu nous donner et faisons des vœux pour qu'un prochain travail de pavage — fort nécessaire d'ailleurs — permette de faire quelques fouilles en cet endroit.

N'omettons pas de dire que ces ponts, supprimés à une certaine époque, ont vu s'élever sur leur emplacement deux statues : Céphale avec son chien et Bacchus, en femme, ayant un léopard à ses pieds. Ces statues étaient élevées sur des piédestaux de pierre, ornés de masques de bronze jetant de l'eau.

A noter également que le plan de Guilbert, à l'encontre de tous les précédents, et quoique levé à une très petite échelle, reproduit, comme celui que nous avons vu au Palais, l'élégant mouvement du garde-corps du pont.

(Abeille, 13-20-27 juillet 1891.)

LA FOURRIÈRE

Avec un nombreux public, nous avons demandé la démolition du mur de la « Fourrière » du Palais, dont le moindre inconvénient est de masquer une des façades des bâtiments de la cour de Henri IV et de couvrir la vue du Parterre. Le terrain, qu'enclôt ce mur, est sans utilité aujourd'hui : depuis longtemps même, il ne servait que de dépôts de vieux matériaux; on y a construit un W. C. ad usum de l'École d'application. Ce petit établissement peut être facilement transporté ailleurs et le terrain rendu au Parterre. S'il en était ainsi, l'avenue des Grilles-Neuves si sombre, si étouffée, prendrait un aspect tout à fait attrayant et permettrait de jouir, de la place d'Armes, de la vue d'une grande partie du Parterre.

Nous avons appris avec plaisir que le conseil municipal a appuyé le vœu formulé par les habitants; la délibération a été transmise à M. le ministre des travaux publics qui a prescrit l'instruction de l'affaire.

La Fourrière, qui depuis cent ans n'existe plus, était une des charges de l'ancienne monarchie. Elle relevait du Grand-Pannetier, avec les services du Gobelet, de la Bouche, de la Panneterie, de l'Échansonnerie, de la Fruiterie et les Sept-Offices de la maison du Roi.

Elle était dirigée par vingt chefs fourriers, et quinze aides, servant par quartier.

Les fonctions des officiers de Fourrière consistaient à fournir le bois de chauffage de toute la maison du Roi et celui des Salles des Gardes et des Corps des Gardes françaises et suisses. Ils s'occupaient aussi de tous les détails du couvert du Roi. La visite des enfants de la Cène se faisait à la Fourrière dont les officiers étaient en outre chargés de tenir aux arrêts et de garder les officiers de la maison du Roi, s'il n'y avait pas de prison sur place. La Fourrière servait alors de lieu de détention.

Il y avait dans le service un délivreur de bois, un porteur de bois à la Chambre et trois garçons d'office; les porte-table du Roi venaient manger à la Fourrière.

On comptait aussi deux porte-table communs, ayant la qualité d'aides de fourrière, servant par semestre.

Ajoutons encore les menuisiers de la Chambre du Roi; le menuisier pour la maison et offices, qui fournissait entre autres choses du bois à la chapelle le jour des Rameaux, enfin deux porte-chaises d'affaires. Chacun de ces offices avait en outre un certain nombre de garçons.

Tous ces offices et emplois ont disparu; il reste seulement l'emplacement de la Fourrière, réceptacle d'objets rebutés. Que l'on fasse donc disparaître le mur de clôture et que l'on rende le terrain à la disposition du public. Il n'en continuera pas moins à être la propriété de l'État et, d'inutile qu'il est aujourd'hui, il deviendra un embellissement pour le Parterre, demeuré toujours brillant et bien entretenu, au milieu de toutes les atteintes subies par le Palais.

(*Abeille*, 30 mars 1894.)

APPARTEMENTS DU PALAIS

LE PALAIS DE FONTAINEBLEAU SOUS LOUIS XIV

Si quelques-uns de nos lecteurs, curieux de visiter le palais de Fontainebleau tel qu'il était sous Louis XIV, ne redoutent pas de se vieillir momentanément de deux siècles, nous les prierons de se joindre à nous pour suivre le cicérone de l'époque, le sieur Pierre Poligny, « conducteur des étrangers qui viennent voir la Maison Royale de Fontainebleau ».

Sous ce titre : *Abrégé des choses les plus remarquables et les plus curieuses du chasteau du Louvre de la Maison Royale de Fontainebleau*, le brave cicérone a écrit le boniment qu'il débitait à ses clients.

Dans ce récit, passablement naïf en la forme, l'orthographe des noms propres est quelque peu torturée, mais nul n'est rendu méconnaissable et au cours de son boniment on ne peut relever aucune inexactitude.

Nous laissons la parole à Pierre Poligny :

« Pour commencer le détail, on voit le grand Portail qu'a fait bâtir le Roy Henri IV, devant lequel il y a une très belle place, par où Sa Majesté fait son entrée, quand Elle vient à Fontainebleau.

» A costé dudit Portail, on voit la Conciergerie, qui est à l'entrée des Appartemens de Messeigneurs les Enfans de France, et plusieurs autres personnes de qualité, par où l'on entre pour voir la gallerie des Cerfs, dans laquelle on voit en peinture toutes les Maisons Royales, celle de Fontainebleau et sa forest, qui contient en son étendüe vingt-cinq mille neuf cent soixante-quinze arpens, Toussy, Fortuevray (1) et sa forest, Villiers-Cotterests et sa forest, Complègne, Monceaux, Verneüil, Blois, Amboise, Chambord, Charleville, Saint-Léger, Montfort-Lamaury, et leurs forest ; le bois de Boulogne, et le chasteau de Madrid, avec le chasteau de Saint-Germain-en-Laye. Dans le milieu de ladite Gallerie, on voit l'endroit où fut

(1) Follembray.

tué le grand Écuyer de la reine de Suède, nommé le Marquis de Monestic (1), par le Comte de Sentinello (2), un Capitaine de ses gardes et un de ses valets de chambre. On y voit aussi le grand dessein du Louvre, avec le chasteau de Vincennes; et aux costez de ladite Gallerie il y a quarante-huit bois de Cerfs très-beaux, bien considérables.

» Sortant de la dite gallerie, on monte dans la gallerie de la Reine (3), qui est au-dessus de la gallerie des Cerfs, où sont à costé toutes les peintures à fresque, représentans les Batailles de Henri IV, scavoir celles d'Ivry, de Coutras, la journée d'Arque, Fontaine-Françoise, et sur la cheminée, on voit Marie de Médicis, et au bout les métamorphoses d'Ovide.

» On descend dans un petit Vestibule, où l'on voit les quatre Élémens. Après on entre dans la chambre et le cabinet de la Reine, où il y a de très-beaux tableaux, où est l'histoire de Clorinde; et dans la chambre où est né feu Monseigneur le dauphin, qui fut le premier jour de Novembre 1661. De là on passe un autre cabinet de la Reine, où il y a de très-beaux Tableaux, bien considérables; scavoir, Celuy de la sainte Vierge, de saint Jérôme, de saint Jean, de la Reine de Sicile, de sainte Marguerite, de François Iᵉʳ, de la belle Feronnière, Celuy de Michel Ange, ce fameux peintre, fait de sa propre main, et celuy de la duchesse de Mantoue; un Joconde, une charité romaine.

» De là on passe dans la Chambre du Roy, où l'on entre dans son grand Cabinet, où est né Louis XIII, Monsieur le duc d'Orléans, la Reine d'Angleterre, la Reine d'Espagne, et la grande Duchesse de Savoye. On y voit l'histoire de Théagène et de Clariclée (4); un Sacrifice au-dessus de la cheminée; et de là on entre dans la Chambre de saint Loüis, où est le portrait de Louis XIV. Dans le plafond et attenant de la Chambre, c'est l'endroit où fut arrêté le Maréchal de Biron par monsieur de Vitry, Capitaine des Gardes du Corps, qui est entre le Cabinet et la chambre de Saint-Loüis.

» De là on passe dans l'antichambre du Roy, où l'on voit une très belle cheminée; on passe dans la salle des Gardes et dans la salle du Bal, où il y a de très belles Peintures-fresques, et de là dans une petite chapelle qu'a fait bâtir le Roy Henry II, au-dessus de laquelle on voit un dôme de Graisserie, qui passe pour un Chef-d'œuvre.

» De là on va dans la chambre de la Comédie, où l'on voit une très belle cheminée, sur laquelle est représenté Henry IV à cheval. On y voit aussi au dessous la bataille de Vitry, où est encore Henry IV, comme il gagna la couronne de France; le tout fait de marbre blanc, avec plusieurs autres pièces fort considérables. On

(1) Monaldeschi.
(2) Sentinelli.
(3) Galerie de Diane.
(4) Chariclée.

va dans la gallerie de François Ier, où l'on voit la fontaine de Jouvence et autres belles peintures à fresque. Sortant de cette Gallerie, on entre dans l'appartement de la Reine mère, dont la première pièce est celle des Gardes : On passe dans l'antichambre et dans la chambre de la Reine, où l'on voit la Reine défunte, et de là on entre dans une très belle chambre, où le roi tient son Conseil, pleine de très-beaux tableaux, tirez de l'écriture sainte, faits par Montpierchet; et proche de la dite chambre, dans le cabinet où est l'Alcove de Madame la Dauphine, il y a aussi plusieurs beaux tableaux de prix, et une Glace de Venise très belle et très grande (1).

» On entre dans un salon, et de là dans la Gallerie d'Ulisse qui a cent six toises de long, dans laquelle on voit en peinture tous les travaux d'Ulisse, faits par le sieur de Saint-Martin (2), et au milieu on voit le banquet des dieux, qui n'est pas une des moindres pièces, et au bout on voit Henry IV reprenant Amiens entre les mains des Espagnols.

» Il faut venir repasser pour voir le grand escalier, qui est une pièce admirable que Louis XIII a fait faire, qui est dans la Cour du Cheval blanc, où sont à costez les logements de Messeigneurs les ministres d'État, et le reste pour les officiers de la bouche de Monsieur et de Madame, et autres personnes de qualité.

» Au bas du dit Escalier est la chapelle du Roy, que St-Louis a fait bâtir et fondée; il y a un très-bel autel de Marbre blanc, et on voit à costé du dit Autel deux grandes figures de Marbre, l'une de St Louis, et l'autre de St Charlemagne : au haut des quatre colonnes, qui sont aussi de marbre, il y a quatre anges de bronze de hauteur de cinq à six pieds dessus chaque Colonne, et le tableau dudit autel, qui est une descente de Croix, faite par M. Dubois (3), peintre du Roy à Fontainebleau, dont la bordure est aussi de marbre; et au fond de la chapelle sont toutes peintures à fresque, faites par M. Fréminay (4), et aux deux bouts du haut de la dite Chapelle sont les armes de France de Florence (5) et de Marie de Médicis, d'une admirable structure, et le bas ou le marchepied (6) est fait de marbre jaspé de plusieurs couleurs, représentant un très-beau parterre dans un printemps couvert de fleurs. Attenant de la dite Chapelle est le jardin de la Reine (7), où il y a de très beaux orangers avec plusieurs figures de bronze : sçavoir, une Diane, sur

---

(1). Cette glace, que les surveillants font remarquer aux visiteurs, est, paraît-il, la première importée de Venise en France. Mesurant 50 ou 60 centimètres carrés seulement, elle paraît bien mesquine aujourd'hui.

(2) Le Primatice, abbé de Saint-Martin.

(3) Originaire d'Anvers, qui a fait souche à Fontainebleau. Le dernier représentant de cette famille alliée à celle de Fréminet, également peintre du roi, a été madame Lagorsse, veuve du colonel de ce nom, à laquelle on doit ici plusieurs fondations charitables, notamment une « maternité » annexée à l'hospice de la Sainte-Famille.

(4) Fréminet.
(5) De France.
(6) Le dallage.
(7) Jardin de Diane.

laquelle il y a quatre gros Limiers (1), et quatre Testes de Cerf dans un grand bassin, qui jettent continuellement de l'eau. Plus un Gladiateur, un Arracheur d'épines, Cléopâtre, la bataille de Marc Antoine, dessus un Mercure et Lacollon (2), qui fut dévoré luy et ses enfants par un serpent. Il faut venir repasser par la Cour de l'Ovale, où sont les logements et appartements de Monsieur, de Madame, de Mademoiselle, de Monseigneur, et de tous les Ducs et Pairs de France, et de plusieurs autres personnes de Qualité.

» En entrant dans la Cour des Cuisines, on passe par dessous un dôme très-beau qui est au-dessus de la porte, dans lequel dôme se sont faites les Cérémonies de baptême des enfants de Henri IV. Et de là, on entre dans la Cour des cuisines, où sont les officiers de la maison du Roy, et de la bouche. De là il faut retourner dans la Cour des Fontaines, où l'on voit une belle fontaine de quatre dauphins qui jettent continuellement de l'eau (3); on voit Mercure au dessus et au milieu. Cette fontaine est gardée par deux sentinelles quand le Roi est à Fontainebleau, au sujet que cette eau est pour la bouche; et attenant il y a des fossez, dans les quels on voit de très belles carpes : On tient qu'il y a Quatre-vingts ans qu'elles y ont esté mises.

» Ensuite on entre dans la salle du Conseil où autrefois se tenait la conférence du temps du Cardinal du Perron et du Plessis Mornay, pour les affaires de la religion.

» Sortant de cette salle on entre dans la grande allée royale, où fut dansé un grand bal à la naissance de Monseigneur le Dauphin; du bout d'icelle on va à la fontaine de Fontainebleau, qui fut trouvée par un chien, nommé Bleau, du temps de François Ier. C'est d'où vient le nom de Fontainebleau. C'est la première source de toutes les eaux qui tombent dans le grand Estang. Après on entre dans la grande Allée Solitaire, qui va à la petite écurie où loge Monsieur le premier, et on voit aussi le logement de Monsieur le grand Maistre. De là on va au logis de M. le grand Veneur de France, et de là au Mail qui contient sept ou huit cens pas de long, garni des deux costés de grands arbres. Du costé des Champs est une grande plaine, où M. le Cardinal Légat en France vit faire la revüe générale.

(1) La fontaine actuelle, restituée sous Napoléon Ier, ne comporte plus les quatre limiers qui accompagnaient la statue primitive.

(2) Ces statues font partie de la série connue sous la dénomination des « Fontes du Primatice à Fontainebleau ». — Lacollon est ici pour Laocoon.
Le Primatice reçut vers 1535 ou 1540 mission d'aller à Rome pour prendre les moulages des plus belles statues antiques. Il en rapporta un certain nombre, qui furent coulés en bronze à la fonderie établie par François Ier au château de Fontainebleau.
Des dix fontes du Primatice, qu'avait possédées Fontainebleau, cinq seulement subsistent : Le Laocoon, L'Ariane, L'Apollon, La Vénus, Le Commode. Elles sont à Paris, au jardin des Tuileries. Les autres ont été, comme le Tibre, converties en monnaie sous la Révolution.

(3) Cette fontaine, construite sous Henri IV par Francini, occupait le centre d'un jardin en terrasse avançant sur la grande pièce d'eau et appelé « Jardin de l'Étang ». Il a été détruit en 1711.

» Ensuite on va au logis de M. le Marquis de Saint-Herem, Gouverneur de Fontainebleau, et grand maître particulier des eaux et forest du dit lieu. Plus dessus la Chaussée couverte de grands arbres, l'Estang, au milieu du quel est un sallon où le Roy donne audience aux Ambassadeurs, avec une plate forme entourée de grilles de fer. De là on repasse dans la Cour des fontaines pour aller au jardin du Roy (1), qui est assez proche de là, au milieu duquel il y a un grand Carré d'eau, avec un Rocher au milieu à quatre Nappes d'eau et douze flambeaux en bas, qui jettent aussi de l'eau (2). On y voit aussi un grand rond d'eau de soixante dix toises de tour, dans lequel sont Rémus et Romulus en bronze, et tout proche est l'hostel de Condé (3), et de l'autre côté le logement de Monsieur le duc de Boüillon, grand Chambellan du Roy (4), et vis-à-vis est le logement de Messieurs les Ambassadeurs étrangers, et attenant, le logement de M. le Contrôleur général (5), et le logement de plusieurs Personnes de Qualité. Enfin cette maison contient trois mille sept cens chambres. Plus on voit les cascades qui sont au bas du jardin du Roy. Au-dessus de ces Cascades il y a quatre piédestaux, sur chacun desquels il y a une fée, le tout fait de grais; les dites cascades ont Quatre cens cinquante pouces d'eau, et au bas cent sept jets d'eau qui tombent dans le grand Canal, qui a sa tête proche les dites cascades : Ce Canal a six cens toises de long et et vingt de large, qui font 1240 toises de tour, qui a sa chute dans la rivière de Seine; et aux côtez du dit Canal, il y a une grande prairie (6), où sont treize jets d'eau compris dans cinq grands bassins, qui jettent de 18 à 20 pieds de hauteur, et de l'autre côté est le logement de M. le grand Écuyer de France. Il y a aussi dans le dit parc une Étoile faite de huit allées de Charmes très hauts, bien entretenus. Au milieu de cette Étoile, il y a une fontaine qui jette vingt pieds de hauteur : Ces huit allées viennent rendre en pointe dans la fontaine. Dans la forest de Fontainebleau, il y a trois hermitages, de St-Louis, Franchard, et la Magdeleine.

» Voilà les choses les plus remarquables et les plus considérables dudit Château du Louvre de la Maison royale de Fontainebleau, Curieusement recherchées par Pierre Poligny, Conducteur des étrangers qui viennent voir la Maison Royale de Fontainebleau. »

(*Abeille*, 23 novembre 1888.)

(1) Le Parterre.
(2) Ce rocher appelé jadis le « Pot bouillant » a été remplacé par le modeste « Pot qui bout » du parterre actuel.
(3) Situé à l'angle Est du Parterre.
(4) Pavillon de Sully.
(5) Le logement de Fouquet, entre la place d'Armes et le Parterre, lieu dit aujourd'hui les « Grilles Neuves ».
(6) La « Grande Prairie » où se tient actuellement la fête patronale de Fontainebleau. Faute d'entretien pendant la période révolutionnaire, les bassins se sont effondrés. Ils ont été comblés depuis.

LA SALLE DES GARDES

Comme annexe à la galerie François Ier où va avoir lieu le bal donné au profit des pauvres de la ville, la municipalité a obtenu la jouissance de la salle des Gardes.

Cette salle, dite des Gardes-du-Corps, puis des Cent-Suisses, sous la Restauration, date de Louis XIII. Elle servit de foyer pour la Cour, tant que le théâtre du Palais resta dans la salle voisine, dite de la Belle-Cheminée, aujourd'hui concédée à la Société des Beaux-Arts de Seine-et-Marne pour ses expositions annuelles.

Longtemps abandonnée, elle était dans un état complet de dégradation, lorsque le roi Louis-Philippe en ordonna, en 1834-35, la restauration, qui fut confiée à M. Mench.

Il ne reste de l'ancienne salle que le plafond à solives apparentes couvertes d'arabesques avec les chiffres couronnés de Henri IV, de Louis XIII et d'Anne d'Autriche.

La cheminée en marbre blanc, composée en partie de fragments provenant de la salle à laquelle elle a donné son nom, se compose de quatre parties : 1° l'encadrement, œuvre de Jacquet, dit Grenoble; 2° les deux statues, la Force et la Paix, de Franconville; 3° le soubassement, œuvre moderne qui ne paraît pas inspirée par les modèles qui l'avoisinent; 4° le buste de Henri IV, par Germain Pilon.

Les boiseries sont couronnées d'une frise dont les ornements peints sur fond d'or représentent des attributs.

Au-dessus des cinq portes, dans des médaillons : François Ier, Henri II, Antoine de Bourbon, duc de Vendôme, Henri IV, Louis XIII.

Chaque porte ainsi que chaque encadrement qui l'accompagne, est divisée en deux compartiments égaux séparés par une petite frise. Sur le panneau supérieur sont des figures allégoriques, des portraits, des armoiries, des emblèmes avec devises. Sur le panneau du bas, sont alternativement des trophées d'armes et des chiffres servant à indiquer à quel règne, à quel prince ou princesse a rapport la décoration emblématique du lambris.

Enfin, la décoration, si réussie et si originale de la Salle des Gardes, a été complétée par un parquet en marqueterie composé de bois de choix et dont le dessin reproduit l'agencement du plafond.

(*Abeille*, 9 mai 1890.)

LA GALERIE DE FRANÇOIS Ier

La galerie de François Ier est assurément une des plus richement décorées du Palais. Le style grandiose et savant du xvie siècle y apparaît dans toute sa splendeur.

Cette belle galerie, qui avait été construite uniquement pour servir de communication couverte entre le nouveau et le vieux Palais, a une longueur de soixante mètres sur six de large et autant de hauteur. Dans cette enceinte assez rétrécie sont renfermées des merveilles de peinture et de sculpture. Elles devaient se présenter dans tout leur éclat, lorsqu'elles recevaient le jour par la Cour des Fontaines et par le Jardin de Diane, avant que Louis XV n'ait aveuglé les fenêtres de ce côté, en y adossant des constructions nouvelles. Depuis, en 1847, le plafond dont les poutres reposaient sur la partie supérieure des sculptures, a été rehaussé d'environ un mètre. Le vide causé par ce surhaussement a été d'abord rempli par une lourde et disgracieuse frise en carton pierre, fort à la mode sous Louis-Philippe, et dont on voit de trop nombreux spécimens au Palais. Depuis, elle a été remplacée par des ornements légers, d'un très bon goût, en harmonie avec la décoration ancienne qui est d'un très grand caractère.

Quatorze tableaux à fresque peints par le Rosso, de son pinceau hardi et vigoureux, sont tous encadrés de sculptures d'une beauté sans pareille. Ce sont des cariatides, des masques, des figures idéales et des fruits dont l'ensemble produit un très gracieux effet.

Au-dessus de la porte, donnant sur le vestibule du Fer à Cheval, se trouve le buste de François Ier.

Puis, en suivant à droite : l'Ignorance chassée; l'Union de toutes les corporations du royaume; le dévouement de Cléobis et de Biton; Danaé, que l'on attribue au Primatice et à Nicolo; la Mort d'Adonis; l'Arrivée d'Esculape à Rome pour porter secours aux pestiférés; le Combat des Lapithes et des Centaures.

En revenant sur ses pas : Vénus châtiant l'Amour pour avoir abandonné Psyché; l'Éducation d'Achille; le Naufrage d'Ajax; la Nymphe de Fontainebleau; l'Incendie de Troie; le Triomphe de Marignan; l'Appareil d'un sacrifice, et au-dessous un joli médaillon représentant les Muses.

A remarquer, de ce même côté, un petit tableau donnant une curieuse vue du Palais d'alors, sur le Jardin du Roi.

Toutes les décorations de sculpture de cette galerie sont l'œuvre du Primatice et de ses collaborateurs. Les peintures ont dû être exécutées de 1530 à 1539.

Autrefois, pendant les voyages de la Cour et jusqu'à Louis XVI, la circulation dans les dépendances du Palais, et même dans certaines « localités » (parties intérieures), était absolument libre pour le public. Cette large tolérance ayant engendré des abus; des ordonnances furent plusieurs fois renouvelées pour interdire de « tenir cantine » dans les jardins, de laver du linge dans les pièces d'eau et aussi de souiller les murs et les charmilles. La galerie de François Ier était alors transformée en une sorte de bazar où de jolies marchandes de curiosités, de bijoux, de livres et d'objets de toilette, venaient offrir leurs marchandises aux seigneurs et aux dames de la Cour, puis rentraient à Paris après avoir réalisé de riches recettes.

En 1793, cette salle, où l'on va danser mercredi prochain, prit un tout autre aspect. C'est là que l'on vendit aux enchères, par le ministère des notaires Dechambre, de Thomery, et Bénard Saint-Étienne, de Fontainebleau, au très grand profit des spéculateurs et des musées étrangers, le riche mobilier du Palais, puis elle fut transformée en club Jacobin, qui fit enlever les armes de France et badigeonner à leur place les insignes de la Révolution.

(*Abeille*, 4 mai 1891.)

LES TABLEAUX DE LA GALERIE DE FONTAINEBLEAU

L'administration des Beaux-Arts vient de retirer des galeries du palais de Fontainebleau quatre toiles destinées à figurer au Champ-de-Mars, dans la section des beaux-arts de l'exposition rétrospective, et dix-neuf autres qui vont prendre place d'une manière définitive dans les galeries du Louvre.

Ce sont, dans la première catégorie :

ALIGNY (1798-1871). Vue prise à Amalfi dans le golfe de Salerne, acquisition de Louis-Philippe à la suite du Salon de 1835, 500 fr. — Une Villa italienne, Salon de 1841, 250 fr.

CABAT (1812-). Vue de la Gorge-aux-Loups, forêt de Fontainebleau, acquise à la suite du Salon de 1835, 1,200 fr. (*)

(*) Les tableaux indiqués par un astérisque figuraient déjà au catalogue des objets d'art conservés au palais de Fontainebleau en 1839.

Corot (1796-1875). Paysage.

Vernet (Carle) (1758-1835). Attributs de chasse.

Espérons que ces tableaux nous reviendront après l'exposition, ainsi qu'il a été promis.

Voici, avec l'indication de leur provenance, ceux que nous perdons pour toujours.

École d'Italie.

Passolo (xvi° siècle). La Vierge et l'enfant Jésus, musée du Louvre.

Primatice (1504-1570). Diane de Poitiers, provenant de la collection Louis-Philippe. — Acquis en 1810, à la vente Lebreton, pour 226 fr. — La Continence de Scipion, d'origine contestée, provenant du musée du Louvre.

École flamande.

Baellieur (xvii° siècle). Intérieur d'une galerie de tableaux en 1637. Collection Napoléon III. Légué par M. Balthazar en 1864.

École française.

Coypel (Ant.) (1661-1722). Athalie chassée du Temple. Collection de Louis XIV. Salon de 1701.

Doyen (1726-1806). Triomphe d'Amphitrite. Musée du Louvre.

Hallé (1711-1781). Dispute de Minerve et de Neptune. Musée Napoléon. Morceau de réception à l'Académie en 1748. (*)

Hilaire (xviii° siècle). La Lecture. Collection de Louis XVI, 1781.

Lemoyne (1688-1737). Junon, Iris et Flore. Musée Napoléon.

Restout (1692-1768). Herminie chez le berger. Ancienne collection. (*)

Vallayer-Coster (Mme) (1711-1818). Attributs de la musique. Musée Napoléon.

Robert (Hubert) (1733-1808). — Quatre toiles : l'Arc de triomphe d'Orange et les Antiques de Saint-Remy, et la Maison Carrée, les Arènes et la Tour Magne à Nîmes (*), provenant de la collection de Louis XVIII, auquel elles furent données par Mme veuve Robert. La Vue du Pont du Gard, et la quatrième désignée sous le titre de : *Intérieur de la Maison Carrée à Nîmes*, baptême que nous croyons devoir n'accepter que sous de sérieuses réserves.

(*) Les tableaux indiqués par un astérisque figuraient déjà au catalogue des objets d'art c......s au palais de Fontainebleau en 1839.

Et voici pourquoi :

Lettré et archéologue, autant que peintre de talent, Hubert Robert, sans amoindrir la valeur artistique de ses œuvres, s'attachait à la reproduction fidèle des monuments qu'il représentait.

Or, comment aurait-il pu nous donner, à la même époque, un *extérieur* en parfait état, clos et couvert, et un *intérieur* à ciel ouvert, dans un lamentable état d'effondrement.

Le bijou architectural qui a nom la « Maison Carrée », un des plus élégants spécimens de l'architecture romaine qui rappelle presque les monuments d'Athènes, n'a cessé d'être dans un état de conservation exceptionnel. Consacrée au culte dès les premiers temps de l'ère chrétienne, elle fut ensuite habitée. Au temps de Hubert Robert, elle servait d'église aux moines augustins, dont le couvent était voisin. Elle n'était donc pas la « ruine » que le catalogue de la direction des Musées désigne sous le nom d'*Intérieur de la Maison Carrée*.

Ce tableau, que nous serons désormais obligé d'aller admirer au Louvre, est, suivant nous, le *Temple de Diane*, curieuse ruine à la voûte effondrée, dont subsistent seulement le mur de fond et un des côtés.

Nous défiant de nos souvenirs, si présents qu'ils puissent être, nous avons voulu avoir l'avis d'un ami, archéologue et artiste, vivant près de ces beaux monuments, et dont l'opinion fait autorité.

Voici sa réponse :

« Le Temple de Diane était recouvert par une voûte aujourd'hui en partie effondrée. La Maison Carrée n'a jamais reçu et n'a pu recevoir autre chose qu'une charpente. Donc, si l'*Intérieur de la Maison Carrée* représente une construction voûtée, ce n'est pas la Maison Carrée. Je ne vois pas, au reste, l'intérêt que pouvait présenter un pareil intérieur, qui n'avait conservé, au temps où y était installé le musée, aucun appareil décoratif. La vue du péristyle tout au plus, à travers la porte et les murs de la Cella au premier plan, comme repoussoir, voilà le seul tableau possible. Si celui dont tu recherches le titre vrai ne répond pas à cette description, ce n'est pas l'intérieur de la Maison Carrée.

» Il en est tout autrement du Temple de Diane, dont la voûte est très curieuse, d'un appareil très ingénieux, dont les murs présentent une décoration intéressante — fausses fenêtres, je crois, ou des niches à frontons. L'extérieur, au contraire, est dépourvu d'intérêt, pour un peintre du moins, la façade n'existant plus et les parois latérales étant sacrifiées à des nécessités de construction ».

Cette obligeante « consultation » venant confirmer la précision de nos souvenirs, nous porte à penser que le catalogue de 1881, rédigé par M. Henry de Chennevières, donne une indication erronée relativement à la quatrième toile de Hubert Robert transportée de Fontainebleau au Louvre (1). Jusqu'à preuve contraire nous la désignerons non comme un « Intérieur de la Maison Carrée », mais comme « l'Intérieur du Temple de Diane ».

Tout disposé, d'ailleurs, nous sommes à revenir sur nos appréciations si elles sont prouvées erronées.

(Abeille, 5 avril 1889.)

LE BERCEAU DU ROI DE ROME

Au Palais de Fontainebleau, dans un angle semi-obscur de la chambre à coucher de l'Empereur Napoléon Ier, se trouve le berceau du Roi de Rome que désigne le gardien à l'attention des visiteurs. Bien peu s'y arrêtent : la plupart passent négligemment devant ce meuble dont la forme quelque peu antique déjà ne les sollicite guère. Ils ne se doutent pas que ce berceau est un pur chef-d'œuvre de composition, dû à un des plus illustres peintres de la fin du dix-huitième et du commencement du nôtre, à Prudhon.

Voici ce qu'en disent les frères de Goncourt (2), en quelques mots enthousiastes :

« En 1810, quand la ville de Paris songea à offrir ce berceau, dont elle voulait faire le digne cadeau d'un peuple à un Empereur, c'était au maître de dessin de l'Impératrice, au peintre choisi pour faire le portrait du Roi de Rome, que la ville recourait, comme à l'homme dont le talent et l'invention devaient être le plus particulièrement agréables à Leurs Majestés. Et c'est Prudhon qui imaginait tout le mobilier. Il dessinait l'écran exécuté en vermeil et en lapis..., la table de toilette, le miroir encadré de fleurs..., la psyché, et sur le berceau, le berceau impérial, dessiné pour être exécuté en vermeil, burgau (3) et nacre, Prudhon montrait la

---

(1) Assez curieuse d'ailleurs la description inscrite audit catalogue : « Différents personnages étudient des monuments en ruines. A droite, deux hommes et deux femmes sont devant des fragments de grands bas-reliefs antiques. Plus loin, une femme avec deux enfants sort de l'intérieur du monument ».

A noter aussi, sur le même catalogue, la description du chef-d'œuvre qui a nom le <i>Pont du Gard</i>. La voici sans y rien ajouter, sans en rien omettre : « Au premier plan, à gauche, cinq femmes puisent de l'eau à la rivière, dans de grands vases. A droite, un chien qui aboie ».

(2) <i>L'Art au XVIIIe siècle</i>.

(3) Nacre de choix employée pour les incrustations des meubles artistiques.

gloire planant sur le monde et soutenant « la couronne de triomphe et d'immortalité »; au milieu de cette couronne brillait *l'astre Napoléon*, tandis qu'au pied du berceau un jeune aiglon, prêt à s'envoler, semblait essayer ses forces et aspirer à l'espace. »

Nous recommandons à l'attention de nos lecteurs cette merveille de dessin et de ciselure.

(*Abeille*, 6 janvier 1893.)

PRÉCAUTIONS PRISES PENDANT L'INVASION

La *Revue rétrospective* (M. Lépine, éditeur, 12, galerie d'Orléans, Palais-Royal, Paris), publie dans une de ses dernières livraisons, un document inédit d'un vif intérêt, surtout pour nous.

C'est la reproduction du journal de M. Boyer, régisseur du Palais de Fontainebleau, en 1870, dont le manuscrit avait été donné par lui à un de ses amis.

Sa lecture est recommandée aux Français trop nombreux qui ne comprennent point le respect dû aux biens de l'État.

Surpris par les événements, sans ordres, le courageux et dévoué régisseur songe tout d'abord à préserver du pillage les collections artistiques et les autres objets de valeur que contenait le château. C'est à ce moment que commence son journal, dont nous donnons un extrait.

1870. 29 août. — J'étais très préoccupé de la marche de l'ennemi, persuadé qu'en cas d'occupation par les Prussiens, tout ce que contient de précieux le Palais, serait enlevé, détérioré ou perdu.

Livré à moi-même, ne recevant déjà plus d'instructions officielles, n'ayant que de très faibles moyens d'exécution, je pris la détermination de mettre en lieu sûr les richesses et les précieuses collections confiées à ma garde.

Je fis d'abord emballer le Musée chinois, estimé plus de dix-huit cent mille francs sur l'inventaire. J'employai à cette besogne tout mon personnel en disant que les voitures du mobilier de la Couronne allaient venir et tout transporter à Paris. Mais une fois l'emballage terminé, je me servis des quatre hommes qui me parurent les plus sûrs, les plus honnêtes, les plus discrets, pour transporter la nuit, dans des cachettes choisies, cinquante caisses contenant tout le Musée. Ce travail terminé, je fis courir le bruit que les voitures de l'administration étaient venues nuitamment enlever la collection. On ajoutait qu'elle devait être déjà près d'arriver à Paris. Mes dispositions furent si bien prises que tout le monde le crut.

Il me restait à prendre les mêmes précautions pour tous les objets de grande valeur répandus dans toutes les parties du Palais. A partir du 4 septembre, je fis enlever, transporter et cacher dans le château : 1° les tapisseries et tapis des Gobelins, de Beauvais et d'Aubusson; 2° les vases de Sèvres, les pendules artistiques, tentures, sièges et meubles historiques. Les tableaux des chasses de Louis XV, par Oudry, n'ayant pu être enlevés à cause de leur dimension, je fis coller sur la toile même un papier gris, laissant la bordure apparente. Le subterfuge réussit parfaitement; les Prussiens crurent que les cadres avaient contenu des tapisseries ou des tentures.

On mura les caves contenant trente mille bouteilles des meilleurs crus, la partie appelée l'Échansonnerie fut seule laissée telle quelle. J'y fis mettre de quatre à cinq cents bouteilles que j'aurais sacrifiées au besoin pour sauver le reste. Si les Prussiens l'avaient découverte, j'aurais soutenu que c'était là toute la provision, par cette raison que la Cour n'était pas venue à Fontainebleau depuis deux ans et qu'il était d'usage de ne pourvoir les caves qu'au moment d'un séjour de l'Empereur.

Pendant le cours de ces travaux, se présentèrent deux délégués munis d'instructions de M. Gambetta ordonnant l'inventaire, l'emballage et l'expédition à la délégation de Tours, de tous les objets précieux du Palais de Fontainebleau. Je fis observer à ces messieurs que la plupart de ces objets étaient déjà mis en lieu sûr, que, pour les retirer, les inventorier et les emballer, le temps manquerait certainement et qu'il était préférable de les laisser cachés où ils étaient. Ces messieurs, ayant reconnu que les dispositions que j'avais prises étaient excellentes et offraient les plus grandes garanties, en dressèrent procès-verbal.

Je regarde comme une circonstance heureuse d'avoir pu éviter l'obligation d'exécuter les ordres d'expédition sur Tours, car les richesses artistiques ne gagnent jamais à voyager en temps de guerre.

(Abeille, 6 février 1885.)

LA CHAPELLE SAINT-SATURNIN

L'élégant campanile de la chapelle Saint-Saturnin, une des merveilles de ce Palais si rempli de trésors artistiques, vient d'être rétabli tel que le représentent les gravures du temps. « Tout est hardi et admirable dans cette chapelle, dit l'abbé Guilbert, qui, petite dans son vaisseau, remplit cependant toute l'attente des connaisseurs et surprend agréablement les curieux. »

Rebâtie en 1545 par François Ier, cette chapelle fut décorée en 1608 par Henri IV; à cette époque, les caissons de la voûte reçurent ces délicieuses têtes d'anges si admirablement peintes et toutes de physionomies différentes, alternant avec des rosaces et le chiffre répété de Marie de Médicis.

Sous Henri II, avait été établie la tribune destinée à recevoir les musiciens de la maîtrise. Il est à espérer que, dans un avenir prochain, cette tribune, les baies à meneaux vitrées et la décoration intérieure pourront être également restituées à leur état primitif. La chapelle reprendrait ainsi son ancien éclat et deviendrait incontestablement, au point de vue artistique, la partie la plus intéressante du Palais.

Les travaux exécutés jusqu'à ce jour mettent déjà en lumière la splendeur de ce petit édifice, véritable bijou archéologique. Le campanile, qui avait dû être démoli en 1759 à cause de son mauvais état, vient, ainsi que nous l'avons dit, d'être rétabli; il couronne élégamment la coupole. Sa forme est un octogone régulier composé d'arcades bilobées et de pilastres carrés aux angles extérieurs, surmontés de leur entablement et de pyramidions clochetons de style Renaissance.

Il se compose de deux zones de constructions dont l'inférieure a été exécutée en banc royal de Savonnières. Le bas, se raccordant à l'ancienne souche, comprend deux assises en roche dure d'Anstrude, avec profils et contreforts. La claire-voie des arcs vitrés a été exécutée en pierre de Tonnerre.

La lanterne supérieure, en charpente de même ordonnance, mais avec colonnettes circulaires engagées aux angles, repose sur une coupole en chêne.

A l'intérieur de cette même coupole, est un double plafond octogonal en menuiserie orné de caissons moulurés, et dont la décoration peinte rappelle les combinaisons harmonieuses de la voûte de la chapelle.

Le campanile inférieur fait pénétration dans la voûte de l'édifice; l'effet en est gracieux, la construction hardie. Cette pénétration répand un jour discret dans la chapelle et fait valoir la richesse de la décoration intérieure.

Le comble en grès à la Philibert Delorme de la chapelle Saint-Saturnin, dissimulé sous un comble provisoire, a été découvert et restauré et, pour éviter les infiltrations, a été recouvert de tables de plomb.

La restauration de cette œuvre d'art ne s'est pas, il paraît, effectuée sans difficultés, ni sans hésitations, car, s'il fallait en croire les historiens qui ont décrit les merveilles de Fontainebleau, le poids du campanile aurait affecté la solidité de la voûte, mais il y a lieu de supposer qu'il y a là une exagération; la destruction de l'ancien campanile doit, plus vraisemblablement, être attribuée au défaut d'entretien. Il était prudent, toutefois, de tenir compte de certains effets qui s'étaient produits dans l'appareil.

Aucun document précis n'était arrivé jusqu'à nous, révélant le parti architectural primitif, sur lequel on pût s'étayer pour l'étude du nouveau projet. Le point de départ a été la souche sur laquelle on s'est raccordé, plus une silhouette presque imperceptible donnée par une gravure de Ducerceau.

D'après les anciens auteurs qui ont écrit sur Fontainebleau, le campanile primitif était en grès. Ce mode de construction a dû être rejeté. Indépendamment de la difficulté que l'on éprouve aujourd'hui à se procurer cette pierre en qualité convenable et à la tailler, on n'a pas cru devoir imposer une charge aussi lourde aux arcs doubleaux de la chapelle, appelés à supporter à eux seuls le petit édicule. Il y avait une certaine témérité à employer la pierre dure de Savonnières. L'archéologue pourra, sans doute, n'être pas entièrement satisfait, mais, en revanche, l'artiste y trouvera l'effet agréable que donnent la finesse des détails, la bonne exécution des sculptures et la silhouette heureuse du campanile réapparue après plus d'un siècle.

Nous ne pouvons terminer cette notice, forcément écourtée, sans adresser nos félicitations à M. Boitte, architecte du Palais, à qui l'on doit l'étude et la conception de ce projet qu'il a su mener à si bonne fin, et à M. Gouvenin, inspecteur, qui a dirigé les travaux.

Une mention toute spéciale est due aux coopérateurs de l'œuvre, en tête desquels nous citerons : MM. Marchetti, tailleur de pierre, et Maréchaux, entrepreneur de charpente. Tous deux, praticiens habiles, ont donné de grandes preuves de zèle et de dévouement dans l'exécution de ce délicat travail. MM. Coignet, entrepreneur de plomberie, et Krach, entrepreneur de peinture, méritent également d'être signalés.

Une inscription intérieure, placée à la base du campanile, en rappelle sommairement l'historique :

HOC CAMPANILE MDXLV ÆDIFICATVM JAM AVTEM ANNO MDCCLIX VETVSTATE LABENS AD PRISTINAM SPECIEM REFECTVM EST MDCCCLXXXII.

(*Abeille*, 8 septembre 1882.)

QUELQUES NOTES
SUR LE
THÉATRE DE LA COUR A FONTAINEBLEAU
(1747-1787)

I

L'AILE DE CHARLES IX

Les notes que nous publions sur les représentations données au théâtre de la Cour à Fontainebleau, appellent l'attention sur la cour de la Fontaine, si peu remarquée d'ordinaire, malgré la foule qu'y attirent les... légendaires carpes.

Et cependant, cette cour, encadrée de bâtiments sur trois côtés, ouvrant au sud une large perspective sur le grand étang, le Jardin anglais et le Parterre est, sans contredit, particulièrement intéressante.

L'état actuel du bâtiment, dont la salle de l'Ancienne Comédie occupe le premier étage, est lamentable.

Privé de son toit élevé, de ses hautes cheminées, de son fronton, de ses lucarnes couronnées d'ornements en plomb ouvragé et doré, de toutes ses décorations artistiques, à demi-ruiné, enfin, le pavillon de Charles IX ne rappelle en rien, aujourd'hui, cette merveilleuse façade attribuée à Serlio, véritable joyau au milieu d'un riche écrin architectural. « Monument complet, dit Castellan, qu'on ne se lasse pas d'admirer comme une conception aussi neuve que grandiose. »

La reproduction, ci-après, d'une gravure d'Israël Silvestre, datée de 1649, permettra d'apprécier cette œuvre.

La façade consistait en deux pavillons carrés et un corps de bâtiment en retraite dont le milieu, élevé de deux étages, était décoré de pilastres et de niches. Un fronton détaché en surélévation, coupait de sa masse élégante la haute toiture dissimulée encore par deux lucarnes, elles-mêmes couronnées de frontons à volutes, pénétrant le comble. Les deux pavillons d'angle, également ornés de pilastres et de niches et surmontés aux angles, en amortissements, de piédouches, supportaient des statues. Le premier ordre est toscan rustique à bossages taillés en table ; le second est dorique et les lucarnes des combles étaient semblables à celles de la façade. Un majestueux escalier à double rampe, qu'on voit encore, s'alignant avec les pavillons d'angle, conduisait, d'une part, à la salle des Gardes, et, d'autre part, à la salle de la Belle Cheminée, depuis la Grande Salle et, finalement, la Comédie.

Les niches ménagées à droite et à gauche de la porte qui mène au Parterre avaient reçu quatre statues en bronze, savoir : au rez-de-chaussée, à gauche, l'Apollon, dit du Belvédère ; à droite, la statue de l'Empereur Commode ; au premier étage, la Vénus de Praxitèle et le Mercure, de Florence, et au milieu, un buste également d'après l'antique, celui de Socrate, dit-on.

L'AILE DE CHARLES IX, AU PALAIS DE FONTAINEBLEAU.

(Gravure d'Israël Silvestre, 1612.)

Sur deux piédestaux, au départ de chaque « rampant » de l'escalier, deux gigantesques sphinx. Sauf un, tous ces bronzes provenaient des moulages que, vers 1540, François Ier fit prendre par le Primatice, dans les Jardins du Belvédère, à Rome, où étaient recueillis les chefs-d'œuvre en marbre de la statuaire antique. La fonte eut lieu à Fontainebleau même ; « le Primatice, dit Vasari, eut, pour faire lesdites statues, des maîtres si excellents dans l'art de la fonte, que ces œuvres vinrent non

seulement à perfection, mais avec une peau si fine qu'il ne fallut quasi pas les
retoucher. »

Ces beaux bronzes existent presque tous encore. L'Apollon et la Vénus du
Belvédère sont dans les petits jardins des Tuileries ; l'Empereur Commode et le
Mercure ont été dès longtemps transportés au musée du Louvre.

Quant aux deux sphinx, non compris, on ne sait pourquoi, dans l'inventaire,
dressé en prairial an II, des œuvres d'art trouvées au Palais de Fontainebleau, ils
ont, comme la statue du Tibre et les deux satyres de la cheminée de la galerie de
Henri II, été fondus à la Révolution pour être convertis en monnaie de billon.

II

LA SALLE DE LA BELLE-CHEMINÉE

Le premier étage du pavillon de Charles IX, au Palais de Fontainebleau, auquel
on accède par le magistral escalier à « doubles rampants » dit des sphinx, est
entièrement occupé par une salle unique et de vastes dimensions.

La galerie de Henri II, salle de bal dès sa création, était enserrée dans les
appartements. La galerie de François Ier, alors inondée de lumière par les nombreuses baies ouvertes de chaque côté, n'était qu'une splendide communication
ménagée entre les anciennes et les nouvelles constructions du palais. Malgré
l'étendue et le nombre des appartements, malgré la juxtaposition presque indéfinie
des édifices, le palais manquait d'une galerie pour les grandes cérémonies et les
réceptions d'apparat, offrant un accès facile de l'extérieur. C'est, croyons-nous,
pour répondre à un besoin urgent qu'a été créée la galerie, successivement dénommée : la salle, la grande salle, la salle de la Cheminée, la salle de la Belle-Cheminée, avant de devenir enfin la salle de la Comédie.

Commencée en 1550 par Charles IX, ce fut 30 ans plus tard que Henri IV y fit
placer la monumentale cheminée dont la salle prit le nom. Cet ouvrage passait pour
le plus beau connu de ce genre : il est du sculpteur Jacquet, de Grenoble, ou mieux,
dit Grenoble.

Le père Dan a décrit cette belle cheminée qu'il a vue à sa place, car elle a disparu en 1793, lors de la malencontreuse construction de la regrettable salle de
spectacle que Louis XV y fit agencer.

Élevée au fond sud de la salle qui ne mesure pas moins de 40 mètres de longueur sur 12 de largeur (vingt toises sur cinq), la hauteur totale de l'œuvre en

marbre blanc, dans son ensemble, était de huit mètres, et sa largeur de sept mètres. Quatre colonnes de marbre brocatelle, à bases, chapiteaux et piédestaux de marbre aussi, soutenaient les chiffres du Roi; les angles étaient ornés de consoles de bronze; deux vases de même matière décoraient l'entrecolonnement, et ces vases ornés de bas-reliefs, posaient sur des piédestaux. Le manteau de la cheminée était une grande table en marbre noir, placée entre deux colonnes, et servait de fond au relief, en marbre blanc, du profil de la figure du Roi à cheval, armé, tête laurée et de grandeur naturelle; un casque était sur le sol. De chaque côté de l'entrecolonnement était réservée une niche ornée de sa statue : l'Obéissance, dans l'une, la Paix, dans l'autre. D'autres allusions étaient aussi figurées dans une tablette en marbre noir placée au-dessus de la figure du Roi à cheval, et on y lisait en lettres dorées :

HENRICVS IV, FRANCORVM ET NAVARRÆ REX,
BELLATOR, VICTOR ET TRIVMPHATOR, BELLO CIVILI CONFECTO,
REGNO RECVPERATO RESTAVRATOQVE, PACE DOMI, FORISQVE CONSTITVTA,
REGIIS PENATIBVS REGALI SVMPTV FOCVM EXTRVXIT.
M.D.I.C.

D'autres trophées embellissaient encore cette riche cheminée. Les éloges des poètes ne firent défaut ni au Roi ni aux artistes.

**

Henri IV ne se contenta pas d'élever la belle cheminée; il conçut aussi le projet de parfaire la décoration de la galerie qui était sa création. Le P. Dan constate qu'il avait déjà fait commencer quelques bordures en stuc qui n'ont pas été continuées. Dès lors, quelle a pu être l'ornementation définitive de cette galerie?

Telle est la question que s'est posée M. Charles Constant dans son *Molière à Fontainebleau* (1).

Les documents précis nous manquent, dit notre confrère, que nous allons suivre dans ses intelligentes recherches, mais il est probable que la décoration de la salle variait suivant les cérémonies accomplies dans cette partie du château et nous ne serions pas éloignés de croire que les douze tapisseries, représentant les mois, furent une des tentures habituelles de cette belle salle.

Cinq de ces œuvres ornaient encore la salle dite *des Tapisseries*, en 1832; Vatout en donna la description.

En passant à Pau quelques jours, en 1874, M. Constant fut tout étonné, dans sa visite au château célèbre de cette ville, de voir, dans la salle dite de Henri IV, quatre des fameuses tapisseries : le mois de janvier, juin, juillet et novembre. Il ne sait ce que sont devenues les huit autres.

(1) Meaux, imp. Carro, 1873.

« Nous avons vu, ajoute-t-il, reproduits par la photographie, à quatre exemplaires, les douze dessins des douze tapisseries dont nous parlons. L'histoire de ces douze dessins très curieux mérite de prendre place ici.

» Il y a quelques années, M. Paccard, alors architecte du palais de Fontainebleau, reçut en communication douze vieux dessins. Le premier de ces dessins portait cette inscription : *Les maistres de Fontaine-Bleau*; et sur le troisième on lisait : *Cecy est du temps de François I et des peintres de Fontaine-Bleau*. Frappé de la beauté de ces dessins, ainsi que de leur originalité, M. Paccard demanda l'autorisation de les faire reproduire par la photographie. Le soin de cette reproduction fut confié à un amateur des plus habiles, M. Regnault, et voici comment quatre épreuves photographiques de ces dessins se trouvent encore aujourd'hui entre les mains de quatre personnes de Fontainebleau (MM. Paccard, Cazeneuve, Gouvenin et Regnault), alors que l'original a été remis entre les mains de son propriétaire qui nous est resté inconnu.

» Les dessins que nous venons de signaler sont, suivant nous, quelques-uns de ces patrons sur grand papier, faits par le peintre Claude Badouyn, dont nous parlent quelques auteurs, et qui servaient de modèles pour la confection des tapisseries qui se fabriquaient dans les ateliers créés à cet effet, dès 1539, au palais de Fontainebleau. Quant aux tapisseries elles-mêmes des douze mois, ce sont peut-être celles de Jules Romain, données en garantie par le duc de Guise (1662), pour une somme de 83,000 livres, que lui avait prêtée Mazarin.

» Chaque dessin se compose d'une grande figure principale placée à droite dans une sorte de demi-niche, qui soutient un écusson ou un cartouche sur lequel est représenté un des signes du zodiaque. Cette disposition commune à tous les dessins ne varie que dans celui qui représente le *mois de février* : la figure est au milieu et la niche est entière. Chacun de ces dessins est en outre orné de nombreuses arabesques où les feuillages, les fruits, les draperies, les rubans et des sujets de tous genres sont merveilleusement groupés et enlacés avec art. Les détails de ces douze compositions sont peut-être encore plus finis, plus soignés, plus intéressants à étudier que les sujets principaux eux-mêmes, et les personnages accessoires, les animaux fantastiques qu'ils recèlent, sont d'une délicatesse et d'un goût exquis. »

III

LA SALLE DE LA COMÉDIE

La salle de la Belle-Cheminée porta, ainsi que nous l'avons vu, différents noms, jusqu'au moment où elle devint la « salle de la Comédie ». Elle eut aussi des destinations non moins diverses : Salle de réceptions, Salle de bal, Chapelle, Chapitre du Saint-Esprit, Salle de théâtre; devenue après son incendie dépôt du service des bâtiments, elle est aujourd'hui concédée à la Société des Amis des Arts de Seine-et-Marne qui y tient ses expositions annuelles.

Louis XIII, encore Dauphin, fut mené en 1601 à la grande salle « ouïr une tragédie représentée par des Anglais; il écoute avec froideur, gravité et patience ». — En 1606, il y est mené encore pour voir les « artifices à feu ». — En 1608, on y dit la messe « à cause qu'on travaille à toutes les chapelles de ce chasteau ». — Le 7 juillet 1609, festin royal à l'occasion du mariage du duc de Vendôme et le lendemain 8, on y donne le ballet des « Preneurs d'amours » avec des faucons, des furets, et par des pêcheurs. — Le 2 avril 1616 et le 29 juin 1620, on y dit la messe, etc., etc. (1).

Plus tard Louis XIII y tient en 1633 un Chapitre de l'ordre du Saint-Esprit. Sous Louis XIV, il n'apparaît guère qu'on y ait donné autre chose que des représentations de la comédie française et italienne.

En 1725, la salle fut convertie tout à fait en salle de spectacle et en 1733, elle reçut un agencement tout nouveau; mais la belle cheminée fut démolie et ses fragments dispersés. Louis XV, en effet, ne lésinait pas pour dépenser beaucoup d'argent au Palais de Fontainebleau, mais à l'encontre de ses prédécesseurs qui ajoutèrent de nouvelles constructions, il n'hésita pas à détruire des chefs-d'œuvre tels que la galerie d'Ulysse, la galerie des Cerfs, la salle de la Belle-Cheminée, la galerie de François Ier dont les fenêtres furent aveuglées du côté du Jardin de Diane par la construction d'une série d'appartements dont partie fut, plus tard, décorée sous Louis XVI.

**

Le Palais de Fontainebleau attendit donc longtemps avant d'avoir une salle de spectacle; et encore ne l'eut-il qu'aux dépens de la mutilation de la salle de la Belle-Cheminée, qui demeura, malgré des modifications successives, de la plus parfaite incommodité.

Lors de sa création, Fontainebleau ne fut, en effet, qu'un château-fort, avec donjon, pont-levis et fossés. Des agrandissements successifs créèrent de nouveaux logements ainsi que de belles galeries, mais de salle de spectacle, point. C'est qu'alors, les distractions de la Cour en villégiature étaient absolument extérieures : tournois, carrousels, jeu de paume, du pall-mall, etc. A cette époque, les jardins et dépendances du Palais étaient largement ouverts à tous : les noces villageoises des environs ne manquaient jamais d'y venir s'y promener et danser; parfois même elles étaient reçues par la Cour. Les bateleurs, eux aussi, bohémiens ou acrobates étrangers, venaient librement s'y livrer à leurs exercices.

(1) HÉROARD. *Journal de la jeunesse de Louis XIII.*

À l'intérieur, on donnait des concerts et des bals, on dansait des ballets; la galerie de Henri II et la « Grande salle » étaient largement suffisantes.

Sous Louis XIV, on commença à aimer les représentations théâtrales réglées : mais elles avaient lieu souvent en plein air, témoin celle de 1661, donnée dans le Parc, à l'Étoile, près du vaste bassin ménagé dans la grande prairie, au carrefour des huit allées principales. Toutes fois que ces réunions avaient lieu à l'intérieur du Palais, on aménageait un théâtre (une estrade), dans l'une des deux salles et tout était dit. Alors les spectacles avaient lieu le jour et pendant longtemps encore à 5 heures de l'après-midi. C'est de cette époque que date l'habitude des soupers servis à la sortie du spectacle.

En 1725, sous Louis XV, les représentations théâtrales devenant de plus en plus à la mode, on décida la construction d'une salle. Mais au lieu d'édifier un bâtiment spécial, on aménagea, tant bien que mal, la salle de la Belle-Cheminée, au premier étage de la galerie de Charles IX. C'est à dater de cette époque qu'elle perdit définitivement l'ancien nom qu'elle portait depuis 1633.

La première représentation qui y fut donnée eut lieu le 5 septembre 1725, le jour du mariage du Roi avec Marie Leczinska. On joua : *Amphitryon* et le *Médecin malgré lui*.

En 1733, le théâtre fut définitivement installé dans la salle de la Belle-Cheminée.

Rectifions, au passage, une erreur commise par Millin et par plusieurs auteurs : ce théâtre ne fut pas construit pour la marquise de Pompadour dont l'apparition à la Cour est postérieure de 12 ans (1745) — après la bataille de Fontenoy.

Plus tard, en 1748, de nouveaux travaux furent faits. C'est alors que la magnifique cheminée, construite par Henri IV, fut sacrifiée et que les quatre superbes colonnes en marbre de couleur ont disparu. On sait seulement qu'une de ces colonnes fut érigée par le comte de Toulouse, alors grand-veneur, dans la forêt, au centre du vaste carrefour qui porte son nom, et brisée à la Révolution. La seconde servit à supporter sur la place d'armes le buste de Marat, lors de la fête civique donnée par le Club des Amis de la Constitution, le 20ᵉ jour du 1ᵉʳ mois de l'an II de la République française. Quant aux deux autres, que sont-elles devenues?

En 1834, par ordre du roi Louis-Philippe, les précieux restes de la « belle cheminée » furent recherchés. On en retrouva seulement le cadre si artistement sculpté qui entourait un bas-relief représentant la bataille d'Ivry et la reddition de Mantes, le portrait équestre de Henri IV et les deux grandes statues placées de chaque côté.

Le Henri IV à cheval, très heureusement placé sur une vaste cheminée en marbre royal, dans le salon de Saint-Louis, y produit un bel effet.

Dans la salle des Gardes ont été utilisés les fragments de sculpture en marbre blanc. Un soubassement, qu'on a vainement essayé de raccorder avec les décorations anciennes, supporte les divers motifs. La médiocrité du travail moderne jure avec la finesse et l'élégance de l'œuvre de Jacquet. Ce qui en reste donne néanmoins une idée de ce que devait être, dans son ensemble, le monument de l'artiste grenoblois.

Voici quelle fut, en 1713, la disposition de la salle de la Comédie :

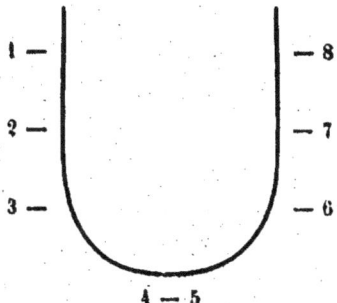

Au rez-de-chaussée se trouvait le premier gentilhomme de la chambre, les princes et princesses du sang, les ministres, le premier médecin du Roi, la faculté de la Reine (1 à 6) princes et princesses du sang.

Au premier étage, 1 Dauphin et Dauphine, 8 la Reine, 6 ambassadeurs.

Au deuxième étage, femmes de chambre, valets de chambre.

Fermé à partir de 1787, le théâtre n'eut rien à gagner sous la Révolution et, depuis lors, il fut de rares fois utilisé sous Napoléon Ier, puis sous Louis-Philippe, lors des fêtes données en 1837 à l'occasion du mariage du duc d'Orléans. Entièrement abandonné depuis, il fut misérablement incendié le 21 octobre 1856, par l'imprudence d'employés qui faisaient leur lessive au rez-de-chaussée. Peu avant, 1854-1855, l'Empereur Napoléon III avait fait aménager, dans l'aile Louis XV, l'élégante salle de spectacle actuelle.

La salle n'a pas eu le don d'exciter l'enthousiasme des auteurs qui ont écrit sur le Palais de Fontainebleau.

L'abbé Guilbert, si prodigue de détails, évite d'en parler tant soit peu longuement.

Millin (1) dit : « Le mauvais goût triomphe surtout dans la salle exécutée sous Louis XV; il n'y reste qu'un rang de loges. Elle est bâtie sur un mauvais plan; on ne peut voir la scène que du premier rang des loges; elle est également chargée de dorures... »

---

(1) *Voyage dans les départements du midi de la France*, 1804.

Le comte Orloff (1) s'exprimait ainsi : « La salle de spectacle n'est point d'une forme semi-elliptique comme celles des théâtres antiques et nouveaux, mais telle qu'elle est, elle n'en est pas moins pittoresque et rappelle des temps dans lesquels on applaudissait moins aux jeux de Melpomène et de Thalie qu'à ceux des carrousels et des tournois. Les peintures en sont éclatantes ; on y voit un grand nombre d'ornements dorés en relief, mal à propos attribués, dit-on, à Claude Audran ».

Jules Janin, l'historiographe du mariage du duc d'Orléans, ne pouvait s'empêcher de constater (2) que « la salle est longue et étroite; l'ornement un couronnement de Louis XV; la scène est entourée de guirlandes de feuilles et de roses ». Le Roi, ajoutait-il, a beau dire qu'il ne veut pas bâtir une nouvelle salle de spectacle, je ferais volontiers le pari que la salle actuelle deviendra avant peu ce qu'elle était sous Louis XV, une salle de galas et de banquets ».

Deux ans plus tard, E. Jamin (3) sortait de sa réserve et n'hésitait pas à dire : « Construite dans le mauvais goût du temps, la salle de spectacle est étroite, écrasée et sans dégagements. Il y a tout lieu d'espérer que le temps n'est pas éloigné où elle sera distribuée et décorée selon les données du jour ».

Percier et Fontaine (4), les architectes de Louis-Philippe, reconnaissaient la salle de spectacle étroite et basse, peu digne d'être citée, si ce n'est qu'elle a servi aux premières représentations d'ouvrages célèbres.

Cependant, ils se préoccupaient d'une transformation possible, qu'ils étudiaient avec leur scrupuleuse conscience; voici quel était leur programme :

« Le petit théâtre de Louis XV, disaient-ils, sera incessamment l'objet de l'attention réfléchie et des soins bienfaisants du Prince dont la sage prévoyance sait descendre aux plus petites choses pour en améliorer l'usage et leur donner toute la perfection qu'elles peuvent atteindre. Cette salle étroite, basse et sans dégagements est l'un des principaux agréments de Fontainebleau. Elle sera, sans doute, bientôt rendue à sa destination première....

» Elle sera presque entièrement reconstruite dans l'emplacement qu'elle occupe ; elle sera distribuée et décorée selon les données de l'ordre actuel et l'on a tout lieu de penser qu'après son achèvement, si l'on recherche, ainsi que nous l'avons précédemment fait, dans les productions des arts, à différentes époques, l'influence des mœurs qui leur ont donné naissance, on reconnaîtra bien certainement qu'ici, loin de toutes les préventions absurdes, loin de l'engouement aveugle, constamment en garde contre les dangereux écarts de l'esprit de vogue ou d'imitation, la sagesse, d'accord avec la saine raison, aura dicté toutes les conditions du travail ».

Malgré ses nombreuses imperfections, toutes les célébrités de la danse, du chant,

---

(1) *Voyage dans une partie de la France*, 1821.
(2) *Fontainebleau, Paris, Versailles*, 1837.
(3) *Le Palais de Fontainebleau*, 1839.
(4) *Le Domaine de la Couronne*, Palais de Fontainebleau, 1837.

de la comédie et de la tragédie ont, pendant cent quinze ans figuré dans cette salle : Sophie Arnould, Molé, Mlle Clairon, Le Kain, Talma, Nourrit, Duprez, la Camargo, Taglioni, Mars, Duchesnois, etc.

Nous publions, en y ajoutant quelques notes, une nomenclature aussi complète que possible des représentations qui furent données dans la salle de l'Ancienne Comédie, de 1747 à 1787.

Les renseignements précis faisant défaut, on ne peut présenter un travail mathématiquement exact. Comme sources où nous avons puisé, nous indiquerons les Chroniques de l'époque, Castil-Blaze, Champollion, des notes de Chennevière, d'Alexis Durand, Percier et Fontaine, etc.

Nous souhaitons que nos lecteurs trouvent dans cette compilation, dont le seul mérite sera d'être publiée pour la première fois, quelques détails de nature à les intéresser.

NOMENCLATURE DES PIÈCES REPRÉSENTÉES
DE 1747 A 1787

1747. 16 octobre. *L'Homme à bonnes fortunes* (1). *Le Florentin* (2).
1747. 17 octobre. *Rodogune* (3). *Le Français à Londres*.
1747. 21 octobre. *Les Jumeaux*. Ballet. Feu d'artifice.
1747. 24 octobre. *Le Misanthrope* (4). *Le Procureur arbitre* (5).
1747. 26 octobre. *Alzire* (6) et *Aphos*.

(1) De Baron. Célèbre comédien et auteur, né à Paris en 1653, mort le 22 décembre 1729. Il était petit-fils d'un marchand de cuirs à Issoudun et se fit comédien par amour pour une belle actrice avec laquelle il joua. — « Cette comédie, dit Hippolyte Lucas, est amusante et spirituelle, non pas que l'esprit y soit en relief, mais il est mêlé dans la contexture de la pièce avec assez de bonheur. » — Première représentation à la Comédie Française en 1686.

(2) Comédie en vers de La Fontaine. Elle était d'abord en trois actes et fut réduite en un seul par J.-B. Rousseau. L'intrigue de la pièce est légère, mais les détails piquants et le mérite du style rachètent amplement ce défaut.

(3) Cinq actes et en vers de Corneille. Représentée pour la première fois en 1656, avec un très grand succès. C'était de toutes les pièces de Corneille celle qu'il préférait.

(4) De Molière. Représenté pour la première fois sur le théâtre du Palais-Royal le 4 juin 1666.

(5) Comédie en un acte et en vers de Ph. Poisson (Comédie Française le 25 février 1728). Pièce à tiroirs et l'un des modèles du genre.

(6) Tragédie de Voltaire, représentée pour la première fois le 27 janvier 1736. Les caractères originaux et contrastés des principaux personnages, les éclairs de génie qui brillent dans tous les détails et les difficultés vaincues, tout nous fait regarder cet ouvrage comme un chef-d'œuvre (La Harpe).

1717. 28 octobre. *L'Épreuve. Les Funérailles d'Arlequin. L'Amant auteur et valet*.
1717. 30 octobre. *La Mère coquette* (1) et *Zénobie. La Fausse suivante*.
1717. 2 novembre. *Rhadamiste* (2). *Le Rendez-vous* (3).
1717. 4 novembre. *Les Rivales* (4). *La Joute d'Arlequin et de Scapin. Les Tableaux. Le Berceau. Feu d'artifice*.
1717. 6 novembre. *Endymion* (5), deux actes. *Au Concert de la Reine*.
1717. 7 novembre. *Le Philosophe marié* (6) et *la Pupille* (7).
1717. 9 novembre. *Andromaque* (8) et *le Dédit* (9).
1717. 11 novembre. *Le Méchant* (10) et *l'Étourdi* (11).
1717. 16 novembre. *L'Arcadie enchantée. Inès de Castro* (12). *Le Fat puni*.

1751. 9 novembre. La Cour entend des ariettes italiennes chantées par la signora Violante Vestrèse.

1752. 18 octobre. Première représentation sur le théâtre de la Cour, à Fontainebleau, du *Devin de village*, paroles et musique de J.-J. Rousseau, et qui y fut représenté plusieurs fois sous Louis XVI.

(1) Ou *Les amants brouillés*, de Quinault, cinq actes et en vers (1664). Comédie soignée, œuvre littéraire. Cette pièce, qui est restée au répertoire, est une de nos plus jolies comédies d'intrigue.
(2) Tragédie par Crébillon, représentée le 23 janvier 1711. Le sujet de cette tragédie est emprunté à Tacite. Rhadamiste est le chef-d'œuvre de Crébillon et l'une des bonnes œuvres de la Comédie Française.
(3) Comédie en un acte et en vers, par Fagan, représentée le 27 mai 1733. Ingénieux badinage, écrit avec élégance et sans affectation d'esprit.
(4) Comédie en cinq actes et en vers, de Quinault, représentée sur le théâtre de l'hôtel de Bourgogne en 1653. Cette pièce est en partie composée de nombreux emprunts faits aux *Deux Pucelles* et à la *Sœur Généreuse*, de Rotrou. Quoique médiocrement écrite, on remarque dans les *Deux Rivales*, une certaine entente de la scène et un intérêt habilement soutenu. Le succès de cette pièce, le début de l'auteur, fut si brillant, qu'il se décida à suivre la carrière du théâtre.
(5) *Endymion*, pastorale héroïque, par Fontenelle, musique de Colin de Blamont. A l'Opéra en 1731.
(6) De Destouches (Théâtre français, 15 février 1727). L'auteur a mis en scène dans cette pièce, toute sa famille, son père, son oncle, sa femme, sa belle-sœur et lui-même. Le sujet est son propre mariage. L'action est vive, intéressante. Quelques scènes sont plus scabreuses que Destouches ne se le permet d'ordinaire. On n'y regardait pas de si près sous Louis XV.
(7) Comédie en un acte et en prose, de Fagan, représentée le 5 juin 1731. Cette petite comédie est une pièce à la Marivaux. Le dialogue est simple et naturel et le style d'un excellent ton.
(8) La célèbre tragédie de Racine dont la première représentation eut lieu à l'hôtel de Bourgogne le 10 novembre 1667, qui fut le triomphe de Baron, de la Champmeslé et de Mlle Desœillets.
(9) Comédie en un acte et en vers de Dufresny (Théâtre français 1719). L'intrigue marche sur les brisées des *Précieuses ridicules*.
(10) Comédie en cinq actes et en vers, de Gresset (Comédie Française, 27 avril 1745). Le *Méchant*, dit M. Villemain, est la médaille des salons du XVIIIe siècle. La pièce est dirigée contre la corruption du grand monde sous la Régence.
(11) Comédie en cinq actes et en vers, le premier ouvrage de Molière. Représentée à Lyon en 1653 et à Paris en 1658, sur le théâtre du Petit-Bourbon.
(12) Tragédie en cinq actes et en vers, de Lamotte (Comédie Française, 1726). Voltaire

Cette fade, froide et fausse paysannerie réussit complètement à la Cour et n'eut pas moins de succès à Paris.

D'après Castil-Blaze et d'autres auteurs, les paroles sont de J.-J. Rousseau et la musique, simple bluette, — moins qu'une opérette de salon, — dans laquelle on trouve deux ou trois chansonnettes qui ne sont pas dénuées de naturel et de sentiment, serait d'un compositeur de Lyon, nommé Granet.

Quoi qu'il en soit, la grande réputation de l'illustre philosophe vint ajouter au succès et le prolongea bien au delà des bornes assignées aux ouvrages de ce calibre, de ce temps et de ce style. Profitant du silence forcé de son musicien, mis en sépulture à Lyon, Jean-Jacques s'était emparé de la partition de Granet, la fit mettre en scène, exécuter, imprimer sous son propre nom et toucha le double droit d'auteur.

Interprété par Jélyotte et Mlle de Fel, le succès fut éclatant sur le théâtre de la Cour, à Fontainebleau. Si bien que le philosophe, si détaché en apparence de tous les biens de la terre, qui avait assisté à la première représentation, dans une tenue négligée, la barbe non faite, enfoncé dans une loge obscure, ne put contenir la grande satisfaction qu'il éprouva et se prit à pleurer! Aussi le lendemain ne se possédait-il pas de joie en recevant une lettre de Jélyotte lui annonçant que « Sa Majesté ne cessa
« de chanter toute la journée, avec la voix la plus fausse de son royaume :

» J'ai perdu mon serviteur,
» J'ai perdu tout mon bonheur. »

Quelque temps après, le Devin de village fut représenté sur le théâtre de Trianon par Mme de Pompadour. Sous Louis XVI, il fut de nouveau joué sur le même théâtre par la Reine Marie-Antoinette et le comte d'Artois, qui y remplirent les rôles créés par Jélyotte et Mlle de Fel.

1753. Octobre. Le spectacle commence au Palais de Fontainebleau à l'arrivée même de la Cour. Les deux frères Dubus y débutent, l'un sous le nom de Préville, l'autre sous le nom de Chanville. Ils se ressemblaient si parfaitement que le Roi voulut qu'ils jouassent les Ménechmes (1) sur le théâtre du Palais.

Les spectacles se succédaient avec une grande variété : la comédie française, la comédie italienne, le ballet, l'opéra, eurent chacun leur tour. Dans la Comédie sans comédie (2) ou le Mercure galant (3), où Préville (4) joua avec un admirable talent cinq

avoua que cette pièce l'avait ému et la scène française remporta avec cette tragédie un des plus grands succès qu'on ait constatés depuis le Cid.

(1) Comédie en cinq actes et en vers, de Regnard, imitée de celle de Plaute, mais en différant pas les incidents. C'est une des plus régulières et des mieux travaillées de celles de Regnard.

(2) Par Quinault, représentée en 1651. Pièce à tiroirs avec divertissements; musique de Lulli.

(3) Comédie en cinq actes et en vers, de Boursault (Comédie Française, 5 mars 1683). Grand succès.

(4) Préville (1721-1799). Acteur parfait et grand comédien. Nul avant lui n'avait présenté au public plus de variété dans les personnages : Crispins, manteaux, financiers, amants, tuteurs, valets, tous ces caractères, dit Dazincourt, ont été embellis par son génie créateur. Préville fut l'acteur le plus exact, le plus varié, le peintre le plus fidèle. Pendant trente-trois ans il fut le premier comédien du Théâtre français.

rôles différents et celui de Crispin, médecin, dans la pièce qui porte ce titre. Son succès fut tel que le Roi, sans attendre l'expiration du délai prescrit pour l'essai des débutants, l'admit au nombre de ses comédiens.

1753. 23 octobre. Représentation des *Fées* (1), de Dancourt, avec intermèdes, prologue en musique, ballets; les Italiens, l'opéra avec ses chanteurs, l'orchestre, les demoiselles de la musique du Roi et les musiciens concourent à cette représentation extraordinaire. Francœur conduisait l'orchestre et Rebel le théâtre. Le Roi fut si content qu'il donna aux acteurs les décorations et les costumes, de sorte qu'on put représenter la pièce à Paris.

1753. 17-20 novembre. *Atys* (2), opéra, fait la clôture de la saison.

1753. D'importants travaux sont exécutés dans la salle de spectacle. L'avant-scène et les loges sont refaites; le théâtre et l'orchestre ont été remis en communication. On établit un deuxième rang de loges au-dessus de la grande loge du fond. Pour leur décoration, la tapisserie est préférée à la boiserie.

1754. Le théâtre qui avait reçu de récentes et utiles réparations, réunit plusieurs fois les illustres hôtes du Palais dans la première moitié du mois d'octobre.

1754. 4 octobre. La saison théâtrale commence ce jour; les représentations scéniques reprennent faveur. Pour une plus grande variété on exécutait parfois, dans une même soirée, des actes isolés de diverses pièces.

La musique de Rameau et les ballets de Laval conservent leur faveur dans les spectacles de la Cour.

1754. 8 octobre. *Le Curieux impertinent*, de Destouches, cinq actes et en vers. Inspiré d'une nouvelle de Michel Cervantes.

1754. 9 octobre. Par les comédiens italiens, *le Joueur*, pièce italienne en trois actes.

1754. 10 octobre. *Le duc de Foix*, tragédie de Voltaire. Bonne réussite.

1754. Samedi, 12 octobre. Ouverture de l'opéra par une série de fragments : *La Naissance d'Osiris*, ballet allégorique, paroles de M. de Cahuzac, de l'Académie royale de Prusse; *les Incas du Pérou*, de Fuzelier, musique de Rameau; *Pygmalion*, acte du ballet de Lamotte, remis au théâtre par Balut de Savot, musique de Rameau (3).

1754. 14 octobre. *Le Muet* (4), comédie en cinq actes et en prose, de Brueys, joué

(1) Comédie en trois actes et en prose, avec un prologue en vers libres (29 octobre 1699). Dancourt était né à Fontainebleau le 1er novembre 1661.

(2) Tragédie lyrique en cinq actes, musique de Lulli, paroles de Quinault, représentée pour la première fois devant le Roi, en 1676, à Saint-Germain et à Paris l'année suivante. A la troisième reprise, en 1686, devant le Roi, le ballet fut composé des plus grands seigneurs et des plus belles dames de la Cour : le Dauphin, le prince de la Roche-sur-Yon, le duc de Vermandois, le comte de Brionne, etc., Mme la princesse de Conti, Mlles de Lillebonne, de Tonnerre, de Laval et de Loubez.

(3) Réédition de l'opéra de Moïse, musique de la Barre, représenté à l'Opéra le 16 mai 1700. Sous sa nouvelle forme, il fut représenté pour la première fois à l'Académie royale le 27 août 1748.

(4) Comédie française, 22 juin 1691. L'auteur y a parfois retrouvé quelques-uns des traits familiers de Molière.

par les comédiens français. Le 18, première représentation de *Thésée* (1), cinq actes, paroles de Quinault, musique de Lulli, ballets de Laval, maître des ballets du Roi; et successivement : *Anacréon*, ballet héroïque, paroles de Cahuzac, musique de Rameau; *les Troyennes*, tragédie de Châteaubrun. Mᵐᵉ de Pompadour s'est trouvée mal à la scène d'Hécube et de Polyxène. Cette situation vraiment tragique renouvelait le souvenir de la perte de Mˡˡᵉ Alexandrine, sa fille unique. *Thétis et Pélée*, de Fontenelle, musique de Colasse, élève de Lulli, ballets de Laval père et fils (2).

La dernière représentation eut lieu le 15 novembre, et la pièce jouée devant la Cour fut la comédie de Boissy, cinq actes en vers, *les Dehors trompeurs*, suivis du *Mariage fait et rompu*, trois actes en vers de M. Dufresny.

Le goût prononcé de la Cour pour la diversité des spectacles amena la représentation d'une pastorale en dialecte languedocien : *Daphnis et Alcimandure*, trois actes précédés d'un prologue en français, de Voisenon, *Isaure ou les Jeux floraux*, musique de Mondonville, maître de chapelle du Roi, ballets de Laval. Cette pièce eut deux représentations, le 1ᵉʳ et le 3 novembre. Le 29 décembre suivant, elle fut représentée à l'Académie royale de musique et y fut, comme au théâtre de la Cour, l'occasion d'un grand succès pour Jélyotte, Latour et Mˡˡᵉ de Fel, qui, tous trois gascons, avaient une prononciation excellente.

Alceste (3), par Quinault et Lulli, ballets de Laval, fut également joué deux fois, les 7 et 9 novembre, aux applaudissements enthousiastes de la royale assistance, qui ne pouvait revenir de sa profonde admiration pour les perfections de ces ouvrages. On était surpris de voir réunies en un espace aussi exigu tant de magnificence, et dans les scènes du *Siège de Scyros*, toutes les manœuvres de guerre dans la manière antique la plus fidèle. Trois cents acteurs ne laissaient rien à désirer pour le chant, la danse et la musique. La décoration et les machines fonctionnèrent admirablement.

1751. 29 octobre. *Daphnis et Alcimandure*, paroles et musique de Mondonville.

L'acteur Drouin se démet le tendon d'Achille dans une représentation à Fontainebleau et obtient sa retraite.

1751. 19 décembre. On joue *le Complaisant*, pièce attribuée à Delaunay, mais qui est de Pont de Veyle.

1760. 22 octobre. Reprise de l'opéra de *Castor et Pollux*, de Gentil-Bernard, secrétaire du duc de Coigny, musique de Rameau. Sophie Arnould y joue le rôle de Thélaïre. Grand succès.

1760. 28 octobre. *Psyché*, ballet, paroles de Voisenon, musique de Mondonville. Le

---

(1) Un des meilleurs ouvrages de son époque. Première représentation en 1675, devant le Roi à Saint-Germain. Souvent repris, représenté pour la dernière fois 104 ans après en 1779.

(2) Cette tragédie lyrique, représentée pour la première fois le 11 janvier 1689, était précédée d'un prologue, véritable dithyrambe en l'honneur de Louis XIV. Elle a été reprise huit fois jusqu'en 1750, date à laquelle Fontenelle assista à la représentation à l'amphithéâtre où il s'était trouvé 61 ans avant.

(3) Représenté pour la première fois sur le théâtre du Palais-Royal le 19 janvier 1674. Grand succès, mais a été bien oublié depuis l'apparition en 1761 d'un opéra de Gluck, portant le même titre.

Roi en fut si satisfait qu'il le redemanda. Ne pas confondre avec *la Psyché*, de Lafond, musique de Lulli.

1762. 15 octobre. *L'Amour et Psyché*, de l'abbé de Voisenon, musique de Mondonville. Pour ajouter à ce spectacle tout l'éclat imaginable, le trône de la déesse, dans son palais, fut paré de tous les diamants et de toutes les pierreries de la Couronne.

1762. 18 octobre. L'Opéra va à Fontainebleau. Les acteurs vont et reviennent en poste.

1763. *Castor*, opéra, musique de Rameau. Le chœur, *Brisons nos fers*, dont le rythme nouveau et le coloris vigoureux avaient produit à la scène un immense effet, est resté célèbre.

1763. 29 septembre. On assure que Fontainebleau sera très brillant pour les fêtes et que le palais de diamants est changé et doit être infiniment plus beau.

L'Idoménée, de M. Lemierre, doit être joué pour la première fois à la Cour et ne paraîtra point à Paris avant. On l'annonce comme un drame de la plus grande beauté pour ses situations : si la pièce réussit, il est d'étiquette qu'on fasse à l'auteur une gratification de deux mille écus. (Cette tragédie n'a été représentée qu'en 1764, à Paris.)

1763. 8 octobre. *Dardanus*, tragédie en cinq actes, paroles de feu de La Bruère, musique de Rameau, ballets de Laval père et fils. Chœurs nombreux, corps de danse au grand complet, dans lequel se sont fait remarquer : Vestris, sa fille, la Guimard, etc. Dans le chant, Jélyotte remplissait le rôle de Dardanus et Mlle Arnould celui d'Iphise.

1763. 22 octobre. L'opéra de *Scanderberg* a été exécuté à Fontainebleau avec la plus grande magnificence. La décoration de la mosquée surpasse tout ce qu'on en peut dire, les colonnes en sont garnies de diamants et font un effet des plus surprenants. On prétend que c'est en petit l'imitation de celle de Sainte-Sophie. Ce drame est connu pour être de M. de La Motte, avec prologue de Lasserre, musique de Rebel et Francœur. Chassé, Tribou, Jélyotte, Dun, Mmes Kremans, Antier, Pellissier et Mlle Sallé, en furent les interprètes principaux. Le cinquième acte était d'une main étrangère, lorsqu'il fut joué en 1735. Ce même acte a été changé en paroles et en musique : on a également ajouté des morceaux de chant et de symphonie dans l'ouvrage.

1764. L'aspect du séjour de la Cour, dans le voyage de septembre 1764, fut des plus resplendissants; elle était nombreuse et brillante, on y joua les opéras de *Dardanus*, de *Castor et Pollux*, et l'on prôna la richesse des décorations et des costumes, ainsi que le mérite de l'exécution.

1764. 18 octobre. *Titon et l'Aurore*, pastorale héroïque en trois actes, paroles de feu de La Marre, musique de Mondonville, ballets de Laval père et fils, Jélyotte, la demoiselle Chevalier et la demoiselle Dubois dans le chant, Vestris et sa fille, la Guimard, Gardel, dans les ballets; chœurs et divertissements.

1764. 27 octobre. Première représentation, sans succès, sur le théâtre de Fontainebleau, du *Dormeur éveillé*, comédie en deux actes, mêlée d'ariettes, musique de La Borde.

1761. 1er novembre. On donne à la Cour une seconde représentation de *Bianche et Guiscard*. Le Roi se fit présenter l'acteur Armand, connu par ses galanteries et lui demanda combien il avait de bâtards. — 33, Sire, et tous vivants, lui fut-il répliqué le plus naturellement du monde.

1761. 7 novembre. *Thésée*, paroles de Quinault, musique de Lulli.

1761. 9 novembre. Pour la clôture, *Érosine*, musique de Berton, paroles de Moncrif, luthier de la Reine. Louis XV disait à Moncrif : « Vous êtes bien vieux pour » faire des pièces de théâtre; on vous donne 90 ans. » — « Sire, répondit l'auteur, il » est vrai qu'on me les donne, mais je ne les prends pas. »

1765. 1er octobre. Le maréchal de Richelieu, en exercice cette année, a voulu qu'on ne représentât sous ses auspices que des pièces nouvelles devant LL. MM., et les représentations ont été continuées jusqu'à ce moment sans interruption, malgré l'état du Dauphin et les inquiétudes que donne sa santé.

L'ouverture du théâtre s'est faite le mardi 8 octobre par *Cinna*, pour faire débuter Aufrène. On dit que cet acteur n'a pas plu.

Le second spectacle a été rempli par la représentation de *Thétis et Pélée*, de Fontenelle, que M. de La Borde, valet de chambre du Roi, a essayé de mettre en musique, quoique « un certain » Colasse, élève de Lulli, l'ait psalmodié il y a environ quatre-vingts ans. On dit que, dans l'essai que M. de La Borde vient de faire, la partie du chant est mauvaise et les airs de danse jolis.

Troisième spectacle. *Renaud d'Ast*, opéra comique en deux actes, paroles de Lemonnier, musique de Trial et Vachon, jeunes musiciens du prince de Conti. On a trouvé la musique assez jolie et la pièce détestable. Joué sans succès.

La tragédie d'*Adélaïde du Guesclin*, de Voltaire, donnée pour quatrième spectacle, le 15, a eu un succès universel, alors que trente ans avant elle avait médiocrement plu.

Cinquième spectacle. *Sylvie*, opéra en trois actes, paroles de Laujon, musique de Berton et Trial. Succès médiocre.

1765. 11 octobre. *Thétis et Pélée*, opéra de Fontenelle, musique de Colas, refondue par La Borde. Mlle Arnould jouait Thétis et Legros Pélée. Ballets brillants, magnifique mise en scène.

1765. 17 octobre. *Sylvie*, ballet héroïque, paroles de Laujon, musique de Trial et Lebreton. Trois actes.

1765. 21 octobre. A *Sylvie* a succédé *Palmyre*, ballet héroïque, musique de Bury, poème de Chamfort. Jélyotte a chanté le rôle de Zélénor et n'a pas fait plaisir.

Diane et Endymion, pantomime héroïque en trois actes; on dit que la décoration du Temple de la Lune est superbe.

1765. 21 octobre. *Palmyre*, opéra en un acte. Paroles pas mauvaises, musique médiocre qui a eu besoin du secours de Jélyotte. Ballet de *Diane et Endymion*.

1765. 26 octobre. *La Fée Urgèle*, quatre actes tirés du conte de Voltaire : « Ce qui plaît aux Dames ». Exécution par les acteurs de la comédie italienne. Grand succès. Musique de Duni, paroles de Favart. Brillante représentation.

1765. 20 octobre. *Églé*, ou *le Sentiment*, comédie allégorique de Valier, a provoqué un « assoupissement général qui tenait lieu de sifflets ». *Le Triomphe de Flore*, musique de Dauvergne. Succès pour Legros.

1765. 2 novembre. *Zémis et Almasie*, opéra de Chamfort, musique de La Borde. — *Le Triomphe de Flore*, précédé d'une comédie en vers, intitulée *Églé*, l'emporte par la platitude sur tout ce qui a été joué à la Cour. Paroles de Vallier, musique de Dauvergne. La comédie d'*Églé* du même Vallier, est encore plus terrible. Le seul spectacle qui ait réussi est la tragédie d'*Adélaïde*.

1765. 2 novembre. *Zémis et Almasie*, ballet héroïque. Jélyotte a fait le rôle de Zémis avec le plus grand succès.

1765. 5 novembre. *L'Orpheline léguée*, comédie nouvelle en trois actes et en vers libres, par Saurin. Grand succès.

Un autre dit que le succès n'a pas été très brillant. Cette pièce devait, paraît-il, s'appeler *l'Orpheline reléguée*.

1765. 6 novembre. *Fatmé*, comédie-ballet en deux actes, de Saint-Marc, musique de Dezèdes.

1765. 7 novembre. *Thésée*, de Quinault, remis en musique par Mondonville.

Deuxième représentation le 9 novembre. Pas réussi. On trouve la beauté du récitatif de Lulli supérieure aux gentillesses de la musique moderne.

1765. 9 novembre. Pour la clôture des spectacles de Fontainebleau, *Érosine*, opéra en un acte, musique de Berton, paroles de Moncrif. Ce spectacle a eu du succès. Jélyotte a pris congé du théâtre de la Cour et a reçu de grands applaudissements.

1768. 2 octobre. Comme il n'y a point de spectacle à la Cour, à cause du décès de la Reine, on doit donner sur un théâtre particulier à Fontainebleau, pour le roi de Danemark, l'acte d'*Églé*, tiré des *Talents lyriques*, et l'acte turc de l'*Europe galante*. Les trois spectacles y passeront successivement. Toute cette dépense se fait par les menus.

1768. 24 octobre. Arrivée du roi de Danemark à Fontainebleau, avec une suite nombreuse.

Le lendemain, on joue sur le théâtre de la ville (1) *Tancrède* (2) et le *Cercle* (3); le roi de Danemark assiste au spectacle et la musique du Roi exécute sur le même théâtre un acte des ouvrages intitulés : les *Talents lyriques* et l'*Europe galante*.

1768. 3 novembre. Fête de Saint-Hubert. Après une grande chasse, le roi de Danemark se rend à cinq heures au théâtre de la ville, où les musiciens du Roi et les acteurs de l'Académie royale de musique jouèrent *Érosine* et le *Devin de Village*, de J.-J. Rousseau, avec la décoration de diamants qui ne cadrait pas avec ces deux drames, mais qui a frappé le Roi par son éclat éblouissant.

(1) Par brevet de 1750, le Roi avait délivré au sieur Armand père et à la Thorillière la permission de construire un théâtre dans la rue de l'Obélisque (boulevard Magenta), sur un terrain contenant 331 toises de superficie, faisant partie du jardin des Pins, à côté de l'hôtel de Soubise, c'est-à-dire le fleuriste actuel. La maison du jardinier chef devait en dépendre.

Il y avait souvent foule à ce théâtre qui était desservi par les comédiens du Roi les jours où il n'y avait pas de représentation au Château. — Voir la fin, *Annexe* n° 1.

(2) De Voltaire.
(3) Comédie de Poinsinet, né à Fontainebleau.

Le 4, le Roi se rend encore au théâtre de la ville pour assister à la représentation donnée par les comédiens italiens. On joue *le Tonnelier* (1) et *Tome Jones*.

1769. 2 octobre. La Cour est triste; on regarde les spectacles comme mal choisis et rebattus. Dans ceux donnés la semaine précédente, *Isabelle* et *Gertrude* (2) avaient semblé faire le plus grand plaisir. Mesdames ont trouvé *le Déserteur* (3) froid et long. On donne, le mardi 17, *Tancrède* et *le Dédit* (4); le mercredi 18, *Lucile* (5) et *Rose et Colas*; le samedi 21, *le Magnifique* (6) et l'acte de *Zélindor*. — On parle des petits soupers du Roi comme très agréables et où les femmes de la Cour qui avaient témoigné le plus de répugnance pour Mme Du Barry, briguent avec le plus d'empressement d'être admises. Les seigneurs ne sont pas moins avides de cette faveur qui ne s'accorde pas à tous ceux qui la recherchent.

1769. 20 octobre. Représentation sur le théâtre de la ville de Fontainebleau d'une pièce en un acte et en vers, *le Cri de la Nature*, du sieur Armand, fils du comédien de ce nom et concierge de la Comédie française. Les pages du Roi ont assisté à cette représentation et ont soutenu la pièce qui a été jusqu'aux nues. Toute la Cour veut voir la nouveauté.

1769. 25 octobre. *La Rosière de Salency*, comédie en trois actes avec ariettes, paroles de Favart, musique de Philidor et de Monsigny, a été jouée devant le Roi sans succès. Un opéra de Laujon, n'a pas eu un meilleur sort. *Le Cri de la Nature* reçoit de nouveaux éloges. L'auteur remet à la scène son *Honnête homme*, en cinq actes et en vers, qui doit être joué le jour des Morts.

1769. 2 novembre. On a donné l'acte d'*Érosine* en déployant toute la magnificence de la décoration de Lévêque, entre autres celle des diamants, qui produit un effet merveilleux.

1770. 14 octobre. Les spectacles se sont ouverts par *Arlequin et Scapin rivaux* et *le Bûcheron*. Mme la Dauphine (Marie-Antoinette) a paru s'amuser infiniment à cette pièce. Mme Laruette a été fort applaudie dans *le Bûcheron*. Le 16 on a joué *l'École des maris*.

1770. 27 octobre. *Les Deux Avares*, paroles de Fathaire, musique de Grétry. Cette pièce a eu beaucoup de succès. On sait que personne ne peut applaudir et que les battements de mains sont interdits, ce qui rend le spectacle très froid.

(1) Opéra comique en un acte, tiré du *Cuvier*, conte de La Fontaine. Paroles et musique d'Audinot, retouché par Quétant, musique de Gossec.
(2) Comédie en un acte, mêlée d'ariettes, paroles de Favart, musique de Blaise, représentée pour la première fois, au Théâtre Italien, le 14 août 1765.
(3) Paroles de Sedaine, musique de Monsigny. Resté au répertoire.
(4) Comédie en un acte et en vers, de Dufresny. Théâtre français, en 1719. L'intrigue marche sur les brisées des *Précieuses ridicules*. Le *Dédit* resta au répertoire.
(5) Comédie en un acte et en vers, mêlée d'ariettes, paroles de Marmontel, musique de Grétry; le second ouvrage, du même auteur, obtint un grand succès. C'est dans cette pièce que se trouve le fameux air : *Où peut-on être mieux qu'au sein de sa famille*, dont la fortune fut si grande sous la Restauration.
(6) Comédie en deux actes et en prose, de Lamotte-Houdard (1721) Il y a dans cette pièce des scènes intéressantes et le dialogue est prestement mené.

1770. 2 novembre. *Thémire*, pastorale en un acte, de Sedaine, musique de Duni.

1770. 6 novembre. *Thémire*, déjà représentée le 2. Le Roi assiste à la représentation à côté de Mᵐᵉ Du Barry.

1770. 8 novembre. Reprise d'une ancienne pièce, *les Carrosses d'Orléans*, qui a eu le plus grand succès. Favart y a ajouté des couplets qui contiennent l'éloge de la Dauphine. Les jeunes princes, le Dauphin (depuis, Louis XVI), le comte de Provence, le comte d'Artois, par extraordinaire, étaient à ce spectacle qui les a fait rire, ainsi que la princesse leur belle-sœur. M. le Dauphin, plus sérieux, n'a pas paru prendre une part bien marquée à cette grosse gaîté.

1770. 10 novembre. *La Rosière*, opéra comique.

1770. 13 novembre. *L'Amitié à l'épreuve*, de Favart, musique de Grétry, et *la Fête de Flore*, comédie-ballet, par Saint-Marc, musique de Trial.

1770. 15 novembre. *La Fête de Flore*, comédie-ballet, par Marquis de Saint-Marc.

1770. 29 novembre. La demoiselle Bèze, danseuse de l'Opéra, très médiocre, mais de la plus jolie figure du monde, a porté la désolation à la Cour pendant le voyage de Fontainebleau. Trois jeunes seigneurs, séduits tour à tour par ses charmes, se sont trouvés infectés d'une maladie honteuse : M. le prince de Lambesc, M. le prince de Guéménée et M. le marquis de Liancourt sont les malheureuses victimes de la lubricité de cette actrice; Mᵐᵉ la comtesse de Brionne a été très offensée de l'insolence de Mˡˡᵉ Bèze, qui, malgré les ordres qu'elle lui avait fait donner de ne point paraître à Fontainebleau, sur les connaissances que cette mère avait de la funeste inclination de son fils, a eu l'audace de s'y rendre. Elle a été mise à l'hôpital il y a quelques jours.

On avait donné : *le Discret*, de Lemercier, différent de celui de Sedaine; *l'Indienne*, de Des Francs; *l'Importun*, etc. *L'Indienne* fut mal reçue; elle a fait baisser la toile, dit Mˡˡᵉ Sophie Arnould.

1771. 26 octobre. *L'Ami de la maison*. Cette comédie n'a pas eu le succès qu'on se promettait... Quant à la musique, tout en a paru de la meilleure composition. Le sieur Marmontel, auteur des paroles, était présent, l'épaule haute, le sourcil élevé, la bouche béante. Il semblait prêt à dévorer l'acteur qui eût bronché dans son rôle... L'activité de Grétry, auteur de la musique, se distinguait par des attitudes plus vives et plus variées; il battait la mesure, et tout le désordre de sa personne caractérisait l'intérêt qu'il prenait à la chose.

1771. 2 novembre. La représentation du *Faucon* a été huée, malgré le respect dû au lieu. Le sieur Sedaine en est fort humilié.

1771. 5 novembre. *Le Bourru bienfaisant*, de Goldoni, a été joué devant le Roi. Cette comédie a été bien accueillie, elle a fait rire et pleurer alternativement.

Le lendemain, S. M. a fait appeler l'auteur à son lever, l'a accueilli avec bonté et lui a dit être très contente de sa comédie, qu'il continuât à travailler dans ce genre qui est bon.

1771. 8 novembre. *Zémire et Azor* ont paru à la Cour avec beaucoup de succès. Les paroles sont de Marmontel et la musique de Grétry. Une seconde représentation a eu lieu avec beaucoup de satisfaction de la part des spectateurs. La musique de Grétry a fait le succès de cet ouvrage. La fameuse décoration de diamants a été employée à cette occasion; elle a paru plus superbe par des additions et par un jeu plus brillant donné aux pierreries.

1771. Novembre. *Les Deux Avares*, musique de Grétry, sont joués à la Cour.

1772. 5 novembre. On joue, au théâtre du Palais, *l'Anglomane*, de Saurin. Peu de succès; la pièce est trouvée ennuyeuse. Elle contenait d'ailleurs une satire trop peu voilée du ministère et des usages de la vieille Cour.

1773. La *Belle Arsène*, de Favart, musique de Monsigny. Jouée sans grand succès.

1773. 11 octobre. Les comédiens français viennent de représenter une ancienne pièce de Boissy, intitulée *le Médecin par occasion*. On y a ajouté une fable allégorique de Monvel, auteur et acteur, qui a eu du succès.

1773. Octobre. Tous les premiers acteurs de la Comédie-Française sont retenus à Fontainebleau pour la durée entière du voyage du Roi, ce qui n'était pas arrivé depuis vingt ans. Les doublures seules restent à Paris.

1773. 6 novembre. Les différents spectacles donnés à Fontainebleau n'ont eu aucun succès. Ce sont des séries d'opéras comiques d'auteurs cependant connus avantageusement.

1773. 9 novembre. Répétitions devant Mme la Dauphine (Marie-Antoinette) d'un petit spectacle qu'on doit donner à la comtesse d'Artois.

1773. 10 novembre. Les spectacles nouveaux donnés à Fontainebleau, sont : 1° *La Rosière de Salency*, musique de Grétry, représentée le 23 octobre précédent ; 2° *Zémire et Mélide*, comédie d'Anseaume, musique de Philidor; *la Belle Arsène*, de Favart, musique de Monsigny. Ce sont des spectacles qu'on prétend n'avoir pas eu de succès. Arrêt incertain par la difficulté de connaître le vœu du public dans une salle où l'on ne peut qu'être spectateur muet, sans se livrer à aucuns battements de mains.

1775. 10 novembre. On a nouvelle de Fontainebleau que la tragédie de *Mensikoff* y a été jouée avec toute la pompe dont un théâtre de la Cour est susceptible, et avec une grande affluence de spectateurs illustres, d'étrangers de distinction et surtout de seigneurs russes qu'elle intéressait plus particulièrement. M. de la Harpe n'a pas non plus à se plaindre des acteurs qui ont joué avec un zèle digne du lieu. Ces accessoires n'ont pas empêché la pièce de paraître mauvaise aux gens les plus difficiles, médiocre aux spectateurs indulgents, et d'un noir épouvantable à tout le monde.

Cette représentation a failli manquer par la faute d'un page qui causa une grande désolation parmi les demoiselles de la Comédie. Ce mauvais plaisant leur a soufflé une vermine fort désagréable qui les tourmentait et est une espèce d'épidémie répandue parmi elles : ce qui amusa pendant plusieurs jours la jeunesse brillante de Fontainebleau.

1776. Octobre. On ne se souvient pas d'avoir vu un voyage de Fontainebleau aussi brillant que l'a été celui-ci; mais ce n'est pas en nouveautés littéraires. Une affluence de monde prodigieuse, des fêtes, des parties de jeu, des courses de chevaux, l'élégance et la variété des toilettes en ont fait presque tous les frais. Quoique très accueillies par notre jeune souveraine, il faut avouer que les lettres ont encore assez peu contribué aux plaisirs de la Cour.

1776. Octobre. Sur dix ou douze pièces nouvelles représentées à la Cour, une seule a réussi, le 30, et encore y a-t-on trouvé un cinquième acte à refaire : c'est *Mustapha et Zéangir*, de M. de Chamfort. On sait qu'après le succès de *Mustapha*, la Reine voulut bien faire venir M. de Chamfort dans sa loge et lui annoncer que le Roi venait de lui accorder une pension de 1,200 livres sur les Menus. On sait que S. M. lui dit tout ce qui pouvait augmenter le prix de cette grâce. — « Racontez-nous donc, lui dit un seigneur de la Cour, toutes les choses flatteuses que la Reine vous a dites? — Je ne pourrai jamais ni les oublier, ni les répéter », répondit le poète.

1776. 8 octobre. *La Fausse délicatesse*, de Marsollier, comédie en trois actes, mêlée d'ariettes, représentée devant LL. MM., n'a pas eu de succès. C'est une pièce à la Marivaux, aussi alambiquée, mais avec moins d'esprit et de finesse.

1776. 10 octobre. *Zuma*, tragédie de Lefebvre, a été représentée à la Cour, mais sans succès. Heureusement pour l'auteur que le public de Paris n'est pas toujours du même avis que la Cour.

1776. 29 octobre. On a joué la pièce du chevalier de Cubières, intitulée d'abord *le Dramomane*, et que, par égard pour Mercier, appelé par Fréron « le Dramaturge », on a donné sous le nom de *la Lecture interrompue*. Elle a eu le sort des autres nouveautés; les brouhahas, les rires par éclats, les applaudissements ironiques, ont fait trouver que la pièce était bien nommée. La Cour n'a pas attendu la fin.

1776. 30 octobre. M. de Chamfort n'a point trompé la Cour dans son attente du succès de *Mustapha et Zéangir*. Cette tragédie a été aux nues et le méritait. Le Roi, à son coucher, a paru très satisfait de l'ouvrage. Molé s'est surpassé dans son jeu, mais son rôle était si beau!

1776. 6 novembre. *L'Égoïsme*, de Callhava d'Estandoux, a été applaudi hier parfois, et parfois hué.

1776. Novembre. La reprise de *l'Aveugle de Palmyre*, qui a beaucoup réussi, grâce à la magnificence du spectacle et à la richesse des décorations, est un opéra de Desfontaines, musique de Rodolphe.

On a encore donné à ce voyage :

Le 22 octobre, *le Malheureux imaginaire*, comédie de Dorat. — Le 1 novembre, *le Veuvage trompeur*, comédie de M. de la Place. — Le 9, *l'Inconnu persécuté*, comédie de Moine, musique d'Anfossi. — Le 11, *l'Avare fastueux*, comédie de Goldoni. — Le 22, *les Trois Fermiers*, comédie de Monvel. — Le 23, à Paris, *la Rupture*, comédie de M˙˙ de l'Orme. — Le 31 décembre, *Gabrielle de Vergy*, tragédie de Belloy.

1777. *Matroco*, drame burlesque en quatre actes, en vers, paroles de Laujon, musique de Grétry, repris aux Italiens le 23 février 1778. C'était une parodie des mœurs de la chevalerie. L'auteur de *Richard Cœur de Lion* eut honte de s'être prêté à cette bouffonnerie, surtout après le mauvais accueil qu'elle reçut du public, et brûla sa partition. Il avait réussi, dans cet ouvrage, plusieurs airs populaires, tels que *Charmante Gabrielle*, etc.

1777. 9 octobre. Le goût des courtisans de Fontainebleau paraît extrêmement difficile cette année pour les pièces de théâtre. Ils n'ont pas fait plus de grâce à une pièce des Italiens, jouée avec succès depuis dix-huit ans : c'est *la Soirée des boulevards*, de Favart. Cet auteur a voulu le rajeunir en y adaptant beaucoup de choses relatives aux circonstances, et de fadeurs pour la Reine.

1777. 10 octobre. *Le Duel comique*, opéra bouffe.

1777. 17 octobre. Mlle Raucourt s'est engagée dans la troupe de comédiens qui suivent la Cour et vient jouer à Fontainebleau, sur le théâtre de la ville, durant le voyage. On lui donne 10,000 livres.

1777. 17 octobre. On a joué à la Cour *Olympiade*, drame en trois actes et en vers, de M. Framery, musique de Sacchini.

1777. 20 octobre. On donne l'opéra de *Psyché*, musique de Mondonville, ballets de Laval.

Sophie Arnould faisait Psyché; la Saint-Geslin, Terpsychore; la Levasseur, l'Amour; la Chataurie, Vénus.

Les chœurs étaient chantés par les premiers choristes, hommes et femmes, de l'Opéra, et dans les divertissements on voyait la Guimard, Gardel, Vestris, Mlles Lafond, Favre, Hidoux, Rogier, Duchesne, etc., qui représentaient les démons, les furies, les jeux, les plaisirs.

Tous ces artistes concourent aussi, le 26 octobre suivant, à la représentation de la *Fête de Flore*, paroles de Saint-Maur.

1777. 23 octobre. *Le Philosophe sans le savoir* et *Psyché*.

1777. 24 octobre. *Pomponin*, opéra comique de Guinguenet, musique de Piccini.

1777. 27 octobre. *La Chercheuse d'Esprit*, ballet de Gardel, et *Mérope*.

1777. 30 octobre. On écrit de Fontainebleau que Mlle Raucourt a eu le plus grand succès à la comédie de la ville, que la Reine de France a voulu la voir et a honoré le spectacle de sa présence.

1777. 3 novembre. *Matroco*, drame burlesque en quatre actes, de Laujon. Il y a dans la musique des choses charmantes, entre autres un duo sur la gazette, très neuf et très original.

1777. 6 novembre. *Le Langage des Fleurs*, comédie-ballet, par Saint-Marc, et *les Fausses Confidences*.

1777. 10 novembre. *Félix ou l'Enfant trouvé*, opéra comique en deux actes, de Sedaine, musique de Monsigny. Succès médiocre.

1777. 14 novembre. Deuxième représentation de *Félix* et de *Myrtil et Lecoris*, opéra en un acte de Bocquet, musique de Desormery.

La série des représentations de ce voyage se termine par l'opéra d'*Orphée*, qui eut un succès extraordinaire et qui fut néanmoins critiqué avec une égale fureur. On était alors en plein dans la querelle des Gluckistes et des Piccinistes. *Orphée* n'en est pas moins un chef-d'œuvre.

On y joua encore *Iphigénie*, *Alceste* et deux autres comédies; après quoi la Cour partit afin d'assister à la fête que donnait à LL. MM. le comte d'Artois, dans son château de Bagatelle, bâti comme par enchantement.

1778. Le théâtre du Palais est peu actif. On y joue la *Parodie de Roland,* puis une tragédie-opéra, tirée de *l'Iphigénie,* de Racine. La musique était de Gluck; Laval, maître des ballets de S. M., avait réglé les divertissements.

Les Evénements imprévus, comédie en trois actes, mêlée d'ariettes, paroles de Dhele, musique de Grétry. Ce fut la dernière production du littérateur mort jeune. La partition, qui n'est pas des meilleures, renferme cependant un air que l'on chante encore quelquefois : « Dans le siècle où nous sommes, etc. »

1783. Louis XVI ne voulait pas faire le voyage de Fontainebleau, qu'on estime un sujet de dépenses extraordinaires de huit millions. On ne détermine le monarque à le faire qu'en disant que ce changement produirait un mauvais effet.

1783. 9 octobre. Arrivée de la Cour à Fontainebleau. On a dit, il y a longtemps, à propos des pièces représentées ici : « Fontainebleau est le *Châtelet* et le parterre de Paris est le *Parlement* qui casse souvent ses sentences. »

1783. 11 octobre. *Les Deux Tuteurs,* comédie en deux actes, en prose, mêlée d'ariettes, par de la Chabeaussière, musique de M. le chevalier d'Aleyrac. Cette comédie a été reprise à Paris, sur le Théâtre-Italien, l'année suivante, le 8 mai. La pièce n'a guère réussi à Fontainebleau.

1783. 12 octobre. *Les Deux Soupers,* opéra comique de Fallet, musique de d'Aleyrac. Succès douteux. On a dit qu'il n'y avait pas un plat passable dans les deux soupers.

1783. 16 octobre. Représentation de la *Didon,* tragédie lyrique en trois actes, paroles de Marmontel, musique de Piccini, au théâtre de la Cour, à Fontainebleau, par la Saint-Huberti, devant toute la Cour assemblée. L'œuvre est jugée remarquable, mais l'interprète s'y hausse à un tel sublime que Marie-Antoinette daigne l'aller complimenter elle-même dans les coulisses et que Louis XVI, si réfractaire à la musique, donne le signal des applaudissements.

A citer dans les ballets : Gardel et la Guimard.

Didon fut reprise à l'Opéra, le 1er décembre 1783.

Sur la pièce, imprimée dans le format in-4o, chez de Lormel, imprimeur de l'Académie royale de musique, on constate que la désignation du côté droit et du côté gauche de la scène est indiquée par les mots : *côté du Roi, côté de la Reine.* Les expressions côté *cour* et côté *jardin* datent seulement de la Révolution. Ces expressions nouvelles, faut-il le rappeler, ont été données par les machinistes, parce que dans le théâtre du château des Tuileries, le côté droit ou du Roi donnait sur la cour et le côté gauche ou de la Reine sur le jardin.

1783. 11 octobre. Première représentation du *Droit du Seigneur,* opéra de Desfontaines, musique de Martini. La musique a été, en général, trouvée agréable.

1783. 30 octobre. Première représentation de *la Caravane du Caire,* paroles de Morel, musique de Grétry. On a trouvé dans la musique beaucoup de fraîcheur, de grâce et de sensibilité. La pompe et la magnificence du spectacle n'ont rien laissé à désirer. Il était digne du théâtre sur lequel on l'a représenté.

1783. 4 novembre. *Le Séducteur,* comédie en cinq actes et en vers, du marquis de Bièvre, est représenté avec succès au théâtre de la Cour.

1783. 14 novembre. Première représentation du *Dormeur éveillé*, opéra comique de Marmontel, musique de Piccini. La musique, en général, a eu le plus grand succès.

1783. 16 novembre. Première représentation de *Chimène*, opéra de Guillard, musique de Sacchini. La musique a généralement réussi. Cet opéra a été donné à nouveau le 20 novembre, pour la clôture des spectacles de la Cour, qui est rentrée à Paris le 21 novembre. Mlle Saint-Huberti y est fort applaudie.

Les trois grands théâtres ont rendu ce voyage très agréable par le grand nombre de nouveautés qu'on y a jouées; mais l'Opéra l'a emporté beaucoup sur les deux autres. Les auteurs et les acteurs ont reçu des marques de la munificence du Roi. Piccini et Sacchini ont eu l'honneur de lui être présentés; le dernier par la Reine elle-même. Piccini venait d'avoir une pension de 600 livres; il a obtenu une gratification de la même somme. Sacchini a eu une pension égale. La Saint-Huberti, outre une pension de 1,500 livres, en a eu une de 600 livres que le Roi a daigné ajouter de sa main sur l'état qui lui a été présenté, selon l'usage, par le Gentilhomme de la Chambre. Mlle Maillard, à peine âgée de dix-huit ans, une de 1,000 livres. Le sieur Rey, maître de musique, une semblable; tous les autres sujets ont reçu des gratifications proportionnées à leurs différents talents.

1783. C'est une faveur d'être joué deux fois au théâtre de la Cour, à Fontainebleau. *Didon* l'a été trois fois, et le Roi qui de sa vie n'avait pu entendre un opéra d'un bout à l'autre, ne s'est point lassé d'entendre celui-ci. « Il me fait, disait-il, l'effet d'une belle tragédie... » *Le Dormeur éveillé* fut mal exécuté dans les morceaux d'ensemble, mais très bien de la part des acteurs principaux, Clairval et Mme Dugazon. Le Roi l'avait redemandé pour la clôture des spectacles de la Cour. Clairval tomba malade et les spectacles finirent deux jours plus tôt.

1783. Les représentations théâtrales furent nombreuses en cette année à Fontainebleau.

Nous n'hésitons pas, malgré quelques répétitions forcées, à ajouter à ce qui précède, une nomenclature plus complète des pièces jouées. Elle nous est fournie par le *Recueil des spectacles donnés devant Leurs Majestés à Fontainebleau, en l'année 1783*. In-4°, Imp. Ballard. (Bibl. du Palais, F 987.)

Elles s'ouvrirent le 12 octobre par *Sylvain* (1), opéra de Marmontel et de Grétry, suivi de *Mathieu ou les Deux Soupers*, comédie mêlée d'ariettes, de Fallet, musique de d'Alayrac.

Le 14, on joue *Alzire* et *Amphitryon*, de Voltaire et de Molière. Deux jours après, *Didon*, opéra de Marmontel et de Piccini; le lendemain 17, *l'Heureuse Erreur*, de Patrat, et *le Droit du Seigneur* en firent les frais (2).

---

(1) *Sylvain*, comédie en un acte et en vers, représentée pour la première fois aux Italiens, le 19 février 1770. L'ouverture n'est pas inférieure à celle de *l'Épreuve villageoise*. Cet opéra a eu un grand succès.

(2) *Alzire*, représentée pour la première fois le 27 janvier 1736. Quoique inférieure à *Mérope*, *Alzire* n'en compte pas moins parmi les chef-d'œuvres de Voltaire. — *Amphitryon*, comédie de Molière en trois actes et en vers libres, représentée pour la première fois le 2 janvier 1668, imitation de la pièce de Plaute. La première comédie que Molière ait écrite en vers libres; c'est une allusion transparente aux amours de Louis XIV avec Mme de Montespan. — *Le Droit du Seigneur*, comédie en trois actes et en prose, mêlée d'ariettes, paroles de Desfon-

La Feinte par amour, de Dorat, et *l'Amant bourru*, de Monvel, furent choisis pour le 21 et une seconde représentation de *Didon* pour le 23. Le 24, on revint au pays du Tendre par *Lucette et Colas*, comédie mêlée d'ariettes, de M. Forgeot, musique de M¹¹ᵉ Dezèdes, et par *l'Amant sylphe*, comédie mêlée de chant, de M. le comte de Lignières et Martini (1).

Le 27, une tragédie de Corneille, *Héraclius*, raviva les esprits, et M. Forgeot les calma par ses *Rivaux amis*. Grétry et Morel les séduisirent de nouveau par *la Caravane*, donnée le jeudi 30, et Plis et Barré les divertirent le 31 par leurs *Quatre-Coins*; *Blaise et Babet*, les intéressèrent le même jour par leurs amours comme on n'en voit plus (2).

Le 1 novembre suivant : première représentation du *Séducteur* (3), cinq actes de M. de Bièvre, suivi de *l'Impatient*, en vers, de Lantier.

Ont été successivement donnés dans ce voyage : une seconde représentation de *la Caravane du Caire*; *l'Amant jaloux*, de Grétry; *les Sabots*, de Sedaine, musique de Duni; *Rodogune*, de Corneille, et le 10, *le Dédit*, de Dufresny; *Didon* (pour la troisième fois); *le Dormeur éveillé*, de Marmontel et Piccini, et *Chimène*, qui eut les honneurs d'une reprise (4).

M. le duc de Duras, premier gentilhomme de la chambre, ordonnait le spectacle; M. Papillon de La Ferté, commissaire général de la maison du Roi, le conduisait;

taines, musique de Martini. Première représentation aux Italiens, le 29 ... bre 1783. Le compositeur écrivit sur un livret absurde une musique gracieuse qui valut à l'ouvrage un succès de vogue. Pendant soixante ans, *le Droit du Seigneur* charma le public de Paris et des provinces.

(1) *La Feinte par Amour*, comédie en trois actes et en vers, représentée en 1773, avec succès, et fut maintenue au répertoire, malgré son style prétentieux et recherché qui en rend la lecture difficile. — *Lucette et Colas*, un acte, représenté aux Italiens, le 8 novembre 1781. L'auteur de la musique, M¹¹ᵉ Dezèdes, était fille du compositeur de ce nom. Cette jeune musicienne était alors âgée de quinze ans; on ne connaît d'elle que ce petit ouvrage.

(2) *La Caravane du Caire*, opéra en trois actes, paroles de Morel de Chédeville, musique de Grétry, représenté à Paris le 13 janvier 1784. Peu de pièces ont eu un plus grand nombre de représentations que *la Caravane*, qui est restée longtemps la ressource des administrateurs de l'Opéra. L'ouverture a fait les délices de nos pères, et tous les amateurs de belle musique connaissent l'air : « La victoire est à nous ». — *Blaise et Babet*, opéra comique en deux actes, paroles de Monvel, musique de Dezèdes, représenté le 13 juin 1783, à la Comédie-Italienne de Paris. Est considéré comme chef-d'œuvre de Dezèdes. De tous ses ouvrages, c'est celui qui obtint le plus grand succès. Mᵐᵉ Dugazon, fort belle femme, et Michu, très bel homme, jouaient Blaise et Babet.

(3) *Le Séducteur*, comédie en vers, dans laquelle l'auteur de tant de calembours, a réussi, sans cesser d'être spirituel, à s'élever jusqu'au genre sérieux. Elle a été représentée au Théâtre-Français, le 8 novembre 1783, quatre jours après avoir été donnée sur le théâtre de la Cour, à Fontainebleau.

(4) *L'Amant jaloux*, paroles de Dhell, représenté à Versailles pour la première fois, en novembre 1778; un des meilleurs de Grétry. — *Les Sabots*, un acte, mêlé d'ariettes, représenté aux Italiens, le 26 octobre 1768. Jolie bagatelle, bien traitée; a eu les honneurs d'une reprise à l'Opéra-Comique, en 1866. — *Le Dormeur éveillé*, opéra comique en cinq actes, représenté à la Comédie-Italienne, en 1784. Pièce remplie de gaieté, de détails agréables, et qui obtint un grand succès. — *Chimène ou le Cid*, opéra comique en trois actes, paroles de Guillard, musique de Sacchini, représenté à Paris, en 1784. L'auteur du livret n'avait pas grands frais d'imagination à faire pour tailler un opéra dans le chef-d'œuvre de Corneille. Le musicien avait une tâche plus difficile et il s'en est acquitté avec un mérite apprécié de ses contemporains.

Parmi les acteurs, on peut citer la dame Dugazon, Laïs, la dame Saint-Huberti, Gavaudan, etc.

1785. Octobre. Les spectacles de la Cour commenceront à Fontainebleau le mardi 11 octobre et ne finiront que le vendredi 18 novembre.

1785. 25 octobre. Les nouveautés jouées à Fontainebleau n'y ont point eu de succès. La Cour est devenue très difficile, et même *Richard Cœur de Lion* a été mal reçu quant aux innovations de Sedaine et aux deux premiers actes qui produisirent tant d'effet à Paris.

Thémistocle, opéra de Morel, musique de Philidor, joué le 13 octobre; *Pénélope*, de Marmontel, musique de Piccini, le 10 novembre; *Dardanus*, de Sacchini, le 20 octobre.

La Comédie-Française donne, le 11 octobre, *Roxelane et Mustapha* avec *l'Impatient*; le 11 novembre, *le Mariage secret*, de Desfaucherets; le 14 novembre, *Athalie*, avec les chœurs de Gossec, et le 25 novembre, *l'Oncle et les Deux Tantes*, de la Salle.

La Comédie-Italienne, le 18 octobre, *l'Amitié au village*, de Desforges, musique de Philidor; le 8 novembre, *la Dot*, de Desfontaines, musique de d'Alayrac; le 15, *Coradin*, de Menaghet, musique de Bruny.

1785. Octobre. *L'Amitié au village*, est peut-être la première pièce donnée au théâtre de la Cour que l'on se soit permis de huer si distinctement, malgré la présence du Roi et de la Reine. Les paroles sont de Desforges (fils naturel du docteur Petit) et la musique de Philidor.

1786. 26 octobre. On a joué aujourd'hui, sur le théâtre de la Cour, l'opéra de *Phèdre*, paroles d'Hoffman, musique de Lemoine. Cette nouveauté lyrique a si mal réussi auprès de la Reine, qu'elle a déclaré qu'elle n'en voulait plus de cette espèce, qu'il était inutile de faire beaucoup de dépense pour des opéras qui n'en valaient pas la peine. *L'Amitié à l'épreuve*, jouée par les Italiens, n'a pas mieux réussi, quoique de deux grands maîtres réunis, MM. Favart et Grétry. La Reine a déclaré que sans Mlle Renaud, elle n'aurait pu soutenir toute la représentation. Il n'en faut pas dire autant du *Déserteur*, mis en pantomime, qui a plu singulièrement et joui du plus brillant succès.

1786. 2 novembre. On devait donner *les Horaces*, musique de Saléri. La répétition que l'on en fit la veille devant la Reine confirma la tristesse et l'insignifiance de cette production. On pria un des principaux acteurs de feindre une indisposition pour se dispenser de donner un ouvrage dont la chute était prononcée d'avance. On l'a remplacé par *Iphigénie en Tauride*, dont il fallut faire venir les décorations en poste pendant la nuit, avec le ballet des *Sauvages*.

1786. 3 novembre. *Azémire*, tragédie de M. Chénier. Cette tragédie est tombée de la manière la plus scandaleuse à la Cour, malgré tout l'intérêt de la duchesse d'Orléans, qui en avait sollicité et obtenu la représentation. Des rires immodérés, des coups de sifflet ont été des signes non équivoques de l'ennui.

1786. 7 novembre. *Les Méprises par ressemblance*, opéra comique en trois actes, de Patrat, musique de Grétry, ont eu un sort plus heureux. Cette pièce à ariettes est le seul ouvrage qui ait véritablement réussi à Fontainebleau. La musique est une des meilleures du compositeur.

1786. 13 novembre. *Comte Albert*, paroles de Sedaine, musique de Grétry.

Débuts de Mlle Laure, âgée de onze ans, élève de Vestris, et qu'on nommait « l'Amour ». LL. MM. l'ont vue danser deux fois et M. de Villequier l'a présentée au dîner.

Albert, le dernier spectacle donné cette année à Fontainebleau a été assez mal reçu, malgré la musique. Autrefois, on écoutait les pièces en silence, par respect pour la présence royale. Mais depuis, la Reine a mis cette étiquette de côté, de sorte que l'on donne publiquement son approbation ou sa désapprobation, et qu'il s'élève parfois des manifestations contraires au sentiment de la Cour.

Après le spectacle, Sedaine se promenait sur le théâtre, disant : « On n'en fera pas moins payer au Roi les décorations, les habillements, les soldats... » Un subalterne qui entend ce propos va sur-le-champ le rapporter à M. de La Ferté, Intendant des Menus en exercice. Il arrive furieux et dit tout haut : « Où est Sedaine ? » — Ce poète qui l'entend, lui crie : — « La Ferté, M. Sedaine est ici ; que lui voulez-vous ? » De là une conversation très vive entre les deux personnages, où ils se disent réciproquement des vérités dures. Comme elle était publique, les spectateurs n'ont pas manqué de la rapporter aux courtisans, qui ont ri aux dépens de La Ferté. On rapporte que la Reine a dit en riant : « Je ne sais pas si M. de La Ferté a porté en compte les décorations, les habillements, etc., qui, suivant l'auteur, manquaient à sa pièce, mais je suis sûre maintenant qu'il ne le fera pas. » On ajoute que le Roi a pris les choses plus sérieusement en observant que M. Sedaine avait traité M. de La Ferté de « voleur » et que c'était une chose à éclaircir.

Marie-Antoinette approuve, en 1787, un projet de fête à donner à Fontainebleau, qui coûtera cinq à six cent mille livres. Mais elle dit en riant à l'ordonnateur : « Il faut auparavant savoir si M. le contrôleur général en donnera la permission. »

Le malaise était général ; on approchait de 1788, l'argent manquait partout. Le contrôleur général aurait voulu autoriser la dépense, qu'il ne l'aurait pu.

Mélancolique plutôt qu'enjouée, la parole de Marie-Antoinette marqua la fin des plaisirs et des dépenses de luxe au château, où la Cour cessa de venir.

Tout au plus le Roi, qui se restreignit sur tous les points, conserva-t-il encore quelque temps, à la demande des habitants de Fontainebleau, les équipages de sa vènerie, qui elle aussi ne tarda pas à disparaître.

ANNEXE AU THÉATRE DE LA COUR

LES TROIS DE LA THORILLIÈRE

Nous croyons ne pouvoir mieux terminer ces *Notes* qu'en donnant quelques détails sur une famille d'acteurs qui, pendant trois générations, ont joué sur le théâtre de la Cour à Fontainebleau. Nous voulons parler des Le Noir de La Thorillière.

François Le Noir, sieur de La Thorillière, né vers 1626, fut d'abord militaire avant d'entrer au théâtre. En 1658 il épousa la fille du comédien Jean de la Rocque et entra au Marais. En 1662, il s'engagea dans la troupe de Molière, où il resta jusqu'en 1673, puis passa à l'hôtel de Bourgogne et mourut en 1688.

Son fils, Pierre Le Noir, sieur de La Thorillière, né à Paris le 3 septembre 1659, parut dès 1671 au Palais-Royal dans la troupe de Molière et joua le rôle d'un des amours de *Psyché*, puis courut la province jusqu'en 1684, époque où il fut reçu à la Comédie Française. Il joua d'abord les seconds rôles de tragédie et les amoureux dans la comédie, mais sans grand succès. En 1693, il prit les rôles à manteau, ceux de valet et d'ivrogne. Il mourut le 18 septembre 1731, laissant un fils, Anne-Maurice, et trois filles.

C'est son fils qui obtint, avec Armand Huguet, en 1750, la concession, par brevet du Roi, du théâtre de la ville, sur l'emplacement des Petits Jardins. Il se maria à Fontainebleau. C'est de lui que nous allons nous occuper plus spécialement.

Le troisième de La Thorillière (Anne-Maurice), né en 1697 ou 1699, fut reçu sans débuts à la Comédie Française, le 20 juin 1722. Il se retira en 1759 avec la pension de 1,500 livres et mourut le 23 octobre 1759.

Dans ses *Comédiens du Roi de la troupe française*, M. Campardon, auquel nous empruntons les détails biographiques ci-dessus, a publié le contrat de mariage de Pierre Le Noir de La Thorillière, dressé à Fontainebleau par Claude Royer, et conservé aux Archives nationales (Y 218).

En voici un extrait :

Par devant nous, Claude Royer, conseiller du Roi, notaire garde notes au Châtelet de Paris... furent présents sieur Pierre Le Noir, sieur de La Thorillière, l'un des comédiens de Sa Majesté, en la troupe française, fils de defunt François Le Noir, sieur de La Thorillière, aussi comédien de Sa Majesté, et damoiselle Petitjean, sa veuve, ses père et mère, demeurant à Paris, rue de Seine, étant de présent à la suite de la Cour à Fontainebleau, logé rue de l'Église, pour lui et en son nom d'une part ;

et sieur Dominique Biancolelli (1), l'un des comédiens de Sa Majesté, de la troupe italienne, et damoiselle Ursule Cortesi (2), sa femme, qu'il autorise par l'effet des présentes, demeurant à Paris, rue Comtesse d'Artois, paroisse Saint Eustache, au nom et comme stipulant pour damoiselle Catherine Biancolelli (3), leur fille, aussi l'une des comédiennes de Sa Majesté, en ladite troupe italienne, pour ce présente et de son consentement, étant de présent aussi audit Fontainebleau, logés susdite rue et Paroisse, d'autre part.

Lesquelles parties de l'avis et conseil de leurs parents et amis ci-après nommés, savoir : de la part dudit sieur Le Noir de La Thorillière, futur époux; de ladite damoiselle Petit Jean, sa mère; du s^r Michel Baron (4), officier du Roi, beau-frère à cause de damoiselle Charlotte Le Noir, sa femme; maître Florent Carton-Dancourt, avocat au Parlement et comédien de Sa Majesté en la troupe française, beau-frère; Marie Thérèse Le Noir (5), sa femme, sœur et sieur Michel de Clinchamp, concierge du palais des Tuileries, ami; et de la part de ladite damoiselle Catherine Biancolelli, future épouse : de damoiselle Barbe Minuti, son aïeule maternelle, veuve de Bernardin Corsi, comédien du Roi; sieur Louis Biancolelli (6), frère de ladite damoiselle future épouse, et damoiselle Marie Françoise Biancolelli (7), fille, sœur de ladite damoiselle future épouse, étant tous deux présent audit Fontainebleau, ont reconnu et confessé avoir fait et accordé entre elles les traité de mariage, dons, douaire, promesses et conventions qui en suivent.

(Nous passerons sous silence les longues conventions, minutieusement formulées, et dirons seulement que la future apportait 20,000 livres et le futur 10,000 livres).

Fait et passé à Fontainebleau, à l'égard des parties intéressées, en la maison où lesdits sieur et dame Biancolelli sont avec leurs filles logés devant déclarée, l'an 1685, le deuxième jour de novembre, en présence de messire Charles de Simian, chevalier, seigneur de Larnas, ci-devant capitaine dans le régiment de Bourbonnais, et du sieur Dominique Amonio, conseiller et médecin ordinaire du Roi, demeurant ordinairement à Paris... étant de présent à Fontainebleau.

La lecture de ce document nous donna la pensée de rechercher dans les registres paroissiaux de Fontainebleau l'acte du mariage. Nous l'avons trouvé assez facilement, bien que le nom de La Thorillière, sous lequel il était plus connu, et sa profession de comédien du Roi n'y soient pas mentionnés. Les deux époux sont seulement qualifiés : suivant la Cour.

Ce mariage a été célébré le 5 novembre 1685, trois jours après le contrat.

(1) Le célèbre arlequin de la Comédie-Italienne, né vers 1610, mort en 1688.
(2) Comédienne de la troupe italienne, mariée en 1663, à Dominique Biancolelli.
(3) Née en 1665, débuta en 1683, à la Comédie-Italienne, où elle tint avec grand succès l'emploi des Colombines. Elle mourut en 1716.
(4) Boyron, dit Baron, aussi comédien du Roi, né en 1653, mort en 1729.
(5) Également actrice de la Comédie-Française.
(6) Ne fut pas comédien. Il prit du service et devint capitaine au régiment royal-vaisseaux.
(7) Comédienne italienne. Remplissait l'emploi des amoureuses.

Novembre 1685.

Mariage. — Pierre Le Noir, fils de François le Noir et de Marie Petitjean, d'une part; Et Catherine Biancolelli, fille de Dominique Biancolelli et d'Ursule Cortezy d'autre part tous deux suivant la Cour, après la publication que nous avons canoniquement faite de leurs bans de mariage par deux diverses fois, et ayants obtenue de Monseigneur l'archevesque de Sens la dispense du troisiesme bans, sans qu'il nous ait parru aucun empeschement, comme aussy après avoir esté fiancés ce jourd'huy par dispense pareillement obtenue de Mondict Seigneur Archevesque ont esté espousés cedict jour cinquiesme novembre mil six cents quatre vingt cinq en presence de de moy supérieur des p^{res} de la cong^{on} de la Mission et curé de ce lieu qui leur ay donné la benediction nuptiale et de leurs parens et amis cy après nommez sçavoir de la part du dict le Noir, Mary, de Marie Petitjean, sa mère, de Marie Thérèse Le Noir, sa sœur, de Michel Boiron, son beau frère, de Messire Gilles Lemaistre, chevalier, marquis de Ferrières et autres lieux de Messire Charles Joseph de Symian, baron de Launas cy devant capitaine dans le régiment de Bourbonnais, de M. Dominique Amonio conseiller et médecin ordinaire du Roy ses amis et de la part de ladite Biancolelly épouse, de Dominique Biancolelly, officier du Roy, son père, et d'Orsola Cortesi, sa mère, de M. Augustin Lolly aussi officier du Roy son ami soubz signez

P. Lenoir, Catherine Biancolelli

Marie Petitjean, Dominique Biancolelli, Michel Boyron, Orsola Cortesi, Thérèse Lenoir, Lemaistre, Symian de Launas, Laudin, Dominique Amonu, Ange-Augustin Lolly.

(*Abeille*, 25 septembre-11 décembre 1891.)

TIPH! TOPH!

Quelques jeunes gens ont trouvé charmant, paraît-il, de troubler la conférence faite le 26 février dernier dans la salle du théâtre. Ils ont élevé intempestivement la voix et n'ont pas été sans causer quelque trouble. Ce qui fait dire à l'*Indépendant* que l'on devrait interdire l'entrée de la salle aux enfants âgés de moins de quinze ans. Ce serait peut-être aller un peu loin; mais il est certain que ceux qui viennent pour faire du bruit ne sont pas attirés par le désir de s'instruire, et si Shakespeare ne les sollicite pas, ils feraient mieux d'aller gambader en forêt. Nous sommes donc d'accord sur ce point avec notre confrère.

Mais où nous cessons de l'être, c'est quand il dit que Mgr le Dauphin, depuis Louis XIII, « âgé de dix ans, a écouté en 1601, à Fontainebleau, avec recueillement et gravité, la tragédie anglaise. » Né le 27 septembre 1601, Louis XIII, alors Dauphin, n'avait pas encore quatre ans accomplis à cette époque. Il était donc bien jeune pour prendre goût à la représentation d'une pièce dont il ne comprenait sans doute pas un traître mot. Cependant il y a été fort tranquille. Nous lisons en effet dans le *Journal* de Jean Héroard : « 18 septembre 1604. Mené le Dauphin en la grande Salle neuve (la salle de la Belle Cheminée) ouïr une tragédie par des Anglais; il les écoute avec froideur, gravité et patience, jusques à ce qu'il fallût couper la tête à un des personnages. »

Froideur, gravité et patience, cela ne veut pas dire enthousiasme. A se rappeler avec quelle sévérité était élevé le jeune prince qui, dès l'âge le plus tendre, était fustigé d'importance à la moindre incartade. Innombrables sont en effet, les fessées qu'il reçut de Mme de Monglas, sa gouvernante, et même quelquefois de la vigoureuse main de son père. Système d'éducation abandonné de nos jours, mais dont n'étaient pas exempts alors les futurs rois.

Il est certain toutefois que ce spectacle, qui avait lieu de jour, le premier assurément auquel il ait assisté, avait fait sur lui une grande impression.

Consultons encore une fois le *Journal* d'Héroard; nous y remarquons ces deux passages :

« Le 20 septembre. — Il veut jouer la comédie : « Monsieur comment direz-vous? » Il répond *Tiph, Toph*, en grossissant sa voix.

» Le 8 octobre, dimanche. — Il dit : « Habillons-nous en comédiens ». On lui met son tablier coiffé sur la tête; il se prend à parler en disant : *Tiph, Toph, Milord*, et marchant à grand pas. »

Si nous en croyons l'*Intermédiaire des chercheurs et curieux*, t. II, p. 105, les mots *Tiph, Toph*, rappelleraient une apostrophe de Falstaff, dans le drame de Henri IV, acte II, scène II.

Nous donnons cette dernière explication pour ce qu'elle vaut. En tous cas, nous tenons pour avéré que le Dauphin a fait, de gré ou de force, bonne contenance à la représentation donnée par les auteurs anglais à Fontainebleau, et qu'il en a retenu au moins deux mots *Tiph, Toph*.

(*Abeille*, 10 mars 1893.)

SAUVÉS!...

Le dimanche 4 novembre 1811, l'Empereur Napoléon Ier présidait, au Palais de Fontainebleau, avec l'Impératrice Marie-Louise, une imposante cérémonie religieuse et tenait sur les fonts baptismaux, avec son neveu, le prince Louis Napoléon, vingt-quatre enfants dont il était le parrain.

C'étaient les fils du prince de Neufchâtel, des ducs de Bassano, de Montebello, de Cadore, de Trévise, de Belluno, d'Abrantès; des comtes Dejean, de Cessac, de Beauharnais, Rampon, Daru, Duchâtel, Caffarelli, Lauriston, Lemarrois, de France, de Turenne, de Lagrange, Becker; des barons Curial, Colbert et Gobert.

Le cérémonial de la journée avait été minutieusement réglé et les fêtes devaient se terminer le soir par une représentation du ballet *l'Enlèvement des Sabines*, donnée sur le théâtre du Palais. Ce ballet, en trois actes, réglé par Milon, musique de Berton, venait d'être représenté avec succès à l'Académie impériale de musique. Comme la plupart des filleuls de l'Empereur avaient huit à dix ans, il leur fut réservé des loges.

Les danseurs et les danseuses de l'Opéra conduits par carrossées, de Paris à Fontainebleau, la nuit, n'arrivèrent pas sans accident. On avait attaché derrière les voitures des coffres, des ballots, renfermant les costumes; des voleurs adroits profitèrent des ombres de la nuit pour couper les cordes et s'emparèrent de la moitié des toges, des tuniques, des peplums, des voiles qui devaient habiller Sabines et Romains, Romaines et Sabins. L'alarme fut grande au château, parmi les personnes qui dirigeaient les représentations. Le surintendant des théâtres était atterré. Mais, avec de l'argent, on fait beaucoup de choses en peu de temps. Les magasins de drap, de serge et de calicot de Fontainebleau fournirent les étoffes que le costumier du théâtre taillait sur-le-champ et distribuait à mesure aux couturières que l'on avait mises en réquisition. Tous les acteurs dansants furent habillés avant l'heure du spectacle.

(*Abeille*, 29 mars 1889.)

LES
SATYRES DE LA GALERIE DE HENRI II
AU PALAIS DE FONTAINEBLEAU
Retrouvés à Rome.

Le Palais de Fontainebleau, si souvent menacé au cours de ces dernières années, renferme presque à l'infini des trésors inestimables de l'époque de la Renaissance. Plus on le voit, plus on s'y attache, plus aussi on l'admire.

Nous ne chercherons pas à faire partager à nos lecteurs, — si nous en avons, — notre enthousiasme; nous aurons garde aussi de leur faire subir une visite complète, ou une description maintes fois renouvelée, souvent par des maîtres. Nous demandons seulement à les introduire pour quelques instants dans la galerie de Henri II, véritable joyau artistique, unique peut-être.

« Quelques beautés que l'on rencontre dans les galeries de ce château, on ne pourra disconvenir que la Salle de Bal, bâtie sous François Iᵉʳ, ne l'emporte beaucoup au-dessus de toutes, tant par sa gracieuse situation que par son beau jour et ses riches peintures. »

Ainsi s'exprimait l'abbé Guilbert, en 1731.

Ce qu'il disait, il y a cent soixante ans, est encore vrai de nos jours; la Salle de Bal, actuellement connue sous le nom de Galerie de Henri II, est toujours la plus belle du Palais. Grâce aux restaurations faites par le peintre Dubreuil, sous Henri IV, les peintures de Nicollo dell' Abbate, exécutées sur les dessins et sous la direction du Primatice, étaient encore assez vivaces, après plus d'un siècle d'abandon, pour être restaurées en 1831, par Alaux.

A la même époque furent restituées, avec un soin — bien scrupuleux pour le temps — le plafond et les boiseries.

Vingt ans plus tard, une nouvelle restauration des peintures fut nécessaire. Alaux en fut encore chargé; il eut pour collaborateurs Paul Baudry, Pils et Murat.

Enfin, en 1880, les peintures, de nouveau atteintes par l'humidité, eurent besoin d'une reprise partielle. Ce travail fut confié à un spécialiste, M. Brisset, ancien élève de Rome.

Comme on le voit, si des parties — en trop grand nombre, hélas! du Palais — ont été laissées à l'abandon, il n'est que justice de reconnaître que, depuis soixante ans, tous les gouvernements ont manifesté de leur intérêt en faveur de notre galerie.

Nous ne nous attarderons pas à discuter une fois de plus sur le point de savoir si, d'après le projet primitif, la galerie devait être voûtée ou plafonnée. Nous ne rechercherons pas davantage si, comme on le dit, dans les restaurations de 1834, quelques pans de draperies n'ont pas été allongées dans un but exagéré de pudeur. Nous nous contenterons de constater que la restitution, presque complète, ne l'est cependant pas entièrement.

Ne pourrait-elle le devenir tout à fait? Oui, assurément, et sans avoir à redouter des dépenses exagérées, surtout en raison du but artistique à atteindre. Il suffirait de rétablir à la cheminée les deux figures de satyres. Bien que le P. Dan et l'abbé Guilbert, auxquels il faut nécessairement se rapporter pour ce qui concerne le Palais de Fontainebleau, les nient à peine mentionnées, ces deux statues, aujourd'hui retrouvées, sont très intéressantes et ont aussi leur histoire.

Fréquemment et avec le plus grand succès, les satyres ont été employés dans la décoration architecturale au XVIe siècle. Outre les deux satyres de la galerie décorée par Henri II, le Palais de Fontainebleau nous en offre trois autres spécimens, tous de la même époque.

Nous les trouvons d'abord à la cheminée du salon de François Ier.

A l'heure actuelle, on peut encore voir les restes imposants de ceux qui décoraient le péristyle d'entrée de la Grotte des Pins, anciens thermes de François Ier. Bien curieuses ces quatre figures colossales formées d'énormes blocs, non dégrossis, fort bien choisis et assemblés avec tant de soins qu'ils forment un ensemble harmonieux.

Mais les plus remarquables de tous, les mieux conservés et cependant presque ignorés, sont les deux satyres, un homme et une femme — formant les deux côtés de l'encadrement du premier tableau de la galerie de François Ier, à droite, en entrant par le vestibule du Fer à Cheval. Ces deux figures, dont Guilbert, servilement copié par tous, se contente de dire : « Aux deux côtés de la bordure, se trouvent deux grandes figures de satyres en relief, avec des petits enfants », sont tout simplement admirables.

Aux formes sveltes et élégantes, à la physionomie agréable et souriante, d'une extrême gracilité, avec leurs jeunes enfants également aux pieds fourchus, jouant dans leurs jambes, ils nous reposent du style grave et quelque peu farouche, généralement adopté pour ces sortes de figures. Chez eux, point de ces efforts surhumains qui mettent en saillie une vigoureuse musculature ; ils ne supportent pas, comme d'ordinaire leurs semblables, un lourd édifice, mais portent avec aisance sur leurs têtes une élégante coupe ovale, délicatement posée sur un coussin aux glands dorés. Quoique l'éclairage laisse un peu à désirer depuis que les fenêtres d'un côté de la galerie ont été aveuglées, leur blancheur de stuc ne laisse perdre aucun détail. Ils sont en plein relief et si bien détachés du mur, qu'ils semblent prêts à s'élancer. Nous nous expliquons d'autant moins l'espèce d'abandon dans lequel ils ont été tenus jusqu'à ce jour, que de toutes les figures de l'admirable galerie de François Ier elles sont, à coup sûr, les mieux réussies et les plus vivantes.

L'époque du déplacement des satyres est connue; ils ont été enlevés lors de la Révolution. Un procès-verbal du 5 octobre de l'an Ier de la République, écrit de la main même du célèbre chimiste Berthollet, prenant trop consciencieusement à la lettre ses fonctions, assisté des citoyens Lemarié et Briquet, membres de l'administration du département de Seine-et-Marne, Delaitre et Sarrazin, membres du district de Melun, Dieppe, officier municipal de Fontainebleau, et Charles-Louis Berthollet, membre de la commission générale des monnayes, libelle ainsi leur arrêt de mort : « Deux faunes de la Salle des Suisses, poids : 1,200 livres. »

En conséquence, ces œuvres d'art ont partagé le sort des deux sphinx de la Cour des Fontaines, de la statue du Tibre, des cloches, etc. Elles ont été transportées à Paris et fondues en monnaie de billon, spécialement destinée à faire l'appoint des assignats, dépréciés dès leur émission.

Sous Napoléon Ier, ils ont été remplacés — bien imparfaitement — par deux froides colonnes de stuc, dont le moindre inconvénient est de faire un bizarre double emploi avec les deux autres colonnes plus petites, absolument indépendantes de la décoration architecturale du monument. Ces deux petites colonnes, placées en retrait, ont pour unique mission de diminuer le foyer. Il semble ainsi que l'on a deux cheminées placées l'une dans l'autre.

Quelques auteurs cependant, à notre époque, se sont préoccupés du rétablissement des satyres.

Castellan reconnaît que les deux colonnes « ôtent à ce joli monument tout son caractère » et parle du projet de Percier qui, « dans sa belle restauration, n'a pas manqué de rétablir les satyres et qui a fait usage de *deux figures existant à Rome*. » L'architecte Percier avait très longtemps séjourné dans la capitale de l'Italie. Ce n'était pas sans motifs qu'il avait placé là ces *deux statues*; c'était une autorité dont il y avait lieu de tenir grand compte. Cependant Castellan, pour un motif qu'il justifie sur une simple hypothèse, sans nul souci de la courte mais très précise description donnée par le P. Dan et reproduite par Guilbert, qui, lui aussi, avait vu les satyres, les remplace purement et simplement par deux statues de Benvenuto Cellini, « exécutées, dit-il, pour la porte Dorée, et qui n'y ont jamais été placées ». Chacune de ces figures d'homme a bien un bras relevé pour supporter le chapiteau placé sur sa tête, mais le bras vient malencontreusement recouvrir les riches feuillages de bronze, ornement du bandeau qui surmonte la cheminée.

Le *Magasin pittoresque* (année 1848), dans une étude sur le Palais de Fontainebleau, s'étend assez longuement sur la cheminée de la Galerie de Henri II. Il en donne une gravure et dit l'avoir restituée d'après le P. Dan. Il n'y a pas à s'y arrêter : l'auteur s'est simplement inspiré du projet de Castellan, en plaçant ses sujets dans les mêmes conditions, se contentant de leur donner — comme variante — des jambes de bouc. Le tout sans tenir le moindre compte de la courte, mais très précises descriptions du P. Dan, dont il prétend s'être inspiré : « Dans cette
» salle, est une belle cheminée à deux ordres, dorique et ionique, lesquels sont
» supportés de part et autre de d   Satyres de bronze, chacun de huit pieds de
» haut, lesquels ont sur leurs testes   rand pannier de fruits au lieu de chapiteaux
» et sont aussi de bronze. »

Il est, on le voit, impossible d'être   lus flagrante contradiction avec le texte que l'on dit avoir pris pour guide.

Plus tard, quelques savants ont continué à rechercher l'origine de ces satyres, si regrettablement disparus. M. Barbet de Jouy, membre de l'Institut, a été le premier. Il est tout d'abord arrivé à la presque certitude que les deux satyres devaient être ceux du palais della Valle, à Rome. Il s'appuyait sur un dessin aussi savant qu'étudié de Percier qui, pendant ses longs séjours à Rome, avait acquis une vaste connaissance des chefs-d'œuvre artistiques de l'architecture et de la sculpture. Il pensait que ce n'était pas sans raisons qu'il s'était attaché à reproduire des figures imaginaires. Mais avec une sage prudence, M. Barbet de Jouy désirait, avant de conclure d'une manière définitive, que l'on pût avoir une gravure de l'époque donnant la reproduction de ces satyres, comme l'avaient fait Du Cerceau et Israël Silvestre, pour les sphinx de la Cour des Fontaines.

A M. Eugène Muntz revient le mérite d'avoir dissipé tous les doutes et fait la lumière la plus indiscutable sur ce point resté jusqu'alors obscur. Dans ses recherches en Italie, il a retrouvé à la Bibliothèque de Naples un manuscrit, publié depuis, en partie, dans le *Bulletin de la Société de Paris et de l'Ile de France*, 1880, dont une copie se trouve à la Bibliothèque Barberine, à Rome, du *Diarium*, ou journal de l'ambassade en France, en l'année 1625, du cardinal Barberini, neveu du pape Urbain VIII. Ce *Diarium* est l'œuvre du célèbre amateur italien, le commandeur Cassiano del Pozzo, l'ami et le correspondant de Peirese, du Poussin, de Rubens, de Naudé et de tous les artistes éminents de l'époque. C'est à ce Cassien del Pozzo que notre compatriote, Jules Dumesnil, a fait une si large part dans son *Histoire des plus célèbres amateurs italiens*.

Nous n'avons pas à revenir sur l'historique de cette ambassade, — reçue au Palais de Fontainebleau avec des honneurs extraordinaires, — mais qui n'obtint aucun résultat. Nous constaterons seulement que « l'écrivain » du légat en rapporte avec la plus minutieuse correction tous les incidents. Il fait connaître, et c'est ce qui nous intéresse, que les deux satyres de la cheminée de la Salle de Bal étaient des copies de ceux du Palais della Valle, à Rome. Nous y lisons, en effet, que le jour du grand banquet offert au cardinal, par le Roi, se trouvait dans la salle de bal « une très belle cheminée qui avait pour supports, de chaque côté, deux statues de satyres, plus grandes que nature, en bronze, copie des deux antiques en marbre, qui se voient à Rome, au Palais della Valle. »

Dans son remarquable ouvrage sur la *Renaissance en France*, M. Léon Palustre, qui avait eu connaissance du travail de M. Muntz, s'est préoccupé de rechercher l'origine des satyres et a pu acquérir la certitude qu'ils venaient du théâtre de Pompée, que de là ils étaient passés dans les collections de la famille della Valle, d'où ils avaient été, comme beaucoup d'autres, compris dans les collections particulières, transférés au Musée du Capitole.

Et il cite l'extrait suivant :

« Place des Satyres, paroisse de Saint-Charles, à Catinari, quartier VI. — Deux figures de satyres retrouvées dans cet endroit où fut l'orchestre du théâtre de Pompée, donnant leur nom à cette place. »

Merchiari, dans son *Guide méthodique de Rome*, p. 521, en nous donnant l'information ci-dessus, ajoute que : « Les deux satyres mentionnés, ayant été enlevés du Palais della Valle (j'ai remarqué qu'ils n'appartenaient pas aux religieux de l'église) et restaurés pour servir de caryatides qui portaient sur la tête des paniers chargés de raisin, sont placés maintenant aux deux côtés de la fontaine que l'on voit dans la cour du Musée Capitolin. » (*Dictionnaire étymologique et historique des places, rues et ruelles de Rome*, d'ALEXANDRE RUFINI, Rome, 1847.)

En effet, le théâtre de Pompée, près de l'église Saint-Charles, se trouve presque au chevet de l'église Saint-André della Valle, située elle-même près du palais de cette famille et non loin du théâtre moderne qui en porte le nom.

Ces deux malheureuses statues semblent aujourd'hui condamnées à un oubli éternel.

Malgré la précision des renseignements fournis par le *Guide* d'Alexandre Rufini, nul ne semble s'en être préoccupé aux temps actuels. L'érudit M. Palustre se contente de constater — avec d'autant plus de raison que Percier connaissait les statues — qu'il eût été facile, à l'époque où ont été imaginées les colonnes doriques, de restituer les anciennes figures disparues à la Révolution et que Philibert de l'Orme a reproduit l'une d'elles dans son livre sur l'*Architecture*.

Elles frappent cependant la vue en entrant au Musée du Capitole, mais nul n'y prend garde. Elles ne portent, en effet, aucune dénomination, leur provenance reste de plus en plus ignorée de tous. De très anciens habitants de Rome, appartenant à de vieilles familles, n'ont pu nous fournir de renseignements à leur égard. Dans ce

..... Les architectes firent servir des figures au lieu de colonnes. Les uns ont appliqué des Termes, les autres des Satyres, comme on en voit à la figure ci-dessus.

PHILIBERT DE L'ORME, *L'Architecture*, 1626.

même Musée du Capitole, cependant, bien des objets d'art y sont indiqués par le nom de leurs précédents possesseurs. Nous y trouvons notamment un buste antique de Jupiter, dénommé *della Valle*.

.*.

L'origine des Satyres étant parfaitement connue, il restait à les remettre au jour.

Dans une excursion malheureusement trop rapide, faite à Rome en mars 1891, notre grande préoccupation fut la recherche de ces satyres qui décoraient si bien autrefois notre riche galerie de Henri II. Malgré le peu de temps dont nous disposions, nous nous mîmes tout d'abord à la recherche du Palais della Valle. Comme on le verra plus loin, la famille est éteinte depuis un siècle et quoique son nom se trouve en plusieurs endroits de Rome, on ne connaît plus le Palais della Valle.

Après avoir bien couru, nous trouvons d'abord, au cimetière monumental, la sépulture de la famille — une ravissante réduction du temple de Vesta.

A force de recherches, nous pûmes cependant arriver à ce qui fut le Palais della Valle, Corso Vittorio Emmanuele, près de la rue du théâtre della Valle. C'est aujourd'hui, après sa transformation, une vaste maison, presque en face de l'église Saint-André, entièrement appropriée aux usages modernes, avec boutiques, etc. Nous constatons toutefois qu'elle porte encore, au-dessus de la vaste entrée, l'inscription suivante en lettres de bronze, type ancien :

ANDREAS · CAR · DE · VALLE · F

Mais il nous fut impossible d'obtenir la moindre indication sur le sort réservé aux objets d'art, jadis réunis en si grand nombre dans ce Palais.

Nous pensions être plus heureux chez le prince Massimo, dont le Palais est voisin. Nous ne pûmes le rencontrer; comme compensation, il nous fut loisible de parcourir ses intéressantes collections.

Nous rentrâmes en France avec le profond regret de ne pouvoir rapporter rien de précis sur les satyres. Ils nous tenaient d'autant plus au cœur, qu'ils avaient été moulés à Rome par le Primatice et qu'ils avaient été coulés en bronze à Fontainebleau même, « avec une rare perfection », dit Vasari.

Nous n'hésitâmes cependant pas à écrire au prince Massimo, pour lui exposer notre déception et nos vœux. Sa très obligeante réponse ne se fit pas attendre. Elle ne contenait malheureusement que le témoignage de ses regrets de ne pouvoir nous renseigner. Il s'était pourtant mis en communication avec l'héritier de la famille, le marquis de Bufalo della Valle, dont il nous envoya la lettre reproduite ci-après :

« En réponse aux renseignements demandés par M. Ernest Bourges, imprimeur à Fontainebleau, relativement aux sphynx dont il est parlé dans la lettre qui vous est adressée, je vous fais savoir que dans la grande salle de notre Palais, il existe actuellement une grande cheminée qui, si elle était, en 1625, ornée de deux statues de satyres, selon ce qui se trouve dans un mémoire de la bibliothèque Barberini, en est actuellement dépourvue... Il ne reste plus aujourd'hui, de la décoration de cette cheminée, qu'une corniche en marbre.

» Dans la vie de Lorinzetti, architecte et sculpteur florentin, écrite par Vasari, il est fait mention de statues et de frises qui ornaient le Palais della Valle, mais cette cheminée ne s'y trouve pas citée. Au commencement de ce siècle, époque à laquelle la famille del Bufalo fut mise en possession de l'héritage della Valle, les statues et les autres ornements qui décoraient le Palais n'existaient plus... Le Palais avait été dépouillé au temps de la possession du cardinal André della Valle.

» Mr Paolo del Bufalo. »

Force fut donc, quoique à regret, de nous contenter de cette réponse; nous étions résigné... sans cependant désespérer. Notre attente ne fut pas longue; quelques jours à peine écoulés, nous arrivait une seconde lettre du prince Massimo :

« Je crois positivement, disait-il, avoir retrouvé les deux statues qui ornaient la cheminée de la galerie de Henri II.

» Dans le dictionnaire de Moroni, au vol. 50, p. 801, on lit :

» Sixte Quint fit placer la statue (de Marforio) dans le Palais des Conservateurs, depuis Musée Capitolin, où Jacques della Porta la posa sur la fontaine; celle-ci fut postérieurement ornée par Clément XII d'autres statues de satyres, qui étaient dans le Palais della Valle et qui furent restaurées pour servir de télamon (caryatides), vers l'année 1731.

» Dans le même dictionnaire, au vol. 51, p. 10, on lit :

» Dans ce Palais (della Valle) étaient conservées quelques remarquables curiosités, parce que dans les fouilles faites sous Pie IV *dans les environs*, on retrouva beaucoup de débris de corniches et *des satyres qui maintenant ornent la statue de Marforio au Capitole.*

» P^{ce} Massimo. »

Cette lettre était suivie de l'envoi des photographies des deux satyres conservés à Rome. La légende :

SATYRO CARIATIDE, M. Cap.

inscrite au bas des figures indique comment, malgré leur position bien en évidence, aux deux côtés de la gigantesque et énigmatique statue de Marforio, elles sont, en

Satyri ex lapide marmoreo, opus egregium in ædibus d.d. de Valle.
PERRIER, *Statuæ antiquæ centum*, 1638.

l'absence de toute explication, oubliées aujourd'hui. La reproduction que nous en donnons, rapprochée de celle de Philibert de l'Orme et de Perrier, prouve que, malgré quelques légères variantes dans les dessins, elles sont, en fait, identiques ; leur origine ne saurait être contestée.

Les satyres, dont le moulage en bronze était autrefois dans la galerie de Henri II, sont donc retrouvés. Qu'ils fussent avec leurs bras — ce qui est peu probable — comme les originaux restaurés du Musée Capitolin, ou sans bras, comme les représentent Perrier et Abraham Bosse, dans sa gravure donnant la : *Disposition du festin offert par Louis XIII, à MM. les chevaliers du Saint-Esprit le 14 may 1633*, cela importe peu. L'essentiel est d'être fixé sur leur existence actuelle; nous croyons l'avoir démontrée.

*
* *

Et maintenant, comme conclusion, nous rappellerons que, dans la séance du 10 octobre 1891, à l'Académie des sciences morales, M. Geffroy, directeur de l'École française de Rome, après avoir lu un mémoire sur les intéressantes découvertes archéologiques faites récemment à Rome, demandait que des moulages fussent pris des précieuses œuvres d'art et des monuments épigraphiques.

Nous émettons le vœu que le désir de l'éminent académicien soit exaucé et que, dans cette opération, soient compris les deux satyres du musée Capitolin.

Peut-être pourrions-nous alors espérer les voir un jour, à nouveau coulés en bronze, reprendre leur place dans la galerie de Henri II, qui serait ainsi restituée dans son état primitif.

(*Abeille*, 16-30 septembre 1892.)

NAPOLÉON & LE PAPE PIE VII

A FONTAINEBLEAU

Deux artistes se sont rencontrés aux derniers Salons, dans le choix du même sujet : l'Empereur et le Pape à Fontainebleau; ils ont voulu reproduire la scène, plus ou moins apocryphe, qui eut lieu entre l'Empereur et le Saint-Père, lors de la discussion du Concordat, qui avait pour but de lui retirer son pouvoir temporel. Ce Concordat, signé le 25 janvier 1813, à Fontainebleau, fut d'ailleurs rétracté peu après par le Pape.

Au Champ-de-Mars, M. José Frappa, un des fidèles des expositions de Fontainebleau, a représenté le Pape assez âgé, la figure fatiguée et la chevelure presque blanche. Il s'est inspiré du portrait de David, en tenant compte de ce que le Pape avait dû bien vieillir depuis onze ans que ce portrait avait été exécuté et que, sur ces onze années, plusieurs s'étaient écoulées en exil. Nous relèverons seulement que, dans ce tableau, l'Empereur est vêtu de sa capote légendaire et donne audience dans sa chambre à coucher. Si bien rendu que soit le sujet, il nous paraît plus vraisemblable que Napoléon a été trouver le Pape dans ses appartements et que, dans sa chambre, il ne portait pas sa capote des camps.

M. Jean-Paul Laurens, aux Champs-Élysées, a placé la scène dans un des salons de l'appartement dit « du Pape ». Sous ce rapport, il a eu raison, croyons-nous. Mais la figure du Pape, reproduction très exacte du portrait de David, — fortement suspecté de courtoisie, — le représente beaucoup trop jeune pour l'époque vraie à laquelle a eu lieu la scène. En effet, le portrait a été exécuté en 1804, peu après le couronnement de l'Empereur, et nous sommes en 1813.

Poète et romancier, « il y a toujours, dit M. Jules Devaux (1), dans ce que raconte Alfred de Vigny, un fond de vérité; mais, au travers de son imagination, les

---

(1) La famille d'Alfred de Vigny, *Annales de la Société du Gâtinais*, 1892.

faits subissent une déformation, un grossissement, qui les rend méconnaissables. »

C'est ainsi que, dans *Servitude et grandeur militaire*, voulant faire le procès à Napoléon, il travestit un fait historique, mêle les événements, dénature ses personnages et rapporte à l'année 1801, à l'occasion du Sacre, ce qui s'est passé en 1813, lors de la discussion du Concordat.

M. Jean-Paul Laurens n'y a pas pris garde; il s'est inspiré, de confiance, du texte d'Alfred de Vigny. Il nous a donné une belle peinture assurément, malgré un Napoléon... fantastique (1). Mais son Pape a conservé la figure presque juvénile encore, malgré de longues années d'exil et de réclusion hors de Rome. Singulier anachronisme qu'il accentue encore en ajoutant dans un cartouche quelques lignes du récit d'Alfred de Vigny, auquel bien entendu ne manque pas la fameuse exclamation : *Commediante, Tragediante*, fort contestée d'ailleurs et que rien n'est venu confirmer.

Le pape Pie VII est venu une première fois à Fontainebleau, *le 25 novembre 1804*; il arrivait de Montargis et de Nemours. L'Empereur alla au-devant de lui jusqu'à la croix de Saint-Hérem. L'entrevue fut des plus cordiales; les deux souverains, le Pape occupant la droite, se rendirent au palais dans la même voiture et se visitèrent à deux reprises. Le Saint-Père fut installé dans les appartements qui portent encore son nom. Ils avaient été organisés hâtivement, car à cette époque la restauration du Palais était à peine commencée. Le 26 novembre eut lieu un grand dîner de famille auquel prirent part les hauts fonctionnaires de la Maison impériale. Le Pape occupait le milieu de la table, ayant l'Impératrice à sa droite et l'Empereur à sa gauche. Le lendemain, des visites furent de nouveau échangées, et, le 27 novembre, le Pape quittait Fontainebleau pour se rendre à Paris, où la cérémonie du Sacre eut lieu le 2 décembre, dans l'église-cathédrale.

Dans la capitale, le Pape fut installé avec sa maison, aux Tuileries même, au Pavillon de Flore, et aucun fait n'est venu y troubler son séjour.

Dans ses Mémoires (2), le général de Ségur nous donne la preuve que la plus

---

(1) M. Jean-Paul Laurens s'est réellement trop attaché à traduire le texte d'Alfred de Vigny que nous reproduisons :

« Bonaparte n'était pas alors ce que vous l'avez vu de près; il n'avait point ce ventre de « financier, ce visage joufflu et malade, ces jambes de goutteux, tout cet infirme embonpoint « que l'art a malheureusement saisi pour en faire un *type*, selon le langage actuel, et qui a « laissé de lui, à la foule, je ne sais quelle forme populaire et grotesque qui le livre aux « joujoux d'enfants et le laissera peut-être un jour fabuleux et impossible comme l'informe « Polichinelle. — Il n'était point ainsi alors, mais nerveux et souple, mais leste, vif et élancé, « convulsif dans ses gestes, gracieux dans quelques moments, recherché dans ses manières; « la poitrine plate et rentrée dans les épaules, le visage mélancolique. »

Voici ce que dit Alfred de Vigny du Napoléon de 1813, qu'il n'avait sans doute jamais vu : il avait seize ans à cette époque. Voilà ce que, malheureusement pour son auteur, reproduit le tableau.

(2) *Un aide de camp de Napoléon*, le général comte de Ségur, — publié par son petit-fils, le comte Louis de Ségur, pp. 144-148.

grande cordialité n'a cessé de régner entre Napoléon et le Pape. Il fournit même des détails, dont les historiens n'ont point parlé et que sa position spéciale d'attaché à la personne du Pape l'avait mis à même de connaître.

Voici ce que dit le général de Ségur :

« On a contesté les égards pleins d'affection et de respect de Napoléon pour le Saint-Père. Ces critiques sont calomnieuses : je peux et je dois l'attester. Depuis l'arrivée de ce Pontife, digne sous tous les rapports de la vénération universelle, jusqu'à son retour en Italie, je fus chargé du soin de sa garde et de sa personne. Il occupa aux Tuileries, à côté de l'Empereur, l'aile de ce Palais qui a vue sur le Pont-Royal et sur la Seine. On prodigua tout pour que ceux de sa suite, singulièrement choisis pour la plupart, fussent satisfaits, même dans leurs goûts assez bizarres. On eut sans relâche pour Sa Sainteté les mêmes soins, les mêmes respects que pour l'Empereur lui-même. Dans son appartement, tout avait été disposé pour lui rappeler Rome, autant qu'il était possible et flatter ses habitudes...

» Après quatre mois de séjour, à Paris, depuis le Sacre, il en repartit le 4 avril 1805...

» Les adieux de ces deux puissances, les plus grandes, temporellement et spirituellement, qu'il y eût au monde, furent touchants. Satisfaits l'un de l'autre, ils ne prévoyaient pas plus que nous, sans doute, combien huit ans plus tard leur seconde entrevue serait différente. »

Oui, comme le dit le général de Ségur, Napoléon et Pie VII devaient se rencontrer une seconde fois à Fontainebleau.

C'était neuf ans après, en 1813. Le Pape, enlevé de Rome par le général Radet, en 1809, avait été amené en France, où pensait-on, il devait être retenu. On le fit venir par le Mont-Cenis, puis, après quelques jours passés à Grenoble et à Valence, il fut mis en route pour Savone où il resta interné, refusant les subsides offerts par le gouvernement et ne répondant à aucune des invitations qui lui étaient adressées. La charité seule des fidèles pourvut à ses besoins.

Quelques jours avant le passage du Niémen (23 juin 1812), qu'il fallait traverser pour entrer en Russie, arriva de Dresde un ordre de l'Empereur d'avoir à ramener d'urgence le Saint-Père (1). Le 9 juin, le commandant de gendarmerie de Lagorsse vint avertir le Pape qu'il lui fallait, dans peu d'heures, partir pour la France. Cette fois encore le voyage se fit par le Mont-Cenis, où le Pape fut si effroyablement souffrant, qu'il dût s'y arrêter deux jours. Quarante-huit heures après, Pie VII, soulagé par les soins du docteur Claraz, de Laus-le-Bourg, put se remettre en route, couché sur un matelas, et arriver à Fontainebleau — en quatre jours et demi, mais

(1) Le comte d'HAUSSONVILLE, *L'Église romaine et le premier Empire*.

exténué, n'ayant pu prendre de nourriture en route, sauf quelques pommes, dont il ne pouvait même enlever la pelure, faute de couteau.

Les ministres des cultes et de la police connaissaient seuls le départ du Pape; le concierge (régisseur) du Palais n'avait reçu aucune instruction et, quel que fût son regret de refuser l'entrée de la résidence impériale à ce vieillard épuisé de fatigue, on attendit des ordres qui parvinrent dans la soirée. Jusqu'alors, le Saint-Père dut se reposer dans une pièce de l'ancien hôtel du Contrôle-des-Bâtiments, actuellement l'hôtel de France et d'Angleterre. C'était le 19 juin 1812.

Au Palais, on lui donna, magnifiquement meublé, l'appartement qu'il avait occupé en 1804, et il s'en montra satisfait. On pourvut amplement à tous ses besoins; on l'y combla d'hommages. Une partie de la maison civile et militaire lui fut envoyée, afin qu'il vécut en souverain. Un détachement de chasseurs à pied et de chasseurs de la garde faisait le service auprès de lui; on avait eu l'attention de donner le titre de chambellan au colonel de gendarmerie de Lagorsse (1), chargé de le garder, lequel avec de l'esprit et du tact, avait fini par plaire au Pape, au point de se rendre indispensable. La surveillance était cachée sous les égards les plus respectueux. On avait laissé au Pape, outre son médecin, le docteur Porta, auquel le gouvernement payait une pension, quelques anciens serviteurs... Mais il jeta un regard de souveraine indifférence sur les splendeurs de sa résidence, il refusa même les chevaux et les voitures qu'on lui offrait; il s'interdit même d'aller prendre l'air dans les jardins du Palais. A peine usa-t-il quelquefois de la faculté qui lui était donnée de célébrer la messe le dimanche à la grande chapelle du château et d'y donner sa bénédiction aux fidèles. Il reçut de nombreuses visites, mais, comme à Savone, il se renferma dans un rôle purement passif.

Entre temps, les négociations pour la conclusion du Concordat, entreprises depuis longtemps à Savone, et auxquelles l'Empereur employa les plus éminents parmi les membres de l'Épiscopat français, se continuèrent, mais sans aboutir.

Ce que voyant, l'Empereur, le 20 décembre 1812, écrit au Pape une lettre affectueuse et pleine de témoignages d'intérêt sur l'état de sa santé, lui transmettant, à l'occasion du nouvel an, ses vœux pour le rétablissement de sa santé.

Enfin, las d'attendre, Napoléon quittant une chasse à courre à Gros-Bois, arrive inopinément à Fontainebleau, le 19 janvier 1813, et voit de suite le Pape. Il le serre dans ses bras et l'appelle : « Mon Père ! » Le Pape l'appelle « son fils » et paraît heureux de le revoir. Le lendemain, le Pape rend en grande cérémonie sa visite à l'Empereur et se transporte ensuite chez l'Impératrice.

Les sérieux entretiens ne tardent pas à commencer. L'Empereur, déjà courbé et plein d'embonpoint, emploie toute sa puissance fascinatrice pour charmer le Pape,

---

(1) Marié à Mlle Dubois d'Arneuville, une descendante des célèbres Dubois, peintres du Roi.

qui se laissa séduire et finit par signer le Concordat, le 25 janvier 1813. L'Empereur passa encore deux jours à Fontainebleau, pendant lesquels il s'efforça de témoigner sa vive satisfaction au Saint-Père, et partit le 27 janvier pour Paris.

C'est la veille ou l'avant-veille qu'a eu lieu la scène qui a fait l'objet de tant de controverses, et qu'Alfred de Vigny a si complaisamment travestie.

Il est certain qu'à des moments donnés, la discussion a dû être assez vive. Mais, comme le dit le comte d'Haussonville, dans son ouvrage si minutieusement documenté, les entretiens entre Napoléon et le Pape avaient lieu en tête-à-tête. Le baron Fain, secrétaire du cabinet, était seul appelé pour transcrire les résolutions arrêtées, mais il n'assistait jamais aux discussions. Il paraît donc faux que l'Empereur osa frapper le Pape. Une brochure (1), contemporaine des événements, très partiale et appelant une vérification, dit seulement : « Je ne sais ce que le Pape lui refusa dans une de ces visites. Ce qu'on sait, c'est que l'Empereur était hors de lui-même, qu'il devint furieux, que dans sa fureur, il eut l'irréligion d'insulter le Souverain Pontife et même il était prêt à le frapper si le général Duroc ne l'eût retenu. » Le grand maréchal a été tué le 22 mai suivant, dans la campagne de Saxe; son témoignage n'a pu être invoqué. Mais, comme on l'a vu ci-dessus, les Conférences des deux souverains avaient lieu sans témoins.

Reste alors la fameuse objurgation de Pie VII, qui aurait apostrophé Napoléon, en l'appelant : *Commediante, Tragediante*.

Hélas ! il est peu probable que le Pape ait eu assez d'énergie physique pour éprouver le réveil d'indignation bien peu conforme à son caractère si constamment résigné. Il était bien tombé encore à cette époque et bien que les soins constants qu'il recevait du docteur Porta l'aient rendu pour partie à la santé, le cardinal Pacca fut effrayé en revoyant devant lui le malheureux Pontife, « courbé, pâle, amaigri, les yeux presque éteints et immobiles, et si affaibli qu'il pouvait à peine tracer quelques lignes chaque jour. »

Il y avait donc impossibilité absolue, abstraction faite même de la douceur de son caractère et de sa résignation, pour qu'il passât ainsi de suite à l'état de révolte.

Du reste, aucun des historiens sérieux ne relève ce fait que nous trouvons seulement dans quelques chroniques sans autorité, et sur lequel Alfred de Vigny s'est si complaisamment étendu.

D'ailleurs, ainsi que nous l'avons dit au début, Alfred de Vigny est poète et romancier. Nous regrettons, néanmoins, qu'il se soit laissé aller à de semblables divagations, dans lesquelles il a, avec l'autorité de son nom, entraîné un peintre de grande valeur, M. J.-P. Laurens, membre de l'Institut.

(Écrit par M. Ernest Bouroes, à Fontainebleau, le mercredi 22 août 1894,
deux heures avant sa mort.)

(1) Précis du voyage et de la captivité de Pie VII, Paris, 1814.

LA
BIBLIOTHÈQUE & LES BIBLIOTHÉCAIRES
DU PALAIS DE FONTAINEBLEAU

La Bibliothèque du château de Fontainebleau fut créée par Charles V, dit le Sage, en 1363 ; elle comprenait, en 1373, 910 volumes, puis atteignit le nombre de 1,200, mais par suite d'emprunts faits par les successeurs de Charles V et les gentilshommes de leurs Cours, emprunts non suivis de restitutions, il n'y avait plus, en 1423, que 853 volumes estimés à cette époque 2,323 livres 4 sols parisis (environ 210,000 francs).

C'est seulement Louis XI, qui essaya de reconstituer une nouvelle « librairie », bien dilapidée depuis la mort de Charles V, car elle servait d'annexe à la librairie de la Cour du Louvre, à Paris.

Sous Charles VIII, grâce à l'introduction de l'imprimerie en France, elle prit un rapide développement.

Au commencement du xvie siècle, elle reconquit une position distincte et participa au caractère de grandeur et de magnificence que François Ier devait imprimer à tout le Palais de Fontainebleau.

En 1527, les richesses de la librairie de Moulins, confisquées avec les biens du connétable de Bourbon, furent transférées à Fontainebleau et les locaux devinrent insuffisants. Les rayons furent alors transportés d'une des salles basses du Palais, au deuxième étage de la galerie de François Ier, spécialement aménagée à cet effet.

En 1544, le 22 juin, on apporta à Fontainebleau tous les livres de la Bibliothèque du château de Blois, au nombre de 1,890 volumes. C'est à cette époque qu'elle eut le plus d'importance.

Au moment de la Ligue, elle fut transférée à Paris et faillit disparaître.

Depuis Charles IX, il n'y avait plus de Bibliothèque à Fontainebleau, mais la charge de conservateur n'avait pas disparu quand Louis XIII nomma à cette fonction Abel de Sainte-Marthe.

En 1720, après la mort d'Abel de Sainte-Marthe fils, la charge de bibliothécaire fut réunie à celle de Paris, dont était pourvu l'abbé Bignon. Cette collection contribua à former à l'hôtel de Nevers, rue de Richelieu, ce qui est aujourd'hui la Bibliothèque nationale.

Au bout de deux siècles, le château de Fontainebleau devait voir revivre la fondation de Charles V et de François Ier.

Ce fut Napoléon Ier qui nomma bibliothécaire Alexandre Barbier, de Coulommiers.

Au début de l'Empire, il n'y avait pour ainsi dire pas de Bibliothèque proprement dite, mais il existait plusieurs Cabinets de livres bons et nombreux : tel le Cabinet de l'Empereur.

En 1807, on ne prit pas pour Bibliothèque la galerie de la Librairie, créée par François Ier pour cet usage. De cette époque jusqu'en 1851, on plaça, ou mieux on empila les 20,000 volumes dans la chapelle haute de la cour Ovale (chapelle haute de Saint-Saturnin) et dans les petites chapelles qui l'entourent pour agrandir un local exigu et incommode.

En 1851, l'Empereur Napoléon III ordonna de transporter la Bibliothèque de la chapelle haute de Saint-Saturnin dans la galerie de la Librairie, au-dessus de la galerie de François Ier, où elle avait déjà été en 1527.

En 1859, elle fut établie dans la magnifique galerie de Diane (80 mètres de long), où elle se trouve encore actuellement, et compte aujourd'hui 40,000 volumes.

Voici les noms des « maîtres de la Librairie du Roi » et des bibliothécaires du palais de Fontainebleau dont quelques-uns, de 1364 à 1595, exercèrent simultanément leurs fonctions à Paris et à Fontainebleau, les deux charges étant parfois communes. A partir de Napoléon Ier, le poste de bibliothécaire du palais de Fontainebleau fut un emploi distinct et spécial.

1364. — Gilles MALET.
Laurent PALMIER.
1413. — Antoine DES ESSARTS.
Robert GAGUIN.
1500. — Jean DE LA BARRE.
1522. — Guillaume BUDÉ.
1540. — Pierre DU CHASTEL, évêque de Tulle.
1552. — Pierre DE MONDORRÉ. (Accusé d'hérésie, il dut s'enfuir.)
1567. — Jacques AMYOT (qui rendit la bibliothèque publique).
1593. — Président DE THOU.

En 1595, suppression de l'emploi.

1627. — Abel DE SAINTE-MARTHE.
1652. — Abel DE SAINTE-MARTHE fils.

En 1706, suppression de l'emploi.

(Abel de Sainte-Marthe fils n'avait d'ailleurs été que bibliothécaire *in partibus* et malgré son « Discours » adressé en 1668 au roi Louis XIV, il ne l'avait jamais été de fait.)

1801. — Abbé DENINA.
1809. — Alexandre BARBIER.
1813. — REINARD.
1828. — DE CHALANTON.
1832. — Casimir DELAVIGNE.
1841. — LAVA (qui organisa le prêt des livres à l'extérieur).
1853. — CHAMPOLLION FIGEAC.
1867. — Octave FEUILLET.
1871. — RATISBONNE.
1874. — Adolphe RÉGNIER.
1884. — MOLINIER.
1886. — J.-J. WEISS.

Depuis le décès de J.-J. Weiss (20 mai 1891), la bibliothèque du palais de Fontainebleau n'a plus de conservateur.

En 1891, suppression de l'emploi.

L'ATTENTAT DE LECOMTE

Le jeudi 16 avril 1846, LL. MM. arrivées la veille à Fontainebleau, sont parties à une heure du Palais pour faire une promenade en forêt. Sorti par la belle avenue de Maintenon, le Roi fait diriger sa promenade vers la Mare-aux-Évées, où les princes chassaient à courre le sanglier avec l'équipage de M. le comte Greffulhe.

LL. MM. sont arrivées au carrefour de l'Épine-Foreuse vers trois heures et, après avoir rencontré la chasse plusieurs fois, elles ont continué la promenade en passant par Brolles.

Arrivée à la croix de Toulouse et après avoir relayé, la promenade a pris la direction des nouvelles routes exécutées suivant les ordres de S. M. et nommées promenades de la Béhourdière et du Calvaire.

Le Roi devait rentrer au château par la ville, mais S. M. changea d'avis et donna ordre de revenir au palais par la porte de la Haute-Bercelle et le parc.

Voici dans quel ordre était formé le cortège de la promenade du Roi :

M. Deflandre, lieutenant de gendarmerie et son ordonnance Trautmann.

MM. de Boisd'hyver, inspecteur des forêts; de La Giclais, sous-inspecteur; Poirson, garde général; de Primont et Cartier, gardes à cheval.

Saint-Aignan, piqueur.

La voiture du Roi attelée à six chevaux.

Sur la 1re banquette, le Roi Louis-Philippe, ayant à sa gauche le comte de Montalivet.

Sur la 2e banquette, la Reine, S. A. R. Mme la princesse Adélaïde et S. A. R. le prince Philippe de Wurtemberg.

Sur la 3e banquette, LL. AA. RR. Mme la duchesse de Nemours et Mme la princesse de Salerne.

Sur la 4e banquette, S. A. R. le prince de Salerne et Mme la duchesse de Marmier, dame d'honneur de la Reine.

Fermaient la marche : M. Pierron, garde général des forêts.

MM. de Champéron, chef d'escadrons ; Dupeyrat, major; Mainberger, Ciril et

Tilliard, capitaines; Borel, lieutenant, tous du 1er régiment de hussards; de Laurencel, lieutenant d'état-major; Stockly, sous-lieutenant au 1er hussards, et Andreux, aide-major.

Milet, palefrenier de suite.

Les voitures approchant longeaient l'allée intérieure du parc, celle qui conduit de la Porte Rouge aux Héronnières (et existe encore aujourd'hui) qui suit les murailles, quand, à la hauteur du petit parquet d'Avon, deux coups de feu retentirent à quelques secondes d'intervalle. Chacun aussitôt se retourne vers le point d'où étaient parties ces détonations; on aperçut seulement alors un individu qui disparaissait derrière la muraille.

Messieurs les officiers du 1er hussards qui avaient accompagné la promenade, messieurs les officiers forestiers, les gendarmes, saisis d'une juste indignation s'élancent vers l'endroit où l'on peut présumer que se réfugiera le criminel; les uns cherchent à escalader les murs, d'autres tournent l'obstacle et pénètrent dans le parquet par une porte voisine. Seul le nommé Milet, garçon d'attelage de Daumont, heureusement inspiré, se dresse debout sur son cheval, atteint le mur et parvient à s'emparer du meurtrier au moment où M. Deflandre, lieutenant de gendarmerie, allait également le saisir.

On accourut à leur aide et, à la stupéfaction générale, on reconnaît le sieur Lecomte, ancien garde général des forêts de la Couronne, démissionnaire en 1814 et, depuis lors, absent de la ville.

Aux premiers mots, Lecomte répondit avec assurance qu'il était l'auteur de l'attentat et ne cherchait ni à fuir ni à cacher sa faute. On a su depuis qu'à ce moment il croyait avoir atteint S. M. Plusieurs minutes après, lorsqu'il fut désabusé, il manifesta un vif regret de n'avoir pas consommé son crime.

Lecomte était renommé pour son adresse surprenante et pour tous ceux qui l'ont connu, il est tout à fait extraordinaire qu'il ait par deux fois manqué son but. On ne saurait expliquer ce fait autrement que par l'émotion qu'il a dû ressentir au moment où il couchait en joue le Roi.

Quoi qu'il en soit, une balle a sifflé aux oreilles du postillon et l'autre a passé entre le Roi, assis au premier banc et la Reine placée derrière lui, en déchirant les franges du char à bancs. On affirme que la Reine a ramassé sur ses genoux une des bourres du fusil.

Au milieu de la confusion bien naturelle, le Roi n'a pas perdu son sang-froid; il s'est retourné vers la Reine pour la rassurer et a donné l'ordre du retour immédiat au château.

Les princes (LL. AA. RR. le duc de Nemours, le prince de Joinville, le duc de Wurtemberg) qui étaient, comme nous l'avons dit, à la chasse à courre, n'ont appris l'attentat qu'une heure plus tard à leur retour au Palais.

Ils avaient chassé pendant quatre heures un sanglier à son tiers an qui s'était fait battre dans les bois environnant la Mare-aux-Évées et avait été coiffé par les chiens dans les Billebauts. En tenant le ferme, le sanglier avait blessé sept chiens dont quatre mortellement. Les honneurs du pied avaient été faits par le comte Greffulhe à Mgr le duc de Nemours.

Le lendemain vendredi, on a trouvé dans le parc le billet de voiture avec lequel Lecomte avait pris sa place. Il s'était fait inscrire sous le nom de Lebrun. Parti de Paris à dix heures du soir, il était arrivé à quatre heures du matin, le jour même de son crime.

Immédiatement après son arrestation, Lecomte a été conduit à la prison où il a été gardé à vue par M. Martin du Nord et M. le procureur général Hébert. Pendant l'interrogatoire, il a répondu qu'il avait été forcé par la haine de ses chefs à donner sa démission, qu'il avait écrit à M. de Montalivet et que celui-ci ne lui ayant pas répondu, il avait cru voir dans ce silence une insulte à sa personne. A cet égard il avait écrit au Roi lui-même et n'ayant pas obtenu non plus de réponse, il avait résolu de se venger de ce double affront. Il a répété que, depuis deux ans, il méditait son coup et que son seul regret était de n'avoir pas soutenu sa réputation d'excellent tireur.

Le surlendemain samedi, il a été extrait de sa prison et conduit sur le lieu du crime où il a montré avec sang-froid comment il s'y était pris.

Lecomte s'était introduit par escalade dans le petit parquet d'Avon; afin de se placer de façon à être sûr de son coup de fusil, il avait établi des bourrées le long du mur. Mais comme tout ce qu'il avait pu trouver ne lui permettait pas encore de viser par dessus le mur, il imagina de monter sur le mur de refend qui sépare en deux le petit parquet et de placer son fusil sur le mur du parc. Pour plus de sécurité encore, Lecomte avait assujetti son arme sur le mur à l'aide d'une petite fourche en bois et enveloppé les batteries de son fusil d'un morceau de cuir de façon que le soleil ne pût rayonner sur l'acier.

Ainsi placé, Lecomte devait se lever au moment propice et tirer à dix pas; mais la voiture royale étant passée plus près du mur qu'il ne l'avait cru, il fut obligé de tirer à une distance de 4 mètres de haut en bas et très obliquement. C'est probablement pour cette raison que l'assassin, malgré sa grande habitude, n'a pas été maître de son arme et n'a pu consommer l'attentat qu'il avait si froidement combiné.

Si, comme il était souvent arrivé, le piqueur avait pris la route qui fait face au mur de refend, S. M. présentait le dos à l'assassin et le coup lui arrivait sans que rien ne l'eût pu préserver.

Le lendemain de cet événement, un *Te Deum* a été chanté en l'église paroissiale. S. M. s'y est rendue, accompagnée de toute sa famille; le Roi était en grand uniforme de général de la garde nationale.

Après la cérémonie religieuse, S. M. a reçu les corps d'officiers de la garde nationale et des deux régiments de la garnison, les autorités du département et de la ville, les députations du tribunal de Fontainebleau et de Montereau, Moret et plusieurs autres localités environnantes. S. M. leur a fait l'honneur de les prier à dîner le soir même avec la Famille Royale.

Avant son départ de Fontainebleau, qui a eu lieu le lendemain samedi, le Roi a fait appeler Milet, l'employé de sa maison qui le premier s'est emparé de Lecomte et, après l'avoir remercié de son dévouement, S. M. lui a remis elle-même une médaille d'or en lui conférant l'emploi de sous-piqueur de sa maison. Milet est un enfant de Fontainebleau et sa famille habite encore parmi nous.

(Abeille, 19 avril 1846.)

L'ÉCOLE CENTRALE, L'ÉCOLE MILITAIRE
ET
L'ÉCOLE D'APPLICATION DE L'ARTILLERIE ET DU GÉNIE
DE FONTAINEBLEAU

L'ÉCOLE CENTRALE (1796-1802).

Le 3 septembre 1791, l'Assemblée constituante décidait en principe que « tous les citoyens recevraient une instruction publique, commune et gratuite, à l'égard des parties de l'enseignement indispensable à tous les hommes. » L'Assemblée législative et la Convention proclamèrent à leur tour l'adoption de ce principe bienfaiteur.

Pour assurer sagement l'exécution de la mesure, la loi du 3 brumaire an IV (25 octobre 1795) édicta la création d'une ou plusieurs écoles primaires dans chaque canton, d'une école centrale par département, et d'écoles spéciales dans plusieurs villes, avec un Institut national des sciences et arts à Paris.

Les écoles centrales, conçues sur un vaste plan — trop vaste même, — embrassaient à la fois les sciences, les lettres et les arts. Ordinairement, elles ont été placées aux chefs-lieux des départements; par exception, c'est à Fontainebleau que fut créée l'École centrale du département de Seine-et-Marne. Consacrer ici un souvenir à cet établissement à peu près oublié, ne paraîtra sans doute pas déplacé.

En l'an II et l'an III, alors qu'on dévastait tant de domaines devenus nationaux, l'existence de l'ancien château royal de Fontainebleau ne pouvait manquer d'être menacée. On en proposait la vente, à charge de le démolir, pour ouvrir de vastes rues sur son emplacement; quelques-uns insistèrent courageusement pour qu'on respectât le précieux édifice, en faisant valoir qu'on pouvait y établir des écoles publiques. Le représentant du peuple Lakanal, envoyé en mission pour examiner les locaux (4 floréal an III), paraît avoir été favorable à la dernière proposition qui, fort heureusement, prévalut.

Ce château qui devait attirer encore l'attention du gouvernement, plus tard, lors de la création des quatre collèges du Prytanée français (1), fut, dès lors, choisi pour recevoir l'École centrale de Seine-et-Marne (loi du 16 ventôse an IV). On attribue, en partie, au conventionnel Geoffroy, ancien menuisier de la Couronne, le choix qui fut fait dans cette circonstance, malgré les démarches tentées en faveur de la ville de Provins, primitivement désigr

Bien que l'École centrale semble n'avoir eu qu'une existence en quelque sorte provisoire, son organisation à Fontainebleau ne laissa rien à désirer, et, dès le début, elle porta le cachet particulier à toutes les grandes institutions de son temps.

Aussitôt après la promulgation de la loi de brumaire an IV, un jury spécial d'instruction prit à cœur l'œuvre de cette création; il se composait de MM. Paulet, médecin à Fontainebleau, auteur de différents ouvrages et ancien rédacteur de la *Gazette de Santé* (2), — Dufour, de Champeaux, président de l'administration municipale de Mormant, — et Mathurin Sédillez, de Nemours, qui devint dans la suite inspecteur général de l'Université. Ces premiers organisateurs eurent pour collaborateurs, quelque temps après, MM. Marrier de Logatinerie, ancien ingénieur de la marine, — remplacé presque aussitôt par l'astronome Laplace, qui habitait Le Méo, près Melun, — et Fontaine de Cramayel, écrivain et diplomate, à qui Napoléon et Joséphine firent l'honneur de tenir un enfant sur les fonts de baptême de Moissy-Cramayel, en l'an XII.

La cour des Fontaines fut jugée convenable pour l'installation des divers services de l'École. Les locaux étaient vastes et encore en bon état. Les classes devaient occuper le rez-de-chaussée de cette cour qui, malgré ses vicissitudes, reste encore une des plus curieuses parties du château. La façade de droite est, dit-on, l'œuvre de Sébastien Serlio. Les professeurs y avaient leurs logements.

Les salles d'assemblées générales, les cabinets de chimie, de physique et d'histoire naturelle avaient leur place dans l'aile de la galerie de François Ier et dans les cabinets voisins donnant sur l'Orangerie, — dans le cabinet du Conseil, dans l'aile en retour à droite, le pavillon de Monsieur et l'aile gauche.

La chapelle fut appropriée pour la Bibliothèque et l'aile à droite du perron réservée pour le *Muséum des Arts*, exposition de tableaux et des sujets de concours des élèves.

En prairial an IV, on se trouvait en mesure d'ouvrir les cours. Sédillez écrivait aux administrateurs du département pour proposer les détails de l'inauguration (3).

(1) Décret du 1er germinal an VIII, modifié le 11 floréal an X.
(2) Jean-Jacques Paulet, né à Anduze, diocèse d'Alais, correspondant de l'Académie de médecine et de l'Institut, est mort à Fontainebleau, le 4 août 1816, à quatre-vingt-sept ans. Il a laissé des Traités sur la petite vérole (1768, in-12), sur les champignons, les maladies épizootiques, le magnétisme, la vipère de Fontainebleau, la Flore et la Faune de Virgile, une traduction de Théophraste, etc.
(3) *Archives départementales de Seine-et-Marne.*

Le 11 prairial, jour de l'ouverture, ce fut une véritable fête.

Un *avis aux citoyens* avait été placardé longtemps à l'avance ; le moment venu, invitations, décors, musique, déclamations, discours patriotiques par les représentants de l'administration centrale, dans le style pompeux alors à la mode : rien ne fut ménagé pour donner de la solennité à la cérémonie.

Un public choisi se pressait pour assister à cette « fête de la science et des arts. »

Le cortège officiel traversa la ville en bon ordre venant de la maison commune ; c'étaient la garde nationale s'avançant musique en tête, les vétérans, l'administration départementale, le jury, les professeurs, les administrations municipales et cantonales, les membres des tribunaux, les médecins, les agents de l'administration forestière, etc., etc. ; des vétérans et des cavaliers de remonte fermaient la marche.

Dans la salle dite des Banquets, décorée pour la circonstance, on avait placé des emblèmes et des devises, des inscriptions et des quatrains empruntés à Ducis, à La Motte, à Saint-Lambert :

> « Ici de la raison on enseigne l'usage,
> N'en sait-on pas assez quand on est vertueux,
> Être savant, c'est être sage,
> Être sage, c'est être heureux. »
>
> « Que ce bienfait est précieux !
> C'est par l'étude que nous sommes
> Contemporains de tous les hommes
> Et citoyens de tous les lieux. »

Après les dissertations morales et les discours officiels vint l'heure du banquet ; un bal termina galamment la journée.

L'École centrale débutait dans d'excellentes conditions ; son installation était parfaite ; grâce au zèle et aux connaissances des organisateurs, tout avait été prévu pour que les études y fussent bien dirigées.

Une annonce nouvelle lancée alors par les soins des administrateurs (1) du département, renferme des considérations et certains détails qui reflètent fidèlement l'esprit du moment et nous donnent le programme qu'on s'était tracé. « L'École centrale de Fontainebleau, y est-il dit, semble par sa position appelée à la célébrité ; la beauté de l'édifice qui lui est consacré, la commodité des logements pour les professeurs, l'étendue des terrains qui en dépendent et qui seront si propres

---

(1) Cette affiche est signée : Prieur, Babée, Foix, Hanoteau, Frezet et Aubin. (Melun, impr. Tarbé et Lefèvre-Compigny, 16 messidor an IV.) — Il est juste de rappeler, à l'occasion, les noms de quelques-uns de ces hommes dévoués et trop peu connus, qui administrèrent notre département au milieu des événements tour à tour terribles et grandioses qui se sont accomplis de 1789 à 1800. On l'a dit avec raison, « ces prédécesseurs de nos Préfets ont su braver, comme nos soldats, tous les dangers et la mort pour sauver la Patrie. »

aux expériences de botanique et d'agriculture,... le voisinage d'une forêt majestueuse, vaste et riche cabinet d'histoire naturelle, dont le silence même invite à l'étude et à l'observation; la proximité de Paris, la salubrité de l'air (1), la facilité des logements, les secours de toute espèce pour les professeurs et pour les élèves : tant d'avantages qu'on ne trouve réunis nulle part doivent, avec le temps, attirer à Fontainebleau un grand concours d'élèves et engager les parents à venir eux-mêmes s'y établir...

« Mais dans ces premiers moments, un préjugé funeste règne encore parmi les cultivateurs et les artisans; ils se persuadent que l'éducation n'est pas faite pour eux, qu'elle leur serait inutile et même dangereuse. Il eut été difficile autrefois de leur prouver qu'ils avaient tort, car l'instruction qu'on donnait dans les collèges n'était utile à personne, tandis que celle qu'on recevra dans les Écoles centrales sera nécessaire à tous : c'est par elle qu'un homme en vaudra un autre.

» ..... Bien des gens se figurent qu'on n'enseignera ici que les sciences de luxe : ils sont dans l'erreur. Les principes de ces sciences sont à l'usage de tous les hommes, leurs éléments sont indispensables dans tous les arts. L'élève qui aura suivi les cours sentira combien l'agriculture s'éclaire par l'histoire naturelle, par la physique, par la chimie. Le charpentier, le forgeron, le maçon reconnaîtront combien leur art doit aux sciences, aux mathématiques, au dessin : tous les citoyens, quel que soit leur état, se convaincront de l'utilité d'une éducation qui met l'homme à portée de connaître ses devoirs, d'exercer ses facultés, d'approfondir le principe des gouvernements, de saisir les bases de la législation et de la morale. »

» ... Qu'on ne croie pas qu'il faudra, comme autrefois, dix ou douze ans pour acquérir des notions très imparfaites des sciences et des arts. Quelques années suffiront pour que le fils d'un artisan soit plus instruit que ne l'étaient jadis les privilégiés, après avoir consumé leur jeunesse dans la poussière des classes... Il ne sera pas nécessaire de suivre tous les professeurs; chacun choisira les cours les plus analogues à ses goûts, les plus utiles à la profession qu'il se propose d'embrasser, etc. »

L'affiche se terminait en renvoyant à la municipalité de Fontainebleau pour l'indication des personnes chez lesquelles les jeunes gens trouveraient la nourriture et le logement.

La Bibliothèque, les cabinets de physique et d'histoire naturelle, créés avec les débris du mobilier des émigrés et des couvents supprimés, étaient richement pourvus et donnaient à l'École une puissance particulière. Ils avaient d'ailleurs une existence légale, c'était l'œuvre de la loi de brumaire an IV.

La garde de la Bibliothèque fut confiée à un érudit de la localité, M. Dubois

(1) Cette salubrité, en effet, a été souvent constatée, et Charles VII, dans des lettres de 1431, parle déjà d'une mortalité qui a été *très grande par tout le royaume en 1350, hors à Fontainebleau*.

d'Arnouville, ancien procureur du roi de la maîtrise des eaux et forêts, qui fut dans la suite maire de la ville et membre du Conseil général de Seine-et-Marne.

Ces collections, non publiques, étaient exclusivement destinées aux élèves et aux professeurs; on y adjoignit un jardin botanique, pour la création duquel Paul-François Lassalle, élève de Thouin (du Jardin des Plantes), fut appelé à Fontainebleau.

Les professeurs étaient, aux termes du règlement, « fonctionnaires et magistrats dans les classes, avec toute autorité. » Sous ce rapport, les choix avaient été l'objet de toute la sollicitude du jury qui, il faut le reconnaître, eut toujours la main heureuse. C'étaient : pour l'histoire et la géographie, Edme Mentelle, qui fut appelé à l'École normale de Paris; — A.-L. Bailly (de Sens), pour les mathématiques; — Vavasseur (an V) et Sylva Blachon (de l'Ardèche), pour les langues anciennes; — Alex. Cyrille Lefebvre, de Vitry-le-François, puis le célèbre minéralogiste Macquart, pour l'histoire naturelle; — Rouland, de Mortagne, pour la chimie et la physique; — Barletti de Saint-Paul (1), pour la grammaire; — Ch.-Ed. Chaise, élève de Vien, pour le dessin; — Georges-Adam Junker, ancien censeur royal, pour la législation (2).

Ces emplois honorables et honorés étaient très recherchés, malgré la modicité des traitements (3). La loi de brumaire an VII accordait aux professeurs des Écoles centrales un salaire égal à celui d'un administrateur du département; à Fontainebleau, ce salaire variait de 1,000 à 1,800 francs. Les temps souvent difficiles pour les artistes, les littérateurs et les savants, étaient alors, plus que jamais, chargés de nuages sombres. On voit un habile écrivain, qui brilla dans le monde dramatique dix ans plus tard, obtenir à grand'peine une chaire et ne pouvoir se rendre à son poste, « faute de 30 francs. » J.-C. Grancher, des sociétés littéraires de Paris et de Toulouse, professeur de l'ancienne Université, sollicitant la place de maître de langues à l'École de Fontainebleau, en l'an VII, fait suivre sa signature de cette triste mention : « Sans emploi depuis sept mois et sans moyen de subsister autrement que par son travail. »

A cette époque passèrent tour à tour, comme professeurs à l'École centrale de Seine-et-Marne : J.-L. Le Fortier et J.-A. Michel, deux élèves de Naigeon, de Sélis et de Bernardin de Saint-Pierre; Le Prévôt d'Iray, qui devint inspecteur général de l'Université, gentilhomme ordinaire et membre de l'Institut; — le peintre

---

(1) Le grammairien François-Paul Barletti de Saint-Paul, né à Paris le 8 février 1734, était auteur de nombreux ouvrages élémentaires et d'une Encyclopédie en 25 volumes restée manuscrite; il est mort le 13 octobre 1809, du regret, dit-on, de n'avoir pu exécuter un vaste plan qu'il avait conçu pour faciliter l'instruction des enfants.

(2) Junker est mort le 12 avril 1805, à Fontainebleau, après avoir publié des traductions allemandes et un Cours de droit public.

(3) L'École centrale de Paris compta, parmi ses professeurs, Lagrange, Haüy, Laplace, Monge, Volney, Berthollet, Bernardin de Saint-Pierre, La Harpe, Laromiguière, l'abbé Sicard, etc.

Al. Moitte; — Ant.-Louis Lesguiller, ancien professeur au collège de la Marche, etc.

Pour donner une idée de l'empressement qu'on mettait à solliciter les chaires de l'École centrale, notons qu'en l'an VII il y eut neuf candidats pour professer les langues anciennes et onze pour les belles-lettres. A la mort du dessinateur Chaise, il se présenta également onze concurrents pour lui succéder, tous recommandables à divers titres; nous copions la liste :

1. Guillaume Bertrand, ancien professeur de dessin à Dubin, artiste peintre à Paris;

2. Bluteau, de Paris, élève de Lagrénée;

3. Armand Caraffe, ancien pensionnaire de l'Académie de France à Rome (recommandé par le ministre Quinette);

4. Fougea, peintre à Fontainebleau;

5. Harriet, élève de David, à Paris;

6. Laperche, peintre à Caen;

7. Clément Marillier, dessinateur et graveur à Beaulieu, commune de Boissise-la-Bertrand (1);

8. A. Moitte, peintre, chez son frère, sculpteur à Paris, galerie du Muséum;

9. V.-M. Potain, élève de Vincent, ancien pensionnaire de l'Académie à Rome;

10. Émile Rogat, de Maupertuis, près Coulommiers, professeur de dessin et de perspective (2);

11. J. Bosio, professeur de dessin à l'École polytechnique (frère du statuaire de ce nom).

Un concours fut ouvert entre ces candidats et une commission spéciale nommée par le jury; les examinateurs n'étaient rien moins que Taillasson, David, Regnault, Vincent et Vien. Ce fut Moitte qui obtint la préférence, — recommandé qu'il était par le ministre de l'intérieur Lucien Bonaparte et par Arnault, alors chef de division au même ministère, plus tard secrétaire perpétuel de l'Académie française.

Les cours, réglés par la loi de brumaire an IV (3), avaient lieu dans l'ordre suivant :

Mathématiques, — tous les jours, de 8 heures à 9 heures et demie du matin, excepté les quintidi et décadi (salle n° 4);

---

(1) Né à Dijon, Marillier, qui a été juge de paix du canton de Boissise et l'un des administrateurs du département, était un homme capable et un artiste de réputation.

(2) Rogat a joui de quelque estime comme graveur et sculpteur; on cite surtout de cet artiste, notre compatriote, des médaillons d'après David (d'Angers).

(3) Aux termes de la loi, l'enseignement se divisait en trois sections : les élèves de douze ans au moins suivaient les cours de dessin, d'histoire naturelle, de langues anciennes et de langues vivantes; — les élèves de quatorze ans au moins apprenaient les mathématiques, la physique et la chimie; — ceux de seize ans avaient, en outre, les cours de grammaire générale, de belles-lettres, d'histoire et de législation.

Langues anciennes, — à la même heure (salle n° 5);
Histoire naturelle, — à la même heure (salle n° 3);
Dessin, — de 9 heures 1/2 à 11 heures (salle n° 1er);
Belles-Lettres, — à la même heure (salle n° 3);
Physique et chimie expérimentale, — tous les jours impairs de chaque décade seulement, de 11 heures à midi 1/2 (salle n° 2);
Grammaire générale, — tous les jours, même heure (salle n° 4);
Histoire, — même heure (salle n° 3);
Législation, — même heure (salle n° 5).

Les professeurs avaient parfois d'autres auditeurs que leurs élèves, mais le règlement recommandait à ces auditeurs un silence absolu : « Il ne sera fait par eux aucune question, ils ne se permettront aucune discussion, ne causeront avec les professeurs, ni avec les élèves; il est expressément défendu aux professeurs de leur parler, et ils ne doivent même répondre sous aucun prétexte. »

L'année scolaire se terminait par une distribution solennelle de prix, précédée, la veille, d'exercices publics dans les salles des Banquets et du Conseil ; il existe des programmes imprimés pour ces solennités (1). Les vacances duraient du 15 fructidor au 30 vendémiaire.

« Contrairement au plus grand nombre des établissements de même origine, remarque M. Champollion-Figeac, dans son bel ouvrage sur le Palais de Fontainebleau, — une légère rétribution était payée par les élèves, mais pour ne pas manquer à l'esprit général de l'institution gratuite en principe, l'autorité accordait facilement des exemptions (2). Enfin, — et ce qui est plus rare, — un pensionnat fut établi comme complément de l'École et placé dans l'hôtel d'Armagnac, propriété nationale aussi, située dans la rue Basse; — exemple peut-être unique et institution généralement désirée et regrettée. »

En l'an VI, ce pensionnat — annexe institué sous la direction de Raige, compléta en effet dans une partie essentielle, oubliée par le législateur, l'œuvre de l'an IV.

Évidemment il est sorti de l'École centrale de Seine-et-Marne, durant sa courte existence, des jeunes gens qui se sont fait connaître plus tard dans les lettres ou dans les sciences, elle a fourni des élèves distingués à la marine et à l'École polytechnique. Nous pouvons citer le mathématicien D.-S. Poisson (de Pithiviers),

(1) Melun, Michelin, impr., an X, an XI, an XII. — On peut voir aussi les almanachs de Seine-et-Marne, Melun, Lefèvre-Compigny.
(2) Nous croyons qu'il n'y avait rien, sous ce raport, d'exceptionnel à Fontainebleau; la rétribution annuelle (qui ne pouvait excéder 25 francs par élève) et l'exemption que l'administration avait la faculté de prononcer, étaient prévues dans la loi du 3 brumaire an IV et appliquées à peu près partout. S'il y a eu ici une exception, c'est que la rétribution de 25 fr. ne fut exigée qu'à partir de l'an X par les professeurs.

mort membre de l'Institut, pair de France et baron. Un autre, lauréat de l'an XI pour le latin et l'allemand, a représenté notre département à l'Assemblée nationale de 1848, après avoir été un brave officier et un agriculteur distingué.

Parmi les élèves couronnés de l'an VII à l'an XI figurent : Emmanuel Le Gentil de Paroy, — L.-M. Petit et Maurice Borel, de Fontainebleau, — A. Thénard (de Courceaux), — Sougit (de Milly), — Bénard et Berthier-Vauxlouis, de Fontainebleau, — Leroy-Desbordes, fils du maire de Coulommiers, — Alexandre Lagarde, fils du préfet de Seine-et-Marne, — Ch.-Léopold-Henri Talmond, de Paris, — Michel Cheffer, de Lyon, — les frères Phétu, de Fontainebleau, — Gittard, de Chaumes, — François Pradel de Nîmes, — Bezout de Nemours, — Passereau, Pauly, Avril, Deroy, de Fontainebleau, — Cretté, de Melun, etc.

Déjà, Raige a été remplacé dans la direction du pensionnat par Lacourcelle, puis par Hébert (an VIII); il remplace lui-même Blachon, comme professeur de langues anciennes, Le Prévôt d'Iray quitte à son tour Fontainebleau. Le jury d'instruction propose de faire disparaître les chaires de législation et de grammaire raisonnée qui n'ont pas d'élèves; — enfin, Macquart s'étant retiré, on propose de supprimer la chaire d'histoire naturelle, pour raison d'économie.

Mais des mesures plus radicales se préparaient.

Dès le 11 floréal an X une loi, rendue sur la proposition de Fourcroy, avait divisé l'enseignement en trois classes : les écoles primaires, les écoles secondaires, les lycées et écoles spéciales. Par la même loi, le premier Consul décidait la création d'une École spéciale militaire pour 500 élèves dans une des places fortes de la République (1). L'année suivante, les décrets instituèrent dans le département de Seine-et-Marne trois écoles communales qui sont devenues les collèges de Melun, Meaux et Provins. Un arrêté des Consuls du 13 frimaire an XI érigea en écoles secondaires les pensions tenues à Meaux par Pihet et Raoult, à Lagny par Lecourt, à Juilly par Prioleau, à Fontainebleau par Nompère et Gaussoin, à Nemours par Abel, et à Provins par Cerceau. Des lycées s'ouvrirent à Paris. Enfin, la loi du 3 fructidor an XI porta suppression de trois Écoles centrales de Paris, de celles de Seine-et-Oise, Seine-et-Marne, Eure-et-Loir, Yonne et Aube, à partir du 1er vendémiaire an XIII, et les fonds affectés à ces établissements furent reportés aux lycées de la capitale.

Cette loi fut exécutée ponctuellement.

Seuls, la bibliothèque, le cabinet de physique et celui d'histoire naturelle, dont on avait doté l'École centrale, subsistèrent au château de Fontainebleau (2) pour les besoins d'une autre institution qui fit suite à celle-ci :

(1) La Révolution a fait disparaître celle que Louis XIV avait fondée en 1751, à Paris, pour 500 jeunes nobles.

(2) En l'an XI, le gouvernement n'avait disposé que d'une partie des volumes de la Biblio-

L'ÉCOLE SPÉCIALE MILITAIRE (1803-1808).

L'École spéciale militaire instituée par la loi du 11 floréal an X, après une courte visite de Napoléon à Fontainebleau, prit en quelque sorte la place de l'École centrale du département.

C'était alors un besoin impérieux que la création de cette précieuse pépinière, d'où devaient sortir des officiers imberbes jetés tout à coup au milieu des vétérans de Sambre-et-Meuse, du Rhin, d'Italie ou d'Égypte. Un arrêté du gouvernement du 8 pluviôse an XI, en la fixant à Fontainebleau, pourvut à son organisation; le règlement ne contient pas moins de 10 articles.

Installée dans une partie de l'aile du bâtiment de Louis XV, la nouvelle École disposa de la cour du Cheval-Blanc et des bâtiments qui l'entourent, moins la chapelle et une partie de la galerie de François Ier; les nécessités du service exigèrent que le vieux et le nouveau chenil, les vieilles écuries de la Reine et les anciens bureaux de la guerre, aliénés quelques années auparavant, fussent rachetés. Le manège, qui existe à l'est du jardin Anglais, a été aussi édifié en 1807 pour les élèves qui se destinaient à la cavalerie.

Ici, l'éducation était toute militaire; les élèves, de 16 à 20 ans, — ou pensionnaires à 1,200 francs, ou boursiers, — devaient être de force à entrer en seconde. On leur enseignait, outre le maniement des armes, les mathématiques, le levé de plans, les fortifications, l'administration militaire, l'histoire et les lettres; on joignait à ces études les manœuvres de l'artillerie, l'équitation, le gymnase, la natation.

Les élèves étaient soldats; la discipline, les appels, les punitions, la tenue, les corvées, les promenades militaires, les inspections, la garde de police différaient peu de ce qui existe dans les régiments. Ces jeunes gens, logés en chambrées, mangeaient à la gamelle et recevaient le pain de munition; ils formaient deux bataillons divisés en neuf compagnies, dont une d'élite : chaque compagnie avait son tambour. Les contrôles étaient confiés à des élèves portant les galons de sergents-majors.

La solde journalière était de 30 centimes, sur lesquels on prélevait moitié pour former la masse nécessaire à l'achat et à l'entretien des effets du petit équipement.

thèque, et l'on doit rendre hommage aux efforts que tenta M. Dubois d'Arneuville pour que la ville de Fontainebleau obtînt alors le surplus des volumes, qui eût commencé une Bibliothèque publique; il voulait qu'on y joignît des objets d'art, tableaux, statues, bustes, et les objets de physique et d'histoire naturelle délaissés au château. D'abord accueillie, cette proposition fut rejetée en l'an XII. En 1812, M. Dubois d'Arneuville s'efforça encore de démontrer l'intérêt de sa proposition; ce fut en vain : la ville de Fontainebleau dut attendre jusqu'en 1839 la fondation de sa Bibliothèque actuelle, dont M. Denis Guérin, ancien maire et ancien conseiller général, fut le principal fondateur.

L'École militaire, placée sous la surveillance immédiate du ministre de la guerre, était commandée par Berthier, prince de Neufchâtel, vice-connétable et chef de la 1re cohorte de la Légion d'honneur, qui, en cette dernière qualité, avait sa résidence à Fontainebleau, dans le ci-devant hôtel Pompadour, à l'extrémité de la rue de Nemours, vers l'Obélisque. La haute direction des études était confiée au général de division Bellavène, avec la collaboration du colonel Kuhmann, des commandants Petit et Dornier; le commissaire des guerres attaché à l'établissement était E. Damesme, — le père du malheureux général tué en 1818, auquel la ville de Fontainebleau a élevé une statue. — Méhérenc de Saint-Pierre, aumônier, remplissait en même temps les fonctions de bibliothécaire.

Le jury, chargé de l'examen des élèves au moment de l'admission, se composait de trois membres : Maurice Gaillard, président de la cour criminelle du département; Guyardin, secrétaire général de la préfecture, et L.-Ch. Pyat, directeur de l'école secondaire de Melun, — trois anciens ecclésiastiques instruits et recommandables à tous égards.

Aussi bien qu'à l'École centrale, on avait eu grand soin de placer à l'École militaire des professeurs de haute capacité et en nombre suffisant (1) : quatre pour l'histoire, autant pour la géographie, les mathématiques, le dessin, deux pour les lettres, etc. — C'étaient : pour l'histoire et la géographie, Pierre-Nicolas Chantreau, auteur d'ouvrages estimés (2), Léguille, Lefèvre, Le Poitevin et P. Jacotin, ingénieurs-géographes, La Courcelle et le savant Alexis Monteil, l'auteur des *Français des divers états;* — pour les mathématiques, Billy, Allaire, Boudrot, Rouland, le géographe Puissant, fils d'un paysan du Châtelet, mort colonel d'état-major et membre de l'Institut; — pour l'administration militaire, A. Damesme, le jeune; pour les lettres, Roger et Le Fortier; — pour le dessin, les cartes et les fortifications, Moitte, Parfait-Lumière, Bléry, Savart.

Un certain nombre d'élèves de l'ancienne École centrale s'étaient fait admettre à l'École militaire; ainsi, l'on y retrouve : Leroy-Desbordes, de Coulommiers, — Marrier-Boisd'hyver, de Fontainebleau, — Le Rahier de la Berge, de La Chapelle-Gauthier, — Aubergé, de Moissy-Cramayel, — Th. de Reilhac, de Montry, — Huvier, de La Ferté-sous-Jouarre, — Eug. Goddes de Varennes, de Coulommiers, — Morlet, de Cély, — Monginot, de Montereau, etc.

Parmi les premiers élèves admis en l'an XI, comme pensionnaires, par arrêtés du premier Consul, citons encore : Denis Bourbaki, les fils du conventionnel Roger-Ducos, des anciens représentants ou députés Mennau, Huet, La Rochette, Truneau, Contausse, — les fils des maréchaux de camp du Rocheret et Adhémar-Panat, du général Gillibert, — les neveux des généraux Hédouville et Dembarrère, — Alex.-

---

(1) Ils étaient à la nomination du Premier Consul.
(2) Chantreau avait aussi professé à l'École centrale; il est mort à Auch, en 1808. C'est à Fontainebleau qu'il a publié, en 1806, ses *Tablettes chronologiques de l'Histoire de France.*

Eug.-L.-F.-S. d'Astorg, — L.-F.-Marie Marbeuf, tué colonel du 6ᵉ chevau-léger, — Bodson-Noirefontaine, Omaran, Guéneau-Daumont, etc.

Alors le temps pressait, il fallait former à la hâte des officiers dont le besoin renaissait sans cesse. Sans attendre les délais réglementaires, les élèves partaient au bout d'un an — et souvent plus tôt, — « connaissant du moins la noblesse de l'obéissance, la dignité du commandement, la probité, l'ordre, tout ce qui constitue la discipline. Un boulet ou une balle ne leur laissait pas toujours le loisir de compléter leur éducation sur le champ de bataille, et un bulletin de décès parvenait quelquefois aux familles en même temps que l'avis de la sortie de l'École... Ces bulletins meurtriers, loin d'attiédir l'ardeur des élèves, alimentaient chez eux le feu sacré du patriotisme et de la gloire : c'était à qui ferait de nouveaux efforts pour être de la promotion suivante.

Les ministres de la guerre Berthier et Dejean recommandaient l'École militaire par des circulaires multipliées. Le 7 novembre 1800, un placard ministériel s'exprimait ainsi : « Depuis l'ouverture de la campagne, les élèves de Fontainebleau sollicitent tous, avec instance, la faveur de suivre leurs camarades au champ d'honneur. Sa Majesté, touchée de leur dévouement et de leur zèle, a bien voulu seconder leurs désirs; elle vient d'admettre une partie de ces élèves à l'honneur de servir dans ses armées avec le grade de sous-lieutenant. L'intention de Sa Majesté est de remplacer de suite ces jeunes gens à Fontainebleau..... »

En 1806, le prince E.-Othon-Frédéric de Salm-Kyrbourg sortit clandestinement de l'École militaire, où il n'était que depuis dix mois, pour rejoindre en Pologne l'armée française, dont les victoires avaient enflammé son imagination. Napoléon l'accueillit avec bienveillance, le nomma sous-lieutenant de hussards et se l'attacha comme officier d'ordonnance; en 1809, le prince de Salm commandait le 14ᵉ chasseurs, — colonel à 20 ans ! (1)

Plus de deux mille sous-lieutenants, des meilleures familles de France, étaient sortis de Fontainebleau pour prendre place dans l'infanterie et la cavalerie, quand l'École militaire fut transférée à Saint-Cyr.

Le 1ᵉʳ juillet 1808, les dispositions furent prises pour cette translation, déjà décidée d'ailleurs depuis plusieurs mois (2).

Son existence avait duré cinq ans à peine.

---

(1) Il est revenu dans la suite habiter Fontainebleau, où il est mort le 11 août 1859, commandeur de la Légion d'honneur, grand'croix de l'ordre de Saint-Hubert de Bavière, chevalier de Saint-Louis, grand'croix de l'ordre prussien de Hohenzollern, grand d'Espagne de première classe, etc., etc.

(2) Voir une lettre écrite de Saint-Cloud, le 21 mars 1808, par Napoléon au grand-maréchal Duroc, — conservée en original à la Bibliothèque Impériale et publiée par M. Champollion-Figeac.

Elle avait été le lien entre les armées de la République et celles de l'Empire.

Napoléon qui affectionnait le château de Fontainebleau, y fit alors transporter la Bibliothèque du Conseil d'État et y commença des travaux qui ne coûtèrent pas moins de sept à huit millions. Comme l'a remarqué M. Jamin (1), les souvenirs que rappelait cette résidence, avaient frappé l'imagination du héros d'Italie et des Pyramides : « Voilà, disait-il, la vraie demeure des Rois, la maison des siècles, peut-être n'est-ce pas rigoureusement un palais d'architecte, mais c'est un lieu d'habitation bien calculé et parfaitement convenable... » Aussi voulait-il en faire le séjour le plus brillant qu'un souverain ait possédé.

Les événements commandèrent autrement.

En 1840, quand les cendres du grand capitaine rentrèrent à Paris, les anciens élèves de l'École spéciale militaire de Fontainebleau se rencontrèrent instinctivement autour de la dépouille mortelle de leur Empereur. Ils s'assemblèrent dans un banquet, le 20 mars. Les journaux ont parlé de cette réunion fraternelle présidée par le général Lascours, assisté de deux anciens adjudants qui enseignaient autrefois l'exercice aux élèves : Viennot et Simon. Les généraux Despans-Cubières (2), Parchappe, Tiburce, Sébastiani, le baron Félix Girod, le marquis de Talhouet, le colonel Puissant, ancien professeur de mathématiques, étaient là, ainsi que les généraux Husson, Fontaine de Cramayel, Gémeau, Létang, Levasseur, Carrelet, le marquis Ém. de Grouchy, le comte Tascher de la Pagerie, Moline de Saint-Yon, le marquis d'Hautpoul, qui, tous, parvinrent à la dignité de sénateur ; les deux derniers furent même ministres de la guerre, l'un de 1845 à 1847, l'autre en 1849 et 1850.

Ils se trouvaient assez nombreux ; — bien que les rangs se fussent déjà largement éclaircis.

On put constater alors que, sur les cinq cents premiers élèves de Fontainebleau, deux cent deux étaient restés sur le champ de bataille, cinq étaient lieutenants-généraux, vingt-huit maréchaux de camp, et cinquante-sept colonels ou lieutenants-colonels (3).

Aujourd'hui, hélas ! à peine en existe-t-il quelques-uns encore pour témoigner de l'excellent esprit qui, dès le début, anima les professeurs et les élèves, et pour rendre hommage à la pensée créatrice de cet établissement d'élite, qui s'est heureusement perpétué à Saint-Cyr.

Il est assez curieux de parcourir la liste des élèves de 1804 et 1805, qui devinrent généraux et colonels.

---

(1) M. Ét. Jamin. — Fontainebleau, *Notice historique et descriptive*, 1844, in-8°.
(2) Élève gratuit le 18 avril 1801, ministre sous Louis-Philippe.
(3) Le *Siècle*, 22 mars 1841 ; *Journal des Débats*, 23 mars 1841. — Brochure in-8° de 7 pages ; Paris, impr. Fournier.

Parmi les généraux :

Le baron Gazan. — Le marquis de Bonneval. — Grante-Grécourt. — Dargout. — Guyon de Monlivault. — Lostende. — D'Hennault de Bertancourt. — Courtot. — Hatry. — Fourier d'Incourt. — Le Chartier de la Varignière. — Petit d'Auterive. — Lalande. — Le comte de Salonnier-Tamnay. — De Galz-Malvirade. — Charon. — De Narp et Sillègue. — Golstein. — Ordener. — Prax. — Pougeard-Dulimbert. — Duvivier. — De Villemorin-Lévêque. — Danrémont, pair de France, tué devant Constantine. — De la Roche-Fontenelle, aide de camp du duc d'Angoulême. — De Foudras. — Dietmann. — Dutocq. — De Varaigne. — Vidal. — Caminade. — De Dampierre et le baron de Raunaud-Lascours, pairs de France. — J.-B.-Fr. Jacqueminot, commandant supérieur de la garde nationale de Paris, pair et conseiller d'État sous le gouvernement de Juillet. — La Woestine, sénateur, commandant supérieur des gardes nationales de la Seine sous le second Empire, etc.

Parmi les colonels :

Auguste Dillon. — Villate. — De Nottancourt. — J.-M. Clary. — Saint-Cricq. — Paris. — Évrard. — Sainte-Marie. — Le Mercier, qui fut député et pair de France. — De Briqueville, député. — Hanner. — Seriziat. — Marnier. — Lebrun. — De Lamoussoy. — Th. de Maussion, mort conseiller général de Seine-et-Marne. — M.-J. de Bourgoing. — Lecourt de Fontgarnier. — Le baron Despontys de Saint-Avoye. — Le marquis Bernard de Montobise. — Naudet. — Gauchet. — Morlaincourt. — Turenne. — De Mousin, etc.

Quelques-uns des élèves de la même époque ont délaissé la carrière des armes pour occuper des positions civiles :

Ch.-A. Faré, Demoutis, Blossac de la Bourdonnais, Lespinasse sont devenus des administrateurs de mérite. — Bacot, Godeau d'Entreigue, Beaufort, Le Sergent de Bayengheim (plus tard pair de France), et plusieurs autres furent députés. — Bourgnon, conseiller à la cour de Poitiers. — Darras, receveur général en Corse. — Emmanuel Bourgeois s'est fait artiste peintre. — César-Eugène Gossuin, homme de lettres. — Guillaume Malbrun, artiste dramatique, etc.

Enfin, citons, en passant, la création, aujourd'hui oubliée, d'une École de sous-officiers de la garde, qui, sous la direction du colonel baron Christiani, subsista de 1812 à 1814, dans les dépendances de ce même château de Fontainebleau qui avaient abrité l'École militaire de 1803, et dans lesquelles un décret du 18 octobre 1871 a réinstallé l'École d'Application de l'artillerie et du génie.

TH. LHUILLIER.

L'ÉCOLE D'APPLICATION DE L'ARTILLERIE ET DU GÉNIE (1871)

Après la guerre de 1870 et la perte de la ville de Metz, l'École d'application de l'artillerie et du génie, créée en 1802 et réorganisée en 1807, fut réinstallée à Fontainebleau en 1871 dans une partie du palais et de ses dépendances.

Les bâtiments des Princes et ceux de la cour Henri IV (autrefois cour des Cuisines) furent affectés au logement des officiers-élèves des deux promotions. Elles font chacune un séjour de deux ans dans la ville et leur importance varie suivant les besoins du ministère de la guerre qui fixe chaque année le nombre d'élèves de l'École polytechnique devant être affectés à l'artillerie et au génie; le ministre de la marine envoie à la même école les officiers destinés à l'artillerie de la marine.

Le général commandant l'École est logé dans les appartements de l'aile dite des ministres, construits par François Ier et qui donne sur la cour des Adieux; les bâtiments faisant face de l'autre côté de la cour à ceux du général s'appellent bâtiments de l'aile Louis XV. Ils furent occupés du 5 février 1804 au 1er juillet 1808 par les élèves de l'école militaire, depuis lors transférée à Saint-Cyr.

Le colonel, directeur des études et commandant en second, habite dans un angle du Parterre, le pavillon de Sully, le seul qui subsiste sur quatre. Autrefois, à chaque angle de ce jardin, s'élevait un pavillon semblable. Les trois autres ont disparu.

Quand le général appartient à l'arme de l'artillerie, le colonel est un officier du génie et inversement. Quand le commandant de l'École d'application est un officier d'artillerie, le général commandant à Paris l'École polytechnique est un officier du génie et *vice versa*. Le roulement est ainsi établi depuis nombre d'années. Le général et le commandant en second sont changés tous les quatre ans, sauf en cas de force majeure.

Voici les noms de ces officiers depuis l'installation de l'École d'application à Fontainebleau :

GÉNÉRAUX, COMMANDANTS ET COLONELS, DIRECTEURS DES ÉTUDES DE L'ÉCOLE D'APPLICATION DE L'ARTILLERIE ET DU GÉNIE DE FONTAINEBLEAU

GÉNÉRAUX		COLONELS	
ANNÉES	MM.	ANNÉES	MM.
1869-1873.	Fournier (génie) (1).	1869-1872.	Luxer (artillerie) (1).
		1872-1873.	Protche (artillerie).
1873-1878.	Schneegans (artillerie).	1873-1877.	Goury (génie).
		1877-1878.	De Bussy (génie).
1878-1880.	Salanson (génie).	1878-1880.	Jamont (artillerie).

(1) A Metz, de 1869 à 1870. A Fontainebleau, à partir de 1871.

	GÉNÉRAUX.		COLONELS.
ANNÉES.	MM.	ANNÉES	MM.
1880-1881.	— Tricoche (artillerie).	1880-1883.	— Lallemant (génie).
1881-1884.	— Putz (artillerie).	1883-1885.	— Borius (génie).
1884-1887.	— Coste (génie).	1885-1888.	— Bernadac (artillerie).
1887-1887.	— Riondel (génie) †.		
1887-1888.	— Becker (génie).		
1888-1892.	— Hartung (artillerie).	1888-1892.	— Rothé (génie).
1892-1895.	— De Peslouan (génie) †.	1892- .	— Debatisse (artillerie).
1895- .	— Allard (génie).		

***

Les bâtiments des Héronnières, sis entre le Bréau et le canal, sous la royauté et l'Empire destinés, comme leur nom l'indique, au service de la chasse aux hérons, puis à celui de la vénerie, furent convertis en salles d'étude et en amphithéâtres. De nouvelles constructions ont été successivement édifiées ; c'est là que se trouvent réunis tous les locaux réservés aux divers services de l'administration, de la lithographie, de la bibliothèque, des collections, etc., et les salles nécessaires au travail des officiers-élèves qui portent l'uniforme de sous-lieutenants de leur arme respective. Au képi et au collet les numéros de régiment sont remplacés par des grenades, signe particulier des officiers n'appartenant pas aux corps de troupe.

L'ancienne cour des Ébats où les chiens de la vénerie prenaient leur repos et l'ancien Parquet d'Avon, ont été convertis en cours de manœuvres et garnies de pièces d'artillerie de tout calibre, de siège, de place, de côte, de campagne, etc. Un hangar couvert pour les manœuvres en cas de mauvais temps, a été édifié ces dernières années. Il sert aussi à la gymnastique.

À l'autre extrémité du Bréau, près de l'avenue de Maintenon, les bâtiments dits du Carrousel, affectés aux écuries impériales, sont devenus tout naturellement les écuries de l'École. Elles ont été considérablement agrandies puisqu'elles ne pouvaient contenir que 200 chevaux et que l'effectif équestre est en 1895 de 400. L'ancien et unique manège, appelé aujourd'hui manège Sénarmont, élevé dans le Jardin anglais, mesure 59 mètres sur 20 ; comme il ne suffisait pas, on en a construit deux autres, le manège Songis et le manège Drouot, ce dernier, le plus grand et le plus beau, mesure 78 mètres sur 25. Une partie du Jardin anglais, celle bordant de la route de Moret, a été définitivement cédée au ministère de la guerre et est devenue la propriété de l'École qui, outre les manèges, y a construit des écuries très bien aménagées.

En forêt, vis à vis les manèges du Jardin anglais, ont été créées deux carrières pour les exercices équestres.

A leur extrémité, perpendiculairement, une vaste bande de terrain, de 6 kilomètres de long sur 250 mètres de large, provenant de la forêt, a été défrichée, du mail Henri IV aux rochers de la Salamandre bordant la route Ronde. Là a été créé en 1875 le polygone d'artillerie d'une surface de 155 hectares.

Les officiers-élèves de l'École, les troupes d'artillerie de la garnison et les régiments venant de Paris, Versailles, Vincennes, Laon, La Fère, etc., y font chaque année, du 15 avril au 15 septembre, leurs écoles à feu.

Bien des personnes se seront sans doute souvent demandées comme nous quelle pouvait être la quantité de projectiles tirés à Fontainebleau durant les six mois d'école à feu, avril à septembre 1892.

Nous allons satisfaire leur curiosité en leur faisant remarquer que cette année-là le tir a été plus important que de coutume puisqu'il est venu une brigade d'artillerie de plus qu'à l'ordinaire.

Voici d'abord la liste des troupes ayant tiré à notre polygone : officiers-élèves de l'École d'application, lieutenants du cours d'instruction, quatre régiments d'artillerie, un bataillon de forteresse, les trois batteries à cheval de la garnison, les élèves de l'école des sous-officiers de Versailles et un certain nombre d'officiers de l'armée territoriale.

Réunis, ces différents corps ont tiré en tout 42,000 projectiles de pièces de différents calibres : 90 et 80 de campagne, 95, 120, 138 et 155 de siège. Sur ces 42,000 projectiles environ, la moitié étaient des obus de canons de campagne de 90.

Parmi ces obus de 90 il en est de trois sortes : les obus ordinaires, les obus à balles et les obus à mitraille; ces derniers sont les seuls dont on ferait usage en campagne, les autres ne sont plus réglementaires, mais on en épuise l'approvisionnement aux écoles à feu.

Pour le canon de 90 le prix de l'obus à mitraille (12 fr.) avec sa gargousse (3 fr.) est de 15 fr.; les obus ordinaires coûtent 8 fr.; les obus à balles avec leurs gargousses 10 fr.

Le prix le plus élevé d'un obus de siège (canon de 220) est de 61 fr. (projectile, 34 fr.; poudre, 27 fr.).

D'après les chiffres cités plus haut, nous pouvons dire que la dépense de projectiles, de poudre et des accessoires nécessaires aux écoles à feu peut être évaluée, pour Fontainebleau durant l'année 1892, à 500,000 fr. environ pour les 42,000 projectiles.

Nos concitoyens se doutaient-ils, même par à peu près, de l'élévation de ces chiffres? Il nous a semblé curieux de les publier à titre de document local qui nous apprend en outre que les écoles à feu de l'artillerie française coûtent environ 4 millions par an.

L'été, un détachement de pontonniers, baraqué sur les bords de la Seine, à Valvins, permet aux élèves de pratiquer les exercices de pont dévolus depuis peu aux régiments du génie. On sait qu'autrefois ce service était confié aux artilleurs.

.*.

L'instruction technique est donnée aux sous-lieutenants-élèves par des chefs de bataillons et des capitaines d'artillerie ou du génie, professeurs et professeurs adjoints, sauf pour le cours d'allemand professé indifféremment par des officiers de toutes armes.

L'enseignement, très complexe, se compose des cours d'artillerie, de fortification permanente, de mécanique, de sciences appliquées, de constructions, d'art militaire, de géographie, de topographie, d'équitation et d'allemand.

L'état-major comprend un général de brigade, commandant; un colonel, commandant en second, directeur des études; un lieutenant-colonel d'artillerie, commande la division des lieutenants d'instruction qui viennent pendant une année se perfectionner.

L'instruction militaire, proprement dite, est confiée à deux chefs d'escadron d'artillerie, un chef de bataillon du génie, quinze capitaines d'artillerie, un capitaine d'artillerie de marine et quatre capitaines du génie.

Un médecin principal de 2ᵉ classe, un médecin major de 2ᵉ classe, un vétérinaire en premier et un vétérinaire en second assurent le service sanitaire.

Les titulaires de ces nombreux emplois, sujets à de nombreuses mutations, ont été successivement, depuis 1871, enregistrés par *l'Abeille de Fontainebleau*; les reproduire nous conduirait trop loin.

Quand nos arrière-petits-neveux feront une seconde édition de ce volume, ils pourront ajouter à cette place les noms des élèves de Fontainebleau qui seront devenus de grands généraux; à l'heure actuelle les plus anciens, ceux des promotions de 1871-1872, ne sont encore que commandants et n'ont pas eu l'occasion de déployer les qualités militaires dont les premiers germes auront pris naissance dans nos murs.

Le cours d'artillerie est enseigné par 5 capitaines; celui de construction par 1 chef de bataillon et 4 capitaines du génie; la mécanique par 3 capitaines d'artillerie; les sciences appliquées par 2 capitaines d'artillerie et 1 capitaine du génie; la construction par 1 chef de bataillon et 2 capitaines du génie; l'art militaire par 3 capitaines d'artillerie; la géographie par 1 commandant et 1 capitaine du génie; la topographie par 3 capitaines du génie; l'équitation par 1 chef d'escadron et 7 capitaines d'artillerie; l'allemand par 1 commandant, 1 capitaine et 2 lieutenants.

Si à ces professeurs on ajoute les officiers de l'état-major, on arrive au total de 70 officiers auquel il convient d'ajouter : l'administrateur, colonel en retraite; le trésorier, le bibliothécaire, le conservateur, officiers supérieurs en retraite; le comptable du matériel, capitaine en retraite; un garde d'artillerie de 2ᵉ classe; un adjoint principal du génie de 1ʳᵉ classe; un préparateur du cours de sciences appliquées; un ouvrier d'état d'artillerie; douze autres personnes employées à la bibliothèque, à la lithographie, à l'atelier de mécanique, aux bureaux de l'administration et aux ateliers de dessin, un certain nombre de sous-officiers du petit état-major (escrime et équitation), plus quinze gardiens.

Deux batteries d'artillerie et une demi-compagnie du génie sont affectées au service de l'École, ainsi qu'un détachement de 150 cavaliers de remonte chargés de soigner les 400 chevaux.

INSTALLATION DE M. CARNOT

A FONTAINEBLEAU

Les préparatifs d'installation (peinture, ameublement, aménagement et nettoyage) sont presque entièrement terminés au Palais de Fontainebleau pour recevoir le président de la République, dont l'arrivée n'aura pas lieu avant la fin du mois. Très prochainement, M⁰⁰ Carnot doit venir faire une dernière visite pour constater si tout a été arrangé suivant son goût. Nous ne doutons pas qu'elle ne se montre fort satisfaite.

Voici, en détail, quels sont les appartements de l'aile Louis XV qui seront occupés par le président et sa famille. Comme on le sait, dans une partie de ce bâtiment (la plus rapprochée de la place Solférino), est installée la salle de spectacle; trois étages de la moitié de l'aile Louis XV seront donc seuls utilisés par la présidence.

L'entrée principale se trouve à droite dans le fond de la cour des Adieux, au pied de l'escalier Philippe-Auguste, appelé aussi escalier de stuc, œuvre célèbre de l'architecte Paccard.

**

Au rez-de-chaussée :

Un fumoir avec billards et jeux divers, puis un petit office et une salle à manger intime. A la suite un petit salon chinois très agréable, entièrement orné et tapissé avec des meubles du pays. Puis viennent les bureaux des officiers d'ordonnance, le cabinet du général Brugère, celui du président, celui de M. Arrivière, secrétaire particulier. Les meubles de ces pièces, tous très simples, sont en soie cerise avec rideaux semblables; seul le cabinet du président est tendu en étoffe bleue. Salon d'attente à la suite, puis la chambre à coucher du général Brugère dans laquelle se trouve un lit empire, orné de jolis cuivres et de médaillons en porcelaine de Sèvres.

**

On accède au premier étage par deux escaliers : l'escalier de Charles VIII (situé au milieu du bâtiment), et celui de Philippe-Auguste qui sera l'escalier d'honneur. Il y a en outre un escalier de service.

A droite de l'escalier d'honneur, se trouve un petit appartement indépendant, mitoyen de la galerie des Fastes, entièrement tapissé de perse à bouquets; il sera réservé aux invités de la famille du président ou à sa fille, Mme Cunisset-Carnot.

La première pièce dans laquelle on entre à gauche est l'office, immédiatement suivi de la salle à manger qui servira seulement pour les dîners officiels et dans laquelle on pourra pénétrer par les salons qui ont une entrée sur le corridor. Tapissée en vert avec des meubles en cuir rouge, elle pourra contenir 21 couverts. A la suite, deux salons d'égale dimension en soie cerise et or.

Première chambre à coucher, vert et or, ornée d'une très jolie armoire à glace. Seconde chambre, bouton d'or, où se trouve une très belle cheminée avec incrustations de cuivres. Troisième chambre, destinée au président, à laquelle on accède par un petit salon bouton d'or. Cette chambre est tendue de soie cerise; le lit, avec baldaquin, est en bois doré orné de faisceaux; sur le devant un panneau de soie d'étoffe semblable à celle des meubles et des rideaux. Une commode et une psyché, — style Empire, comme tous les meubles des appartements, — complètent l'ornementation.

Toutes les pièces du bâtiment donnent, on le sait, sur le jardin anglais, parc charmant, toujours très bien entretenu et qui sera exclusivement réservé au chef de l'État. Ces appartements communiquent entre eux, mais peuvent être rendus indépendants; ils ont tous une sortie sur un large corridor dont les fenêtres prennent jour sur la cour des Adieux.

***

Au second étage, toutes les chambres — au nombre de dix — sont uniformément tendues en perse avec meubles pareils. Elles sont destinées au colonel Lichtenstein, à M. Arrivière, aux commandants Chamoin et Cordier, aux deux fils de M. Carnot et aux allants et venants. Elles possèdent toutes un cabinet de toilette, commodité dont sont privés les appartements du président.

En somme, l'ameublement est confortable mais sans grand luxe; à part quelques meubles de prix et quelques riches tapis et tentures, bien des cottages privés sont aussi richement installés.

***

Au troisième et au quatrième étage, la domesticité et les gens de service au nombre d'environ une trentaine.

Les cuisines, qui seules ont dû être créées, sont placées sous le fer à cheval et comprennent trois pièces : dans l'une on lavera la vaisselle, dans l'autre pourvue d'une rôtissoire et d'un fourneau on fera la cuisine, dans la troisième on dressera les plats et fera la pâtisserie. L'eau et le gaz ont été largement installés; un chef et deux aides assureront le service.

***

Les douze chevaux et les quatre voitures trouveront place aux écuries de l'École d'application, au Carrousel.

La batterie de cuisine et les matelas étaient au Palais; on a eu seulement à les remettre en état; quant à la vaisselle, à l'argenterie et au linge, ils seront envoyés de l'Élysée.

La question des sonnettes a été agitée — la question, mais pas les sonnettes. — Cette partie du Palais en effet n'en possède aucune et on a étudié le moyen de les faire poser sans de trop grandes dépenses.

L'organisation des appartements, nous le constatons avec plaisir, a été des mieux comprises et menée à bien avec beaucoup de goût et de célérité.

Les diverses parties du Palais visitées d'ordinaire par le public, absolument indépendantes, seront visibles comme par le passé.

Tous les jours, un poste de trente hommes, commandé par un lieutenant, prendra la garde au Palais et fournira six sentinelles.

Un bureau télégraphique spécial est installé à portée du cabinet du général Brugère.

(*Abeille*, 20 juillet 1888.)

LE MATÉRIEL DE BOUCHE DU PALAIS

Sous ce titre pompeux qui rappelle la féodalité, dirait certain de nos confrères, est officiellement désigné, ce qu'en l'an de grâce 1888, *Carnot res Galliæ publicas moderante*, on appelle une batterie de cuisine.

La batterie de cuisine dont il doit être fait usage pendant le séjour de M. Carnot, appartient au Palais et ne comprend pas moins de 211 pièces. Les casseroles en cuivre y figurent pour cinquante; la plus grande mesure 0,35 de diamètre sur 0,32 de profondeur.

La plus forte de ces pièces date de Louis-Philippe, frappées aux dates de 1815 et 1810, et de Napoléon, 1805; mais aucune ne remonte au delà de Louis XIV; c'est déjà fort joli?

Le chiffre de Louis XIV est le même que celui des pièces de Sèvres; la marque de Louis XV diffère peu. Les L sont plus écrasés sur la barre; on en voit le modèle le plus parfait dans deux médaillons d'une porte en bois du quartier Boufflers, rue Saint-Honoré. A l'époque de Napoléon Ier, pas une couronne, pas un chiffre, une date! 1809, chiffres courts, trapus, puissants, profondément gravés dans le métal; ils représentent positivement une époque. Une seule bouillotte porte le chiffre de Charles X. Beaucoup de ces marques sans couronne sont difficiles à reconnaître; les différents étameurs auxquels ces pièces ont été confiées, ayant pris un soin jaloux de détruire les marques antérieures à celles qu'ils posaient eux-mêmes. Quand la marque n'était pas trop profonde, ils l'enlevaient à la lime; si non, ils la martelaient ou encore frappaient une autre marque par dessus. C'est ainsi que sur un superbe seau en cuivre une marque de Louis XIV ou de Louis XV, à moitié effacée, se trouve juste entre l'L. P. couronnés de Louis-Philippe; que sur une cuiller à ragoûts, la marque 1809 a d'abord été limée, puis martelée; le chaudronnier, de guerre lasse, y a frappé d'une main vigoureuse un énorme P. B., probablement sa marque. Les marques du roi Louis-Philippe sont de deux sortes selon la dimension des pièces : L.-P., la couronne royale au-dessus, ou entre les deux lettres; au-dessus ou à côté, 1815 ou 1816. La marque de Napoléon III : un N couronné, au-dessous la date 1865. Beaucoup de ces dernières pièces portent en même temps le chiffre du Palais, deux F retournés, surmontés d'une couronne. Quelques pièces sont marquées F. P. O. avec couronne royale (Ferdinand-Philippe, duc d'Orléans, père du comte de Paris).

Les provenances des différentes pièces formant cette batterie de cuisine sont curieuses.

Les cuillers à ragoûts sont de formes étranges, elles sont doubles, à une extrémité, une cuiller de grande dimension, et à l'autre extrémité, une beaucoup plus petite. Les cuillers à ragoûts, dis-je, outre les marques et les chiffres, portent en grosses lettres : « Amboise », « Ministère de la guerre », « Saint-Cloud ». Il en est de même pour les couvercles de casseroles, et les poêlons d'office, sur lesquels on lit profondément gravés en grandes lettres : « Fontainebleau », — « Bizy », — « La Ferté-Vidame », — « Eu », — « Trianon ». — La poissonnière (il n'y en a qu'une), de respectable dimension, provient du château d'Eu. La plupart des bains-marie sont originaires de la Ferté-Vidame; un seul ne porte pour toute marque qu'une couronne royale et au-dessus V^{lle} H^{t}. Le château de Neuilly est représenté par une modeste petite passoire; celui de Meudon par un couvercle de casserole timbré au chiffre de Charles X, surmonté de la couronne royale, au-dessous : « Meudon »; celui de l'Élysée par un bain-marie portant un N, avec couronne impériale, et au-dessous : « Élysée ».

Je dois à l'obligeance de M. Laloi, étameur, rue de France, d'avoir pu examiner tout ce *matériel de bouche*. Laloi dirige une vieille maison fondée en 1830 par un nommé Norgeot, son prédécesseur immédiat dont il fut l'apprenti. Ce Norgeot, fin normand, originaire de Villedieu-l.-Poêles, près Granville, pays qui doit son nom à la grande quantité de chaudronniers y martelant cuivre et tôle, était un type original, véritable curiosité de la rue. Plus d'un doit encore se rappeler ce grand diable invariablement coiffé d'un séculaire chapeau gris à haute forme, parcourant chaque jour les rues de Fontainebleau et portant rivée à son bras, comme insigne de sa profession, une non moins séculaire et gigantesque cuiller à pot.

(*Abeille*, 27 juillet 1888.)

CARROUSELS

CARROUSEL OFFERT A LL. MM. IMPÉRIALES

Le 29 Juin 1862

PAR LE RÉGIMENT DES LANCIERS DE LA GARDE

Le carrousel que le régiment des lanciers de la Garde préparait depuis quelque temps pour être offert à LL. MM. a eu lieu dimanche dernier, sur le terrain consacré à ces exercices, derrière les Héronnières, à l'extrémité du Bréau.

L'Empereur n'a pu y assister, mais l'Impératrice et le Prince Impérial, accompagnés d'une nombreuse suite, sont venus, dans plusieurs voitures de la cour, se placer sur la partie la plus élevée du terrain, qui leur avait été réservée.

Aussitôt l'arrivée de S. M., qui a été saluée par la musique et les acclamations de toute l'assistance, les exercices ont commencé.

Le carrousel, composé de deux parties, comprenait d'abord des joutes, dans lesquelles chaque sous-officier ou cavalier paraissait isolément sur la scène pour y produire ses qualités propres; il y avait dans ces exercices un grand intérêt pour l'amateur toujours prêt à se passionner quand des jouteurs descendent individuellement dans l'arène.

Que de sensations l'on éprouve, que de vœux ne fait-on pas pour les habiles cavaliers qui, lancés à toute vitesse, se précipitent le bras tendu, soit pour décrocher l'anneau dans la course des bagues, soit pour enlever à la pointe du sabre des têtes à terre que le cavalier ne peut atteindre qu'en se séparant en quelque sorte de son cheval, soit pour lancer le javelot sur une cible représentant inévitablement une tête de Méduse.

Ces divers exercices, dans lesquels il a été déployé beaucoup d'adresse, ont été suivis des manœuvres de l'escadron qui est entré au galop, s'arrêtant court devant les voitures de S. M. pour la saluer de la lance.

Après cette belle entrée, les manœuvres et les évolutions, toutes plus compliquées les unes que les autres, ont été exécutées avec tant de rapidité et de précision, qu'on avait peine à comprendre comment ces cavaliers si enchevêtrés pouvaient, en quelque sorte instantanément, se retrouver en ordre.

La manœuvre de l'escadron s'est terminée par un défilé, précédé d'un double et surprenant saut de haie, exécuté par l'escadron tout entier sur deux rangs. C'est là, croyons-nous, une hardie innovation qui fait le plus grand honneur au régiment des lanciers de la Garde.

Le général de Champéron et le colonel baron de Juniac, ainsi que M. le capitaine Castel, qui avait commandé avec succès tous les exercices du carrousel, ont reçu de S. M. les plus gracieux témoignages de satisfaction.

M. Castel, capitaine instructeur, avait pour adjoints : MM. Chauvin, lieutenant, commandant le 1ᵉʳ peloton; Cuvillier et de Castellane, sous-lieutenants, les 2ᵉ et 3ᵉ; M. Flein, maréchal des logis, dirigeait le 4ᵉ peloton, en remplacement de M. Escher, sous-lieutenant, qui a eu si malheureusement le bras cassé il y a quelques jours.

Nous n'aurons garde d'oublier MM. les commissaires qui avaient pour mission de s'occuper du placement des dames; ils se sont acquittés de leur tâche avec le plus grand zèle, et nous leur devons des remerciements au nom des dames de la ville qui, grâce à eux, ont assisté à cette fête aussi confortablement que possible.

Il n'a pas été distribué de prix sur le terrain même du carrousel; mais mardi dernier l'Empereur a réuni au Palais les officiers qui y avaient pris part et les sous-officiers et soldats qui s'étaient fait remarquer, pour leur distribuer quelques *souvenirs* en témoignage de satisfaction.

M. Castel, capitaine instructeur, a reçu une épingle avec diamant; M. Chauvin, lieutenant, une épingle diamant et émeraude; MM. Cuvillier et de Castellane, sous-lieutenants, des revolvers avec boîte et accessoires.

Des cravaches avec pomme en argent oxydé et ciselé ont été données à MM. Courboulis et Taillefer, adjudants; Sion, maréchal des logis chef; Béhague, Dumonteil, Dupressoir, Flein et Gibert, maréchaux des logis; et des montres en argent à MM. Halté et Rastoul, brigadiers, Vernet et Mérel, lanciers.

Enfin, S. M. n'a pas voulu que MM. Krempel et Escher, qui avaient suivi presque tous les exercices préparatoires du carrousel, et que de fâcheux accidents avaient empêchés d'y prendre part, n'eussent aucun souvenir de cette journée : Elle leur a fait remettre à chacun, comme à leurs collègues, une boîte de revolvers.

(*Abeille,* 6 juillet 1862.)

CARROUSEL DES OFFICIERS

DE L'École d'Application

En présence du Président de la République.

Le carrousel donné annuellement par les officiers-élèves de l'École d'application a toujours le don d'attirer un public nombreux et distingué.

Samedi, les tribunes, ornées de drapeaux, garnies de trophées d'armes et de pièces d'artillerie, dans lesquelles avaient pris place de nombreux spectateurs, venus non seulement de la ville, mais de Paris et des châteaux environnants, produisaient un merveilleux effet. Elles rappelaient le carrousel du palais de l'Industrie où les mêmes cavaliers avaient participé à la fête de bienfaisance donnée au profit des blessés de terre et de mer.

Temps superbe, beaucoup de jolies toilettes et de nombreux équipages parfaitement attelés ; le retour de ces voitures a rappelé celui des courses au temps de leur apogée.

A trois heures, le Président est entré dans la carrière, en landau attelé de quatre chevaux en poste. Il était accompagné des généraux Bressonnet, de Jessé et Brugère; le général Becker, tous les officiers de l'état-major de l'École, un grand nombre d'officiers et fonctionnaires de Fontainebleau et de Melun se tenaient dans la tribune et ont salué M. Carnot quand il est descendu de voiture pour monter sur l'estrade.

Aussitôt assis, un coup de canon a annoncé le commencement des différents mouvements qui ont été exécutés dans l'ordre suivant, sous le commandement du capitaine Lambrecht, et des lieutenants Féret et Régnier : salut, doublé par demi-quadrilles, demi-volte en sens inverse, croix de Saint-André, les quatre serpentines, mouvements en sens inverse, farandole, contre-changements de main, voltes et demi-voltes par demi-quadrilles; courses de bagues, de têtes et de javelots; l'attaque, la foule, les huit cercles, les spirales, les ailes de moulin, la croix de Malte, la mêlée, charges en ligne, défilé et salut.

Tous ces mouvements ont été exécutés avec ensemble et précision. On a remarqué le parfait état des chevaux bien assouplis et entraînés à ces exercices; selon l'habitude, ils étaient coquettement enrubannés aux couleurs des quadrilles; on a constaté le grand nombre de chevaux de sang qui figuraient dans la carrière :

environ quarante sur soixante-quatre. Décidément, le cheval de pur sang commence à prendre dans l'armée la place qu'il mérite et ses qualités, de jour en jour mises davantage en lumière, lui ont conquis droit de cité.

Ce carrousel, dont on s'est plu à constater l'entière réussite, s'est terminé par le saut des haies. Cet exercice rapide, enlevé avec vigueur, énergie et entrain, s'est déroulé en quelques minutes.

Après avoir sauté plusieurs fois par deux, par quatre, par huit, et après avoir exécuté une serpentine, avec changements de pied, ces vingt-sept cavaliers, y compris leurs trois élégants instructeurs, ont franchi l'obstacle une dernière fois de front, puis ont disparu comme en un tourbillon.

Cette sortie, tout à fait à l'anglaise, a produit un excellent effet et a été applaudie à outrance.

Pendant le carrousel, les musiques du 15ᵉ chasseurs et du 40ᵉ de ligne jouaient alternativement.

Les vainqueurs des courses de bagues, de têtes et de javelots, MM. Chauchat, Maratier et de la Boussinière ont reçu comme prix, des mains de M. Carnot, des objets d'art de la manufacture de Sèvres, une coupe, un vase en porcelaine et un buste en biscuit. En remettant ces souvenirs, le Président a adressé à chacun des gagnants un mot aimable.

A cinq heures, cette fête militaire était terminée et le Président rentrait au Palais, dans le même équipage, par le boulevard Magenta et la grille d'honneur.

Mᵐᵉ Carnot, retenue par un deuil récent, n'assistait pas au carrousel.

N'oublions pas de mentionner le programme finement illustré par un jeune sous-lieutenant, M. Doigneau, de Nemours.

(*Abeille*, 10 août 1888.)

FORÊT

DENECOURT

Le vieux sylvain de la forêt s'est endormi le 24 mars 1875 pour toujours, à onze heures, sans souffrances, sans agonie. Sur pied, comme d'habitude, toute la journée, à 9 heures du soir, il a été pris de faiblesse; pressentant que sa fin approchait, il fit appeler ses neveux, s'entretint avec eux, reçut les sacrements et rendit le dernier soupir.

Né à Neurey-en-Vaux en 1788, Claude-François Denecourt était l'aîné de onze enfants d'honnêtes vignerons. Il n'eut d'instruction que ce qu'il apprit de lui-même, et, quand vint l'âge de la conscription, il n'avait guère lu ailleurs que dans le livre de prières de sa mère et dans l'*Almanach liégeois;* mais il avait acquis, dans l'intervalle, un autre genre d'instruction : celui que donne la contemplation de la nature, cette grande initiatrice. Sa mère, devenue veuve, s'était remariée à un loueur de voitures publiques, habitant la petite ville de Luxeuil, au pied des Vosges. Or, la vue incessante de ces contrées aux beautés mâles et toujours nouvelles, la fréquentation de ces spectacles splendides et éternels, dut influer sur les goûts, sur les inclinations secrètes du jeune guide montagnard; aussi croyons-nous qu'il y puisa le germe de ce penchant pour la solitude qui se manifesta plus tard en lui, et l'amena à entourer, de ses soins et de son amour, les majestueux déserts de la forêt de Fontainebleau.

Mais son enthousiasme ne s'arrêtait pas alors aux grandes scènes, aux sublimes tableaux de la nature. Son idéal, son humeur chevaleresque le poussait à l'abnégation, au merveilleux en toute chose, et, n'étant pas tombé au sort, il s'engagea en 1800, dans le 88ᵉ régiment de ligne, où il fut admis, « quoique petit et faible de complexion, en raison de sa bonne volonté pour le service militaire ». Il partit, fit les campagnes de 1800 à 1812 (en Autriche, en Espagne, en Portugal) et revint blessé d'un éclat de mitraille reçu à la jambe gauche à l'affaire de Mérida.

Retiré en France avec les galons de sergent, il fut nommé peu après sous-lieutenant dans les douanes à Oppenheim; mais il ne resta dans ce poste que jusqu'au moment où, voyant rentrer de Russie les tristes débris de nos phalanges mutilées, il résolut de partir de nouveau pour l'armée. Il en revint encore blessé, et cette fois, de deux coups de feu.

Il avait alors vingt-cinq ans. Arrivèrent les Cent-Jours; notre courageux volontaire, qui apprenait en ce moment l'état de bijoutier, sentit la flamme héroïque lui remonter au front. Il s'arma donc encore pour aller combattre, entraînant avec lui dix de ses camarades d'atelier, et, d'une traite, fit vingt lieues à pied en moins de douze heures; mais la fatigue ayant trahi son courage, et rouvert ses blessures, il fut obligé, la rage au cœur, de s'arrêter à Montereau.

Enfin, après avoir été au service du génie militaire, portier-consigne à Melun, où il se maria, il fut appelé à Versailles en la même qualité, et, en 1832, il échangea cette position contre celle de concierge du grand quartier de cavalerie à Fontainebleau. Trois mois après, il était destitué comme suspect de républicanisme.

A partir de ce moment, toutes ses affections, toutes les facultés aimantes de son âme se partagèrent entre les devoirs de la famille et le culte de sa chère forêt.

Il faudrait écrire un volume pour retracer toutes les transformations, toutes les surprises, tous les miracles de grâce et de beauté dont il l'a dotée. Pendant plus de quarante ans, il s'est attaché à en faire ressortir les coquetteries, à en rendre accessibles au public les endroits les plus cachés, les plus pittoresques, les plus poétiques.

Ici, au milieu de magnifiques futaies séculaires, il a su ménager un effet d'optique, dégager un site imprévu ; là, en fouillant le sol, en le nivelant, en brisant des rochers gigantesques, il a su tracer des sentiers qui se croisent et serpentent capricieusement comme de vives couleuvres, parmi les verts genévriers et les bruyères aux fleurs empourprées. Plus loin, l'infatigable pionnier a creusé des galeries, des grottes mystérieuses et profondes où, aux temps mythologiques, les nymphes des bois n'auraient pas manqué de venir s'ébattre le soir, cheveux au vent et gorge découverte.

Si elles y venaient aujourd'hui, ce serait pour gémir, pour faire entendre ce long cri de deuil de l'antiquité païenne : « Le grand Pan est mort! Il n'est plus le dieu de la forêt, qui présidait à nos jeux, à nos plaisirs, aux vents et aux fontaines!... »

En effet, il a fait jaillir de vives eaux courantes emprisonnées jusque-là sous des masses de roches antédiluviennes. Bref, il a voulu dompter la nature, changer un désert en de riants tableaux, et il y a réussi, car il avait la persévérance qui fait la force, et l'idéal qui fait l'artiste.

Il a tracé ainsi 160 kilomètres de routes et de promenades, dressant des cartes, des itinéraires, plaçant aux arbres et aux rochers des milliers de signes indicateurs, véritables fils d'Ariane, au moyen desquels, a-t-il dit avec raison, « on explore aujourd'hui toutes les parties de la forêt, aussi bien dans leurs détails que dans leurs vastes points de vue d'ensemble ».

Et tous ces prodiges, il les a réalisés à peu près à ses frais, car les souscriptions et secours qui lui sont venus en aide, soit de la part de l'administration, soit de celle des habitants et des artistes, ne l'ont pas empêché de dépenser la plus grande partie de son modeste avoir et ses épargnes de chaque jour. Mais il avait le légitime orgueil d'avoir travaillé à la prospérité de Fontainebleau, en y attirant une foule de touristes, de riches étrangers, curieux de visiter les sites enchanteurs qu'il avait mis en lumière et vulgarisés.

Le vénérable sylvain, averti par l'âge et par l'affaiblissement de ses forces, s'était décidé à la fin de l'année dernière, à se retirer de l'arène. Il avait fait ses adieux au public, à ses amis, et laissé à l'administration, qui l'accepta, la mission d'entretenir, sinon de continuer son œuvre. Du reste, il entendait occuper utilement encore ses loisirs en préparant la 18e édition de son Guide de la forêt, édition depuis longtemps annoncée et attendue, et qui eût été le digne couronnement de sa carrière. Mais hélas! Dieu n'a pas voulu lui accorder cette suprême consolation.

Au surplus, des certificats nombreux et des plus honorables lui ont été délivrés par les autorités de tout ordre, comme témoignage de satisfaction et de sympathie. En outre, la ville de Fontainebleau et ses nombreux amis lui ont offert, en 1868, une médaille d'honneur, et, en 1870, une médaille d'argent, grand module, œuvre de Carrier-Belleuse, qu'il a léguée à la bibliothèque de la ville (1). En 1855, 42 des plus célèbres écrivains de ce temps-ci, parmi lesquels Victor Hugo, George Sand, Lamartine, Théophile Gautier, Alfred de Musset, etc., etc., lui ont dédié un bon et beau livre, ayant pour titre *Fontainebleau, paysages, légendes, fantaisies*, qui sera pour lui son *Livre d'or*, car il accompagnera sa mémoire, comme titre de vraie noblesse : celle qui s'acquiert par le mérite personnel et d'utiles travaux.

Un de ses biographes, qui le connaissait bien, a dit de lui que c'était « une nature intrépide et loyale, tendre et fière, simple, enthousiaste et résignée ». Quant

(1) Le jeudi 16 juin 1870, avait eu lieu la remise de la médaille offerte par souscription à M. Denecourt, en commémoration de ses utiles travaux dans la forêt.
Nos lecteurs, sous les yeux desquels sont passées les listes de souscription, connaissent l'origine de cette médaille, récompense des services rendus à notre ville par le vieux sylvain, auquel on est unanime, ici, à rendre justice, ainsi que le prouvent les encouragements qu'il a reçus depuis quelques années, tant des particuliers que du conseil municipal et de l'administration des forêts de la Couronne.
Les membres de la commission, auxquels s'étaient joints quelques amis du sylvain, lui ont offert, au café Riche, un déjeuner que le propriétaire de l'établissement, M. Bignon, un des souscripteurs, a transformé en un repas de Lucullus.
Après le repas, la médaille a été offerte par M. Louis Jourdan, qui, en quelques paroles parties du cœur, a rappelé ses services militaires et ceux qu'il a rendus à sa ville d'adoption.
L'émotion de M. Denecourt, en recevant ce splendide gage de sympathie, était grande, mais ne l'a pas empêché de témoigner, sous la forme la plus digne et la plus sincère, sa gratitude pour toutes les personnes qui l'ont encouragé.
Avant de se séparer, il a été décidé, sur la proposition de M. Ch. Lefebvre, qu'une société

à nous, personnellement, nous le retrouverons longtemps dans nos promenades, comme il vivra longtemps dans notre cœur. Il nous semblera le voir apparaître tout à coup au détour d'un sentier, avec sa petite taille trapue, son large chapeau, son grand bâton de houx à la main, marchant carrément dans sa simplicité d'honnête homme, dans sa candeur d'enfant, car il tenait à la fois des deux âges ; il avait la vivacité du jeune homme et le calme recueilli du vieillard, dualité qui donnait à sa parole, naturellement facile et colorée, comme un mélange de force et de douceur, de bonté et d'indulgence, d'où s'exhalait un charme pénétrant, une onction suave et persuasive.

Il n'est plus, mais son nom lui survivra et planera sur sa chère forêt, d'où il passera dans la légende. On se rappellera le vieux sylvain, ce patriarche aimé de tous, et l'on dira que c'était un de ces hommes rares et bienfaisants qui apparaissent de temps en temps pour le bonheur de l'humanité, et dont le cœur n'a qu'un rêve, une aspiration, un besoin : celui de s'oublier lui-même.

*
* *

Denecourt a eu incontestablement le sentiment du beau dans la nature. Les travaux qu'il a exécutés dans les parties les plus pittoresques de la forêt, les innombrables sentiers qu'il a tracés à ses frais ou à l'aide de quelques souscriptions recueillies (1), alors que son patrimoine avait été absorbé à ces travaux, en sont la preuve. Notre ville en a recueilli le bénéfice.

C'est à elle de s'en montrer reconnaissante en prenant des mesures pour que l'œuvre de Denecourt — qu'elle a tant d'intérêt à conserver — ne périsse pas.

Le vieux sylvain devrait avoir sa sépulture dans la forêt, au pied de quelque beau rocher, au milieu de genévriers et des bruyères.

Si ce vœu est impossible à réaliser, il n'est pas chimérique d'espérer que la ville

---

serait immédiatement constituée pour la continuation de l'œuvre de Denecourt, en assurant l'entretien des sentiers de promenade créés par lui.

La médaille en argent, du module de 110 millimètres, est un véritable chef-d'œuvre. Sur la face, elle porte le profil du sylvain, admirablement exécuté par M. Carrier-Belleuse, avec cet exergue : A C. F. Denecourt, le sylvain de la forêt de Fontainebleau, né à Neurey (Haute-Saône), en 1788.

Sur le revers, est représenté un des plus beaux chênes du Mont-Ussy, le François Ier ; sur les rochers d'où s'élève cet arbre, un des doyens de la forêt, se trouvent gravés ces mots : souscription des promeneurs et artistes. 1870.

La composition du paysage est due à l'obligeance de M. Ortmans; la gravure est de M. Cherot, gendre de M. Carrier-Belleuse.

En ajoutant que l'exécution de cet objet d'art, unique en son genre, a été confiée à M. Barbedienne, ce sera assurer nos lecteurs que la pensée des artistes aura été bien rendue.

La souscription pour la médaille s'est élevée à 1,814 fr.

(Abeille, 21 juin 1870.)

(1) Le montant des souscriptions recueillies de 1850 à 1873, toutes insérées dans l'Abeille, s'est monté à 22,731 fr. 50.

lui accordera — comme bienfaiteur désintéressé du pays, — une concession perpétuelle au cimetière.

Sur ce terrain, serait élevé un monument — simple comme l'homme dont il abriterait la dépouille mortelle — qui perpétuerait le souvenir de Denecourt, dont le nom se trouve si intimement lié à notre forêt et à sa patrie d'adoption.

Nous ouvrons donc, dès aujourd'hui, dans ce but, une souscription. Nous avons la certitude que, dans notre ville, ainsi qu'au dehors, chacun tiendra à donner un souvenir au vieux sylvain qui a créé tant et de si jolies promenades dans notre pittoresque forêt.

Les listes de souscription seront publiées dans l'*Abeille;* une commission composée d'artistes et d'amis de Denecourt règlera l'emploi des fonds (1).

(*Abeille*, 26 mars 1875.)

INAUGURATION DU MONUMENT DENECOURT

Toute simple, disait la lettre officielle d'invitation, sera la cérémonie d'inauguration du monument Denecourt.

Et toute simple elle a été...; d'une rare simplicité même.

Aucune précaution n'était prise pour le placement des invités et du public autour du monument; deux ou trois sergents de ville, résumant toute la pompe de la solennité, maintenaient libre un mince espace où ont pu prendre place M. Mounier, maire, MM. les adjoints et les orateurs.

L'assistance, moins nombreuse qu'on était en droit de s'y attendre, était pressée, tassée, et percevait à peine quelques phrases des discours prononcés.

Tout en se tenant en garde contre toute exagération, il était possible, ce nous semble, d'organiser un cortège qui serait parti de la mairie, précédé des autorités. La ville entière aurait su de cette manière qu'il allait être rendu un dernier hommage à la mémoire d'un homme qui avait fait beaucoup pour la prospérité de la cité; l'assistance eût été plus considérable.

N'était-il pas possible aussi, de demander au clergé de bénir le monument — surmonté de la croix — élevé sur la sépulture définitive de Denecourt?

Et la Société de Saint-Roch, dont il faisait partie, et la Société du Commerce, qui, dès les premiers temps de son organisation, lui avait offert une médaille commémorative de ses travaux, n'auraient-elles pu aussi être invitées à la cérémonie?

(1) La souscription s'est élevée à 2,661 fr. 50.

À trois heures précises, M. le maire, placé au pied du monument, a prononcé un discours dans lequel il a rappelé en détail la vie de Denecourt, et son œuvre si féconde en heureux résultats pour notre ville.

Après M. le maire, M. Tricou, dans une allocution où la politique et la fantaisie venaient bizarrement se mêler, a rendu un nouvel hommage au sylvain; puis, M. Honoré Bonhomme a lu une pièce de vers.

Et la cérémonie s'est terminée... simplement, comme elle avait commencé.

Dans ce que nous avons pu entendre, remerciements et congratulations ont plu sur le conseil municipal.

Sans vouloir en rien amoindrir le mérite du conseil municipal, qui a voté la concession gratuite d'un terrain dans le cimetière communal, il nous semblerait fâcheux de ne pas rendre équitable justice à tous ceux qui se sont également employés pour perpétuer parmi nous le souvenir du vieux sylvain : les souscripteurs, avec les fonds desquels le monument a pu être élevé; le continuateur de son œuvre, M. Colinet (1), auteur de la 18ᵉ édition complète du *Guide-Denecourt*, doivent recevoir aussi leur bonne part de remerciements.

---

(1) COLINET (Charles-Prosper), le deuxième sylvain de la forêt, est né aux Loges-en-Josas (Seine-et-Oise), le 26 septembre 1839. Ses parents, qu'il a le bonheur de posséder encore, jardiniers-régisseurs au service de M. A. Damour, ancien secrétaire de M. de Talleyrand, vinrent avec leurs maîtres s'installer au château de Rémauville (arrondissement de Fontainebleau), en 1840; ils servirent cette honorable famille pendant 51 ans.

Après de modestes études à l'école de son village, il fut mis en pension à Nemours, chez l'excellent M. Robinot, jusqu'à l'âge de 15 ans. Se décidant alors pour la carrière des ponts et chaussées, il fut l'un des premiers élèves de l'École professionnelle, annexée au collège de Melun, d'où il sortit, avec le n° 2, en 1859.

Il vint à Fontainebleau le 1ᵉʳ janvier 1860, en qualité de commis de 2ᵉ classe. Après avoir passé avec succès, en 1861, ses examens de conducteur, il fut adjoint à l'ingénieur ordinaire de l'arrondissement en qualité de sous-chef, puis de chef de bureau.

Il fit ses trente ans de service à Fontainebleau, et, lorsque sa santé le força de prendre sa retraite, le 1ᵉʳ janvier 1890, il avait le grade le plus élevé qu'il lui fût possible d'obtenir, celui de conducteur principal.

Ces trente années de travail laborieux et assujettissant ne l'empêchèrent pas, de 1863 à 1871, de préparer aux examens difficiles de conducteur, de nombreux jeunes gens de l'administration, et de se rendre utile à la cause de l'enseignement populaire, en remplissant successivement les fonctions de membre, trésorier, vice-président, puis président de la Société d'encouragement à l'instruction, qui date de 1869 et qui, à cette époque, rayonnait dans tout l'arrondissement.

A ce titre, la Société Franklin pour la propagation des bibliothèques populaires récompensa son zèle en lui offrant, en 1881, un magnifique volume, et, en 1882, une médaille de bronze.

L'administration locale de l'instruction publique le proposa pour les palmes académiques, qui lui furent accordées en 1884.

Membre de la Société de secours mutuels de Saint-Roch, depuis 1886, il est actuellement deuxième vice-président de cette très utile Société.

Ce fut en 1865, que M. Ernest Bourges le mit en rapport avec Denecourt, au sujet d'une carte de la forêt, que ce dernier voulait faire dessiner.

L'ancien sylvain et son dessinateur s'entendirent à merveille, le premier initiant l'autre

M. Adam Salomon, l'éminent statuaire, qui avait constamment encouragé les travaux de Denecourt, a offert, à la souscription, un médaillon magistralement modelé, reproduisant d'une manière frappante les traits bien connus de l'infatigable explorateur de la forêt.

aux beautés sylvestres qui avaient fait le charme de sa vie, tant et si bien qu'en 1875, après la mort de Denecourt, l'inspecteur de la forêt d'alors crut devoir proposer à M. Colinet de se faire l'héritier volontaire de Denecourt.

Mais laissons la parole à M. Colinet, qui, dans une étude intéressante publiée dans *l'Abeille*, en 1891, au sujet de *l'Histoire de l'Indicateur de Fontainebleau*, qui dans quatre ans, pourra fêter son soixantenaire, raconte modestement ses premiers débuts.

« Encouragé par le bienveillant et aimable M. de Corbigny, inspecteur de la forêt à la mort de Denecourt, et qui fut, pour ma modeste personne, ce que M. de Boisd'Hyver avait été pour le sylvain, j'entrepris d'entretenir et de continuer son œuvre, qui ne consistait pas seulement dans l'entretien de 160 kilomètres de sentiers, dans le renouvellement des signes indicateurs, mais encore, dans la publication de la dix-huitième édition de l'*Indicateur*, dont je ne possédais que la table des matières.

» C'était bien lourd, à tous les points de vue, pour mes faibles épaules. Composer, faire imprimer un livre n'était pas du tout dans mes cordes habituelles. Malgré mon peu d'expérience, ou peut-être à cause de mon peu d'expérience (la jeunesse ne doute de rien!), je me mis résolument à l'œuvre, puisai toute la partie descriptive des promenades dans les anciens Guides, que j'allai réviser sur le terrain, en ajoutai quelques-unes; bref, j'arrivai, en décembre 1875, chez mon imprimeur, avec la matière d'un volume de 930 pages.

» Quand M. Bourges vit le manuscrit que je lui apportais, il me donna l'excellent et désintéressé conseil d'élaguer, de couper, d'abattre, de revoir enfin, de façon à produire un Guide portatif... *même en forêt*, ce que je fis, et, finalement, en 1876, parut, avec les premiers bourgeons, la dix-huitième édition de l'*Indicateur de Fontainebleau*, qui n'était déjà plus qu'un volume in-16 de 430 pages.

» Disons, avec reconnaissance, que le conseil municipal de l'époque honora et encouragea la publication de ce volume par une subvention de 500 fr.

» Jusqu'en 1888, je conservai le même format; mais profitant alors de l'expérience acquise et des conseils qui me furent donnés; désirant surtout mettre à la disposition des touristes un Guide absolument pratique, je diminuai encore le format pour arriver à l'in-32 actuel, qui se met facilement dans la poche, et qui renferme, grâce à une disposition typographique spéciale, toutes les matières contenues dans les gros in-8 de Denecourt, plus la description des 100 kilomètres de promenades nouvelles, faites par mes soins, depuis 1875; le tout, dégagé des hors-d'œuvre de bibliothèque inutiles pour se diriger en forêt. »

Indépendamment de l'*Indicateur*, M. Colinet a publié également une excellente carte de la forêt, qu'il tient chaque année au courant, ainsi qu'un magnifique plan de la ville de Fontainebleau.

De temps en temps, il occupe ses loisirs en publiant, dans les journaux locaux, des articles intéressants sur la ville et sur sa chère forêt.

Désireux de mettre, à la portée de tous, le plaisir de la locomotion en voiture, avec arrêt à l'entrée des plus beaux sites que l'on visite à pied, il dirigea, de 1883 à 1888, des excursions en voiture, au prix modique de 3 francs par personne (au profit du loueur, bien entendu), et donna ainsi l'idée de ces grands breaks de 40 à 50 personnes, qui circulent pendant la belle saison en forêt, remplis de promeneurs joyeux et satisfaits, au grand profit du commerce de Fontainebleau.

Telle est en résumé la biographie de notre deuxième sylvain qui a entrepris, il y a vingt ans, la tâche dont il a fait le but de sa vie.

Malheureusement, cette œuvre artistique d'un grand caractère, est masquée par quelques saillies, et, placée comme un cadran d'horloge au milieu d'un amas de pierres, pompeusement décoré du nom de rocher.

Mais ce rocher factice, réunion de rocailles cimentées, comme on trouve dans maint jardin, manque de cachet; il est à espérer qu'on pourra le voir disparaître en partie, dissimulé sous un lierre qu'il faut se hâter de planter.

(Abeille, 3 novembre 1876.)

LES
CONTENANCES SUCCESSIVES DE LA FORÊT
DE FONTAINEBLEAU

La contenance de la forêt de Fontainebleau, revisée en 1892, était de 16,880 hectares, répartis entre les communes de Fontainebleau, Samois, Avon, Bois-le-Roi, Chailly, La Rochette, Villiers-en-Bière, Épisy, Montigny-sur-Loing, Veneux-Nadon, Recloses et Ury. Autrefois plus importante, elle a été diminuée par des cessions de terrain consenties au chemin de fer de Lyon, à la ville de Paris pour l'aqueduc de la Vanne, au service de la Guerre, à la ville de Fontainebleau, etc.

Il n'est pas sans intérêt de rechercher quelle fut à diverses époques antérieures la contenance de la forêt de Bière (Bieria, dans le latin du moyen âge, a le sens de plaine), forêt sise au milieu de la plaine, aujourd'hui connue sous le nom de forêt de Fontainebleau, du nom de la ville qu'elle enserre de tous côtés.

Nous extrayons les renseignements ci-dessous de l'« Histoire de la forêt de Fontainebleau », publiée avec beaucoup de compétence en 1873 par notre estimé concitoyen et ami, M. Paul Domet.

*_**

La plus ancienne carte connue de la forêt remonte à 1624, mais on peut dire que sous Henri IV, vers 1600, la forêt de Fontainebleau comprenait un massif d'environ 25,075 arpents, soit 15,000 hectares. Si les documents font défaut pour avoir une notion positive sur les limites de la forêt, il est un autre moyen d'arriver à s'en faire une idée à peu près exacte à l'aide des débris de murs qui l'entouraient à une époque fort ancienne. En 1664, on en voyait encore des traces depuis la route Ronde vers Thomery jusqu'au delà des Sablons à la Garenne de Gros-Bois (ce canton, acquis postérieurement, était alors en dehors de la forêt, tandis que vers Montigny, le Mont-Caton, qui n'en fait plus partie aujourd'hui, était compris dans le périmètre). On retrouve des vestiges vers les bornages actuels de Marlotte, de Bourron, de Noisy, d'Arbonne, au Bois-Coulant près Melun et le long de l'ancienne route de Bourgogne jusqu'à la Seine.

Soit, comme nous l'avons dit, un massif pouvant être évalué à 15,000 hectares et qui, sauf au nord, correspondait assez exactement à la forêt telle que nous la voyons de nos jours, mais au milieu duquel se trouvaient bien des enclaves, provenant de diverses concessions, principalement de celle de 1260.

*_**

Voici, dans les grandes lignes, ce que furent ces concessions :

Sous Philippe-Auguste, à la fin du XIIe siècle, des terrains furent aliénés à l'entrée des gorges de Franchard où l'on construisait un monastère qui fut détruit au milieu du XIVe siècle; dès lors les terrains cultivés par les moines furent rendus à la végétation forestière et en 1076 les religieux Mathurins firent rétablir la chapelle où ils allaient célébrer l'office divin le mardi de la Pentecôte. Tous les ans les populations voisines y accouraient en foule.

Sous saint Louis, en 1231, on détacha des bois qui furent donnés au monastère de Nemours.

En 1218, le roi accorda à l'abbaye du Lys 200 arpents au lieu dit La Queue de Perthes, plus 100 arpents en 1252.

En 1260, il donna aux Trinitaires de Fontainebleau 2207 arpents répartis sur Fontainebleau, Samois, Courbuisson, Bois-le-Roi, Fays, Barbison, Saint-Martin, Macherin, Arbonne, Franchard, Meun, Achères, Ury, Recloses, Cumier, Bourron, Mont-des-Faucons, Mont-Caton.

François Ier, lui, augmenta la forêt; il acquit le fief de la Coudre près Avon et une partie des 60 arpents donnés à Fontainebleau, aux Trinitaires, par saint Louis, puis il obtint par échange le fief du Montceau, dont partie fut réunie au Parc et partie à la forêt. D'autre part lui et Henri IV concédèrent aux alentours du château quelques terrains à charge d'y bâtir.

Henri IV abandonna en 1601 aux Trinitaires 20 arpents de bruyères, derrière le logis du grand Ferrare et, cédant aux sollicitations d'Antoine Minette, un de ses domestiques chargé des oiseaux de S. M., il concéda au sieur de Beringhem, l'un de ses premiers valets de chambre, 20 arpents de terre « en sablon, joignant le bourg » longeant la route de Nemours, au canton actuel du Champ-Minette, vis-à-vis le Grand-Parquet.

En 1601, sur un plan du domaine, la contenance indiquée est de 32,285 arpents 65 perches (16,165 hect.), mais ce chiffre ne s'applique certainement pas à la forêt seule, même en y comprenant les enclaves.

En 1664 seulement, M. Barillon d'Amoncourt fit procéder à l'aide de bornes, fournies par les riverains, à la délimitation à peu près précise de la forêt et de ses enclaves. M. Barillon rapporte à cette époque « qu'on disait » que la forêt renfermait 27,000 arpents (13,700 hectares).

Louis XIV augmenta le domaine de Fontainebleau en achetant divers terrains et en en réunissant d'autres précédemment donnés aux religieux comme ceux du couvent du Lys (300 arpents), de la plaine de Samois, Courbuisson, etc. (984 arpents).

En 1716, on fit faire l'arpentage et on trouva non sans peine, à cause des difficultés de délimitation, 27,025 arpents (14,210 hectares).

Sous Louis XV, le rachat des enclaves continua et on fit rentrer au domaine environ 1,627 arpents.

Vers 1755, la forêt de Bière ne renfermait plus d'enclave, sauf le Bois-des-Seigneurs. En 1756, la contenance fut indiquée comme étant de 32,415 arpents (16,510 hectares).

***

Dans la contenance du domaine il y eut alors bien peu de changements jusqu'à la Révolution. Un plan de 1773 indique une surface de 32,037 arpents (16,665 hect.) sans les routes et 32,870 arpents (16,700 hectares) avec celles-ci. Un second plan de 1706 accuse 16,603 hectares. On a tout lieu, devant cette concordance, de croire à l'exactitude de ces chiffres.

Le 23 octobre 1790, il s'accrut de la nue propriété du Bois-des-Seigneurs par suite de la confiscation des biens du clergé. En 1809, on prit 2 hectares sur le bois de la Hardie et la plaine des Pins pour créer le jardin Anglais.

Un sénatus-consulte du 30 janvier 1810 ordonna que les parties domaniales éparses sur les rives des forêts de la Couronne seraient réunies à la forêt, tel le bois de la Fontaine-aux-Biches, de Bel-Ébat, le Bois-Gauthier, le Bois-Prieur, le bois des Pommeraies, de l'Épine, le bois Saint-Pierre, au total 101 hectares.

En 1812, on réunit encore à la forêt 27 ares, comprenant la maison des Basses-Loges et 50 hectares près des Héronnières.

On voulut aussi, sous le premier Empire, rentrer en possession du Mont-Caton, on ne put y parvenir.

Vers 1814, la forêt s'agrandit encore de 63 hectares provenant du domaine particulier de Louis XVIII et réuni par la loi du 15 janvier 1825.

De nombreux mais minimes agrandissements ou diminutions eurent lieu encore depuis cette époque jusqu'à nos jours; la nomenclature, d'ailleurs sans intérêt, nous entraînerait trop loin. Contentons-nous de les citer sommairement et de renvoyer pour plus amples détails à « L'Histoire de la forêt de Fontainebleau », par M. Paul Domet.

Il y eut des dons de terrain ou des échanges notamment : pour le cimetière situé d'abord sur l'emplacement actuel de la cour des Cuisines, puis rue de la Paroisse, près la rue Béranger, puis à la Vallée de la Chambre, enfin au Mont-Pierreux; — pour le chemin de fer de Lyon, par la Bourgogne (12 hectares, vendus à raison de 1,900 francs l'hectare); — pour le chemin de fer de Lyon, par le Bourbonnais, au même prix que ci-dessus; — pour la pompe à feu et le réservoir des eaux (65 ares); — pour l'abattoir (1 hectare 17 ares, moyennant 5,217 francs); — pour des bureaux d'octroi (1 franc le mètre); — pour la dérivation des eaux de la Vanne (26 hectares 51 ares, moyennant 73,061 fr. 80).

*
* *

En résumé, et en chiffres ronds, la forêt paraît avoir eu, vers 1600, sous Henri IV, une contenance de 15.000 hectares; vers 1750, on arrive à 16,000 hectares, puis, en 1810, à 17,103 hectares pour redescendre, en 1892, à 16,880 hectares, par suite de concessions dont il est parlé plus haut. Il est à remarquer que, sauf le bois des Pommeraies, près Chailly, la forêt est d'un seul tenant, mais avec certaines enclaves.

On voit qu'à 3,000 hectares près, en trois siècles, il y a eu des modifications bien peu sensibles et que notre forêt paraît avoir été constituée et bornée presque toujours comme elle l'est aujourd'hui.

(Abeille, 29 décembre 1893.)

LES ANCIENNES ROUTES DE LA FORÊT

A toute époque, les Rois se sont préoccupés de faire établir des routes dans la forêt de Fontainebleau, aujourd'hui si bien percée dans tous les sens. Mais on ignore l'époque à laquelle ont commencés activement les travaux. Nous n'avons pas la prétention de donner, d'une manière certaine cette date, toutefois nous publions ci-après un document inédit ou tout au moins bien peu connu, qui vient démontrer que la sollicitude de François Ier s'étendit non seulement au Palais, mais encore à la forêt. Nous voulons parler d'une quittance d'Alof de l'Hôpital, conservée à la Bibliothèque nationale, dans les *Pièces originales*, vol. 1,531, dossier Hôpital, 31,087, p. 120.

Les trois premiers articles concernent vraisemblablement la route de la Boissière, que M. Domet, dans son *Histoire de la forêt de Fontainebleau*, signale comme étant une des plus anciennes.

S'ENSUIT les Rottes qui ont été faictes en la forest de Biere par Monsgr de Choisy et Loge cappitaine et gouverneur de Fontainebleau, grant forestier de la forest de Biere Me des eaux et forests au baille de Mellun et de lad. forest de Biere par le commandement du Roy.

Premièrement une Rotte faicte en la dicte forest au lieu dict Laboyssière et icelle délivrée à Johan Mery dict Guignard demourant à Boisleroy le mercredi unziesme jour de juin mil cinq cent trente neuf à la somme de trente livres parisis, comme plus offrant et dernier enchérisseur pour ce   icy 30 l. p.

Et une autre Rotte au lieu dict de La Boyssière delivrée Hillaire Permal demourant à Sannoys le sixiesme jour d'aoust mil cinq cent trente neuf à la somme de quarante troys livres parisis pour ce   icy 43 l. p.

Item une autre Rotte au lieu dict de la Boyssière délivrée le dict jour sixiesme aoust au dict an a Symon Fouquelyn demourant à Boisleroy à la somme de vingt deux livres parisis pour ce   icy 22 l. p.

Item une autre Rotte assyze au Chesno aux chappons delivree le dict jour sixieme aoust au dict an a Jehan Baudry Barbier demourant à Sannoys à la somme de six livres parisis pour ce   icy 6 l. p.

        Somme C l l. p.

Recevour ordinaire de Melun Paul Fanchon Nous voullons et nous mandons laissez prendre et recevoir de Monsgr de Choisy cy dessus nommé la somme de cent une livre provenant des routes mentionnees de l'autre part et en baillez vos quictances aux personaiges et enchorisseurs contenues cy devant auquel s' de Choisy nous avons faict et faisons don par les présentes signées de nostre main en rapportant les quelles et quistances du dit s' de Choisy de la somme de C. l l. ainsy et pour la cause contenue de l'autre part vous en serez tenu quicte décharge partout où il appartiendra.

Fait à Fontainebleau le cinquiesme jour de décembre l'an mil cinq cent quarante.

     FRANÇOIS   LEROY.

Recu par moy Alof de l'Ospital s' de Choisy et Logos cappitaine et gouverneur de Fontainebleau grand forestier de la forest de Biere, maistre des eaux et forestz au bailliage de Melun et forest de Biere de M. Claude Faulchon receveur ordinaire de Melun la somme de cent une livres pour les causes contenuez de l'autre part Temoing monseigr Manuel cy mis le vingtiesme jour de juillet l'an mil cinq cent quarante ung.   DE L'OSPITAL.

                                                      (*Abeille*, 29 mai 1893.)

LES PLANTATIONS DE PINS

Il nous a été souvent demandé de donner un historique de la plantation des pins dans la forêt de Fontainebleau qui, jusque vers la fin du xviiie siècle, sur une superficie de 26,263 arpents, n'en contenait que 13,222, plantés en bois, le surplus était en rochers, genévriers et bruyères.

Nous croyons ne pouvoir mieux faire que de reproduire, par extrait, les intéressantes notes laissées par M. de Boisdhyver, qui a fait beaucoup, on le verra, pour la forêt de Fontainebleau.

La culture des pins dans la forêt de Fontainebleau remonte à une époque fort éloignée, à François Ier probablement. Ce fait résulte du procès-verbal de la visite de la forêt, en 1716, par M. de La Faluère, alors grand maître des eaux et forêts du département de l'Ile de France, qui constate avoir trouvé morts sur pied, dans le Parquet des Pins, des pins plus que centenaires n'ayant pas résisté aux froids excessifs de cet hiver mémorable, d'où il suit que ces pins devaient être maritimes, car le sylvestre est l'essence dominante des forêts du nord de l'Europe.

La désignation de Parquet des Pins donnée à un canton rapproché du château et celle de rue des Pins, que porte encore une des rues de la ville, prouve que des essais de culture résineuse ont été tentés dès l'époque de la Renaissance; mais le désastre de 1716 les aura fait abandonner (1).

Ce n'est que vers 1780, au moment où les écrits et les œuvres de Buffon, de Duhamel du Monceau, de Lamoignon de Malesherbes, fixaient l'attention publique sur les arbres indigènes et exotiques pouvant enrichir la forêt et embellir nos jardins, au moment où la malheureuse reine Marie-Antoinette faisait créer ceux du Petit-Trianon; qu'à l'instigation de son premier médecin, Lemonnier, et à celle de M. de Cheyssac, grand maître des eaux et forêts, un arrêt du Conseil du roi prescrivit la culture en grand, à Fontainebleau, des pins sylvestres et maritimes et que M. de Boisdhyver père, maître particulier de la forêt, fut chargé de l'appliquer, en premier lieu au bas du Petit Mont-Chauvet (Mail de Henri IV) et dans le rocher d'Avon, sous l'œil du souverain, en quelque sorte.

(1) Il y avait aussi au Palais le Jardin des Pins (Jardin anglais actuel). « Il fut planté en 1529 et portait ce nom à cause de la quantité de pins qui y estoient. Mais à présent il n'en reste plus que deux qui sont aux deux bouts d'une allée qu'on laisse par rareté. » Manuscrit inédit du géographe de Fer, 1699).

De 1784 à 1790, là et au pourtour de la ville, 214 hectares de terrains vides furent semés et plantés en maritimes et en sylvestres, mais le grand hiver de 1789 fit ravage dans les jeunes pins maritimes et on fut contraint de replanter en essences feuillues les parties, en plaine, du Rocher d'Avon, détruites par la gelée.

Pendant la grande période révolutionnaire, aucun repeuplement résineux ne fut effectué et, à dater de 1803 seulement, les semis furent repris en essence maritime principalement, dans les terrains rocheux et arides, surtout là, en un mot, où il était d'impossibilité absolue de tenter un repeuplement feuillu, car, suivant l'opinion de l'époque, le pin ne devait exister que là où un arbre feuillu ne pouvait croître.

De 1803 à 1830, 364 hectares 75 centiares furent consacrés aux pins et, à partir de 1823, M. de Larminat, gendre de M. de Boisdhyver père, put enfin tendre à faire prédominer le pin sylvestre sur le pin maritime, en consacrant à cette culture quelques terrains de qualité moins inférieure.

En 1830, M. de Larminat permuta avec M. de Boisdhyver, son beau-frère, inspecteur à Compiègne.

N'ayant pas alors à subir les exigences du service des chasses et jouissant d'une plus grande latitude que par le passé, il a été possible à M. de Boisdhyver, de 1830 à 1848, de repeupler 806 hectares 74 ares en bois feuillus et 5,807 hectares 88 ares en bois résineux, soit au total 6,504 hectares 62 ares, à Fontainebleau seulement.

Ainsi, dans la première période de sept années, de 1784 à 1790, 214 hectares ont été consacrés à la culture des pins.

Dans la seconde de vingt-huit années, de 1803 à 1830, 364 hectares y ont été affectés.

Et dans la troisième de dix-sept années, de 1831 à 1847 inclus, 5,608 hectares y ont été employés et sur lesquels ont été plantés quatorze millions trois cent quatre-vingt-dix-neuf mille trois cent soixante-cinq pins sylvestres.

Mais les efforts de M. de Boisdhyver ne se sont pas portés seulement sur les plantations de pins sylvestres. Presque toutes les variétés de résineux ont été essayées; nous voyons notamment, dans le relevé de l'année 1836, que 300 cèdres du Liban ont été plantés aux Monts de Fays.

D'autre part, dans la période de 1831 à 1846, 145,078 pins ont été greffés avec succès en vingt-cinq variétés choisies de résineux. Cette opération, commencée par M. de Larminat, a été activement continuée par son successeur.

Tel est le résumé de l'œuvre importante, si méthodiquement dirigée par M. de Boisdhyver pendant une courte période de dix-sept ans. Et il n'aurait demandé que dix-sept autres années pour boiser en totalité les parties restées improductives. Malheureusement, une révolution est venue interrompre ces beaux travaux qui, repris plus tard, n'ont pu être menés aussi rapidement que l'eût rêvé cet habile forestier.

(*Abeille*, 3 mars 1893.)

LABORATOIRE DE BIOLOGIE VÉGÉTALE

Depuis longtemps les zoologistes avaient reconnu la nécessité d'établir des laboratoires de recherches loin des villes et en des points où il leur était facile de se procurer à volonté les échantillons vivants dont ils avaient besoin, et où, par suite, ils pouvaient étudier dans les conditions les plus favorables leur anatomie et leur physiologie, leur développement, leurs mœurs : c'est dans ce but que furent construits les laboratoires de Roscoff, de Banyuls, de Concarneau, et tant d'autres dont la prospérité indique suffisamment l'utilité. En botanique, des établissements de ce genre étaient encore plus nécessaires, car les végétaux demandent à être cultivés sur de vastes espaces et dans les conditions les plus naturelles de leur existence. Cependant, jusqu'en ces dernières années, nous étions, à peu de chose près, dépourvus de laboratoires botaniques analogues aux laboratoires zoologiques. M. Gaston Bonnier [1], professeur de botanique à la Faculté des sciences de Paris, après avoir organisé un laboratoire de recherches à la Sorbonne, a voulu combler cette lacune grave en créant le laboratoire de biologie végétale de Fontainebleau, qui fonctionne déjà depuis le 15 mai dernier et qui a été inauguré le 28 septembre 1890 par M. le Président de la République.

M. Gaston Bonnier a, pour principal collaborateur, un directeur adjoint, M. Dufour, docteur ès sciences, bien connu par ses travaux spéciaux, notamment par ses publications sur les champignons.

[1] M. Gaston BONNIER, botaniste français, est né à Paris le 9 avril 1853. Il entra à l'École normale en 1873. Élève de H. Sainte-Claire Deville, de Pasteur, de Van Tieghem, il passa successivement ses trois licences scientifiques et, en 1876, il fut reçu le premier à l'agrégation des sciences physiques. Il passa sa thèse de doctorat ès sciences en 1879, et la même année fut nommé maître de conférences à l'École normale supérieure. Là, il a contribué à faire rétablir la section des sciences naturelles et a organisé le nouveau laboratoire botanique. En 1885, il fut nommé directeur des recherches à l'École des hautes études, et, en 1887, professeur titulaire à la Faculté des sciences de Paris, où il a fondé le laboratoire de recherches, qui compte actuellement vingt-deux travailleurs, et établi la préparation à l'agrégation des sciences naturelles. Il a aussi fondé le laboratoire de biologie végétale de Fontainebleau. Récemment, il vient d'organiser, dans les sous-sols des Halles, un laboratoire pour l'étude des phénomènes de la végétation à la lumière électrique continue. Il a fait des voyages botaniques en Espagne, en Italie, en Autriche, en Allemagne (1872-1877). Envoyé en mission en

Le laboratoire est établi au Pré-Larcher, à 300 mètres seulement de la gare, sur le bord de la forêt de Fontainebleau. Cet endroit a été choisi de préférence à tout autre, à cause, d'une part, de la proximité rare d'une ville près d'une forêt à la flore extrêmement riche, et de l'autre, des communications faciles et nombreuses qui la relient à la capitale.

La salle de recherches est établie au rez-de-chaussée ; c'est une vaste pièce qui peut recevoir vingt-quatre travailleurs. Tout le bas de la salle est occupé par ceux qui étudient la physiologie végétale, celle-ci exigeant de nombreux appareils et une large place. A mi-hauteur environ de la salle sont suspendues latéralement deux galeries où travaillent particulièrement les personnes qui font des études microscopiques. Les principaux appareils indispensables aux études de physiologie et de chimie végétales sont à la disposition de tous. A côté de la grande salle de travail, le cabinet du professeur, la bibliothèque et le logement de M. C. Duval, chef des cultures. — Au premier étage sont quatre chambres à coucher pour le logement de quelques travailleurs. — Le gaz est amené dans la salle des recherches et dans la bibliothèque. Quant à l'approvisionnement d'eau, qui était un des points les plus importants à résoudre, il est facilité par l'emplacement du laboratoire qui se trouve au-dessous et à 350 mètres de distance des réservoirs de la ville.

A quelque distance du laboratoire est établie une serre, divisée en deux parties : l'une, la serre chaude ; l'autre, la serre tempérée. Tout a été prévu pour que la température soit constante et qu'il y ait un renouvellement d'eau continu. Toutes ces conditions sont indispensables pour les recherches physiologiques.

Les bâtiments sont entourés d'un vaste terrain de deux hectares et demi où sont disposés des champs de cultures. Enfin, une partie de la forêt a été enclose et conservée telle quelle.

Par toutes ces dispositions, on voit que les expériences sur les végétaux de grande ou de moyenne taille, tels que les arbres et les arbustes, peuvent être effectuées sans difficulté, tandis que cela était impossible dans la plupart des laboratoires de nos Facultés. Le vaste emplacement réservé aux cultures rend des services immenses à ceux qui s'occupent de l'influence des milieux sur les plantes et de tant

---

Norvège, il s'est livré à l'étude des modifications de végétaux sous les hautes latitudes. En 1879, il fut envoyé en Hongrie, où il a étudié la flore des Karpathes comparée à celle des Alpes centrales. En 1881-1891, il a établi des cultures expérimentales à des altitudes différentes, dans les Pyrénées et les Alpes. Il s'est surtout occupé de travaux de physiologie végétale (respiration, transpiration, aspiration chlorophyllienne, vie latente, etc.), d'anatomie expérimentale, d'anatomie (nectaires, fleurs et insectes), de géographie botanique, de classification, de la symbiose des lichens, etc. Plusieurs de ses travaux ont été couronnés par l'Académie des sciences. Il est l'auteur de nombreux livres classiques en zoologie, botanique et géologie, qui occupent le premier rang parmi les livres d'enseignement. Sa *Nouvelle Flore*, si originale et si pratique, est entre les mains de tout le monde. Enfin il prépare une *Flore complète de la France*, faite sur le même modèle que la *Nouvelle Flore des environs de Paris*, et qui sera publiée sous les auspices du ministère de l'Instruction publique.

d'autres questions qui exigent une culture en grand. D'autre part, il n'est pas nécessaire de rester constamment au laboratoire pour soigner ces cultures. Il suffit de venir les établir, puis de les confier aux soins d'un homme expert, M. Duval, chef de culture, qui est installé dans ce but au laboratoire. On peut même, lorsque l'on est très éloigné de Fontainebleau, donner des instructions pour faire établir entièrement les cultures et les faire entretenir dans les conditions voulues.

Mais la station n'est pas seulement établie pour faire des recherches purement scientifiques. M. G. Bonnier a voulu qu'elle servît aussi, et dans une large mesure, aux recherches pratiques en vue de l'agriculture. C'est ainsi que le laboratoire s'est mis en relation avec de nombreux horticulteurs du voisinage, ce qui permettra d'étudier avec tous les détails nécessaires la question si importante et encore si mal connue de la pathologie végétale. — En outre, l'étude scientifique des procédés employés dans les cultures horticoles, agricoles ou forestières va être également abordée à Fontainebleau. Ce plan de recherches a été très bien accueilli par de nombreux horticulteurs et par les habitants de la région, qui ont témoigné leur satisfaction en faisant quelques dons destinés à enrichir le laboratoire.

Aussi, grâce à l'emplacement et à l'organisation du laboratoire, toutes les questions relatives à la botanique pourront être abordées dans des conditions particulièrement favorables. Elles viendront compléter, dans une large mesure, celles qui seront faites au laboratoire, déjà si important, de la Sorbonne.

Inutile de dire que, suivant la coutume française, tous les botanistes, tant étrangers que français, sont admis gratuitement dans l'établissement et y reçoivent toujours l'accueil le plus bienveillant.

Le laboratoire de biologie végétale est à peine installé depuis un an et déjà des travaux importants en sont sortis. Ces travaux, mémoires ou notes, ont été publiés par les travailleurs ou les savants qui y sont venus faire leurs recherches. Ils ont paru dans les *Comptes rendus de l'Académie des sciences*, les *Annales des sciences naturelles*, la *Revue générale de botanique*, etc., etc. Chacun porte toujours une mention indiquant qu'il a été fait au laboratoire de Fontainebleau.

Tout fait présager qu'il fournira une brillante et utile carrière, car M. Gaston Bonnier est un savant doué d'une activité rare. Ses recherches touchent à toutes les parties de la botanique et sa bienveillance égale sa valeur scientifique.

(*Abeille*, 24 juillet 1891.)

LE VERGLAS DU 23 JANVIER 1879

Notre arrondissement vient d'être cruellement éprouvé, le territoire de Fontainebleau notamment.

Depuis le 5 décembre 1878, neige, pluie, gelée, verglas et autres fléaux d'hiver, n'ont cessé de nous assaillir; du 15 au 20 janvier 1879, une petite accalmie s'était produite, mais à partir du 22 est tombé, presque sans discontinuer, un verglas qui a couvert la terre de plusieurs couches successives de glace, au point que les amateurs de patinage ont pu se livrer à cet exercice à la porte même de leurs maisons, dans les rues de la ville.

Les arbres, les arbustes étaient couverts de trois à quatre centimètres de glace; aussi les branches, ébranlées par une charge équivalente, ainsi qu'il a été constaté, à vingt fois et plus, leur propre poids, se brisaient-elles avec fracas. Pendant quatre jours, dans la forêt, dans les parcs, dans les jardins de la ville, c'était un fracas incessant d'arbres qui se rompaient et s'abattaient.

Le spectacle de ces arbres, de ces maisons, de ces murs, couverts de magnifiques et étincelantes cristallisations, était sans doute fort remarquable, mais il a été payé par un désastre incommensurable.

Le froid, il est vrai, n'a pas été très intense, mais le vent se maintenant, sans désemparer, au nord-est, arrêtait tout dégel et fortifiait la glace qui couvrait les chaussées et les arbres.

La forêt offre, en ce moment encore, un spectacle indescriptible. Les grandes voies de communication, naguère encore converties en canaux gelés, les routes forestières, les chemins, sont encombrés d'arbres ou de branchages rompus et forment un chaos indescriptible. Lundi dernier, un faible rayon de soleil (le premier depuis deux mois) est venu, pendant une demi-heure, éclairer ce lugubre tableau. Sous son influence, les glaçons qui, la veille avaient commencé à se détacher, éclatèrent et tombèrent avec bruit; on aurait dit une véritable mousqueterie, des feux de deux rangs prolongés.

Mais la fonte des glaçons n'en a que plus fait ressortir l'état de désolation dans lequel va se trouver pour longtemps notre belle forêt. Ce sont partout arbres tordus, fendus ou décapités, branches pendant vers le sol, arbres élevés projetant vers le ciel leurs troncs dénudés... On croirait qu'une armée de Vandales a promené partout une hache sacrilège.

Dans les hautes et vieilles futaies, quelques géants séculaires ont été couchés sur le sol; en tombant, ils ont écrasé les arbres voisins, dont les débris jonchent la terre. Les branches sont projetées de tous les côtés, mais là, bien que l'on doive regretter la disparition de ces doyens de la forêt, les dégâts semblent moins considérables que dans les jeunes bois.

Certains taillis, les pins notamment, ont grandement souffert. Là, la perte est immense, irréparable. Dans certains cantons, les pins sylvestres, les majestueux pins de Riga, sont presque tous décapités. La dixième partie, à peine, pourra être sauvée. Quant aux jeunes arbres, chênes, bouleaux, hêtres, etc., ils sont ou fendus, ou ébranchés, ou tout au moins courbés vers la terre. Il semble bien improbable de les voir se remettre d'aussi graves blessures.

Sans exagérer, on peut estimer à 10 pour 100 de la valeur totale de ses arbres le dommage éprouvé par la forêt qui couvre, on le sait, une superficie de 17,000 hectares.

Le parc, dont on admirait les arbres séculaires bordant le canal, les vieux tilleuls de l'avenue des Cascades, sont également ravagés. Plus de trois cents arbres gigantesques gisent à terre; plus de mille sont gravement atteints.

Le jardin anglais, l'avenue de Maintenon, ont particulièrement souffert. Quant aux parcs et jardins particuliers, tous sont ravagés; il en est même plusieurs ne conservant pas un seul arbre intact.

Les administrations des ponts et chaussées et des forêts se sont tout d'abord préoccupées de rétablir la circulation sur les routes qui toutes étaient obstruées. Le déblaiement était opéré dès lundi, dans des conditions très largement suffisantes pour rétablir les communications interrompues.

Comme on le pense bien, il en est qui ont voulu tirer, à leur profit, parti de la situation. De toutes parts, la forêt a été envahie par des gens venant faire, aux frais du gouvernement, ample provision de combustible. D'aucuns même, fort précautionneux, s'étaient, sans vergogne, munis de haches, de scies, de serpes; il a fallu arrêter ce zèle.

Toutefois l'administration forestière prenant en considération la rigueur exceptionnelle de la saison, a fait, pendant quelques jours, largement la part des circonstances, en permettant aux nécessiteux d'enlever une partie des bois brisés qui jonchent le sol de la forêt; mais cet état de choses ne pouvait se prolonger; lundi et mardi l'avis suivant était publié à son de caisse par le tambour de ville :

« L'administration forestière informe les habitants qu'à dater du mercredi 29 jan-
» vier le ramassage du bois vert est interdit d'une manière absolue dans la forêt de
» Fontainebleau.

» Les indigents continueront à jouir, comme par le passé, de la permission du
» bois sec. »

Grâce à l'active surveillance exercée par les agents du service forestier, les abus ont cessé.

Le verglas avait une telle épaisseur et une telle résistance que les fils télégraphiques ont été rompus en plusieurs endroits et que nombre de poteaux ont été arrachés. Les communications télégraphiques ont été conséquemment interrompues.

Le télégraphe du chemin de fer était également interrompu, les signaux même ne pouvaient fonctionner. Les trains ont néanmoins continué à circuler; grâce à l'activité et au dévouement du personnel, le service s'est fait avec une grande régularité et sans accidents, bien qu'on ne pût, sur une bonne partie du parcours, se servir ni du télégraphe, ni des disques, ni des sémaphores.

Il faut, paraît-il, remonter à l'année 1709 pour rencontrer un hiver assez rigoureux pour produire des désastres comparables à celui que nous avons sous les yeux. L'hiver de 1819 à 1820 fut également implacable; beaucoup de plants forestiers périrent par le froid, mais celui de 1878 à 1879 pourra être signalé comme un des plus néfastes pour notre belle forêt de Fontainebleau.

(*Abeille*, 31 janvier 1879.)

.*.

M. Jamin, de l'Académie des sciences, vient de publier dans la *Revue des Deux-Mondes* une savante et curieuse étude sur le verglas du 23 janvier. Nous en donnons quelques extraits intéressants, confirmant d'ailleurs les observations que tous nous avons pu faire ici.

La neige tombée en abondance pendant les jours précédents, avait remarquablement purifié l'atmosphère. Cette circonstance n'a pas été sans influence sur l'événement qui survint le 22 janvier.

Vers le milieu du jour, on vit tomber, par un temps calme, une pluie fine, continue, peu abondante et très froide, qui, d'après les observations de M. le capitaine Piébourg, de l'École d'Application, à Fontainebleau, s'est maintenue à 3 ou 4 degrés au-dessous de zéro.

Liquide dans l'air au moment de sa chute, la pluie cessait de l'être dès qu'elle avait rencontré le sol. Elle s'y prenait aussitôt en une couche solide, brillante et polie, tellement glissante que les hommes et les animaux avaient peine à se tenir debout. Ce qui fait le caractère de ce verglas, c'est qu'il se déposait sur les arbres, sur les rameaux et les feuilles, sur les fils télégraphiques, sur les parapluies, sur les vêtements, sur les voitures, sur tous les objets enfin, même sur ceux qui étaient chauds.

La pluie persista pendant la journée du 22, pendant la nuit tout entière et une partie du jour suivant. A mesure qu'elle tombait, la couche glacée continuait de s'accroître; elle atteignait des proportions inouïes.

Il y en avait une telle quantité sur le sol, à Fontainebleau, que les marches inférieures d'un escalier en pierres avaient rejoint celles de dessus. On voyait un manchon de 4 centimètres sur les fils télégraphiques et une couche de 2 centimètres sur une feuille dont l'épaisseur normale atteignait à peine un millimètre. Les arbres verts étaient plus particulièrement chargés.

Ces dépôts ne ressemblaient en rien à ceux du givre; ils étaient constitués par une glace dure, à contours arrondis, si transparente qu'on voyait nettement à l'intérieur le brin d'herbe ou le rameau sur lequel elle était déposée. Chaque branche, chaque rameau était enveloppé d'un manchon glacé qui n'avait pas la même épaisseur dans tous les sens. Il y avait plus de glace vers le ciel, d'où venait la pluie; il y en avait moins vers la terre. Ce qui prouve que l'eau se congelait instantanément aussitôt qu'elle touchait la branche, sans prendre le temps de la contourner, en s'écoulant par le bas par l'effet de la pesanteur.

Les fils télégraphiques étaient devenus quinze fois plus lourds; une branche de rhododendron de 13 grammes portait 360 grammes de glace, c'est-à-dire trente fois son poids. On comprend que surchargés d'une pareille masse, les fils télégraphiques aient été rompus, et qu'au milieu des forêts les arbres aient cédé avec fracas. De tous côtés, c'était comme des séries d'explosions d'obus.

Le dégel commença le 25 janvier et apporta de nouveaux aliments à la curiosité. Comme les manchons étaient transparents, la chaleur pénétrait jusqu'aux rameaux qui en formaient l'âme, elle les échauffait, faisait fondre la glace intérieurement et la transformait en tuyaux plus épais en dessus, plus minces en dessous. La pesanteur les retournait et les progrès de la fusion détachaient les débris qui couvraient le sol.

Il résulte des constatations faites par le service forestier que les forêts domaniales de la zone parisienne, atteintes par le verglas des 24 et 25 janvier et qui sont celles de Fontainebleau (17,000 hectares), Villefermoy (2,200 hectares), Jouy (1,400 hectares), Malvoisine (500 hectares), Sourdun (400 hectares), toutes situées dans Seine-et-Marne, ont été particulièrement maltraitées.

On peut évaluer à 200,000 stères le volume des bois brisés par le verglas; la seule forêt de Fontainebleau compte dans le chiffre pour 150,000 stères. Les parties de cette forêt peuplées en pins ont été principalement endommagées.

Depuis cinquante ans environ, le service des forêts s'était attaché avec persévérance à restaurer les cantons ruinés, au moyen de semis et de plantations de pins sylvestres. Il avait été aussi créé des massifs de résineux d'une étendue totale de 4 à 5,000 hectares. Chaque année, les massifs étaient soigneusement éclaircis, de manière à laisser aux cimes un libre développement.

On peut dire que ces beaux massifs de pins sont détruits dans la proportion de 60 à 70 pour 100. Il semblerait que certaines parties ont été mitraillées à outrance. Il sera nécessaire de raser à blanc d'immenses étendues et de recommencer le repeuplement. L'œuvre de la restauration de la forêt de Fontainebleau se trouve retardée de trente ans.

Les cantons peuplés en essences feuillues ont moins souffert. Toutefois, les hêtres d'âge moyen ont été très entamés. Quant aux bois d'essences tendres, ils sont presque partout brisés. On a bien de la peine à trouver debout quelques-uns de ces gracieux bouleaux dont le tronc argenté, surmonté d'un léger feuillage, faisait l'ornement des parties rocheuses de la forêt.

L'eau, on le sait, peut être abaissée à une température inférieure à zéro, sans se prendre en glace, à condition qu'elle ne reçoive aucun choc. C'est comme une deuxième espèce de fusion de l'eau à des températures où généralement elle est solide. Cette singulière exception s'appelle la *surfusion*.

Le verglas de janvier 1879 n'avait rien de commun avec les verglas ordinairement observés. Il a été produit par une pluie froide, tenue à l'état de surfusion à une température de 4 degrés au-dessous de zéro. Elle se gelait subitement par le choc des gouttes sur les objets.

M. Jamin ajoute en terminant : « Si le verglas du 23 janvier est venu réveiller tout à coup notre attention par un sinistre inconnu jusqu'alors, il aura du moins servi, par compensation, à fixer la science sur un point qu'elle avait négligé jusque-là. J'ai la pensée que la surfusion de l'eau joue dans les phénomènes naturels un rôle qu'on ne lui a pas encore attribué et, en particulier, qu'elle intervient dans la formation de la grêle. Ce météore dont on ne connaît point les conditions, qui verse en si peu de temps sur nos pays une telle quantité de glace, si rapidement formée au milieu de l'atmosphère, a défié jusqu'à présent toutes les explications. La surfusion de l'eau dans les grandes hauteurs, poussée jusqu'à des températures très basses, suffisait certainement pour donner naissance aux grêlons, et pour accumuler rapidement l'eau glacée en couches concentriques autour d'un noyau, comme elle était accumulée autour des branches dans le verglas du 23 janvier. »

(*Abeille*, 28 février 1879.)

LES GELÉES DE DÉCEMBRE 1879

Depuis le commencement du mois, nous sommes sous l'impression d'un froid extrêmement rigoureux causant à bien de pauvres familles une situation réellement déplorable.

Le gouvernement s'est ému d'un tel état de choses et a voté 3 millions pour venir au secours des plus nécessiteux; notre département a reçu à cet effet une somme de 21,000 francs. L'arrondissement de Fontainebleau a eu pour sa part 5,574 fr. 85. En outre, dans notre ville, une souscription a été ouverte par le conseil municipal; elle a produit plus de 6,000 francs donnés par de généreux habitants.

Les vieillards ne se souviennent pas d'avoir vu de froid aussi intense ni surtout aussi prolongé; la Seine est prise sur presque tout son parcours, de Montereau à Paris.

Dimanche, 21 décembre, les habitants de Fontainebleau et des villages environnants se sont donné par centaines le plaisir de traverser le fleuve sur la glace; entre le pont de Valvins et bas Samoreau, c'était une véritable procession.

En même temps, entre Samois et Héricy, le maire avait organisé, pour les jeunes gens, sur la glace du fleuve, un bal qui a duré deux heures.

Les amateurs de patinage se livrent depuis un mois avec un entrain fou à leurs ébats sur les pièces d'eau du Parterre, notamment sur le Romulus; leur nombre s'accroît chaque jour.

(Abeille, 26 décembre 1879.)

***

Nous croyons intéressant de compléter nos renseignements sur ces deux hivers exceptionnellement rigoureux et désastreux en publiant aussi par extraits la communication faite par M. Croizette Desnoyers à la séance de la Société botanique de France tenue à Fontainebleau le 26 juin 1881, communication insérée *in extenso* dans le *Bulletin de la Société botanique de France de 1881*, tome 28e, deuxième série, tome III, page XXXVII.

EFFETS DE L'HIVER 1879-1880
SUR LA VÉGÉTATION LIGNEUSE DE LA FORÊT DE FONTAINEBLEAU
Par M. L. Croizette Desnoyers.

Deux causes paraissent avoir rendu le grand hiver particulièrement désastreux pour la forêt de Fontainebleau : le verglas du mois de janvier 1870, qui a si complètement sévi sur tout ce massif boisé, mitraillé même des cantons entiers, ralenti partout enfin la végétation ligneuse; les températures exceptionnellement hautes et basses qui, dix mois après, ont exercé des actions anormales sur des arbres languissants, incapables de les braver.

Nous constatons dans les observations thermométriques que, du 1er au 7 décembre, la température s'est abaissée de — 0° à —17°; qu'elle a atteint, le 8 décembre, — 25°, le 9, — 28°, et que le 10, elle est enfin descendue jusqu'à 30° au-dessous de zéro. Le froid a ensuite diminué, mais jusqu'au 20 décembre la température est restée constamment inférieure à — 12°. Le 20 décembre, la température s'est rapidement élevée et a dépassé 2° au-dessus de zéro dans la soirée.

En résumé pendant les 28 premiers jours du mois de décembre 1870, la température a été constamment au-dessous de zéro et présente une moyenne quotidienne de — 14°.

En voici le détail :

1879

1er décembre,	0° au-dessous de zéro.		17 décembre,	21° au-dessous de zéro.
2	— 11° —		18	— 18° —
3	— 10° —		19	— 17° —
4	— 15° —		20	— 17° —
5	— 11° —		21	— 10° —
6	— 8° —		22	— 10,50 —
7	— 17° —		23	— 20° —
8	— 25° —		24	— 20° —
9	— 28° —		25	— 10° —
10	— 30° —		26	— 17° —
11	— 17° —		27	— 18° —
12	— 10° —		28	— 20° —
13	— 12° —		29	— 2° au-dessus
14	— 17° —		30	— 0,50 au-dessous
15	— 10° —		31	— 2° au-dessus
16	— 22° —			

La forêt de Fontainebleau se trouve située dans la zone tempérée froide dont la température moyenne ordinaire au mois de décembre, est d'après Haberlandt, de — 1° 75; elle a été de — 14° en 1879, c'est-à-dire un peu inférieure à la température que présente toujours ce mois dans la région subarctique.

A ce froid persistant, inférieur de 17° 7 à la température normale du mois de décembre à Paris, a succédé un brusque dégel, qui a été suivi lui-même, du 15 janvier à la fin de février, de brusques alternatives de basses et de hautes températures. Pendant cette dernière période, le ciel s'est maintenu parfaitement serein; les pressions barométriques sont restées très hautes; sous l'action d'un soleil déjà chaud à cette époque, dans cette région, la température s'élevait bien au-dessus de zéro pendant le jour, et descendait, pendant la nuit, jusqu'à — 5° et — 8°. Or, d'après les belles expériences de M. Wells, on sait que la température des végétaux peut s'abaisser de 6, 7, et même 8 degrés centigrades au-dessous de la température ambiante, lorsqu'ils sont exposés, la nuit, au rayonnement calorifique vers les espaces célestes.

Enfin le mois de mars 1880 a été le plus chaud dont il soit question dans les registres de l'Observatoire : il a présenté, avec une température moyenne de + 10° 2 (supérieure de 5 degrés à la température normale du mois à Paris), une absence presque totale de gelée et une constante sécheresse.

En résumé, d'une part, une température moyenne de — 14° pendant vingt-huit jours consécutifs, amenant un abaissement de température qui, peu à peu, en raison de sa persistance, a fini par pénétrer dans les grosses branches et même dans le tronc des arbres de futaie, par solidifier entièrement la sève, brisant ou déchirant les tissus dans lesquels elle circule.

D'autre part, un brusque dégel produisant la gangrène sur les végétaux comme sur l'homme; puis de très fréquentes alternatives de chaleur pendant le jour, de froid pendant la nuit, mettant la sève en mouvement et en la solidifiant, lui faisant subir des réactions chimiques ; enfin, modifiant sa nature par un dégagement ou une absorption de chaleur, lors des changements d'état.

Telles sont les circonstances concordantes qui ont produit les effets désastreux dont la trace ne disparaîtra pas de longtemps.

Le gel et le dégel ont été d'autant plus sensibles à Fontainebleau, que le verglas des 22, 23, 24 janvier 1879 avait particulièrement sévi sur la forêt, et que le printemps, l'été et l'automne de la même année ayant été exceptionnellement froids, les végétaux, au mois de décembre, au moment des gelées, se trouvaient dans un réel état de souffrance, les tissus n'étant pas suffisamment lignifiés.

Les gelées n'ont pas frappé également sur tous les points de la forêt; le mal a été presque nul sur les plateaux ou sur les versants recouverts du calcaire de Beauce, tandis qu'il a été assez marqué dans toutes les parties où cette dernière couche n'existant plus, les sables des terrains tertiaires se trouvent à la surface.

L'action des gelées s'est fait sentir, d'une manière complète, dans le fond des vallées et même dans les grandes plaines, dont le sol est formé généralement par des sables différant entre eux, soit par leur formation géologique, soit par leur composition minéralogique. L'intensité des dégâts paraît enfin avoir atteint son maximum dans les parties où les sables présentent les grains les plus gros.

Le pin maritime est l'essence forestière qui a le plus souffert. On sait qu'il fut introduit en 1785 dans la forêt de Fontainebleau, par les soins de M. de Cheyssac, grand maître des eaux et forêts. Un grand nombre de plants de cette essence furent détruits par l'hiver 1788-1789.

Mais la rapidité de croissance et la modicité du prix de la graine conduisirent à reprendre peu à peu les tentatives de M. de Cheyssac, et jusqu'à ces dernières années, on a continué à introduire le pin maritime dans la forêt. Bien que le pin sylvestre représente la grande majorité des peuplements résineux de Fontainebleau, le pin maritime occupait, dans ce beau domaine de l'État, 2,000 hectares environ, et formait des massifs de tous âges, soit à l'état pur, soit à l'état de mélange.

L'hiver de 1829-1830, plus long, mais moins intense que l'hiver 1879-1880, quels qu'aient été les effets produits, a laissé subsister des massifs entiers de pins maritimes, bien venants pour la plupart, âgés de 60, 70 et même 95 ans. Nous avons fait exploiter au mois de juillet 1880, un pin maritime absolument gelé, mesurant 2m60 de tour sous l'écorce, à 1m30 du sol, et ayant plus de 90 ans.

Dans l'hiver de 1871, ici, comme en Sologne, les aiguilles jaunirent, tombèrent en partie au printemps, mais les arbres reprirent presque immédiatement une nouvelle végétation.

Les froids de l'hiver 1879-1880 ont été beaucoup plus dommageables pour le domaine forestier de Fontainebleau; tous les pins maritimes qui s'y trouvaient ont été atteints.

Après le dégel du 20 décembre, et pendant le mois de janvier, les aiguilles ont pass   teinte brun rouge; puis, sous l'influence du soleil de février, ont reverdi en co   çant aux expositions est et sud; elles se sont ensuite détachées des rameaux   r un grand nombre de sujets. Sur d'autres, elles ont reverdi jusqu'à trois fois, mais la sécheresse constante, la chaleur forte et prolongée du printemps, vaporisant l'eau de végétation, ont continué à produire de graves désordres dans ces arbres si éprouvés, et au mois de mai, presque tous les pins maritimes de la forêt étaient entièrement morts.

Aujourd'hui, cinquante environ sont encore sur pied, malades et végétant à peine.

Les jeunes pins, formés par des organes très tendres et des tissus à peine lignifiés, situés à proximité du sol, par suite plus exposés au froid et aux rayons solaires réfléchis sur la neige, ont été immédiatement détruits dès le mois de janvier; ceux qui se trouvaient sous cette neige ont été seuls préservés.

Au mois de février, le liber des pins a présenté une coloration presque noire, le bois une teinte jaune et mate; l'écorce désorganisée se détachait de l'aubier. A cette époque, les parties les plus fortement atteintes ont été celles exposées au midi; ce fait, que l'on constate d'ailleurs chaque année, lors des gelées tardives, paraît tenir à ce que la végétation, activée par les rayons solaires, commence avant que la terre et le reste de l'arbre soient suffisamment échauffés; les gelées qui se produisent précisément alors, en raison de la différence de température qui existe entre le sol et l'atmosphère, atteignent profondément des tissus, gorgés de sève aqueuse, non élaborée, et dans la journée l'action du soleil, produisant un brusque dégel, vient achever l'œuvre de destruction commencée par le froid.

Le volume des pins maritimes gelés et exploités dans la forêt de Fontainebleau est de 70,000 stères environ. Ces pins occupaient les extrémités les plus sèches de la forêt, les versants sud et ouest. Le sol, se trouvant brusquement découvert, sera très difficile à reboiser dans ces conditions. Les faits si intéressants signalés au printemps dernier par M. Prillieux sont absolument vérifiés dans la forêt de Fontainebleau; actuellement les bois de pins gelés sont surchargés d'humidité, ils paraissent avoir notablement perdu de leur pouvoir calorifique, et par suite de leur valeur en argent. La combustion de ces bois est toutefois, à l'air libre, remarquablement complète, et ne laisse comme résidus, ni charbon, ni partie imparfaitement brûlée, mais seulement un peu de cendre très blanche, très fine, dont l'aspect seul, bien entendu, rappelle celui des sables blancs de la forêt.

Parmi les autres essences résineuses qui ont souffert, mais qui ne se rencontrent qu'à l'état d'arbres isolés ou formant seulement de très petits massifs, nous signalerons les cèdres, qui sont presque tous morts; les pins laricio de Corse, qui ont été très atteints. Les pins laricio d'Autriche et de Calabre ont très bien résisté, ainsi que les pins Weymouth. Le sapin des Vosges, qu'on trouve çà et là dans les carrefours, et le pin sylvestre même dans certaines parties de la forêt, ont ressenti les effets des gelées; mais, pour ces deux dernières essences, on peut espérer que le mal ne sera que passager.

Le chêne a beaucoup souffert; des arbres de tous âges, jeunes semis, vieux arbres de futaie, brins de taillis, réserves de tous âges, ont été fortement atteints sur bien des points. Dès le printemps de 1880, nous avons constaté que le quercus pedunculata (chêne pédonculé) avait surtout été éprouvé, et que le quercus sessiliflora (chêne rouvre) n'avait pas été touché. Le fait est constant et très remarquable.

On peut évaluer à 200,000 stères au moins le volume des bois de chêne gelés qui ont été déjà exploités ou qui, fortement atteints, sont appelés à disparaître dans un avenir très prochain, d'ici un an ou deux. Toutefois, on a l'espoir de sauver maintenant un assez grand nombre de brins de taillis ou de baliveaux dont l'écorce soulevée en longs filaments et le liber coloré en noir ont longtemps fait craindre un dépérissement complet. La végétation vigoureuse dans des arbres de cet âge semble devoir ramener complètement la vie dans ces végétaux.

L'aubier des chênes gelés est entièrement décomposé, et ces arbres présentent en outre, presque tous, de nombreuses fissures étroites, verticales, s'élevant à 2 ou 3 mètres, atteignant souvent le cœur de l'arbre, ayant quelques millimètres de largeur, rarement quelques centimètres, traversent parfois l'arbre de part en part.

Ces gélivures, extraordinairement abondantes depuis l'hiver 1879-1880, et qui semblent produites par une action mécanique du froid, d'une part diminuent déjà notablement par elles-mêmes la valeur de l'arbre; d'autre part, permettent aux eaux pluviales et à l'humidité d'être absorbées par l'aubier décomposé, dont la nature est absolument spongieuse. Sous l'influence de cette humidité intérieure, l'altération des tissus ligneux augmente rapidement de proche en proche, et la végétation de l'arbre va sans cesse en diminuant. La facilité d'absorption de l'humidité par les bois gelés est un fait constant et d'une réelle importance.

Les hêtres et les charmes ont à peine souffert; la végétation a été un peu ralentie, c'est la seule différence que l'on puisse constater par rapport aux années ordinaires.

Tous les châtaigniers sont gelés, à peu d'exceptions près; mais dans les taillis, les souches et même les très vieux arbres, non coupés, ont extraordinairement rejeté dès le printemps de 1880.

Les noyers sont presque entièrement gelés, un vingtième subsiste à peine.

Le verglas du mois de janvier 1879 et l'hiver de l'année 1879-1880, en exigeant une exploitation immédiate de près de 500,000 stères de bois, soit une réalisation brusque d'au moins dix années de revenu, ont jeté le trouble le plus profond dans l'économie générale de la forêt, ruiné entièrement plusieurs cantons, détruit des travaux considérables, retardé enfin de plus de trente ans la réfection complète du domaine de Fontainebleau.

Instruits par l'expérience, nous ne devons pas désespérer de l'avenir et éprouver des craintes semblables à celles de Duhamel qui, voyant en France tous les noyers gelés par l'hiver de 1709, se demandait avec inquiétude dans son Traité sur l'exploitation des bois, de quelles essences on pourrait, à l'avenir, faire usage pour la fabrication des crosses de pistolet et de fusil.

Le temps et l'activité humaine parviendront à faire disparaître les ruines d'aujourd'hui semblables à celles de 1709; la nature, qui parfois détruit ainsi brusquement ce qu'elle a mis des siècles à produire, témoigne d'une patience inépuisable pour la reconstitution généreuse des biens anéantis.

ERMITAGE DE FRANCHARD

Dans un précédent numéro (*Abeille* du 31 mars 1893) nous avons, suivant la tradition, donné l'historique des deux chapelles votives existant actuellement dans la forêt : celle de Notre-Dame de Bon-Secours, route de Melun, et celle de Notre-Dame de Délivrance, au carrefour de Paris (1).

Une troisième chapelle de ce genre existait autrefois à Franchard; elle était ornée d'une statue de la Vierge et connue sous le nom de Notre-Dame de l'Ermitage ou de la Vierge de Franchard.

Si l'ermitage de Franchard, créé sous Louis VII, a presque entièrement disparu, après avoir été doté d'une chapelle dédiée d'abord à saint Alexis, puis à la Vierge, la statue qui l'ornait a été conservée et est encore aujourd'hui la propriété des sœurs de Saint-Vincent-de-Paul de Fontainebleau.

⁎⁎⁎

Rappelons d'abord en quelques mots l'historique de l'ermitage de Franchard d'après M. Domet :

Au XIIe siècle un pieux solitaire se retira dans ce lieu aride qui est à l'entrée des gorges de Franchard, il y fut assassiné; un second lui succéda et eut le même sort. Philippe-Auguste fit l'abandon régulier et à vie de cet ermitage, *Cellam beatæ Mariæ de Francharto in Brieria*, à un frère Guillaume, chanoine de Saint-Euverte d'Orléans. Celui-ci obtint en 1194 des lettres de confirmation des biens qu'il possédait, de Michel, 65e évêque de Sens; en 1197 Philippe-Auguste, sur la demande de Guillaume, lui substitua les religieux de Saint-Euverte et rendit la concession perpétuelle à condition qu'après la mort de l'ermite il serait entretenu à Franchard deux cénobites obligés de prier pour le roi.

Telle fut l'origine du prieuré de Franchard, qui fut très florissant jusqu'en 1348 ou 1350, époque où tout fut détruit.

Le prieuré de Franchard s'est-il relevé ? Par quelles phases a-t-il passé pendant les trois siècles suivants ? Sous François Ier il était à la collation du roi; cent ans plus tard personne n'habitait plus les bâtiments. En 1676 un nommé de Saussay, possesseur du titre (les revenus n'existaient plus depuis longtemps), s'en étant démis, le roi remit celui-ci aux religieux Mathurins de Fontainebleau qui firent réta-

(1) Voir *Monuments, Croix et Fontaines de la forêt de Fontainebleau*, par Ch. Colinet. 1 vol. in-8e couronne de 111 pages. — Fontainebleau, imprimerie Bourges, 1895.

blir la chapelle et allaient y célébrer l'office divin, tous les ans, le mardi de la Pentecôte.

En 1717 Louis XV fit démanteler complètement les constructions.

Sous Louis XV on bâtit sur l'emplacement de la chapelle une maison de garde et en 1813-1814, on creusa le puits qu'on y voit encore et qui, malgré ses 66 mètres de profondeur ne fournit que fort peu d'eau.

Depuis lors un garde forestier a continué d'habiter l'ancien prieuré dont il ne reste que quelques cintres de fenêtres que séparent des contreforts; un pan de mur, d'une épaisseur énorme; et, sur une roche, un trou où était scellée autrefois la croix au pied de laquelle venaient s'agenouiller les pieux cénobites. Sous le premier Empire un pinceau inconnu reproduisait, au fond d'une niche creusée dans le pignon de la maison forestière, l'image d'un moine qui y resta assez longtemps. A cette place est maintenant une statuette de la Vierge placée là il y a quelques vingt-cinq ans seulement par M. l'abbé Caille.

**

Cette statuette, toute moderne, n'est pas celle dont nous avons parlé au début de cet article.

L'ancienne et véritable statue de la Vierge de Franchard ou de Notre-Dame de l'Ermitage est encore, comme nous l'avons dit, en la possession des sœurs de Saint-Vincent-de-Paul de Fontainebleau. Faite de bois, assez grossièrement sculptée et malheureusement repeinte assez récemment, elle représente la sainte Vierge, tenant dans ses bras l'enfant Jésus.

Elle fut enlevée de l'Ermitage de Franchard au moment de la Révolution et placée à la Charité de la rue Royale, alors hôpital tenu par les sœurs de Saint-Vincent-de-Paul, qui en ont conservé la propriété et l'ont transportée, lors des laïcisations, en novembre 1800, dans leur nouvelle école de la rue Saint-Honoré, installée dans la maison de Mᵐᵉ Brodard.

Voici d'ailleurs la reproduction de la plaque de cuivre placée autrefois sous la statuette avec l'inscription faite de lettres martelées :

INDULGENCE DE 40 JOURS
ACCORDÉE PAR Mᵍʳ L'ÉVÊQUE DE
MEAUX A TOUTE PERSONNE QUI RÉCITERA
QUELQUE PRIÈRE AUX PIEDS DE CETTE
STATUE ANTIQUE AYANT APPARTENUE (sic) A
L'HERMITAGE DE FRANCHARD ET
RECUEILLIE EN CETTE MAISON EN
1793, RESTAURÉE ET PLACÉE EN
CE LIEU LE 1ᵉʳ MAI 1861
AVE MARIA

(*Abeille*, 26 mai 1893.)

ERMITAGE DE LA MADELEINE

Sur le riant coteau que caressent les rayons du soleil levant, entre une futaie plusieurs fois séculaire et la rive gauche de la Seine, s'élève, à quelques centaines de mètres du pont de Valvins, une superbe maison de campagne qui a pris la place d'un modeste oratoire fondé sous Louis XIII, dit *Hermitage de la Magdeleine*.

En 1617, Jacques Godemel, sieur de la Chaperonnaye, gentilhomme breton, resté veuf avec un fils, inspiré, dit-on, par une vision de sainte Madeleine, qui l'engageait à embrasser la vie cénobitique, vint se retirer sur les hauteurs qui dominent la Seine, au lieu dit la Fontaine-au-Roi, à cause des belles eaux qui coulent en cet endroit, et il y construisit une chapelle et un ermitage.

Il se faisait appeler le chevalier de la Madeleine, allait pieds nus, vêtu d'une grande robe de bure, ornée d'une croix rouge. Il eut bientôt un grand renom de piété dans tous les environs; on venait de loin se recommander à ses prières, particulièrement le jour de fête de la Madeleine, le dimanche après le 22 juillet.

Très probablement que Godemel obtint de Louis XIII les lettres de concession de son ermitage et de 67 perches de friches et bruyères qui l'entouraient, car il ne tarda pas à chercher quelque adopté pour lui succéder. Bien plus, il acquit de diverses personnes, et particulièrement de Denis de Blois, prieur-curé de Samois, plusieurs concessions qui lui permirent d'entourer son oratoire d'un parc de 27 arpents.

La mauvaise santé de l'ermite lui fit demander l'assistance d'un frère Duplat, Minime des Bons-Hommes de Passy, qui profita de la circonstance pour le solliciter de gratifier sa communauté du petit bien qu'il possédait, lui faisant entrevoir que son fils, âgé de 15 ou 16 ans, ne lui serait d'aucune utilité en cas de maladie grave. On tomba d'accord, et Godemel fit, le 11 janvier 1625, donation de tous ses biens aux Minimes de Passy, à la condition que ceux-ci entretiendraient son fils « selon le mode de vie d'un ermite », pourvu qu'il restât toujours fidèle observateur des commandements de Dieu, autrement, ils seraient quittes envers lui.

On ne sait pour quelles raisons le couvent de Passy ne profita pas des dispositions mentionnées dans la donation; toujours est-il qu'après la mort de l'ermite, il fut remplacé par un religieux de l'ordre de Saint-Augustin, ordre auquel Godemel avait été rattaché par l'archevêque de Sens; puis, par un jardinier du Luxembourg, qui transforma le jardin en une pépinière d'arbres fruitiers, laissa tomber en ruines la maison et la chapelle, ce qui obligea Louis XIV de révoquer en 1651 toutes donations antérieures, et de concéder le tout aux Carmes des Basses-Loges, qui en jouirent paisiblement jusqu'en 1657, époque où le Roi révoqua cette donation et disposa du petit domaine en faveur de Dumonceau, grand audiencier de France.

Dumonceau introduisit dans l'ermitage une troupe de huguenots qui changèrent l'oratoire en une grange, et se livrèrent à toutes sortes de déprédations. Soupçonnés de vols et d'assassinats, ils furent chassés par les juges de Fontainebleau. Les Carmes rentrèrent en possession en 1675 et donnèrent la jouissance de la Madeleine à un ermite du Tiers-Ordre, qui en fut bientôt chassé par les hommes de Dumonceau, qui brisèrent à coups de hache la croix du Sauveur et les armes du Roi.

Ces excès furent réprimés sévèrement, et Dumonceau, le protecteur de ces bandits, fut condamné à 24 livres d'amende envers le Roi, aux dépens du procès et au rétablissement des lieux qui, en vertu de lettres-patentes de 1677, furent définitivement rendus aux religieux.

L'Ermitage faillit leur être de nouveau enlevé en 1678 par Louis XIV lui-même, qui, séduit par la beauté du site, voulut bâtir en cet endroit un rendez-vous de chasse, et chargea l'architecte Vaurose de lui présenter un projet.

Quand le projet fut achevé, Louis XIV avait changé d'avis. On se contenta simplement de réunir dans un bassin carré les eaux de la plaine de Samois, qu'un aqueduc souterrain de près de 3,000 toises amenait jusqu'au réservoir de la Charité d'Avon. Ce réservoir alimentait plusieurs fontaines jaillissantes créées, à cette époque, dans la partie basse du Parc, mais disparues depuis, en même temps que l'aqueduc.

Ces ouvrages ont été exécutés de 1679 à 1681 par l'architecte Varin père.

Les Carmes laissèrent s'établir à la Madeleine des ermites qui, comme ceux de Franchard et de la Butte-Saint-Louis, n'avaient pas une conduite très édifiante. Procès-verbal fut dressé contre l'un d'eux en 1668, pour délits forestiers répétés. En 1731, un autre ermite distribuait des pilules et des onguents qui guérissaient la pauvre humanité tout aussi bien que les *Pilules suisses* et les *Pastilles Géraudel* de nos jours; preuve, une fois de plus, qu'il n'y a rien de nouveau sous le soleil!

En 1750, le domaine de la Madeleine, qui n'avait jamais été qu'une charge pour les Carmes, fut loué à vie à M. de Moranzel, architecte-contrôleur des bâtiments du Roi, et à Marie-Anne Bobusse, sa femme.

Cette concession viagère fut faite devant M⁰ Pezard, notaire à Fontainebleau, le 20 mars 1750; le prix du loyer fut fixé à 80 livres.

Le procès-verbal d'estimation dressé à l'occasion de ce bail à vie par Jean Fouquet, maçon, et François Maréchaux, maître charpentier, experts commis, constate qu'à cette époque l'ermitage de la Madeleine comprenait : au rez-de-chaussée, côté de la forêt, une chapelle, deux petites chambres, dont une à feu; un escalier étroit sans lambris, chambranle, ni décoration. Le sous-sol se divisait en deux pièces humides; le tout ayant quatre toises de long et autant de large. A côté, un appentis couvert en chaume servait d'écurie, le tout valant 200 livres, et la dépense à faire pour réparations estimée au moins à 700 livres.

L'ancien ermitage fut transformé en maison de campagne par M. de Moranzel, qui l'hiver, habitait l'hôtel de la Coudre, à Fontainebleau, en face de la rue de ce nom, et, l'été, sa maison de la Madeleine.

A la Révolution, la petite portion de l'immeuble louée en 1750, par bail emphytéotique, devint propriété nationale, et le district de Melun en fit faire l'estimation par un architecte de Fontainebleau, Louis Panis, qui trouva que la valeur du pavillon et du jardin de 67 perches était de 8,700 livres.

Le tout fut vendu le 12 ventôse an V, à Melun, sur la mise à prix de 2,025 livres, pour tenir compte de l'usufruit de Mme de Moranzel, âgée de 75 ans, son mari étant mort en 1785.

L'adjudicataire fut Denis-Mathurin Aubouin, négociant à Paris, qui s'était déjà assuré, par contrat passé devant Me Delabeaume, notaire à Nemours, le 23 frimaire an III, moyennant 87,000 livres, non seulement l'abandon de l'usufruit, mais encore la cession de 60 arpents environ qui constituaient les dépendances de la Madeleine.

A cette époque, la propriété se composait : d'un pavillon à deux étages avec deux ailes légèrement en retrait; d'un côté, la chapelle, de l'autre, la cuisine. Près de cette dernière, une écurie pour quatre chevaux. De l'autre côté, existait un colombier isolé; en avant, une maison de concierge. Le bassin carré, qui avait déjà été restauré par M. de Moranzel, tombait en ruines. Le jardin ne comprenait que deux carrés et deux petites avenues de tilleuls.

Il y a loin, comme on le voit, de cette habitation agréable à l'ermitage de 1750.

A Aubouin succéda l'avocat Jallu qui, le 6 mai 1808, par-devant Me Lalleman, notaire à Paris, revendait le domaine à M. Paul Delaloge, marchand de bois. A la mort de sa femme, ce dernier fut obligé de liciter et Pierre-Félix Berteau devint propriétaire par acte passé devant Me Edon, notaire à Paris, le 23 décembre 1811, moyennant 50,000 francs.

C'est ce même Berteau qui céda, le 14 novembre 1815, à M. et Mme Lecoq, 1 h. 70 a. 27 cent. de terrain, actuellement propriété Cocurle.

Par acte d'échange, reçu par Me Chodron, notaire à Paris, les 7 et 12 décembre 1820, Martin-Louis Barmont et sa sœur, Aimée-Jacquesme Louis, demourant à Paris, échangent le domaine de la Madeleine au roi Charles X, lequel cède en contre-échange certaines portions de terrain dans la haute forêt de Bondy.

Le domaine comprenait à cette époque une superficie de 45 h. 20 a. 76 c.

Il fit retour à l'État en vertu d'une loi du 8 avril 1831.

Louis-Philippe en devint ensuite propriétaire pour le compte de la Liste Civile au moyen d'un échange passé devant Me Dentend, notaire à Paris, le 10 juin 1841, sanctionné par une loi du 2 août suivant; un décret des 20 février et 18 avril 1818 eut pour conséquence de le faire rentrer une seconde fois dans le domaine de l'État.

Après avoir donné la Madeleine à bail, avec 2 hectares 75 ares 21 centiares de dépendances à Mme Hamelin, moyennant 800 francs l'an, l'administration jugea bon de la détacher définitivement de la forêt domaniale de Fontainebleau, et la vendit par adjudication le 13 juin 1851, pour 17,000 francs à M. Alfred Tattet, qui y reçut souvent Alfred de Musset, dont il était l'ami dévoué. Le poète exquis y composa de nombreuses pièces de vers, entre autres, celle qui commence ainsi :

A MON AMI ALFRED TATTET

Dans mes jours de malheur, Alfred, seul, entre mille,
Tu m'es resté fidèle où tant d'autres m'ont fui.
Le bonheur m'a prêté plus d'un lien fragile ;
Mais c'est l'adversité qui m'a fait un ami.
. . . .

Alfred de Musset mourut en 1857, âgé de 46 ans; puis, ce fut le tour de M. Alfred Tattet. La propriété passa alors à ses héritiers, Mme la générale Tilliard et M. le comte Andréani, qui la vendirent le 28 juin 1874 à Mme veuve Léon Talabot.

Le 12 avril 1882, la Madeleine a été revendue à M. et Mme Collard, qui y ont apporté de notables embellissements et en ont fait une propriété ravissante.

Une petite vue de l'ermitage a été peinte sur une des assiettes en porcelaine de Sèvres de la galerie existant au château de Fontainebleau.

Disons en terminant que le débit de la source de la Madeleine, variable suivant les années, est d'environ 8 litres par seconde, soit 700,000 litres en 24 heures.

Par acte du 14 novembre 1815, passé devant Me Chevrier, notaire à Héricy, Pierre-Félix Berteau céda la source à son voisin, François Lecoq, sauf une toute petite réserve pour son usage personnel. Ce dernier s'en servit pour mettre en mouvement un moulin dont la roue motrice n'avait pas moins de 11^m50 de diamètre.

« Ladite source était, comme aujourd'hui, renfermée dans une pièce voûtée contenant un bassin carré en grèserie, dans lequel tombe une fontaine d'eau vive avec embranchements qui en dépendent et y amènent les eaux. »

En 1851, M. Tattet obtint de Mme veuve Lecoq que les eaux seraient partagées par moitié à la sortie de la roue, et, enfin, le 30 mai 1884, le moulin n'existant plus, la propriétaire actuelle, Mme Collard, put rentrer en possession de la moitié des eaux de la Madeleine, prises à la source même.

Le volume liquide qu'elle débite permet d'avoir des eaux jaillissantes et des cascades *alpestres* du plus ravissant effet, ainsi qu'on peut en juger du chemin de halage de la Seine qui longe le pied du coteau.

(*Abeille*, 17 mai 1895.)

LES CAMPS DE FONTAINEBLEAU

La 2e brigade de hussards, Melun-Fontainebleau, a exécuté la semaine dernière, des manœuvres durant huit jours dans les plaines avoisinant la forêt de Fontainebleau, entre Chailly et Perthes. Cette plaine est celle où fut établi en 1839 le « camp de Fontainebleau ».

Le point de vue des Ventes Alexandre s'appelait autrefois le point de vue du camp et pour la même raison on a appelé point de vue du camp de Chailly la partie du rocher Cuvier-Châtillon dominant la plaine de Chailly, où était autrefois un camp.

D'une petite brochure de cette époque portant ce titre, imprimée sur les presses de *l'Abeille* et publiée par Denecourt, nous extrayons les renseignements suivants et aussi quelques phrases typiques, marquant bien l'époque à laquelle elles ont été écrites et ne manquant pas d'un certain cachet. On verra que, dès avant cette époque, la topographie imposait ses lois et que les manœuvres avaient déjà lieu dans les endroits choisis de nos jours pour les manœuvres de garnison. Décidément il n'y a rien de nouveau sous le soleil — pas même le déjeuner offert par le chef de l'État aux généraux pour clôturer les grandes manœuvres, ni la création des camps d'instruction auxquels il est question de revenir après un long abandon.

⁎

Le camp de 1839, créé après ceux de Grenelle, de Dijon et de Boulogne, pour l'instruction des troupes, est « posé » dans les plaines d'Arbonne, de Saint-Martin et de Fleury, son périmètre est de trois lieues. Derrière la ligne des tentes, et pour alimenter d'eau les troupes, douze puits ont été creusés par les sapeurs-mineurs. Plus en arrière encore est une ligne de baraques en bois où sont établis des cabaretiers et des traiteurs.

Le quartier général est placé entre Saint-Martin et le hameau de Forges et n'est pas éloigné de plus « d'une portée de pistolet » des tentes de l'infanterie.

On aperçoit une immense construction en bois, qui est la salle de spectacle. Là, les artistes du théâtre des Variétés, doivent donner deux représentations par semaine aux frais du prince.

Voici quelle était la composition du camp de Fontainebleau en septembre 1839.

(Nous n'avons relevé que les noms principaux ou spécialement connus encore dans notre région.)

S. A. R. le duc de Nemours, commandant supérieur.

Aides de camp : lieutenant-général comte Colbert; maréchal de camp Boyer; commandant Boerio; capitaine Berthier; capitaine Borel de Brotizel; capitaine baron Jamesi, attaché à M. le duc d'Aumale; M. Larnac, secrétaire des commandements; le colonel Perrot, chef d'état-major général.

La division d'infanterie commandée par le lieutenant-général Despans de Cubières, comprenait deux brigades : la première, commandée par le maréchal de camp Négrier, était formée par les 4e (dont S. A. R. le duc d'Aumale commandait une compagnie) et 10e régiments d'infanterie légère et d'un bataillon de chasseurs. La deuxième brigade, commandée par le maréchal de camp de Lasborde, était formée des 18e, 27e et 28e régiments d'infanterie de ligne.

La division de cavalerie, composée des 3e et 4e lanciers, 8e dragons (colonel Lepays de Bourjolly), 3e et 4e cuirassiers, 6e dragons, était sous les ordres du lieutenant-général marquis de Faudoas, ayant pour chef d'état-major le commandant Pélissier.

Il y avait encore une compagnie du génie (capitaine Bey); de plus, comme artillerie deux batteries à cheval, deux batteries « montées à pied » et une compagnie du train.

Le camp comprenait 11,100 hommes se répartissant ainsi : infanterie, 8,000 hommes; cavalerie, 2,500; artillerie, 800; génie, 100 et train, 200.

Seule la cavalerie n'était pas campée mais cantonnée moitié à Fontainebleau, moitié dans les villages et hameaux les plus proches du camp.

Antérieurement à 1830 d'autres camps, mais moins importants, avaient été créés aux environs de notre ville pendant le séjour de la Cour.

Louis XIV fit établir, non loin de Fontainebleau, dans la plaine, entre le village de Samois et le hameau de Sermaise, le premier camp qui ait été vu dans notre pays.

Le 10 juillet 1688, le Roi donna au duc de Noailles le commandement des troupes qui campèrent dans la plaine d'Achères : quatre compagnies des gardes du corps et gendarmes de la garde, chevau-légers de la garde, deux compagnies de mousquetaires, les grenadiers à cheval.

Ces troupes furent campées du 21 juillet au 8 août.

Un autre fut créé par Louis XV sur le plateau de Samoreau (rive droite de la Seine). Les manœuvres eurent lieu dans la plaine de Machault. Alors le pont de Valvins n'existait pas, on en fit construire un avec des bateaux amenés du Havre et de Rouen. A grands frais, on éleva une vaste « tente en bois », dont l'intérieur fut décoré avec la richesse et la somptuosité la plus fastueuse : plusieurs repas y furent donnés par le prince à ses nombreux invités qui avaient l'honneur d'être servis par des grenadiers en grande tenue. Des réchauffoirs, traînés par des chevaux, apportaient dans cette tente les mets les plus succulents, les plus délicieux, préparés dans les vastes cuisines du palais de Fontainebleau.

En 1725, des troupes sont au camp dans la plaine de Chailly ; le Roi les passe en revue. Les gardes françaises et les gardes suisses y sont réunies. Elles avaient été amenées pour éteindre le feu qui menaçait la forêt.

Il y en eut un à Recloses et d'autres en divers lieux, notamment à Thomery, en 1782, qui dura assez longtemps. Il était établi sur les bords de la Seine. Le régiment du Roi, comprenant quatre bataillons, y campe. Les 22 et 23 septembre, le Roi y passe en détail la revue du camp et la revue générale le 25.

Le 28, a lieu la revue de départ. Malgré la pluie, les exercices et les manœuvres y furent continués et six officiers reçurent de la main du Roi la croix de Saint-Louis. On y vit un sergent épouser la fille d'un caporal.

En 1770, des manœuvres furent exécutées dans la plaine de Samoreau, en présence de S. M., par le régiment d'infanterie du duc de Praslin, campé près Fontainebleau.

En 1814, les troupes furent campées sur les routes de Moret et Nemours, jusques au carrefour de l'Obélisque.

En mai 1837, les deux bataillons du 4ᵉ léger et une batterie d'artillerie réunis à l'occasion du mariage du duc d'Orléans, dressèrent leurs tentes au carrefour de la Fourche. Au sujet de ce camp, voici ce qu'en dit Jules Janin :

« A droite du chemin, reposent les canons entre deux guirlandes de gazon, qui remplacent les chaînes de fer ; au-devant du camp, les artilleurs ont élevé une redoute en terre construite au cordeau et au compas. Je vous laisse à penser si cet ornement des artilleurs faisait l'envie des carabiniers, leurs voisins.

» Qui dit un camp, dit aussi des jardins, des arcs de triomphe, de belles rues sablées, d'innocentes redoutes, un trophée d'armes.

» Mais, comment les carabiniers pourront-ils lutter avec les artilleurs ? Ce sont d'habiles et ingénieux compères, les carabiniers ; s'ils n'ont pas la science de leurs voisins dans l'art d'élever des forts, de creuser des fossés, de donner au gazon mille formes diverses, ils ont pour eux l'esprit, la recherche, les fines devises, l'art de tirer parti pour l'ornement d'une baguette de fusil, d'un vieux shako, d'une baïonnette rouillée, d'une poignée de sabre. Tout leur sert pour dresser leur trophée, tambours, trompettes, bonnets de police ; le trophée est tout recouvert de mousse, sur la mousse sont écrites d'élégantes devises, avec des fleurs ; au sommet du trophée, par devant, par derrière, flottent mille drapeaux tricolores ; laissez-les faire, vous verrez que l'imagination vaut bien la science, que l'esprit vaut bien le génie, que le carabinier n'aura rien à envier à l'artilleur.

» Il était plus de midi et tout le camp des carabiniers était encore occupé à embellir son trophée.

» Dans cette foule de jeunes officiers en déshabillé du matin, le shako sur la tête, les pieds dans des pantoufles de velours brodées par des mains amies, moitié soldats, moitié dandies, moitié indigence militaire et moitié luxe de la ville, en beau linge et en vieil habit, j'en reconnais un qui me voit, qui m'appelle, qui accourt, qui me fait descendre de mon cheval, qui m'embrasse, qui me présente à ses frères d'armes et qui m'emmène dans sa tente pour déjeuner avec eux, non sans m'avoir demandé comment j'avais trouvé leur trophée d'armes.

» La tente de mon ami le sous-lieutenant est pittoresquement située entre la « rue » d'Orléans et la grande « rue » de Mecklembourg. Un double lit occupe cette tente; une table, des pliants, une bouteille tour à tour bouteille et chandelier, eau et vin, flamme et fumée, une poutre sur laquelle sont placées deux épées, une brosse, un rasoir sans manche, du cirage anglais, un flacon d'eau de Cologne, un jeu d'échecs, l'*Ecole de peloton* et quelques volumes dépareillés de Molière, tel est le mobilier de la tente.

» En peu d'instants, elle fut remplie de bons jeunes gens pleins d'esprit et de bonne humeur et le déjeuner commença d'une façon splendide.

» On parla de tout, de vers et de prose, de paix et de guerre, d'habits et d'épaulettes, sans oublier les amours et les spectacles, et les belles comédiennes, et les fêtes du soir, et Mlle Mars, dont on avait aperçu le voile qui flottait au vent. Il est impossible d'être plus gai et de meilleure compagnie. C'étaient des éclats de rire à faire envie à un maréchal de France, surtout ce jour-là, tout le corps des jeunes officiers était généralement occupé d'un madrigal indigène et guerrier qu'un des leurs avait composé en l'honneur de la princesse Hélène. L'idée de ce madrigal était ingénieuse et fine.

» Nous étions encore à table quand soudain le tambour se fait entendre. Le Roi venait de la forêt, il va passer, il faut le recevoir.

» Je ne sais pas ce qui arriva, mais en un clin d'œil tous mes jeunes officiers, si à leur aise tout à l'heure, furent habillés comme pour le bal. Rien ne manquait à leurs beaux uniformes, pas un grain de poussière sur leurs chaussures, pas un pli à leurs habits, leurs épaulettes étaient brillantes comme l'argent, je voudrais dire comme l'or; tout le régiment s'habilla comme un seul homme, toutes les tentes se fermèrent, la musique courait aux armes; musique, officiers, soldats, trophées d'armes, tout était prêt, que le Roi, qui va si vite, n'avait pas encore paru.

» Et le soir, il y avait spectacle à la Cour... »

(*Abeille*, 9-16 septembre 1802.)

LA

CHASSE A COURRE A FONTAINEBLEAU

EN 1726

Ces renseignements sont tirés d'un très curieux journal manuscrit, unique certainement, que veut bien nous communiquer le baron Mounier. Nous y trouvons plusieurs détails intéressants et bizarres.

Ce journal des chasses du roy qui comprend aussi « la quantité de lieues que le roy a fait tant à cheval qu'en carrosse, pendant l'année 1726 », est rédigé par le « sieur Mouret ». La calligraphie en est, ma foi, superbe, autant que la reliure soignée.

A cette époque on chassait toute l'année, du 1ᵉʳ janvier au 31 décembre, même en voyageant; c'est ainsi que, pour venir de Paris à Fontainebleau, on s'arrêtait en route pour courre quelques cerfs dans la forêt de Sénart.

Si le roy ne faisait pas découpler son équipage, il se servait de ses « petits chiens » pour forcer le chevreuil ou le daim ou bien encore de ses lévriers pour courre le lièvre. En outre le roy assistait au laisser-courre des équipages du comte de Toulouse, du comte d'Évreux, des ducs de Gesvres et d'Épernon, du duc de Gramont, du duc de Luynes, de M. de Livry et de l'abbé de « Broglio » qui força en sa présence un loup et un sanglier.

Il y avait aussi un équipage de vol qui prit 4 corneilles, 2 pies, 1 perdrix et 14 lièvres.

Dans son total le sieur Mouret trouve que le roy a parcouru pendant cette année 1726, 3,087 lieues, tant à cheval qu'en carrosse.

Les chasses avaient lieu soit aux environs de Paris, à la Muette (bois de Boulogne), dans la forêt de Saint-Germain, à Poissy, au Vésinet, à Versailles, « Rambouillet », Marly ou Fontainebleau.

Les journées du souverain, on le voit, étaient très occupées; c'est à peine si, de temps à autre, sont signalées sur ce curieux livre quelques promenades en voiture.

Les rares journées où on ne découplait pas sont suivies de ces mentions diverses et intimes semblant se heurter sur un livre de chasse : tel jour, médecine, tirers, battue ou... dévotions.

Au 24 juillet de cette année 1726, nous constatons 11 jours de maladie suivis, à peu d'intervalle, de deux jours de médecine...

Nous nous occuperons seulement des chasses de la forêt de Fontainebleau, du 20 août au 22 septembre 1726, pour relever quelques faits curieux ou certains noms disparus.

Disons tout de suite que les chasses en moyenne paraissent avoir parcouru une douzaine de lieues; cependant le 4 septembre, nous en trouvons une de 18 lieues. On courait un sanglier — qui n'a pas été pris. Le rendez-vous était à la croix de Patin-Dieu, que nous ne connaissons plus aujourd'hui.

Une autre fois, le 20 septembre, un cerf dix cors attaqué dans la Basse-Pommeraye fit une refuite de 20 lieues pour être pris dans la ferme d'Ailly-en-Brie, près de Sivry.

D'autres jours, on chassait deux animaux quand le premier cerf avait été pris sans qu'on ait eu besoin de découpler les relais — les bas relais, avec lesquels on attaquait un second cerf, quelquefois même un troisième.

Le 8 octobre deux équipages, celui du duc de Gramont et du comte d'Évreux, ont chassé le même jour en forêt de Fontainebleau. Le duc de Gramont avait son rendez-vous à la croix de Franchard; il prit un broquart et un cerf et fit 20 lieues. Le comte d'Évreux attaqua à l'Épine-Foireuse une « laye » à son tiers an qui fut coiffée par les chiens après avoir parcouru 10 lieues.

Le 20 novembre, un premier cerf à sa quatrième tête attaqué dans la plaine des Écouettes a été pris dans une mare entre Massory et Livry. Le second cerf, à sa deuxième tête, attaqué près du Bois-Madame, a été laissé dans la rivière au-dessous de la Madelaine à une heure de nuit. Ce dit jour la chasse a fait 14 lieues.

Parmi les lieux dits dont l'orthographe a été modifiée, nous citerons : la croix de Saint-Héran (Saint-Hérem), les pieds Pourias ou Pourics (Pieds-Pourris), l'Épine Foireuse (Foreuse), les ventes aux Seigneurs (Bois des Seigneurs), les Byorneaux (Béorlots), pointe directe ou d'Yrée (d'Iray), les monts de la Fay (de Fays), vallée Joubreton (Jauberton), les Bernolets (Barnolets), le bois Chedeau (buisson Cheydeau) près de la croix de Vitry, etc., etc.

L'appellation d'autres cantons paraît avoir disparu.

Quels sont en forêt de Fontainebleau ces endroits dont nous avouons ne plus connaître l'existence?

La croix de Patin Dieu, le feu des Brières, le Cormier Panchu, les Écuries Royales, le buisson d'Étrangle-Veaux, le rocher de Vaucervelle (probablement près des Écouettes), la souille aux Pourceaux, la plaine du puits de l'Ormier, le Petit Bourbon, l'Arq, le bois de La Boulaye, la mare du montoir de Belroze, et le Petit Paris (où on attaquait des sangliers), le rocher Sureau, près la croix du Grand Maître?

Nos pères à l'esprit gaulois mais aussi au parler gras, avaient baptisé certains cantons de noms par trop naturalistes ; nous renonçons à les citer.

Aux chercheurs infatigables de retrouver ces endroits disparus.

(*Abeille*, 1er janvier 1892.)

M. Colinet nous adresse les curieux renseignements suivants :

Sur une carte de 1752, je remarque :

1° Que la croix de Patin-Dieu était située à mi-chemin, sur la route de Bourron, entre la croix Saint-Hérem et le sommet de la côte de Bourron. M. Domet dit que cette croix est disparue vers 1761 ;

2° Le Cormier-Penchu est le carrefour actuel de Recloses, à l'intersection de la route Ronde et de la route de Recloses ;

3° Les Écuries-Royales étaient situées dans le Rocher-Boulin, proche la route Ronde, à quelques pas de la Gorge-aux-Loups ;

4° Le Buisson-d'Étrangle-Veaux est situé *extra muros*, proche Dammarie-les-Lys. Il en est de même du Petit-Paris, où on attaquait les sangliers, qui se trouve à quelque distance de la ferme d'Essonville, aujourd'hui Orsonville, commune de Villiers-aux-Poires, actuellement Villiers-en-Bière ;

5° Le Rocher-de-Vaucervelles est certainement le dernier contrefort du Rocher-Cassepot actuel, jadis Rocher-de-la-Béhourdière, proche la route de Melun. Son nom lui venait très certainement de la croix de Vaucervelles, située au croisé de la route de Melun et de la route de Luxembourg, lieu dit le Cabaret-Masson. Un puits, dit de Vaucervelles, construit par François 1er, pour abreuver le gibier et les chiens, existait dans ces parages ;

6° La Souille-aux-Pourceaux était un canton situé proche le dépotoir actuel ;

7° La plaine du Puits-de-l'Ormier est, certainement, la plaine du Puits-du-Cormier, dans l'emplacement actuel du Polygone ;

8° Le Rocher-Sureau était l'extrémité du Rocher-Brûlé actuel ;

9° Enfin, le canton appelé aujourd'hui « Les Ventes-Bourbon », se divisait, autrefois, en trois parties : le Grand-Bourbon, le Petit-Bourbon et les Ventes-Bourbon, c'est cette dernière désignation qui a prévalu.

Quant aux cantons dénommés : L'Arq, le Bois-de-la-Boulaye et la Mare-du-Montoire-de-Belroze, ils ne se trouvent pas en forêt ; on les découvrirait certainement en consultant les cadastres des communes limitrophes.

(*Abeille*, 8 janvier 1892.)

LA VÉNERIE D'AUTREFOIS

LA CAPITAINERIE DE FONTAINEBLEAU

En faisant des recherches aux Archives Nationales, recherches rendues faciles grâce à l'amabilité de notre ami, M. Henri Stein, que nous tenons à remercier ici, nous avons trouvé quelques documents curieux. Nous les publierons sous le titre de : *La Vénerie d'autrefois*, espérant qu'ils trouveront auprès de nos lecteurs le même accueil que les documents du même genre publiés par *l'Abeille*, dans le courant de l'année dernière. Les encouragements de plusieurs personnes compétentes et aussi la reproduction spontanée de ces articles dans divers journaux de sport, nous ont fait croire qu'ils avaient quelque intérêt, c'est pourquoi nous les continuons.

ÉDIT du Roy portant règlement de l'étendue de la capitainerie des chasses de Fontainebleau.

De novembre 1687.

« LOUIS, par la grâce de Dieu, Roy de France et de Navarre, etc.

« Avons résolu de marquer la « conférence » de la capitainerie de Fontainebleau par des bornes immuables qui ne puissent laisser aucun doute afin qu'à l'avenir nos règlements et ordonnances sur le fait des chasses y soient inviolablement observez.

« A CES CAUSES, de notre propre mouvement, pleine puissance, Nous avons prohibé et défendu à tous seigneurs de chasser dans l'étendue de ladite capitainerie de Fontaine-bleau, à commencer depuis la ville de Melun, le long du ruisseau des trois Moulins ou de Bretignon et le long du mesme ruisseau jusqu'à la Chapelle Rabolais et Guerchy, et de cedit lieu par les grands chemins à Forge et à Montreau Faut Yonne, de là à Dormeil, Nanteau, Nonville et remontant à Grez (sans entrer dans l'étendue de la capitainerie des chasses du duché de Nemours marquée par notre reglement du 15 septembre 1677 auquel Nous n'entendons rien préjudicier) aller à la Chapelle la Reyne, Feullard, Noisy et Milly, puis le long du ruisseau de l'Ecole à Ponthierry et de Ponthierry le long de la rivière de Seine à Melun.

» Voulons que tout ce qui est compris dans lesdites limites, compose à l'avenir la dite capitainerie de Fontainebleau.

. . . .

» Car tel est notre bon plaisir. Et afin que ce soit chose ferme et stable a toujours Nous avons fait mettre notre seel à cesdites Presentes. Donné à Fontainebleau au mois de novembre l'an de grace mil six cens quatre-vingt sept, et de notre règne le quarante cinquième. Signé LOUIS. Et sur le reply, Par le Roy, COLBERT, et scellé du grand sceau de cire verte, en lacs de soye rouge et verte. »

**

Puis, des contestations s'étant élevées, nous trouvons, dix ans plus tard, l'arrêt suivant :

ARREST *du conseil d'État du Roy en interprétation du règlement du mois de novembre 1687 pour les limites de la capitainerie des chasses de Fontainebleau.*

Du 9 novembre 1698.

« Le Roi voulant prévenir les contestations qui pourraient survenir au sujet de quelques endroits dudit reglement qui ne paraissent pas assez clairement expliquez, Sa Majesté a ordonné que ledit édit du mois de novembre sera exécuté selon sa forme et teneur et que les limites de ladite capitainerie seront depuis la ville de Melun jusques à Fontenailles, en suivant le long du ruisseau des trois Moulins sans avoir égard à la denomination du ruisseau de Bretignon; dudit Fontenailles à la Chapelle Rablets, petit Villeneuve, les Bordes, Villeneuve le Comte et Gurcy, nonobstant que ledit village de Gurcy ait été dénommé Guerchy; dudit Gurcy à Montigny (Lencoup) et le long des bois de Montigny et Coutanson par les grands chemins de Forge et Montereau; de là à Dormelle le long des bois de S. Ange à Villemaréchal; de là à Grez y comprenant les villages et territoires de Nanteau et de Nonville, et les bois de Saint Jean de la Joye, Barbeau et Moliserve, de Grez à la Chapelle la Reine par le grand chemin de Larchant, y compris le village de Villiers, bois et territoire de la commanderie de Beauvais, conformément au règlement du 15 septembre 1677, ledit village de Larchant demeurant hors de ladite capitainerie de la Chapelle la Reine à Feullard, Noisy et Milly par le ruisseau allant dudit Noisy à Milly et de Milly le long du ruisseau de l'Ecolle à Ponthierry le long de la rivière de Seine à Melun.

» Fait au conseil d'État du Roy, Sa Majesté y estant, tenu à Fontainebleau le neuvième jour de novembre mil six cens quatre vingt dix huit. Signé Phelypeaux. »

⁎⁎⁎

Plus tard encore, en 1700 et 1768, la délimitation de la capitainerie de Fontainebleau fut modifiée.

« Un arrêt du conseil d'estat du 20 décembre 1700, réduisit l'étendue du côté de la Chapelle Rablais par les grands chemins allant de Fontenailles audit lieu de la Chapelle Rablais, Forges et Montereau.

» Un autre arrêt du 16 décembre 1768, rendu à la requête du comte de Clermont, du marquis de Montmorin et du sieur Debonnaire propriétaire de la baronnie de Forges déclare que la terre et la forêt de Saint Germain Laval sont hors les limites de la capitainerie, maintient et garde le comte de Clermont et ses successeurs abbés dans le droit de chasse qui leur appartient sur ladite terre et ladite forêt en qualité de seigneurs et propriétaires avec défense de les y troubler. Il donne acte audit sieur comte de Clermont de ce qu'il produit : 1° un édit du mois de novembre 1687 et les arrêts du conseil des 9 novembre 1698 et 20 décembre 1700, 2° copie d'un mémoire remis au cardinal de Bissy par les seigneurs de Forges en 1722 ou 1723 au sujet des tentatives faites par les officiers de la capitainerie pour en étendre les limites. »

(*Abeille*, 30 décembre 1892.)

LA GROTTE AUX CRISTAUX

M. Colinet, l'infatigable sylvain de notre forêt, ne se contente pas d'entretenir les sentiers Denecourt qu'il a perfectionnés, mais il cherche toujours, exécute de de nouvelles promenades et fait des créations.

Grâce à ses persévérantes recherches, il a pu retrouver la Grotte du père Benoit, appelée depuis la Grotte aux cristaux.

Cette grotte a été longtemps bien oubliée. Un court historique intéressera, nous l'espérons, nos lecteurs.

Trouvée en septembre 1850, par un nommé Benoit, manouvrier à Fontainebleau, elle est signalée dès le 6 octobre par un nommé Chenu, boulanger, qui fait part de son enthousiasme au public.

Le 25 octobre, le poète Durand en donne une description emphatique et quelque peu naïve, dont nous extrayons ces quelques lignes :

« Je me suis transporté au Rocher Saint-Germain, voir la grotte que le sieur Benoit vient d'y découvrir. M. Chenu, qui était sur place, m'en fit les honneurs. Ce réduit me paraît contenir 70 mètres de superficie. Ces espaces sont réunis par des arceaux formés par des stalactites grossièrement ébauchées. Les plafonds forment une foule d'admirables cristallisations pendantes... Ces concrétions pierreuses sont formées d'angles multipliés et quelquefois d'angles cubiques nommés rhomboèdes, parallélipipèdes, etc. Leur couleur est variable : blanc mat et terne, légèrement bleuâtre, etc... »

Une véritable émotion empoigna le public de Fontainebleau ; la foule se porta au rocher Saint-Germain pour visiter la grotte du père Benoit ; et chaque visiteur emporta qui plus, qui moins, des fragments de stalactites. Si bien que si on on n'y avait mis ordre, il n'en serait plus resté le moindre morceau. Par les soins de l'administration municipale et de l'inspection des forêts, l'ouverture en fut close pour éviter des déprédations.

La presse s'empara de la nouvelle ; l'Institut s'en occupa. Le 22 juin 1851, M. Constant Prévost, un de ses membres, vint de Paris la visiter, accompagné de

50 élèves. Quelques jours après, M. Élie de Beaumont, membre de l'académie des sciences, fut délégué pour examiner la grotte et faire un rapport. Il fut accompagné par M. Thinus, adjoint.

Entre temps une souscription fut ouverte, mais, par suite nous ne savons de quel malentendu, une partie du produit fut employée à la création de sentiers de promenade dans la Gorge aux Loups, inaugurée le 8 décembre 1850.

Le 7 octobre, M. Denecourt dirigea à la roche aux cristaux, qui perd le nom de son *trouveur*, une excursion annoncée par les journaux.

Quelques jours après, nouvelle excursion. On passe devant, mais on la trouve comblée et couverte de décombres.

Depuis il ne fut plus question de la Grotte aux cristaux; on ne la voit plus sur les indicateurs de la forêt. Le souvenir seul en est resté.

**

Nous avons dit, avec intention, que la grotte avait été *trouvée* et non *découverte* par le père Benoit.

En effet, si elle était inconnue de la génération de 1850, le gisement de cristaux du rocher Saint-Germain avait été de notoriété bien avant.

Nous en avons la preuve, notamment dans le poëme de Castel, sur la forêt de Fontainebleau, publié en 1805. Nous y lisons :

> Forçons ces rocs épais à nous ouvrir leurs veines,
> A révéler au jour leurs beautés souterraines,
> Ces lits d'un sable doux, ces fertiles berceaux
> Où croît la stalagmite et naissent les cristaux.
> Le grès, nouveau Protée, en cubes s'y partage...

Quelques années plus tard, le docteur Bo, dans sa *Topographie médicale de Fontainebleau* (Lequatre, imprimeur de la ville et du château, 1805), est plus explicite :

« A 7,500 mètres environ de Fontainebleau, en allant vers le nord, on trouve dans la forêt le rocher Saint-Germain, curieux par ses cristallisations. Il forme une ligne d'environ trente mètres; sa surface est plane et recouverte d'un demi-mètre de terre sablonneuse, un peu calcaire. Ce rocher présente dans la moitié de sa longueur plusieurs excavations qui offrent une cristallisation constante en rhomboïdes et dans lesquelles on trouve un sable fin, blanc et toujours humide, quoique l'on n'y observe point d'infiltration d'eau.

» ... Au-dessous d'une partie du rocher, il y a des caves assez vastes, dans lesquelles on pénètre en marchant sur ses mains, et dont les voûtes sont garnies de stalactites qui paraissent de même nature que les cristaux rhomboïdes, mais dont l'eau qui filtre, empêche de prendre la forme. On en trouve aussi sur le sable qui paraissent détachées de la voûte.

« Ce rocher n'est qu'un grès cristallisé en rhomboïdes, au moyen d'un ciment calcaire. Il en est parlé dans différents ouvrages d'histoire naturelle, et je le crois susceptible encore de fixer l'attention des naturalistes. »

Un de nos concitoyens, érudit et chercheur, a trouvé dans les œuvres de Buffon, au chapitre ayant pour titre : *Du grès*, les détails ci-dessous, curieux et nouveaux, donnant la composition de ces cristaux, et expliquant le phénomène.

« ... Quelques observateurs ont trouvé plusieurs morceaux de grès à Bourbonne-les-Bains (1), à Nemours (2), à Fontainebleau et ailleurs, qui affectaient une figure quadrangulaire et qui étaient, pour ainsi dire, cristallisés en rhombes. Or, cette espèce de cristallisation ou de figuration n'est pas une des propriétés du grès pur (3) : c'est un effet accidentel qui n'est dû qu'au mélange de la matière calcaire avec celle du grès; car ayant fait dissoudre par un acide ces morceaux figurés en rhombes, il s'est trouvé qu'ils contenaient au moins un tiers de substance calcaire sur deux tiers de vrais grès, et qu'aucun des grès, qui n'étaient que peu ou point mélangés de cette matière calcaire, n'a pris cette figure rhomboïdale. »

Comme on le voit, il était déjà question du Rocher Saint-Germain et de notre grotte aux cristaux en 1771, il y a 117 ans...

Nous pourrons ajouter aux documents précédemment cités, une bonne gravure de 1771, « Grès cristallisé de Fontainebleau », tiré du cabinet de M. Romé de l'Isle » et la « Description physique de la forêt de Fontainebleau » par F.-P. Paillet, in-4°, Paris, 1807.

.*.

On l'a dit souvent, si la forêt de Fontainebleau était seulement en Suisse, on y viendrait encore davantage et les étrangers la connaîtraient mieux. Nous devons prévenir nos lecteurs que les cristaux du Saint-Germain sont *uniques*, non pas seu-

(1) Mémoires de Physique, par M. Grignon, in-4°, p. 353.
(2) M. Bezout, savant géomètre de l'Académie des sciences, a reconnu le premier ces grès figurés dans les carrières de Nemours.
(3) Une autre espèce de grès découvert depuis peu dans la forêt de Fontainebleau, du côté de la Belle-Croix, est composé de vrais cristaux réguliers de forme rhomboïdale... On trouve ce grès indiqué et décrit pour la première fois dans un catalogue imprimé (chez Claude Hérissant), et composé par M. Romé de Lisle, d'un riche cabinet d'histoire naturelle, exposé en vente à Paris dans le mois de juillet de cette année 1771. Dans une note relative à cette indication, on observe que cette espèce de grès n'est pas pure, que l'acide nitreux l'attaque à raison d'une substance calcaire qui entre dans sa mixtion en proportion d'un peu plus d'un tiers sur le total, et l'on ajoute que peut-être la cristallisation de cette pierre sableuse n'a été déterminée que par le mélange et le concours de la matière qui paraît servir de ciment... Dans ce canton de la Belle-Croix, les blocs y sont moins isolés et paraissent former des chaînes ou des bancs plus réguliers. (Mémoires sur le grès, par M. de Lassone, Académie des sciences, année 1774.)

lement dans cette partie de notre forêt, mais en *France*. Cette curiosité naturelle de petits rochers composés de groupes hérissés d'angles divergents au milieu desquels se détachent de gracieux rhomboèdres présentant des angles de 70 à 110 degrés, n'a sa semblable que dans le Wurtemberg.

Mais l'ancienneté de ces cristallisations, qui ne sont pas des éphémères comme les champignons, importe peu. Il est également indifférent que la grotte ait été découverte et trouvée déjà plusieurs fois.

Nous devons savoir gré à M. Colinet de l'avoir recherchée et retrouvée. Il a ainsi remis à jour une curiosité disparue de la forêt et créé un nouveau but de promenade qui sera classée parmi les plus intéressantes.

La grotte fut inaugurée le 11 mai 1891. Malgré la pluie, plus de deux cents personnes assistaient à cette petite solennité au cours de laquelle M. Colinet raconta comment il avait retrouvé la grotte, son histoire, et pourquoi il avait dû l'entourer d'une grille, car « elle a des adorateurs si fervents, a-t-il dit, que si je ne l'avais pas emprisonnée, il y a longtemps que grotte et cristaux se seraient envolés aux quatre coins du ciel ».

Si l'on avait agi aussi spontanément et énergiquement en 1850, au lieu de discuter sans fin, la grotte aux cristaux qui, malgré toutes les déprédations dont elle a été l'objet, est encore bien intéressante, serait une curiosité sans rivale, dans son genre.

Une surprise, dont l'idée revient en entier au Sylvain de la forêt, et qui fut réalisée par un confiseur de la ville, fut de distribuer, le jour de l'inauguration, des bonbons ayant la forme de cristaux de grès. Ce fut le succès de l'année.

Visitée en 1891 par un très grand nombre de promeneurs, la foule était si nombreuse quelquefois, que bien des personnes ne purent en approcher assez près pour bien voir; heureusement, la grille est solide, sans cela, elle aurait pu céder devant le flot humain.

Les visiteurs ne venaient pas seulement de Fontainebleau; parmi les personnes ayant lu la découverte dans les journaux parisiens et voulant connaître la grotte, de suite, citons deux illustrations de la capitale : le docteur Brouardel, doyen de la Faculté de médecine, et M. Garnier, architecte de l'Opéra.

La Grotte aux cristaux, ainsi que sa voisine, la fontaine Maria, créée en même temps, continuent depuis cette époque à faire le bonheur des touristes. La station est maintenant une des plus appréciées de la forêt.

(*Abeille*, mars-mai 1891.)

LES TRAVAILLEURS DE LA FORÊT

Autrefois très nombreux, leur nombre s'est considérablement éclairci. En 1850, date à laquelle remontent ces notes, ils étaient déjà en nombre relativement restreint; aujourd'hui, ils sont encore plus réduits, différentes circonstances ayant modifié les travaux. Actuellement, on compte en moyenne : 20 charbonniers, 10 ou 15 fendeurs de lattes, 60 carriers et 200 bûcherons environ. Le chiffre de ces derniers augmente quelquefois, lors des ventes extraordinaires, comme après le verglas, après les incendies.

I. — LES CHARBONNIERS

Sont pour la plupart originaires du Morvan, de la Picardie et un peu de la Brie.

On peut faire du charbon toute l'année, mais le printemps est le meilleur temps pour cuire. Au moment du 15 mars ils commencent à arriver.

Le chêne et le charme sont les meilleurs bois à charbon.

Le charbonnier établit ainsi son fourneau. Autour d'un grand pieu central, ou *clef*, on dresse le bois par cercles. Quand il a atteint un diamètre de dix pieds, il le couvre de feuilles ou d'herbes, puis y ajoute de la terre, du *braisis*, léger comme de la cendre. Il ôte ensuite la clef et à sa place il met une pelletée de braise et de fumerons qu'il recouvre. Chaque ouverture que le feu produit est successivement bouchée avec de la terre. Il ne peut un instant s'éloigner; c'est une veillée continuelle de jour et de nuit.

Un fourneau se cuit en vingt-quatre heures. Quand il baisse et s'affaisse, le charbon est fait. On l'éteint alors en le couvrant de terre pendant douze heures. On le découvre ensuite pour le mettre en sac.

Le « charbonnier » gagne de quatre à cinq francs par jour. Sa loge est faite avec des perches de chêne et recouverte avec des gazons. Tout autour sont dressés des lits de fougère, de mousse ou de paille. Au milieu est de la braise, toujours entretenue, pour le chauffage et la cuisine.

Les outils sont, outre le râteau, l'emblet pour chasser le charbon, la pelle de fer, une grande brouette ou civière.

II. — LES FENDEURS DE LATTES

S'occupent à fendre les chênes dans les Ventes, pour faire des lattes, du treillage et des palissades. Ils fournissent d'échalas la Bourgogne, la Champagne, Thomery et la Brie.

Ils s'établissent dans les Ventes sous des cabanes construites avec des pelures, écorces d'arbres, copeaux de lattes, branches, etc., et y passent des saisons entières, souvent même l'hiver.

Un bon fendeur peut gagner de cinq à six francs par jour; le métier est assez dur et réclame des hommes fort solides.

Après avoir scié le chêne, à longueur des palissades ou des lattes, il faut le fendre avec des coins et le refendre sept à huit fois avec la cognée, souvent même avec le maillet et les coins de fer. Puis on les dégrossit avec la serpe et enfin avec la doloire.

Le travail est long et pénible; il est bon de s'y livrer en hiver, par les gelées. Le fendeur y sue abondamment et y exerce tous ses membres.

Barbizon, Chailly, Fay, Macherin avaient jadis de nombreux fendeurs, habiles et laborieux, Luniot en était un. Depuis l'appauvrissement des grandes futaies, le fendeur a presque complètement disparu. Autrefois travaillant sous leurs huttes pittoresques, à la Mare-aux-Évées, à l'Épine-Foreuse, aux Écouettes, au Déluge, aux Grands-Feuillards, ils ont abandonné la forêt qui n'a plus assez de grands arbres à dépecer. Ils cultivent leurs terres avec un soin extrême. Transformés en Arabes civilisés, ils ont perdu beaucoup de leur physionomie, de leurs gestes et de leur nature. Ils sont arrivés à l'aisance et jouissent de leur indépendance.

III. — LES BUCHERONS

Les bûcherons ont pour fonctions d'abattre l'arbre, de le mettre à bas et de le façonner en bois, grand bois, bois de corde, brigot, bois rompu, bois à charbon, cotterets, bourrées et fagots.

Il peut gagner en moyenne de deux à trois francs par jour. C'est la catégorie de beaucoup la plus nombreuse parmi les travailleurs de la forêt.

Leur outillage est assez compliqué. Ils emploient la cognée; le merlin en fer, pour fendre ou recasser; les grandes scies; les barrures ou scies sans montures; la serpe; les coins en bois et en fer; les coins douilles; le mail en fer, pour refendre le bois; le coude en fer, pour recasser le bois blanc, comme le bouleau; la pioche; la piémontaise; la bicque ou chevalet; le pieu, pour couper le bois à charbon; le cheval, pour faire la bourrée à larguer, avec la harre et les bâtonnets.

Les Bourguignons sont en grande partie bûcherons, ils viennent à Fontainebleau et se font des huttes ou loges dans la forêt, comme les charbonniers ; ils y vivent avec leurs femmes et leurs enfants, quelquefois pendant l'année entière.

On abat le bois de pin depuis le mois de novembre jusqu'à celui d'avril, quand la sève est arrêtée et la feuille tombée. Lorsqu'on veut faire de l'écorce et du tan, on abat en mai.

Quand il gèle trop fort on suspend le travail ; on ne peut abattre parce que la cognée n'entre pas et la terre, étant abaissée par la gelée, il se trouve que l'arbre est coupé trop haut.

IV. — LES SCIEURS DE LONG

Les scieurs de long ne sont pas originaires des villages limitrophes de la forêt de Fontainebleau ; presque tous viennent du Nivernais, de l'Auvergne ou du Limousin. Ce sont de vigoureux gaillards, solides comme des rocs et grands travailleurs, quand ils ne sont pas distraits par la bouteille.

Ils peuvent gagner, 8, 10 et même 12 francs par jour, mais le métier est dur aux reins et harasse les épaules. Ils sont quelque peu enclins à la débauche, comme dans la plupart des corps produisant beaucoup, jouent, boivent pendant des semaines entières, tant que l'argent foisonne.

Ils retournent au bois lorsque les doublures de leurs poches se touchent et se remettent à scier avec la dure et lente activité d'une machine.

Ils ont besoin d'un outillage assez important : les grandes scies bien affûtées, aux dents acérées et pointues ; le trépied ou atelier et la coulotte ; les chaînes pour tenir la pièce de bois sur le trépied ; les scies de rechange ; la cognée à ébaucher et à blanchir ; les scies de travers et les scies de long ; compas ; tréteaux et chèvres.

Le scieur de long, émigré du Limousin ou de l'Auvergne, travaille en *compagnon du devoir*, ou célibataire, sans le secours de sa femme pour faire sa cuisine. A l'encontre du *fendeur*, du *bûcheron*, du *charbonnier*, que la femme approvisionne de soupe et de lard, cuits soit à la maison, soit à la hutte, il se contente d'une nourriture sommaire : pain sec et fromage, boit de l'eau des mares ou prise dans les creux de rochers. Mais en revanche, à la paye, il se dédommage et fait gagner les cabaretiers de Fontainebleau, de Barbizon et de Bourron.

On en a vu qui gagnaient, à deux, 30 francs par jour au Déluge, dans la futaie d'Ury, travaillant, sans chemise, trois jours dans la quinzaine. Ils avaient des scies de cinq pieds de long. Il faut être de première force et valoir deux hommes pour faire un semblable travail.

Les gros arbres sont amenés sur des rouleaux. La scie de travers a sept pieds de long, sans armature ou manicotte. Comme elle est à dents de requin et en acier fortement trempé, il faut tirer bien droit, sans quoi on est exposé à la forcer et à la briser.

Les plus gros arbres au Déluge et à la Mare-aux-Évées avaient 21 pieds de tour; ils valaient de 1,000 à 2,000 francs. — Le hêtre ne mesure jamais plus de 10, 12 et 15 pieds de circonférence.

En 1846 on a rencontré à la Mare-aux-Évées un chêne qui mesurait 22 pieds; ses branches ont produit 50 stères de bois; quelques-unes avaient six pieds de circonférence.

V. — LES CARRIERS

« Vne partie de cette belle forest est remplie de grands rochers qui servent de retraite à vne infinité de bestes fauves qui la rendent très agréable par la beauté des chasses différentes; ces rochers sont d'une pierre dure que l'on nomme grais qui a le grin très beau et de laquelle on se sert pour les bastiments du chasteau » dit le géographe de Fer dans son manuscrit inédit de 1699.

Pour utiliser ces roches il fallait des ouvriers et dès le règne de Philippe-Auguste, en 1184, on commença l'exploitation des grès de Fontainebleau.

Les carriers furent autrefois très nombreux et turbulents; plusieurs fois, notamment en 1830, au nombre de 500, ils menacèrent les chefs du service forestier et faillirent « descendre » en ville. Ils y semèrent la terreur pendant plus de trois mois.

Cette profession est des plus malsaines, aussi les carriers meurent-ils jeunes; rarement ils dépassent 45 ans. Pour leur venir en aide durant leurs maladies, fut fondée à Fontainebleau une société de secours mutuels, placée sous le vocable de leur patron, saint Roch. Elle a subsisté plus que les carriers, car ils atteignent à peine aujourd'hui le chiffre de 100 dans toute la forêt.

L'industrie des pavés (nous ne parlons pas des pierres pour la construction depuis longtemps délaissées à juste titre, car elles avaient le grave inconvénient d'être trop facilement impressionnées par l'humidité), a aujourd'hui beaucoup moins d'importance par suite de l'emploi du macadam, puis du pavage en bois de Paris et aussi de l'emploi de grès d'autres provenances, plus résistants.

C'est en 1829 que la forêt produisit le plus grand nombre de pavés : les 400 carriers fournirent cette année-là 2,900,000 pavés.

L'aspect de la forêt ne peut que gagner à l'ouverture de plus en plus rare des carrières dont les trous béants offraient aux promeneurs un triste spectacle. Quant aux ouvriers, tous destinés à devenir phtisiques, mieux vaut les voir choisir un autre état.

(*Abeille*, 18 mai 1894.)

LA VIPÈRE DE LA FORÊT DE FONTAINEBLEAU

La vipère semble avoir été jadis, bien plus rare que de nos jours, dans la forêt de Fontainebleau. Elle aurait même, à une époque encore peu éloignée, été presque inconnue.

Les auteurs qui, aux siècles précédents, ont écrit sur notre pays, ne font aucune mention de ce reptile. Il paraît avoir été observé pour la première fois au commencement de ce siècle, et, depuis, il lui est fait une chasse assidue, sans cependant en arrêter la très grande propagation.

Sa « découverte » — le mot a été employé alors — date de 1803. Cette année-là un accident est signalé : le jeune Baladier, de Veneux-Nadon, mordu à la cheville par une vipère, meurt quelques heures après. Le docteur Paulet, de Fontainebleau, le savant auteur d'un traité sur les champignons, signala le fait au jury médical. Cette assemblée demanda au préfet « de lui procurer un spécimen de ces reptiles afin de pouvoir rédiger des instructions en conséquence ».

Les ordres du préfet furent exécutés; après une chasse assidue, trois vipères furent tuées. Deux par les gardes forestiers Tissier et Bonnel, la troisième par la femme Baladier, la même qui avait eu, l'année précédente, le malheur de perdre un enfant à la suite d'une morsure venimeuse.

Comme on le voit, la vipère était encore rare, néanmoins l'émotion était grande. Aussi le préfet voulant « encourager les gardes forestiers à chercher les repaires de ces animaux et à les détruire », arrêta que les gardes recevraient la prime accordée pour la destruction d'un loup — soit vingt francs — par tête de vipère tuée.

Malgré l'importance de la prime, il ne paraît pas que le budget départemental ait été alors obéré de ce fait.

L'administration, la presse, les savants, s'occupèrent sérieusement de cette question des vipères. Comme toujours intervint un mauvais plaisant, un nommé Cassegrain, se disant « retiré à Fontainebleau ». Ce personnage — vrai ou anonyme — écrivit au *Journal des Débats* pour contester la présence des vipères dans la forêt et mettre leur prétendue découverte sur le compte de gens affolés, hallucinés.

Le seul journal local d'alors, la *Feuille hebdomadaire de Seine-et-Marne*, publiée à Melun, se crut obligée de répondre en détail à la lettre Cassegrain. Elle rappela la mort du jeune Baladier et cita deux nouvelles victimes : le nommé Fargeau, de Villiers-sous-Grez, et un jeune enfant du quartier des Provenceaux, à Fontainebleau, atteint par une vipère cachée dans une bourrée sur laquelle sa mère l'avait posé sans défiance.

« La forêt de Fontainebleau, ajoutait la *Feuille*, pour rassurer ses lecteurs, n'est pas pour cela remplie de reptiles, comme M. Cassegrain prétend qu'on l'a supposé, mais tel petit que soit leur nombre, il suffit que l'on puisse en parler et s'en occuper sérieusement; c'est ce qu'ont fait les autorités de Fontainebleau. »

Quelques jours après, le même journal parlait à nouveau de la vipère-aspic, *découverte (sic)* dans la forêt de Fontainebleau. « Étonnante par la force et l'activité de son venin, elle l'est encore par la beauté de sa robe tigrée, ainsi que par les caractères noirs et singuliers qu'on remarque sur sa tête et dont les plus marquants forment une véritable fleur de lys. M. Cuvier, secrétaire perpétuel de l'Institut national, en a vu et examiné un individu vivant; le docteur Paulet en a chez lui un autre, vivant aussi, qui, dans ce moment — on était au mois d'octobre — est dans un état complet d'engourdissement. *Huit* de ces reptiles ont été tués depuis que le préfet les a signalés à la vigilance des gardes. »

La prime élevée offerte aux destructeurs de vipères avait alléché bien des gens. Cependant la chasse n'était pas encore fructueuse; on citait comme une merveille la prise de six de ces reptiles par un nommé Baladou, précurseur des Guérigny, des Barrage et autres chasseurs de vipères contemporains. Le théâtre de ses exploits était le rocher de la Salamandre « où se trouvaient les plus beaux et les plus irritables ».

Entre temps, le docteur Paulet continuait ses expériences. Une souris, emprisonnée dans un bocal avec une vipère vivante, fut mordue et succomba trois heures après. Deux chevaux furent exposés aux morsures; le premier, désigné pour la réforme, abandonné à son malheureux sort, succomba le lendemain. Le deuxième, soigné par le docteur, revint à la santé. Plus de cent personnes assistèrent aux expériences faites aux Petites-Écuries.

On pensait pouvoir exterminer le dangereux reptile.

Illusion s'il en fut. Depuis sa « découverte », au commencement de ce siècle, la vipère s'est propagée de plus en plus, si bien que la ville de Fontainebleau a été amenée à inscrire chaque année à son budget un crédit destiné à être réparti en primes de destruction, fixées aujourd'hui, non plus à vingt francs, mais à quarante centimes.

Le conseil général de Seine-et-Marne vote aussi une allocation pour le même objet. A ce propos, un incident assez singulier s'est produit en 1872; avant 1870, la la liste civile impériale prenait à sa charge la dépense de destruction des vipères dans la forêt, par suite le département spécifiait sur son budget que son allocation s'appliquerait seulement aux vipères tuées hors du territoire forestier. Après la chute de l'empire, cette exclusion avait été maintenue et menaçait de se perpétuer. Elle aurait peut-être continué sans l'insistance de M. D. Guérin, encore conseiller général qui fit — non sans peine — comprendre à ses collègues combien l'exception était désormais injustifiée.

Constatons en terminant que si la migration de la vipère vers nos contrées, assez récente, paraît-il, a été suivie d'une propagation très grande sur un terrain qui lui est favorable, on signale bien peu d'accidents. C'est à peine si, au cours des trente dernières années, on a dû en relater deux ou trois, et encore sont-ils attribuables à l'imprudence des personnes qui en ont été les victimes.

(Abeille, 6 décembre 1889.)

APPENDICE

GLOSSAIRE DU PATOIS GATINAIS

AVANT-PROPOS

Natif du Gâtinais, où j'ai vécu déjà plus de cinquante années, c'est avec une certaine tristesse, semblable à celle qu'on éprouve à l'aspect des feuilles qui jaunissent et qui tombent, que je vois disparaître notre vieil idiome provincial, si hardi en ses franches allures.

Tous les jours davantage, les expressions de cet idiome se dénaturent, ses tournures de phrase perdent leur caractère, ses mots fondent, comme la neige, au grand soleil de la langue officielle qui aujourd'hui luit pour tout le monde. C'est l'effet inéluctable de l'instruction populaire, cette nécessité sociale; c'est aussi le résultat du mélange des races, que la facilité des relations rend tous les jours plus intime.

Ceux qui nous suivront dans la vie ne parleront plus du tout le patois de notre cher Gâtinais, que déjà les contemporains ne parlent plus guère. Et pourtant ce patois a ses charmes pour quelques-uns; non seulement parce qu'il est l'essence de notre langue maternelle, mais encore parce que, en l'entendant, on croit entendre des échos de Rabelais, de Montaigne, d'Amyot, de Brantôme. C'est pour cela que j'ai pris à tâche de composer cette œuvre d'antiquaire que je dédie à mes frères du Gâtinais.

Peut-être un jour cet humble opuscule servira-t-il quelque linguiste ou philologue à la recherche des origines de notre langue nationale. Car il ne faut pas oublier qu'à la naissance de la langue française, le patois du Gâtinais était une fraction du dialecte français qui, après un travail de plusieurs siècles, a formé définitivement la Langue Française, et que cette langue lumineuse est devenue, sous la plume des immortels écrivains du XVIIIe siècle, le plus parfait instrument de la pensée humaine.

JEAN BONSENS.

A

Acouter. — Attendre. Exemple : accoutez-moi, j'en ai pour une minute.
Affifi (s'). — Se fier.
Aïder. — Aider. Ainsi la Cour des Aides s'appelait couramment la Cour des *Aïdes*.
Alle. — Elle. Ex. : Alle est aux champs.
Alpette. — Un rien du tout.
A-mort. — Beaucoup. Synonyme de *Très-bein* (voir au T). Ex. : Il lui a dit des sottises *à-mort*.
Apponicher (s') — On dit aussi *s'éponicher*. S'accrouper sur ses mollets, sans s'asseoir, pour satisfaire un besoin ou pour se dérober à la vue. On dit à un petit enfant tourmenté par un besoin : *Apponiche-toi*. Doit venir du latin *ad ponere*.
A-présent. — Maintenant. A l'instant-même, Dorénavant. Ex. : *A-présent* qu'allons-nous faire? Il arrive *à-présent*. *A-présent* je prendrai mes précautions.
Aria. — Désordre. Embarras matériel.
Aricandier. — Espèce d'industriel et commerçant ambulant, mal outillé, mal pourvu de marchandises, mal organisé.
Artaud. — Orteil. — Ex. : Il m'a *tripé* (v. au T) sur l'*artaud*.
Assassineux. — Assassin. Rabelais dit *Assassineur*.
Assiner. — Assigner. Employé par Rabelais.
Attendre après. — Être impatient d'avoir, d'obtenir.
Avoindre. — Aveindre (vieux mot français qui n'est pas dans le Dictionnaire de l'Académie). Signifie prendre, saisir avec effort un objet, en s'aidant de toute la longueur de son bras, de son corps et de ses pieds, soit horizontalement, soit verticalement, en haut ou en bas. Ex. : Je voudrais *avoindre*, de ce terrier, un lapin que j'ai blessé. — Eh bien! l'as-tu *avoindu*?
Avouiller. — On dit aussi *Évouiller*. Rassasier au delà de l'apaisement de la faim, c'est-à-dire dégoûter.

B

Baboilla. — Femme bavarde, ignorante et sotte qui parle à tort et à travers.
Babouine. — Lèvre. On dit : s'essuyer les *babouines*.
Babouiner. — Dire des niaiseries. Rabelais emploie le mot *babouinerie* pour dire : niaiserie, futilité.
Bacailler. — Causer bruyamment, bêtement et méchamment.
Badibadou. — Quand on porte sur le dos un petit enfant qui vous tient par le cou, on dit : il est en *badibadou*.

BALAYANT. — Branche d'arbre de moyenne grandeur qui, garnie de brindilles, est employée pour balayer les feuilles tombées à l'automne.

BALLE-AU-DOU. — Balle que les enfants, en jouant, se lancent tour à tour dans le dos. On dit : jouer à la *balle-au-dou*.

BAMBOCHE. — Mauvaise pantoufle.

BARBAROTTE. — Minuscule poisson de rivière qu'on trouve sous les pierres, et qui porte des piquants de chaque côté du ventre.

BARBE-A-JEANNE. — Viorne, clématite sauvage que les jeunes garçons coupent en petits bouts et fument en guise de cigarettes. — Doit son nom, sans doute, à ce que sa fleur ressemble à une barbe de chèvre.

BARRETTE. — Visière de casquette.

BAT-L'ANE. — Garçon meunier qui transporte les fournées à dos d'âne ou de mulet.

BASSE-COURIÈRE. — Femme employée spécialement au service d'une basse-cour.

BEROUETTE. — Brouette.

BIÉ. — Bélier.

BINER. — Embrasser, baiser.

BINETTE. — Quand, à une contredanse de fin de bal, le violon lance une note spéciale et connue, pour inviter les danseurs à *biner* leurs danseuses; on dit : Il joue la *binette*.

BLETTE. — Se dit d'un fruit qui, sous une belle apparence, est ramolli, gâté et a perdu son goût. Ex. : une poire *blette*.

BLONDE. — Bonne amie, amoureuse préférée.

BODI. — On nomme ainsi le ventre d'un bébé.

BONNES-GENS ! — Exclamation de pitié, de compassion. Ex. : Ah! *bonnes-gens!* il n'a pas de quoi manger.

BOUELLE. — Gamine. Vient sans doute du latin *Puella*.

BOIS-DOUX. — Bois de réglisse que sucent les enfants.

BOISTIER. — Celui qui ramasse des branches mortes dans les bois et en fait des fagots.

BOULIN. — Verge à fouetter les marmots.

BOURRER (se). — Se dit de deux gamins qui luttent l'un contre l'autre.

BRACELET. — Double manche en percale qui garantit l'étoffe de la manche.

BRAIE. — Bout de chemise qui sort souvent de la culotte des petits enfants.

BRAISIER. — Brasier.

BREN. — Petite quantité. Ex. : il n'y en a pas un *bren*. Employé par Rabelais.

BRICOLIER. — Celui qui entreprend toutes les besognes et surtout qui les fait mal, qui s'embrouille.

BROUILLASSER. — Bruiner.

BUCHOT ou BUCHOTTE. — Bout de branche de bois.

C

Cabosser. — Bossuer. Employé par Rabelais.

Cacafouilla. — Salle maritorne.

Cageron. — Sorte de cage en osier sous laquelle on dépose les fromages qui doivent égoutter et sécher.

Caliborgneau. — Terme de mépris qu'on adresse à un étourdi ou à un borgne, sot ou rageur.

Calvarnier. — Garçon de ferme. Palefrenier.

Caquin. — Nom d'un œuf qu'on fait manger à un petit enfant.

Caribonhomme. — Dessin grossier représentant une personne, que les gamins tracent volontiers à la craie ou au charbon, sur la façade des bâtiments. Caricature à l'enfance de l'art.

Carne. — Charogne. Vient du latin *Caro, carnis*.

Carner (se). — Poser pour la tournure. Affecter un air crâne; faire le beau.

Catin. — Poupée.

Cèque. — Cercle de tonneau.

Chabler. — Gauler. *Châbler* des noix, des pommes. Rabelais emploie le mot *Challer* pour dire écaler : *Challer* des noix.

Chafauder. — Effaroucher.

Charoi. — **Charoin.** — Pièce de toile sur laquelle repose la cendre dans un cuvier à lessive.

Chême. — On dit : *y en chême pas*, pour : il y en a beaucoup. Vient sans doute de *chômer*.

Chiau. — Chien qui tette encore.

Chicotte. — Petite prune produite par un prunier non greffé.

Chien-malade! — Juron.

Chouète. — Beau.

Ch'tit, ch'tite. — Chétif, chétive.

Clairté. — Clarté. Employé par Rabelais.

Closse. — Poule qui a des poussins. Vient de glousser, gloussement.

Coudu. — Cousu.

Cochelin. — Cadeau de noces ou du premier de l'an.

Coignure (tenir). — Aider, appuyer quelqu'un qui est attaqué ou qui a un grand effort à faire.

Comme. — En même temps. Ex. : je suis venu *comme* lui.

Conasse. — Tabatière de forme oblongue, arrondie aux extrémités, plate aux parties inférieure et supérieure, généralement faite en écorce de merisier. Elle est toujours munie d'une courte lanière de cuir qui sert à arracher le couvercle et qui lui fait donner souvent le nom de *Queue-de-rat*.

Corlu. — Courlis.
Couailler. — Crier, se plaindre, se dit surtout des animaux domestiques tels que oies, dindes, etc.
Coué. — Couvé. Ex. : c'est le diable qui l'a *coué*.
Couvèque. — Couvercle.
Conséquent. — Important.
Couh! — Exclamation des enfants qui jouent à cache-cache pour dire qu'ils sont cachés.
Couiner. — Geindre, se plaindre. Est dans beaucoup de cas, synonyme de *couailler*.
Coulereau ou couleriau. — Petit ruisseau d'eau vive.
Coulotte. — Petite lessive.
Courreau ou courriau. — Verrou. Rabelais dit : *courrail*.
Couveau. — Couvet, chaufferette.
Couton. — Trognon de choux.
Croque-avoine. — Celui qui prépare un mariage, qui facilite les entrevues des futurs.
Cueiller. — Cueillir.
Culard. — Feu follet.
Cul-bèche. — Jeu d'enfants au moyen d'épingles. Synonyme de tête-bêche. Ex. : Jouons à *Cul-bèche*.

D

Daguenette ou Daguenelle. — Poire tapée.
Débringuer. — Déchirer, détériorer, abimer.
Décaniller. — Déguerpir.
Dégoutation. — On dit : c'est une *dégoutation*, pour dire : c'est dégoûtant; comme on dit : c'est une désolation, pour : c'est désolant.
Demincer. — Découper, réduire en petits morceaux. Ex. : Demincez donc le poulet. — C'est tout haché, tout démincé. — Il y en a qui disent : *mincer*. Constatons avec regret que le mot *demincer*, si expressif, fait défaut à la langue officielle.
Dépatouiller (se). — Se débarrasser, se désembourber, sortir d'un *patouillat* (voir au P).
Dépiauter. — Oter la peau, ou plutôt la piau, selon la grande habitude de changer l'e en i. — Dépouiller. — *Dépiauter* est encore un mot qui manque à la langue officielle, à raison de sa signification toute spéciale : Oter la peau. — Dépouiller, au contraire, veut dire aussi dévaliser, enlever les vêtements, relever un registre ou un compte. *Dépiauter* un registre voudrait dire enlever la peau de sa couverture.

Déripér. — Glisser. Se dit d'un objet pesant qui glisse sur la pince ou le levier le soulevant. — Vient peut-être du latin *ripa*, rive. *Dériper :* sortir de la rive. — Semble parent de ripement qui, en terme de chemin de fer, désigne un certain frottement.

Desembricoler. — Remettre en ordre.

Devinette ou Devinotte. — Enigme.

Dj... — Le J, ainsi réuni au D, remplace l'*I* dans un grand nombre d'expressions. Par exemple : Bon Djeu ! — C'est le Djable qui s'en mêle. — Dja ! — pour dire Dieu, Diable, Dia.

Doile. — Douve.

Donaison. — Donation.

Drussir. — Se dit généralement des petits oiseaux qui prennent des plumes, qui deviennent drus. Se dit aussi d'un terrain ensemencé qui pousse dru ; d'un gars qui devient fort et vaillant. N'a rien qui le remplace exactement dans la langue *officielle*.

Duire. — Se trouve encore dans les dictionnaires, notamment dans celui de l'Académie, où il est traité de *vieux et familier*. En quoi est-il plus vieux et plus familier que beaucoup d'autres mots ; que le mot Dieu, par exemple ! Quoi qu'il en soit, est très employé dans le Gâtinais où il signifie non seulement *plaire*, *convenir*, comme le disent les dictionnaires, mais encore et surtout dresser, éduquer. Ex. : Il a mal *duit* son cheval. C'est un gars bien *duit*. Et cette application est plus logique, attendu que *duire* vient directement du latin *ducere* qui signifie diriger, conduire.

E

Echandé. — Grand dadais, mal bâti. Synonyme de dégingandé.

Écrabouiller. — Écraser vigoureusement. Rabelais emploie *escarbouiller* pour dire éparpiller.

Écruelle. — Très petit crustacé de l'ordre des amphipodes. Généralement appelé : crevette de ruisseau ou puce d'eau ; il est très abondant dans les petits cours d'eau de source.

Eins, eint. — Est la terminaison de bon nombre de temps de verbes au pluriel. Ainsi on dit : *j'éteins, il éteint, j'alleins, ils veneint*, pour : nous étions, ils étaient, nous allions, ils venaient.

Embricoler (s'). — S'embarrasser, s'empêtrer.

Emmaliné (être). — Être *emmaliné* contre quelqu'un, c'est lui en vouloir.

En d'ici. — En deçà.

Enfriboulé. — Se dit d'une personne refroidie qui a la face, les mains et les pieds glacés.

Engoussé. — Être *engoussé*, c'est être grossièrement empaqueté dans des vêtements mal taillés.

Entersuivre (s'). — On dit de raisonnements qui n'ont rien de commun entre eux, qui se succèdent sans motifs : Ça ne *s'entersuit* pas.

Envoiera (il). — Il en verra. *Envoiera* dérive d'envoyer bien plus logiquement que enverra. On trouve dans Rabelais : « Le foye ne lui *envoyera* sang pour son entretien. »

Erateler. — Rateler les foins, les avoines.

Essadouir. — Ennuyer quelqu'un par du bavardage, lui casser la tête, l'ahurir.

Eteindre. — Éteint.

Évargie. — Mèche d'un fouet.

Évu. — Eu.

F

Faraud. — Bien habillé, endimanché, coquet.

Farfluche. — Léger corps quelconque qui s'envole au moindre souffle et souvent tombe désagréablement sur les muqueuses. Ex. : J'ai dans l'œil une *farfluche* qui me fait pleurer.

Farfouette. — Serfouette. Rabelais dit Cerfouette ; et cette orthographe est plus logique attendu que le mot vient du latin *Circum fodere*, fouiller autour.

Faumouché. — Émouchet.

Fersure. — Fressure.

Fient. — Fumier. — Semble être le masculin de fiente.

Fient (jus de). — Purin.

Fiette. — Confiance. Découle tout naturellement du verbe Fier, se fier.

Fignoler — Faire des manières ; faire le beau.

Filleau. — Filleul.

Flé. — Petit paillasson composé de brins de jonc réunis et retenus, sans natte, près les uns des autres par deux ou plusieurs fils transversaux. — Le fromage est souvent placé entre deux *flés* et peut ainsi être changé de place, retourné, sans le contact des mains. — N'a pas son synonyme en français officiel.

Flopée. — Tripotée, raclée, volée de coups.

Fraid. — Froid.

Fumeriau. — Petit tas de fumier déposé dans les champs.

G

Gaite. — Gaie.

Galafre. — Goinfre.

Galarné (vent de). — Vent du nord-ouest.

GALIFERNA. — Marmelade de prunes.
GALVAUDER. — Vagabonder.
GALVAUDEUX. — Vagabond.
GAPOUILLER. — Gaspiller, détériorer.
GARDE-GENOUX. — Boîte dans laquelle s'agenouille la laveuse de linge.
GARDE-MISÈRE. — Garnissaire.
GARIR. — Guérir. Ambroise Paré, le célèbre chirurgien du seizième siècle, disait :
« Je le soignai, Dieu le *garit*. »
GAS. — Gars.
GEIGNEUX. — Qui a l'habitude de geindre.
GÉSÉNÉE. — Charge généralement d'herbe que les femmes de la campagne rapportent des champs dans leur tablier. Se dit aussi *Gisonnée*, qui doit venir de giron, nom de la partie du corps qui s'étend de la ceinture jusqu'aux genoux.
GIRIES. — Simagrées, singeries. Ex. : Ne fais donc pas des *giries*.
GIGUELER. — Jaillir.
GIGUELOIRE. — Instrument quelconque, de petites dimensions, pour faire jaillir un liquide. A la campagne, les enfants confectionnent des *Gigueloires* au moyen d'un bout de sureau privé de sa moelle et d'une tige de bois armée de filasse par un bout.
GLENER. — Glaner. Employé par Rabelais.
GLISSOIRE. — Glissade.
GNÉONIOTTE (c'est de la). — Ce n'est pas grand'chose, c'est un rien.
GNIAU. — Morceau de craie ou de plâtre en forme d'œuf, que l'on dépose dans un coin du *Ju* (voir au J) aux poules, pour les exciter à pondre en cet endroit.
GNION. — Enflure de l'épiderme, provenant d'un coup donné avec le poing ou un instrument contondant.
GNIAF. — Savetier.
GOGÉE. — Étui en zinc que les faucheurs portent à la ceinture et qui contient la pierre à repasser les faux.
GOLAND. — Petite pièce de terre.
GORGEON. — Gorgée. Ex. : Allons! bois encore un gorgeon.
GOURGAUD. — Individu sale et malhonnête, vaurien.
GOURRE. — Truie.
GRATTI. — Commencement du trou fait par le lapin de garenne (v. *Jouette*).
GRAVISSANT. — Grimpereau.
GRIMOLER. — Geindre, se plaindre, pleurnicher. Se dit surtout des petits enfants qui pleurent.
GROLER. — *Groler* des marrons, c'est les faire rôtir.
GROU, GROUSSE. — Gros, grosse.
GUEULEDÉE. — Grande jale ou cuvier que l'on place sous la canelle de la cuve, pour recevoir le trop plein des seaux lorsqu'on tire le vin.

GUEUELETÉE. — Gueuleton.
GUENETTE. — Vieille brebis.
GUERDILLER. — Se tordre, se tortiller, se replier. Se dit surtout d'un reptile sur lequel on a marché.
GUERGNANT. — Petit morceau. Ex. : Je n'ai, pour goûter, qu'un *guergnant* de pain.
GUÈTE (moucho à). — Mouche guêpe. On dit aussi : moucho à *djète*.
GUYONNAIT. — Vient sans doute de gui l'an neuf et désigne les cantiques que les enfants chantaient jadis aux portes des maisons, le jour des Rois, pour avoir la part à Dieu.

H

HA ! — Interjection qui sert à appeler une personne que l'on ne tutoie pas.
HACHER. — Abîmer, détériorer.
HARBE. — Herbe.
HARSE. — Herse.
HÉ ! — Interjection qui sert à appeler une personne que l'on tutoie.
HÉRITATION. — Héritage.
HALER. — Hêler, appeler de très loin.
HOTCHEAU ou HOTTIAU. — Hotte.
HOTTERIAU. — Petite hotte.

I

INCOMPRENABLE. — Incompréhensible.
ITOU. — Aussi.

J

JARS. — Mâle de l'oie. Celui qui paraît le maître de la bande. Aussi, par analogie, on dit souvent pour désigner un gars qui est le coq du village : C'est le *jars*.
JAVELAN. — Petite javelle.
JOUETTE. — *Gratti* (v. au G), léger d'un lapin de garenne, indiquant par son désordre et son peu de profondeur que l'animal n'a pas tenté de faire un terrier, a pris seulement ses ébats.
JU. — Toit aux volailles. Vient sans doute de *jucher*, et est un abréviatif de *juchoir*.

L

Laira. — Se dit pour *laissera*.
Lanveau. — Petit reptile dont la hideur fait dire, en parlant de quelqu'un qui est très mal propre : sale comme un *lanveau*. Ce reptile est de la famille des orvets.
Lavien ou Lévier. — Évier.
Lène. — Plante qui croît dans les blés, nielle des moissons (Agrostemma githago).
Lesseron. — Plante herbacée qui fleurit jaune et dont les lapins sont très friands.
Lessu. — Eau de lessive. Ce mot est d'autant plus employé qu'il n'a pas de synonyme dans la langue officielle. A la campagne au lieu de dire du *lessu*, on dit sans façon : du *l'ssu*.
Liarre. — Lierre.
Licher. — Lécher.
Limon. — Brancard de voiture, est, sans doute, une corruption de *timon*. On dit, pour atteler un cheval : le mettre en *limon*.
Limonier. — Celui des chevaux d'un attelage qui est dans les *limons*.
Luizarne. — Luzerne.
Lure-Lure (à). — Sans soins, sans apprêts, sans façons. Ex. : Il a fait ça à lure-lure.

M

Magner. — Manier. On dit par exemple : *Magne-le*.
Mancheriaux. — Moucherons d'une charrue.
Marre. — Houe, pioche.
Mésangeoire. — Piège que les enfants tendent, par la neige, pour prendre les petits oiseaux et notamment les mésanges.
Meux, meuse. — Mûr, mûre.
Meusant. — Mûre sauvage, fruit de la ronce.
Minaud. — Minet, chat.
Mincer ou demincer. — Couper en petits morceaux, rendre mince. Se dit surtout du pain et de la viande.
Moigneau. — Moineau.
Moillette. — Les *moillettes* sont des petits tas de fourrage vert, préparés pour être chargés en voiture.
Mouiner. — Mastiquer les aliments avec difficulté, sans dents.
Mondure. — Morsure.
Motché. — Moitié.

N

Naviau. — Navet.
Nayant. — Fosse pratiquée à l'extrémité d'un jeu de boules.
Nayer. — Noyer. Rabelais a écrit (*Vie de Gargantua et de Pantagruel*, liv. III, ch. IV) : je me *naye*, je me perds, je m'esgare.
Nèpe. — Nèfle.
Nettayer. — Nettoyer.

O

Ormoire. — Armoire.
Ostiné. — Obstiné.
Ouche. — Terre généralement bonne, à proximité des maisons de culture.

P

Paderiau. — Perdreau.
Pampille. — Petit lambeau d'étoffe qui pend à un vêtement effiloché. Rabelais emploie le mot *pampillette* pour dire paillette.
Papiéter. — Recouvrir de papier les murs d'une chambre.
Papouette. — Gamine.
Parler (se). — D'un paysan qui, après avoir habité la ville, revient au village et y parle avec affectation le langage des faubourgs, dédaignant le patois de son enfance, on dit : Il se *parle*.
Patouillat. — Petite mare d'eau que la pluie produit sur les chemins. Ex. : Il a *tripé* dans un patouillat.
Pêchette. — Filet en forme de balance que l'on emploie pour pêcher l'écrevisse.
Pelurette. — Copeau de menuisier. On prononce *plurette*.
Pelurer. — Ôter la pelure d'un légume ou d'un fruit. On prononce *plurer*.
Pelvette. — Gamine.
Perne ou peurne, peroneau. — Prune, pruneau.
Pichoter. — Manger sans appétit.
Piéter. — Se dit des perdrix pour piétiner. Ex. : des perdrix ont piété là.
Pilate (mal de). — Pilor.
Pince-Oreille. — Insecte dont l'extrémité postérieure est armée de deux crochets aigus qui, en se réunissant, forment une espèce de tenaille.
Piôler. — Piailler, crier. Est employé par Rabelais.

Pissat. — Urine.
Platrée. — La contenance d'un plat.
Poplin. — Peuplier. Vient plus directement du latin *populus* que le mot peuplier.
Potron. — Prune de Monsieur.
Puceau. — Garçon d'honneur d'une mariée.
Puiser. — Prendre l'eau dans les chaussures en *tripant* dans un *patouillat*.

Q

Quasiment. — Presque.
Quenillotte. — Jeu de cache-cache. Vient sans doute de clignoter.
Qu'ri. — Quérir. Ex. : Va *qu'ri* de l'eau.
Quiller. — Cueillir.

R

Raclette. — Racloir.
Raleux. — Geignard. Celui qui se plaint sans cesse.
Ramaton. — Ramas, dépôt, agglomération de matières au fond d'un vase par le fait de la pesanteur, de la chaleur ou de tout autre phénomène.
Rarranger. — Arranger à nouveau, remettre en ordre, en état.
Reblanchir (se). — Remplacer ses vêtements de travail plus ou moins sales par des propres, s'endimancher.
Recarrer (se). — Faire le beau.
Reciper. — Ruer.
Récuignoles. — Gouttelettes qui restent aux lèvres ou à la barbe quand on a bu soit du lait, soit du vin, soit tout autre liquide coloré.
Renter. — Rattacher ensemble, au moyen de mailles, deux parties de tricot séparées par usure ou accident. Ex. : Je *rente* un bas.
Requiller. — Recueillir un objet dans ses mains tel qu'une balle à jouer qu'on vous envoie, un fruit qui tombe d'un arbre, etc.
Résout. — Résolu, hardi, brave.
Ridaudelle. — Ribambelle.
Ric-a-Rac. — Sans façon, à la bonne franquette. Synonyme de : *à lure-lure* (V. à la lettre L.)
Ricard. — Geai.
Riolle. — Ribote.
Riquiqui. — Terme employé avec les petits enfants pour dire : petit doigt.
Robin. — Taureau spécialement affecté aux saillies.
Roibsy. — Roitelet.

Rouelle. — Ruelle. Ex. : La *rouelle* du lit.
Rouette. — Houssine.
Rouise. — Pièce d'eau dans laquelle on fait rouir le chanvre.
Roulées. — Cadeau de Pâques qui se composait originairement d'œufs rouges. Ex. : j'ai reçu mes *roulées*.
Ruffe. — Se dit d'un gars solide. Ex. : il est *ruffe* ce *gars*-là; On dit aussi c'est un rude *gas*.

S

Sabouler. — Rabrouer, gronder rudement.
Saisser. — Chercher dans les recoins, fureter, fourrer son nez partout.
Salopette. — Petit tablier qu'on met aux enfants en guise de bavette. — Pantalon d'étoffe grossière que les ouvriers passent par-dessus leur pantalon habituel pour le garantir durant le travail.
Sarpette. — Serpette.
Sarvante. — Servante.
Sanve. — Fleur jaune qui pousse en trop grande abondance dans les champs ensemencés de céréales.
Sauteriau. — Petite sauterelle.
Saves. — Saches. Ex. : Il faut que tu le saves — venant de savoir. Le dérivé *saves* est plus logique que le dérivé *saches*.
Senelle. — Fruit de l'aubépine.
Seran. — Peigne de fer pour la filasse. Employé par Rabelais.
Siau. — Seau.
Siésant. — Séant, postérieur. Ex. : Il est tombé sur son siésant.
Siéser (se). — S'asseoir.
Singler. — Frapper avec des verges. Être *singlé*, être atteint par une verge. Ex. : Je courais dans le bois, j'ai été singlé à la figure. Rabelais emploie dans ce sens le mot *singlade*.
Soyer. — Couper les moissons à la faucille.
Souhaiter. — Outre son sens propre, ce mot français a, dans le Gâtinais, un sens tout particulier. Ainsi deux petits cultivateurs qui n'ont qu'un cheval chacun, et dont les terres exigent deux chevaux à la charrue, attellent ensemble leurs deux chevaux pour aider tantôt l'un, tantôt l'autre. On dit alors : Jean *souhaite* avec Pierre, ou Pierre avec Jean. Pierre et Jean *souhaitent* ensemble.
Subler. — Siffler. Est employé par Rabelais.
Sublet. — Sifflet.
Sus. — Sur. Employé par Rabelais. Ex. : Il m'a tripé *sus* le pied.

T

Tabier. — Tablier.
Tacot. — Petit morceau de bois de menuiserie hors d'usage.
Taisir. — Tarir.
Taler. — Blesser, colir, meurtrir. Ce verbe, qui n'est pas dans le dictionnaire de l'Académie, se rencontre pourtant dans quelques autres.
Talure. — Couturiau.
Tapée. — Grande quantité.
Tata. — Mener un enfant *tata*, c'est le promener en le tenant sous les bras et les pieds à terre quand il ne peut encore ni marcher, ni se tenir debout.
Tchouiner. — Gagner à quelqu'un, au jeu, jusqu'à son dernier sou, c'est le *tchouiner*.
Teindu. — Teint.
Tertous. — Tous en général. Rabelais écrit : *trestout*.
Tomberée. — La charge d'un tombereau.
Toque-bois. — Pie, pivert.
Tournée. — Pioche.
Tournette. — Plateau circulaire en osier, sur lequel on met égoutter et sécher les fromages.
Tout (pas en). — Pas du tout. Ex. : des prunes? J'en ai *pas en tout*.
Tuette. — Éteignoir.
Tusse. — Temps du verbe tuer. Ex. : il faut que je le *tusse*.
Tremnèle (il). — Il tremble.
Très-bien. — Beaucoup.
Trigaud. — Traître, intrigant.
Triper. — Marcher sur. Ex. : il m'a *tripé sus l'artaud*.
Tripotée. — Raclée, volée de coups.
Troufignon. — Orifice du *rectum* d'une volaille.

U

Ugène. — Eugène.
Urope. — Europe.

V

Vais (je). — Je vas.
Valissance. — Valeur, prix, estimation. Employé par Rabelais.
Vèce. — Mauvais chien, rosse.

Véceux. — Capon.

Verde. — Excrément de certains animaux domestiques, notamment des dindes et des oies qui ont mangé des herbes fraîches en grande quantité, qui ont mangé de la *verdure*.

Vergogneux. — Qui a de la vergogne. S'emploie surtout au négatif. On dit, par exemple, d'un garçon qui n'a pas de honte : Il n'est pas *vergogneux*.

Véri. — Quand le cuivre est oxidé, quand il a du vert-de-gris, on dit : Il est *véri*.

Viorner. — Faire vibrer l'air par un tournoiement rapide. Ex. : Entends-tu comme ma toupie *viorne*.

Volter (faire). — Faire tourner. Employé par Rabelais.

Voirrons (nous), vous voirrez. — Nous verrons, vous verrez. *Voirrons* est un temps du verbe *voir* bien plus régulier que *verrons*. D'ailleurs Rabelais écrit : « Là vous *voirrez* comme Panurge... »

Vôri. — On désigne, sous le nom de *vôri*, une jeune oie. Pour appeler la mère oie et ses petits on crie : *Vôri! Vôri! Vôri!*

Z

Zozo. — Bouffon, paillasse, fantoche.

Zut. — Mot très court qui souvent remplace avantageusement et énergiquement des phrases complètes telles que : Allez vous promener. Vous m'ennuyez. C'est embêtant! etc. N'est peut-être pas d'origine gâtinaise, quoique très employé dans le Gâtinais, mais il est bien dans la couleur de notre idiome.

A PROPOS DU GLOSSAIRE DU PATOIS GATINAIS

Sans vouloir en aucune façon piétiner les plates-bandes patoises cultivées par J. Donsens, je vous signale, entre autres omissions, celle de trois mots qui, je le crois, appartiennent bien au Gâtinais — je ne réponds pas de l'orthographe; — ce sont les mots : *Potlle, Poile* et *Guénelle*, qui ont cours : le premier à Nemours même ; le deuxième dans les environs de cette ville. J'ai entendu le troisième devers Samoreau. Ils désignent tous les fillettes entre dix et quinze ans; les deux premiers ne sont pas autre chose que le *Puélla* (pouella) des Latins; il est facile de se rendre compte de la transformation. Quant au troisième, il vient de plus loin, si l'on m'a bien renseigné : ce serait le Γυνή des Grecs, avec le diminutif *elle* propre au français.

Par compensation, le nomenclateur du patois gâtinais me paraît donner comme appartenant à ce patois nombre de mots qui se disent aux quatre coins de la langue d'oïl — et, citer Rabelais, ce n'est pas citer une autorité en fait de patois *local*. Certes, je ne dis pas que l'intention soit mauvaise, mais je crois que l'idée a été saisie au vol et pas assez creusée : A bon entendeur, salut !

Permettez-moi d'ajouter quelques mots qui pourront intéresser les amateurs de linguistique. J'ai entendu — lisez bien : *entendu* — et plusieurs fois, les expressions que je vais citer :

Dans le Forez, sur les bords de la Loire, on dit : « Touba à *fumo* » et « Touba à *prisi* »: c'est seulement un caprice bizarre de langage. Dans ce même pays, dans la montagne appelée : Pierre-sur-Haute (encore un singulier lieu-dit), j'ai entendu une femme, occupée à son ménage, disant à sa fillette, alors que l'on frappait à la porte : *Bada la pôte, qué sono impéta*. — Je traduis aussi mot-à-mot que possible : « Veille à la porte, que je suis empêchée. » *Bada* est certainement du celtique; *la pôte* est du français défiguré; *qué sono* ne peut cacher son origine italienne; et *impéta*, c'est la corruption du latin *impeditus*. C'est assez joli : quatre idiomes en une phrase de six mots ! Mais, voici qui est mieux. Entre Thiers et Clermont-Ferrand, j'ai entendu un Limanous, absolument illettré, allongeant l'aiguillon vers ses bœufs au moment d'ouvrir un sillon, leur dire : *I bous, veni!* — et arrivé au bout du sillon : *Sta, bous!* — N'était-ce pas du plus pur latin de Virgile?

Et il y en a bien d'autres!

Un chercheur.

(*Abeille,* 9 novembre 1888.)

SUITE

AU

GLOSSAIRE DU PATOIS GATINAIS

Jean Bonsens, de Raisonville, près Nemours, a doté son pays d'un « Glossaire » de ce qu'il appelle le patois du Gâtinais.

Nous hésitions d'abord à donner ce nom, un peu ambitieux, à la langue fantaisiste, à ce quasi-jargon parlé dans nos campagnes et souvent aussi dans les villes. Le patois nous semblait être nécessairement une langue originale, un idiome spécial dont nous ne trouvions pas les caractères essentiels dans le « parler » du Gâtinais.

Toute hésitation a dû cesser en présence de l'opinion du regretté Félix Bourquelot. L'érudit professeur à l'École des Chartes, dont l'autorité fait loi pour nous, dit en effet dans son préambule du *Glossaire du patois provinois* :

« Les patois se distinguent à différents signes qui permettent de les classer en dehors de la langue académique :

» 1° Transformation des mots ou de certains mots soit par un mode particulier de les prononcer, soit par le remplacement, la suppression ou l'addition de certaines lettres ou syllabes;

» 2° Emploi de tournures que la langue usuelle ne comporte pas;

» 3° Application aux mots ordinaires de significations exceptionnelles;

» 4° Introduction de mots qui n'existent pas dans le langage ordinaire.

» Or, ces signes apparaissent dans la manière de parler des Provinois, bien que les mots originaux dont ils se servent ne soient pas très nombreux. »

Comme il existe beaucoup d'affinités entre le langage du pays provinois et celui de notre Gâtinais, nous n'avons donc plus à insister.

Bien qu'il contienne nombre de mots assez usités dans plusieurs provinces du centre de la France, le « Glossaire » de Jean Bonsens n'en est pas moins fort intéressant. Mais les lacunes sont inévitables dans un travail de ce genre, s'il n'est accompli avec le concours d'une multiple collaboration.

Sans avoir la prétention de compléter l'étude de Jean Bonsens, nous allons donner une suite de mots et de locutions — anciens et modernes — ne figurant pas dans sa nomenclature.

Le *Glossaire du patois provinois*, de Félix Bourquelot, était précédé d'une nomenclature des cas de prononciation spéciaux qu'il avait relevés.

Ces remarques se trouvant pour bonne partie exactes en ce qui concerne le « parler » du Gâtinais, nous allons en extraire ce qui est applicable à notre contrée.

« *E*, suivi d'une voyelle se change en *i* : *biau*, pour *beau*; *siau*, pour *seau*; *coutiau*, pour *couteau*.

» *E*, devant *r* prend le son de *a* : *sarpe*, pour *serpe*.

» *O*, devient *é* ou *a* : *neyer* ou *nayer*, pour *noyer*.

» Les voyelles *a*, *i*, dans les mots où elles sont jointes, se séparent et se distinguent : *aïder*, pour *aider*.

» La syllabe *el* disparait dans *chandier*, pour *chandelier*; *atier*, pour *atelier*.

» La lettre ou diphtongue *eu* se transforme dans : *Ugène*, pour *Eugène*; *Urope*, pour *Europe*.

» La syllabe *eur*, à la fin des mots, devient *eux* : *faucheux*, pour *faucheur*; *plaideux*, pour *plaideur*; *menteux*, pour *menteur*. — Par un mouvement inverse, *au lieu* se prononce *au lieur*.

» La finale *oir* devient *oué*; le *pressoué*, pour le *pressoir*; *l'arrosoué*, pour *l'arrosoir*.

» La consonne *c* se change en *g* : *ganif*, pour *canif*; *Reine-Glaude*, pour *Reine-Claude*.

» La lettre *l* s'allonge dans *tabelier*, pour *tablier*. — *L* se change parfois en *r* : *croche-pied*, pour *cloche-pied*; *corporence*, pour *corpulence*.

» *N*, suivi d'un *i* ou d'un *e* se renforce d'un *g*, tandis que l'*i* ou l'*e* diparait : *Gargner*, pour *Garnier*; *faignant*, pour *fainéant*; *polygogne*, pour *polygone*.

» *T*, suivi d'un *i* et d'une autre voyelle prend le son de *qu* : *quiens*, pour *tiens*; *demi-s'quier*, pour *demi-setier*.

» La syllabe *re* se transforme en *er* : *berbis*, pour *brebis*; *guerlot*, pour *grelot*.

» Le pronom *elle* se remplace par la lettre *a* : *A n'vient pas*.

» Suppression de l'*e* muet entre deux consonnes : *ch'tis*, pour *chétif*.

» Retranchement de la lettre *r* dans les terminaisons de l'infinitif : *guéri*, pour *guérir*; *veux-tu v'ni ?* »

Maintenant passons à la suite du vocabulaire, espérant, comme nous l'avons dit ci-dessus, que d'autres chercheront à le compléter. Ce sera, comme l'a dit Bourquelot, sous le patronage duquel nous sommes heureux de nous placer, un élément pour le grand dictionnaire de la langue française, réclamé par la section de philologie du Comité des travaux historiques.

Les mots suivis d'un (*) se trouvent aussi dans Bourquelot : *Glossaire du patois provinois*.

A

A. — Elle. — A n'vient pas. Elle ne vient pas.
Affrontailles*. — Sillons dirigés à angle droit par rapport à ceux d'une pièce de terre contiguë.
Agonisen ou Agonir*. — Invectiver, injurier. Est suivi ordinairement du mot injures ou sottises.
Aguicher. — Taquiner, agacer.
Amignonner — Caresser un enfant, flatter un chien, un cheval.
Anguille de haies*. — Couleuvre.
Aoutat*. — Insecte qui naît l'été, particulièrement en août, et dont la piqûre est très douloureuse.
Armoirasse. — Armoire de grandes dimensions, massive.
Aria*. — Désordre, embarras, désarroi.
Arlequins (Famille d'). — Famille de mauvais sujets.
Arrié. — En arrière. — Commandement de charretier.
Atier. — Atelier.
Aveindre*. — Atteindre et prendre un objet dans un endroit élevé et difficile.
Avonier. — Habitant d'Avon, près Fontainebleau.

B

Balader* (Se). — Flâner.
Barrieleux ou Barrieuleux. — Homme qui « tient » la barrière ; préposé d'octroi.
Bayonnette (Croiser la). — Tendre la main pour mendier.
Ben. — Bien.
Berbis. — Brebis.
Berlaud. — Individu naïf, étourdi, qui parle à tort et à travers.
Berlauder* (Se). — Se prélasser, se dorloter, s'amuser en travaillant.
Berlottier. — Habitant de Bois-le-Roi.
Beurcy. — Burcy, commune du canton de La Chapelle-la-Reine.
Blouttir (Se). — Se blottir.
Boucheton, Bouchon*. — (Se coucher à). — Se coucher sur le ventre ou la bouche contre terre.
Boulin. — Pièce de bois de moyenne longueur qui sert à supporter les plats-bords formant planchers dans les échafaudages.
Bourregnieau. — Habitant de Bourron.

BOUSILLER. — Ne pas soigner un travail dont on est chargé. — V. *Sabouler*.
BRICOLLER*. — Accomplir pour autrui quelques menus travaux de détail, rangements, nettoyages, etc.
BUSSIAU. — Busseau, hameau de la commune de Villiers-sous-Grez.

C

CAGEOT*. — Sorte de plateau arrondi ou carré, formé de paille ou d'osier, sur lequel on place les fromages pour les faire égoutter.
CAILLES. — Nom donné aux pierres roulées de moyenne grosseur se trouvant en abondance dans certaines localités et qui servent à l'empierrement des chemins ruraux sans être cassées. — D'où le nom de Boissy-aux-Cailles.
CALER*. — Se dit aux jeux de billes, quand une bille choque l'autre.
CALOUCHON. — Morceau de bois tortu et noueux; fragment de souche.
CALVERNIER (prononcer Calvarnier). — Commis de culture.
CAMBROUSE. — Petit hameau, groupe de quelques maisons.
CAMBROUSIER. — Celui qui vole dans les campagnes.
CAMERLUCHE. — Camarade.
CAMOURTOT. — Mastic qui sert à rejointoyer les carrelages.
CANIS*. — Petit canard qui n'est pas encore devenu caneton.
CANON (Prendre un fort). — Être saoul. — Le canon est un verre de vin de 10 à 15 centimes.
CARÊME-PERNANT. — Carême-prenant, indique l'époque du commencement du Carême et est dans certains pays l'occasion d'une fête durant laquelle on promène un mannequin, ainsi appelé, que l'on brûle ensuite, après l'avoir chargé de tous les forfaits commis dans l'année. On danse sur ses cendres.
CHAFAUD. — Échafaudage. — A Château-Landon : Grenier à fourrage.
CHANCI. — Moisi.
CHANGILLON. — Habitant du hameau de Changis, commune d'Avon.
CHICON*. — Plante à salade qu'on appelle aussi *laitue romaine*.
CHIEN MALADE. — Expression de pitié, de mépris.
CHIGNER. — Rechigner. — Chigner quêlqu'un : déblatérer, dire du mal de son prochain.
CHINER. — Circonvenir mielleusement les gens pour en obtenir, sans avoir l'air d'y toucher, quelques petits cadeaux, des plantes, etc. — *Vulgo* « carotter » avec adresse.
CHARENTON (Un). — Verre d'absinthe.
CHARENTONNEAU (Un). — Verre d'absinthe avec addition d'un sirop quelconque.
CHAUSSETTES. — Gants, pour celui qui n'a pas l'habitude d'en porter.

Chocolat. — Mélange d'amer Picon et d'orgeat.
Coléreux. — Rageur.
Commis. — Premier ouvrier, chef de chantier, contre-maitre.
Corder. — S'accorder.
Correau. — Carreau, aux jeux de cartes.
Coterie. — Camarade de travail dans les états du « bâtiment », maçons, menuisiers, charpentiers, etc. — Tous les ouvriers travaillant sur le même chantier sont des « coteries ».
Couleuré. — Coloré.
Couleuvreux, se. — Endroit fréquenté par les couleuvres. — La mare aux Couleuvreux ou la mare Couleuvreuse (forêt de Fontainebleau).
Courtil. — Petit jardin attenant à une habitation de village.
Crouton. — Souche d'arbre.
C'ti-la*. — Celui-là.
Cuir (petit). — Verre de rhum.

D

Danseur. — Farceur; individu peu digne de créance.
Dia ou Diia. — A gauche. — Commandement de charretier.
Drès*. — Dès. — Drès le matin.
Dret. — Droit.
Drussir. — Se dit des plantes qui forment touffe, s'épaississent, *drussissent* après la taille.

E

Écales. — Éclats de pavés après la taille.
Écopper. — Ne pouvoir se soustraire à quelque chose de désagréable.
Enfoui, mon oncle ! — Exclamation joyeuse. — Un loustic racontant une de ses prouesses termine généralement son récit par un : « Enfoui, mon oncle ! » de satisfaction.
Éserber*. — Eherber, arracher l'herbe.
Eune. — Une. — Eune bouteille, eune tasse...

F

Fatigué* (Être). — Être malade.
Feignant. — Pour fainéant, paresseux.

Féminins (Noms). — Certains noms masculins sont souvent féminisés. Ainsi, dit-on communément : la grande hôtel; la dernière omnibus, etc.; nous avons fait de la bonne ouvrage.

Fins (A toutes). — Syn. de : A toute force. — « Il veut à toutes fins que je reste. »

Flin. — Panier dans lequel les marchandes de la campagne, dites « au petit panier », apportent leurs fruits au marché; sa contenance est de 10 livres (5 kil.). Le flin ne se détaillait pas autrefois sur le marché de Fontainebleau; aujourd'hui, sauf de rares exceptions, toutes les ventes se font au poids.

Foreuse. — Pour forée, percée. — Carrefour de l'Épine-Foreuse (forêt de Fontainebleau).

Fosses. — Fossés plein d'eau.

Fouquet. — Écureuil. — Armes parlantes du célèbre surintendant des finances de Louis XIV.

Fouteau. — Hêtre. — Carrefour du Gros-Fouteau (forêt de Fontainebleau). — « La furie des vipères expire par l'attouchement d'un rameau de fouteau. » (Rabelais).

Frette. — Mouchoir plié que l'on met en bandeau sur l'œil ou sur le front à la suite de blessures ou de contusions.

Froumi. — Fourmi.

G

Gabri. — Cabri, petit chevreau.

Galette. — Argent, appointements, salaire.

Galipettes (faire des). — Batifoler, se trémousser joyeusement. Deux jeunes chats qui jouent font des galipettes.

Gangnier. — Gagner.

Geigneux. — Petite cruche en grès qui se place sur l'évier et au moyen de laquelle on puise l'eau soit pour boire, soit pour remplir une carafe. — Couveau des vieilles femmes.

Gêné * (se trouver). — Se trouver mal à l'aise, s'évanouir.

Gigogneau. — Hurluberlu.

Glat, glatte. — Lourd, compact. Se dit particulièrement des pommes de terre qui ne sont pas farineuses et restent fermes après la cuisson.

Goulotte. — Coulotte.

Gourdes * (avoir les mains). — Avoir les mains engourdies par le froid.

Gnole *. — Niais; ignorant.

Grézieau. — Habitant de Grez.

Grouette. — Terre argileuse mêlée de pierres et peu propre à la culture des céréales. — Les grouos de Blomont.

H

Hasard * (c'est bien d'). — Locution qui s'emploie dans le sens de : Il est ou il serait bien étonnant que... »
Hûe. — En avant. — Huon. — A droite. — Commandements de charretier.

I

Iarre. — Lierre.
Ieuvre. — Lièvre.

J

Jubécien. — Finassier, manquant de franchise; *vulgo* : roublard. — A Montereau on dit « Gibécien ».

L

La vou? * — Où, où çà?
Lairer *. — Laisser. Le futur et le conditionnel : *je lairai*, etc., *je lairais*, etc., sont fort usités dans le langage populaire.
Lanveau. — Paresseux.
Lèchette *. — Petite quantité d'un objet de nourriture. — Se dit aussi *lichette*.
Liure. — Fort cordage s'enroulant autour d'un treuil et qui sert à assujettir les chargements de fourrages.
Loup-fol ou Loup-phoque. — Ahuri, ne sachant où donner de la tête.

M

Magniotter. — Manier; tripoter de menus objets; *vulgo* : trifouiller.
Mal de dinde (avoir le). — Tomber du haut mal.
Malade de cœur (n'être pas). — Se trouver sous le coup d'un accident n'occasionnant pas une affection organique.
Maladie ! * — Expression exclamative ayant un sens défavorable.
Malin * — Dans le sens de méchant : « Il est malin, ce cheval », pour dire qu'il est à craindre et qu'il ne doit être approché qu'avec précautions.
Mangnier. — Manier.
Mannette. — Poignée d'une petite caisse, d'un tiroir.
Manœuvrerie. — Habitation rurale à laquelle est annexée une petite exploitation.

Marchais. — Petite mare; endroit marécageux. — En forêt de Fontainebleau, on trouve : le marchais Artois; le marchais Olivier; le marchais... Cambronne, etc.

Margoulette *. — Mâchoire.

Marloquier. — Habitant de Marlotte.

Mariole (faire le). — Faire le farceur, le pitre.

Matéraux. — Matériaux.

Méfentes. — Copeaux d'équarrissage. — Un réserviste du dernier appel disait avoir eu pour tout couchage une paillasse bourrée « avec des méfentes ».

Mendigot. — (Se prononce mandigot). — Mendiant.

Métairie. — Se dit dans le Gâtinais d'une ferme de moyenne dimension.

Mignonne. — Servante d'auberge. — Usité à Étampes et dans plusieurs localités gâtinaises. — « Mignonne, donnez-moi du pain, une assiette », au lieu de : « la bonne, donnez-moi, etc. »

Mignottes. — Nom donné autrefois aux femmes de Recloses qui venaient à pied avec leurs « petits paniers » vendre du beurre au marché de Fontainebleau.

Mitrailleuse. — Grand verre de vin, le double du canon.

Mitteux. — Crasseux, malpropre, misérable.

Mode (à la). — Deux individus en viennent aux mains, le vainqueur dit du vaincu : « Je lui ai arrangé ça à la mode ». — Déjeuner à la mode : bon et copieux repas.

Morillon. — Habitant de Moret.

Morlotte. — Marlotte.

Mutention. — Manutention.

N

Némosité. — Animosité.

O

Occliner. — Mettre la main sur un loquet de porte et l'agiter doucement avant d'ouvrir. — Frapper légèrement à la porte. — A Provins, on dit : Octonner.

Odon. — Pour : Oh! donc. — Hâte, empressement. — « J'ai couru pour ne pas manquer le train, odon! »

Omnibusier. — Cocher d'omnibus; homme employé au service des omnibus.

On. — Est souvent employé pour : je ou nous. — On a été se promener; on ira demain à la pêche; pour : j'ai été me promener; nous irons demain à la pêche.

Ostiner *. — Contredire, s'entêter.

Œuillots. — Yeux.

Ouvrière. — Couturière en robes.

P

Pardreau. — Perdreau.

Patelin. — Pays natal, maison paternelle. — « Rentrer à son patelin ».

Patouillat. — Maladroit maçon, mauvais gâcheur de plâtre. — Se dit aussi d'un endroit bourbeux, où l'on marche difficilement. — A Montereau, la rue au Lard s'appelait autrefois la rue des Patouillats.

Petit-Diable. — Prestidigitateur, faiseur de tours de cartes.

Peuple*. — Peuplier.

Pied de biche (tirer le). — Sonner aux portes des maisons pour obtenir des secours ; autrement dit, mendier à domicile.

Pissenlits. — (Manger les pissenlits par la racine.) — Être enterré.

Plaideux. — Plaideur. — A Bessonville, commune de La Chapelle, se trouve un sentier dénommé « Chemin des Plaideux ».

Platière. — Plateau rocheux (forêt de Fontainebleau).

Pleus*. — Terre non cultivée, terrain en friche. — Un vieux quartier de Fontainebleau porte le nom des Pleus.

Ployant (un). — Pliant (un).

Poinçon. — Fût de la contenance de la « pièce » de 225 litres.

Polygogne. — Polygone, champ de manœuvre spécial où se fait le tir de l'artillerie.

Pompier. — Mélange de vermouth et de cassis.

Pourichinelle. — Polichinelle.

Pouryginée. — On dit d'un ménage ayant une nombreuse famille qu'il est pourvu d'une « pouryginée » d'enfants.

Pourprir. — Devenir pourpre. — « Certaines plantes à feuillage coloré ne pourprissent que tard ».

Poussier. — Poudre, poussière. — Il fait un beau poussier : Il fait un mauvais temps.

Profiter*. — Croître, augmenter, se bien porter. On dit d'un arbre, d'un enfant bien venants qu'ils profitent. (B.).

Puisement. — Épuisement. — Pompe de puisement.

Q

Quatre-arpents (les). — Le cimetière.

Que, qué. — Se prononcent quieu, quié : Quiasquietto, béniquié, béniqué, quielquiun pour quelqu'un.

Quiens*. — Tiens.

Quiœur. — Cœur ; aux jeux de cartes : « J'abats quiœur. »

R

Rachée*. — Ensemble de pousses de bois qui sortent d'une même souche.
Racheux*. — Rugueux. — Personne râcheuse, désagréable.
Rade (se mettre en). — Suspendre tout travail pour s'amuser. — On dit d'un ouvrier coutumier du fait : « Il travaille trois jours et se met en rade le reste de la semaine. »
Ramasser. — Réunir ses outils, ses papiers, pour les ranger.
Ramona. — Ramonneur. — Boisson qui se débite chez les marchands de vins au détail.
Rappliquer. — Se diriger vers un endroit déterminé, se rendre à une convocation, à un rendez-vous.
Réage* (se dit souvent riage). — Partie de terre comprise entre deux sillons.
Reclosieau. — Habitant de Recloses.
Regippeau. — Sorte de jeu de bâtonnet.
Regipper. — Regimber, ruer.
Renchérir. — Augmenter les gages d'un domestique, le salaire d'un ouvrier. — Se dit aussi des gens à embarras : « Elle fait sa renchérie. »
Renouv'ler. — Pour renouveler. — Se conjugue : Je renouv'le, etc.
Respect (par). — Formule de déférence. — Parlant « par respect ».
Rogner. — Grogner, rager.
Roi (avoir vu le). — Être à l'article de la mort.
Roufleux. — Semi-hérissé. — Poil roufleux, poil boursouflé d'un chien malade ou peu soigné.
Roulant. — Rouleur, ouvrier qui parcourt les pays sous prétexte de chercher de l'ouvrage, sans désirer en trouver.
Roupie de dindon. — Caroncule érectile qui se développe au-dessus du bec du dindon.

S

Sabouler. — Gâcher, faire mal une chose dont on a été chargé. — V. Bousiller. — Sabouler veut dire aussi donner une verte réprimande.
Scionner. — Corriger, cingler un chien avec une baguette, un scion ; ne pas écrire Singler comme l'indique à tort le Glossaire de Jean Bonsens. Cingler, du latin cingulum : lanière, ceinture.
Sinot*. — Grenier à fourrage. — Bois de sinotage.

SOMBRES. * — Terme de culture qui marque l'époque d'entrée en jouissance des terres. — Expression très employée dans les actes de vente ou les baux.
SUBTIL. — Intelligent, adroit de ses mains.

T

TABELIER. — Tablier.
TALE. — Touffe de gazon ou de plante réunie sur une motte de terre.
TANTÔT (le). — L'après midi, la seconde partie de la journée.
TANT QU'À. — Pour *quant à*. — « Tant qu'à moi, cela m'est égal. »
TAVELEUX, TAVELEUSE. — Fruit induré, taché. Pomme taveleuse, poire taveleuse.
TENTIER. — Ouvrier qui monte les tentes dans les fêtes champêtres.
TÊTE MAGOTTÉE. — Se dit des veaux dont la tête est parsemée de bouquets de poils blancs.
THOMERILLON. — Habitant de Thomery.
TIAULÉE D'ENFANTS. * — Nombreuse famille.
TIOU? — Où donc vas-tu?
TOCARD. * — Arbre étêté.
TOUCHANT. — Agréable, appétant. — Exemple : Aimez-vous le vin blanc? — Oui beaucoup. — Eh bien! venez goûter mon cidre; il est tellement bon qu'il sera encore plus *touchant* pour vous.
TOURNANT (le). — La tête : il a reçu un fort coup de poing sur le tournant.
TRAVOUILLAUX. — Travaux.
TRIMART. * — Rôdeur, mendiant.
TRINQUER. — Voir : Écopper.

U

URIEAU. — Habitant d'Ury.

V

VADROUILLER. — Flâner sans intention bien correcte; vagabonder.
VEINDRE. — Venir.
VÉTILLEUX. — Minutieux, tâtillon. — Se dit aussi d'un travail difficile.
VEULE. * — Affaissé, mou, sans énergie.
VINÉE. — Endroit où l'on renferme le vin nouveau.

(*Abeille*, 2 novembre-11 décembre 1888.)

LE PRIEURÉ DES BASSES-LOGES

M. le comte d'Haussonville, de l'Académie française, vient de se rendre acquéreur de l'ancien prieuré des Basses-Loges. Cette magnifique propriété, sise sur la route de Provins, à son intersection avec la route de Bourgogne, se compose de vastes bâtiments d'habitation avec un parc de huit hectares, planté d'arbres séculaires et agrémenté d'eaux vives abondantes.

Le prieuré, dédié à saint Nicolas, avait été fondé en 1310 par Henri de Haultey, chanoine de Roye en Vermandois, qui fit donation au ministre de la principale maison de l'ordre de la Charité de N. D. de Châlons, de la maison organisée de manière à pouvoir loger six pauvres passagers.

En 1352, Bouchard de Montmorency donna aux religieux 20 livres de rente à prendre sur les ponts et moulins de Samois. Ces ponts et moulins ayant été ruinés, Denis de Chailly, seigneur de Changy, abandonna aux religieux sa terre et seigneurie.

Plus tard, l'ordre de la Charité s'étant éteint, les religieux Carmes de la province de Touraine prirent possession de la maison.

Au dix-septième et au dix-huitième siècle, les Carmes, que le roi et la reine visitaient fréquemment pendant le séjour de la Cour à Fontainebleau, reçurent de nombreuses faveurs.

Une de ces visites, d'un caractère particulièrement solennel, dont Michel-Ange Mariani, attaché à l'ambassade de la République de Venise, nous donne le récit, eut lieu au courant de l'été de 1660.

« C'était, dit-il, à l'occasion du jubilé ordonné par SS. Alexandre VII, pour implorer l'aide de Dieu contre les Turcs qui, assiégeant depuis longtemps la place importante de Varidino, en Transylvanie, menaçaient la chrétienté d'une invasion générale.

» Comme chez toutes les autres nations catholiques, le jubilé fut célébré en France avec la plus vive manifestation de sentiments pieux.

» Le Roi se rendit à pied à l'église du couvent des Basses-Loges, distante de

Fontainebleau d'une demi-lieue, et après la célébration des prières. Il laissa une importante aumône.

» Toute la cour suivit l'exemple du roi; non seulement elle marcha à pied, mais encore elle laissa une abondante aumône pour permettre aux bons pères d'entreprendre la construction d'une importante église. »

La reine Anne d'Autriche, mère de Louis XIV, contribua beaucoup à l'érection de cette église. Elle en posa la première pierre le 23 juillet 1681 et y fonda cinq messes par an.

Un certain nombre de religieux voulant mener une vie plus solitaire et plus retirée, firent construire un cloître régulier et une chapelle particulière où ils célébraient l'office le jour et la nuit, ne venant dans la grande église que les dimanches et fêtes. Cette solitude fut construite en 1685.

Grâce à leur vie cénobitique exclusive de toute dépense personnelle, ils purent, tout en faisant une large charité, acquérir des terres, maisons et moulins dans leur voisinage. L'ancienneté de leur maison leur donnait dans la forêt de Fontainebleau des droits d'usage qui furent reconnus à la réformation de 1664.

Entre autres propriétés, ils reçurent de Louis XIV l'ermitage de la Madeleine, dont ils ne purent tirer qu'un médiocre parti. Il ne fut que momentanément occupé et seulement par des locataires qui le plus souvent abandonnaient les lieux pour ne pas payer les loyers. Un seul, le dernier, M. de Moranzel, contrôleur des bâtiments du Roi, fut un locataire sérieux, mais le taux du loyer — 30 livres par an — ne constitua jamais une ressource appréciable.

Mis en vente au profit de la Nation, le prieuré des Basses-Loges devint, à l'adjudication du 30 mars 1791, la propriété d'un nommé Giot, de Paris, qui acheta aussi l'hôtel de Richelieu, à Fontainebleau. Depuis lors, le prieuré des Basses-Loges n'a cessé d'être une habitation particulière, qui appartint notamment en 1815 au général Dulong et en 1847 à l'ingénieur Corréard, un des survivants du naufrage de *la Méduse*. M. Marchand, qui vient de le céder à M. le comte d'Haussonville, le possédait depuis 32 ans.

(*Abeille*, 14 juin 1889.)

ALEXANDRE CORRÉARD

AU PRIEURÉ DES BASSES-LOGES

Corréard, absolument inconnu de la génération actuelle, vraisemblablement oublié des rares survivants parmi ses contemporains, a mené une existence très tourmentée.

Né en 1788 à Serres (Hautes-Alpes), il s'embarqua en 1810, comme ingénieur-hydrographe, à bord de *la Méduse*, frégate qui faisait partie d'une expédition au Sénégal et dont l'histoire et l'admirable peinture de Géricault ont popularisé le désastre. Un des naufragés du célèbre radeau dont les passagers se nourrirent de chair humaine, il fut au nombre des quinze sauvés sur cent cinquante-trois embarqués et dut séjourner longtemps à l'hôpital de Saint-Louis, avant de recouvrer la santé. Il revint à Paris après avoir traversé une partie du désert du Sahara et publia, en 1817, avec le chirurgien Savigny, son compagnon de détresse, une relation émouvante de cette catastrophe.

En 1818, il fonda au Palais-Royal une librairie qui devint chaque soir le rendez-vous de tous les hommes politiques et littéraires hostiles au pouvoir, et dans laquelle il publia journellement tous les pamphlets qu'ils écrivaient contre la Restauration. Aussi, après une longue suite de condamnations, son établissement fut-il fermé en 1822. Depuis lors il se consacra aux sciences, aux arts, à l'industrie, et publia des brochures sur les chemins de fer, les ponts, les canaux.

Jusqu'à sa mort, survenue en février 1857 aux Basses-Loges, il vécut très retiré. Il lui était resté, des épouvantables épreuves par lesquelles il avait passé, un grand fond de tristesse sombre et chagrine.

(*Abeille*, 28 juillet 1893.)

CHARLES DE SAC

MAITRE JOUEUR D'ÉPÉE DU ROI HENRI II

Au cours des travaux de restauration qu'il dirige dans l'église d'Avon, incendiée le 10 avril 1892, M. Gouvenin, architecte, a mis à jour une curieuse pierre tombale qui avait été, il y a une centaine d'années, employée à un travail passager de consolidation.

Nous en donnons la reproduction ci-dessous :

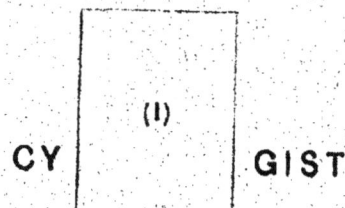

CY   GIST

HONORABLE . HOVNME
M . CHARLES . DE . SAC . DE
MATOVE . EN . SON . VIVANT
M . IOVEVR . DESPEE . DV . [RO]Y
[HENRY] . 2 . QV . TRESPASSA
A . FONTAINE . BLEAV . LE . 18
IOVR . DE . MARS . LAN . 1549
PRIEZ . DIEV . POVR . LVY

Cette pierre qui mesure 81 centimètres de hauteur, sur 63 de largeur, est dans un état de conservation presque parfait, sauf le blason et les mots *Roy* et *Henri*, qui

(1) Cartouche mutilé.

ont été mutilés, — à la Révolution sans doute —. Les caractères en sont d'une netteté remarquable.

Quel était ce Charles de Sac, originaire de Mantoue ? Les recherches que nous avons faites n'ont amené aucun résultat. Les registres paroissiaux d'Avon, compulsés avec l'assistance de notre ami, M. Quesvers, aussi érudit qu'obligeant, sont muets à cet égard. Ces registres, comme il en existe peu d'aussi anciens et intéressants, commencent à l'année 1512, mais il y a une lacune des années 1511 à 1540. En outre, pendant les premières années, on n'y trouve que des actes de baptêmes, quelques rares mariages, trois ou quatre testaments et pas un seul acte de sépulture.

En vain, nous avons fait des démarches auprès des personnes les plus compétentes, notamment le comte de Marsy, président de la Société française d'archéologie, le chevalier Bartolotti, directeur des archives de l'État, à Mantoue, M. Beauvois-Devaux, qui nous a si libéralement permis de feuilleter sa remarquable bibliothèque technique, etc. Nous avons reçu de toutes parts l'accueil le plus empressé, mais toutefois sans obtenir la solution cherchée.

Si nous n'avons pu obtenir entière satisfaction, nous avons cependant recueilli quelques renseignements qui ne seront pas perdus et sur lesquels nous reviendrons ultérieurement plus en détail.

Pour le moment, nous nous bornerons à demander à qui de droit, que cette plaque tombale, si belle d'exécution, dans un état de conservation si parfait, soit relevée et placée comme l'ont été la plupart de celles que l'on a retrouvées et qui donnent un cachet si intéressant à cette église d'Avon, qui est sur le point, s'il plaît à Dieu, de reprendre un aspect de jeunesse.

Pour avoir été inhumé ainsi dans la paroisse d'Avon, au milieu des officiers de la couronne et des grands artistes de l'époque, Charles de Sac devait occuper une certaine situation à la cour. Sa plaque tombale, la plus ancienne après celle du Maître-Queux de Philippe le Bel (1307), doit y avoir sa place aussi bien que celle du chef de cuisine du roi et de la Reine. Il est vrai que certains érudits, au savoir facile, avaient autrefois traduit *KEVZ* par *cœur* et lisaient : Cœur de notre Sire le Roi de France, mais on est revenu de cette erreur trop longtemps accréditée.

(*Abeille*, 21 avril 1893.)

LE CHATEAU DE BOURRON

Bourron est une des communes les plus proches de Fontainebleau et la plus importante du canton de Nemours après le chef-lieu. Ses vieux noms de *Boxon* et *Borron* viennent d'un ancien mot français *bos*, qui signifierait bourg.

Le pays était déjà certainement habité au temps des Romains. En 1850, en traçant des allées dans le parc du château, on trouva, parmi les débris de vieilles murailles ensevelies sous le sol, des monnaies romaines à l'effigie des premiers empereurs.

A l'époque de l'invasion des Normands, au viiie et au ixe siècle, le village prit une physionomie nouvelle. Les barbares remontant la Seine jusqu'à Melun et au delà, refoulaient les riverains du fleuve qui se réfugièrent dans la riante et fertile vallée du Loing. Peut-être est-ce à cette occasion que Fontainebleau commença à être habité ?

Saint-Louis, dans ses excursions aux environs de Fontainebleau, aimait à visiter Bourron. Au mois de février 1231, il donna un secours à une pauvre femme du du pays pour l'aider à marier sa fille. Cette particularité se trouverait mentionnée dans les comptes conservés jadis à la bibliothèque du palais de Fontainebleau.

．＊．

Le premier seigneur de Bourron fut, à la fin du xive siècle, Adam de Villiers, attaché à la personne des rois Charles V et Charles VI, chef de l'illustre famille Villiers de l'Ile-Adam.

Sous Charles VII, cette terre a été possédée par Denis de Chailly, bailli de Meaux et ensuite par Henri de Melun, vicomte de Melun.

Louis XI, encore Dauphin, s'y prit d'amitié pour un seigneur Brabançon, Ollivier de Salart, parce que celui-ci chassait les oiseaux avec une merveilleuse adresse. Devenu roi, il nomma ce seigneur son grand fauconnier et lui donna la terre de Bourron. En 1560, Jean de Salart, descendant du précédent, fut appelé, mais ne comparut point, à la rédaction de la coutume de Melun. Son fils, François de Salart, prit ensuite possession des terres et seigneurie de Bourron avec le titre de gouverneur de la ville et du château de Montargis.

En 1630, un Claude de Salart possédait la terre de Bourron.

Le dernier rejeton de la famille, Armand-Nicolas de Salart, mourut vers 1678. Sa veuve, Louise-Marie de Guigou, se remaria à messire Frédéric de Béringhen, chevalier, général de la cavalerie légère de France, qui prit le titre de marquis de Bourron. Il était seigneur de Jacqueville ; ses armes étaient : d'argent à trois pals de gueules, au chef d'azur, chargé de deux merlettes d'argent.

Marie-Henriette de Béringhen, fille unique des précédents, épousa messire François-Pierre de Varennes, seigneur de Kergoson.

De cette union est né François-Frédéric de Varennes, marquis de Bourron, mort le 13 novembre 1788, lequel eut de son mariage avec dame Nicole-Dominique Casauban : Marie-Pierre-Frédéric de Varennes, mort officier supérieur, et demoiselle Adélaïde-Lucie-Marie de Varennes de Bourron, qui devint plus tard Mᵐᵉ la marquise de Montgon, par son mariage avec François-César de Cordebœuf, marquis de Montgon, maréchal des camps et armée du roi. Elle décéda à Fontainebleau, le 11 avril 1850, à l'âge de 86 ans, et fut inhumée dans le caveau de sa famille, à Bourron.

**

C'est à Bourron, au milieu de la grande route du Bourbonnais, qu'eut lieu, le 12 mai 1771, en présence de Louis XV et d'un grand nombre de personnages de distinction, l'entrevue solennelle du comte de Provence, depuis Louis XVIII, avec la princesse Louise de Savoie, qui venait pour l'épouser.

Pendant la Terreur, Bourron ne put échapper aux fureurs révolutionnaires ; l'église fut pillée et dévastée. Les habitants gémissaient en silence et virent avec une profonde douleur la pieuse bienfaitrice du pays, Mᵐᵉ la marquise de Bourron, — la mère de Mᵐᵉ de Montgon, — traînée en prison pour y attendre, comme tant d'autres, la guillotine.

La mort de Robespierre sauva la vie à Mᵐᵉ de Bourron. Lors de son retour, la population entière se porta au-devant de cette bienfaitrice du pays. Un tambour de Grez, qui conduisait un conscrit à Fontainebleau, fut arrêté et placé à la tête du cortège qui rentra triomphalement au village ; ce retour fut l'occasion de réjouissances joyeusement célébrées pendant deux jours ; pour fêter sa délivrance, la marquise remit une somme de 500 francs aux habitants du pays.

**

A la noble et charitable famille de Montgon, qui a laissé dans la commune de Bourron l'impérissable souvenir de ses nombreux bienfaits, ont succédé d'abord la famille de Brandois, puis le marquis de Piolenc et enfin le comte de Montesquiou, propriétaire actuel.

Le comte de Montesquiou, qui continue si largement les bienfaisantes traditions de ses devanciers, a fait subir à cette demeure de belles et importantes améliorations.

Le château de Bourron, sis à l'ouest du village, est formé d'un corps de bâtiment flanqué de deux pavillons. Il est entouré de fossés d'une dizaine de mètres de largeur abondamment pourvus d'eau par une source abondante visible à l'extrémité du parc. Dans cette pièce d'eau s'ébattent de très belles carpes provenant en partie de la pièce d'eau du palais de Fontainebleau; on y remarque entre autres des carpes du Rhin, facilement reconnaissables à leurs larges écailles d'une fort jolie couleur.

L'ornementation extérieure des bâtiments se compose d'angles en grès, de bandeaux et d'encadrements en brique apparente.

La décoration des vastes appartements est presque entièrement moderne, sauf le cabinet de travail dont les murs sont revêtus de lambris en chêne sculpté de l'époque de Louis XIV et de Louis XV. On remarque aussi dans la salle à manger, de proportions très vastes, des tapisseries flamandes et un poêle ancien, en faïence italienne, intelligemment restauré et complété.

On accède dans la cour d'entrée, convertie depuis peu en jardin à la Française, au moyen d'un pont en pierre construit dans l'axe du château.

A droite, en entrant dans la cour, est un petit bâtiment de beaucoup de caractère, élevé d'un rez-de-chaussée et d'un comble. Le style Henri IV de ce pavillon, d'une proportion très heureuse, se trouve mieux accusé que celui du château. La décoration se compose de chaînes d'angles en bossages de grès, de panneaux ou tables saillantes en briques et d'un entablement à modillons rappelant ceux de la cour des Offices, au palais de Fontainebeau.

En 1881, le comte de Montesquiou conçut l'heureuse idée de transformer ce bâtiment en chapelle; pour exécuter ce projet, M. Gouvenin, architecte, eut de sérieuses difficultés à vaincre en raison du peu d'élévation de l'étage. De plus, le nombre de pilastres, de panneaux sculptés, de tapisseries devant former la décoration ne permettaient pas sur un si petit développement de murs de percer des baies d'éclairage, qui d'ailleurs auraient dénaturé le caractère architectural de la façade.

Au moyen d'un système ingénieux de charpentes métalliques formant demi-coupole avec des arcs-doubleaux venant s'amortir sur des culs de lampe en tête d'ange, le comble a pu être utilisé pour la hauteur de la chapelle. Elle est ainsi éclairée d'un jour discret par un plafond lumineux en vitrail artistique à feuillage de chêne et rinceaux ton d'or sur un fond en grisaille.

L'autel, d'une élégance extrême, se compose de colonnes torses enroulées de feuillages avec chapiteaux corinthiens supportant un dais octogonal en bois sculpté. Le tabernacle est de même style et de même élégance.

Les merveilleuses boiseries, de style Louis XIV, sont en bois de noyer; restaurées et complétées avec un soin scrupuleux, elles forment un ensemble très artistique. Ces boiseries proviennent de l'ancienne chapelle de Bourdaloue et ornaient la chapelle d'une propriété que le comte de Montesquiou possédait autrefois à Versailles.

La chapelle de Bourron, une fois achevée, a été consacrée par Mgr de Briey, évêque de Meaux.

Le bâtiment, qui fait parallèle à cette chapelle, servait autrefois de corps de garde; il a été converti en appartements.

Les communs, très importants, sont de création récente; ils renferment des écuries et des boxes pour une trentaine de chevaux, de vastes remises et des selleries, le tout parfaitement aménagé.

Le parc, entièrement clos de murs, est bordé par la grande route de Paris à Antibes. Il renfermait autrefois de fort beaux arbres, abattus en grande partie avant l'acquisition du domaine par le comte de Montesquiou. Dans ce parc pullulent un nombre considérable de lapins de toutes races, blancs, noirs et autres. Il se fait aussi dans la propriété un important élevage de faisans et la chasse à tir y est fort en honneur; la jeune comtesse Louis de Montesquiou, née d'Aramon, prend souvent part aux battues et a la réputation d'un excellent fusil.

(*Abeille*, 27 décembre 1889.)

HONORÉ DE BALZAC

AU PAVILLON DE LA BOULEAUNIÈRE

La ville de Nemours vient de donner le nom de Balzac, le célèbre romancier, à une de ses voies publiques qui s'appellera désormais : « Cours Balzac ».

C'était pour honorer sa mémoire, car la tradition voulait qu'il eût habité cette ville, où il a placé plusieurs scènes de son roman d'*Ursule Mirouet*. Nous avons vainement cherché des traces de ce séjour. Il n'en est rien en effet, et à la date du 17 mai, M. Roux, maire, auquel nous nous étions adressé, a bien voulu nous répondre de suite : « J'ai appris seulement par la tradition orale, que l'auteur d'*Ursule Mirouet* a habité, non pas Nemours même, mais la Bouleaunière, en villégiature chez un ami. »

D'autre part, dans son numéro du 10 mai 1893, l'*Intermédiaire des chercheurs et des curieux* demandait quelques renseignements sur le pavillon de la Bouleaunière (et non la Boulonnière), près Nemours (commune de Grez), où Balzac avait passé quelque temps en villégiature, chez Mme de Berny.

Il n'a pas été difficile d'avoir des renseignements sur la Bouleaunière, dont le pavillon actuel a été reconstruit vers 1860, par M. Prieur de la Comble, alors dans la prospérité.

Ces renseignements obligeamment pris par M. Desrousseaux, juge de paix, à l'étude de Me Périchon, nous ont fait connaître que la Bouleaunière, après avoir appartenu au comte de Beaumont, fut vendue par lui à la famille de Berny. Par suite de licitation, elle devint la propriété d'Armand-Marie de Berny qui la laissa à sa mort, 20 novembre 1835, à son frère Charles-Lucien de Berny, « célibataire, négociant, à Paris, rue du Marais-Saint-Germain, 17. »

Ce nom et cette adresse sont pour nous toute une révélation et viennent nous expliquer comment Balzac se trouvait à la Bouleaunière.

*_**

Balzac, on le sait, possédé du démon d'écrire, voulut tout jeune encore, en dehors de la gloire littéraire, acquérir une fortune industrielle. Il rêva de réunir dans la même maison la fonderie en caractères, l'imprimerie et la librairie. Et son établissement fut installé au n° 17 de l'étroite et antique rue du Marais-Saint-Germain (aujourd'hui rue Visconti).

On connaît à quel effroyable insuccès il arriva en voulant régénérer l'ancienne fonderie Gillé, autrefois si célèbre, dont le matériel avait été dilapidé par des employés infidèles.

A la veille d'un désastre commercial, à peine âgé de 19 ans, M. de Berny acheta en 1820 la fonderie de Balzac, dont il sauva l'honneur commercial. Doué d'une instruction solide, d'une grande ardeur au travail, d'aptitudes exceptionnelles, comme d'ailleurs tous les Saint-Simoniens, — Deberny, c'est ainsi qu'il signait commercialement, — fit bientôt de cette fonderie un établissement modèle, dont les produits sont répandus, recherchés dans toutes les imprimeries du monde. La réputation de la maison Deberny est en effet universelle, et son successeur, M. Tuléu, en continue avec succès les parfaites traditions.

Deberny avait rendu un très grand service d'argent à Balzac. Celui-ci ne l'oublia jamais, leurs relations furent interrompues par la mort seule. Rien donc de surprenant à ce que le grand littérateur ait été l'hôte du grand industriel.

La Bouleaunière fut vendue en 1830 et *Ursule Mirouet* parut en 1841.

Le temps nous manque pour développer, comme nous le voudrions, cette courte notice hâtivement écrite, et rendre un nouvel hommage à la mémoire de Deberny, dont l'existence toute modeste ne l'a pas empêché de régénérer l'imprimerie.

En tous cas nous remercions l'*Intermédiaire des chercheurs et curieux*, qui nous a permis de fixer un point — presque historique — jusqu'alors fort obscur.

***

Tout espoir de recueillir les traditions du séjour de Balzac à la Bouleaunière pouvait paraître perdu; cependant, ayant souvenir d'avoir imprimé en 1861 quelques lignes consacrées au célèbre romancier, nous fîmes des recherches dans la collection de *l'Abeille*. Elles nous ont permis de retrouver ce que nous cherchions.

A la date du 14 novembre 1861, au moment où M. Prieur de la Comble venait de faire l'acquisition de la propriété d'Ulay, un de nos amis de Nemours nous envoyait quelques lignes de souvenir concernant Balzac. Les voici :

Nemours, 14 novembre 1861.

« La jolie propriété d'Ulay vient d'être acquise par M. de la Comble, maire du 1er arrondissement de Paris, dont la famille est originaire de Nemours. — Cette maison de campagne, outre la beauté de sa situation sur les bords de la vallée du Loing, a le mérite de rappeler le souvenir du grand romancier Honoré de Balzac. C'est dans le pavillon d'Ulay (c'était alors seulement un pavillon) que Balzac a écrit son roman d'*Ursule Mirouet*, dont les scènes se passent, comme on sait, à Nemours. Sous la féconde imagination du poète, le pays est tellement transformé que les habitants eux-mêmes ont peine à le reconnaître. C'est ainsi que la chaussée du Moulin de Fromonville est métamorphosée en cascades jaillissantes, etc., etc. »

Quelques ouvriers se rappellent encore : « Ce gros Monsieur en robe de chambre » blanche, passant, la tête penchée, dans les allées du petit parc. Il gesticulait et » parlait, il s'arrêtait, il nous aurait bien marché sur le corps sans nous voir », nous disait l'un d'eux dernièrement. Ses fameuses cannes avait été remarquées par les paysans des environs. Il n'y a pas bien longtemps qu'un vigneron de Foljuif que je trouvai piochant sa vigne, me faisait compliment sur la beauté de ma canne, en disant : que j'avais une canne comme M. Balac. J'ai été longtemps à découvrir quel personnage ce nom-là pouvait désigner : le goût bien connu de Balzac pour les cannes et son séjour à Ulay, me mirent bientôt sur la voie...   D...

Pour en terminer avec le pavillon de la Bouleaunière, reconstruit par M. Prieur de la Comble, saisi et vendu comme bien national à la Révolution, disons qu'il a eu successivement pour propriétaires : les familles Charette de la Colinière, Bertrand de Beaumont, Lefebvre de Laboulaye, de Berny, Delandre, Guillory, Burty et Boutin. La propriétaire actuelle est Mme veuve Déroziers.

(*Abeille*, 19 mai-20 octobre 1893.)

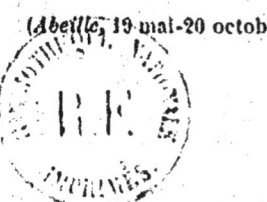

LE CHASSELAS DE FONTAINEBLEAU

LA TREILLE DU PALAIS & LE RAISIN DE THOMERY

Les journaux de Paris et des départements se sont occupés, dans ces derniers temps, de la culture des raisins de Thomery; tous ont été unanimes pour en faire remonter l'introduction au roi François Ier.

Dans un accès de lyrisme, la *Nature* s'écrie triomphalement : « C'est François Ier qui fut le promoteur de cette culture. Combien en est-il, parmi nous, qui pensent à remercier le roi chevaleresque lorsqu'ils savourent les grains ambrés du raisin de Fontainebleau ? »

Nul en effet n'y pense, et avec raison, car de ce chef le roi chevalier n'a aucun titre à la reconnaissance des gourmets.

Que ce soit sur les suggestions du poète Marot, ou, comme on l'a dit, parce qu'un jour de chasse, se trouvant altéré, il avait traversé la Seine pour aller se rafraîchir au village de Samoreau, dont il trouva le vin exquis, — du petit vin de Brie! — François Ier fit venir des plants de vigne de Cahors, dont furent plantées les terres achetées *ad hoc* sur la paroisse de Samoreau. Jean Rival fut appelé à cet effet de Cahors, en 1531, et, l'année suivante, Jean Périnet, autre vigneron du même pays, vint pour choisir les terres propres à la culture de la vigne. Enfin, en 1539, des plants d'Arbois furent achetés pour garnir vingt arpents sur la paroisse de Champagne.

Les dépenses faites alors, tant pour les travaux exécutés « dans l'enclos du Roi à Sangmoreau (Samoreau) et aux Andoches et Hautes-Bruyères » (climats que nous n'avons pu retrouver) sur la Seine, que pour payements à Claude Régnier, tonnelier, et pour achats de vignes, se sont élevées, de 1528 à 1537, à près de 6,000 livres, représentant environ 21,000 francs de notre monnaie actuelle.

Ces détails, acquis depuis longtemps, sont contrôlés par des pièces de dépense conservées aux Archives nationales et à la mairie de Cahors. Ils font seulement connaître l'origine du château des Pressoirs du Roy, situé de l'autre côté de la Seine, en regard de Thomery; il n'y reste plus aucune trace de la plantation des raisins de Cahors.

Mais ils n'impliquent pas une relation quelconque, ni avec le charmant pays de Thomery, ni avec la culture du raisin qui a fait sa fortune.

**

Le raisin de Thomery n'a pas traversé la Seine; il vient tout simplement de la treille du Palais qui à elle seule, dans les années prospères, donne un produit atteignant 8,000 kilogrammes de fruits.

La plantation de la treille est de deux siècles postérieure à la création des Pressoirs du Roy par François 1er, sous lequel le parc du palais n'existait pas encore. En effet, c'est Henri IV qui est devenu définitivement acquéreur de la seigneurie du Monceau, dont dépendaient, pour partie, Avon et la portion de la ville située à gauche du Parc. Les prairies ont alors été converties en parc et Henri IV, en même temps qu'il les planta, fit creuser le canal, éleva le Château-d'Eau et donna les terrains des rues d'Avon et du Château, sur lesquels se sont de suite élevés des hôtels princiers.

Plus tard, le Parc fut enclos de murs et sous Louis XV seulement fut plantée la treille royale. François Charmeux, bisaïeul des Charmeux actuels, frappé des résultats obtenus, se procura du plant de Fontainebleau et obtint, en 1730, l'autorisation d'établir des espaliers. Toutefois, Thomery se trouvant dans l'étendue de la capitainerie de Fontainebleau, il dut ménager de distance en distance des ouvertures libres dans ses murs, de manière à ne pas entraver les chasses.

Le pays, jusqu'alors misérable, sans industrie et sans autre culture que celle, fort ingrate, de maigres champs, entrevit alors un avenir prospère. Cette population d'admirables travailleurs se mit résolument à l'œuvre et déploya un courage que rien ne rebuta. Suivant l'impulsion donnée par les générations successives des Charmeux, qui leur montrèrent l'exemple de tous les perfectionnements, profitant des résultats qu'ils obtenaient, ils travaillèrent chaque jour de plus en plus, si bien que, dès le commencement de ce siècle, la culture des raisins absolument nouvelle pour ce pays, avait pris une large et rapide extension.

**

Encouragés par la prospérité qui commençait à se faire sentir, les Thomerillons redoublèrent d'ardeur et de soins, et leur production devint telle qu'il leur fallut songer à exporter leurs fruits.

Paris était un débouché tout indiqué; mais à cette époque les moyens de transport étaient rudimentaires et la voie de terre était bien longue. Riverains de la Seine, les Thomerillons songèrent tout d'abord à utiliser cette voie de communication qui leur offrait une route relativement directe sur Paris.

Très pratiques, très fin de siècle, — avant la lettre — appliquant la maxime : « Aide-toi, le ciel t'aidera », ils comprirent qu'ils avaient mieux à faire que d'emprunter des intermédiaires dispendieux et, producteurs, ils se firent eux-mêmes transporteurs de leurs propres produits. Créant sans bruit, dès il y a longtemps, un de ces syndicats, — devenus à la mode aujourd'hui, — devançant ainsi le progrès de près d'un siècle, ils s'associèrent par groupe. Cette société, qui s'appelait dans le pays une *courbe*, louait ou achetait des bateaux et y empilait avec art de 1,500 à 2,000 paniers; quatre d'entre eux dirigeaient à tour de rôle le bateau et, quelque temps qu'il fît, partaient du quai, à 5 ou 6 heures du soir, pour arriver à Paris, au port du Mail, quai de la Tournelle, à 7 ou 8 heures du matin. Pendant toute la saison, ce marché aux raisins présentait une animation extraordinaire.

Alors, les raisins, vendus frais, étaient emballés dans des paniers de 2 kilos, matelassés avec de la fougère. Prise d'abord dans la forêt de Fontainebleau, plus tard on alla cueillir cette fougère jusque dans la forêt de Montargis, où elle était, paraît-il, meilleure.

En 1860, les bateaux composant la flotille de Thomery ont été vendus, le chemin de fer offrant des procédés de transport plus faciles. Les Thomerillons y ont gagné de n'avoir plus à supporter les dures fatigues que leur occasionnaient les voyages sur la rivière, mais par suite des progrès réalisés, les raisins n'étant plus guère vendus qu'à l'arrière-saison et conservés à l'état frais, les soins à leur donner sont devenus bien plus minutieux. Nous ferons grâce des mille détails qu'entraîne la manipulation de ce fruit si fragile, mais si exquis. Nous dirons qu'aujourd'hui il est moelleusement emballé dans de petites caisses d'un kilogramme chaque, entre deux couches de ouate, et qu'un compartiment séparé y est ménagé pour recevoir le cep conservé après la grappe. De telle sorte que les envois arrivent jusqu'en Russie en parfait état de fraîcheur, sans que le grain ait la plus petite trace de froissement.

**

Maintenant, où la treille royale a-t-elle pris ce raisin? Assurément pas à Cahors ni dans une autre contrée méridionale; il n'a, en effet, aucun des caractères propres aux produits de ces pays. Nul doute pour nous qu'il ne soit originaire d'une localité dont il porte le nom, de Chasselas, petit village de 300 habitants des environs de Mâcon (Saône-et-Loire). Amélioré par une culture intelligente, il a été porté à un rare degré de perfection et il est devenu le plus exquis des raisins de table. Il est connu aujourd'hui sous le nom de chasselas de Fontainebleau, ou mieux de Thomery, et il s'en fait un commerce considérable dans l'Europe entière.

(*Abeille*, 11 mars 1893.)

TABLE ALPHABÉTIQUE

A

Abattoir, 102.
Abbate (Nicollo dell'), peintre, 311.
Abeille de Fontainebleau (L'), journal cité, passim.
Abel, chef d'institution à Nemours, 360.
Abergement-lès-Auxonne (L') (Côte-d'Or), 172.
Aboukir (Egypte), 217.
Abrantès (Andoche Junot duc d'), 310.
Achères (Seine-et-Marne), 100, 428.
Adam, receveur du domaine, 98, 112.
Adam-Salomon (Antony-Samuel), statuaire, xv, 14, 238, 239, 307.
Adam-Salomon (Maison), 70.
Adélaïde (Eugénie-Louise, princesse d'Orléans, dite Madame), 358.
Adhémar, notaire, 40.
Adhémar-Panat, maréchal de camp, 371.
Agon de Laconterie (Commandant d'), 192.
Aguenin-Leduc (Jean), supérieur des Mathurins, 127.
Aignan-Desaix, procureur du Roi, 118.
Aile Charles IX, 300 à 311, 315.
Aile Louis XV, 290, 316, 370, 375, 380.
Aile des Ministres, 288, 375.
Ailly-en-Brie, commune de Sivry-Courtry (Seine-et-Marne), 432.
Aix (Bouches-du-Rhône, 226.
Alais (Gard), 363 note 2.
Alaux (Jean), peintre, 311.
Alayrac (Nicolas, chevalier d'), compositeur, 331, 332, 334.
Albert de Luynes (Charles-Philippe d'), auteur cité, 27, 33, 431.
Albert de Luynes (1) (Louis-Joseph-Charles-Aimable d'), 22.
Albert de Luynes (Paul d'), cardinal archevêque de Sens, 22.
Alcan, peintre, 43 note 1.
Alembert (Jean Le Rond d'), 2.
Alexandre VI (Roderic Borgia), pape, 146 note 1.
Alexandre VII (Fabio Chigi), pape, 178.
Alexandrie (Egypte), 216, 217.
Alger, 249.
Aligny (Claude-Félix-Théodore Caruelle, dit), peintre, 301.
Aligre (Et. d'), chancelier de France, 62.
Allaire, prof. à l'Ecole spéciale milit., 371.
Alland (Général), com. l'Ecole d'ap., 370.
Allau, 231.
Allée des Muriers blancs, xxi.
Allée Royale, 207.
Allée Solitaire, xxi, xxviii, 207.
Allonville (Général Armand-Octave-Marie d'), 270, 271, 273.
Allou (Auguste), évêque de Meaux, 230.
Alphonse (Général baron d'), 205.
Amboise (Indre-et-Loire), 201, 383.
Amiens (Somme), xxv, 200.
Amonio (Dominique), médecin de Louis XIV, 337, 338.
Amussat, docteur, 238.
Amyot (Jacques), bibliothécaire du Palais, 125 note 1, 238, 357, 451.
Amyot, procureur du Roi, 118.
Ancre (Concino Concini, dit le mar^{al} d'), 55.
Andigné (Maison d'), 81.

(1) Et non d'Albret, comme on l'a imprimé.

ANDOCHES (Les), lieu dit, 490.
ANDRÉ, notable, 80.
ANDRÉANI (Comte), 120.
ANDREUX, aide-major, 359.
ANDROUET DU CERCEAU (Jacques), auteur cité, 279, 291, 308, 311.
ANDUZE (Gard), 368 note 2.
ANFOSSI, compositeur, 320.
ANGLARS (D'), capitaine au 4ᵉ hussards, 270.
ANGOULÊME (Louis-Antoine de Bourbon, duc d'), 371.
ANGOULÊME (Charlotte de MONTMORENCY, duchesse d'), 149.
ANGOULÊME (Marie-Thérèse-Charlotte, duchesse d'), 180.
ANJOU (Hercule-François, duc d'), 2.
ANNE D'AUTRICHE, XXVI, 6, 69, 121 à 126, 149, 209, 470.
ANSEAUME, auteur dramatique, 328.
ANSELME (Antoine), auteur cité, XXIX.
ASSILLON, propriétaire, 11, 12, 118.
ANTIER (Mᵐᵉ), comédienne, 323.
ANVERS (Belgique), 206 note 3.
ARAGO (Alfred), inspecteur général des Beaux-Arts, 231.
ARAMON (D'), Cᵗᵉ Louis de Montesquiou, 186.
ARBOIS (Jura), 490.
ARBONNE (Seine-et-Marne), 399, 400, 427.
ARBOUVILLE (Général d'), 66.
Archives israélites (Les), journal cité, 130.
ARGENCE (Le chevalier d'), 75.
ARGENSON (Antoine-René d'), marquis de Paulmy (1), 57, 157.
ARGENSON (René-Louis d'), auteur cité, 95.
ARLON (Combat d'), 268.
ARMAILLÉ (Comte d'), auteur cité, 15, 18, 19.
ARMAND, comédien, 324, 325 note 1.
ARMAND fils, auteur dramatique, 326.
ARMES DE FONTAINEBLEAU, II.
ARNAL, propriétaire, 99.
ARNAUD (Mᵐᵉ Simone), auteur cité, 230.
ARNAULD (Le P.), conf. de Louis XIII, XXV.
ARNAULT (Antoine-Vincent), de l'Académie française, 307.
ARNOULD (Sophie), comédienne, 318, 322 à 324, 327, 330.

(1) Ne fut pas ministre de la guerre, ainsi qu'on le dit p. 57; ce fut son oncle, Marc-Pierre, comte d'ARGENSON.

ARNOULT (Georges), 27.
ARQ (L'), lieu dit (?), 428, 433.
ARQUES (Bataille d'), 295.
ARRIVIÈRE, secrétaire particulier de Carnot, 380, 381.
ARTOIS (Charles-Philippe, comte d'), 13, 20, 57, 62, 101, 168, 181, 320, 327, 330. — V. CHARLES X.
ASTORG (Alex.-Eug.-L.-F.-S. d'), élève de l'École spéciale militaire, 372.
ATHÈNES (Grèce), XVIII note 1.
AUBE (Département de l'), 309.
AUBENGÉ, élève de l'École spéciale militaire, 371.
AUBERGES :
 — Ane vert (L'), XIII, 1, 2, 46.
 — Cheval noir (Le), 60.
 — Galère (La), 25.
 — Imago Saint-Claude (L'), 70.
 — Truie-qui-file (La), 4, 5.
AUBERT (N.), 189, 196.
AUBERTIN, aubergiste, 2.
AUBIN, administrateur du département de Seine-et-Marne, 361 note 1.
AUBOISEAU aîné, entrepreneur, 75.
AUBOUIN (Denis-Mathurin), propriétaire, 125.
AUCH (Gers), 371 note 2.
AUDINET, propriétaire, 22.
AUDINOT (Nicolas-Médard), auteur dramatique, 326 note 1.
AUDRAN (Benoît), peintre, 161.
AUDRAN (Claude), peintre, 317.
AUFAUVRE (Amédée), auteur cité, 124, 128, note 1.
AUFRÈNE, comédien, 321.
AUGER, avoué, 118.
AUGER, marchand, 75.
AUMALE (Henri d'ORLÉANS, duc d'), 128.
AUSTERLITZ (Bataille d'), 68, 268.
AUTUN (Saône-et-Loire), 211.
AUVERGNE, 113.
AUZOUY, président du tribunal, 117.
AUZOUY (Charles), avoué, 118, 137, 140.
AVENUES :
 — Avon (d'), 60.
 — Cascades (des), 281, 411.
 — Grilles Neuves (des), 202.
 — Maintenon (de), 283, 358, 376, 411.
AVILA (Combat d'), 268.

Avon (Seine-et-Marne), xxv, 10, 65, 122, 124, 126 à 128, 131, 151, 189, 192, 193, 399, 400, 469, 481, 482, 491.
Avril, maire, 78, 102.
Avril, élève de l'Ecole centrale, 369.

B

Babée, administrateur du département de Seine-et-Marne, 364 note 1.
Bachonand (Françoise, veuve Dupré), 30.
Bacon (Nicolas), xviii note 1.
Bacot (César-Joseph), député, élève de l'Ecole spéciale militaire, 374.
Bacourt (H. de), propriétaire, 60, 61 note 1.
Badouyn (Claude), peintre, 313.
Baellieur, peintre, 302.
Bagatelle (Château de) (Seine), 330.
Bailly (A.-L.), prof. à l'Ecole centr., 366.
Bailly de Juilly (Edme-Louis-Barthélemy), conventionnel, 111.
Balatier fils, 415, 416.
Balatier (La femme), 415.
Baladou, chasseur de vipères, 116.
Balfe, compositeur, 218.
Ballard, imprimeur, 332.
Balthazar (N.), 302.
Balut de Savot, auteur dramatique, 321.
Balzac (Honoré de), xv, 487 à 489.
Banyuls (Pyrénées-Orientales), 407.
Bapst (Capitaine), propriétaire, 12.
Baptistère de Louis XIII, xxiv, 201, 207.
Barba (Gustave), éditeur, 258.
Barbeau (Abbaye de), commune de Fontaine-le-Port (Seine-et-Marne), 485.
Barberini, cardinal, 145 à 149, 311.
Barbet de Jouy (Joseph-Henry), membre de l'Institut, 311.
Barbier (Alex.), biblioth. du Palais, 357.
Barbier (Henri-Auguste), poète, xv, 21, 208 à 221.
Barbier (Mme), mère d'Auguste Barbier, 208, 211.
Barbier (De), colonel au 4e hussards, 260.
Barbison, commune de Chailly-en-Bière (Seine-et-Marne), 400, 412, 443.
Bardout (Docteur), 121.
Bardoux, ministre de l'Instr. publique, 210.

Barillon d'Amoncourt (Paul de), intendant, 400.
Barletti de Saint-Paul (François-Paul), professeur à l'Ecole centrale, 366.
Barmont (Martin Louis), propriétaire, 125.
Barnolets (Les), lieu dit, 482.
Baroche (Pierre-Jules), ministre de la justice, 11.
Baron (Michel Boyron, dit), comédien et auteur, 313 note 1, 319 note 8, 337, 338.
Barrage, chasseur de vipères, 116.
Barré (Pierre-Yves), auteur dramat., 333.
Barry, propriétaire, 40.
Barthélemy (Claude), propriétaire, 40.
Barthélemy (de Blénod?), 24.
Barthélemy Saint-Hilaire (Jules), membre de l'Institut, 192.
Bartolotti (Chevalier), directeur des archives de l'Etat, à Mantoue, 182.
Bassano (Hugues-Bernd Maret, duc de), 310.
Basse-Cour. — V. Cour du Cheval-Blanc.
Basse-Pommeraye (La), lieu dit, 482.
Basses-Loges (Les), commune d'Avon (S.-et-M.), 42, 124, 256, 401, 424, 478, 479.
Bassompierre (François, maréchal de), 55.
Bauchart, procureur de la République, 118.
Baudry (Paul), peintre, 311.
Bauvreux, colonel du 4e hussards, 269.
Bavière (Anne, princesse palatine de), princesse de Condé, 3, 54.
Bavière (Marie-Anne-Christine de), Dauphine, xxii note 1, 69.
Bavière (Marie-Louise de), prsse de Salm, 3.
Bavière (Sophie de), duchesse de Brunswick-Lunebourg, 54.
Bayonne (Basses-Pyrénées), 147 note 1, 226.
Beaufort, député, élève de l'Ecole spéciale militaire, 374.
Beauffremont (Marie-Claire de), comtesse de Fleix, 53.
Beauharnais (Claude, comte de), 310.
Beaulieu, commune de Boissise-la-Bertrand (Seine-et-Marne).
Beaumont (Seine-et-Marne), 108, 110, 113.
Beaumont (Bertrand, comte de), 487, 489.
Beaumont (Elie de), géologue, 138.
Beaumont (De), 147.
Beauvais (Commanderie de), commune de Grez (Seine-et-Marne), 495.

Beauval (Famille de), 160.
Beauverger (Baron Edmond de), député, 196 à 199.
Beauvilliers (Maxime), auteur cité, 173 note 1, 180.
Beauvois-Devaux, 482.
Béchamel (Louis), secrétaire du Roi, 9.
Béchet (Gaston), propriétaire, 157 note 2.
Becker (Léonard-Nicolas, comte), 310.
Becker (Général), commandant l'Ecole d'application, 250, 370, 386.
Becket (Saint Thomas), archevêque de Cantorbéry, xvii.
Bedois (Jacques), aubergiste et bûcheron, 1.
Bedois (N.), aubergiste, 1.
Beethoven (Louis), compositeur, 218.
Béhague, maréchal des logis aux lanciers de la garde, 385.
Bel-Ebat (Bois de), 401.
Bellangé, aubergiste, 4 note 1.
Bellanger (Franç.-Jos.), architecte, 20 à 31.
Bellanger (Jules), notaire, 50, 151.
Bellavène (Général), directeur de l'École spéciale militaire, 371.
Belle-Croix, lieu dit, 231, 439 note 3.
Belle-Fontaine, commune de Samois (Seine-et-Marne), 188, 191, 192, 194.
Bellegarde (Loiret), 403, 404.
Bellegarde (Le sire de), 2.
Bellot, maire, 80, 102.
Belloy (Pierre-Laurent Buyrette de), auteur dramatique, 320.
Belluse (Claude Perrin, dit Victor, maréchal duc de), 29, 249, 310.
Benard, curé, 120.
Bénard, élève de l'Ecole centrale, 369.
Bénard, 118.
Benard (Jacques), officier du Roi, 156.
Bénard-Saint-Etienne (Nicolas-François), notaire, 71, 85, 109, 301.
Benezech, conseiller d'Etat, 103, 104 note 2, 107 note 1, 112.
Benjamin, propriétaire, 14, 41 à 43.
Benoît (Le « père »), 437, 438.
Béoriots (Les), lieu dit, 432.
Béranger (Pierre-Jean de), chansonnier, xv, 215, 238, 245 à 247.
Berceau du Roi de Rome (Le), 304, 305.
Bercy (Château de) (Seine), 43.

Bérésina (Bataille de la), 67.
Bergen (Bataille de), 268.
Bergeret de Frouville, sec. du Roi, 10, 11.
Bergeret de Norival, secrétaire du Roi, 10.
Bergognié, procureur impérial, 118.
Berg-op-Zoom (Hollande) (1), 268.
Beringhen (Pierre de), valet de chambre de Henri IV, 400.
Beringhen (Frédéric de), marquis de Bourron, 481.
Beringhen (Marie-Henriette de), femme de F.-P. de Varennes, 481.
Bernadac (Colonel), directeur des études de l'Ecole d'application, 370.
Bernard de Montebise (Colonel), élève de l'Ecole spéciale militaire, 371.
Bernis (Comte de), propriétaire, 43.
Berny (Armand-Marie de), 487 à 489.
Berny (Charles-Lucien de), 487.
Berriat Saint-Prix (Charles), conseiller à la Cour de Paris, 205.
Berry (Caroline de Bourbon, duchesse de), 180, 200.
Berry (Marie-Thérèse de), marquise de Benevent (2), 50.
Berryer (Pierre-Antoine), avocat, 237.
Berryer, chef d'escad. au 4e hussards, 266.
Berte, propriétaire, 46.
Berteau (Pierre-Félix), propr., 425, 426.
Berthe (Thomas), prêtre de la Mission, 120.
Berthemy (Baronne), propriétaire, 22, 23.
Berthier (Alexandre), prince de Wagram et de Neufchâtel, 42, 235, 310, 371, 372.
Berthier (Capitaine), 428.
Berthier de Vauxlouis, élève de l'Ecole centrale, 369.
Berthollet (Claude-Louis, comte), chimiste, 343, 366 note 3.
Berthollet (Charles-Louis), 343.
Bertin (Henri-Léonard-Jean-Baptiste), ministre d'Etat, 16.
Berton (Pierre Montan), compositeur, 324, 325, 310.
Bertrand (Guillaume), peintre, 367.
Bertrandy, insp' général des archives, 200.

(1) B-op-Z fut prise en 1747, non en 1746.
(2) Et non *duchesse de Berry*, comme on l'indique après M. de Grouchy : ce titre ne fut porté qu'à dater de juillet 1710.

Besnard, avocat, 74, 75, 85, 101, 113.
Besnard, marchand, 75.
Besnard, marchand épicier, 101.
Besplas (Marquis de), propriétaire, 43.
Bessonville, commune de La Chapelle-la-Reine (Seine-et-Marne), 175.
Bétharam (Calvaire de), 7.
Bethis, propriétaire, 12.
Betz-Penot, industriel, 160.
Bey, capitaine du génie, 428.
Beyens (Baron de), ambassadeur, 192.
Bézard, procureur impérial, 117.
Bèze, danseuse, 327.
Bézery (Charles), aubergiste, 25.
Béziers (Hérault), 273.
Bezout (Étienne), mathématicien, 42, 256, 439 note 2.
Bezout (N.), élève de l'Ecole centrale, 369.
Bezout, 118.
Biancolelli (Dominique), comédien, 337, 338.
Biancolelli (Louis), capitaine, 337.
Biancolelli (Catherine), femme de Pierre Le Noir de La Thorillière, 337, 338.
Biancolelli (Marie-Françoise), comédienne, 337.
Biard (François), peintre, xv, 231, 240, 241.
Bibliothèque du Palais, 1, 3, 5, 6, 357, 483.
Bibliothèque municipale, ix, 20, 21, 251, 252, 369 note 2.
Bidassoa (La), rivière, 273.
Bière (Forêt de), 279, 399, 402, 403.
Bièvre (N. Maréchal, marquis de), auteur dramatique, 331, 333.
Bigarré, notable, 80.
Bignon (Abbé Jean-Paul), bibliothécaire, 356.
Bignon aîné, restaurat' à Paris, 393 note 1.
Billaudel, intendant des bâtim. du Roi, 39.
Billebauts (Les), lieu dit, 360.
Billoy, notable, 80.
Billy, prof. à l'Ecole spéciale milit., 371.
Binet, directeur de la Société philharmonique, 249.
Bin (Salomon), employé à la manufacture de porcelaine, 43 note 1.
Biron (Charles de Gontaut, duc de), 101, 295.
Bissy (Cardinal de), 486.
Bixio (Jacques-Alexandre), 238.

Bizet (Georges), compositeur, 249.
Bizon (Barth.-Nicolas), administrateur, 102.
Bizy (Château de) (Eure), 383.
Blacas (Pierre-Louis-Jean-Casimir, duc de), diplomate, 200.
Blaise, compositeur, 326 note 2.
Blanc, géographe, 161.
Blandy (Seine-et-Marne), 280.
Blanquet du Chayla, propriétaire, 46.
Bléry, prof à l'Ecole spéciale milit., 371.
Bleuse, maître de chapelle, 249.
Bligny (Côte-d'Or), 222.
Blocquet, concierge, 25.
Blois (Loir-et-Cher), 1, 294, 356.
Blois (Denis de), prieur-curé de Samois, 423.
Blomont, lieu dit à Larchant (S.-et-M.), 472.
Blossac de la Bourdonnais, élève de l'Ecole spéciale militaire, 371.
Blot, colonel du 4e hussards, 269.
Blücher (Gebhart Lebrecht de), général prussien, 68.
Bluteau, peintre, 367.
Bô (Jean-Bapt.-Gérôme), auteur cité, 138.
Bobly, du 4e hussards, 272.
Bobusse (Marie-Anne), femme de N. de Moranzel, 424, 425.
Bocquet, auteur dramatique, 330.
Boddson-Noirefontaine, élève de l'Ecole spéciale militaire, 372.
Boerio (Commandant), 428.
Boesses (Loiret), 160.
Boileau (Pierre), sieur de Puymorin, 48.
Boileau-Despréaux (Nicolas), poète, 2.
Bois-Coulant (Le), lieu dit, 399.
Bois de la Boulaye (Le), lieu dit (?), 432, 433.
Bois des Seigneurs (Le), lieu dit, 401, 432.
Boisdhyver (De).—V. Marrier de Boisdhyver.
Bois-Gauthier (Le), lieu dit, 401.
Boisjoly (S. de), fourrier des logis du Roi, 156.
Bois-le-Roi (Seine-et-Marne), 124, 189, 399, 400, 403, 469.
Bois-Madame (Le), lieu dit, 432.
Bois-Prieur (Le), lieu dit, 401.
Boisse (Jean-Pierre-Anne), juge de paix, 110 à 118.
Boisseau de Chatillon (Jacques-Philippe), gouverneur de l'Orangerie, 50, 156.
Boisseau de Chatillon (Nicolas), 50.

BOISSEAU DE CHATILLON (Louise), femme de Picault de Darvault, 50.
BOISSEAU DE CHATILLON (Marie-Thérèse), 50.
BOISSISE-LA-BERTRAND (Seine-et-Marne), 307.
BOISSY (Louis de), auteur dramat., 322, 328.
BOISSY-AUX-CAILLES (Seine-et-Marne), 470.
BOITTE, architecte du Palais, 291, 308.
BONAPARTE (Lucien), 367.
BONDEAU (Georges), 155.
BONDY (Forêt de), (Seine), 425.
BÔNE (Algérie), 243, 273.
BONHEUR (Rosa), peintre, xv, 233, 234.
BONHOMME (Honoré), littérateur, 396.
BONHUIS (Le P.), auteur cité, xxix.
BON-LÉVY. — V. GODCHAUX-WEIL.
BONNEAU (Jean-Isidore), maire, 102, 262, 263.
BONNEL, garde forestier, 445.
BONNET, avocat, 137.
BONNEVAL (Général marquis de), élève de l'Ecole spéciale militaire, 373.
BONNIER (Gaston), directeur du laboratoire de biologie végétale, 407, 409.
BONSENS (Jean). — V. ROUX (Alcindor).
BORDA (G. de), 219.
BORDAZ (J. de), 266.
BOREL (Maurice), élève de l'Ecole cent., 369.
BOREL, lieutenant au 1er hussards, 350.
BOREL DE BRETIZEL, capitaine, 428.
BORIUS (Colonel), directeur des études de l'Ecole d'application, 376.
BORQUET (veuve), propriétaire, 40.
BOSIO (J.), dessinateur, 307.
BOSQUET (Pierre-Joseph-François), maréchal de France, 66.
BOSSE (Abraham), graveur, 287, 350.
BOSSE, conseiller municipal, 75.
BOU-AMAMA, agitateur arabe, 274.
BOUCHEN, propriétaire, 44.
BOUCHET (Simon-Louis), membre du comité de surveillance, 6, 30.
BOUCHONNET, notaire, 60.
BOUDROT, professeur à l'Ecole spéciale militaire, 371.
BOUFFLERS (Louis-François, duc de), 66.
BOUILLON (Godefroy-Maurice de LA TOUR, duc de), grand chambellan du roi, 208.
BOULEAUNIÈRE (La), commune de Grez (Seine-et-Marne), 487, 488.

BOULEVARD MAGENTA, 25, 27, 32 note 2, 55, 325 note 1, 387.
BOULLAIRE, procureur de la République, 118.
BOULOGNE (Pas-de-Calais), 08, 127.
BOULOGNE (Bois de) (Seine), 291, 431.
BOUQUOT (Marie-Anne), femme de J.-B. Simonnot, 47.
BOURBAKI (Denis), élève de l'Ecole spéciale militaire, 371.
BOURBON (Antoine de), roi de Béarn, 299.
BOURBON (Charles, connétable de), 356.
BOURBON (Louis, cardinal de), xxi.
BOURBON (Pierre II, duc de), xxix.
BOURBON (Anne de FRANCE, duch^{sse} de), xxix.
BOURBON (Marie-Françoise-Diane de), 155.
BOURBONNE-LES-BAINS (Haute-Marne), 439.
BOURDALOUE (1), 486.
BOURDEAU, maître de chapelle à Paris, 192.
BOURDIN (Jean), propriétaire, 16.
BOURGEOIS (Emmanuel), peintre, élève de l'Ecole spéciale militaire, 374.
BOURGES (Ernest), VII à XV, 257 à 263, 318, 355, 396 note 1.
BOURGES (Maurice), XI, 258 à 260.
BOURGES (Mme Ernest, née JACQUIN), VI, VII, XI, 258 à 260.
BOURGOIN (Charles), organiste, 131.
BOURGOIN (Guillaume), organiste, 131.
BOURGOIN (Louis), organiste, 131.
BOURGOING (Colonel M.-J. de), élève de l'Ecole spéciale militaire, 374.
BOURGNON, magistrat, élève de l'Ecole spéciale militaire, 371.
BOURRIN, notaire à Paris, 135 note 1.
BOURJAT, commandant, 103.
BOURQUELOT (Félix), 467, 468.
BOURRET (Etienne), curé, 129, 131.
BOURGOGNE, 121, 412.
BOURRON (Seine-et-Marne), 43, 126 note 6, 399, 400, 443, 469, 483 à 486 (2).
BOURRON (Côte de), 433.
BOURSAULT (Edme), aut. dramat., 320 note 3.

(1) C'est par erreur que l'on a cité ce nom à propos de la chapelle du château de Bourron : les boiseries de ladite chapelle viennent du château de MASSILLON, à Clermont-l'Evêque.

(2) Légère inexactitude, p. 485; le poêle de la salle à manger est en faïence de Zurich et non en faïence italienne—ce qui eût été une insigne rareté.

BOURSEUL, mar. des logis au 4ᵉ hussards, 269.
BOUSSARD, architecte, 281 note 1.
BOUTHILLIER-CHAVIGNY (de), président du tribunal, 117.
BOUTIN (Famille), 489.
BOUVILLE (Hugues de), seigneur de la Chapelle-la-Reine, 160.
BOYÉ, colonel du 4ᵉ hussards, 269.
BOYER, maréchal de camp, 428.
BOYER (Jacques-René), prêtre, 156.
BOYER, régisseur du Palais, 305.
BRACK (Antoine-Fortuné de), colonel du 4ᵉ hussards, 264 à 267, 273.
BRANCAS (S. de), 155.
BRANCION (De), capitaine au 4ᵉ hussards, 266.
BRANDOIS (Famille de), 485.
BRANTÔME (Pierre de BOURDEILLE, sʳ de), 151.
BRÉAU (Château du), commune de Villiers-en-Bière (Seine-et-Marne), 43, 278.
BRÉAU (Le), lieu dit, 368, 384.
BRÉDA (De), lieutenant au 4ᵉ hussards, 266.
BRESSONNET (Général), 386.
BRÉTIGNON (Ruisseau de).—V. Ruisseau des TROIS-MOULINS.
BRIE (La), XXI, 127, 160, 411, 412, 490.
BRIENNE (Bataille de), 67.
BRIÈRES (Le feu des), lieu dit (?), 432.
BRIEY (Marie-Ange-Emmanuel de), évêque de Meaux, 486.
BRIMONT (De), garde forestier, 358.
BRIONNE (Comte de), 321 note 2.
BRIONNE (Comtesse de), 327.
BRIQUET, administratʳ du département, 348.
BRIQUEVILLE (Colonel de), élève de l'Ecole spéciale militaire, 374.
BRISSET, peintre, 311.
BRISTOL (Villa), 13.
BRIZARD, propriétaire, 26.
BRIZEUX (Julien-Auguste-Pélage), poète, 218, 219.
BROCARD (Jean-Baptiste), 71.
BRODART (Mᵐᵉ E.), propriétaire, XV, 6, 8, 422.
BROGLIE (Achille-Charles-Léonce-Victor, duc de), 238.
BROGLIE (Maurice-Jean-Mad., abbé de), 481.
BROLLES, commune de Bois-le-Roi (Seine-et-Marne), 358.
BRONGNIART (Adolp.-Théod.), chimiste, 51.
BROUARDEL, docteur, 440.

BRUEYS (David-Augustin, abbé de), auteur dramatique, 321.
BRUGÈRE (Général), secrétaire de la Présidence, 380, 382, 386.
BRUN, sous-préfet, 115.
BRUNSWICK-LUNEBOURG (Ernest-Auguste, duc de), 8.
BRUNY, compositeur, 331.
BRUYN, géographe, 291.
BUDÉ (Guillaume), biblioth. du Palais, 357.
BUFALO DELLA VALLE (Mⁱˢ Paolo), 317, 318.
BUFFON (Jean-Louis LECLERC, comte de), auteur cité, XVIII note 1, 281, 405, 489.
BUGEAUD (Maréchal Thomas-Robert, DE LA PICONNERIE, duc d'Isly), 60.
BUISSON (Pierre), pêcheur à Melun, 155.
BUISSON, curé, 120.
BUISSON-CHEYDEAU (Le), lieu dit, 432.
BUISSON D'ETRANGLE-VEAUX (Le), lieu dit, 432, 433.
Bulletin de la Société botanique de France, recueil cité, 415 à 420.
Bulletin de la Société de l'Histoire de Paris, recueil cité, 150, 311.
BULLION (Claude de), garde des sceaux, 151.
BUNEL (Gabriel), facteur d'orgues, 127, 131.
BURCHARD (Jean), auteur cité, 146 note 1.
BURCY (Seine-et-Marne), 469.
BUREAU DE BIENFAISANCE, IX, 20, 214.
BUREAUX DE LA GUERRE, 370.
BURGUES DE MISSIESSY (Comte de), 81.
BURNOUF (Jean-Louis), philologue, 222.
BURTHE (Baron), colonel du 4ᵉ hussards, 269.
BURTY (Famille), 489.
BURY (Bernard de), compositeur, 324.
BUSSEAU, commune de Villiers-sous-Grez (Seine-et-Marne), 470.
BUSSY (Colonel de), directeur des études de l'Ecole d'application, 375.
BUTTE SAINT-LOUIS (Ermitage de la), 424.
BY, commᵉ de Thomery (S.-et-M.), 233, 234.

C

CABARET-MASSON (Le), lieu dit, 433.
CABAT (Nicolas-Louis), peintre, 301.
CABINET DU CONSEIL, 363.
CADORE (Jean-Baptiste NOMPÈRE DE CHAMPAGNY, duc de), 310.

Cadot, éditeur, 258.
Caen (Calvados), 367.
Caffarelli (Franç.-Marie-Aug., comte), 310.
Cahen (Isidore), auteur cité, 130.
Cahen (Hindlé), femme de S. Bir, 48 note 1.
Cahors (Lot), 190, 192.
Cahuzac (Louis de), auteur dram., 321, 322.
Cailhava d'Estandoux (Jean-François), auteur dramatique, 320.
Caille (Abbé), 422.
Caillebot de la Salle (Louis), maître de la garde-robe du Roi, 18.
Caisse d'Épargne, ix, 20, 99.
Callias (Hector de), littérateur, 240.
Calloch de Kérillis (A.-V.), du 4ᵉ hussards, 266.
Caly (Jean-Baptiste), fontainier du château, 58, 282.
Camargo (Marie-Anne Cuppi, dite la), danseuse, 318.
Caminade (Général), élève de l'École spéciale militaire, 374.
Campardon (Émile), auteur cité, 336.
Camp de la Loupe, lieu dit, 51 note 1.
Canal, xxiv, xxviii, 298, 376, 411, 491.
Candas (Famille), 20.
Cantorbery (Angleterre), xvii.
Capet, trésorier de la Liste civile, 86.
Capitainerie de Fontainebleau, xxi, 484 à 486, 491.
Caraffe (Armand), peintre, 367.
Carcassonne (Aude), 273.
Carmes, religieux, 42, 424, 478.
Carnot (Sadi), président de la République, 288, 380, 386, 387, 407.
Carnot (Mᵐᵉ, née Dupont-White), 5, 202, 380, 387.
Carové (Docteur), écrivain allemand, 209.
Carpeaux (J.-B.), sculpteur, 237.
Carrefours :
— Augas (d'), 64.
— Buvette (de la). — V. Table-du-Roi.
— Carnot, 17.
— Chailly (de). — V. Grand-Veneur.
— Courses (des). — V. Toulouse.
— Croix de Saint-Hérem (de la), 169.
— Épine Foreuse (de l'), 358, 472.
— Fourche (de la), 17, 429.
— Grand-Veneur (du), 64.

Carrefours :
— Gros Fouteau (du), 472.
— Montmorin (de), 64.
— Mont-Ussy (du). — V. Augas.
— Moret (de). — V. Montmorin.
— Obélisque (de l'), 32, 35, 429.
— Paris (de), 421.
— Recloses (de), 483.
— Table-du-Roi (de la), 64.
— Toulouse (de), 63, 315.
Carrelet (Général), élève de l'École spéciale militaire, 373.
Carrier-Belleuse, statuaire, 231, 232, 393, 394 note.
Carrière, régisseur du Palais, 227, 250.
Carrousel (Le), lieu dit, xx, 283, 376, 381.
Cartault (Ét.), juge au tribunal, 116, 117.
Cartier, garde forestier, 358.
Casauban (Nicole-Dominique), femme de F.-F. de Varennes, 481.
Casernes :
— Damesme, 65.
— Suisses (des), 18.
V. Quartiers.
Cassegrain (N.), 445, 446.
Cassiano del Pozzo (Commandeur), 116, 117, 311.
Castel (René-Louis-Richard), auteur cité, 438.
Castel, capitaine instructeur aux lanciers de la garde, 385.
Castellan (Antoine-Louis), auteur cité, xvi, 278, 309, 313, 314.
Castellane (De), sous-lieutenant aux lanciers de la garde, 385.
Castil-Blaze (François-Henri-Joseph), auteur cité, 318, 320.
Castres (Tarn), 273.
Catherine de Médicis, xxi, 289.
Cave Coignard (La), lieu dit, 126 note 6.
Cazeneuve, 313.
Cazes (De), sous-préfet, 115.
Cazes (Mᵐᵉ de), propriétaire, 11.
Cellier, conseiller municipal, 80, 90.
Cellini (Benvenuto), 343.
Cély (Seine-et-Marne), 371.
Cerceau, chef d'institution à Provins, 360.
Cervantes (Michel), 321.
Cessac (Gérard-Jean Lacuée, cᵗᵉ de), 310.

CHAALON (Jean), curé, 129.
CHABOT (Commandant de), 193.
CHAILLY (Seine-et-Marne), 4, 399, 402, 427, 420, 442.
CHAILLY (Denis de), seigneur de Changy, 178, 183.
CHAISE (Ch.-Ed.), professeur à l'École centrale, 366, 367.
CHALANTON (De), bibliothéc. du Palais, 357.
CHALLEAU, commune de Dormelles (Seine-et-Marne), 45.
CHALMETON DE MONTCHAMP, conservateur des hypothèques à Melun, 11, 12.
CHALONS (Marne), 66, 67, 273.
CHAMBEAU (Maxime), avoué, 118.
CHAMBERLANT, propriétaire, 5.
CHAMBON (Loiret), 160.
CHAMBORD (Loir-et-Cher), 291.
CHAMBRE (La). — V. HOSPICE.
CHAMBRE D'ALEXANDRE, 162.
CHAMFORT (Sébastien-Roch-Nicolas), auteur dramatique, 324, 325, 329.
CHAMILLARD (Michel de), 2.
CHAMON (Commandant), 381.
CHAMPAGNE (La), 412.
CHAMPAGNE (Seine-et-Marne), 490.
CHAMPEAUX (Seine-et-Marne), 363.
CHAMPÉRON (Général de), 358, 385.
CHAMPIGNY (Maison de), 13, 61.
CHAMPMESLÉ (Marie DESMARES, femme), comédienne, 319 note 8.
CHAMP-MINETTE (Le), lieu dit, 400.
CHAMPOLLION (Aimé), chef de bureau des Archives, 205.
CHAMPOLLION-FIGEAC (Jacques-Joseph), bibliothécaire du Palais, xv, xvi, 201 à 207, 278, 285, 287, 318, 357, 368, 372 note 2.
CHAMPOLLION LE JEUNE (Jean-Franç.), 204, 206.
CHANCELLERIE, 26.
CHANCELLERIE (Section de la), 81 note 1.
CHANDENIER (Félix), collectionneur, 125 note 2.
CHANGEART, 118.
CHANGIS, commune d'Avon (S.-et-M.), 470.
CHANTREAU (Pierre-Nicolas), professeur à l'École spéciale militaire, 371.
CHANVILLE (DUBUS dit), comédien, 320.
CHAPELLE DE LA SAINTE-TRINITÉ, XVIII, XXI.
CHAPELLE DU PALAIS, XVIII, XXI, XXIII, XXIV, XXVI, XXVIII, 201, 295, 363, 370.

CHAPELLE DU ROI, XX.
CHAPELLE-ÉGALITÉ (La). — V. CHAPELLE-LA-REINE.
CHAPELLE-GAUTHIER (La) (S.-et-M.), 371.
CHAPELLE-LA-REINE (La) (S.-et-M.), 51, 106, 107 note 1, 108, 110, 113, 160, 435.
CHAPELLE-RABLAIS (La) (Seine-et-Marne), 431 à 436.
CHAPELLE SAINT-SATURNIN, XVII, 280, 296, 307, 308, 357.
CHAPTAL (Comte), propriétaire, 31.
CHAPU (Henri), statuaire, xv, 237.
CHARETTE DE LA COLINIÈRE (Famille), 189.
CHARITÉ DE N.-D. DE CHALONS (Ordre de la), 178.
CHARLEMAGNE (Général), 192.
CHARLES V, XVII, 356, 483.
CHARLES VI, 483.
CHARLES VII, 9, 365 note 1, 483.
CHARLES VIII, 356.
CHARLES IX, XXI, XXIX, 45 note 1, 280, 291, 311, 355.
CHARLES X, 62, 164, 168, 382, 383, 425. — V. ARTOIS (comte d').
CHARLES II, roi d'Espagne, XXVII.
CHARLEVAL (Château de), 291.
CHARMEUX (François), 491.
CHARMEUX, capitaine au 4° hussards, 269, 270, 272.
CHAROLLES (Saône-et-Loire), 266.
CHARON (Général), élève de l'École spéciale militaire, 374.
CHARPENTIER (Hubert), 7, 119.
CHARPENTIER, curé, 94 note 1, 120, 200, 239.
CHARPENTIER (N.), femme d'André Rochereau, 119, 120.
CHARPIN-FEUGEROLLES (Comte de), propriétaire, 16, 19, 121.
CHARPIN-FEUGEROLLES fils, 16.
CHARTRES (Louis-Philippe, duc de), 269.
CHASSÉ, comédien, 323.
CHASSELAS (Saône-et-Loire), 492.
CHASSELAS (le, de Fontainebleau), 490 à 492.
CHASTEL (Pierre du), bibliothécaire du Palais, 357.
CHASTELLIER (Colonel marquis du), 269.
CHATAIX, soldat au 4° hussards, 273.
CHATAURIE, comédienne, 330.
CHATAUX (Général Hugues de), 29, 67, 68.

CHATEAU (Paul), artiste dramatique, 266.
CHATEAU (Section du), 81 note 1.
CHATEAUBRUN, auteur dramatique, 322.
CHATEAU D'EAU, xxv, 281, 282, 401.
CHATEAU-LANDON (Seine-et-Marne), 108, 470.
CHATEAUNEUF (Marquis de), 50.
CHATELET (Gabrielle-Emilie LE TONNELLIER DE BRETEUIL, marquise du), 13.
CHAUCHAT, élève de l'Ecole d'application, 387.
CHAUFFARD, avocat, 143.
CHAUMES (Seine-et-Marne), 369.
CHAUMONT (Haute-Marne), 185.
CHAUVET, officier au 4ᵉ hussards, 272.
CHAUVIN, lieut. aux lanciers de la garde, 385.
CHAUVIN, 113.
CHAVEPEYRE, notaire, 26.
CHAVIGNY (De), 2.
CHEFFER (Mich.), élève de l'Ecole cent., 369.
CHEMINS :
— Bourron (de), 33, 36, 37.
— Franchard (de), xxviii.
— Malesherbes (de), 37.
— Nemours (de), 31, 35, 55, 371, 400, 420.
— Plaideux (des, à Bessonville), 175.
CHENIER (Marie-Joseph de), 334.
CHENIL, xx, xxvii, 370.
CHENNEVIÈRE (A.), bibliothécaire de la ville, xv, 180, 182, 183, 215, 246, 251, 252, 318.
CHENNEVIÈRES (Henry de), 303.
CHENU, boulanger, 437.
CHENUEL (Jean-Henri), maire, 44, 75, 95, 96, 101, 102, 106, 111, 112.
CHENUEL jeune, entrepreneur, 75.
CHENUEL (N.), femme de N. Delabarbe, 44.
CHENVIÈRE (Maison), 41, 43.
CHERBOURG (Manche), 273.
CHÉRET, du 4ᵉ hussards, 272.
CHÉRET, graveur, 393 note 1.
CHÉRON (Marie-Joseph), commissaire au Grand-Châtelet, 174.
CHÉRY (Vincent), propriétaire, 60.
CHEVALIER (Mˡˡᵉ), comédienne, 323.
CHÉVREAU CHRISTIAN, procureur de la République, 118.
CHEVRIER, receveur des Aides, 75.
CHEVRIER, notaire à Héricy, 426.
CHEYSSAC (De), grand maître des eaux et forêts, 81, 405, 418.

CHICLANA (Bataille de), 67.
CHILLEURS-AUX-BOIS (Loiret), 160.
CHISEUL (De), capitaine au 4ᵉ hussards, 266.
CHODRON, notaire à Paris, 425.
CHOISEUL (Famille de), 160.
CHOISY-AUX-LOGES. — V. BELLEGARDE.
CHOISY (François-Timoléon, abbé de), auteur cité, 123.
CHOPPIN, notaire à Paris, 9.
CHOTIER (N.), prêtre, 156.
CHOURY DE LAVIGERIE, colonel du 4ᵉ hussards, 269.
CHRÉTIENNE DE FRANCE, duchesse de Savoie, XXIII, XXIV, 295.
CHRISTIAN VII, roi de Danemark, 325.
CHRISTIANI (Colonel baron), directeur de l'Ecole des sous-officiers de la garde, 374.
CHRISTIANSDADT (Bataille de), 67.
CHRISTINE DE SUÈDE, 125, 161, 295.
CHRISTOPHE (Baron), colonel du 4ᵉ hussards, 269.
CIMETIÈRES, 19, 42, 99 note 1, 101, 105, 239, 267, 401.
CIRCOURT (Comte de), 44.
CIRIL, capitaine au 1ᵉʳ hussards, 358.
CIVITA-VECCHIA (Italie), 273.
CLAIRON (Claire-Josèphe-Hippolyte LEGRIS DE LATUDE, dite), comédienne, 318.
CLAIRVAL (Jean-Baptiste GUIGNARD dit), comédien, 332.
CLARAZ (Docteur), 353.
CLARY (Colonel J.-M.), élève de l'Ecole spéciale militaire, 374.
CLÉMENT XII (Laurent CORSINI), pape, 348.
CLERÉ, lieutenant-colonel au 4ᵉ hussards, 266.
CLERMONT (Louis de BOURBON-CONDÉ, comte de), abbé de St-Germain-des-Prés, 436.
CLERMONT-FERRAND (Puy-de-Dôme), 266, 273, 466.
CLESINGER (Jean-Baptiste-Auguste), sculpteur, 297.
CLINCHAMP (Michel de), concierge des Tuileries, 337.
CLOSTERCAMP (Bataille de), 268.
CLOUETTE, conseiller municipal, 80.
CLUB DES AMIS DE LA CONSTITUTION, 315.
COCURTE (Propriété), 425.
COHENDY (Michel), archiviste du Puy-de-Dôme, 266.
COIGNET, entrepreneur de plomberie, 308.

Coigny (Marie-François-Henri de Franquetot, duc de), 322.
Colasse (1) (Pascal), compositeur, 322, 321.
Colbert (Jean-Baptiste), 101, 435.
Colbert (Général comte Pierre, dit Edouard), 201, 310, 428.
Coligny (François de), sieur d'Andelot, 101.
Coligny (Amiral Gaspard de), 101.
Coligny (Odet de), cardinal de Châtillon, 101.
Colin de Blamont, compositeur, 319 note 5.
Colinet (Charles-Prosper), 396, 397, 421 note 1, 433, 437, 440.
Colland (Epoux), propriétaires, 5, 426.
Collège, 14, 20, 56, 72, 133, 134.
Collin, soldat au 4ᵉ hussards, 273.
Collinet (J.-Arm.-Nic. de Rougebourse), 4.
Colonne, chef d'orchestre, 218.
Comairas-Jaquotot, propriétaire, xv, 211.
Commines (Philippe de), 1, 2.
Commode (Empereur), 310, 311.
Compiègne (Oise), xix, xxiii, 30, 201, 406.
Concarneau (Finistère), 407.
Conciergerie, 59, 201.
Condé (Henri Iᵉʳ de Bourbon, prince de), 2.
Condé (Henri-Jules de Bourbon, prince de), 3.
Condé (Louis II de Bourbon, prince de), 3.
Condé (Marguerite-Charlotte de Montmorency, princesse de), 149.
Conflans (Marquis de), colonel, 269.
Conseil municipal, xiv, 62, 73 à 102, 140.
Constantine (Algérie), 371.
Constantinople (Turquie), xviii note 1.
Contausse, représentant, 371.
Conte, capitaine au 4ᵉ hussards, 266.
Conti (Louis-François-Joseph de Bourbon, prince de), 324.
Conti (Anne-Marie de Bourbon, princesse de), 321 note 2.
Conti (Marie-Thérèse de Bourbon, princesse de), xxviii, 50.
Constant (Charles), auteur cité, 312.
Coquille (Claude), secrétaire du Roi, 9.
Corbeil (Seine-et-Oise), 160.
Corbigny (De), inspectʳ des forêts, 396 note 1.
Corday (Charlotte), 238.
Cordebœuf (François-César de), marquis de Montgon, 481.

(1) C'est le même qui, p. 324, est dit Colas.

Cordier, commandant, 381.
Coris (Bernardin), comédien, 337.
Cormier Panchu (Le), lieu dit, 432, 433.
Corneille (Pierre), 318 note 3, 333.
Corogne (La) (Espagne), 268.
Corot (Jean-Baptiste-Camille), peintre, 302.
Corréard (Alexandre), ingénieur et libraire, xv, 470, 480.
Cortesi (Ursule), femme de D. Biancolelli, 337, 338.
Cosnac (Joseph-Marie-Victoire), archevêque de Sens, 200.
Cossé (Timoléon de, comte de Brissac), 15.
Cossé Brissac (Louis-Hercule-Timoléon de), 47, 48, 52.
Cossé Brissac (Comte Maurice de), 49, 51, 52.
Coste (Général), commandant l'Ecole d'application, 376.
Couchon (Louis), peintre, 123 note 1.
Coudre (La), fief près d'Avon, xxv, 400.
Coudre (Maison de la), xxiii.
Coulange (Baronne Contaud de), 136 à 144.
Coulommiers (Seine-et-Marne), 7, 266, 357, 369, 371.
Courances (Seine-et-Oise), 43.
Courboulis, adjudant aux lanciers de la garde, 385.
Courbuisson (Seine-et-Marne), 400, 401.
Courceaux, commune de Montereau-sur-le-Jard (Seine-et-Marne), 369.
Cournon (De), sous-préfet, 115.
Cours :
— Frégé, 70.
— Loreaux (des), 70, 99.
— Merciers (des). — V. Loreaux.
— Miracles (des), 70.
— Morel (des) ou Morelles. — V. Loreaux.
— Sablons (des), 11.
— Saint-Claude, 70.
Cours du Palais :
— Adieux (des). — V. Cheval Blanc.
— Cheval Blanc (du), xviii, xxvii, 50, 62, 123, 261, 280, 288 à 290, 296, 370, 375, 380, 381.
— Cuisines (des). — V. Henri IV.
— Donjon (du), xxiii, 115.
— Ebats (des), 376.
— Fontaine (de la), 290, 291, 309.

Cours du Palais :
— Fontaines (des), XVIII, XXII, 123, 280, 291, 297, 298, 300, 313, 314, 363.
— Henri IV, 59 à 61, 82, 292, 297, 375, 401.
— Offices (des), XXIV, XXV, 59, 485.
— Ovale, XVII, XIX à XXI, 265, 297.
Courson de Neuville, lieutenant-colonel d'infanterie, 81 note 1.
Courtin (François-Marie), maire, 80, 102.
Courtot (Général), élève de l'Ecole spéciale militaire, 371.
Cousin-Montauban, colonel du 1er hussards, 269.
Coutanson (Seine-et-Marne), 135.
Coutay (Le sire de), 1, 2.
Coutras (Bataille de), 295.
Coypel (Antoine), peintre, 302.
Coysevox (Antoine), sculpteur, 2.
Crébillon (Prosper Jolyot de), auteur dramatique, 319 note 2.
Crépin (Charles), imprimeur, 263.
Cresptowitz (Comte de), diplomate, 192.
Cnette, élève de l'Ecole centrale, 369.
Creusot (Le) (Saône-et-Loire), 237.
Croix :
— Augas (d'), 126 note 6.
— Franchard (de), 432.
— Grand Maitre (du), 432.
— Patin Dieu (de), 432, 433.
— Saint-Hérem (de), 352, 432, 433.
— Saint-Jacques, 35 à 37.
— Toulouse (de), 17, 358.
— Vaucervelles (de), 433.
— Vitry (de), 432.
Croizette Desnoyers (T.), inspecteur des forêts, auteur cité, 250, 415 à 420.
Cruel (Achille), avoué, 118.
Cubières (Michel de), auteur dramatique, 320.
Cuença (Bataille de), 67.
Cumier, ancien hameau disparu à Recloses (Seine-et-Marne), 400.
Cunisset (Mme, née Carnot), 381.
Curdel, notable, 80.
Curial (Philibert-Jean-Baptiste-François-Joseph, baron), 310.
Cuvier (Georges), naturaliste, 446.
Cuvillier, sous-lieutenant aux lanciers de la garde, 385.

D

Dacier (Bon-Joseph, baron), secrétaire perpétuel de l'Académie française, 205.
Dacier (Paul), 205.
Dalloz (Pierre-Arm.), aut. cité, 186 note 2.
Dalou (Jules), sculpteur, 237.
Damas-Hinard (Jean-Joseph-Stanislas-Albert), littérateur, 212.
Damesme (A., le jeune), professeur à l'Ecole spéciale militaire, 371.
Damesme (E.), commissaire des guerres attaché à l'Ecole spéciale militaire, 371.
Damesme (Général Edouard), 65, 371.
Dammarie-les-Lys (Seine-et-Marne), 13, 433.
Damour (A.), 396 note 1.
Damoye (Nicolas), propriétaire, 60.
Dampierre (Seine-et-Oise), 22.
Dampierre (Général de), élève de l'Ecole spéciale militaire, 371.
Dampierre (Vicomte et vicomtesse Septime de), 53.
Dan (Pierre), auteur cité, XVI, 145, 146, 277, 287, 311, 312, 342 à 344.
Dandé, chef d'orchestre, 249.
Dancourt (Florent Carton dit), auteur dramatique, 321, 337.
Dangeau (Comtesse de), 21.
Daniel (Mme), propriétaire, 5.
Danrémont (Charles-Marie-Denis), général comte), élève de l'Ecole spéc. milit., 371.
Dantzick (Siège de), 68.
Danube (Le), fleuve, 68.
Dargout (Général), élève de l'Ecole spéciale militaire, 371.
Darras, receveur général, élève de l'Ecole spéciale militaire, 371.
Daru (Pierre-Antoine-Noël-Bruno, comte), 310.
Daru de Pommeroy, sous-lieutenant au 1er hussards (1), 266.
Dassy Darpajean (Augustin), médecin de la Cour, 15 à 19, 75, 78.

(1) Nous n'avons pu identifier ce personnage qui ne semble pas être le comte Napoléon Daru, officier d'artillerie et non de hussards; celui-ci d'ailleurs n'a jamais ajouté à son nom patronymique celui de Pommeroy. — Peut-être faut-il lire Duru de Pommeroy, mais nous ne trouvons personne de ce nom qui se soit distingué dans la politique.

TABLE ALPHABÉTIQUE.

DAUBERON (Le chevalier), 155.
DAUVERGNE, compositeur, 325.
DAVID (Jacq.-Louis), peintre, 170, 351, 367.
DAVID (Jules), littérateur, 205.
DAVID (Pierre-Emmanuel), 27.
DAVID, représentant, 92.
DAVID (d'Angers) (Pierre-Jean), sculpteur, 367 note 2.
DAYE, curé, 75, 90, 129.
DAZINCOURT, auteur cité, 320 note 4.
DEBATISSE (Colonel), directeur des études de l'Ecole d'application, 376.
DEBONNAIRE, propriétaire, 136.
DEBONNAIRE DE GIF (Louis-Théodore), maire, 23, 102.
DEBRAY (Julien), officier du Roi, 156.
DECAMPS (Alexandre-Gabriel), peintre, xv, 17 note 1, 231, 232, 241.
DECAMPS (Mme), 232 note 1.
DECAMPS (N.), femme de N. La Batut, 232 note 1.
DECAMPS (N.), femme de E. Dentu, 232 note 1, 240.
DECAZES (Louis-Charles-Elie-Amanieu, duc), 102.
DECHAMBRE, notaire à Thomery, 301.
DEFLANDRE, lieutenant de gendarmerie, 358, 359.
DEJEAN (Jean-François-Aimé, comte), 340, 372.
DELABARBE (Mlle), propriétaire, 44.
DELABEAUME, notaire à Nemours, 125.
DELAFEUTRIE, procur. de la République, 117.
DELAFUYE, procureur de la République, 118.
DELAÎTRE, administrateur du district de Melun, 319.
DELALOGE (Paul), propriétaire, 125.
DELANCE (Michel), propriétaire, 6.
DELANCE (La veuve), 7.
DELANDRE (Famille), 489.
DELAPALME, procureur impérial, 118.
DELAHIOTTE, propriétaire, 40.
DELAVIGNE (Casimir), bibliothécaire du Palais, 212, 357.
DELAVIGNE (Fortuné), avoué à Paris, 212.
DELILLE (Jacques), auteur cité, 284.
DELOINCE (Famille), 20.
DELON, sous-préfet, 115.
DELORME (Philibert), architecte, 123, 345, 346, 350.

DELOUCHE, aubergiste, 2.
DÉLUGE (Le), lieu dit, 112 à 114.
DEMBARRÈRE (Jean, général comte), 371.
DEMOUTIS, élève de l'Ecole spéc. milit., 371.
DENECOURT (Claude-François), xiv, 289, 278, 391 à 398, 427, 438.
DENINA (Abbé), bibliothéc. du Palais, 357.
DENTEND, notaire à Paris, 125.
DEPRET (Mme), propriétaire, 26.
DEROY, conseiller municipal, 78, 85.
DEROY (N.), élève de l'Ecole centrale, 369.
DÉROZIERS (Mme veuve), propriétaire de la Boulcannière, 189.
DESAVIS (Antoine), propriétaire, 92.
DESBOUTS (Gabriel), officier du Roi, 156.
DESCHAMPS (Antony et Emile), poètes, 208.
DESCHATEAUX, propriétaire, 16, 99.
DESESSE, dit la Brière, 7.
DESFAUCHERETS (Jean-Louis BROUSSE), auteur dramatique, 331.
DESFONTAINES (Guillaume-François FOUQUES DESHAYES), auteur dramatique, 329, 331, 332 note 2, 334.
DESFORGES (Pierre-Jean-Baptiste CHOUDARD), auteur dramatique, 331.
DES FRANCS, auteur dramatique, 327.
DESLIENS, curé, 129.
DESŒILLETS (Alix FAVIOLE, Mlle), comédienne, 319 note 8.
DESORMERY (Léop.-Bastien), composit., 330.
DESPANS - CUBIÈRES (Général), élève de l'Ecole spéciale militaire, 373, 428.
DESPONTYS DE SAINT-AVOYE (Colonel baron), élève de l'Ecole spéciale militaire, 374.
DESROUSSEAUX (Paul-Charles-Jules), juge de paix à Nemours, 487.
DES ROUSSEAUX, conseiller en la maîtrise des eaux et forêts, 156.
DESTORS, conseiller d'arrondissement, 189.
DESTOUCHES (Philippe NÉRICAULT), auteur dramatique, 319 note 6, 321.
DESVAUX, sous-lieut. au 1° hussards, 266.
DEVALLANT (Mlle), 136 à 144.
DEVAQUEZ, curé, 129.
DEVAUX (Jules), auteur cité, 351.
DEVENAT (Jean-Joseph), propriétaire, 5, 99.
DEVINAT (1), propriétaire, 27.

(1) Peut-être pour DEVENAT?

DEVRYERS (Louis), secrétaire du Roi, 9.
DEZÈDES, compositeur, 325, 333 note 2.
DEZÈDES (Mlle), compositrice, 333.
DIÈLE, auteur dramatique, 331, 333 note 4.
DIEPPE, officier municipal, 78, 80, 313.
DIETMANN (Général), élève de l'Ecole spéciale militaire, 374.
DIETSCH, compositeur, 249.
DIEUPRÉ (Jacques), propriétaire, 6.
DIEUPRÉ (Famille), 29.
DIGOINE (Comte de), sous-préfet, 115.
DIJON (Côte-d'Or), 226, 367 note 1, 427.
DILLON (Colonel Auguste), élève de l'Ecole spéciale militaire, 374.
DOIGNEAU, sous-lieutenant, 387.
DOMET (Paul), auteur cité, 80, 101, 278, 399, 401, 403, 433.
DONJON, XVI, XVII.
DONOP (Lieutenant-colonel), 192.
DORAT (Claude-Joseph), auteur dramatique, 329, 333.
DORBAY (François), auteur cité, 40, 55, 201.
DORCHEMER (François), exempt en la maréchaussée, 46.
DORCHEMER (Marie-Anne-Élisabeth), femme de Leroy de Grandmaison, 46.
DORCHEMER DE LA TOUR (La veuve), née Marie Raffard, 16.
DORMELLES (Seine-et-Marne), 45, 434, 435.
DORNIER (Commandant), 374.
DORNOIS, sous-préfet, 115.
DOUBLE (Baron), collectionneur, 5.
DOUCIN, sous-préfet, 115.
DOYEN (Gabriel-François), peintre, 302.
DRAGON-BLEU (Le), lieu dit, 67.
DRESDE (Allemagne), 67, 353.
DREUX (Eure-et-Loir), 237.
DRIVON, instituteur communal, auteur cité, 163, 173.
DRIVON (Mme), 163, 180 à 182, 184.
Droit (Le), journal cité, 186 note 2.
DROUET (Élisabeth), femme de Pierre Buisson, 165.
DROUIN, comédien, 322.
DROUINEAU, 124 note 5.
DROUPY, concierge des Ecuries d'Artois, 30.
DU BARRY (Marie-Jeanne GOMARD VAUBERNIER, comtesse), 175, 326, 327.
DUBOIS (Ambroise), peintre, 122, 206.

DUBOIS (Louis-Jean), officier du roi, 156.
DUBOIS, notable, 80.
DUBOIS (Mlle), comédienne, 323.
DUBOIS D'ARNEUVILLE (Louis-Victor), maire, 98, 99 note 2, 102, 365, 369 note 2.
DUBOIS D'ARNEUVILLE (Adél.-Louise-Alex.), baronne Lagersse, 99 note 1, 99 note 2.
DUBOIS DE FRÉMINET (Jeanne-Elisabeth), femme de François Lebaigue, 16.
DUBOUCHET, représentant, 19.
DUBREUIL, peintre, 311.
DUCHATEL (Charles-Jacques-Nicolas, comte), 310.
DUCHÉ (Jean-Baptiste), propriétaire, 48.
DUCHEMIN (Pierre), officier municipal, 6, 78, 80, 157.
DUCHESNE, maire de Vulaines, 189.
DUCHESNE (Mlle), danseuse, 330.
DUCHESNOIS (Catherine-Joséphine RAFIN, dite Mlle), tragédienne, 318.
DUCIS (Jean-François), auteur dramatique, 304.
DUCLOS (Charles PINOT), littérateur, 2.
DUCY, 41.
DUDOUIT (Jean-Théodore), maire, 102, 181.
DUFOIX, sous-préfet, 115.
DUFOUR, président de l'administration municipale de Mormant, 363.
DUFOUR, directeur adjoint du laboratoire de biologie végétale, 107.
DUFRESNY (Charles), auteur dramatique, 319 note 9, 322, 326 note 4, 333.
DUGAZON (Louise-Rosalie LEFÈVRE, Mme), comédienne, 332 à 334.
DUHAMEL DU MONCEAU (Henri-Louis), auteur cité, 405, 420.
DULONG (Général), 470.
DUMAINE, curé, 120.
DUMAINE, maître d'hôtel, 44, 56.
DUMAINE (M. et Mme Alfred), 56, 164 note 1.
DUMÉ, charcutier, 4 note 1.
DUMESNIL (Jules), auteur cité, 311.
DUMONCEAU, grand audiencier de France, 424.
DUMONTEIL, maréchal des logis aux lanciers de la garde, 385.
DUN, comédien, 323.
DUNI, compositeur, 324, 327, 333.
DUPANLOUP (Félix), évêque d'Orléans, 237.
DU PERRON (Jacques DAVY, cardinal), 297.

Dupeyrat, major du 1er hussards, 358.
Dupin (André-Marie-Jean-Jacques), président de la Chambre des députés, 273.
Duplat, ermite de la Madeleine, 123.
Duplessis-Mornay (Philippe), 2, 207.
Dupont de Compiègne, secrétaire général de la sous-préfecture, 25.
Dupont de Nemours (Pierre-Samuel), 202.
Dupont-White (Charles Brook), économiste, 5, 262.
Dupont-White (Mme), 5.
Duprat (Antoine), chancelier de France, 62, 90.
Dupré (Famille), de Melun, 119.
Duprnessoir, maréchal des logis aux lanciers de la garde, 385.
Duprez (Gilbert-Louis), chanteur, 318.
Durand (Alexis), auteur cité, 181 note 2, 318, 437.
Durand (Antoine), curé, 125, 126 notes 1, 5, 129.
Durand (Auguste), 249.
Duranti (Comte de), propriétaire, 5.
Duras (Emmanuel-Félicité de Durfort, duc de), 333.
Duroc (Gérand-Christophe-Michel), grand maréchal, 355, 372 note 2.
Dusommerard (Alexandre), antiquaire, 169.
Duthé (Rosalie Gérard, dite la), courtisane, 175.
Durosnel (Antoine-Jean-Auguste-Henri, général comte), 42.
Durosnel (Comtesse), 28.
Du Roussel, notaire à Paris, 43.
Du Roussel (veuve), propriétaire, 134.
Duvard (Thérèse), femme de Pierre Duchemin, 157.
Dutocq (Général), élève de l'École spéciale militaire, 374.
Duval (C.), chef des cultures du laboratoire de biologie végétale, xviii, note, 408, 409.
Duvivier (Général), élève de l'École spéciale militaire, 374.

E

Echaux (Antoine, vicomte d'), 147 note 1.
Echaux (Bertrand d'), archev. de Tours, 147.

Eckmuhl (Louis-Nic. Davout, prince d'), 251.
Ecole (L'), rivière, 135.
Ecoles :
— Application (d'), 262, 371 à 379, 381, 386, 387, 412.
— Centrale, 101 note 2, 112, 362 à 371.
— Charité (de la), 69.
— Chrétienne de filles, 101.
— Communale de garçons, 110.
— Sous-officiers de la garde (de), 374.
— Spéciale militaire, 267, 285, 370 à 374.
Ecoles chrétiennes (Section des), 81 note 1.
Ecouettes (Les), lieu dit, 432, 442.
Ecuries d'Artois (Grandes), 29, 65.
Ecuries royales (Les), lieu dit, 432, 433.
Edmond (Lord), 123.
Edon, notaire à Paris, 425.
Eglise Saint-Louis, xxv, 86, 99 note 1, 123, 124, 126 à 128, 131.
Egreville (Seine-et-Marne), 108, 110, 119.
Egreville (Comtes d'), 160.
Elbe (fleuve) (Allemagne).
Elias (Colonel), commandant en second du Palais, 205.
Elisabeth de France, reine d'Espagne, xxiii, xxiv, 205.
Elisabeth (Philippine-Marie-Hélène de France, Mme), 6, 7, 15 à 19.
Emilia-Julia (Miss), 238.
Empereur (L.-A.), 266.
Ems (Allemagne), 222.
Entragues (N., marquis d'), 158.
Epernay (Marne), 121.
Epernon (Louis de Pardaillan de Gondrin, duc d'), 131.
Ephrussi (Michel), 32.
Epine (Bois de l'), lieu dit, 401.
Epine-Foreuse (L'), lieu dit, 432, 412.
Episy (Seine-et-Marne), 399.
Eremans (Mme), comédienne, 323.
Escaliers :
— Charles VIII (de), 380.
— Fer à Cheval (du), xviii, xxvi, 56, 261, 288, 290, 291, 296.
— Philippe Auguste (de), 380.
— Stuc (de). — V. Philippe Auguste.
— Tour du Donjon (de la), 115.
Escalonne (Docteur), 231.
Escher, s.-lieut. aux lanciers de la garde, 385.

Escudier, collectionneur, 181.
Espeulles (Marquise d'), 56.
Espinosa (Bataille d'), 67.
Essarts (Antoine des), bibl. du Palais, 317.
Essling (Bataille d'), 68.
Essonne (L'), rivière, 100.
Essonville. — V. Orsonville.
Este (Hippolyte, cardinal d'), 51, 161.
Estrades (Mᵐᵉ d'), 31.
Étampes (Seine-et-Oise), 471.
Étampes (Rivière d'), 160.
Étampes (Comtes d'), 160.
Étampes (Anne de Pisseleu, duch. d'), 160.
Étang, xxvi, xxviii, 123, 283, 297, 309.
Étape (Section de l'), 81 note 1.
Étoile (L'), lieu dit dans le Parc, xxviii, 315.
Eu (Château d') (Seine-Inférieure), 383.
Eugène (François-Eugène de Savoie-Carignan, dit le prince), 66.
Eugénie (Impératrice), 233, 235, 381.
Eure-et-Loir (Département d'), 369.
Evrard (Colonel), élève de l'École spéciale militaire, 371.
Évreux (Eure), 267.
Évreux (Henri-Louis de La Tour d'Auvergne, comte d'), 431, 432.
Expilly (Abbé Jean-Joseph), aut. cité, 277.
Eylau (Bataille d'), 68.
Eynard de Ravanne, secrétaire du Roi, 10.

F

Fagan (Christ.-Barth.), auteur dramatique, 319 notes 3, 7.
Fagon (Guy-Crescence), médecin de Louis XIV, 161.
Fain (Agathon-Jean-François, baron), 355.
Falguière (Alexandre), sculpteur, 237.
Falguières (Olivier), littérateur, 212.
Falle, pasteur, 227.
Fallet (Nicolas), auteur dramat., 331, 332.
Famin, physicien et poëte, 40 note 1.
Fanchon (1) (Paul), receveur ordinaire de Melun, 91.
Fantin, conseiller municipal, 101.

(1) Peut-être Fauchon.— V. ci-après Paulchon.

Faré (Ch.-A.), élève de l'École spéciale militaire, 371.
Fargeau (N.), 116.
Fatharre, auteur dramatique, 326.
Faucher (Léon), économiste, 238.
Faudoas (Lieut. général, marquis de), 128.
Faulchon (Claude), rec. ord. de Melun, 101.
Faure (Maurice), curé, 129, 156.
Fauriez (Ed.), du 1ᵉʳ hussards, 266.
Favart (Charles-Simon), auteur dramatique, 321, 326 à 328, 330, 331.
Favin, auteur cité, 278.
Favre (Mˡˡᵉ), danseuse, 330.
Fay, commune de Chailly-en-Bière (Seine-et-Marne), 100, 112.
Fécamp (Seine-Inférieure), xxx.
Fel (Mˡˡᵉ de), comédienne, 320, 322.
Fer (Nicolas de), auteur cité, xvi à xxx, 55, 105 note 1, 111.
Fer a Cheval (Vestibule du), 300, 312.
« Fer a Repasser » (Le), xiv, 71.
Fère (La) (Aisne), 377.
Féret, lieutenant, 386.
Ferey, procureur impérial, 118.
Ferra de Rouville (Jean-Victor-Léon), maire, 102.
Ferrand (Ant.-Franç.-Claude, comte), auteur cité, 19.
Ferrer (Mᵐᵉ de), propriétaire, 99.
Ferret, notable, 80.
Ferrottes, commune de Thoury-Ferrottes (Seine-et-Marne), 45.
Ferté-sous-Jouarre (La) (S.-et-M.), 238, 371.
Ferté-Vidame (La) (Eure-et-Loir), 383.
Fessard aîné, marchand, 71, 75, 80.
Festeau, notable, 95.
Feuille hebdomadaire de Seine-et-Marne (La), journal cité, 110.
Feuillet (Octave), bibl. du Palais, 221, 357.
Feuilloley, procureur de la République, 118.
Feclarde, lieu dit du Vaudoué (S.-et-M.), 435.
Figaro (Le), journal cité, 230, 288.
Figeac (Lot), 206, 207.
Filles de Sainte-Valère, relig., 80 note 2.
Fischer, colonel de hussards, 268, 260.
Fix (Delphine), Mᵐᵉ Salvador, 238.
Flagy (Seine-et-Marne), 45.
Flein, maréchal des logis aux lanciers de la garde, 385.

FLEURNOY, vicaire général de Meaux, 120.
FLEURUS (Batailles de), 66, 268.
FLEURY-EN-BIÈRE (S.-et-M.), 151, 154, 427.
FLEURY (André-Hercule de Rosset, duc de), 3
FLEURY, procureur de la République, 118.
FLORENCE (Italie), 310.
FLOSSE, colonel du 4ᵉ hussards, 269.
FOIRES, XXV, XXVI.
FOIX (Henri-Franç. de, duc de Candale), 53.
FOIX, admin. du dép. de S.-et-M., 364 note 1.
FOLEMBRAY (Aisne), 291.
FOLJUIF, commune de Saint-Pierre-lès-Nemours (Seine-et-Marne), 489.
FONTAINE (Guillaume), propriétaire, 58.
FONTAINE-AU-ROI (La), lieu dit, 423.
FONTAINE-AUX-BICHES (Bois de la), 401.
FONTAINEBLEAU (Seine-et-Marne), passim.
FONTAINE DE CRAMAYEL, diplomate, professeur à l'École centrale, 363, 373.
FONTAINE-DE-FONTAINEBLEAU, XIX, XXII, 285.
FONTAINE-FRANÇOISE (Bataille de), 295.
FONTAINE-HENRI IV. — V. CHATEAU D'EAU.
FONTAINE-MARIA, 410.
FONTAINEU, 147.
FONTENAILLES (Seine-et-Marne), 435, 436.
FONTENELLE (Bernard LE BOUYER DE), littérateur, 319 note 5, 322, 324.
FONTENOY (Bataille de), 315.
FOREZ (Le), 406.
FORGEOT (Nic.-Julien), aut. dramatique, 333.
FORGES (Seine-et-Marne), 67, 431 à 436.
FORGES, commune de Saint-Martin-en-Bière (Seine-et-Marne), 427.
FORGET (Comte de), commandant général des fauconneries royales, 47.
FORGET (Vicomte de), enseigne aux gardes françaises, 47.
FORT L'EMPEREUR, 239.
FOSSÉ D'ARCOSSE, collectionneur, 125 note 2.
FOUDRAS (Général de), élève de l'École spéciale militaire, 374.
FOUCEA, peintre, 367.
FOUGÈRES (Ille-et-Vilaine), 68.
FOULON, propriétaire, 92.
FOUQUELYN (Simon), 403.
FOUQUET (Jean), maçon, 421.
FOUQUET (Nicolas), surintendant des finances, 62, 120, 208, 472.
FOUQUET, avoué, 118.

FOUQUET, maître de la poste aux chev., 26.
FOUQUIER (Henry), journaliste, 229.
FOURCROY (Ant.-Franç., comte), chimiste, 369
FOURCY, sous-préfet, 115.
FOURIER D'INCOURT (Général), élève de l'École spéciale militaire, 374.
FOURNIER (Général), commandant l'École d'application, 375.
FOURNIER, imprimeur, 373 note 3.
FOURRIÈRE DU PALAIS, XXIII, XXVII, 61 note 1, 292
FRAMERY (Nicolas-Et.), aut. dramat., 330.
FRANCE (Anatole), auteur cité, 208.
FRANCE (Comte de), 310.
FRANCHARD (Ermitage de), XV, XXVII, 127, 208, 400, 421, 422.
FRANCINI, architecte, 278, 285, 287, 289, 291, 297 note 3.
FRANÇOIS Iᵉʳ, XVIII à XXI, XXVI, XXIX, 2, 62, 128, 160, 277, 280, 285, 288, 297, 299, 307, 313, 311, 356, 357, 375, 400, 403 à 405, 421, 433, 490, 491.
FRANÇOIS II, XXI.
FRANCŒUR (François), compositeur, 321, 323.
FRANCONVILLE, statuaire, 299.
FRAPPA (José), peintre, 351.
FRÉDÉRICKZ (Baron), attaché militaire, 192.
FRÉGÉ, cabaretier, 70.
FRÉMINET (Martin), peintre, XXIV, 123, 296.
FRÈRES DE LA CHARITÉ, XXVII.
FRÈRES DES ÉCOLES CHRÉTIENNES, 133 à 141.
FRÉRON (Elie-Catherine), critique, 320.
FREZET, adm. du dép. de S.-et-M., 364 note 1.
FRIEDLAND (Bataille de), 68, 268.
FROCHOT (Nicolas-Thérèse-Benoît, comte), préfet de la Seine, 198.
FROIDEAU, inspecteur des forêts, 250.
FROMONVILLE (Seine-et-Marne), 489.
FRONSAC (Duc de). — V. RICHELIEU (maréchal de).
FURNES (Belgique), 66.
FUZELIER (Louis), auteur dramatique, 321.

G

GABIEN, notaire à Paris, 31.
GABRIEL (Ange-Jacques), archit., 32, 35, 36.
GABOURY (Jacques), propriétaire, 48.
GABUS, contrôleur des bâtiments du Roi, 89.

GAOUIN (Robert), bibliothéc. du Palais, 357.
GAILLARD (Jean), propriétaire, 60.
GAILLARD (Maurice), membre du jury d'admission à l'École spéciale militaire, 371.
GAIN MONTAGNAC (De), auteur cité, 123 note 2.
GALEFFI (Cardinal), 7, 121.
GALERIES :
— Cerfs (des), XXII, XXIII, 152, 162, 204, 205, 814.
— Chevreuils (des), XXIII, 152, 287, 290.
— Diane (de), XXIII, 200, 205, 357.
— Fastes (des), 381.
— François Ier, XXII, XXVIII, 7, 11, 204, 290, 299 à 301, 311, 314, 312, 313, 350, 357, 363, 370.
— Henri II, XIX, 145, 264, 311, 315, 341 à 350.
— Librairie (de la), 357.
— Reine (de la). — V. Diane.
— Ulysse (d'), XVIII, XIX, XXV, 102, 288, 205, 314.
GALLAIS, colonel du 4e hussards, 269, 273.
GALLARD (Romain - Frédéric), évêque de Meaux, 200.
GALLERAN DE GRANDMAISON (Anne-Urbain), propriétaire, 4, 5.
GALLERAN DES ROSIERS (Jean-Robert), propriétaire, 4.
GALZ-MALVIRADE (Général de), élève de l'École spéciale militaire, 374.
GAMBETTA (Léon), 226, 229, 300.
GARDEL (Maximilien-Joseph-Léopold-Philippe), danseur, 329, 330, 331.
GARENNE DE GROS-BOIS (La), lieu dit, 390.
GARNIER (Charles), architecte, 140.
GARNIER-PAGÈS (Étienne-Joseph-Louis), 238.
GARNOT (Germain), propriétaire, 60, 99.
GANOT, conseiller municipal, 30, 80.
GASCQ (Bernard de), président du conseil général, 120.
GASTEBOIS, secrétaire du Roi, 10, 11.
GASVILLE (Jean-Charles de), 11.
GATINAIS (Le), 106, 160, 161, 151, 156, 165 à 468.
GAUCHET (Colonel), élève de l'École spéciale militaire, 374.
GAUDIN, colonel du 4e hussards, 269.
GAULTHON (Hippolyte), auteur cité, 161, 162.
GAULTRY (Paul), notaire, 3, 31, 13, 46, 60, 108, 151, 180.

GAUTHIER, procureur de la Commune, 80.
GAUTIER (Théop.), poète et crit. d'art, 231,393.
GAVAUDAN (J.-B.-Sauveur), comédien, 331.
GAZAN (Général baron), élève de l'École spéciale militaire, 374.
Gazette de la Cour (La), journal cité, 73.
Gazette de Santé (La), journal cité, 363.
GEFFROY (Mathieu-Auguste), directeur de l'École française de Rome, 350.
GÉMEAU (Général), élève de l'École spéciale militaire, 373.
GENDARMERIE, 3, 14, 62, 70, 92, 112.
GÊNES (Italie), 67.
GENÈVE (Suisse), 49.
GENTIL-BERNARD (Pierre-Joseph BERNARD, dit), auteur dramatique, 322.
GEOFFROY (Louis-Siméon), fils de Marie-Joseph, 75.
GEOFFROY (Marie-Joseph, le jeune), convent^{l}, 74, 75, 78, 80, 91, 92, 94, 96, 108, 363.
GEORGINE (Miss), 238.
GERBÉ DE THOBÉ, procureur impérial, 118.
GEREBZOW (Olga), princesse Orloff, 105.
GÉRICAULT (Jean-Louis-André-Théodore), peintre, 480.
GERVAISE (Mme), propriétaire, 58.
GESVRES (François-Joachim-Bernard POTIER, duc de), 131.
GESVRES (Louis-Joachim-Paris POTIER, duc de), 60, 73.
GIBERT, maréchal des logis aux lanciers de la garde, 385.
GILLE, fondeur, 188.
GILLET DE LA RENOMMIÈRE, lieutenant au 4e hussards, 266.
GILLIBERT (Général), 371.
GILLIOIS (N.), 231.
GIOT, propriétaire, 13, 14, 470.
GIRARDIN, curé, 120.
GIRARDIN (Delphine GAY, Mme Émile de), 238.
GINOD (Félix, général baron), élève de l'École spéciale militaire, 373.
GITTARD, élève de l'École centrale, 300.
GIVET (Ardennes), 273.
GLUCK (Christ.), compositeur, 322 note 3, 331.
GOBERT (Général comte), 310.
GOBLEY (Edme-Sophie), femme de Denis-Alexandre Guérin, 136 à 141.
GODARD, notable, 30, 80.

GOPART (Benjamin), compositeur, 218.
GODCHAUX-WEIL, littérateur, 13 note 1.
GODDES DE VARENNES (Eugène), élève de l'Ecole spéciale militaire, 371.
GODEAU D'ENTRAIGUE, député, élève de l'Ecole spéciale militaire, 371.
GODEMEL (Jacques), ermite de la Madeleine, 423.
GODIN, notable, 80.
GOIMBAULT, plombier, 23.
GOIMBAULT (La veuve), concierge, 7.
GOLDONI (Charles), auteur dramat., 327, 320.
GOLSTEIN (Général), élève de l'Ecole spéciale militaire, 371.
GONCOURT (Les frères de), auteurs cités, 301.
GONDI (Pierre, cardinal de), xxiv.
GONDRIN (Louis-Henri de PARDAILLAN DE), archevêque de Sens, 124 à 126, 120.
GORDOWITCH (Comtesse), princesse Troubetzkoï, 105.
GORGE AUX LOUPS (La), lieu dit, 301, 133, 128.
GOSSEC (François-Joseph), compositeur, 320 note 1, 331.
GOSSENS (Émile), gérant de *l'Abeille*, ix, xv, 257 à 263.
GOSSUIN (César-Eugène), homme de lettres, élève de l'Ecole spéciale militaire, 371.
GOUJAT, bibliothécaire de la ville, vi.
GOUJON DE GASVILLE (Jean-Baptiste), 11.
GOUJON DE GASVILLE (Jean-Prosper), 11.
GOUJON DE GASVILLE (N.), secrét. du Roi, 10.
GOUNOD (Charles), compositeur, 218, 210.
GOURIÉ, limonadier, 10.
GOURIÉ (N.), 181 note 1, 182.
GOURY (Colonel), directeur des études de l'Ecole d'application, 375.
GOUVENIN (Léon), architecte inspecteur du Palais, 61, 308, 313, 481, 485.
GOYBET (Général), 102.
GOYON (De), capitaine au 4e hussards, 266.
GRAMONT (Louis, duc de), 131, 132.
GRAMONT D'ASTER (Comtesse de), 13.
GRAMONT D'ASTER (Famille de), 160.
GRANCHER (J.-C.), professeur, 306.
GRAND-BOURBON (Le), lieu dit, 133.
GRANDE-COUR (La). — V. COUR DU CHEVAL BLANC.
GRANDE PRAIRIE (La), lieu dit dans le Parc, xxi, 208 note 6.

GRANDJEAN, du 4e hussards, 272.
GRANDS-FEUILLARDS (Les), lieu dit, 412.
GRANDVAL (Vicomte et vicomtesse de), 22, 23.
GRANDVAL (Mme de), baronne Marochetti, 22.
GRANET, compositeur, 320.
GRANET (François-Omer), représentant, 92.
GRANIER, aubergiste, 1.
GRANIER fils, aubergiste, 2.
GRANTE-GRÉCOURT (Général), élève de l'Ecole spéciale militaire, 371.
GRANVILLE (Manche), 383.
GRATTIER, 18.
GRAVIER, notaire, 10.
GREFFULHE (Alex.-Henri, comte), 358, 360.
GREFFULHE (Henry, vicomte), 13.
GREMILLET, notable, 80.
GRENET, prêtre, 155, 156.
GRENET, receveur, 75.
GRENOBLE (Isère), 353.
GRENON, conseiller municipal, 78.
GRESSET (Jean-Bapt.-Louis), poète, 310 n° 10.
GRÉTRY (André-Ernest-Modeste), compositeur, 320 à 329, 331 à 335.
GREZ-SUR-LOING (Seine-et-Marne), 131, 135, 172, 185, 187.
GRIGNON, physicien, 139 note 1.
GRIMANI (Aloys), ambassadr de Venise, 270.
GROOS-BEERN (Bataille de), 268.
GROS (Antoine-Jean, baron), peintre, 256.
GROSLANT, curé, 120.
GROTTE AUX CRISTAUX (La), 437 à 440.
GROTTE DES PINS, 312.
GROUCHY (Général marquis Em. de), élève de l'Ecole spéciale militaire, 373.
GROUCHY (Vte de), auteur cité, 150, 153, 154.
GUÉMÉNÉE (Prince de), 327.
GUÉNEAU-DAUMONT, élève de l'Ec. sp. mil., 372.
GUÉNÉE (Ange-Alex.-Charles), maire, 102.
GUERCHEVILLE (Antoinette de PONS, marquise de), 21.
GUÉRIGNY, chasseur de vipères, 410.
GUÉRIN (Alexandre), xv, 17.
GUÉRIN (Denis-Alexandre), maire, xv, 16, 17, 20, 21, 82, 90, 102, 121, 180, 205, 231, 232, 253, 369 note 2, 417.
GUÉRIN, propriétaire, 11.
GUÉRINET, propriétaire, 28.
GUESTRE DE LA SAUVAGÈRE (Jacq.), prop., 17.
GUIBOURG, sous-préfet, 115, 205, 231.

Guigou (Louise-Marie de), femme : 1° d'Armand-Nicolas de Salart; 2° de Frédéric de Béringhen, 481.
Guilbert (Abbé), auteur cité, xvi, 53, 55, 62, 121 note 3, 120, 132, 155, 277, 278, 287, 291, 307, 310, 311, 313.
Guillard (Nicolas-François), auteur dramatique, 332, 333 note 1.
Guillaume, ermite de Franchard, 121.
Guillemin, peintre, 291.
Guilleminet (François), propriétaire, 49.
Guilleminet (Louis-François, le jeune), propriétaire, 11, 80.
Guilleminet, propriétaire, 27, 41.
Guilleragouet (1) (Marie-Anne de), 155.
Guillory, notable, 80.
Guillory (Famille), 180.
Guilmant, organiste à Paris, 210.
Guimard (Marie-Mad.), dan°, 323, 330, 331.
Guinouenet, auteur dramatique, 330.
Guionnet, limonadier, 70.
Guionnet, pâtissier, 26.
Guise (Charles de Lorraine duc de), 55.
Guise (Claude, duc de), xxiii, 51.
Guise (Fr°-Joseph de Lorraine duc de), 55.
Guise (Louis-Jos. de Lorraine duc de), 313.
Guncy (Seine-et-Marne), 134, 135.
Guyardin, membre du jury d'admission à l'Ecole spéciale militaire, 371.
Guyon de Montivault (Général), élève de l'Ecole spéciale militaire, 371.
Guyot de Chenizot, secrétaire du Roi, 10.
Guyot de St-Remy, cap° au 1° hussards, 266.
Guyot de Villeneuve, préfet de Seine-et-Marne, 189.

H

Habaïby (Iacoub), colonel des mameloucks, xv, 217.
Haberlandt, auteur cité, 117.
Hagen (Commandant), 188.
Haguenau (Alsace), 173.
Halévy (Jacques-François-Fromental-Elie), compositeur, 238.
Hallé (Noël), peintre, 302.

(1) Plus probablement Guilleragues.

Halles, 82 note 2.
Halté, brigadier aux lanciers de la garde, 385.
Hamelin (M°°), 126.
Hanner (Colonel), élève de l'Ecole spéciale militaire, 371.
Hanniques de Benjamin (Charles de), vicaire général de Sens, 121 note 5, 126.
Hanoteau, administrateur du département de Seine-et-Marne, 301 note 1.
Harcourt (Louis, comte d'), capitaine au 1° hussards, 272.
Harcourt (Princesse d'), 155.
Hardouin-Mansart (Jules), surintendant général des bâtiments, 50.
Hardie (Bois de la), 401.
Hardy (Ernest), avoué, 118.
Harriet, peintre, 307.
Hartung (Gén'), com' l'Ecole d'ap., 227, 370.
Hasselmans, 240.
Hatten (Françoise-Sophie), femme de Geoffroy le jeune, 75.
Hatry (Général), élève de l'Ecole spéciale militaire, 371.
Haultby (Henri de), chanoine de Roye, 178.
Haussonville (Joseph-Othenin-Bernard de Cléron, comte d'), auteur cité, 353, 355.
Haussonville (Othenin, comte d'), de l'Académie française, 178, 179.
Hautecoeur, propriétaire, 25.
Hautes-Bruyères (Les), lieu dit, 400.
Hautpoul (Alphonse-Henri, général marquis d'), élève de l'Ecole spéciale militaire, 373.
Haüy (Abbé René-Just), minéralogiste, 366 note 3.
Havard de la Blotterie, s.-préfet, 115, 189.
Havre (Le) (Seine-Inférieure), 128.
Haydn (François-Joseph), compositeur, 248.
Hébert, directeur de l'Ecole centrale, 369.
Hébert, procureur général, 360.
Hédelin, juge au tribunal, 116.
Hédouville (Général), 371.
Heilberg (Bataille d'), 68.
Hemelot, procureur du Roi, 117.
Hénard, architecte, 28.
Hennault de Bertancourt (Général d'), élève de l'Ecole spéciale militaire, 371.
Henri II, 205, 206, 307, 481.
Henri III, 2, 9.

TABLE ALPHABÉTIQUE.

Henri IV, xxi à xxv, xxix, 59, 147 note 1, 160, 278, 282, 285 à 287, 291, 291 à 297, 299, 307, 311, 312, 315, 341, 390, 400, 401.
Henriette-Marie de France, reine d'Angleterre, 205.
Henny (Famille), 250.
Herbelot (D'), conseiller à la Cour d'appel de Paris, 212.
Herbin, propriétaire, 5.
Héricy (Seine-et-Marne), 415, 426.
Hérissant (Claude), imprimeur, 189 note 3.
Héroard (Jean), auteur cité, 314, 330.
Hérouvilles (Les), xx, xxvii, 359, 376, 384, 401.
Hersant (Pierre), propriétaire, 4.
Hersent (Louis), peintre, 235.
Hertz (Giacomo), imprim' vénitien, 270 n° 1.
Hervé (Edouard), de l'Acad. franç., 226, 228.
Hervien (Antoine), propriétaire, 23.
Heurtaut (N.), architecte du Palais, 166.
Heurteuse, propriétaire, 5.
Hidoux (Mlle), danseuse, 330.
Hilaire, peintre, 302.
Humbert de Flégny (Louis-Alexandre), conventionnel, 111.
Hoey (Claude de), peintre, 123 note 1.
Hoffmann (Franç.-Benoit), aut' dramat., 334.
Hohenlinden (Bataille d'), 268.
Hohenlohe (Prince de), diplomate, 102.
Holmès (Augusta), compositeur, 210.
Hôpitaux :
— Charité d'Avon (de la), xxvi, xxvii, 69, 121.
— Charité des Femmes (de la), xxvi, 6, 161 note 2, 122.
— Filles bleues (des), xxviii, 154, 155.
— Pauvres Femmes malades (des). — V. Charité des Femmes.
Horloges, xx.
Hospice, 20, 69, 98 note 1, 99 note 1, 110, 161 note 2, 180, 211.
Hôtel de ville, 20, 70, 80 à 102.
Hôtel Henri IV. — V. Château d'Eau.
Hôtels :
— Albret (d'), xxiii, 13, 50 à 91.
— Aligre (d'), 57, 58, 215.
— Anville (d'). — V. La Rochefoucauld.
— Armagnac (d'), 308.

Hôtels :
— Avaux (d'), 157.
— Brionne (de), xiv, 6 à 8, 103.
— Brunswick (de), 3, 55.
— Bureaux des Bâtiments (des), 27, 28.
— Caraman (de), 157 note 2.
— Chancellerie (de la), 62, 89 à 93, 290.
— Chevreuse (de), 46.
— Condé (de), 126 note 6, 208.
— Contrôle des Bâtiments (du), 54, 55, 351.
— Cossé Brissac (de), 45 à 49.
— Coudre (de la), 56, 125.
— Duras (de), 194, 195.
— Eaux et Forêts (des), 81.
— Ecosse (d'), 32, 106 note 1.
— Ecuries d'Artois (des), 20, 80.
— Ecuries de la Reine (des), xix, xxiii, 3, 12, 54, 123, 256, 370.
— Estrées (d'), 32, 56.
— Fermes (des), 112.
— Ferrare (de), xxiii, 22, 48, 54, 400.
— Foix (de), 53, 55.
— Gallerans (des), 4, 5.
— Gardes du Corps (des), 55, 65.
— Gens d'armes du Roi (des), 41.
— Gouvernement (du), 30, 41, 70.
— Grand Navarre (du). — V. Vendôme.
— Grands Audienciers (des), 22, 23.
— Guérin, 15 à 21, 20.
— Guise (de), 54 à 56, 288.
— Humières (d'), 3, 26, 54.
— Inspecteur (de l'), 10 à 52.
— La Béraudière (de), 20 à 31.
— La Feuillade (de), 8.
— La Rochefoucauld (de), 21 à 26.
— Luynes (de), 22, 24, 26.
— Madame Elisabeth (de), 15 à 21, 20, 121.
— Maine (du), 72, 82 à 86, 91, 98, 99.
— Mancini, 46.
— Martigues (des), 93, 95, 123.
— Mazarin, 46.
— Menus Plaisirs (des), 12.
— Montmorency-Luxembourg (de). — V. Penthièvre.
— Noailles (de), 9.
— Paulmy d'Argenson (de), 57, 58, 157.
— Penthièvre (de), 17, 132.
— Pompadour (de), xiii, 27, 28, 32 à 49, 246, 253, 371.

HÔTELS :
— Prévôté (de la), xxv.
— Quatre Secrétaires (des), 9 à 12.
— Randan (de). — V. La Rochefoucauld.
— Relations extérieures (des), 14.
— Richelieu (de), 3, 13, 14, 170.
— Roquelaure (de), 3.
— Savoie (de), 87.
— Secrétaire d'État de la Guerre (du), xxvii
— Secrétaire d'État de la Marine (du), xxvii
— Soubise (de), 325 note 1.
— Surintendance des Bâtim. (de la), 53, 55.
— Surintendance des Finances (de la), xxiii, xxvii, 59, 60.
— Tambour (du), 21, 26.
— Vendôme (de), 32, 35, 37.
— Zamet, 50.

HÔTELS MEUBLÉS :
— Bristol, 14.
— Britannique, 231.
— Cadran Bleu (du), 40.
— Europe (de l'), 21, 257.
— France et d'Angleterre (de), 50, 288, 354
— Londres (de), 14.
— Poste (de la), xxiii, 3.

HOUSSAYE (Arsène), littérateur, 255.
HOZIER (Pierre d'), généalogiste, 100.
HUE (Abbé), chapelain du Palais), 40.
HUE (André-Marie, baron), propriétaire, 40.
HUE (François, baron), premier valet de chambre de Louis XVI et de Louis XVIII, xiv, 202 (1), 203.
HUE, président du tribunal, 58, 117.
HUET, représentant, 371.
HUGART, notaire à Paris, 42.
HUGO (Victor), 303.
HUGUET (Armand), comédien, 336.
HUGUET DE MONTARAN, secrét^{re} du Roi, 10, 11.
HULOT, avocat, 71, 75, 78, 82.
HUMBERT, auteur cité, 67.
HUREPOIS (Le), 101.
HUSSARDS (Le 4e), à Fontainebleau, 264 à 274.
HUSSON (G^{al}), élève de l'École sp. milit., 373.
HUTEAU (2), procureur impérial, 117.
HUVIER, élève de l'École spéciale milit., 371.

(1) Ligne 10, en remontant, au lieu de 1757, lisez 1787.
(2) Probablement le même que HUTEAU, p. 118.

I

IÉNA (Bataille d'), 63, 268.
ILE (Salon de l'), xxvi.
ILE DE FRANCE (L'), 160.
ILLY (Plateau d') (Ardennes), 268.
Indépendant (L'), journal cité, 71, 338.
INSELIN (C.), graveur, xvi.
Intermédiaire des chercheurs (L'), recueil cité, 330.
INVASION (1870-71 (Un Souvenir de l'), 259, 251.—(Précautions prises pendant l'), 305.
IRAY (Pointe d'), lieu dit, 192.
IVRY (Bataille d'), xxv, 205, 215.

J

JACOTIN (P.), professeur à l'École spéciale militaire, 371.
JACQUEMIN (Étienne), directeur de la fabrique de porcelaine, 42.
JACQUEMINOT (Général J.-B.-Fr.), élève de l'École spéciale militaire, 371.
JACQUES II, roi d'Angleterre, 120.
JACQUET (dit Grenoble), sculpteur, 209, 311, 315.
JACQUEVILLE (Seine-et-Marne), 181.
JACQUIN (Émile, baron), imprimeur, vii, 257.
JACQUIN (Jean-Bapt., général baron), vii, 5.
JACQUIN, procureur (non installé), 118.
JADIN, collectionneur, 181.
JADIN (Emmanuel), peintre, xv, 236.
JADIN (Louis-Godefroy), peintre, 235.
JAGER-SCHMIDT, avocat, 91 note 1.
JALLU, avocat, 125.
JAMESI (Capitaine baron), 128.
JAMIN (Claude), garde marteau de la maîtrise des eaux et forêts, 156.
JAMIN (Et.), auteur cité, 120, 278, 317, 373.
JAMIN (Jules-Célestin), de l'Académie des Sciences, auteur cité, 112, 114.
JAMIN, concierge de l'hôtel d'Albret, 60.
JAMIN (Charlotte-Julie), femme de J.-B. Brocard, 71.
JAMIN (Famille), 71, 74.
JAMIN DE CHANGEART (Constant), 72.

TABLE ALPHABÉTIQUE.

JAMIN DE CHANGEART (Gabriel-Louis), maire, 72, 74, 81, 96, 101, 102, 113, 116, 117.
JAMIN DE CHANGEART (Charlotte), 72.
JAMONT (Colonel), directeur des études de l'École d'application, 375.
JANIN (Jules), auteur cité, 171, 182, 187, 238, 264, 317, 420.
JARDINS :
— Anglais, XVIII à XXII, XXV, XXVIII, 33 note 1, 35 note 2, 123, 152, 277, 283, 285, 286, 290, 309, 325 note 1, 370, 376, 401, 405 note 1, 411.
— Buis (des). — V. Diane.
— Canaux (des). — V. Anglais.
— Diane (de), XXI, XXIII, 62, 90, 152, 281 note 1, 286 à 288, 296, 300, 311.
— Étang (de l'), XXII, 201, 207 note 3.
— Fleuriste, XIX, 35 note 2, 325 note 1, 330.
— Fontaine-Belle-Eau (de). — V. Neuf.
— Neuf, 33.
— Orangerie (de l'). — V. Diane.
— Pins (des). — V. Anglais.
— Reine (de la). — V. Diane.
— Roi (du). — V. Parterre.
JAUBERTON (Vallée), lieu dit, 132.
JÉLYOTTE (Pierre), comédien, 320, 322 à 325.
JERSEY (Ile de), 168 note 1.
JESSÉ (Général de), 380.
JEU DE PAUME, XXIII, 153.
JOANNÈS (Commandant), 102.
JOIE (Abbaye de la), commune de Saint-Pierre-lès-Nemours (S.-et-M.), 135.
JOIGNY (Yonne), 273.
JOINVILLE (Franç.-Ferdinand-Philippe-Louis-Marie d'Orléans, prince de), 350.
JOLIVET, conseiller d'État, 107, 113.
JOLLY (Mellon), archevêque de Sens, XV, 128, 200, 201.
JOMARD, curé, 120.
JONET, président des « Enfants de Lutèce », 210.
JOSÉPHINE (Impératrice), 303.
JOURDAN (Louis), journaliste, 303 note 1.
Journal de Paris (Le), journal cité, 226.
Journal des Débats (Le), journal cité, 226, 220, 373 note 3, 416.
JOUSSELIN DE RIPAILLETTE, sous-préfet, 115.
JOUVENCEL (De), sous-préfet, 115.
JOUY (Forêt de) (Seine-et-Marne), 113.

JOYEUSE (François, cardinal de), XXIV.
JUILLY (Seine-et-Marne), 360.
JUINE (La), rivière, 160.
JUMEAU, maire de Samois, 180.
JUNIAC (Colonel baron de), des lanciers de la garde, 385.
JUNKER (Georges-Adam), professeur à l'École centrale, 366.
JUTEAU, sous-préfet, 115.

K

KANGHIL (Combat de), 268 à 271.
KENNUÉ (De), officier au 1ᵉʳ hussards, 272.
KETTLEER (Major), 251.
KŒNIGSBERG (Prusse), 68.
KNACH, entrepreneur de peinture, 308.
KNEMPEL, sous-lieutenant aux lanciers de la garde, 385.
KNEUBÉ, propriétaire, 10.
KUHMANN (Colonel), 371.

L

LA BARRE (Jean de), bibliothéc. du Palais, 357.
LA BARRE, compositeur, 321 note 3.
LABBÉ (François), propriétaire, 10.
LABBÉ (Famille), 20.
LABEAU (De), colonel du 1ᵉʳ hussards, 269.
LA BÉRAUDIÈRE (Comte de), propriétaire, 81.
LA BOISSIÈRE, auteur cité, 81.
LABORATOIRE DE BIOLOGIE VÉGÉTALE, 107 à 109.
LABORDE (Hector de), 238.
LA BORDE (Jean-Benj. de), comp., 323 à 325.
LA BOUSSINIÈRE (De), élève de l'École d'application, 387.
LA BRUÈRE, auteur dramatique, 323.
LA BRUNERIE (De), lieut. au 1ᵉʳ hussards, 269.
LA CHABEAUSSIÈRE (Étienne-Xavier Poisson de), auteur dramatique, 331.
LACHAIZE (Commandant), 227.
LACODRE, propriétaire, 10.
LACOURCELLE, direct. de l'École cent., 366 (1).
LA COURCELLE, prof. à l'École sp. milit., 371 (2)

1 et 2. Probablement une seule et même personne.

La Falüère (De), grand maître des eaux et forêts du départ¹ de l'Ile-de-France, 105.
Lafayette (Fr. de), évêque de Limoges, 21.
La Fayette (Marie-Jean-Paul-Roch-Yves-Gilbert Motier, général marquis de), 18, 251.
Lafond, auteur dramatique, 323.
Lafond (Mlle), danseuse, 330.
La Fontaine (Jean de), 318 note 2, 326 note 1.
Lafontaine (De), s.-lieut. au 1ᵉʳ hussards, 266.
Lagarde (Alex.), élève de l'Ecole cent., 360.
Lagarde, sous-préfet, 115.
La Gatinerie (Baron de), commissaire général de la marine, 205.
La Giclais (De), s.-inspect¹ des forêts, 358.
Lagny (Seine-et-Marne), 360.
Lagosse (Antoine, baron de), commandant de gendarmerie, 353.
Lagrange (Jos.-Louis, comte), 310, 360 n° 3.
Lagrenée (Louis-Jean-Franç.), peintre, 367.
La Harpe (Jean-François de), auteur cité, 318 note 6, 328, 360 note 3.
Laïs, comédien, 331.
Lakanal (Joseph), représentant, 362.
Lalande (Général), élève de l'Ecole spéciale militaire, 371.
Lalleman, notaire à Paris, 425.
Lallemant (Colonel), directeur des études de l'Ecole d'application, 370.
Lalot, étameur, 389.
La Marche (Colonel de), 266.
La Marne, auteur dramatique, 323.
La Marne (De), membre du Comité de surveillance, 11.
Lamartine (Alphonse-Marie-Louis Prat de), 238, 239, 309.
Lamartine (Mᵐᵉ de, née Birch), 238.
Lambert (Tristan, baron), auteur cité, vi à xi, 270.
Lambesc (Charles-Eugène de Lorraine d'Elbeuf, prince de), 327.
Lambrecht, capitaine, 386.
Lamoignon de Malesherbes (Chrétien-Guillaume de), 405.
La Montière (De), colonel du 1ᵉʳ hussards, 266, 272, 273.
Lamotte, propriétaire, 5.
La Motte (Louise de Prie, maréchale de), xxviii.
La Motte (Antoine Houdar de), auteur dram., 310 note 12, 321, 323, 336 note 6, 361.

La Motte (De), propriétaire, 27.
Lamoureux, chef d'orchestre, 218.
Lamoussey (Colonel de), élève de l'Ecole spéciale militaire, 371.
Lamy, régisseur du Palais, 205.
Lamy (Maison), 10.
Lancien, musicien, 210, 250.
Landrièvre (De), lieut.-colonel du 7ᵉ dragons, 271.
Langlois, fourrier des logis du Roi, 71.
Langlois, notaire, 16, 17.
Languet de Gergy (Jean-Joseph), archevêque de Sens, 32.
Lanjuinais (Comte de), officier au 1ᵉʳ hussards, 272.
Lanslebourg (Savoie), 353.
Lantier (Et.-Franç. de), aut. dramat., 333.
Laon (Aisne), 377.
La Penaye (Charles Sevin de), gouverneur des oiseaux de pêche du Roi, xxx.
Laperche, peintre, 367.
Lapérouse (De), capit. au 1ᵉʳ hussards, 273.
Laplace (Pierre-Simon, marquis de), astronome, 303, 360 note 3.
La Place (De), auteur dramatique, 320.
Laporte (De), intend¹ de la liste civile, 83 à 88.
Lapotaire (Les frères), 11.
Larchant (Seine-et-Marne), 51, 485.
Lardy (Claude), port¹ de chaise du Roi, 16.
Lardy (La veuve), 16.
Lariboisière (Jean-Ambroise Baston, général comte de), 68.
Larminat (J.-N. de), maire, xv, 51, 102, 106.
Larnac, secrétaire des commandements du duc de Nemours, 428.
La Roche-Fontenelle (Général de), élève de l'Ecole spéciale militaire, 371.
La Rochefoucauld (Alexandre, comte de), préfet de Seine-et-Marne, 101.
La Rochefoucauld (Franç. II, comte de), 21.
La Rochefoucauld (Franç. III, cᵗᵉ de), 2, 21.
La Rochefoucauld (Franç. VII, duc de), 21.
La Rochefoucauld (Louis-Alex., duc de), 25.
La Rochefoucauld (Marie-Catherine de), marquise de Senecey, 58.
La Rochefoucauld (Famille de), 160.
La Rochefoucauld d'Anville (Jean-Baptiste-Louis-Frédéric de), 25.

La Rochefoucauld d'Anville (Louise-Elisabeth de), femme de J.-B.-L.-F. de La Rochefoucauld d'Anville, 25.
La Roche-sur-Yon (François-Louis de Bourbon, prince de), 321 note 2.
La Rochette (Charles-Paul Moreau, baron de), 43.
La Rochette, représentant, 371.
La Rocque (Jean de), comédien, 336.
Lanomiguière (Pierre), 863.
Larpenteur (Jean-Baptiste), juge au tribunal, 116 à 118.
Larue, sous-préfet, 115.
Laruette (Mme), comédienne, 326.
La Salle (Adrien-Nicolas, marquis de), auteur dramatique, 331.
Lasalle (Antoine-Charles-Louis, général comte de), 264.
La Salle (Marguerite de), femme de Nicolas Boisseau de Châtillon, 50.
Lasborde (De), maréchal de camp, 428.
La Seynie (Baronne de), propriétaire, 40.
Lassalle (Paul-François), professeur à l'Ecole centrale, 866.
Lasserre, littérateur, 323.
Lassone (Joseph-Marie-Franç. de), chimiste, 489 note 3.
Lassurance, architecte paysagiste, 34, 41.
La Thorillière (Anne-Maurice Le Noir de), comédien, 325 note 1, 336 à 338.
La Thorillière (François Le Noir de), comédien, 336.
La Thorillière (Pierre Le Noir de), comédien, 336, 338.
La Thorillière (Charlotte Le Noir de), femme de M. Baron, 337.
La Thorillière (Marie-Thérèse Le Noir de), femme de Dancourt, 337, 338.
Latour, chanteur, 322.
Latreille (Mathias), du 4e hussards, 272.
Laudin, curé, 120.
Laujon (Pierre), auteur dramatique, 321, 320, 820, 330.
Launay (Pierre de), intendant de l'argenterie du Roi, 48.
Laure (Mlle), danseuse, 335.
Laureau (Laurent), cocher, 16.
Laurencel (Le comte de), collectionneur, 48, 101, 102.
Laurencel (De), lieutenant d'état-major, 850.

Laurens (Jean-Paul), peintre, 351, 352, 355.
Laurent (Franç.), greffier des bâtiments, 95.
Laurent, concierge de l'hôtel de Paulmy, 57.
Lauriston (Jacques-Alexandre-Bernard Law, marquis de), 310.
Laval, maître de ballet, 321 à 323, 330, 331.
Laval-Montmorency (Marie-Louise de), duchesse de Roquelaure, 321 note 2.
La Vallière (Louis-César de La Baume Le Blanc de), 157.
Lavaurs (Comte), propriétaire, 12 note 1.
Laya (Léon), bibliothéc. du Palais, 357.
La Woestine (Général), élève de l'Ecole spéciale militaire, 371.
Lebaigue (Franç.), prop^{re}, 16,18,75,78,85,87.
Le Bel (Pierre), supérieur des Mathurins, 124, 127.
Leblanc (Docteur), 231.
Lebois (Denis), propriétaire, 11, 12.
Lebreton, 302.
Lebrun (Charles), peintre, xxvi.
Lebrun (Colonel), élève de l'Ecole spéciale militaire, 371.
Lebrun, procureur impérial, 117.
Le Charron (Elisabeth), femme de Timoléon de Cossé, 45.
Le Chartier de la Varignière (Général), élève de l'Ecole spéciale militaire, 371.
Leclert, du 4e hussards, 272.
Lécluse (Charles), botaniste, xix note 1.
Lecomte (Général Claude-Martin), 120.
Lecomte (Pierre), régicide, 350 à 361.
Lecoq (Epoux), propriétaires, 125, 126.
Lecourayer, conseiller municipal, 78.
Lecourt, chef d'instit^{on}, à Lagny, 369.
Lecourt de Fontgarniel (Colonel), élève de l'Ecole spéciale militaire, 371.
Lécuyer (Louis-Eug.), notaire, 40, 170, 181.
Ledreux (Ch.), administrat^r temporaire, 102.
Leduc, lieutenant au 4e hussards, 266.
Lefébure (Jean-Bapt.), propriétaire, 26.
Lefébure (Pierre-Bapt.), propriétaire, 26.
Lefebvre (Alexandre-Cyrille), professeur à l'Ecole centrale, 366.
Lefebvre (Charles), 393.
Lefebvre (Jean), peintre, 123 note 1.
Lefebvre, auteur dramatique, 320.
Lefebvre (Général), sénateur, 101.
Lefebvre de Laboulaye (Famille), 480.

Lefèvre, profess. à l'Ecole spéc. milit., 371.
Lefeuvre (Claude-Franç.), propriétaire, 42.
Le Fortier (J.-L.), professeur à l'Ecole centrale, 366, 371.
Le Gentil (Emmanuel), élève de l'Ecole centrale, 369.
Legrand (Marie-Victoire), femme de G.-L. Jamin de Changeart, 71.
Legros (Joseph), comédien, 324, 325.
Léguille, professeur à l'Ecole spéciale militaire, 371.
Leipzig (Allemagne), 268.
Lejeune (François), membre du Comité de surveillance, 6.
Lejouteux, président du tribunal, 117, 231.
Le Kain (Henri-Louis Cain, dit), tragéd., 318.
Lelong, inspecteur de la Vénerie, 87.
Le Maillen, sous-préfet, 115.
Lemaire (Côme), archiviste départem., 205.
Lemaistre (Gilles), marq. de Ferrières, 338.
Lemaître (Jacques), secrétaire du Roi, 10, 11.
Lemaré, membre de l'administration du département de Seine-et-Marne, 313.
Lemanois (Jean-Léonore (alias Léonard)-François, général comte), 310.
Lemaye (Ph.), conseiller au Parlement, 48.
Lemaye (Philippe, le fils), 48.
Lemercier, auteur dramatique, 327.
Le Mercier (Louis, colonel comte), élève de l'Ecole spéciale militaire, 371.
Lemienne (Ant.-Marin), auteur dram., 323.
Lemoine, compositeur, 331.
Lemoine (François), peintre, 302.
Lemoine, notaire, 40.
Le Monnier (Louis-Guillaume), premier médecin du Roi, 15, 17, 18, 105.
Lemonnier (Pierre-René), auteur dram., 324.
Lemore (Jean-François), propriétaire, 10.
Lenfant, chirurgien, 90.
Lenfant (Pauline-Claude), bernardine, 90.
Lenormand (Famille), 49.
Le Nôtre (André), dessinateur de jardins, 2.
Léonie d'Aunet, pseudonyme de Mme Franç. Biard, 211.
Lepage (Napoléon), avoué, 94 note 1.
Lepays de Bourjolly (Jean-Alexandre), colonel, 428.
Lépine, éditeur, 305.
Lépine, sous-préfet, 115.

Le Poitevin, professeur à l'Ecole spéciale militaire, 371.
Le Prévost d'Iray (Chrétien-Siméon, vicomte), profes{r} à l'Ecole centr{le}, 366, 369.
Lequaire, imprimeur, 138.
Le Rahier de la Berge, élève à l'Ecole spéciale militaire, 371.
Leroi (Joseph-Adrien), auteur cité, 32.
Lerouge, éditeur, 81.
Leroux, curé, 120.
Leroy, 404.
Leroy-Desbordes, élève de l'Ecole centrale, 369, 371.
Le Sergent de Bayenghem (1), député, élève de l'Ecole spéciale militaire, 374.
Lesouiller (Antoine-Louis), professeur à l'Ecole centrale, 367.
Lesieur, propriétaire, 12, 41.
L'Espanda (De), colonel au 4e hussards, 260.
Lespinasse, élève de l'Ecole spéc. milit., 371.
Létang (Général), élève de l'Ecole spéciale militaire, 373.
Leterme, sous-préfet, 115.
Le Tonnelier de Breteuil (Louis-Auguste), secrétaire du Roi, 10, 11.
Levasseur (Général), élève de l'Ecole spéciale militaire, 373.
Levasseur, comédienne, 330.
Lévêque, décorateur, 326.
Lévy (Salomon-Samuel), chantre à la Synagogue, 130.
Lheureux, propriétaire, 40, 80.
L'Hôpital (Alof de), capitaine et gouverneur de Fontainebleau, 403, 404.
Lhuillier (Théophile) (Articles de M.), 122 à 120, 181, 182, 302 à 371.
Liancourt (Marquis de), 327.
Liautard (Claude-Rosalie), curé, 120, 180.
Libourne (Gironde), 273.
Lichtenstein (Colonel), 381.
Lionières (Comte de), auteur dramat., 333.
Lionières (De), lieut. au 4e hussards, 272.
Lionin (De), s.-lieut. au 4e hussards, 266.
Lille (Nord), 66, 273.
Lillebonne (Béatrix-Hiéronime de), 324 n° 2.
Limoges (Haute-Vienne), 24.
Limousin (Le), 413.

(1) Le Sergent de Bagenghem, d'après la *Biographie impartiale de 221 Députés* (1830).

TABLE ALPHABÉTIQUE.

LIOTTA (Mariannina), femme de A. Testu, 146.
LISLE (Edme-Pierre), maire, 41, 75, 78, 102.
LISLE, procureur, 74.
LIVRY (Seine-et-Marne), 432.
LIVRY (Louis SANGUIN, marquis de), 431.
LOBAU (Ile) (Autriche), 68.
LOGES-EN-JOSAS (Les) (S.-et-O.), 306 note 1.
LOING (Le), rivière, 483, 488.
LOISEAU (Jean-François), représentant, 92.
LOLLY (Ange-Augustin), officier du Roi, 338.
LOMBARD (Daniel), propriétaire, 48, 49.
LOMPRÉ (Marie-Thérèse de), femme de J. Guestre de la Sauvagère, 47.
LORINZETTI, architecte et sculpteur, 318.
L'ORME (Mmes de), auteurs dramatiques, 320.
LORMEL (De), imprimeur, 331.
LORRAINE (Louis de), prince de Pons, 3.
LORRAINE (Marie de), duchesse de Guise, 51.
LOSTENDE (Général), élève de l'École spéciale militaire, 371.
LOUBEZ (Mlle de), 321 note 2.
LOUIS VII, XVII, XVIII, 86, 270, 421.
LOUIS IX, XVII, XXVIII, 123, 280, 288, 295, 296, 400, 483.
LOUIS XI, XXIX, 356, 483.
LOUIS XII, 1.
LOUIS XIII, XVI, XXII à XXVI, XXIX, 99 note 1, 123, 115 à 119, 151, 160, 287, 288, 295, 296, 299, 311, 338, 339, 356, 423.
LOUIS XIV, XXVI à XXVIII, 6, 55, 60, 93, 99, 105 note 1, 124, 125 à 129, 131, 160, 278, 291, 294, 295, 302, 311, 315, 322, 332 note 2, 357, 360 note 1, 382, 383, 400, 421, 428, 431, 478.
LOUIS XV, XVIII note 1, 17, 95, 160, 288, 300, 306, 311, 314, 315, 317, 319 note 6, 324, 382, 383, 401, 422, 428, 429, 431, 481, 491.
LOUIS XVI, 6, 17, 18, 50, 73, 79, 80, 82, 84, 88, 89, 98 à 100, 160, 202, 203, 301, 302, 314, 319, 331, 335.
LOUIS XVIII, 41, 62, 202, 302, 401, 481.
LOUIS-PHILIPPE Ier, 60, 62, 65, 222, 241, 264, 273, 299, 299, 300, 301, 302, 315 à 317, 358 à 361, 373 note 2, 382, 383, 425.
LOUIS (Grand Dauphin), XXVI note 1, 50, 60, 295.
LOUIS (Dauphin), 321.
LOUIS (Aimée), propriétaire, 425.

LOUIS (Louis-Dominique, baron), ministre des finances, 176.
LOUIS-JOSEPH (Dauphin), 64.
LOUVENCOURT (De), colonel du 4e hussards, 260.
LOUVET, propriétaire, 16.
LOZOUET, 27, 28.
LUBECK (Allemagne), 68.
LUCAS (Hippolyte), auteur cité, 318 note 1.
LUCAS, conseiller municipal, 78.
LUCHET (Auguste), auteur cité, 163, 164, 168 note 1, 177, 184, 187.
LULLI (Jean-Bapt.), compositeur, 320 à 325.
LUNÉVILLE (Meurthe-et-Moselle), 273.
LUNIOT, fondeur de lattes, 442.
LUSACE (Colonel comte de), 260.
LUXER (Colonel), directeur des études de l'École d'application, 375.
LUXEUIL (Haute-Saône), 391.
LYDEN (E.-M. de), littérateur, 240.
LYON (Rhône), 66, 268, 273, 319 note 11, 320, 360.
LYS (Abbaye du), commune de Dammarie-les-Lys (Seine-et-Marne), 400, 401.

M

MABILLON (Dom Jean), auteur cité, 278.
MACÉ, curé, 120.
MACHAULT (Seine-et-Marne), 128.
MACHERIN, commune de Saint-Martin-en-Bière (Seine-et-Marne), 400, 412.
MAC MAHON (Marie-Edme-Patrice-Maurice, maréchal de), 243.
MACQUART (Pierre-Julien-Marie), professeur à l'École centrale, 366, 369.
MADELEINE (Ermitage de la), XV, XXVIII, 208, 423 à 426, 432, 470.
MADELEINE (Sainte), 423.
MADRID (Siège de), 68.
MADRID (Château de) (Seine), 204.
MAËSTRICHT (Hollande), 268.
Magasin Pittoresque, recueil cité, 311.
MAGENTA (Bataille de), 67, 210.
MAGUIN (Jean-François), maire, 102.
MAGUIN père, propriétaire, 58.
MAIL, 123, 207.

Mail, Henri IV, xxii, xxv, 377, 405.
Maillard (Mlle), comédienne, 332.
Mainberger, capitaine au 1er hussards, 358.
Maine (Louis-Aug. de Bourbon, duc du), 50.
Maine (Anne-Louise-Bénédicte de Bourbon, duchesse du), 50.
Maison d'Arrêt, 3, 92.
Maison des Oies, 20.
Malmen (Guillaume), comédien, élève de l'Ecole spéciale militaire, 371.
Malet (Gilles), bibliothéc. du Palais, 357.
Malherbe (François de), auteur cité, 288.
Maloizel (Docteur) 3, 11.
Malplaquet (Bataille de), 66.
Malvoisine (Forêt de) (Seine-et-Marne), 413.
Manciot, 183.
Manège Drouot, 376.
Manège Sénarmont, 370, 376.
Manège Soxois, 376.
Manheimen, 240, 250.
Mansart (François), architecte, 2, 53 (1), 55 (1), 100.
Mantes (Seine-et-Oise), 315.
Mantoue (Italie), xxiv, 481, 482.
Manuel, 101 (2).
Marat (Jean-Paul), 315.
Maratier, élève de l'Ecole d'application, 387.
Marbeuf (L.-F.-Marie), élève de l'Ecole spéciale militaire, 372.
Marchais Antois (Le), 474.
Marchais Olivien (Le), 474.
Marchand, propriétaire, 470.
Marchand de Choisy, entrepren^r, 18, 74, 78.
Marché, 70, 100 note 1, 183.
Marché au Blé (Section du), 81 note 1.
Marchetti, tailleur de pierres, 303.
Mare-aux-Evées (La), lieu dit, 358, 360, 412, 444.
Mare aux Pelleux (La), 282.
Maréchaux (Franç.), maître charpentier, 421.
Maréchaux, entrepreneur de charpente, 308.

(1) Mansart étant mort en 1666, il paraît peu probable que les plans de l'hôtel de la Surintendance des Bâtiments érigé en 1695, soient de lui. Si cette dernière date est sûre, il ne peut s'agir que de Jules Hardouin-Mansart?

(2) Je n'indique ce nom que pour rectifier une erreur. On trouve, ligne 18 : *Temoing monseigr. Manuel...* ce qui est évidemment une mauvaise lecture de : *Temoing mon seing manuel...*

Mareschal de Sauvagney (Veuve, née Moreau de La Rochelle), 41.
Mareschal de Sauvagney (N.), comtesse de Circourt, 41.
Marfonio, 318.
Mariani (Michel-Ange), auteur cité, 270, 478.
Marie (Aristide), avoué, 118.
Marie-Amélie, 180, 216, 358, 350.
Marie-Antoinette, 64, 180, 238, 320, 326 à 328, 331, 334, 335, 405.
Marie Leczinska, 315, 325.
Marie-Louise (Impératrice), 180, 330.
Marie-Louise d'Orléans, reine d'Espagne, xxvii.
Marie de Médicis, 205, 206, 307.
Marie-Thérèse (Reine), 50, 123, 121.
Marie-Thérèse de France, fille de Louis XVI, 91.
Marigny (Abel-François Poisson, marquis de), intendant des Bâtiments de la Couronne, 35, 36, 40.
Marillien (Clément), graveur, 387.
Marlborough (John Churchill, duc de), 66.
Marlotte, commune de Bourron (Seine-et-Marne), 300, 474.
Marly (Seine-et-Oise), 131.
Marmier (N. Dubois de Courval, duchesse de), 358.
Marmontel (Jean-François), auteur dramatique, 2, 320 note 5, 327, 331 à 334.
Marnier (Colonel), élève de l'Ecole spéciale militaire, 371.
Marolles-sur-Seine (Seine-et-Marne), 130.
Marot (Clément), poète, 100.
Marot, prêtre, 90.
Marquis (Mathieu-René), maire, 74, 75, 77, 78, 80, 85, 101, 102, 105 note 2, 106.
Marrier de Boisdyver (Achille), conservateur des forêts, xv, 40, 51, 358, 371, 396 note 1, 405, 406.
Marrier de Boisdyver (Jean), lieutenant en la maîtrise particulière (1), 405.
Marrier de Boisdyver (Jeanne), comtesse Maurice de Cossé Brissac, 40, 51, 52.
Marrier de La Gatinerie, ingénieur de la marine, 803.
Mars (Anne-Françoise-Hippolyte Boutet, dite Mlle), tragédienne, 318, 430.

(1) Et non « maître particulier », titre qui appartenait à M. de Montmorin.

TABLE ALPHABÉTIQUE. 521

Marsollier (Benoît-Joseph, des Vivetières), auteur dramatique, 320.
Marsy (Arthur, comte de), président de la Société française d'archéologie, 482.
Martin, chirurgien, 74.
Martin, propriétaire, 58.
Martin (du Nord) (Nicolas-Ferdinand-Marie-Louis-Joseph), ministre de la justice, 300.
Martinet, marchand, 74, 75, 78, 80, 85.
Martini (Jean-Paul-Egide Schwarzendorf, dit), compositeur, 331, 333.
Martinon, notaire à Paris, 42.
Mary, receveur des finances, 210.
Mascara (Algérie), 274.
Massenet (Jules), compositeur, 248.
Massimo (Prince), 317.
Massony, 432.
Mathieu d'Ablincourt, capitaine au 4e hussards, 260.
Mathurins, religieux, xxiv, xxvii, 60, 123 à 125, 127, 128, 280, 288, 400, 421.
Matthieu (Pierre), historien, 2.
Maubeuge (Nord), 273.
Mavois, président du tribunal, 117.
Maure aîné, représentant, 10, 91, 92.
Maury (A.), garde général des Archives, 106.
Maussion (Colonel Th. de), élève de l'Ecole spéciale militaire, 374.
Mayence (Allemagne), 222.
Mayer (Maurice), 210.
Mayniel, maître des requêtes au Conseil d'État, 113.
Mazarin (Jules, cardinal), 168, 313.
Maze, principal du Collège, 59.
Meaux (Seine-et-Marne), 4, 66, 200, 312 note 1, 300, 483, 486.
Médicis (Eléonore de), duchesse de Mantoue, xxiv.
Mée (Le) (Seine-et-Marne), 237, 363.
Meerkouski (Colonel), 260.
Méhérenc de Saint-Pierre, aumônier de l'Ecole spéciale militaire, 371.
Meissonier (Jean-Louis-Ernest), peintre, 231.
Meissonier (Mme), 232 note 1.
Mellerio dit Meller (Famille), 40.
Mellon Jolly (Mgr), archevêque de Sens, xv, 128, 200, 201.

Melun (Seine-et-Marne), 1, 95, 114, 110, 127, 131, 155, 161, 237, 268, 272, 280, 313, 363, 364 note 1, 368 note 1, 369, 371, 386, 392, 396 note 1, 399, 403, 404, 425, 434, 435, 446, 483.
Melun (Henri de), vicomte de Melun, 483.
Mémoires de la Société de l'Histoire de Paris, recueil cité, 146.
Menaguet, auteur dramatique, 331.
Mench, architecte, 209.
Mendelssohn-Bartoldy (Félix), compositeur, 248, 249.
Ménessier, président du tribunal, 117, 121.
Menitz (Lac) (Autriche), 68.
Menou (Jacques-François de, général baron), 217.
Mentelle (Edme), professeur à l'Ecole centrale, 360.
Menuau, représentant (1), 371.
Merchiari, auteur cité, 345.
Mercié (Antonin), sculpteur, 237.
Mercier (Louis-Sébastien), littérateur, 320.
Mercœur (Philippe-Emmanuel de Lorraine, duc de), 2.
Mercœur (Marie de Luxembourg, duchesse de), 123.
Ménel, lancier de la garde, 385.
Ménian, géographe, 280, 291.
Mérida (Bataille de), 301.
Merlin, colonel du 4e hussards, 260.
Méry (Jean), dit Guignard, 403.
Messmann (De), colonel du 4e hussards, 260.
Metz (Lorraine), 19 note 1, 375.
Meudon (Château de) (Seine-et-Oise), 383.
Meulan (De), sous-préfet, 115.
Meux, commune d'Achères (S.-et-M.), 400.
Meunier (Jean-Alfred), maire, 102, 395.
Meynier (Claude-Etienne), curé, 120.
Mézeray (François Eudes de), historien, 2.
Mézières (A.), de l'Académie française, 210.
Michaux (Clovis), procureur du Roi, 118, 150 note 1.
Michel (Antoine-Nicolas), organiste, 132.
Michel, brigadier au 4e hussards, 260.
Michel (J.-A.), profess. à l'Ecole centr., 386.
Michel, 183.
Michel-Ange (Buonarotti), 161, 205.

(1) Je n'ai pas trouvé de représentant de ce nom, et je crois qu'il faut lire : Mennau (Henri).

66

Michel de Corbeil, archevêque de Sens, 421.
Michelet (Jules), historien, 251.
Michu, comédien, 333.
Midellin (Bataille de), 67.
Mierre (Les époux), 16.
Mignot (Veuve Jean), propriétaire, 4.
Milet, palefrenier, 359, 361.
Mill (John-Stuart), économiste, 262.
Millet, maire de Samois, 191.
Millin (Aubin-Louis), auteur cité, 315, 316.
Millot, aubergiste, 2.
Millot fils, aubergiste, 2.
Millot, jardinier, 14.
Millot (Famille), 20.
Milly (Saône-et-Loire), 238.
Milly (S.-et-O.), 120 note 6, 280, 360, 425.
Milon (Louis-Jacques), maître de ballet, 310.
Mincius, collectionneur, 184.
Minette (Antoine), garde des oiseaux de Henri IV, 400.
Minimes de Passy, religieux, 423.
Minuti (Barbe), femme de B. Coris, 337.
Miroir (Le), pièce d'eau, xxvii.
Mirville, aubergiste, 57.
Mission (Maison de la), 82, 93 à 112, 125.
Misson (Hubert), sculpteur, 127.
Mi-Voie (La), ancienne faisanderie, xxi, xxiii, xxviii.
Moffe, auteur dramatique, 321 note 3.
Moïana, collectionneur, 184.
Moïse, auteur dramatique, 320.
Moissy-Cramayel (S.-et-M.), 363, 371.
Moitte (Al.), professeur à l'École centrale, 307, 371.
Molé (François-René), comédien, 318, 320.
Molière (Jean-Baptiste Poquelin, dit), 154, 318 n° 1, 319 n° 11, 321 n° 4, 332, 336.
Moline de Saint-Yon (Général Alexandre-Pierre), élève de l'École spéciale militaire, 249, 373.
Molinier (E.), bibliothéc. du Palais, 225, 357.
Moliserve (Bois de) (Seine-et-Marne), 435.
Mollien (Maximilienne-Aymardine), femme : 1° de Joseph Hémelot; 2° de Claude-François Lefeuvre, 42.
Moltke (Comte de), diplomate, 102.
Monaldeschi (Pio-Rinaldo, marquis de), 122, 125, 191, 205.
Monbrun (Général), 264.

Moncrif (François-Auguste Paradis de), auteur dramatique, 324, 325.
Mondonville (Jean-Joseph Cassanéa de), compositeur, 322, 323, 325, 330.
Mondorné (Pierre de), bibliothécaire du Palais, 357.
Monge (Gaspard), membre de l'Académie des Sciences, 366 note 3.
Mongin, 183.
Monginot, élève de l'École spéc. milit., 371.
Monolas (Cécile de Cheverny, marquise de), 330.
Moniteur du gouvernement de Reims (Le), journal cité, 251.
Monnier (Henri), auteur cité, 251.
Monsigny (Pierre-Alexandre de), compositeur, 326, 328, 330.
Montaiglon (Anatole de), auteur cité, 154.
Montaigne (Michel-Eyquem de), 451.
Montalivet (Marthe - Camille Bachasson, comte de), 358, 360.
Montanny (Général de), 189.
Montargis (Loiret), 352, 184.
Montargis (Forêt de), 6, 402.
Montauban (Tarn-et-Garonne), 273.
Mont-Caton (Le), lieu dit, 399 à 401.
Montceau (Le), fief à Avon, xxv, 55, 400, 404.
Montceau (Verrerie du), xxvi.
Montceaux (Seine-et-Marne), 204.
Mont-Cenis (Le), 353.
Mont-Chauvet (Petit). — V. Mail. Henri IV.
Mont-des-Faucons, lieu dit, 400.
Montebello (Jean Lannes, duc de), 310.
Monteil (Alexis), professeur à l'École spéciale militaire, 371.
Montereau-fault-Yonne (Seine-et-Marne), 20, 46, 67, 106 à 110, 113, 114, 270, 280, 361, 371, 392, 415, 435, 436, 473, 475.
Montespan (Françoise de Rochechouart, marquise de), xxviii, 155, 332 note 2.
Montesquiou (Joseph-François de), 2.
Montesquiou-Fesenzac (Vladimir, comte de), 43, 100, 185, 489.
Montfort-l'Amaury (Seine-et-Oise), 204.
Montigny-Lencoup (Seine-et-Marne), 435.
Montigny-sur-Loing (S.-et-M.), 120 note 6, 309.
Montléon (Lot), 17.
Montmorency (Marie-Félice des Ursins, duchesse de), 110.

MONTMORENCY (Famille de), 160.
MONTMORIN (Armand-Marc, comte de), xv, 70.
MONTMORIN (François-Gaspard de, marquis de Saint-Hérem), gouverneur de Fontainebleau, 298.
MONTMORIN (Jean-Baptiste-François de, marquis de Saint-Hérem), gouverneur de Fontainebleau, 40, 436.
MONTMORIN (Louis-Victoire-Hippolyte-Luce, comte de), maire, xv, 18, 19, 40, 41, 74 à 79, 81 à 89, 102, 260.
MONTOIR DE BELROZE (La mare du), lieu dit, 432, 433.
MONTPIERCHET, peintre, 200.
MONT-PIERREUX, lieu dit, xxvIII, 126 note 6, 401. — V. CIMETIÈRES et HOSPICE.
MONTRÉAL (Colonel, comte de), 269.
MONTRY (Seine-et-Marne), 371.
MONTS DE FAYS (Les), lieu dit, 400, 432.
MONT-USSY, lieu dit, 393 note 1.
MONT-VALÉRIEN (Missionnaires du), 119.
MONVEL (Jacques-Marie BOUTET DE), auteur et acteur, 328, 329, 333.
MORANZEL (De), architecte des bâtiments du Roi, 424, 425, 470.
MOREAU (Etienne), propriétaire, 50.
MOREL (Jean), supérieur des Mathurins, 125 note 1.
MOREL DE CHEFDEVILLE (Etienne), auteur dramatique, 331, 333, 334.
MOREL et SÉGUIN, artificiers, 35.
MORENHEIM (Baron), ambassadeur de Russie, 102, 103.
MORET (Seine-et-Marne), 47, 100 à 110, 113, 121, 280, 283, 361, 471.
MORIAU, procureur de la Ville de Paris, bibliophile, 150 note 2.
MORLAINCOURT (Colonel), élève de l'Ecole spéciale militaire, 371.
MORLET, élève de l'Ecole spéciale milit., 371.
MORLET (Gustave), maire d'Avon, 189.
MORLON (Etienne), notaire, 24.
MORLON (Jean), propriétaire, 46.
MORLON (N.), femme de Jean-François Lezard, 46.
MORMANT (Seine-et-Marne), 67, 303.
MORNY (Charles-Auguste-Louis-Joseph, duc de), 254.
MORONI, auteur cité, 348.
MORTAGNE (Orne), 366.

MORTILLET (Gabriel de), maire de Saint-Germain-en-Laye, 141.
MORVAN (Le), 411.
MOSCOU (Russie), 68.
MOSKOWA (Bataille de la), 68.
MOTTEVILLE (Françoise BERTAUT, dame de), auteur cité, 121 note 2.
MOULINS-S.-ALLIER (Allier), 356.
MOUNIER (Edouard-Philippe, baron), 431.
MOURAWIEFF (Comte), diplomate, 102, 103.
MOUNET, auteur cité, 431.
MOUSIN (Colonel de), élève de l'Ecole spéciale militaire, 371.
MOZART (Wolfgang-Amédée), compos., 218.
MUCIDAN (Dordogne), 15 note 1.
MUCINIUS (Lucinius), consul romain, xvIII note 1.
MUNTZ (Eugène), auteur cité, 146, 311, 315.
MUNAT (Jean), peintre, 311.
MUNGEN (Henry), littérateur, xv, 255.
MUSÉE CHINOIS (Le), 305, 306.
MUSÉUM DES ARTS, 363.
MUSSET (Alfred de), xv, 208, 393, 426.
MUSSET (Paul de), 208.

N

NAIGEON (Jacques-André), membre de l'Institut, 366.
NAMUR (Belgique), 66.
NANCY (Meurthe-et-Moselle), 273.
NANTEAU-SUR-LUNAIN (S.-et-M.), 431, 435.
NAPLES (Italie), 311.
NAPOLÉON Ier, 56, 62, 98, 100, 217, 288, 289, 297 note 1, 304, 316, 339, 343, 351 à 355, 357, 363, 370, 372, 373, 381.
NAPOLÉON II, 304.
NAPOLÉON III, II, VIII, 56, 61, 66, 156, 205, 206, 285, 302, 316, 330, 357, 383 à 385.
NARI, 148.
NARP ET SILLÈGUE (Général de), élève de l'Ecole spéciale militaire, 371.
Nature (La), journal cité, 400.
NAUDÉ (Gabriel), érudit, 311.
NAUDET (Colonel), élève de l'Ecole spéciale militaire, 371.
NAVOT, hommes d'affaires, 185, 186.
NÉGRIER (Général Fr.-Marie-Casimir), 428.

Nelms (Maison), 70.
Nemours (Seine-et-Marne), 7, 13, 19, 103 à 114, 202, 280, 352, 303, 360, 387, 390 note 1, 400, 425, 434, 439, 483, 487, 489.
Nemours (Louis-Charles-Philippe-Raphaël d'Orléans, duc de), 205, 359, 360, 428.
Nemours (Victoire-Auguste-Antoinette de Saxe-Cobourg-Gotha, duchesse de), 358.
Nerval (Gérard de), littérateur, 255.
Nettancourt (Colonel de), élève de l'Ecole spéciale militaire, 374.
Neufchatel (Prince de). — V. Berthier (Alexandre).
Neuflieux (N. de Mony de), inspecteur des forêts, 205.
Neuilly (Château de) (Seine), 383.
Neurey-en-Vaux (Haute-Saône), 391, 393 note 1.
Neuville (Section de), 81 note 1.
Neveux (Baronne), 12.
Nicas (Docteur), 225.
Nicolaï (Théodore, marquis de), 28, 49.
Nicolo, peintre, 300.
Nid de l'Aigle (Vallée du), lieu dit, 216.
Niedermeyer (Baron), propriétaire, 53 note 1.
Niémen (Le), fleuve, 353.
Nimes (Gard), 302 à 304, 360.
Nivernais (Le), 419.
Noailles (Adrien-Maurice, duc de), 32, 428.
Noailles (M⁽ˡˡᵉ⁾ de), 50.
Noailles (Famille de), 100.
Noël, conseiller municipal, 80.
Noisy-sur-Ecole (Seine-et-Marne), 300, 435.
Nompère et Gaussoin, chefs d'institution, 369.
Nonville (Seine-et-Marne), 434, 435.
Norgeot, étameur, 383.
Normandie (Louis-Charles, duc de), 64.
Notre-Dame-de-Bon-Secours (Chapelle de), 155, 156, 421.
Notre-Dame-de-Délivrance (Chap. de), 421.
Notre-Dame-de-l'Ermitage (Chapelle de).— V. Franchard.
Nourrit (Adolphe), chanteur, 318.

O

Obélisque, 63, 64, 371.
Oiseau (Cul sac de l'). — V. Cour des Ioreaux.

Omaran, élève de l'Ecole spéciale milit., 372.
Oncy (Seine-et-Oise), 266.
Oppenheim (Allemagne), 391.
Orange (Vaucluse), 302.
Orange (Guillaume-Henri de Nassau, prince d'), 66.
Orangerie, xxi, 49, 50, 287, 363.
Ordener (Michel, général comte), élève de l'Ecole spéciale militaire, 371.
Organistes, 131, 132.
Orléans (Loiret), 237, 421.
Orléans (Forêt d'), 6.
Orléans (Ferdinand-Philippe, duc d'), 264, 265, 273, 310, 317, 420.
Orléans (Gaston-Jean-Baptiste de France, duc d'), 205.
Orléans (Louis-Philippe-Joseph, duc d'), 6.
Orléans (Hélène-Louise-Elisabeth de Mecklembourg-Schwerin, duchesse d'), 222, 237, 264, 430.
Orléans (Louise-Marie-Adélaïde de Bourbon, duchesse d'), 334.
Orloff (Alexis, prince), 192, 193.
Orloff (Nicolas, prince), xv, 180, 191 à 194.
Orloff (Wladimir, prince), 192, 193.
Orloff (Comte), auteur cité, 317.
Ormeaux (Les), commune de Montereau-fault-Yonne (Seine-et-Marne), 67.
Ornoy (D'), colonel du 4ᵉ hussards, 260.
Orsonville, commune de Villiers-en-Bière (Seine-et-Marne), 433.
Ortès (Baron d'), 189.
Ortmans, 210, 393 note 1.
Osnabruck (Bataille d'), 263.
Oudinot, colonel du 4ᵉ hussards, 260.
Oudry (Jean-Baptiste), peintre, 306.

P

Pacca (Barthélemy, cardinal), 355.
Paccard (Alexis), architecte, 64, 205, 286, 318, 380.
Padoue (Jean-Toussaint Arrighi, duc de), 238.
Pajol (Claude-Pierre, général comte), 67, 261.
Paillet (F.-P.), naturaliste, 180.
Palestro (Bataille de), 210.

PALMIER (Laurent), biblioth. du Palais, 357.
PALUSTRE (Léon), auteur cité, 315.
PAMPIN (Simon) (1), propriétaire, 10.
PAMPRIN (Simon), greffier du trib., 116, 117.
PANIER (Maison), 21.
PANIS (Louis), architecte de la ville, 111, 112, 125.
PAPILLON DE LA FERTÉ, intendant des menus, 333, 335.
PARC (Le), XXI, XXIV à XXVII, 47 note 1, 40, 52, 60, 126 note 0, 153, 270, 281, 315, 358, 400, 411, 421, 491.
PARCHAPPE (Général Charles-Jean-Baptiste), élève de l'Ecole spéciale militaire, 373.
PARÉ (Ambroise), 468.
PARFAIT-LUMIÈRE, professeur à l'Ecole spéciale militaire, 371.
PARIS, passim.
Paris élégant (Le), journal cité, 183.
PARIS (Louis-Philippe-Albert d'ORLÉANS, comte de), VIII, 222, 383.
PARIS (Colonel), élève de l'Ecole spéciale militaire, 371.
PARIS, président du tribunal, 117.
PARIS DE VOUZY, secrétaire du Roi, 10.
PARMESAN (Fr. MAZZUOLI, dit le), peintre, 101.
PAROISSE SAINT-LOUIS (Erection de la), 122 à 129.
PAROISSE (Section de la), 81 note 1.
PAROY (Seine-et-Marne), 360.
PARQUET (Le Grand), XXVIII, 400.
PARQUET D'AVON, 350, 360, 376.
PARQUET DES PINS, 405.
PARSEVAL (Mᵐᵉ de, née de Gagnonville), propriétaire, 11.
PARTERRE, XX, XXI, XXIII, XXVI, XXVII, 59 à 62, 151, 281, 200 à 203, 208, 300, 309, 310, 375, 415.
PASDELOUP, fondateur des Concerts populaires, XV, 248 à 250.
PASSAGE-D'AGEN (Le) (Tarn-et-Garonne), 260.
PASSAGE DES GRILLES-NEUVES, 59 à 61, 208 note 5.
PASSEREAU (Mathurin), organiste, 132.
PASSEREAU (Nicolas), organiste, 132.
PASSEREAU, élève de l'Ecole centrale, 300.
PASSOLO, peintre, 302.

(1) Peut-être le même que Simon PAMPRIN qui suit?

PASTEUR (Louis), 107 note 1.
PATINOT (Georges), directeur du *Journal des Débats*, 220.
PATRAT (Joseph), autʳ dramatique, 332, 331.
PAU (Basses-Pyrénées), 312.
PAUL V (Camillo BORGHÈSE), pape, XXIV.
PAULE, maître tailleur du 4ᵉ hussards, 266.
PAULET (Docteur Jean-Jacq.), 303, 415, 416.
PAULMIER, propriétaire, 20.
PAULMIER fils, administrateur, 102.
PAULY (Magloire), adjoint, 74, 101.
PAULY, élève de l'Ecole centrale, 300.
PAVILLONS :
 — Monsieur (de), 363.
 — Pomone (de), 102.
 — Princes (des), 290, 375.
 — Saint-Louis (de), XXIV.
 — Sully (de), 60, 208, 375.
PÉCLET (Charles-Léon), maire, 102, 104.
PECQUEUX, commune d'Aubepierre (Seine-et-Marne), 67.
PEIRESC (Nic.-Claude FABRI DE), érudit, 311.
PÉLISSIER (Commandant), 428.
PELLETIER (Etienne-Alexandre-Louis), juge au tribunal, 116, 117.
PELLICO (Silvio), auteur cité, 210.
PELLISSIER (Mᵐᵉ), comédienne, 323.
PENNI (L.), peintre, 101.
PENTHIÈVRE (Louis-Jean-Marie de BOURBON, duc de), 99.
PÉPIN, propriétaire à Melun, 111.
PERCIER et FONTAINE, auteurs cités, 317, 318, 313 à 315.
PÉRELLE (Gabriel), graveur, 285, 287.
PERFETTO, 117 à 119.
PÉRICHON (Adolphe), notaire à Nemours, 187.
PÉRICHON, propriétaire, 40.
PÉRINET (Jean), vigneron, 100.
PERMAL (Hilaire), 403.
PERRAUD (Adolp.), de l'Académie franç., 211.
PERRIER (François), auteur cité, 340, 350.
PERRIN DULAC, procureur du Roi, 118.
PERROT (Colonel), 428.
PERSAC, procureur de la République, 118.
PERTHES (Seine-et-Marne), 427.
PERTUIS (N. de), femme de N. de Charpin-Feugerolles, 16.
PESLOUAN (Général de), commandant l'Ecole d'application, 376.

Petit (Docteur Antoine), 331.
Petit (Jacob), directeur de la manufacture de porcelaine, xv, 42, 238, 250.
Petit (L.-M.), élève de l'Ecole centrale, 369.
Petit (Mardochée), manufacturier, 42, 250.
Petit (Commandant), 371.
Petit, juge au tribunal, 116.
Petit, secrétaire du sous-préfet, 263.
Petit d'Auterive (Général), élève de l'Ecole spéciale militaire, 374.
Petit-Bourbon (Le), lieu dit, 432, 433.
Petit-Paris (Le), lieu dit, 432, 433.
Petites-Ecuries (Les), 446.
Petitjean (Marie), femme de François Le Noir de la Thorillière, 336.
Petits-Champs (Cul de sac des). — V. Rue Béranger prolongée.
Petits Jardins. — V. Jardin fleuriste.
Peyre (Antoine-Marie), contrôleur des bâtiments, 50, 84, 87 à 89.
Pezard, notaire, 424.
Phétu (Les Frères), élèves de l'Ecole centrale, 369.
Philidor (François-André Danican, dit), compositeur, 326, 328, 331.
Philippe Auguste, 400, 421, 444.
Philippe le Bel, 482.
Philippeaux, curé, 120, 150.
Piat, garde général, 71.
Picardie (La), 411.
Picault (Louis-Charles, sieur de Darvault), concierge de la cour du Cheval-Blanc, 50.
Piccini (Nicolas), compositeur, 330 à 334.
Picot (Félix-Jules), 266.
Pie IV (Ange Medici), pape, 318.
Pie VII (Barnabé Chiaramonti), pape, 7, 121, 351 à 355.
Pie IX (Jean-Marie, comte de Mastaï-Ferretti), pape, 238.
Piébourg, capitaine, 412.
Pieds-Pourris (Les), lieu dit, 432.
Pierre (Edouard), collectionneur, 160.
Pierre-sur-Haute (Montagne du Forez), 400.
Piernon, garde général, 358.
Pillet et Raoult, chefs d'institution à Meaux, 360.
Pilons (Les), lieu dit, 4.
Pilon (Germain), sculpteur, 200.
Pils, auteur dramatique, 343.

Pils (Adrien-Auguste-Isidore), peintre, 341.
Pimodan (Lieutenant général comte de), 90.
Pinon, notaire à Paris, 6, 7.
Pins (Plaine des), 401.
Piolenc (Marquis de), 485.
Piganiol de la Force (Jean-Aimar), auteur cité, 45 note 1.
Piron (Alexis), poète, 2.
Pister (Louis), 2° chef des concerts Pasdeloup, 250.
Pithiviers (Loiret), 368.
Pisseleu (Famille de), 160.
Places :
— Armes (d'), xxv, 19, 59 à 61, 80 à 82, 92, 121, 202, 208 note 5, 315.
— Centrale, 3, 32 note 2, 90 note 1.
— Charbon (au), 72.
— Château (du), 22.
— Decamps, 17, 231.
— Denecourt, 72, 90.
— Etape aux Vins (de l'), 70.
— Ferrare (de), 65.
— Grand-Portail (du), xxv.
— Marché-au-Blé (du), 70, 71, 92.
— Palais (du), 11.
— Solférino, 16, 380.
— Sous-Préfecture (de la).—V. Decamps.
Planté (Francis), pianiste, 249, 350.
Plastre (Marie-Madeleine), femme de Georges Boudeau, 155.
Platreries (Les), commune de Samois (Seine-et-Marne), 210.
Plaute (Marcus-Accius), poète latin, 320 note 1; 332 note 2.
Pleus (Quartier des), 475.
Pline (L'ancien), naturaliste, xviii note 1.
Ploërmel (Morbihan), 266.
Ploix (Ch.), président du tribunal, 116, 117.
Pluviot, propriétaire, 46.
Poinsinet (Antoine-Alexandre-Henri), auteur dramatique, 325 note 3.
Poisson, garde général, 358.
Poisson (Phil.), auteur dramat., 318 note 5.
Poisson (Siméon-Denis, baron), membre de l'Institut, 368.
Poisson (Alexandrine), fille de la marquise de Pompadour, 322.
Poissy (Seine-et-Oise), 431.
Poitiers (Vienne), 371.

TABLE ALPHABÉTIQUE.   527

Poitiers (Diane de, duchesse de Valentinois), xxix, 302.
Polignac (Héraclius, général comte de), maire, 28, 102, 205.
Polignac (Anne de), femme de François II de La Rochefoucauld, 21.
Poligny (Pierre), « conducteur des étrangers », 204.
Polygone d'artillerie, 377, 433.
Pomarède, propriétaire, 245.
Pommeraies (Bois des), 401, 402.
Pompadour (Jeanne - Antoinette Poisson, marquise de), 32, 315, 320, 322.
Poncet (Pierre), chapelain de Saint-Vincent, à Melun, 127.
Poncet (Madeleine), veuve de Urbain Galleran de Grandmaison, 5.
Pons (Louis de Lorraine, prince de), 3.
Ponson du Terrail (Vicomtesse), 240.
Pont-a-Mousson (Meurthe-et-Moselle), 273.
Pont-de-Veyle (Antoine de Ferriol, comte de), auteur dramatique, 322.
Pont du Gand (Le) (Gard), 302.
Pontthierry, commune de Saint-Fargeau (Seine-et-Marne), 150, 485.
Ponts (Les anciens — du Palais), xvii, xxi, xxii, 200 à 202.
Poquelin (Jean), 154.
Porcelaine (Manufacture de), 41 à 43.
Porta (Jacques della), 318.
Porta (Docteur), 355.
Portail Henri IV, 80.
Portalis (Jean-Etienne-Marie), conseiller d'Etat, 97.
Portes :
— Dorée, 313.
— Haute-Bercelle (de la), 358.
— Rouge, 850.
Postes et Télégraphes (Hôtel des), xxiii, 62, 281.
Potain (V.-M.), peintre, 367.
Potin (Maison), 40.
« Pot qui bout » (Le). — V. le Tibre.
Potier (De), éditeur, 258.
Pottier (Jean), supérieur des Frères des Ecoles chrétiennes, 184.
Pottier, procureur de la République, 118.
Pougkard - Delimbert (Général), élève de l'Ecole spéciale militaire, 371.
Poul (De), colonel du 4ᵉ hussards, 260.

Poullain (Epoux) (1), 3.
Poussaint (Epoux), propriétaires, 99.
Poussin (Nicolas, dit le), peintre, 311.
Pradel (Franç.), élève de l'Ecole cent., 369.
Pradier (James), sculpteur, 287.
Praslin (Charles - Raynard - Laure - Félix, duc de Choiseul-), 420.
Prax (Général), élève de l'Ecole spéciale militaire, 371.
Praxitèle, sculpteur athénien, 310.
Prégent, propriétaire, 5.
Pré-Larcher (Le), lieu dit, 408.
Presbytère, 93.
Pressoirs du Roi (Château des), commune de Samoreau (S.-et-M.), xx, xxvi, 400, 401.
Préville (Pierre-Louis Dubus, dit), comédien, 320.
Prévost (Constant), membre de l'Institut, 437.
Prévost, du 4ᵉ hussards, 272.
Prévost-Paradol (Lucien-Anatole), de l'Académie française, 226.
Prieur (Alexandre), du 4ᵉ hussards, 272.
Prieur (Jules), du 4ᵉ hussards, 272.
Prieur, administrateur du département de Seine-et-Marne, 361 note 1.
Prieur de la Comble (Amance), 487 à 489.
Prilejaeff, archimandrite, 102.
Prillieux, auteur cité, 410.
Primatice (François, dit le), peintre et sculpteur, 123, 161, 277, 288, 289, 290, 300, 302, 311, 317.
Prince Impérial (Napoléon-Eugène-Louis-Jean-Joseph), viii, 384.
Prinet, chef fontainier, 283.
Prioleau, chef d'institution à Juilly, 369.
Promenade de la Béhourdière, 358.
Promenade du Calvaire, 358.
Prost (Elisabeth, dite la mère Garnier), cantinière du 4ᵉ hussards, 273.
Protche (Colonel), directeur des études de l'Ecole d'application, 375.
Provence (Louis-Stanislas-Xavier, comte de), 62, 484. — V. Louis XVIII.

(1) Je crois qu'il faut lire Poussaint : Gabriel Poussaint, marchand de bois, rue Grande, n° 351, et Geneviève Guillory, son épouse. Je relèverai une autre inexactitude : l'hôtel de Roquelaure servait déjà de maison d'arrêt lors de la licitation du 9 février 1811. — V. Rohan et l'art. ci-après.

PROVENCEAUX (Quartier des), 440.
PROVINS (Seine-et-Marne), 260, 363, 369.
PRUDHOMME, greffier de l'administration forestière, 25.
PRUDHON (Pierre-Paul), peintre, 301.
PUISSANT (Colonel Louis), professeur à l'Ecole spéciale militaire, 371, 373.
PUITS-DE-L'ORMIER (Plaine du). — V. PUITS-DU-CORMIER.
PUITS-DU-CORMIER (Plaine du), lieu dit, 493.
PUJADE, capitaine au 4° hussards, 271.
PUJOL (Abel de), peintre, 235.
PUJOS, propriétaire, 23.
PUTZ (Général), commandant l'Ecole d'application, 376.
PUYLAURENS (Comte de), 2.
PYAT (L.-Ch.), membre du jury d'admission à l'Ecole spéciale militaire, 371.

Q

QUARTIERS :
— Boufflers (de), xxiii, 3, 17, 55, 161, 382, 392.
— Châtaux, 20, 65.
— Grand. — V. Boufflers.
— Lariboisière, 65.
— Petit. — V. Châtaux.
— Raoult, 65.
QUÉBEC (Canada), xxviii.
QUESVERS (P.), auteur cité, vi, xiii à xv, 182.
QUÉTANT (Ant.-Franç.), auteur dram., 320 n° 1
QUEUDANE (Famille), 192.
QUEUE DE PENTHES (La), lieu dit, 400.
QUINAULT (Philippe), auteur dramatique, 310 à 322, 324, 325.
QUINETTE (Nicolas-Marie, baron de Rochemont), ministre de l'intérieur, 367.
QUINTON, notaire, 40.

R

RAAB (Le), rivière d'Autriche, 208.
RABELAIS (François), 451 à 458, 461, 463 à 466, 472.
RABOTIN, du 4° hussards, 272.

RACINE (Jean), 319 note 8, 331.
RADET (Etienne, général baron), 353.
RAIGE, direct. de l'Ecole centrale, 368, 369.
RAMBOUILLET (Seine-et-Oise), 481.
RAMEAU (Jean-Phil.), compositeur, 321 à 323.
RAMEAU (Toussaint, sieur de Villiers), fourrier ordinaire des logis du Roi, 47.
RAMPON (Ant.-Guil., général comte), 340.
RANCHIN Jean-Ant.), secrétaire du Roi, 0.
RANCOGNE (M. et M™° de), propriétaires, 8.
RANDON (Ferd.-Elie, baron d'Hanneucourt), commandant de la vénerie royale, 42, 43.
RANGOUZE (A. de), du 4° hussards, 266.
RAOULT (Noël, général), 66.
RASTOUL, brig. aux lanciers de la garde, 385.
RATAULT, notaire, 47.
RATISBONNE (Louis), biblioth. du Palais, 238, 357.
RAUCOURT (Françoise CLAIRIEN, dite M™°), comédienne, 330.
RAUNAUD-LASCOURS (Général baron de), élève de l'Ecole spéciale militaire, 373, 374.
RÉAL, sous-préfet, 115.
REBEL (Jean-Ferri), compositeur, 321, 323.
REBOUL (E.), préfet de Seine-et-Marne, 227.
RECLOSES (S.-et-M.), 399, 400, 420, 474, 475.
REGARD DES FONTAINES. — V. CHATEAU-D'EAU.
RÉGIE (Bureaux de la) du Palais, 288 n° 1.
RÉGISMANSET (Jac.-Paul), sénateur, 187, 203.
REGNARD (J.-Franç.), auteur dramatique, 320 note 1.
REGNANT (Lucien-Franck), maire, 102, 227, 248, 263.
REGNAUDIN (Charl.-Cath.), femme Dassy, 16.
REGNAULT (Henri), peintre, 297.
REGNAULT (Jean-Baptiste), peintre, 367.
REGNAULT (Marguerite-Victoire-Pauline), 60.
REGNAULT, 313.
RÉGNIER (Adolphe), bibliothécaire du Palais, xv, 222, 223, 357.
RÉGNIER (Claude), tonnelier, 100.
RÉGNIER (Mathurin), poète, 2.
RÉGNIER, lieutenant, 380.
REGNOUL, 249.
REILHAC (Th. de), élève de l'Ecole spéciale militaire, 371.
REILHAC (Anne de), femme de S. Zamet, 50.
REIMS (Marne), 251.
REISCHOFFEN (Bataille de), 97.

TABLE ALPHABÉTIQUE. 520

Renard (Charles), bibliothécaire du Palais, 278, 357 (1).
Renarde (La), rivière, 160.
Renauville (Seine-et-Marne), 300 note 1.
Renaud (Mlle), comédienne, 331.
Renault (Léon), sénateur, 102.
Réservoir des fontaines. — V. Château d'Eau.
Restout (Jean), peintre, 302.
Retz (Jean-François-Paul de Gondi, cardinal de), 228.
Revue des Deux Mondes (La), recueil cité, 208, 267, 412.
Revue rétrospective (La), recueil cité, 305.
Rey (Jean-Baptiste), maître de musique, 332.
Reynès, chef d'escadrons au 4e hussards, 260.
Rhoano, médecin, 117.
Ricard, colonel du 4e hussards, 260.
Richard (Louis-Claude-Marie), botaniste, xviii note 1.
Richard (Veuve), propriétaire, 40.
Richelieu (Armand-Jean du Plessis, cardinal de), 2, 13, 50, 115, 117 note 1, 151, 161.
Richelieu (Arm.-Jean-Vignerod du Plessis, duc de), 50.
Richelieu (Louis-François-Armand du Plessis, maréchal duc de), 13, 50, 168, 181, 321.
Richelieu (Anne-Marguerite d'Acigné, duchesse de), 50.
Richelot (Marie-Martial-Estavel), agréé à Montereau, 46.
Richer, propriétaire, 51.
Riçois, propriétaire, 26.
Rigny (Henri Gauthier, amiral comte de), 238.
Rinuccini, 147.
Riondel (Général), commandant l'École d'application, 370.
Rival (Jean), vigneron, 400.
Robert (Hubert), peintre, 302, 303.
Robert (Mme H.), 302.
Robert (Léopold), peintre, 238.
Robert (Marguerite), femme de Mathieu-René Marquis, 75.
Robespierre (Maximilien de), 181.
Robsor, chef d'institution à Nemours, 300 note 1.
Rochelle (La) (Charente-Inférieure), 226.

Rochereau (Adrien), 120.
Rochereau (Alexandre), 120.
Rochereau (André), avoué, 7, 118 à 121.
Rochereau (Gervais), maire, 10, 19, 20, 102 à 121.
Rochereau (Mme G.), 7.
Rochereau (Victor), juge au trib., 119, 121.
Rochereau (Mlle J.), 119.
Rocheret (du), maréchal de camp, 371.
Rochers :
 — Avon (d'), 405, 406.
 — Béhourdière (de la). — V. Cassepot.
 — Boulin, 433.
 — Brûlé, 433.
 — Cassepot, 433.
 — Cuvier-Châtillon, 427.
 — Monts-Aigus (des), 50.
 — Saint-Germain, 437 à 439.
 — Salamandre (de la), 377, 416.
 — Sureau, 432.
 — Vaucervelle (de), 432, 433.
Rochette (La) (Seine-et-Marne), 300.
Rocquencourt (Camp de) (Seine-et-Oise), 273.
Rodolphe, compositeur, 320.
Rogat (Émile), graveur, 367.
Roger, professeur à l'École spéc. milit., 371.
Roger-Ducos (Comte), conventionnel, 371.
Roger (Mlle), danseuse, 330.
Rohan-Chabot (Louis-Bretagne-Alain de, duc de Rohan), 3 (1).
Rohan-Chabot (Alexandrine-Charlotte de), femme de Louis-Alexandre de La Rochefoucauld, 25.
Romain (Jules), peintre, 101, 319.
Rome (Italie), 67, 208, 273, 288, 289, 313 à 350, 367.
Romé de l'Isle (Jean-Baptiste-Louis), physicien, 400.
Romulus (Le), Bassin, xxvii, 281, 298, 415.
Rondeau, maître de poste, 74, 75.
Rondeau (Le). — V. Le Tigre.
Ronsin (Maison), 3.
Roquelaure (Antoine-Gaston-Jean-Baptiste, duc de), 3.
Roquelaure (Elisabeth de), femme de Louis de Lorraine, 3.

(1) Était mort avant le 23 décembre 1740; sa veuve seule intervient à la vente de l'hôtel de Roquelaure.

---

(1) Non Reinard.

Roquelaure (Françoise de), femme d'Alain de Rohan-Chabot, 8.
Roquelaure (Marie-Charlotte de), duchesse de Candale, 53.
Roscoff (Finistère), 407.
Rosier (Colonel), 102, 103.
Rossini (Gioacchino), compositeur, 238.
Rosso (Le), peintre, 123, 300.
Rotné (Colonel), directeur des études de l'École d'application, 370.
Rothschild (Mme de), 238.
Rotrou (Jean de), poète, 310 note 1.
Rottembourg, marchand de journaux, 71.
Rottien, concierge, 11.
Rouen (Seine-Inférieure), 273, 428.
Rouland, professeur à l'École centrale et à l'École spéciale militaire, 366, 371.
Rousse, notaire à Paris, 42.
Rousseau (Jean-Baptiste), poète, 318 note 2.
Rousseau (Jean-Jacques), 319, 320, 325.
Rousseau (Théodore), peintre, 231.
Rousseau, employé de la bibliothèque du Palais, 227, 270.
Rousseau, propriétaire, 58.
Roussereau, bourgeois, 75, 78.
Routes :
— Amélie, 230.
— Antibes (d'). — V. Bourbonnais.
— Boissière (de la), 403.
— Bornage (du), 16.
— Bourbonnais (du), 184, 186.
— Bourgogne (de), 300, 178.
— Bourron (de), 133.
— Chailly (de), xxviii.
— Chêne-aux-Chapons (du), 403.
— Luxembourg (de), 133.
— Melun (de), 421, 433.
— Moret (de), xx, 376, 429.
— Provins (de), 478.
— Recloses (de), 133.
— Ronde, xxiv, 377, 390, 433.
— Thomery (de), xxvi.
— Tournante des Monts-Saint-Père, 231.
Roux (Alcindor), auteur cité, 202, 203, 401 à 407, 487.
Roux (Veuve), née Fessart), 56.
Roye (Somme), 178.
Roye (Charlotte de), femme de François III de La Rochefoucauld, 21.

Royer (Alphonse), littérateur, 213.
Royer (Claude), notaire à Paris, 336.
Royer (Paul-Henri-Ern. de), ministre, 238.
Rozée (François), propriétaire, 9.
Rua, grand voyer de la Généralité de Paris, 4
Rubens (Pierre-Paul), peintre, 311.
Rude (François), statuaire, 237.
Rue de France (Section de la), 81 note 1.
Rue Royale (Section de la), 81 note 1.
Rue Saint-Merry (Section de la), 81 note 1.
Ruelles :
— Biches (aux), 10 à 12, 70.
— Carré, 70.
— Chariot-d'Or (du), 70.
— Collot. — V. Poitevins.
— Fourneaux (des), 70.
— Frégé. — V. Cours.
— Gauthiers (des), 70.
— Guérigny, 121.
— Maudinetz [ou Maudits-Nez, ou Maudiné] (des), 70.
— Pitoy, 70.
— Poitevins (des), 70.
Rues (1) :
— Abreuvoir (de l'), 17, 18, 50.
— Arbre-Sec (de l'), 157, 161, 163 note 3, 164 note 2, 262.
— Avon (d'), 47 à 49, 58, 65, 401.
— Basse, xxv, 58, 80, 81, 92, 99, 308.
— Béranger, 12, 70, 215, 217, 401.
— Béranger prolongée, 70.
— Bois (des), 20.
— Bons-Enfants (des), 13, 14, 53, 62, 125, 281 note 1.
— Bourbon (de), 11.
— Bourron (de). — V. Chemin de Bourron.
— Buttes (des), 58.
— Carnot, 17 note 1.
— Casimir-Périer, 17 note 1.
— Chancellerie (de la), 90, 281 note 1.
— Château (du), 81, 99, 401.
— Chemin-de-Fer (du), 70.
— Cimetière (du), 10.

(1) Nous donnons ici, par ordre alphabétique, tous les noms de rues cités dans le volume, sans rechercher si plusieurs d'entre eux ne se sont pas successivement appliqués à la même voie, recherche qui occupe, à la fin de ce volume, les pages 511 à 517.

TABLE ALPHABÉTIQUE. 531

Rues :
— Conventionnel-Geoffroy (du), 70, 100.
— Coudre (de la), 134, 135, 125.
— Damesme, 3, 70.
— Decamps, 17.
— Egalité (de l'), 41.
— Eglise (de l'), 330.
— Ferrare (de), xxiii, 3, 11, 20, 12, 51, 256, 258.
— Fleury (de), 4, 5, 57, 58, 92, 121.
— France (de), 4 à 7, 12, 16, 120, 121, 231, 383.
— Germains (des), 57.
— Grande, 32 note 1, 41, 46, 61, 70, 71, 131, 135, 110.
— Guérin, 70.
— Jeu-de-Paume (du), 51, 200.
— La Rochefoucauld (de), 22, 21.
— Liberté (de la), 27, 41, 55, 92.
— Montmorin (de), 88.
— Nemours (de).—V. Chemin de Nemours.
— Obélisque (de l'), 325 note 1.
— Parc (du), 47, 50, 51.
— Paroisse (de la), 10, 125, 401.
— Petits-Champs (des), 217.
— Pins (des), 12, 32 note 1, 70, 105.
— Richelieu (de), 3, 11.
— Royale, 22, 23, 29, 32, 16, 57, 60, 69, 169, 161, 122.
— Sablons, 1, 3, 9, 16, 70, 90, 281.
— Saint-Honoré, 12, 17, 22, 23, 41, 51, 55, 57, 65, 70, 157 note 1, 215, 382, 422.
— Saint-Louis, 22, 24 à 26, 46, 210, 215.
— St-Merry, 9 à 12, 20, 57, 60, 65, 70, 121.
— Statuaire-Adam-Salomon (du), 100.
— Trois-Maillets (des), 46.
— Vacher (du), 121.
— Victor Hugo, 72.
Rufini (Alexandre), auteur cité, 315.
Rumigny (Marie-Théodore de Gueulluy, général comte de), 211.

S

Sablons (Les), commune de Veneux-Nadon (Seine-et-Marne), 300.
Sac (Charles de), maître joueur d'épée de Henri II, 181, 182.
Sacchini (Marie-Gaspard), compositeur, 170, 330, 332, 334.
Sagonte (Espagne), 268.
Saincton (Etienne), peintre (1), 24.
Sainsère, sous-préfet, 115, 263.
Saint-Aignan, piqueur, 358.
Saint-Alexis (Chapelle), 121.
Saint-Ange-le-Vieil (Seine-et-Marne), 135.
Saint-Anxoult, 158.
Saint-Chamond (Melchior Mitte, marquis de), 147.
Saint-Chaumont. — V. Saint-Chamond.
Saint-Cloud (Seine-et-Oise), ii, 66, 67, 372 note 2, 383.
Saint-Chico (Colonel), élève de l'Ecole spéciale militaire, 374.
Saint-Cyr (Ecole de) (Seine-et-Oise), 65, 66, 225, 372, 373, 375.
Saint-Dominique (Ile de) (Amérique), 67.
Saint-Germain-en-Laye, 204, 321, 322 note 1, 431.
Saint-Germain-Laval (Seine-et-Marne), 136.
Saint-Geslin, comédienne, 330.
Saint-Hérem (Baron de), 50 (2).
Saint-Huberti (Anne-Antoinette Clavel, dite), comédienne, 331, 332, 334.
Saint-Jean-d'Acre (Syrie), 217.
Saint-Lambert (Jean-François, marquis de), de l'Académie française, 304.
Saint-Lazare (Congrégation de), 93, 96, 121 note 5, 128.
Saint-Léger (Château de) (S.-et-O.), 204.
Saint-Louis (Ermitage), 208.
Saint-Marc (Jean-Paul-André des Rasins, marquis de), auteur dramatique, 325, 327, 330 (3).
Saint-Marc, 150.
Saint-Martin-en-Bière (S.-et-M.), 100, 127.

(1) Je conserve ici l'orthographe généralement adoptée, bien que, dans un acte de baptême (Bourron, 1602), où il figure comme parrain, cet artiste signe : « Etienne Sinton, peintre à Fontainebleau. »

(2) On ne connaît, en 1705, aucun *baron de Saint-Hérem* en âge d'assister à un contrat de mariage ; le seul personnage auquel il semble probable qu'il soit fait allusion est Charles-Louis de Montmorin, *marquis de Saint-Hérem...., baron* de la Mollière, gouverneur de Fontainebleau.

(3) C'est le même qui est dit ici : Saint-Maur.

SAINT-MIHIEL (Meuse), 260.
SAINT-PIERRE (Bois), lieu dit, 401.
SAINT-PIERRE (Bernardin de), 366.
SAINT-REMY (Bouches-du-Rhône), 302.
SAINT-SIMON (L. de Rouvroy, duc de), 228.
SAINT-VALLIER (Comte de), ministre plénipotentiaire, 254.
SAINT-VINCENT-DE-PAUL (Sœurs de), XIV, 6, 69, 99 note 1, 421, 422.
SAINTE-ANNE-LA-ROYALE. — V. CHARITÉ D'AVON.
SAINTE-CLAIRE DEVILLE (Henri-Etienne), chimiste, 407 note 1.
SAINTE-FAMILLE. — V. HOPITAL DES FILLES BLEUES.
SAINTE-MARIE (Colonel), élève de l'Ecole spéciale militaire, 371.
SAINTE-MARTHE (Abel de), bibliothécaire du Palais, 350, 357.
SAINTE-MARTHE (Abel de, fils), bibliothécaire du Palais, 350, 357.
SAITY (François), 24.
SALANSON (Général), commandant l'Ecole d'application, 375.
SALART (Armand-Nicolas de), seigneur de Bourron, 481.
SALART (Claude de), seignr de Bourron, 481.
SALART (Franç. de), seignr de Bourron, 481.
SALART (Jean de), seigneur de Bourron, 483.
SALART (Olivier de), seignr de Bourron, 483.
SALERNE (Prince de), 358.
SALERNE (Princesse de), 358.
SALIERI (Antoine), compositeur, 334.
SALLÉ (Mlle), comédienne, 323.
SALLES :
— Bal (de). — V. GALERIE HENRI II.
— Belle Cheminée (de la). — V. Comédie.
— Cent Suisses (des). — V. Gardes et GALERIE HENRI II.
— Comédie (de la), XXV, 17, 205, 209, 300 à 311, 313 à 317.
— Gardes (des), 205, 209, 310, 315, 343.
— Grande. — V. Comédie.
— Tapisseries (des), 312.
SALLENTIN (Louis-J.-Bapt.), propriét., 60.
SALLENTIN (N.), femme de Champigny, 60.
SALM (Charles-Théodore-Otto, prince de), 3.
SALM-KYRBOURG (E.-Othon-Frédéric, prince de), 372.
SALON FRANÇOIS Ier, 312.

SALON SAINT-LOUIS, 315.
SALONNIER-TAMNAY (Général comte de), élève de l'Ecole spéciale militaire, 371.
SALUCES (Marquis de), 205.
SALVANDY (Narcisse-Achille, comte de), ministre de l'instruction publique, 210.
SAMOIS (Seine-et-Marne), 40 note 1, 188, 189, 191 à 194, 300 à 401, 409, 415, 423, 424, 428, 478.
SAMOREAU (S.-et-M.), 180, 415, 428, 429, 400.
SAMPIGNY (Meuse), 268, 274.
SAND (George), 393.
SARAGOSSE (Espagne), 208.
SARCEY (Francisque), auteur cité, 220.
SARRAZIN, membre du district de Melun, 313.
SAULOEOT, architecte de la Ville, 89, 92, 95.
SAULNURE (De), sous-préfet, 415.
SAUMUR (Maine-et-Loire), 207, 273.
SAURIN (Bernard-Joseph), auteur dramatique, 325, 328.
SAUSSAY (De), ermite de Franchard, 421.
SAVANT, profess. à l'Ecole spéc. milit., 371.
SAVIGNY, chirurgien, 480.
SAVOIE (Louise de), comtesse de Provence, 62, 481.
SAVOIE (Marie-Thérèse de), comtesse d'Artois, 19, 62.
SAVONE (Italie), 353.
SCHNEEGANS (Général), commandant l'Ecole d'application, 375.
SCHOMBERG (Henri, maréchal comte de), 148.
SCHMOLL (Aaron), 27, 41 à 43.
SCHNEIDER (Eugène), président du Corps législatif, 237.
SCHOUBACH (Hélène), femme de Baruch Weil, 42.
SCHUBERT (François), compositeur, 218.
SCHUMANN (Robert), compositeur, 218.
SCIARD, secrétaire en chef de l'administration municipale, 101.
SCRIBE (Eugène), de l'Académie française, 120, 238.
SCRIBE (Mme Eug.), 120.
SÉBASTIANI (François-Horace-Bastien, maréchal comte), élève de l'Ecole spéciale militaire, 373.
SÉBASTOPOL (Russie), 66.
SEDAINE (Michel-Jean), auteur dramatique, 326 note 3, 327, 330, 333 à 335.

TABLE ALPHABÉTIQUE. 533

SEDAN (Ardennes), 268, 273.
SÉDILLEZ (Mathurin), membre du Tribunat, 103, 107, 109, 113, 303.
SEGAN (Jean-Baptiste), procureur de la République, 116, 117.
SÉGRAVE (H. de), avoué, 110, 120.
SÉGUIER (Pierre), chancelier de France, 62.
SÉGUR (Philippe-Paul, général comte de), auteur cité, 352, 353.
SÉGUR (Louis, comte de), député, 251, 352 n° 2.
SÉGURANO (Le P.), 117.
SEINE (La), fleuve, xx, xxvi, 280, 298, 377, 390, 415, 423, 426, 428, 429, 435, 489, 490 à 492.
SEINE-ET-MARNE (Département de), 108, 237, 242, 243, 261, 313, 362 à 364, 367 note 1, 369, 371, 374, 415.
SEINE-ET-OISE (Département de), 369.
SÉLIS (Nicolas-Joseph), littérateur, 366.
SÉNART (Forêt de) (Seine-et-Oise), 431.
SENEZ père, administrateur, 102.
SENS (Yonne), 32, 360, 424, 421.
SENTINELLI (Comte de), 205.
SENÉ DE RIVIÈRE, procureur de la République, 118, 137.
SERIZIAT (Colonel), élève de l'École spéciale militaire, 374.
SERLIO (Séb.), architecte, xx, 123, 288, 300.
SERMAISE, commune de Bois-le-Roi (Seine-et-Marne), 428.
SERRES (Hautes-Alpes), 480.
SESMAISONS (Commandant de), 102.
SÉTIF (Algérie), 273.
SÉVIGNÉ (Marie de RABUTIN-CHANTAL, marquise de), 228.
SÈVRES (Manufacture de porcelaine de), 256, 382.
SIBERT DE CORNILLON (De), capitaine au 4e hussards, 271.
SICARD (Abbé Roch-Ambroise-Cucurron), 366 note 3.
Siècle (Le), journal cité, 373 note 3.
SILVESTRE (Israël), graveur, 161, 300, 341.
SIMIAN (Charles-Joseph de), seigneur de Larnas, capitaine, 337, 338.
SIMON (Jules), membre de l'Institut, 251.
SIMON, instruct. à l'École spéc. milit., 373.
SIMONNOT (Jean-Baptiste), garde à cheval des chasses, 47.
SINCERUS (Jodocus). — V. ZINZERLING.

SINN, conseiller municipal, 133.
SION, maréchal des logis chef aux lanciers de la garde, 385.
SISTERON (Basses-Alpes), vii.
SIVRY (Seine-et-Marne), 43, 432.
SIXTE QUINT (Félix PERETTI), pape, 318.
SMOLENSK (Russie), 68.
SOCIÉTÉ DES ENFANTS DE LUTÈCE, 219.
SOCIÉTÉS :
— Amis des Arts de Seine-et-Marne (des), 299, 311.
— Archéologie de Seine-et-Marne (d'), ix, 161, 162, 205.
— Commerce (du), ix, 305.
— Historique du Gâtinais, ix, 161.
— Horticulture de Melun-Fontainebleau (d'), ix, xviii note 1.
— Philharmonique, 219.
— Populaire, 60, 62.
— Saint-Roch (de), 20, 21, 214, 305, 306 note 1, 411.
SOCRATE, philosophe grec, 310.
SOIN (Gabrielle), femme de N. Rameau, 18.
SOISSONS (Louis II de BOURBON, cte de), 117.
SOLFÉRINO (Bataille de), 67, 210.
SOLMS (Mme de), 211.
SOMO-SIERRA (Bataille de), 68.
SORON, élève de l'École centrale, 369.
SOUILLE AUX POURCEAUX (La), lieu dit, 432, 433.
SOULT (Nicolas-Jean-de-Dieu, maréchal duc de Dalmatie), 66.
SOURDUN (Forêt de) (Seine-et-Marne), 413.
SŒURS GRISES, 30.
SOUS-PRÉFECTURE, 7, 11, 10, 20, 25, 26, 46, 62, 103 à 115, 202, 203.
SOUVERAIN, éditeur, 258.
SPADA, nonce du Pape, 117.
Spectateur militaire (Le), recueil cité, 267.
SPELTEIN, concierge de l'hôtel de Brissac, 18.
SPENDLER, notable, 80.
SPULLER (Eugène), 220.
STADLER (de), inspecteur général des archives, 205.
STEIN (Henri), archiviste, 131.
STIRBEY (Prince), 227.
STOCKLY, sous-lieut. au 1er hussards, 350.
STONEZ, propriétaire, 5.
STRASBOURG (Alsace), 273.
SUISSES (Quartier des), 8, 11, 72.

Surville, commune de Montereau-fault-Yonne (Seine-et-Marne), 67.
Sutice, contrôleur du comité de surveillance, 14.
Sylva Blachon, professeur à l'Ecole centrale, 366, 369.
Synagogue, 104, 106.
Syndicat de la Presse de Seine-et-Marne, ix, x.

T

Tabago (Ile de) (Amérique), 67.
Tacite (Cneius-Cornel.), historien, 319 n° 2.
Taglioni (Marie), danseuse, 318.
Taillasson (Jean-Joseph), peintre, 367.
Taillefer, adjudant aux lanciers de la garde, 385.
Talabot (Léon-Henri), 27, 28.
Talabot (Mme veuve Léon), 420.
Talhouet (Auguste-Frédéric-Bon-Amour, général marquis de), élève de l'Ecole spéciale militaire, 373.
Talleyrand (Charles-Maurice de), 300 n° 1.
Talma (Bazile), maréchal des logis au 1er hussards, 273.
Talma (François-Joseph), tragédien, 318.
Talmond (Ch.-Léopold-Henri), élève de l'Ecole centrale, 369.
Taperay (N.), chef d'orchestre, 192.
Tarascon (Bouches-du-Rhône), 273.
Tanné et Lefèvre-Compigny, imprimeurs, 364 note 1, 368 note 1.
Tardif, adjoint, 75, 104, 107 à 111.
Tascher de la Pagerie (Pierre-Claude-Louis-Robert, comte), élève de l'Ecole spéciale militaire, 373.
Tatin (Eugène), typographe, 259, 260.
Tattet (Alfred), propriétaire, 426.
Téchener (Léon), libraire à Paris, xvii.
Temps (Le), journal cité, 226.
Teselsky, diacre de l'église russe, 192.
Testard, toiseur, 90.
Testu (Louis-Jules), secrétaire général du gouvernement de l'Algérie, 212, 213.
Théatre du Palais, 299, 300 à 310.
Thenard (A.), élève de l'Ecole centrale, 369.
Théophraste, philosophe grec, 303.
Thermes de François Ier. — V. Grotte des Pins.

Thévenin, procureur de la République, 118.
Thévenin (Catherine), 168 à 187.
Thiébault, curé, 91 note 1, 97, 120.
Thiers (Adolphe), président de la République, 226.
Thinus (Léon), sous-préfet, 115.
Thinus (Frédéric), adjoint, 438.
Thoison (Eugène), auteur cité, vi, 51.
Thomas (Général Clément), 120.
Thomasse, notable, 90.
Thomery (Seine-et-Marne), xx, 390, 420, 412, 477, 490 à 492.
Thou (Jacques-Auguste, président de), bibliothécaire du Palais, 278, 357.
Thouin (André), botaniste, 366.
Thuisy (Jean-Baptiste-Amable-Louis-Jérôme Goujon, comte de), sous-préfet, 115.
Tibre (Le), pièce d'eau, xx, xxvi, xxvii, 281, 208.
Tiburce (Général), élève de l'Ecole spéciale militaire, 373.
Tilland, commandant au 4e hussards, 269, 270, 272.
Tilliard, capitaine au 1er hussards, 350.
Tilliard (Mme la générale), 426.
Tilsitt (Allemagne), 68.
Tisserand (Guillaume), 156.
Tissier, garde forestier, 415.
Tocqueville (Alexis-Charles-Henri), publiciste, 238.
Tonnerre (Louise-Madeleine de Clermont), 321 note 2.
Toncy (Seine-et-Marne), 212.
Totleben (Général François-Edouard), 66.
Touchel, propriétaire, 14.
Toulongeon (Edm.-Eug., général, marquis de), 205.
Toulouse (Haute-Garonne), 17, 273.
Toulouse (Louis-Alexandre de Bourbon, comte de), 315, 431.
Tour du Monde (Le), recueil cité, 210.
Tournois, notaire à Paris, 431.
Tours (Indre-et-Loire), 147 note 1, 300.
Toussy (Château de) (1), 201.

---

(1) Il n'existe aucun château de ce nom; il faut lire Coussy pour Coucy-Folembray; le château royal de Folembray est en effet dans la forêt de Coucy, et celui de Coucy ne paraît pas avoir jamais appartenu au Roi.

TABLE ALPHABÉTIQUE. 535

Trabé (Mme veuve, née Emilie Corneau), 53.
Trabé-Fessard, marchand de bois, 16.
Trautmann, gendarme, 358.
Travers, propriétaire, 26.
Treille du Palais (La), xv, 401.
Tresmes (René Potier, duc de), capitaine des gardes, 117.
Trésorerie de l'Épargne, 90.
Trévise (Edouard-Adolphe-Casimir-Joseph Mortier, maréchal duc de), 310.
Trézel (Général Camille-Alphonse), 212.
Trial (Jean-Claude), compositeur, 321, 327.
Trianon (Château de) (Seine-et-Oise), 320, 383, 105.
Tribou, comédien, 323.
Triboulet, 2.
Tribunal, 3, 62, 91 note 1, 90, 103 à 118, 202, 203, 361.
Tricoche (Général), commandant l'École d'application, 376.
Tricou, 396.
Triénert, musicien, 249, 250.
Trinitaires. — V. Mathurins.
Trois-Moulins (Ruisseau des), 434, 435.
Troubetzkoï (Jean, prince), 192.
Troubetzkoï (Nicolas, prince), xv, 188 à 190, 191, 195.
Troubetzkoï (Catherine), princesse Orloff, 189, 191, 193, 195.
Trudelle (Amédée), chef des bureaux de la mairie, 253, 251.
Trumeau, représentant, 371.
Try, procureur de la République, 118.
Tuleu, fondeur, 488.
Tulle (Corrèze), 357.
Turenne (Henri-Amédée-Mercure, comte de), 310.
Turenne (Colonel), élève de l'École spéciale militaire, 371.

U

Uccles (Bataille d'), 67.
Ulay, commune de Grez (S.-et-M.), 160.
Union républicaine (L'), journal cité, 202.
Urbain VIII (Mathieu Barberini), pape, 115, 311.

Ury (Seine-et-Marne), 399, 400, 477.
Usine à gaz, 20.
Usine des eaux, 20.

V

Vachon, compositeur, 321.
Valade (César), sous-préfet, 101, 106, 109, 112, 115.
Valence (Drôme), 359.
Valence (Espagne), 268.
Valenciennes (Nord), 268.
Valentin, 283 à 285.
Valladon de la Grivelle (M. et Mme), 31.
Valladon de la Grivelle (Mlle), comtesse de la Béraudière, 31.
Vallayer-Coster (Mme Anne), peintre, 302.
Valle (Cardinal André della), 318.
Vallée de la Chambre (La), canton de la forêt, 105 note 1, 101.
Vallery (Yonne), 280.
Vallier (François-Charles, comte du Saussay, auteur dramatique, 321, 325.
Valliton, curé, 129.
Valmy (Bataille de), 268.
Valsuzenay (Baron de), sous-préfet, 115.
Valvins, commune de Samois (Seine-et-Marne), xxvii, 377, 415, 423, 428.
Vanne (Aqueduc de la), 399, 402.
Van Tieghem, professeur, 107 note 1.
Varaigne (Général de), élève de l'École spéciale militaire, 371.
Varennes (François-Frédéric de), marquis de Bourron, 481.
Varennes (François-Pierre de), seigneur de Kergoson, 481.
Varennes (Marie-Pierre-Frédéric de), 481.
Varennes (Adélaïde-Lucie-Marie de), marquise de Montgon, 481.
Varidino (Transylvanie), 478.
Varin père (Quintin), peintre et architecte, 121, 421.
Vasari (Georges), auteur cité, 288, 317, 318.
Vatout (Jean), auteur cité, xvi, 121 note 3, 126, 129, 278, 312.
Vaucervelles (Puits de), 133.
Vaurose, architecte, 421.

Vaux-le-Pénil (Château de) (S.-et-M.), 43.
Vavasseur, profes' à l'Ecole centrale, 366.
Vendôme (César, duc de), 200.
Veneux-Nadon (Seine-et-Marne), 390, 415.
Vénerie royale (Bâtiments de la), 65, 82 à 87, 99.
Ventes-Alexandre (Les), lieu dit, 127.
Ventes-Bourbon (Les), lieu dit, 433.
Verdenck, peintre, 32.
Verdun (Meuse), 273.
Verel (Baptiste de), écuyer, 150.
Vergé (Maison), 25.
Vermandois (Duc de), 321 note 2.
Vernet (Carlo), peintre, 302.
Vernet, lancier de la garde, 385.
Verneuil (Eure-et-Loir), 204.
Versailles (Seine-et-Oise), xxvi, 42, 208, 333 note 4, 377, 392, 431, 436.
Vert-le-Grand (Seine-et-Oise), 260.
Vésinet (Le) (Seine-et-Oise), 431.
Vestrèse (Violante), chanteuse, 310.
Vestris (Gaetano-Apollino-Baldassare Vestri, dit), danseur, 323, 330.
Veuillot (Louis), polémiste, 212.
Vidal (Général), élève de l'Ecole spéciale militaire, 371.
Viefville, notaire à Paris, 43.
Vien (Joseph-Marie, comte), peintre, 306, 307.
Viennot, instructeur à l'Ecole spéciale militaire, 373.
Vignolle (De), capitaine au 4e hussards, 260.
Vignon, président du tribunal, 117.
Vigny (Alfred de), de l'Académie française, 213, 351, 352, 355.
Villarron. — V. les Ormeaux.
Villate (Colonel), élève de l'Ecole spéciale militaire, 371.
Villedieu-les-Poêles (Manche), 389.
Villefermoy (Forêt de) (S.-et-M.), 113.
Villemain (Abel-Fr.), auteur cité, 310 n° 10.
Villemaréchal (Seine-et-Marne), 435.
Villemorin-Lévêque (Général de), élève de l'Ecole spéciale militaire, 371.
Villeneuve (Baron de), sous-préfet, 115.
Villeneuve (De). — V. Guyot de Villeneuve.
Villeneuve-le-Comte (Seine-et-Marne), 435.
Villeneuve-les-Bordes (S.-et-M.), 67, 435.

Villequier (Louis-Marie-Alexandre, duc de), 335.
Villers-Cotterets (Aisne), 201.
Villette (Charles, marquis de), colonel de dragons, 174.
Villiers-aux-Poires. — V. Villiers-en-Bière.
Villiers-en-Bière (S.-et-M.), 390, 433.
Villiers-sous-Grez (S.-et-M.), 51, 435, 446.
Villiers de l'Ile-Adam (Adam de), seigneur de Bourron, 483.
Villoing (Jean), aubergiste, 2.
Villoutreys (Comte de), propriétaire, 28.
Vilna (Russie), 68.
Vincennes (Château de) (Seine), 205, 377.
Vincent (François-André), peintre, 307.
Vincent-de-Paul (Saint), 6.
Vinchon (Jean-Bapt.-Auguste), peintre, 42.
Vinit, propriétaire, 5.
Virgile (Publius-Virgilius-Maro), poète latin, 363 note 2, 466.
Vitry (Nicolas de L'Hospital, maréchal duc de) 110, 295.
Vitry-le-François (Marne), 205, 360.
Voisenon (Claude-Henri Fusée, abbé de), 322, 323.
Volière du Jardin de Diane, 152, 286, 287.
Volney (Constantin-François Chassebœuf, comte de), 366 note 3.
Voltaire (François-Marie Arouet de), 13, 318 note 6, 319 note 12, 321, 324, 325 note 2, 332.
Voltigeant (Henri), officier du Roi, 156.
Vosges (Les), montagnes, 301.
Vulaines (Seine-et-Marne), 180, 192, 193.

W

Wachau (Bataille de), 67.
Wagner (Richard), compositeur, 218.
Wagram (Bataille de), 68.
Wailly (Armand-François-Léon de), littérateur, 220.
Wailly (Joseph-Noël, dit Natalis de), membre de l'Institut, 212.
Wailly (Jules de), littérateur, 212.

TABLE ALPHABÉTIQUE.

WALEWSKI (Alexandre-Florian-Joseph Colonna, comte), 251, 266.
WALLON (Henri), ministre de l'instruction publique, 210.
WALSIN-ESTERHAZY (Général Louis-Joseph-Ferdinand), 270.
WATERLOO (Bataille de), 217, 268.
WEBER (Charles-Marie de), composit., 218.
WEIL (Baruch), fondateur de la manufacture de porcelaine, 11 à 13, 256.
WEIL (Lazare), 13 note 1.
WEISS (Jean-Jacques), bibliothécaire du Palais, 221 à 230, 270, 357.
WELLINGHSHAUSEN (Bataille de), 268.
WELLS, auteur cité, 117.
WISSEMBOURG (Alsace), 268.
WOGUE (Joseph), 130.
WURTEMBERG (Frédéric-Guillaume-Alexandre, duc de), 359.
WURTEMBERG (Philippe, prince de), 358.

Y

YONNE (Département de l'), 369.
YOUSOUF-BEY, commandant des spahis, 264.

YUNCK, officier au 4ᵉ hussards, 272.
YVES (Claude), lieutenant en la maîtrise des eaux et forêts, 156.

Z

ZAMET (Sébastien), capitaine concierge du Palais, 59.
ZINZERLING (Jean), auteur cité, 287.
ZURNIDEN (Mᵐᵉ, née Weiss), 227.

CORRECTIONS

BOULEVARD MAGENTA, au lieu de : 25, 27, 32 note 2, etc. ; lisez : 25, 27, 32, 35 note 2, etc.
MORANZEL (De), complétez : (François-Louis THOURON de).

EUGÈNE THOISON.

CHANGEMENTS SURVENUS DURANT L'IMPRESSION DU VOLUME

Page 115 :
1895. 22 octobre. — M. TALLON, sous-préfet, a remplacé M. Fourey, nommé préfet de la Haute-Saône.

Page 117 :
1895. 6 avril. — M. ANCELLE, président du tribunal, a remplacé M. Hud, admis à la retraite, et nommé président honoraire.

Page 376 :
1895. 5 octobre. — M. FELDMANN, lieutenant-colonel d'artillerie, a remplacé comme commandant en second de l'École d'application, le colonel Debatisse, nommé au commandement du 12ᵉ régiment d'artillerie.

ADDENDUM

PERSONNAGES DONT LE SOUVENIR SE RATTACHE A FONTAINEBLEAU

[Les renseignements ci-dessous sont empruntés au *Dictionnaire biographique de Seine-et-Marne* manuscrit de M. Charles RABOURDIN.]

Fontainebleau a vu beaucoup de rois, d'empereurs, de grands seigneurs, de personnages marquants dans diverses carrières. Si nous ne pouvons relever tous leurs noms, signalons au moins les principaux dans la liste ci-dessous :

ANNE D'AUTRICHE, épousa en 1615 Louis XIII, roi de France; elle fit de Fontainebleau son séjour favori.

AUVERGNE (Louis, comte d'), né en 1589, frère d'Henriette d'Entragues, turbulent conspirateur, fut arrêté à Fontainebleau.

BARBARIN (1578-1646), cardinal; arriva en 1625 au Palais de Fontainebleau, chargé d'une mission par le pape Urbain VIII.

BASSOMPIERRE (François de), né en 1579, intime ami de Henri IV, venait souvent ici.

BECKET (Thomas), prélat anglais, plus connu sous le nom de S. Thomas de Cantorbery, sur l'invitation de Louis VII vint, en 1259, consacrer la chapelle Saint-Saturnin.

BENOIST (Philippe), né dans notre ville, peintre-lithographe, mort en 1865. A exécuté en 1849 pour Denecourt une série de belles lithographies du Château.

BÉRANGER (Pierre-Jean), né à Paris en 1780; enfant a habité Samois, puis, homme mûr, Fontainebleau pendant plusieurs étés. Il est mort à Paris en 1857.

BÉRINGHEN (Jean-Louis), devint l'écuyer préféré d'Henri IV qui lui fit don d'une terre à Fontainebleau, au Champ-Minette, en 1607.

BERRI (Duchesse de).

BIRON (Charles de Gontaut), né en 1561, conspira contre son roi; il fut arrêté à Fontainebleau en 1602, transféré à la Bastille ensuite et décapité.

BOUFFLERS (Louis-François, duc de), le héros de la défense de Lille en 1708, est mort ici en 1711 empoisonné par un empirique.

BUEIL (Jacqueline de), comtesse de Moret.

CAZAUBON (Isaac), né en 1559 à Genève, bibliothécaire royal, fut l'un des commissaires qui assistèrent à la conférence de Fontainebleau entre le cardinal Duperron et Duplessis-Mornay.

CELLINI (Benvenuto), né à Florence en 1500, habile sculpteur; plusieurs de ses statues ornent le château de Fontainebleau.

CHAMPOLLION (Jacques-Joseph), né à Figeac en 1778, mort à Fontainebleau en 1867, bibliothécaire au Palais de Fontainebleau.

CHARLES-QUINT, vint ici en 1539, où François Ier lui fit une réception magnifique.

CHARLES V, né en 1337, fut le premier fondateur de la bibliothèque du Palais de Fontainebleau; mort en 1380.

CHARLES VII, né en 1403, venait souvent à Fontainebleau; il fit représenter ses victoires sur les murs du Palais dans la salle des Gardes et dans la salle du Buffet.

CHARLES VIII, enrichit la bibliothèque de Fontainebleau de collections grecques et latines qu'il avait rapportées d'Italie.

CHARLES IX (1550-1574), se réfugia en 1562 avec sa mère au château de Fontainebleau; il y fut assiégé par le duc de Guise et Antoine de Bourbon. Il dut se rendre et fut conduit prisonnier à Paris.

CHARLES X, se maria à Fontainebleau en 1773. Il épousa Marie-Thérèse de Savoie.

CHATEAUBRIANT, vint à Fontainebleau passer plusieurs étés sous la Restauration.

CHRISTIAN VII, roi de Danemark, vint en 1768 à Fontainebleau; une réception splendide lui fut faite. Il assista à la chasse à courre de Saint-Hubert.

CLAUDE DE FRANCE, fille de Henri II, est née ici le 12 novembre 1547. Elle épousa en 1558 Charles III, duc de Lorraine et de Bar. C'était la plus belle princesse de son temps. Elle mourut à l'âge de 28 ans.

CHRISTINE DE SUÈDE, étant au château de Fontainebleau en 1657, fit assassiner son écuyer Monaldeschi dans la galerie des Cerfs.

CONDÉ, vainqueur de Rocroi, mort à Fontainebleau le 11 décembre 1786.

DAMESME (Léonard-Adolphe-Marie), général de brigade, né à Fontainebleau en 1807, mort le 20 juillet 1848.

DAUBENTON (Jean-Louis-Marie), célèbre naturaliste, né à Montbard en 1716, mort à Paris en 1800, venait passer ses étés près de Fontainebleau. Ses restes ont été déposés dans la crypte de l'église d'Avon.

DAUBERNON (Charles), gentilhomme de la Cour de Louis XIV, fut le héros de la légende du miracle de la Bonne-Dame.

DAN (Pierre), était prieur de l'abbaye des Trinitaires de Fontainebleau en 1631; il est l'auteur de plusieurs ouvrages dont l'« Histoire des merveilles de la maison royale de Fontainebleau ».

DANCOURT, auteur dramatique, né ici en 1661, mort à Courcelles-le-Roi en 1725.

DELAHAYE (Charles), graveur, né dans notre ville au XVIIe siècle.

DELORME (Philibert), architecte français (1517 à 1577), construisit l'escalier du Fer à Cheval.

DIANE DE FRANCE, duchesse d'Angoulême, née en 1558 à Fontainebleau, où eut lieu son premier mariage.

DIANE DE POITIERS (1499-1564), duchesse de Valentinois, maitresse de Henri II, aimait beaucoup les arts; elle contribua à faire embellir le Palais, où elle est souvent représentée, par le Primatice, sous les traits de l'une des plus belles princesses.

DECAMPS (Gabriel-Alexandre), célèbre peintre, né à Paris en 1803, mort ici d'une chute de cheval le 22 août 1860.

DUBOIS (Ambroise), né à Anvers; fut le peintre ordinaire de Marie de Médicis. Henri IV lui commanda quinze grands tableaux représentant les amours de Théogène et de Chariclée. Dubois est mort ici en 1614; son tombeau est à Avon.

DUNOIS (Jean), comte d'Orléans et de Longueville, né en 1407, habita souvent la ville. Il existe sur son amour avec la princesse Marie une légende qui donna l'origine du nom du Rocher des Deux-Sœurs.

DUPLESSIS-MORNAY (Philippe) (1549-1623), calviniste zélé, eut ici avec l'abbé Duperron, évêque d'Evreux, devant Henri IV, une conférence contradictoire dans laquelle il fut vaincu.

DURAND (Jean-Baptiste-Alexis), menuisier-poète, né et mort ici (1795-1849).

EDMONDES (sir Thomas), vint en 1629, sur l'ordre de son roi Charles Ier d'Angleterre, signer la paix avec Louis XIII, à la suite de la prise de La Rochelle par Richelieu.

ÉLISABETH DE FRANCE, fille de Henri IV, épouse de Philippe IV, roi d'Espagne, naquit ici en 1602; c'est là aussi qu'elle fut baptisée en même temps que son frère Louis XIII.

FARNÈSE (Jean-Louis), vint en 1543 comme légat du pape Paul III négocier un accommodement entre François Ier et Charles-Quint.

FER (Nicolas de), né en 1646, mort en 1720, géographe du roi, auteur du manuscrit inédit publié en tête de ce volume (1).

FERRARE (Hippolyte d'Este, cardinal de), petit-fils du pape Alexandre VI par sa mère Lucrèce Borgia. Il avait fait construire ici un hôtel superbe qui passa aux Guise.

FESTU (Simon), né à Fontainebleau, évêque de Meaux, trésorier de Philippe le Bel.

FRANÇOIS Ier, roi de France (1494-1547), aimait beaucoup Fontainebleau. Il a énormément contribué à son embellissement.

FRANÇOIS II, roi de France, naquit et fut baptisé ici en 1543. Il mourut en 1560.

GABRIELLE D'ESTRÉES (1571-1599), maîtresse de Henri IV, qui ne savait rien lui refuser. Elle venait souvent ici avec le roi.

GONZAGUE (Marie de) reine de Pologne, née en 1612, épousa en 1645 le roi Vladislas. Le contrat fut signé au Palais.

GASTON D'ANJOU (Jean-Baptiste de France), 3e fils d'Henri IV, naquit ici en 1608, mourut en 1660 à Blois, où il avait été relégué. Il est plus connu sous le nom de Gaston d'Orléans.

GUISE (François de Lorraine, duc de), vint ici pour faire partie de l'Assemblée des Notables, et plus tard pour y tenter l'enlèvement de Charles IX.

(1) Nous devons la possession de ce travail intéressant à M. Chabouillé, lui-même auteur d'un manuscrit très important sur notre ville qu'il a donné à sa mort à la Bibliothèque Nationale. Mme Boucher, sa fille, qui a hérité de l'esprit vif et délié de son père, a bien voulu nous offrir ce document unique, en mémoire de son cher défunt.

GUISE (Henri de Lorraine, duc de) (1550-1588), fils du précédent, passa une partie de son enfance au Palais. Il est très connu sous le nom de *Balafré*.

HENRI II, roi de France (1518-1559), a laissé au Palais de nombreux souvenirs de ses amours avec Diane de Poitiers.

HENRI III, 3e fils de Henri II, naquit ici en 1551.

HENRI IV (1553-1610), est un des rois de France qui ont aimé le plus à résider à Fontainebleau.

HUE (François), né ici, premier valet de chambre du Roi, célèbre par son attachement à la personne de Louis XVI. (V. p. 202.)

JACQUIN (Général baron), officier de la Légion d'honneur, né à Bonnencontre (Côte-d'Or) le 16 décembre 1759, décédé à Fontainebleau le 3 mars 1811. — A pris une part brillante à toutes les guerres de la République et de l'Empire, a fait treize campagnes, reçu trois blessures de guerre dont une à Hohenlinden, en tombant de son cheval, tué sous lui par un boulet. Nommé baron d'Empire par décret impérial daté de Burgos le 22 novembre 1808, douze jours après la prise de cette ville par les Français.

LAGORSSE (Antoine, baron) (1770-1842), fut chargé de surveiller le pape Pie VII pendant son second séjour au Palais.

LAMBERT (François, baron), fut sous Louis XVI secrétaire du gouvernement de la Corse, intendant sous l'Empire, administrateur général de tous les pays compris entre la Vistule et le Rhin après la victoire d'Iéna. Il fut chargé par Louis XVIII d'opérer le licenciement de notre dernière armée reléguée au-delà de la Loire.

LAMBERT (Aimé-François), fils du précédent, était chef d'escadrons de hussards quand il fut placé par Napoléon III à la tête de la vénerie impériale. Il est mort ici en 1889.

LANTARA (Simon-Mathurin), né ici en 1710 suivant certains auteurs. Il passa sa jeunesse à Franchard à garder les troupeaux et devint ensuite un grand peintre.

LE FÈVRE (Claude), célèbre peintre graveur, né ici en 1633, mort à Londres en 1675.

LE NÔTRE (André), architecte, dessinateur des jardins de Louis XIV (1613-1700). C'est lui qui a dessiné les jardins du Château.

LÉONARD DE VINCI, né en 1452, mort ici suivant les uns, au château de Cloux, à Amboise, suivant d'autres, contribua beaucoup par son talent et ses chefs-d'œuvre à l'embellissement du Palais.

LEVASSOR (Pierre), né dans notre ville en 1808, mort en 1870. Acteur comique, débuta dans le commerce des étoffes, puis créa le genre des chansonnettes gaies et à transformations.

LOUIS VII (1120-1180), fut le premier roi de France qui s'occupa de Fontainebleau; il y fit bâtir la chapelle Saint-Saturnin consacrée par Thomas Becket, archevêque de Cantorbéry.

LOUIS IX (1215-1270) aimait beaucoup résider ici. Il y fit bâtir l'ermitage de Saint-Louis et fit construire au Château un pavillon qui porte encore son nom.

LOUIS XIII (1601-1613), est né ici, où il passa une partie de son enfance; il y résida souvent. De nombreux faits historiques se sont passés sous son règne. C'est lui qui fit élever l'église Saint-Louis.

LOUIS XIV (1638-1715), signa au Palais la révocation de l'édit de Nantes (1688) et en 1700 reçut l'ambassadeur d'Espagne lui donnant connaissance du testament de Charles II. Le 1er octobre 1698, eut lieu le mariage d'Élisabeth-Charlotte d'Orléans avec le duc Léopold de Lorraine.

LOUIS XV, épousa en 1725 Marie Leckzinska dans la chapelle du Palais.

LOUIS XVI, ratifia ici en 1786 le traité de Versailles.

LOUIS-PHILIPPE Ier, fit exécuter de grands travaux au Palais.

LULLI (J.-B.). Le célèbre musicien eut son fils baptisé ici; les parrain et marraine furent Louis XIV et Marie-Thérèse.

MECKLEMBOURG (Hélène de), fille de Frédéric, née le 24 janvier 1814 à Ludwigslust. Elle épousa le 30 mai 1837, au Palais, le duc d'Orléans.

MONALDESCHI, né à Orvietto en 1628, assassiné dans la galerie des Cerfs le 12 novembre 1657, par ordre de Christine, reine de Suède.

MOREAU (Hégésippe), né en 1810, fit ses études au petit séminaire d'Avon.

MICHAUD (Clovis), membre de plusieurs sociétés savantes, auteur d'un poème sur Fontainebleau, était procureur du Roi dans cette ville en 1832.

MILLET (Jean-François), né à Gréville (Manche) en 1815, peintre célèbre, grand ami de son émule Théodore Rousseau, avec lequel durant toute sa vie il vécut en grande intimité à Barbizon, où il est mort en 1875. Millet a choisi pour sujets de ses tableaux la forêt de Fontainebleau et ses environs. Ses toiles, notamment « l'Angelus », sont des chefs-d'œuvre ayant une réputation universelle; l'artiste les a vendus très bon marché, aujourd'hui ils atteignent des prix fous. Un double médaillon en bronze de Rousseau et de Millet, orne une des roches de la forêt, près du village de Barbizon, leur centre d'étude.

MORET (Antoine de Bourbon, comte de), fils naturel de Henri IV et de Jacqueline de Bueil, naquit ici en 1607; il fut tué à la bataille de Castelnaudary en 1632.

NAPOLÉON Ier.

NAPOLÉON III.

ORLÉANS (Gaston d'), frère de Louis XIII, naquit ici en 1608.

ORLÉANS (Marie d') (1813-1839), fille de Louis-Philippe Ier, a dessiné les vitraux qui font le plus bel ornement de la chapelle Saint-Saturnin.

ORNANO, précepteur de Gaston d'Orléans, fut arrêté en 1625 à Fontainebleau, par ordre de Richelieu, et interné au château de Vincennes où il mourut en 1626.

PELLEGRINO (Danielo-Francesco), célèbre peintre, né à Florence, fit partie de la colonie artistique que François Ier avait réunie; il fut victime d'une erreur déplorable de la part du Rosso. A la suite de cette affaire, le Rosso s'empoisonna.

PHILIPPE IV LE BEL, naquit ici en 1268 et y mourut en 1314.

PIE VII, pape, fit deux séjours au Palais.

PISSELEU (Anne de), duchesse d'Etampes, née en 1508, favorite de François Ier; elle venait au Château et y possédait un appartement que François Ier avait fait décorer avec un luxe inouï. Elle encouragea les arts et secondait sur ce point le Roi.

POINSINET (Antoine-Alexandre-Henri), auteur dramatique, né ici en 1731, mort en Espagne en 1769.

POMPADOUR (Jeanne-Antoinette Poisson, marquise de), dont le nom est intimement lié à notre ville.

RICHELIEU (Armand-Jean Duplessis, cardinal de).

ROSSO (Rosso de), célèbre peintre florentin né en 1496; il fut placé par François Ier à la tête des artistes chargés d'embellir et d'orner le Palais. C'est là qu'il s'empoisonna.

ROUSSEAU (Jean-Jacques), né en 1724 à Genève, est l'auteur de la célèbre pièce *Le Devin du Village*, qui fut jouée la première fois sur le théâtre du Château.

ROUSSEAU (Théodore), né à Paris en 1812, mort à Barbizon en 1857, célèbre peintre, élève de Gros. La forêt fut son centre d'études presque exclusif.

SAVOIE (Marie-Joséphine-Louise de), fille de Victor-Amédée III, roi de Sardaigne, épousa le comte de Provence en 1771 et fut reçue au Palais.

SAVOIE (Marie-Thérèse de), sœur de la précédente, épousa en 1762 ici le comte d'Artois, frère du comte de Provence.

SULLY (Maximilien, duc de), baron de Rosny, venait souvent au Château avec Henri IV et habitait un pavillon auquel il a donné son nom.

TALLEYRAND (Henri de), comte de Chalais, né en 1599, mort en 1626 sur l'échafaud; devint ici le favori de Gaston d'Orléans, et accepta dans un complot d'assassiner Richelieu dans son château de Fleury.

TRIBOULET, célèbre nain de Louis XII et de François Ier; il tomba un jour dans le bassin des carpes et manqua de se noyer.

VERNEUIL (Catherine-Henriette de Balzac, d'Entrague, marquise de), maîtresse de Henri IV après la mort de Gabrielle d'Estrées. C'est ici que ce roi la vit pour la première fois.

VINCENT (Charles), né dans notre ville en 1828, mort en 1888. Chansonnier-poète. Fut le dernier survivant de la triade qu'il composait avec Pierre Dupont et Gustave Mathieu. Plus connu comme chansonnier et président du Caveau, il fut aussi journaliste et journaliste positif. Il créa le *Moniteur de la Cordonnerie*, qui eut l'originalité de payer ses rédacteurs en chaussures.

YVAN, médecin de Napoléon Ier qui avait en lui la plus entière confiance, le soigna et le sauva dans la nuit du 11 avril 1814, à Fontainebleau.

DÉPUTÉS

Jusqu'à la législature qui prit fin en 1827, les députés ne représentaient pas tel ou tel arrondissement.

Melun-Fontainebleau

1827. Bailliot, maire de Tournan.
1831. Général comte Durosnel, de Samoreau.
1835. Louis Lebeuf, de Montereau.
1842. Comte Paul de Ségur.
1849. Louis Lebeuf.
1852. Baron Edmond de Beauverger.
1869. Comte Horace de Choiseul-Praslin.

Arrondissement de Fontainebleau

1871. Comte Louis de Ségur.
1875. Baron Tristan Lambert.
1877. Paul Jozon.
1881. Charles Lefebvre.
1885. Charles Lefebvre.
1889. André Ouvré.
1893. André Ouvré.

NOTAIRES

1788. Lisle.
1810. Lemoine.
1830. Lécuyer.
1843. Gravier.
1852. Gaultry (Charles).
1861. Gaultry (Paul), successeur de son frère.

1801. Gueffier.
1810. Desaifres.
1813. Bernard.
1832. Quinton.
1838. Adhémar.
1865. Bellanger (Jules).
1893. Bellanger (René), successeur de son père.

1782. Bénard de St-Étienne.
1819. Delporte.
1821. Huré.
1823. Chavepeyre.
1833. Bouchonnet.
1859. Favereau.
1874. Weber.
1880. Ferrière.
1883. Weber (successeur de son successeur).

AVOUÉS

Par décret du 18 messidor an VIII (7 juillet 1800), dix avoués furent nommés auprès du tribunal de Fontainebleau, ce furent MM. Changeart, Bezout, Huteau, Larpenteur, Bénard, — Boisse, Fouquet, Rochereau, Ansillon et Auger. (Les cinq premiers n'acceptèrent pas).

Boisse.	Fouquet.	Rochereau.	Ansillon.	Auger.
1802. Cretté.	1811. Lemoine.	1811. Desegrave.	1811. Paty.	1803. Morel.
1811. Dupré.	1815. Id.	1826. Roger.	1832. Dupuich.	1833. Descadillac.
1833. Coutelier.	1838. Lepage.	1827. Sauger.	1846. Cauthion.	1835. Gilliard.
1870. Méline.	1881. Cruel.	1838. Denis.	1886. Auzouy.	1855. Boucher.
1878. Hardy.		1846. Hellier-Charmoy.		1892. Marie.
		1855. Languellier		
		1860. Rincé.		
		1874. Régismanset.		
		1891. Chambeau.		

PALAIS DE FONTAINEBLEAU

Gouverneurs

1759. — Marquis DE MONTMORIN.
1779. — Marquis DE SAINT-HÉREM, fils du précédent, massacré en 1792.
1800. — Général GUDIN.
1810. — Maréchal duc DE COIGNY.
1821. — Marquis DE BONNAY, pair de France.
1815. — Comte Melchior DE POLIGNAC.
1829. — DE LUYNES (emploi supprimé le 1er août 1830).

Commandants militaires

1832. — BARBÉ.
1848. — Frédéric DE BRUC.
1850. — Vice-amiral ARNOUT-DESSAULSAY.
1853. — Général LAMARE.
1856. — Général c^{te} Héraclius DE POLIGNAC. (Emploi supprimé le 1er mars 1871. Décédé le 8 juillet 1871).

Administrateurs civils

1818. — LECHET (administrateur civil).
1818. — PÉCHEUX HERBENVILLE (adm^r civil).

Architectes

1817. — HURTAULT.
1837. — DUBREUIL.
1810. — GIROUST.
1818. — BLOUET.
1851. — LEFUEL.
1856. — PACCARD.
1868. — DUBUISSON.
1879. — BOITTE.

Concierges et Régisseurs

1815. — LAMY (Mathieu-Joseph), concierge.
1821. — LAMY (Mathieu-Alfred), concierge, fils du précédent. Prit le titre de concierge-régisseur en 1832 et de régisseur en 1848.
1868. — BOYER (Pierre-Auguste), régisseur.
1882. — CARRIÈRE (Louis-Joseph-Napoléon), régisseur.

RÉGIMENTS DE CAVALERIE AYANT TENU GARNISON A FONTAINEBLEAU

1803. — 10e Chasseurs.
1813. — 2e Chevau-légers, lanciers de la garde. Colonel : Baron COLBERT, génér. de brigade.
1814. — 1er régiment de Grenadiers à cheval. Major commandant : Baron MICHEL.
1815. — Hussards de la garde. Colonel : Marquis DE VENCE.
1817. — Chasseurs de la garde. Colonel : Comte DE POTHIER.
1818. — 1er régiment de grenadiers à cheval. Colonel : Marquis DE LA ROCHE-JACQUELIN.
1820. — Chasseurs de la garde. Colonel : Comte DE POTHIER, maréchal de camp.
1822. — Lanciers de la garde. Colonel : Baron TALON, maréchal de camp.
1824. — Lanciers de la garde. Colonel : Marquis DE CHABANNES LA PALICE.
1825. — Dragons de la garde. Colonel : Marquis DE CASTEL-BAJAC.
1826. — Chasseurs de la garde. Colonel : DELACROIX, marquis DE CASTRIES.
1827. — Lanciers de la garde. Colonel : Marquis DE CHABANNES LA PALICE.
1828. — Hussards de la garde. Colonel : Le prince DE LÉON.
1829. — Dragons de la garde. Colonel : Comte MONTCALM-GOZON.
1830. — 6e Hussards. Colonels : DUPONT DE COMPIÈGNE et DE BRÉMONT D'ARS.
1831. — 8e Chasseurs. Colonels : HUPAIS et baron MARBOT.
1832. — 3e Chasseurs. Colonel : HATRY.
1833. — 1er Lanciers (de Nemours). Colonel : REGNAUD DE SAINT-JEAN D'ANGÉLY.
1835. — 4e Hussards. Colonel : DE BRACK.
1837. — 8e Dragons. Colonel : LE PAYS DE BOURJOLLY.
1839. — 6e Dragons. Colonel : SCHÉRER.
1841. — 9e Hussards. Colonel : Cte D'ORAISON.
1844. — 1er Hussards. Colonels : DE GOUY et BERRYER.
1847. — 11e Dragons. Colonel : PÉRICHON DE KERVERSAUX.
1848. — 1er Carabiniers. Colonel : RAVEL.
1850. — 8e Hussards. Colonel : RIVET.
1852. — 6e Hussards. Colonel : NEY.
1856. — 3e Lanciers. Colonel : Baron D'ANDRÉ.
1857. — Dragons de l'Impératrice. Colonel : CRESPIN.
1858. — Chasseurs de la garde. Colonel : DE CAUVIGNY.
1860. — 2e Cuirassiers de la garde. Colonel : DE LA MARTINIÈRE.
1862. — Lanciers de la garde. Colonel : Baron DE JUNIAC.
1864. — Guides de la garde. Colonel : Comte DE MONTAIGU.
1866. — Cuirassiers de la garde. Colonel : Marq^{is} DE SEPTEUIL DE LA ROCHE-TOURTEAU.
1868. — Dragons de l'impératrice. Colonels : MASSUE et SAUTEREAU DU PARC.
1869. — Chasseurs de la garde. Colonel : DE MONTARBY.
1871. — 1er Dragons. Colonel : DE FORCEVILLE.
1874. — 8e Hussards. Colonel : DE LACOMBE.
1876. — 11e Hussards. Colonel : BONIE.
1881. — 15e Chasseurs. Colonels : DE CHABRILLAN et ROSIER.
1891. — 4e Hussards. Colonel : GAUDIN.
1895. — 7e Dragons. Colonel : CHERFILS.

NOMS ANCIENS ET ACTUELS DES RUES DE FONTAINEBLEAU

NOMS ACTUELS	NOMS ANCIENS
ADAM-SALOMON (Rue du Statuaire).	impasse de la Pépinière.
ALSACE (Rue d')	pratiquée dans l'ancien jardin des Frères.
AQUEDUC (Impasse de l').	son prolongement est le chemin du Calvaire à travers le Roussillon.
ARBRE-SEC (Rue de l').	de Guébriant.
ARMES (Place d').	place du Grand Portail.
AVON (Rue d').	place des Écuries (devant le quartier Raoult); — rue de l'Abreuvoir (près de la place d'Armes).
BARBIER (Rue Auguste).	impasse d'Avon; — cul de sac d'Avon.
BÉRANGER (Rue).	des Petits-Champs; — des Fourneaux (de la rue des Bois au cul de sac des Petits-Champs).
BERCELLE (Rue de la Haute).	chemin de Changis; — de Thomery; — de la cave Coniard (Coinard).
BOIS (Rue des).	ruelle des Bois; — rue de la Sainte-Famille (après la rue Saint-Merry).
BOISD'HYVER (Place de).	
BONS-ENFANTS (Rue des).	
BOUCHERS (Rue des).	rue Apingué; — des Boucheries.
BOUQUET (Impasse).	
CARNOT (Rue).	
CASIMIR-PERIER (Rue).	
CENTRALE (Place).	place du Palais de Justice.
CHAMP DE FOIRE (Rue du).	
CHANCELLERIE (Rue de la).	des Serruriers; — de l'Egout; — place des Fossés.
CHARIOT-D'OR (Ruelle du).	
CHATEAU (Rue du)	rue Basse.
CHEMIN-DE-FER (Avenue du).	
CHEMIN-DE-FER (Rue du).	de Valvins; — grande rue de la Coudre. (Elle fut autrefois fermée par une porte. — Arrêté du 25 juin 1795.)
CIRCULAIRE (Boulevard).	
CLOCHE (Rue de la).	des Maudinets (entre la rue Béranger et la rue Saint-Merry).
COCHES (Rue des).	grande rue des Coches.
COMAIRAS (Rue)	ruelle des Prés (entre les rues Dancourt et des Provenceaux).
COQ-GRIS (Rue du).	
CORNE (Rue de la).	
COROT (Rue).	ruelle des Prés (entre la rue Dancourt et le mur du Parc).
COUDRE (Rue de la).	petite rue de la Coudre.
DAMESME (Place et boulevard).	
DAMESME (Rue).	de la Caserne; — de la nouvelle Caserne.

NOMS ACTUELS	NOMS ANCIENS
Dancourt (Rue)	ruelle des Prés (dans sa première partie).
Decamps (Place et rue).	
Denecourt (Place)	marché au Charbon; — place au Charbon; — place Napoléon III.
Etape-aux-Vins (Place de l')	rue Grande; — place de la Montagne; place de la Pointe. (En 1697, voir le plan de De Fer, on appelait Etape-aux-Vins la partie de la rue Grande sise au débouché de la rue de la Corne, non loin de la place au Blé, où s'élève aujourd'hui le monument Carnot.)
Ferrare (Rue de)	de la place des Victoires ou des Ecuries de la Reyne; — de Bourbon; — Jean Jacques; — du Plat d'Etain; — du Jeu de Paume.
Fleury (Rue de)	de l'Union; — du Mont de Bise (de la rue Saint-Merry à la forêt).
France (Rue de)	de la Poste.
Frégé (Ruelle).	
Gambetta (Boulevard)	boulevard Circulaire.
Geoffroy (Rue du Conventionnel)	petite rue des Coches pour partie et pour son prolongement, ouverte dans l'ancien jardin des sœurs du Bon-Secours.
Grande (Rue)	grande Rue du Bourg; — rue de Montmorin; — de l'Egalité; — quartier des Suisses (à son extrémité).
Guérin (Rue)	ruelle des Blondelons.
Hugo (Rue Victor).	
Jozon (Rue Paul)	rue Neuve; — Neuve des Pleus; — deuxième rue des Pleus; — chemin des Pleus à Valvins.
Lagorsse (Rue)	chemin de la Grand'Garde.
Lorraine (Rue de)	de la Mortellerie.
Marché-au-Blé (Place du)	place du Marché; — du Marché-aux-Poissons; — au Blé; — on l'appelle aussi place de l'Hôtel-de-Ville. Sur cet emplacement s'élevaient autrefois des maisons dont on a retrouvé les caves en creusant les fondations du monument Carnot.
Magenta (Boulevard)	rue de l'Obélisque; — de Nemours; — du Gouvernement; — de la Liberté.
Maillets (Rue des Trois)	place des Trois-Maillets.
Maire (Impasse).	
Marrier (Rue)	de la Comédie; — de l'hôtel Conti. (Percée sur l'emplacement de terrains appartenant à la famille Marrier, une des plus anciennes de Fontainebleau. La famille Marrier comprenait quatre branches : les Marrier de Boisd'hyver, Marrier de Logatinerie, Marrier de Chanteloup et Marrier d'Arneuville.)

NOMS ACTUELS	NOMS ANCIENS
Melun (Boulevard de).	
Millet (Rue François).	
Montebello (Rue).	des Trois-Pucelles. (Ainsi dénommée sous Henri IV en l'honneur des trois filles du peintre Ambroise Dubois, qui naquirent, vécurent et moururent, sans se marier, dans une maison de cette petite rue, alors presque une ruelle.)
Neuville (Rue de).	
Orloff (Place et boulevard).	
Orties (Impasse et rue des).	des Orthis.
Parc (Rue du).	du Citron (de la rue Grande à la rue du Château); — Neuve (de la rue du Château à la rue d'Avon); — de l'Abreuvoir (de la rue d'Avon au Parterre, là où était autrefois l'abreuvoir avant son installation rue d'Avon).
Paris (Boulevard de).	rue de France; — rue Royale (à partir de la rue des Orties jusqu'à la Fourche).
Paroisse (Rue de la).	de la Montagne; — de la Raison; — de l'Eglise (jusqu'à la rue des Sablons); — du Cimetière (de la rue des Sablons à la rue Saint-Merry); — des Palis; — du Mont-Pierreux (de la rue Saint-Merry à la forêt).
Pasdeloup (Rue).	ruelle des Provenceaux; — des Carrières.
Pins (Rue des).	des Pains; — de l'Escritoire.
Pleus (Rue des).	(autrefois hameau distinct) rue des Pelleux; — première rue des Pleus; — rue de l'Egout; — petite rue de Samois (à partir du carrefour des Pleus, derrière l'usine à gaz).
Provenceaux (Rue des).	(autrefois hameau distinct) chemin des Tanneries.
République (Rue de la).	
Richelieu (Rue de).	rue Voltaire; — de la Prison.
Ronsin (Passage).	passage particulier des Bons-Enfants.
Rousseau (Rue Théodore).	
Royale (Rue)	de la Charité; — de l'Avenue; — des Germains; — Nationale; — de la Vieille Poste; — des Fours (de la rue des Orties à la forêt).
Sablons (Rue des).	
Saint-Claude (Ruelle).	cour des Bidaults.
Saint-Honoré (Rue).	d'Aiguillon; — Marat.
Saint-Louis (Rue).	rue Pelletier; — de la Rochefoucauld.
Saint-Merry (Rue).	des Sans-Culottes; — des Buttes (entre la rue de la Paroisse et la rue des Bois).
Saint-Pierre (Rue).	de Beauvais; — petite rue Saint-Pierre; — rue Pierre Saint-Pierre.
Solférino (Place).	place du Ferrare.

NOMS ACTUELS	NOM ANCIEN
THIERS (Boulevard).	
TRANCHÉE (Boulevard de la)	boulevard Circulaire.
TRAVERSIÈRE (Rue).	

Il a été impossible, faute de place, d'indiquer les emplacements actuels de chacune des rues citées. Nos contemporains les connaissent. Les chercheurs de l'avenir les trouveront clairement indiqués sur le plan cadastral de 1895 et sur le plan de M. Collinet, auxquels nous les renvoyons.

Les noms d'hommes donnés à nos rues l'ont été pour deux raisons différentes : soit en souvenir de ceux qui ont fait honneur à la ville, soit parce qu'elles ont été ouvertes sur des terrains leur appartenant. Une seule rue a été baptisée pour ces deux raisons à la fois, la rue Marrier.

Citons dans la première catégorie les rues : Adam Salomon, Auguste Barbier, Béranger, de Boisdhyver, Comairas, Damesme, Dancourt, Decamps, Denecourt, Geoffroy, Guérin, Lagorsse, Marrier, Millet, Orloff, Pasdeloup, Rousseau.

A cette liste il manque trois noms; leurs titulaires ont cependant bien mérité un souvenir. Ces trois noms, les voici : Alexis Durand, le menuisier poète; le comte de Montmorin, le premier maire si dévoué de Fontainebleau; le prince Troubetzkoï, le digne et bienfaisant châtelain des Basses-Loges. Tous trois sont entrés maintenant dans l'éternité; on pourrait donc sans crainte leur consacrer une plaque bleue.

Les rues les plus anciennes et n'ayant pas changé de nom depuis 200 ans sont rares; citons cependant les rues : de la Cloche, du Coq-Gris, de la Corne, d'Avon, des Sablons, des Trois-Maillets, de la Chancellerie et des Bois.

C'est dans sa séance du 16 septembre 1792 (an IV de la Liberté, 1 de l'Egalité) que le *Comité de Surveillance de Fontainebleau* vota le changement de noms de diverses rues, « pour supprimer jusqu'aux derniers vestiges de l'aristocratie dans la ville de Fontainebleau », dit gravement le procès-verbal des séances.

Sans commentaires, n'est-ce pas?

Sont disparus :

Berne (Rue). — Cerdeau (Rue du). — Fontaine (Chemin de la), conduisant à la fontaine Vallerand, à l'extrémité de la rue Adam-Salomon. — Gèvres (Rue de), près les rues du Parc et Montebello. — Hersans (Rue des), près les rues du Chemin-de-Fer et d'Avon. — Le Pelletier (Place). — Léro (Cul de sac de). — Liberté (Place de la) — Mathurins (Place des), aujourd'hui enclavée dans le Palais sous le nom de cour des Mathurins. — Mousseau (Rue du), près la rue du Château. — Saint-Louis (Croix), à l'extrémité de la rue Grande, près la rue Paul-Jozon. — Saulniers (Ruelle des). — Vacher (Rue du), l'extrémité de la rue Saint-Merry entre la forêt et la rue Traversière. — Verrons (Ruelle des).

STATISTIQUE MUNICIPALE DE FONTAINEBLEAU

Dénombrement de la population

Au dire de Pierre-Hardouin Tarbé, imprimeur du Roi, Fontainebleau comptait en :

1780	5.000 habitants (1.064 feux, 4,000 communiants).	
1791	6.572 habitants.	
1827	7.400	—
1832	8.101	—
1837	8.021	—

	POPULATION municipale	POPULATION comptée à part	TOTAL
1847	7.816	1.891	9.707
1852	8.278	2.087	10.365
1857	8.272	2.397	10.669
1862	9.189	2.750	11.939
1867	9.071	1.716	10.787
1872	9.043	1.898	10.941
1878	9.168	2.485	11.653
1883	9.734	2.749	12.483
1887	10.535	2.805	13.340
1892	10.923	3.299	14.222

La population comptée à part comprend : garnison, hospice, collège, pensionnats, maison d'arrêt, etc., etc.

Voici le détail du dernier recensement opéré le 12 avril 1891 et applicable à partir de 1892 :

Maisons habitées, 1.648; vacantes ou habitées l'été seulement, 175. Au total : 1,823.

Ménages : 3,716.

Habitants : absents, 297; présents, 10.626.

Population municipale : 10,923 (Population agglomérée, 10,779; éparse, 144; au total : 10,923).

Population militaire : 3,039.

Hospice, collège, maison d'arrêt, pensionnats : 260.

Au total : 14,222.

Le 12 avril 1891, les passagers étaient au nombre de 900.

Ledit jour il y avait à Fontainebleau 14,825 âmes.

Un nouveau recensement sera opéré en 1896 pour être appliqué à dater du 1er janvier 1897.

Superficie de la ville

Terres	56 hect.	58 ares	61 cent.
Jardins	92	22	86
Sol des propriétés bâties et cours	33	67	51
Propr. non imposables	25	74	26
Églises, cimetières	3	12	57
Chemins, places publ.	21	19	49
	232	55	30
Palais, parc et jardins.	177	99	45
TOTAL	410 hect.	54 ares	75 cent.

Anciennes divisions du territoire

Par décret de l'Assemblée nationale des 20-23 novembre 1790, le territoire de Fontainebleau fut, pour l'imposition foncière, divisé en cinq sections dites : 1° des Terres (les Pleus et les Provenceaux); 2° de la Chambre (comprise entre les rues Grande, de la Paroisse et la forêt); 3° de la Pointe (bornée par les rues Grande, du Chemin-de-Fer, du Parc et le Palais; 4° du Château (rues Grande et du Parc, le Palais, la rue de Ferrare); et 5° de Saint-Merry, comprenant le reste de la ville.

Nombre des propriétés bâties

En 1819 on comptait :

Maisons et autres bâtiments	1.491
Four à chaux	1
Fours à plâtre	1
TOTAL	1.499

En 1850 :

Maisons et autres bâtiments	1.655
Fours à plâtre et à tuiles	5
Usine à gaz	1
Tanneries	3
Lavoirs	3
Fabrique de porcelaine	1
TOTAL	1.668

En 1895 :

Maisons et autres bâtiments	1.916
Usines	11
TOTAL	1.927

C'est le 16 septembre 1792 (an IV), que fut décidé le numérotage des maisons, pour faciliter le logement des gens de guerre.

TABLE DU VOLUME

	Pages.
Adam-Salomon	238
Addendum	512
Administrateurs du Palais	513
Architectes du Palais	513
Armes de Fontainebleau	ii
Attentat de Lecomte	358
Auberge de l'Ane-Vert	1
Autographes historiques	160
Avoués de Fontainebleau	512
Balzac (Honoré de) au Pavillon de la Bouleaunière	187
Barbier (Auguste)	208
Banquet offert par Louis XIII au Légat du Pape	115
Basses-Loges (Prieuré des)	178
— (Corréard aux)	180
Beauverger (Baron de)	196
Béranger à Fontainebleau	245
Berceau du Roi de Rome	301
Biard (François)	240
Bibliothèque et Bibliothécaires du Palais	356
Biologie végétale (Laboratoire de)	407
Bonheur (Mlle Rosa)	233
Bouche du Palais (Matériel de)	382
Bourges (Ernest)	vii
Bourron (Château de)	183
Camps de Fontainebleau	427
Capitainerie de Fontainebleau	431
Carnot (Installation de M.)	380
Carpes (Pêche de l'Etang des)	283
Carrousels	384
Casernes de Fontainebleau	65
Centenaire du Conseil municipal	78
Champollion-Figeac	204
Changements survenus durant l'impression du volume	537

	Pages.
Chapelle Saint-Saturnin	307
Chapu (Henri)	237
Chasse à courre à Fontainebleau en 1720	431
Chasselas de Fontainebleau	400
Château de Bourron	183
Château-d'Eau	281
Château et forêt de Fontainebleau en octobre 1631	150
Chennevière	251
Cheval Blanc (Cour du)	288
Coche de la Charité	69
Colnet (Le Sylvain)	396
Collection de Laurencel (Vente de la)	161
Colonels, commandant en second l'Ecole d'Application de l'artillerie et du génie	375, 537
Comairas-Jaquotot	211
Commandants militaires du Palais	513
Concierges du Palais	513
Conseil municipal (Centenaire du)	78
Contenances successives de la forêt	399
Corréard au Prieuré des Basses-Loges	180
Cour à Fontainebleau (Quelques notes sur le Théâtre de la)	309
Cour du Cheval Blanc	288
Création de la Sous-Préfecture et du Tribunal	103
Curés de Fontainebleau	129
Decamps	231
De Fer (Manuscrit inédit de)	xvi
Denecourt	392
Dénombrement de la population	518
Députés de Fontainebleau	512
Divisions du territoire de la ville (Anciennes)	518
Documents historiques locaux	154, 160

	Pages.
École centrale de Fontainebleau	362
Écoles chrétiennes (Les Frères des)	133
École d'application de l'artillerie et du génie de Fontainebleau	375
École militaire de Fontainebleau	370
Ermitage de Franchard	421
— de La Madeleine	423
Étang des Carpes (Pêche de l')	283
« Fer à Repasser »	71
Fête de famille (Émile Gossens)	257
Fontaine Belle-Eau? (Son Étymologie)	277
Fontainebleau (Les plus excellents bastiments de France)	270
Fontainebleau inconnu	145
Forêt (Contenances successives de la)	390
— (Anciennes routes de la)	403
— (Vipère de la)	415
— (Travailleurs de …)	411
Fourrière	292
Franchard (Ermitage de)	421
François Ier (Galerie de)	300
Frères des Écoles chrétiennes	133
Galerie de Fontainebleau (Tableaux de la)	301
Galerie de François Ier	300
Galerie de Henri II (Satyres de la)	311
Gardes (Salle des)	200
Garnison à Fontainebleau (Régiments de cavalerie ayant tenu)	519
Gelées de décembre 1879	415
Généraux, commandant l'École d'Application de l'artillerie et du génie	375
Glossaire du Patois gâtinais 451,	407
Gossens (Émile). — Une fête de famille	257
Gouverneurs du Palais	513
Gravures de l'École de Fontainebleau	102
Grotte aux Cristaux	187
Habaiby (Le colonel Iacoub)	217
Hôtel d'Albret	60
— de Brionne	6
— des Bureaux des Bâtiments	27

	Pages.
Hôtel de la Chancellerie	62
— de Cossé Brissac	45
— des Gallerans	4
— des Gens d'armes du Roi	11
— des Grands Audienciers	22
— de Guise	51
— de l'Inspecteur	50
— de La Béraudière	29
— de La Rochefoucauld	21
— de Madame Élisabeth	14
— de Paulmy d'Argenson	57
— de Pompadour	32
— des Quatre Secrétaires	9
— de Richelieu	18
— de Roquelaure	3
— de la Surintendance des Bâtiments	53
Hue (François)	202
Hussards à Fontainebleau (Le 4e)	261
Installation de M. Carnot	380
Introduction	v
Invasion 1870-71 (Précautions prises pendant l')	305
Invasion 1870-71 (Souvenir de l')	253
Jadin (Godefroy)	235
Jardin anglais	285
Laboratoire de Biologie végétale	107
Lecomte (Attentat de)	358
La Madeleine (Ermitage de)	423
La Thorillière (Les Trois)	336
Maires de Fontainebleau	102
Manuscrit inédit de De Fer	xvi
Matériel de bouche du Palais	382
Médaille (Histoire d'une)	261
Mellon-Jolly (Monseigneur)	200
Mobilier d'un duc et pair	157
Murger à Fontainebleau	255
Napoléon et le Pape Pie VII à Fontainebleau	351

	Pages.
Noms anciens et actuels des rues de Fontainebleau.	544
Notaires de Fontainebleau	542
Notes sur le Théâtre de la Cour à Fontainebleau.	309
Obélisque de Fontainebleau.	63
Organistes de l'église de Fontainebleau.	131
Orloff (Prince)	191
Palais sous Louis XIV (Le).	201
Palais. Administrateurs civils	513
— Architectes	513
— Commandants militaires.	513
— Concierges.	513
— Gouverneurs.	513
Paroisse Saint-Louis (Érection de la)	122
Pasdeloup	248
Patois gâtinais (Glossaire du).	151, 467
Pêcho do l'Étang des Carpes.	283
Personnages dont le souvenir se rattache à Fontainebleau	538
Petit (Jacob)	256
Pie VII à Fontainebleau (Napoléon et le Pape)	351
Plantations de pins	405
Population (Dénombrement de la).	518
Précautions prises pendant l'invasion	305
Préface.	xiii
Présidents du Tribunal.	117, 537
Prieuré des Basses-Loges	178
— (Corréard au)	180
Procureurs.	117
Propriétés bâties (Nombre des).	518
Raisin de Thomery	400
Régiments de cavalerie ayant tenu garnison à Fontainebleau	513
Régisseurs du Palais.	513
Régnier (Adolphe).	322
Rochereau (La famille).	110
Roi de Rome (Berceau du).	301

	Pages.
Routes de la forêt (Les anciennes).	103
Ruelles de Fontainebleau.	70
Rues de Fontainebleau (Noms anciens et actuels des).	511
Sac (Charles de), maître joueur d'épée du Roi Henri II.	481
Saint-Louis (Érection de la paroisse)	122
Saint-Saturnin (Chapelle de)	307
Salle des Gardes.	209
Satyres de la galerie de Henri II retrouvés à Rome.	311
Sauvés!	339
Sous-Préfecture (Création de la).	103
Sous-Préfets	115, 537
Souvenir de l'invasion 1870-71.	253
Statistique municipale	518
Substructions découvertes au Palais.	200
Superficie de la ville.	518
Table alphabétique.	493
Tableaux de la galerie de Fontainebleau.	301
Territoire de la ville (Anciennes divisions du).	518
Testu (Jules)	242
Théâtre de la Cour à Fontainebleau (Quelques notes sur le).	309
Thévenin (Catherine).	163
Tiph! Toph!.	338
Travailleurs de la forêt	111
Treille du Palais.	190
Tribunal (Création du).	103
— (Présidents et Procureurs du).	117, 537
Troubetzkoï (Prince).	188
Vénerie d'autrefois (La)	131
Verglas du 23 janvier 1879.	410
Vipère de la forêt.	445
Volière du Jardin de Diane.	286
Weiss (J.-J.)	221

Achevé d'imprimer à Fontainebleau

Par Maurice BOURGES

Le septième jour de Novembre

MDCCCXCV

Fête de saint Ernest.

www.ingramcontent.com/pod-product-compliance
Lightning Source LLC
Chambersburg PA
CBHW070406230426
43665CB00012B/1267